রাবণ—আর্যাবর্তের অরিশ্রেষ্ঠ

অমীশের জন্ম ১৯৭৪ সালে, এবং তিনি আইআইএম কলকাতার ছাত্র। ব্যাঙ্ককর্মী হিসাবে পেশা বেছে নিলেও, বর্তমানে লেখকের ভূমিকায় সার্থক ও সন্তুষ্ট। তাঁর প্রথম বই 'মেলুহার মৃত্যুঞ্জয়ীগণ' (শিব ত্রয়ীর প্রথম খণ্ড)-র দুর্দান্ত সাফল্যে, তিনি তাঁর চোদ্দ বছরের দীর্ঘ অভিজ্ঞতাসম্পন্ন চাকরি জীবনে ইতি টানেন এবং লেখায় মনোনিবেশ করেন। ইতিহাস, পুরাণ এবং দর্শনের প্রতি তাঁর প্রবল আকর্ষণের ফলে, জাগতিক সমস্ত ধর্মের অন্তর্নিহিত অর্থ ও সৌন্দর্য তার লেখার মাধ্যমে ফুটে ওঠে। অমীশের বইগুলি সারা পৃথিবীতে পঞ্চান্ন লক্ষের চেয়েও বেশি সংখ্যায় বিক্রীত হয়েছে, অনূদিত হয়েছে উনিশটিরও বেশি ভাষায়।

www.authoramish.com
www.facebook.com/authoramish
www.instagram.com/authoramish
www.twitter.com/authoramish

www.authoramish.com

লেখকের অন্যান্য বই

শিব ত্রয়ী

ভারতীয় প্রকাশনীর ইতিহাসে সর্বাধিক বিক্রীত ধারাবাহিক:

মেলুহার মৃত্যুঞ্জয়ীগণ (কাহিনি-১)

নাগ রহস্য (কাহিনি-২)

বায়ুপুত্রদের শপথ (কাহিনি-৩)

রামচন্দ্র ধারাবাহিক

ভারতীয় প্রকাশনীর ইতিহাসে দ্বিতীয় সর্বাধিক বিক্রীত ধারাবাহিক:

রাম—ইক্ষ্বাকু কুলতিলক (রামচন্দ্র ধারাবাহিক-১)

সীতা—মিথিলার যোদ্ধা (রামচন্দ্র ধারাবাহিক-২)

অ কল্পকাহিনী

মৃত্যুঞ্জয়ী ভারত: নবীন দেশ, নিরন্তর সভ্যতা

www.authoramish.com

'{অমীশের} লেখনী ভারতের প্রাচীন সংস্কৃতির প্রতি এক সুতীব্র কৌতূহল জাগায়।'

নরেন্দ্র মোদী

(মাননীয় প্রধানমন্ত্রী, ভারত)

'{অমীশের} লেখনী এককথায় চিত্তাকর্ষক ও তথ্যসমৃদ্ধ।'

অমিতাভ বচ্চন

(কিংবদন্তি নায়ক)

'অমীশ, অন্যান্য লেখকের চেয়ে অনেক বেশি চিন্তাশীল এবং গভীর, যাঁরা মূলত নতুন ভারতকে চিত্রিত করেন।'

বীর সাংভি

(সিনিয়র সাংবাদিক ও কলামিস্ট)

'অমীশ হলেন ভারতবর্ষের সাহিত্যের সর্বশ্রেষ্ঠ রকস্টার।'

শেখর কাপুর

(পুরস্কার প্রাপ্ত চিত্র পরিচালক)

'{অমীশ} হলেন এই প্রজন্মের এক প্রকৃত চিন্তাশীল মননের আরেক নাম।'

অর্ণব গোস্বামী

(প্রখ্যাত সাংবাদিক এবং এমডি, রিপাব্লিক টিভি)

www.authoramish.com

'অমীশের গল্প বলার ধরণের সাবলীলতায় ছোট বড় প্রতিটি ঘটনার পুঙ্খানুপুঙ্খ বিবরণ লক্ষ করা যায়।'

ডঃ শশী থারুর

(মেম্বার অফ পার্লামেন্ট এবং লেখক)

'{অমীশ} হলেন একজন মননশীল মানুষ। অতীতের প্রতি যার মধ্যে এক আশ্চর্য মনোমুগ্ধকর দৃষ্টিভঙ্গি কাজ করেন।'

শেখর গুপ্ত

(সাংবাদিক এবং কলামিস্ট)

'নতুন ভারতের সম্বন্ধে জানতে হলে, আপনাকে অমীশের লেখা পড়তেই হবে।'

স্বপন দাশগুপ্ত

(মেম্বার অফ পার্লামেন্ট এবং বর্ষীয়ান সাংবাদিক)

'অমীশের প্রতিটি লেখায় উন্নতশীল সমাজের সম্পূর্ণ চালচিত্র ফুটে ওঠে—লিঙ্গ বৈষম্য, জাতপাত, যে কোনো ধরণের সামাজিক বিরোধ ইত্যাদি—তিনি এই মুহূর্তে একমাত্র ভারতীয় লেখক যার দর্শনের উপর অগাধ দখল, তাঁর প্রতিটি বই অক্লান্ত চিন্তা ও অভ্রান্ত গবেষণার ফসল।'

সন্দীপন দেব

(বর্ষীয়ান সাংবাদিক এবং মুখ্য আধিকারিক, স্বরাজ্য)

'অমীশের সাহিত্য সৃষ্টি আমাদের ভাবায়, তাঁর বইগুলি সাহিত্যের বন্ধন অনর্গল করে, তাঁর লেখনীতে ফুটে ওঠে দর্শন, ভক্তিরসে টইটম্বুর তাঁর লেখায় ফুটে ওঠে তাঁর দেশভক্তির সুবাস।'

গৌতম চিকরমানে

(বর্ষীয়ান সাংবাদিক এবং লেখক)

'অমীশ হলেন সাহিত্যের এক বিস্ময়।'

অনিল ধরকর

(বর্ষীয়ান সাংবাদিক এবং লেখক)

রাবণ

আর্যাবর্তের অরিশ্রেষ্ঠ

রামচন্দ্র ধারাবাহিকের
তৃতীয় বই

অমীশ

অনুবাদ
প্রতীক কুমার মুখার্জী

eka

www.authoramish.com

eka

First published in English as *Raavan – Enemy of Aryavarta* in 2019 by Westland Publications Private Limited

First published in Bengali as *Raabon – Aryaborter Arisreshtha* in 2020 by Eka, an imprint of Westland Publications Private Limited

Published in 2023 by Eka, an imprint of Westland Books, a division of Nasadiya Technologies Private Limited,

No. 269/2B, First Floor, 'Irai Arul', Vimalraj Street, Nethaji Nagar, Alapakkam Main Road, Maduravoyal, Chennai 600095

Westland, the Westland logo, Eka and the Eka logo are the trademarks of Nasadiya Technologies Private Limited, or its affiliates.

ISBN: 9789357769648

10 9 8 7 6 5 4 3 2 1

Typeset by BEE Books

Printed at Nutech Print Services, India

www.authoramish.com

ওং নমঃ শিবায়

সমগ্র মহাবিশ্ব প্রভু শিবের সম্মুখে আনত
আমি আনত প্রভু শিবের সম্মুখে।

www.authoramish.com

তোমার প্রতি,

আমি ধীরে ধীরে ডুবছিলাম,
শোকে, সন্তাপে, ক্ষোভে আর অবসাদে।
তুমি আমায় টেনে তুললে খোলা বাতাসের শান্তিময় পরিসরে,
যদিওবা মাত্র কয়েক লহমার জন্য,
শুনলে আমার কটি কথা ধৈর্য ধরে।

আমার এই কথা নিছক কটি শব্দই নয়,
তোমার প্রতি এ আমার নীরব কৃতজ্ঞতা এ জীবনে,
তোমার প্রতি এ আমার নিঃশব্দ ভালোবাসা।

www.authoramish.com

'যখন মানুষের কাছে অপরিমিত সৌভাগ্যের অবারিত বর্ষণ
অমিত প্রতিপত্তি আনয়ন করে,
অপস্রিয়মাণ দুর্ভাগ্যের কালো মেঘ তার সন্তাপের শক্তিবর্ধন করে।'
—কলহন, *রাজতরঙ্গিনী*

তোমাদের মধ্যে কার মহানতা অর্জনের অভিলাষ?
কে চাও অকৃত্রিম আনন্দের বিভোরতার পরিবর্তে
সমস্ত সুযোগ হারিয়ে দিতে?
প্রতিপত্তি কি এর বিকল্প হতে পারে?

আমি রাবণ।
আমার সমস্তটা চাই।
আমি যশ চাই। আমি ক্ষমতা চাই। আমি অর্থ চাই।
আমি সর্বমতে বিজয়ী হতে চাই।
যদিও আমার আলোকের পাশে পাশে হেঁটে চলে আমার সৃষ্ট অন্ধকার।

www.authoramish.com

গল্পের বিভিন্ন চরিত্র ও অধিবাসীবৃন্দ

অকম্পন: এক চোরাচালানকারী; রাবণের অন্যতম অনুগামী

আরিষ্ঠনেমী: মলয়পুত্রদের সামরিক নেতা; ঋষি বিশ্বামিত্রের সহকারী

অশ্বপতি: ভারতের উত্তর-পশ্চিমে কেকায়া রাজ্যের শাসক; রাজা দশরথের একান্ত অনুগামী এবং কৈকেয়ীর পিতা

ভরত: রামের বৈমাত্রেয় ভ্রাতা; দশরথ ও কৈকেয়ীর সন্তান

দশরথ: সপ্তসিন্ধুর একছত্র অধিপতি এবং কোশালার চক্রবর্তী সম্রাট; রাম, লক্ষ্মণ, ভরত এবং শত্রুঘ্নের পিতা

হনুমান: এক নাগ এবং বায়ুপুত্র জাতির এক বিশিষ্ট সদস্য

ইন্দ্রজিৎ: রাবণ এবং মন্দোদরীর সন্তান

জনক: মিথিলার রাজা এবং সীতার পিতা

জটায়ু: মলয়পুত্র জাতের এক সেনানায়ক, সীতা এবং রামের এক নাগ সম্প্রদায়ের বন্ধু

কৈকেশী: ঋষি বিশ্রভের প্রথমা পত্নী; রাবণ ও কুম্ভকর্ণের মাতা

খর: লঙ্কাবাহিনীর এক সেনানায়ক; সমীচির প্রেমিক

ক্রকচবাহু: চিলিকার ব্যবসায়িক আধিকারিক

কুবের: লঙ্কাদ্বীপের ব্যবসায়িক রাজা

কুম্ভকর্ণ: রাবণের কনিষ্ঠ ভ্রাতা; আরেকজন নাগ

কুশধ্বজ: সংকশ্য রাজ্যের শাসক এবং রাজা জনকের কনিষ্ঠ ভ্রাতা

লক্ষ্মণ: দশরথের যমজ সন্তানদের অন্যতম, রামের বৈমাত্রেয় ভ্রাতা

মলয়পুত্র: বিষ্ণুর ষষ্ঠ অবতার পরশুরামের আবিষ্কৃত উপজাতি বিশেষ,

মন্দোদরী: রাবণের পত্নী

মারা: এক স্বাধীন ভাড়াটে খুনি

মারীচ: কৈকেশীর ভ্রাতা; রাবণ ও কুম্ভকর্ণের মাতুল, এবং রাবণের বিশ্বস্ত সঙ্গী ও অভিভাবক

নাগ: বিভিন্ন প্রতিবন্ধকতা নিয়ে জন্মানো মানুষ

পৃথ্বী: তোড়িগ্রামের এক সৎ ব্যবসায়ী

রাবণ: ঋষি বিশ্রভের পুত্র; কুম্ভকর্ণের অগ্রজ, বিভীষণ ও শূর্পণখার বৈমাত্রেয় ভ্রাতা

রাম: রাজা দশরথ ও তাঁর জ্যেষ্ঠা মহিষী কৌশল্যার সন্তান, চার ভাই-এর সর্বজ্যেষ্ঠ, পরবর্তীকালে রাজকুমারী সীতার স্বামী

সমীচি: মিথিলার নগরপাল এবং সুরক্ষার প্রধান আধিকারিক; খর-র প্রেয়সী

শত্রুঘ্ন: লক্ষ্মণের যমজ ভ্রাতা, দশরথ ও সুমিত্রার সন্তান, রামের বৈমাত্রেয় ভ্রাতা

শচীকেশ: তোড়িগ্রামের জমিদার

শূর্পণখা: রাবণের বৈমাত্রেয় ভগ্নি

সীতা: মিথিলার রাজা জনক এবং রানি সুনয়নার সন্তান; মিথিলার প্রধানমন্ত্রী, পরবর্তীকালে রামের পত্নী

শুকরমন: তোড়িগ্রামের এক বাসিন্দা, শচীকেশের পুত্র

বালী: কিষ্কিন্ধ্যার রাজা

বশিষ্ঠ: রাজগুরু, অযোধ্যার রাজপুরোহিত, রাজকুমারদের শিক্ষাগুরু

বায়ুপুত্র: প্রাক্তন মহাদেব, রুদ্রনাথের আবিষ্কৃত উপজাতি

বেদবতী: তোড়িগ্রামের বাসিন্দা, পৃথ্বীর পত্নী

বিভীষণ: রাবণের বৈমাত্রেয় ভ্রাতা

বিশ্রভ: এক সুবিখ্যাত মহা ঋষি, রাবণ, কুম্ভকর্ণ, বিভীষণ ও শূর্পণখার পিতা

বিশ্বামিত্র: মলয়পুত্রদের অধিনায়ক, রাম ও লক্ষ্মণের অস্থায়ী শিক্ষক

লেখনী শৈলীর বিশ্লেষণ

এই বই সাদরে গ্রহণ করার জন্য আমার অশেষ কৃতজ্ঞতা, এবং আপনাদের বহুমূল্য সময় আমার লেখার প্রতি ব্যয় করার জন্য অসংখ্য ধন্যবাদ জানাই।

আমি জানি যে রামচন্দ্র সিরিজের তৃতীয় বইয়ের মুক্তির জন্য আপনারা অধীর আগ্রহে অপেক্ষায় ছিলেন। অনিচ্ছাকৃত বিলম্বের কারণে আমি ক্ষমা প্রার্থনা করি, এবং আশা রাখি এই বই আপনাদের কাছে সমানভাবে সমাদৃত হবে।

আপনাদের মধ্যে খুব স্বাভাবিকভাবেই বিভ্রান্তির সৃষ্টি হতে পারে, কেন আমি এই বইয়ের নাম আর্যাবর্তের অনাথ—রাবণ থেকে পরিবর্তন করে আর্যাবর্তের অরিশ্রেষ্ঠ—রাবণ করলাম। আমি বোঝাবার চেষ্টা করছি। রাবণের গল্প লিখতে লিখতে, আমি মানুষটার সম্পর্কে অনেক অজানা সত্য উপলব্ধি করেছি। একদম তার শৈশবকাল থেকে, প্রায় প্রতিমুহূর্তে প্রতিকূলতার সম্মুখীন হতে থাকা রাবণ অপমান, ক্ষোভ এবং জিঘাংসার আগুনে জর্জরিত হয়েছে। সে নিজের হাতেই নিজের ভাগ্য নির্ধারণ করতে সক্ষম হয়েছে। প্রাথমিকভাবে, আমার মনে হয়েছিল যে রাবণ নিজের মাতৃভূমিতেই নির্বাসিত অবস্থায় বিচরণ করার দরুণ, অনাথের মতোই জীবন যাপন করেছিল। কিন্তু তার জীবনের গল্প অগ্রসর হতে, আমার মনে হয়েছিল যে তার মাতৃভূমি থেকে ক্রমশ দূরে সরে যাওয়া রীতিমতো স্বতঃপ্রণোদিত! অসহায় এক অনাথের জীবনের থেকে এক ভয়ংকর শত্রু হিসাবে নিজেকে প্রতিষ্ঠা করার পথ সে বেছে নিয়েছে।

আপনারা কেউ কেউ জানেন, এই গল্প বলার ধরণ এক সম্পূর্ণ নতুন

প্রযুক্তিগত পদক্ষেপ—এর নাম হাইপারলিঙ্ক, যাকে কেউ কেউ বহুস্তরের গল্প বলার পদ্ধতি নামেও চেনেন। এই ধরণের পদ্ধতিতে বিভিন্ন চরিত্রকে এক সুতোয় বাঁধে কোনো একটি বিশেষ ঘটনা। রামচন্দ্র সিরিজের তিন প্রধান চরিত্র হল রাম, সীতা এবং রাবণ। প্রতি চরিত্র যেন রক্তমাংসের তৈরি, যারা তাদের স্বতন্ত্র জীবনের মন্ত্রমুগ্ধকর কাহিনি এবং অভিজ্ঞতায় মিলে মিশে একাকার হয়ে গেছে। শেষে, তাদের এই সমস্ত কাহিনি এসে মিলিত হয় সীতার অপহরণের সঙ্গে।

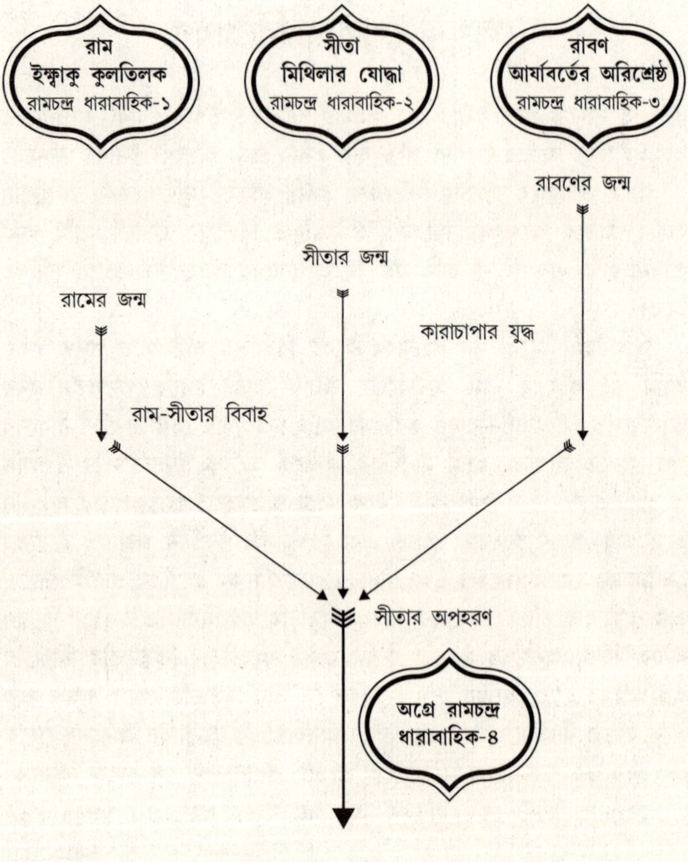

তাই, প্রথম বইতে আপনারা যেভাবে রামচন্দ্রের জীবন সম্বন্ধে জানতে পেরেছেন, দ্বিতীয় বই সেভাবেই সীতার জীবনের কাহিনি উপহার দিয়েছে, আর এই তৃতীয় বই রাবণের জীবনের সম্বন্ধে আপনাদের জানাবে। ভবিষ্যতে, এই তিনটি আলাদা গল্প চতুর্থ বইতে মিশে যাবে একটি মূল কাহিনির ধারায়। একটি ঘটনা স্মরণে রাখতে হবে যে বয়সের নিরিখে রাবণ, রাম ও সীতার চেয়ে অনেক বড়। রামের জন্ম হয় যেদিন রাবণ তাঁর বাবা, মহারাজা দশরথের বিরুদ্ধে একটি ভয়ংকর যুদ্ধে জয়লাভ করেন! সেই কারণে, এই বইতে আমরা সুদূর অতীতে ফিরে যাব, অন্য দুই প্রধান চরিত্র রামচন্দ্র ও সীতার জন্মের বহু আগের সময়ে।

আমি জানতাম, এই পদ্ধতি অবলম্বন করে পর পর তিনটে বই লেখার কাজ অত্যন্ত পরিশ্রমের এবং সময়সাপেক্ষ, কিন্তু আমায় স্বীকার করতেই হবে, এই সম্পূর্ণ কাজটি অসম্ভব উত্তেজনাদায়ক। এই বইয়ের অভিজ্ঞতা আমার কাছে যেমন আকর্ষণের এবং আনন্দের, আশা করব আপনাদের কাছেও এই বই সমানভাবে গৃহীত হবে। রামচন্দ্র, সীতা এবং রাবণের সমগ্র চরিত্রের সঙ্গে তাদের দুনিয়ায় বসবাস করে সেই সমস্ত অসাধারণ ঘটনা ও কাহিনির স্বাদ পেয়েছি, যা এই অমর মহাকাব্য নির্মাণ করেছে। এর জন্য আমি নিজেকে অতি সৌভাগ্যবান মনে করি।

যেহেতু আমি এই বহুস্তরে গল্প বলার পদ্ধতি অনুসরণ করেছি, প্রথম বইতে (রাম—ইক্ষ্বাকুর বংশধর) আমি সংকেত রেখে দিয়েছি, দ্বিতীয় বইয়ের মতোই (**সীতা—মিথিলার মহাযোদ্ধা**), যেগুলি এই তৃতীয় বইয়ের কাহিনির সঙ্গে এসে মিশেছে। আপনাদের জন্য এই কাহিনিতেও প্রচুর চমক ও আশাতীত ঘটনা রয়েছে, এবং আরো চমক আসতে চলেছে!

আশা করব আপনারা রাবণ—আর্যাবর্তের অরিশ্রেষ্ঠ উপভোগ করবেন। এই বইয়ের সম্বন্ধে প্রতিটি মতামত নিম্নলিখিত ঠিকানায় আমার ফেসবুক, ইন্সটাগ্রাম অথবা টুইটার অ্যাকাউন্টে জানাতে দ্বিধা করবেন না।

ভালোবাসা,
অমীশ

www.facebook.com/authoramish
www.instagram.com/authoramish
www.twitter.com/authoramish

কৃতজ্ঞতা স্বীকার

বিগত দুটি বছর ভয়ংকর ছিল। অনবরত নিদ্রাহীনভাবে রাতের পর রাত অসম্ভব ক্লান্তি এবং চূড়ান্ত অবসাদের যে শাস্তি আমি ভোগ করেছি এই সময়ে, বাকি জীবনে কখনো আমি এই অভিজ্ঞতা অর্জন করিনি! মাঝে মধ্যে ভাবতাম যে আমার জীবনের সম্পূর্ণ পরিকাঠামোটাই ভেঙে পড়বে এভাবে। কিন্তু না, তা ভেঙে পড়েনি, কোনোমতে টিকে গেছে। পরিকাঠামো এখনো দাঁড়িয়ে আছে। এই বই আমার জীবনে এক ভিত্তিপ্রস্তর। এবং যাদের প্রতি আমি আমার কৃতজ্ঞতা স্বীকার করতে চলেছি, তাঁরা আমার জীবনের স্তম্ভ হিসাবে আমাকে ধরে রেখেছেন শক্ত করে।

আমার ভগবান, প্রভু শিব। বিগত দুই বছর ধরে তিনি আমার অনেক পরীক্ষা নিয়েছেন। আশা করব এবার থেকে তিনি আমার উপর তার কৃপাদৃষ্টি বর্ষণ করবেন।

দুজন মানুষ যাদের অবদান আমার জীবনে অনস্বীকার্য, তাঁরা আমার অনন্ত শ্রদ্ধেয়, সাহস ও সততার প্রতিভূ; আমার শ্বশুরমশাই, মনোজ ব্যাস, এবং আমার শ্যালক হিমাংশু রায়। বর্তমানে তাঁরা দুজনেই স্বর্গত, সেখান থেকেই আশীর্বাদ করছেন আমায়। আমার উপর অগাধ বিশ্বাসের মূল্য যেন দিতে পারি তাঁদের।

আমার দশ বছরের পুত্র নীল; আশা করব আপনারা তার বাবার আবেগঘণ বক্তব্যকে মার্জনা করবেন যখন আমি বলব, 'আমার পুত্র সর্বকালের শ্রেষ্ঠ!'

আমার বোন ভাবনা; আমার দুই ভাই অনীশ ও আশিস, এই গল্পে তাদের

যোগদানের জন্য। প্রতিবারের মতোই, তারাই আমার পাণ্ডুলিপির প্রথম পাঠক। তাই, তাদের মতামত, অনুপ্রেরণা, ভালোবাসা ও সমর্থন আমার কাছে অমূল্য।

আমার পরিবারের বাকি প্রত্যেকে—উষা, বিনয়, শেরনাজ, মিতা, প্রীতি, ডোনেট্টা, স্মিতা, অনুজ, রুতা আমার প্রতি অটল বিশ্বাস ও ভালোবাসার জন্য। আমি অবশ্যই কৃতজ্ঞ থাকব আমার পরিবারের পরবর্তী প্রজন্মের কাছে, আমার উপর ভরসা রাখার জন্য—মিতাংশ, ড্যানিয়েল, এইডেন, কেয়া, অনিকা এবং আশনা।

গৌতম, আমার প্রকাশনী ওয়েস্টল্যান্ডের কর্ণধার, কার্তিকা এবং সংঘমিত্রা, আমার সম্পাদকরা। এই কর্মকাণ্ডে, আমার পরিবার ছাড়া যে তিনজন আমার পথপ্রদর্শক, তাঁরা এরাই। ক্ষমতা, ভদ্রতা এবং সৌজন্যের অপূর্ব মিশেল এই তিন মানুষ। আমি আশা রাখি এঁদের সান্নিধ্যে আমি আরো কাজ করব। ওয়েস্টল্যান্ডের বাকি এক্সপার্ট টিম ঃ আনন্দ, অভিজিত, অঙ্কিত, অরুণিমা, বারাণী, ক্রিস্টিনা, দীপ্তি, ধাওয়াল, দিব্যা, জয়শংকর, জয়ন্তী, কৃষ্ণকুমার, কুলদীপ, মধু, মুস্তাফা, নবীন, নেহা, নিধি, প্রীতি, রাজু, সংযোগ, সতিশ, সতীশ, শত্রুঘ্ন, শ্রীবৎস, সুধা, বিপিন, বিশ্বজ্যোতি এবং আরো অনেকে। প্রকাশনীর ব্যবসার বিশাল কর্মকাণ্ডে এনারা অনতিক্রম্য!

আমন, বিজয়, প্রেরণা, সীমা এবং আমার অফিসের অন্যান্য সহকর্মীরা, যারা আমার কাজের ভার লাঘব করে বাড়তি দায়িত্ব নিয়ে কাজ সামলে আমাকে লেখা চালিয়ে যেতে সাহায্য করেছেন।

হেমাল, নেহা, ক্যান্ডিডা, হিতেশ, পার্থ, বিনীত, নাতাশা, প্রকাশ, অনুজ, এবং অক্টোবাজ টিমের বাকি সদস্যরা, যারা এই বইয়ের অপূর্ব প্রচ্ছদের দায়িত্ব নিয়েছিলেন, এবং অসাধারণ কাজ করেছেন। এনারা সম্পূর্ণ ট্রেলার ও বিজ্ঞাপনের কাজ করেছেন, সঙ্গে সোশ্যাল প্ল্যাটফর্মে বিভিন্ন টিজারের মাধ্যমে বইয়ের প্রচার করেছেন। এক অসাধারণ সৃষ্টিধর্মী, কাজপাগল মানুষের সমষ্টি এই সংস্থা।

ময়াঙ্ক, শ্রেয়া, সরোজিনী, দীপিকা, নরেশ, মারভী, স্নেহা, সিমরান, কীর্তি, প্রিয়াঙ্কা, বিশাল, দানীশ এবং সমগ্র মোজ আর্ট টিম, যারা এই বইয়ের মিডিয়া রিলেশন্স ও মার্কেটিং-এর সম্পূর্ণ দায়িত্বভার গ্রহণ করেছিলেন। একটি পেশাদার সংস্থার চাইতে এনাদের অবদান অনেক বেশি, এঁরা পরামর্শদাতার মূল্যবান কাজটি সংঘটিত করেছেন সুচারুভাবে।

সত্য এবং তাঁর দল, যারা লেখকের নতুন ছবির দায়িত্বে অনন্য, যেগুলি আপনারা বইয়ের ভিতরের মলাটে দেখতে পারেন। তাদের হাতের স্পর্শে, একটি সাধারণ ছবিকে তাঁরা অন্য মাত্রায় তুলে নিয়ে গেছেন।

ক্যালেব, ক্ষীতিশ, সন্দীপ, রোহিনী, ধারাভ, হীনা এবং তাঁদের সম্পূর্ণ দল, যারা আমার কাজকে তাঁদের ব্যবসায়িক, আইনি এবং মার্কেটিং-এর সুপরামর্শে চালিত করেন।

মৃণালিনী, একজন অসাধারণ সংস্কৃত বিদুষী, যিনি আমার সঙ্গে গবেষণার কাজ করেন। তাঁর সঙ্গে প্রতিটি আলোচনা আমার জ্ঞানবর্ধন করে। আমি তাঁর কাছ থেকে যা সংগ্রহ করি, সেগুলিকে আমি আমার বইয়ের নির্মাণের কাজে সংযুক্ত করে থাকি।

আদিত্য, আমার লেখার এক নিবেদিতপ্রাণ পাঠক, যিনি বর্তমানে আমার নিকট বন্ধু এবং ঘটনাবলির সত্যাসত্য যাচাই করার কাজে নিযুক্ত হয়েছেন।

এবং সবশেষে, আপনারা, আমার পাঠকরা। আমি জানি এই বইটি প্রকাশ পেতে অস্বাভাবিক দেরি হয়েছে। তার কারণে আমি আপনাদের কাছে নিঃশর্তে ক্ষমা চেয়ে নিচ্ছি। আমার জীবন আমায় লেখা থেকে বহুদূরে নিয়ে ফেলেছিল। কিন্তু আমি ফিরে আসতে সক্ষম হয়েছি। এবং আমার এই অবস্থান থেকে আর আমি বিন্দুমাত্র নড়ব না। আপনাদের ধৈর্য, অকুণ্ঠ ভালোবাসা ও সমর্থনের জন্য অজস্র ধন্যবাদ!!

১

প্রথম অধ্যায়

৩৪০০ খ্রীষ্টপূর্বাব্দ, স্যালসেট দ্বীপপুঞ্জ, ভারতের পশ্চিম উপকূলবর্তী অঞ্চল

মানুষটা যন্ত্রণায় আর্তনাদ করছিল—সে বুঝতে পারছিল তার সময় শেষ হয়ে আসছে। এই অসহনীয় কষ্ট বেশিক্ষণ সইতে হবে না তাকে, মরণ তার অনিবার্য! কিন্তু গোপনীয়তা অবলম্বন করতে হবে তাকে, প্রাণ বেরিয়ে যাওয়ার আগের মুহূর্ত পর্যন্ত।

এই অবস্থাতেও সে মন শক্ত করে নিরন্তর মন্ত্রোচ্চারণে লিপ্ত করল নিজেকে। সেই মহাপবিত্র মন্ত্র, যা তাদের উপজাতির প্রতিটি সদস্য, 'মলয়পুত্র'দের কাছে অন্যতম শক্তির উৎস।

'জয় শ্রী রুদ্রনাথ পরশুরামের জয়, জয় শ্রী রুদ্রনাথ পরশুরামের জয়।'
'জয় হোক ভগবান রুদ্রনাথের, জয় হোক ভগবান পরশুরামের!'

চোখ বন্ধ করে সে মন্ত্রে মনোনিবেশ করার চেষ্টা করে। তার একাগ্রতায় সমগ্র জাগতিক চিন্তাধারা লোপ পেতে থাকে।

'শক্তি দাও ভগবান, আমায় শক্তি দাও!'

আততায়ী অপেক্ষায় ছিল তার শিয়রে, অন্তিম আঘাত হানতে প্রস্তুত! সেই মুহূর্তে, অতর্কিতে এক ধাক্কায় তাকে কেউ ঠেলে সরিয়ে দিল। এক মহিলা! রাগী কর্কশ কণ্ঠ খাদে নামিয়ে, সে হিসহিসিয়ে উঠল, 'এভাবে হবে না, খর!'

লঙ্কার সশস্ত্র সেনাবাহিনীর মাঝারি একাংশের অধিনায়ক খর, তার আশৈশবের প্রণয়িনী, সমীচির দিকে ঘুরল। কিছু বছর আগেও, উত্তর ভারতের একটি ছোট রাজ্য, মিথিলায় প্রধানমন্ত্রীর দায়ভার সামলাতো এই সমীচি। পরবর্তীকালে সে পদত্যাগ করে তার কর্মদাত্রীর তত্ত্বতালাশে মনোনিবেশ করে। রাজকুমারী সীতার তত্ত্বাবধানে কাজের অভিজ্ঞতাও তার আছে!

'এই মলয়পুত্র অন্য ধাতুতে গড়া,' বিড়বিড়িয়ে ওঠে খর, 'এ ভাঙবে কিন্তু মচকাবে না। তথ্য সংগ্রহ করতে অন্য পথ অবলম্বন করতে হবে।'

'হাতে একেবারেই সময় নেই!'

সময়াভাবে সমীচির কণ্ঠস্বরে রুক্ষতা প্রকাশ পায়—খর উপলব্ধি করে সে ঠিকই বলছে। একমাত্র এই যুদ্ধবন্দীই তাদের সঠিক খবর দিতে পারে। তার কাছেই জানা যেতে পারে সীতা, তাঁর স্বামী রাম, দেবর লক্ষ্মণ ও ষোলজন বিশ্বস্ত বীর যোদ্ধা মলয়পুত্র কোথায় সঙ্গে একযোগে আত্মগোপন করেছেন। খর এই তথ্যের মূল্য জানে—এর বিনিময়ে তারা তাদের হৃত সম্মান পুনরুদ্ধারের সুযোগ অর্জন করবে সমীচির প্রভুর কাছে। সমীচি তাঁকে 'ইরাইভা' নামোল্লেখে অভ্যস্ত—তিনি স্বয়ং লঙ্কাধিপতি রাবণ!!

'আমি চেষ্টা করছি, ধৈর্য ধরো, আর বেশিক্ষণ নয়,' নীচু গলায় নিজের অক্ষমতা আড়াল করতে চায় খর, 'আমার মনে হয় এ কিছুতেই মুখ খুলবে না!'

'আমায় দেখতে দাও একবার।'

খর কিছু বুঝে ওঠার আগেই, সমীচি শৃঙ্খলাবদ্ধ মলয়পুত্রের কাছে পৌঁছে গেল। একটানে তার পরিধেয় ধুতি খুলে ছুড়ে ফেলল! এতেও অব্যাহতি নেই, ইতিমধ্যেই লাঞ্ছিত মানুষটির সর্বশেষ লজ্জাবস্ত্র, তার অন্তর্বাসটুকুও শরীর থেকে ছাড়িয়ে নিয়ে অদূরে নিক্ষেপ করল! আহত, আর এখন সম্পূর্ণ নিরাবরণ, অপমানে জর্জরিত যুদ্ধবন্দীটি লজ্জায়, আতঙ্কে কুঁকড়ে কাতরাতে থাকল।

খরর কাছেও এ জিনিস অকল্পনীয়! সে চমকে উঠল, 'সমীচি, এ কী !!'

সমীচির রোষকষায়িত চাউনি তাকে বাকরুদ্ধ করল। অত্যাচারেও নির্দিষ্ট নিয়মানুবর্তিতা পালন করতে হয়, অন্তত এই ভারত দেশে! কিন্তু সমীচির কাছে সেই নিয়মের লঙ্ঘন একেবারেই অনায়াস!

আতঙ্কে মলয়পুত্রের দুচোখ বিস্ফারিত! সে যেন অনুমান করতে পারছে তার ভাগ্যে আরো কতটা যন্ত্রণাদায়ক মরণ লিখেছেন ভগবান।

কাছেই পড়ে থাকা একটা কাস্তে তুলে নিল সমীচি। একটি দিক ক্ষুরধার, অন্যটি খাঁজকাটা—সর্বতোভাবে যন্ত্রণাদানের জন্যই তার এই ভয়াল রূপ! সেটা হাতে নিয়ে সে এগিয়ে গেল অত্যাচারের বেদীর দিকে, কাস্তের ধারালো দিকে নিজের আঙুল ঠেকাতেই বেরিয়ে এল রক্তবিন্দু। 'তুমি কথা বলবে। আমি জানি তোমায় কথা বলতেই হবে,' চাপা গর্জনে সে তার কাস্তে ধরা হাতটা এগিয়ে নিয়ে যেতে থাকল বন্দীর উরুসন্ধি লক্ষ্য করে। কাছে, আরো কাছে!

ইচ্ছে করেই সমীচি কাস্তেটা ধীরে ধীরে চালাতে থাকল। নরম চামড়া কেটে ধারালো ফলাটা প্রবেশ করল পুরুষাঙ্গের অভ্যন্তরে। সাদা মাংস ফালা করে কাটতে কাটতে নৃশংস ধাতব ফলা পৌঁছে গেল জটিল স্নায়ুসন্ধির মূলে!

মলয়পুত্রের আর্তনাদ ছড়িয়ে পড়তে লাগল দিকচক্রবালে, যন্ত্রণায় দ্বিখণ্ডিত হতে হতে সে অব্যাহতির আকুতি জানাল।

আর সে ভগবানের কাছে আর্তি জানাচ্ছে না—তাঁর প্রয়োজন ফুরিয়েছে! সে তার জননীকে স্মরণ করছে।

এতক্ষণে খর উপলব্ধি করতে পারল এবার মুখ খুলবে মলয়পুত্র! সে সম্পূর্ণরূপে পর্যুদস্ত—এবার তারা যা জানতে চায়, তাই সে বলবে!

—।৫।—

নীচের ঘন অরণ্যের উপর দিয়ে মসৃণভাবে উড়তে থাকা কিংবদন্তি উড়োজাহাজ, পুষ্পকরথের বিলাসবহুল অভ্যন্তরে বিরাজ করছিলেন মহারাজ রাবণ ও তাঁর ভাই কুম্ভকর্ণ।

লঙ্কাধিপতি নীরবে তাঁর গলার সোনার হারে ঝোলা কবচটি মুষ্ঠিবদ্ধ করে বসেছিলেন—চিন্তাশীল, শক্ত শরীরে। এই কবচটি তৈরি হয়েছে কোনো মানুষের দুটি আঙুলের হাড় দিয়ে, সোনার আঙটা দিয়ে যেগুলি সযত্নে জোড়া।

বেশির ভাগ ভারতীয়রা বিশ্বাস করে প্রাচীন বর্বর যোদ্ধাদের অস্তিত্বে—যারা তাদের উৎকৃষ্টতম শিকারের শরীরের অংশ নিজের শরীরে ধারণ করত নিজের বীরগাথা দূর-দূরান্তে ছড়িয়ে দিতে। বিশ্বাস ছিল, এইভাবে মৃত মানুষের সমস্ত শক্তি তাদের দেহে আহরিত হতো।

লঙ্কার সেনাদল লঙ্কাধিপতির একান্ত অনুগত, তারা বিশ্বাস এবং প্রচার করত যে, তাঁর এই কবচটির উৎস তাঁর সর্বশ্রেষ্ঠ পরাভূত শত্রুর মৃতদেহ।

একমাত্র কুম্ভকর্ণ আসল সত্যিটা জানতেন। তিনি জানতেন কোন মানসিক অবস্থায় রাবণ সেটিকে এভাবে আঁকড়ে ধরে থাকেন, যেমন বর্তমানে আছেন।

অগ্রজকে তাঁর চিন্তার জগতে বিচরণ করতে দেখে, কুম্ভকর্ণ নিবিষ্টমনে পুষ্পকের অভ্যন্তর নিরীক্ষণে ডুবে গেলেন। বিশাল এই বিমান দেখতে অবিকল একটি চোঙার মতো, যার উপরিভাগ অপরিসর। নীচের অংশে প্রচুর জানলা, মোটা কাঁচের আবরণে ঢাকা। তা ছাড়াও ধাতুর তৈরি ঢাকনা আছে, যেগুলি টেনে সরানো যায়। সকালের নরম রোদের আলো সেই জানলার ভিতর দিয়ে পুষ্পকের অভ্যন্তর আলোকিত করছে। যথেষ্টভাবে শব্দনিরোধক হলেও, বিমানের উপর থেকে বিশাল ঘূর্ণায়মান চক্রের আওয়াজ ঠাহর করা যাচ্ছে। তার সঙ্গে ছোটবড় অন্যান্য চক্রের আওয়াজ কানে আসছে, যেগুলির দ্বারা বিমানের দিক পরিবর্তন, উত্তরণ ও অবতরণ নিয়ন্ত্রিত হয়।

বিমানের ভিতরের অংশ প্রশস্ত এবং আরামদায়ক হলেও, খুব সাধারণ তার গঠনশৈলী। ওপরে তাকাতে, কুম্ভকর্ণের চোখ পড়ল বিমানের মধ্যবর্তী উপরিভাগে রাখা শুধুমাত্র একটি রুদ্রাক্ষের ছবির ওপর—এছাড়া আর কোনো অলংকরণের বস্তু ছিল না পুষ্পকরথে। বাদামি রঙের এই বীজ 'রুদ্রদেবের অশ্রুকণা' নামেই পরিচিত। দেবাদিদেব মহাদেব, রুদ্রদেবের ভক্তরা একে মন্দিরে প্রতিষ্ঠা করে বা নানাভাবে দেহে ধারণ করে। ছবিতে যে বিশেষ রুদ্রাক্ষ দেখা যাচ্ছে, তার শরীর চিরে চলে গেছে একটি গভীর রেখা। যে রুদ্রাক্ষটি দেখে এই ছবি প্রস্তুত করা হয়েছে, সেটি আকারে অতি ক্ষুদ্র, তাকে বলা হয় 'একমুখী'! এটি স্বভাবতই বিরল, দুষ্প্রাপ্য ও দুর্মূল্য। সোনার সুতোয় গাঁথা একটি অনুপম নমুনা মহারাজের নিজস্ব প্রাসাদের মন্দিরে গচ্ছিত রয়েছে।

এই সুবিশাল ছবিটি ছাড়া পুষ্পক সম্পূর্ণ যুদ্ধবিমানের শৈলীতে গঠিত, বিলাসব্যঞ্জন ব্যতীত। আকারের চেয়ে বেশি, কর্মক্ষমতার উপরে গঠনশৈলীর নির্ভরতা মুখ্য, তাই এই বিমানে একশতের বেশি লোকের সংকুলান সহজেই হয়।

কুম্ভকর্ণ লক্ষ করলেন সৈনিকরা নীরবে, শৃঙ্খলাবদ্ধভাবে বসেছে বিমানের সুসজ্জিত অলিন্দ জুড়ে। তাদের ভোজন সমাধা হয়েছে, বিশ্রামরত অবস্থায় তারা যুদ্ধের জন্য অপেক্ষারত। স্যালসেট দ্বীপপুঞ্জে পুষ্পকের অবতরণ মাত্র কিছু সময়ের অপেক্ষা। কুম্ভকর্ণ শুনেছেন, সেখানে তাদের জন্য অত্যন্ত গুরুত্বপূর্ণ খবর নিয়ে অপেক্ষায় রয়েছে সমীচি—নির্বাসিত বনচারী রামচন্দ্র,

তাঁর রানি সীতা, রামানুজ লক্ষ্মণ, এবং তাদের বিশ্বস্ত মলয়পুত্রদের দলের অবস্থানের সূত্র নিয়ে!

লঙ্কার সৈন্যদলের স্থির বিশ্বাস যে তারা তাদের মহাশক্তিধর রাজাধিরাজের কনিষ্ঠ ভগিনী, শূর্পণখার অপমানের প্রতিশোধ নিতে চলেছে, যাকে রামানুজ লক্ষ্মণ গুরুতর আহত করেছিল। তাঁর নাকের বহির্ভাগের ক্ষত হয়তো অত্যাধুনিক শল্যচিকিৎসার বলে নির্মূল হতেই পারে, কিন্তু মানসিক অত্যাচার ও অপমানের বদলা একমাত্র রক্ত দিয়েই শোধ হবে! সৈন্যরা সেটা আক্ষরিক অর্থেই হৃদয়াঙ্গম করেছিল।

কিন্তু তাদের মনে একটা খটকা রয়ে গেছিল, রাজকুমারী শূর্পণখা ও রাজকুমার বিভীষণ—মহারাজের সৎভাই ও বোন, যোজন যোজন দূরে, দণ্ডকারণ্যের গভীরে অযোধ্যার অযোগ্য ও হৃতশক্তির রাজসভাসদদের সঙ্গে কী মহার্ঘ ব্যস্ততায় লিপ্ত?

রাবণ গলা খাদে এনে গম্ভীরস্বরে বললেন, 'এরা একেবারেই অপদার্থ, এই অভিযানে এদের উপর নির্ভরতা একান্ত আমার নির্বুদ্ধিতা!' রাবণ ও কুম্ভকর্ণের আসনদুটি উপর থেকে টাঙানো রেশমের পর্দার আড়াল সৃষ্টি করেছিল অন্যদের থেকে।

রামচন্দ্রের বাহিনীর সঙ্গে অপরিকল্পিত সম্মুখসমরে প্রবল সংঘর্ষ শেষে বিভীষণ শূর্পণখা ও লঙ্কার সৈন্যদলকে নিয়ে ভারতের পশ্চিম উপকূলবর্তী স্যালসেট দ্বীপপুঞ্জে এসে পড়েন। সেখান থেকে রাবণপুত্র ইন্দ্রজিতের নেতৃত্বে তাঁরা লঙ্কাভিমুখে জলপথে রওনা দেন। তাঁদের অকৃতকার্য হওয়ার খবর পেয়েই রাবণ তৎক্ষণাৎ তাঁর পুষ্পকবিমানে সৈন্যদল বোঝাই করে লঙ্কার রাজধানী ছেড়ে বেরিয়ে পড়েন।

মহারাজ রাবণের কথা শুনে কুম্ভকর্ণ দীর্ঘশ্বাস ফেলে বললেন, 'এ কথা এখন অতীত, এবং যথার্থই অবান্তর, দাদা!'

'অপদার্থ সব! বিভীষণ আর শূর্পণখা সাধারণ কাজও সুষ্ঠভাবে করতে শেখেনি। ওরা ওদের বর্বর মায়ের মন্দবুদ্ধি আহরণ করেছে!'

রাবণ ও কুম্ভকর্ণ ঋষি বিশ্রভ ও তাঁর প্রথমা স্ত্রী কৈকেশীর সন্তান। বিভীষণ ও শূর্পণখাও একই পিতার ঔরসজাত, কিন্তু ওদের মা ছিলেন সুদূর গ্রীসদেশের, ভূমধ্যসাগরস্থিত নসোস দ্বীপের রাজকুমারী ক্রেটিয়াস। রাবণ তাঁর বৈমাত্রেয় ভাইবোনের কার্যকলাপ একেবারেই পছন্দ করতেন না, কিন্তু

তাঁর মায়ের অনুনয়ে তাদের দায়িত্ব নিতে বাধ্য হয়েছিলেন, তাঁদের পিতার দেহান্তরের পর।

'প্রতি পরিবারেই অপদার্থদের উপস্থিতি অবশ্যম্ভাবী, দাদা,' কুম্ভকর্ণ মৃদুহেসে অগ্রজকে শান্ত করার চেষ্টা করেন, 'কিন্তু তারা পরিবারের অবিচ্ছেদ্য অংশ!'

'তোমার কথা আমার শোনা উচিত ছিল, আমি ওদেরকে এই কাজে পাঠিয়ে ভুল করেছি।'

'এই ঘটনাপ্রবাহ আমাদের বিস্মৃত হওয়াই ভালো, দাদা।' কুম্ভকর্ণ অগ্রজকে নিরস্ত করেন।

'মাঝে মাঝে আমার মনে হয় যে!...'

'আমরা সামলে নেব দাদা,' কুম্ভকর্ণ রাজাধিরাজকে বাধাপ্রদান করলেন, 'আমরা বিষ্ণুর অবতারকে অপহরণ করলেই মলয়পুত্রদের আত্মসমর্পণ করা ছাড়া উপায় নেই, তখন আমরা যা চাইব তাই ওদের কাছ থেকে পেতে পারি।'

লঙ্কাধিপতি তাঁর ভাইয়ের হাত টেনে নিলেন নিজের হাতে, আবেগমাখা কণ্ঠে বললেন, 'তোমায় আমি সমস্যা ছাড়া জীবনে আর কিছু দিতে পারিনি, কুম্ভ। সর্বদা আমার পাশে থাকার জন্য আমি তোমার কাছে অনন্ত কৃতজ্ঞ!'

'না দাদা, আমিই আজন্ম অশান্তি আর সমস্যা ছাড়া কোনোদিন কিছু দিতে পারিনি আপনাকে। আপনার ছত্রছায়ায় আমি জীবিত, আমি আপনার জন্য প্রাণ দিতে সর্বদা প্রস্তুত।' মাত্রাহীন আবেগে গলা ধরে এল কুম্ভকর্ণের!

'অবান্তর কথা! তোমার মৃত্যু নেই, তুমি আমার কাছে, লঙ্কার প্রতিটি মানুষের কাছে অমরত্ব অর্জন করেছ ইতিমধ্যেই। তোমার মৃত্যু হবে পূর্ণবয়স্কতা প্রাপ্তির পরেই, বহুবছর পরে। ততদিনে তোমার কাঙ্ক্ষিত প্রতি নারীকে অভিরুচি অনুযায়ী সম্ভোগ করে, ইচ্ছানুযায়ী সুরাপানে জীবন অতিবাহিত করবে শান্তিতে।'

কুম্ভকর্ণ, যিনি দীর্ঘদিন যাবৎ পালন করেছেন, সুরাসক্তি এড়িয়ে এসেছেন সযত্নে, হেসে বললেন অগ্রজকে, 'এই কাজগুলি করতে আপনিই আমাদের দুজনের মধ্যে শ্রেয়!'

—।০।—

শক্তিশালী বাতাস পুষ্পকবিমানকে ইচ্ছানুসারে আন্দোলিত করতে শুরু করল।

বিরাটকায় এক দানবীয় শিশুর হাতের তুচ্ছাতিতুচ্ছ পুতুলের মতো, অবলীলায় এদিক থেকে ওদিক হতে থাকল অতবড় যানটি! মুষলধারায় বৃষ্টি চারদিক সাদা করে দিচ্ছে। তাঁরা দেখতে লাগলেন পুষ্পকের মোটা কাঁচের জানলা বেয়ে প্রচণ্ড গতিতে ধেয়ে চলা প্রবল বারিধারার তাণ্ডব!

'দেবাদিদেব রুদ্রনাথের আশীর্বাদ আমার সঙ্গে, আমি এভাবে বিমান দুর্ঘটনায় প্রাণ হারাতে পারি না!' রাবণ শশব্যস্তে নিজের আসনের সঙ্গে বন্ধনপেটিকা দ্বিতীয়বার পরীক্ষা করে নিতে, কুম্ভকর্ণ অগ্রজকে অনুসরণ করলেন। এই বিশেষ পেটিকার বৈশিষ্ট্য হল, আসনে উপবিষ্ট যাত্রীর মূল দেহাংশের সঙ্গে জংঘার অংশও সুদৃঢ়ভাবে ধরে দেহের ভারসাম্য বজায় রাখা।

লঙ্কার সৈন্যদল ইতিমধ্যে বিমানের মেঝে ও দেওয়ালে অবস্থিত বন্ধনীর সাহায্যে নিজেদের সুরক্ষিত করে ফেলেছে। প্রত্যেকেই নিজেকে শান্ত ও সুস্থ রাখার চেষ্টায় ব্যস্ত, বমন অবদমিত রাখতে মরিয়া! কিন্তু তাদের মধ্যে কয়েকজন প্রথমবার বিমানে চড়ায়, অবিরাম বমন করে চলেছে।

কুম্ভকর্ণ অগ্রজের দিকে ঘুরলেন, 'এই ঝঞ্ঝা কিন্তু অস্বাভাবিক!' মহারাজের মুখে খেলা করে গেল তির্যক হাসির আভাস, 'তোমার মন তাই বলছে বুঝি?' চরম বিপদের মুখে রাবণের শৌর্য ও স্থৈর্য অবিচল—এই প্রবাদ পুনঃস্থাপিত হল।

কুম্ভকর্ণ চার সারথীর দিকে মনোঃসংযোগ করলেন, যারা অনন্যপায় হয়ে তাদের সমগ্র দেহভার প্রয়োগ করেও বিমানের দিক নির্ণয়ের কাজে ব্যবহৃত যন্ত্রাংশের সম্পূর্ণ দখল নিতে পারছিল না।

'ওইভাবে নয়!' গলা চড়ালেন তিনি, 'ওই যন্ত্রাংশ বিনষ্ট হলে, আমাদের আর কোনো উপায় থাকবে না!' চার বিমান সারথী কুম্ভকর্ণের দিকে ঘুরল, কারণ তিনিই ছিলেন জগতের সর্বশ্রেষ্ঠ বিমানচালক।

'হাওয়ার বিরুদ্ধে এত শক্তিক্ষয় করলে যন্ত্রাংশ যে কোনো সময়ে বিনষ্ট হতে পারে,' তিনি বিধান দিলেন, 'পুষ্পককে ভেসে যেতে দাও, কিন্তু হাল ধরে থাকো। বিমানকে সোজা রাখো, তাহলেই আমরা সামলে নিতে পারব!'

তাঁর নির্দেশানুসারে সারথীরা তাদের বজ্রমুষ্ঠি আলগা করতেই, পুষ্পক আগের চেয়েও ভয়ংকরভাবে আন্দোলিত হতে শুরু করল!

রাবণ মুখব্যাদান করে বললেন, 'কী চাও তুমি কুম্ভ? আমিও বমন শুরু করি?'

'বমন কখনোই প্রাণনাশক প্রক্রিয়া নয় দাদা, কিন্তু বিমান ভেঙে পড়লে সেইকাজও সুষ্ঠভাবে সম্পাদিত হবে!' কুম্ভকর্ণের উত্তর।

রাবণ পুনরায় গম্ভীরমুখে, একটি গভীর শ্বাস নিয়ে, চোখ বুজে আসনের পেটিকা আরো জোরে আঁকড়ে ধরলেন।

'এই ঝঞ্ঝা কিন্তু একটি কারণে আমাদের কাছে শুভ,' কুম্ভকর্ণ বললেন, 'বিমানের একাধিক চক্রসমূহের তীব্র নিনাদ কিন্তু এই হাওয়ায় চাপা পড়ে যাবে, তাই আমাদের উপস্থিতি ওদের কাছে সহজে ধরা পড়বে না। আক্রমণে সুবিধা হবে আমাদের!'

রাবণ বিরক্তমুখে চোখ খুলে বললেন, 'তুমি কি উন্মাদ হলে কুম্ভ? সংখ্যায় ওদের পাঁচ গুণ আমরা! আমাদের কোনো সুবিধার প্রয়োজন দেখছি না, আমাদের অক্ষতদেহে অবতরণ সবচাইতে জরুরি!'

—ॐ—

যুদ্ধ ছিল সংক্ষিপ্ত ও প্রত্যাশা অনুযায়ী ছিল তার ফল।

লঙ্কাবাহিনীর পক্ষে একটি প্রাণহানিও সংঘটিত হল না। অন্যপক্ষে সেনাপ্রধান জটায়ু এবং তাঁর দুজন সৈন্য ছাড়া, অবশিষ্ট সমস্ত মলয়পুত্র হয় দেহত্যাগ করল, নয় গুরুতরভাবে আঘাতপ্রাপ্ত হল! কিন্তু রামচন্দ্র, রানি সীতা ও রামানুজ লক্ষ্মণের হদিশ পাওয়া গেল না!

কুম্ভকর্ণ যখন লঙ্কাসেনাকে নিয়ে নতুন উদ্যমে আবার পলাতক তিনজনের অন্বেষণে ব্যস্ত, লঙ্কাধিপতি তখন তাঁর সামনে শায়িত এক আহত মলয়পুত্রের দিকে নির্নিমেষে তাকিয়ে! মানুষটির দেহে তখনো প্রাণের লেশমাত্র অবশিষ্ট। নিস্তেজ হয়ে আসা প্রতিটি শ্বাসের সঙ্গে মৃত্যুর করাল প্রতিচ্ছবি তার দিকে ধাবমান!

কালচে ঘন রক্তের পরিখা তৈরি হচ্ছে তার শরীর ঘিরে, মাটি ভিজে যাচ্ছে আর সবুজ ঘাসও বিবর্ণ হয়ে উঠছে রক্তের সংস্পর্শে এসে! তার দুই জঙ্ঘার প্রধান শিরা কর্তিত হয়েছে যুদ্ধপ্রক্রিয়ায়। আঘাত গভীর—অস্থিমূল ছুঁয়েছে সেই নারকীয় আঘাত! ছিন্ন শিরা উপশিরা থেকে পুঞ্জিভূত রক্ত ভলকে ভলকে বেরিয়ে আসছে।

রাবণ চেয়েই আছেন সেদিকে। ধীরে ধীরে প্রাণ গ্রাস করা নির্মম মৃত্যুর

দৃশ্য তাঁর চিত্ত বিনোদনের অন্যতম কারণ! তাঁর কানে ভেসে আসছে অনুজ কুম্ভকর্ণের কথা। 'জটায়ু বিশ্বাসঘাতক! মলয়পুত্রদের দলে ভেড়ার আগে সে আমাদের একজন ছিল! তোমরা ওর সঙ্গে যা ইচ্ছে হয় করো, আমার তাতে কোনো আগ্রহ নেই। আমার শুধু তথ্যাবলি চাই, খর!'

'তথাস্তু, প্রভু কুম্ভকর্ণ,' খর তাঁকে অভিবাদন জানাল। সে এখন নিশ্চিন্ত। সমীচি ও সে নিজেদের প্রমাণ করেছে, তথ্য ও বাহুবল পরিদর্শনের মাধ্যমে। সে কুম্ভকর্ণের উদ্দেশে করজোড়ে প্রণাম জানিয়ে তার দলের দিকে পা বাড়াল।

রাবণ এখনো সেই মৃত্যুপথযাত্রী মলয়পুত্রের দিকে অপলকে চেয়ে রয়েছেন! প্রবল রক্তক্ষরণে মরণ প্রায় আগত। তার পেটের মধ্যভাগের একটি ছোট আঘাত থেকে ফিনকি দিয়ে রক্ত ছিটকে উঠছে। রাবণ দেখলেন আঘাত ছোট হলেও সেটি গভীরে গিয়ে যকৃৎ, উদর, কলিজা ইত্যাদিকে কর্তন করেছে। প্রচণ্ড রক্তক্ষরণের সঙ্গে সঙ্গে মানুষটির শরীরটা অসীম যন্ত্রণায় কুঁকড়ে যাচ্ছে।

কুম্ভকর্ণের কথায় তাঁর সম্বিত ফিরল!

'আমরা সাতটা দলে ভাগ হয়ে যাব। প্রতি দলে দুজন করে। সবাই ছড়িয়ে পড়ো। ওরা কিছুতেই বেশিদূর যেতে পারেনি। যদি রাজকুমারদ্বয় বা রাজকুমারীর হদিশ পাও, আক্রমণের পথে যাবে না। একজন ফিরে এসে আমাদের খবর দেবে, আর বাকিরা ওঁদের অনুসরণ করতে থাকবে!'

রাবণের যাবতীয় মনোযোগ তখনো সেই মলয়পুত্রের উপর ন্যস্ত! তার বাম চোখটি ঠিকরে বেরিয়ে এসেছে। হয়তো গোপন বাঘনখ পরে থাকা কোনো লঙ্কা যোদ্ধার আক্রমণের ফল! সম্পূর্ণ বিনষ্ট চোখটি চক্ষুগহ্বর থেকে বেরিয়ে এসে ঝুলে রয়েছে একটিমাত্র স্নায়ুর দ্বারা! বর্ণহীন, রক্তাভ ও বিনষ্ট ফ্যাকাশে অক্ষিগোলোকটি থেকে ফোঁটা ফোঁটা রক্তবিন্দু তখনো মাটিতে মিশছে।

মলয়পুত্রের মুখ খোলা, তার বুকের খাঁচার দ্রুত ওঠাপড়া প্রাণপণে শেষ বাতাসটুকু শুষে নেওয়ায় চেষ্টারত। প্রাণ বেরোবার আগে বেঁচে থাকার শেষ আর্তিটুকু!

প্রাণ বেরিয়ে যাওয়ার আগের মুহূর্ত পর্যন্ত আত্মা যে কেন দেহ পরিত্যাগ করার অপেক্ষায় থাকে—যখন সে জানে যে যন্ত্রণাক্লিষ্ট শরীরের কাছে সেই মুহূর্তে মৃত্যুই বেশি কাম্য?

'দাদা।' কুম্ভকর্ণের কথা মহারাজের চিন্তার জাল ছিন্ন করল। তিনি একটা হাত তুলতে কুম্ভকর্ণ নিশ্চুপ হয়ে গেলেন। রাবণ দেখতে থাকলেন—

মলয়পুত্রের প্রাণ ধীরে ধীরে নিষ্কাশিত হতে শুরু করেছে। তার প্রশ্বাস আরো কষ্টসাধ্য ও প্রগাঢ় হতে থাকল, আর তার সঙ্গে শরীরের অগণিত ক্ষতস্থান থেকে রক্তক্ষরণের মাত্রা বৃদ্ধি পেল।

যেতে দাও...

একটা মৃদু কম্পন। সর্বশেষ নিঃশ্বাসটি মৃত্যুপথযাত্রী মানুষটির মুখগহ্বর থেকে নির্গত হয়ে গেল। এক মুহূর্তের জন্য সব শান্ত, প্রবল আতঙ্কে যেন চোখ বিস্ফারিত হয়ে গেল তার। মুষ্ঠিবদ্ধ হল সজোরে, পাদুটি বেঁকে গেল ধনুকের মতো, তারপর সব স্থির হয়ে গেল চিরতরে।

শিথিল হয়ে গেল তার শরীর।

মৃতদেহের সামনে থেকে ঘুরে দাঁড়াতে লঙ্কাধিপতির দুই মুহূর্ত অবকাশ দরকার হল। তারপর তিনি অনুজকে জিগ্যেস করলেন, 'তুমি কিছু বলছিলে আমায়?'

'ওঁরা বেশিদূর যেতে পারেনি,' কুম্ভকর্ণ বললেন, 'খর অতি সত্বর জটায়ুর খবর এনে দেবে আমাদের। বিষ্ণুর অবতারকে আমরা খুঁজে পাবই! রাজকুমারীকে আমরা জ্যান্ত উদ্ধার করব।'

'আর রাম ও লক্ষ্মণের কী হবে?'

'আমাদের উদ্দেশ্য হবে ওনাদের আঘাত না করা। ওনাদের অবগত করানো আমাদের দায়িত্ব, যে এই প্রতিশোধ শূর্পণখার অপমানের কারণে। আমরা কি বিমানে ফিরে গিয়ে অপেক্ষা করব?'

রাবণ মাথা নাড়লেন, যার একটাই অর্থ—না!

—ॐ—

'আমি সীতাকে দেখতে চাই,' বললেন রাবণ।

'সে অবকাশ নেই, দাদা। রাম আর লক্ষ্মণ আশেপাশেই আছেন, তাঁরাও হয়তো এখুনি এখানে পৌঁছবেন। আমি তাঁদের মেরে ফেলতে চাই না। এটাই একদম সঠিক হয়েছে। আমরা বিষ্ণুর অবতারকে পেয়ে যাব, আর অযোধ্যার 'রাজার' গায়ে একটা আঁচড়ও পড়বে না। চলুন আমরা এই স্থান পরিত্যাগ করি। পুষ্পকে উঠেও আপনি সীতাকে দেখতে পারবেন।'

অরণ্যের মাঝখানের একটা অংশ পরিষ্কার করে, স্বল্প পরিসরে মলয়পুত্ররা

তাদের অস্থায়ী আস্তানা বানিয়েছিল। তাদের ঘিরে ছিল ঘন, দুর্ভেদ্য অরণ্য, এতটাই ঘন যে গাছপালার ভিতর দিয়েও কিছু দেখা যায় না। রাজকুমারদ্বয় ফিরে আসার আগেই, সঙ্গত কারণে কুম্ভকর্ণ এই এলাকা পরিত্যাগে আগ্রহী ছিলেন।

রাবণ অনুজের পরামর্শে সম্মতি জানিয়ে বিমানের দিকে চলতে শুরু করেন। তাঁর দেহরক্ষী তাঁর সামনে, এবং কুম্ভকর্ণ তাঁর পাশে পাশে চললেন। তাঁদের পিছনে চলল মূল সেনাদল, যারা একটি বাঁশের মাচায় করে কাঁধে চাপিয়ে নিয়ে আসছিল হতচেতন বন্দিনী সীতাকে। এই বিচিত্র দলটির একেবারে শেষে চলল প্রধানরক্ষী।

রামচন্দ্র ও লক্ষ্মণ এখনো বন্দি হননি, এবং তাঁরা সশস্ত্র—এই ব্যাপারে অবগত থাকায় লঙ্কাবাহিনী ভীত ও সন্ত্রস্ত। তারা কোনোমতেই অলক্ষ্যে উড়ে আসা অব্যর্থ তিরের হতভাগ্য শিকার হতে প্রস্তুত ছিল না।

হঠাৎ দূর থেকে মাঝে মাঝে আর্তচিৎকার ভেসে আসতে থাকল। প্রতি মুহূর্তে সেই চিৎকার আরও জোরাল হয়ে উঠতে থাকল।

'সীতাআআআআ!!'

রামচন্দ্র অযোধ্যার রাজা দশরথের জ্যেষ্ঠপুত্র। অযোধ্যা ওই সমগ্র এলাকার রাজধানী হওয়ায়, রাজা দশরথ সপ্তসিন্ধুর দেশের সম্রাট ছিলেন। *সপ্তসিন্ধুর দেশ*—অর্থাৎ *সাত নদীর দেশ*। মিথিলার মহাযুদ্ধে, *দৈব অস্ত্রের* অপপ্রয়োগের দোষে দুষ্ট রামচন্দ্রকে যখন শাস্তিস্বরূপ চোদ্দ বছরের জন্য বনবাসে পাঠানো হয়, রাজা দশরথ পুত্র ভরতকে রামচন্দ্রের স্থলাভিষিক্ত করেন। কিন্তু, রাজা দশরথের দেহাবসানের পরে, আশাতীতভাবে ভরত, সিংহাসনে অগ্রজ রামের পাদুকাজোড়া স্থাপন করে তাঁর মুখপাত্র হিসাবে দেশের শাসনভার গ্রহণ করেন!

ফলে, শাস্ত্রানুসারে রামচন্দ্র নির্বাসিত অবস্থাতেও সপ্তসিন্ধুর মহারাজ অর্থাৎ সেই প্রদেশের একনায়ক হিসাবে প্রতিষ্ঠিত ছিলেন। বনবাসে থেকেও। যদিও তাঁর কখনোই আনুষ্ঠানিক বরণ হয়নি রাজকুমার রূপে। তাই তাঁর প্রতি কোনো আক্রমণ, তাঁকে আহত করা বা মারার চেষ্টা তাঁর সমগ্র রাজ্যপাটের বিরুদ্ধে আক্রমণের সামিল। তখন এই বিস্তীর্ণ এলাকার সমস্ত প্রজা এককাট্টা হয়ে আক্রমণকারীর বিরুদ্ধে যুদ্ধ ঘোষণা করবে। এবং রাবণ ভালো করেই জানেন এই মুহূর্তে লঙ্কা যুদ্ধের ভার বইবার মতো অবস্থায় নেই।

কিন্তু রাজার ব্যাপারে এই অসুবিধে থাকলেও রানির ক্ষেত্রে এই নিয়ম প্রযোজ্য নয়।

আবার শোনা গেল সেই আর্তচিৎকার, 'সীতাআআআআ!'

রাবণ পুনরায় অনুজের দিকে ঘুরলেন, 'তোমার কী মনে হয় রাম কী করতে পারেন? উনি কি সপ্তসিন্ধুর সমস্ত সৈন্যবাহিনীকে একত্র করতে পারবেন?'

কুম্ভকর্ণের চেহারা সুবৃহৎ হলেও তাঁর গতিবেগে শ্লথতা ছিল না একেবারেই, তিনি অগ্রজের সঙ্গেই তাল মিলিয়ে পাশে পাশে চলছিলেন। চিন্তান্বিতভাবে তিনি বললেন, 'আমরা যেমন ভাবব ঘটনাপ্রবাহ সেদিকেই এগোবে। সপ্তসিন্ধু অঞ্চলে প্রচুর পরিবার আছে, যারা রামচন্দ্র ও তাঁর পরিবারের অনুগামী নয়। আমরা যদি জানিয়ে দিতে পারি যে শূর্পণখার অপমানের প্রতিশোধ নিতে রাজকুমারী সীতাকে অপহরণ করা হয়েছে, তাহলে যুদ্ধে অনিচ্ছুক রাজ্যগুলি পিছিয়ে যাওয়ার অজুহাত খুঁজবে। এছাড়াও, ওদের কাছে কোনো বাধ্যতামূলক নিয়ামাবলী নেই যাতে বলা আছে, রাজা ছাড়া অন্য কারো উপর আক্রমণ হলে তাদের যুদ্ধ করতে যেতে হবে। তাই, রানিকে অপহরণ করা হয়েছে বলেই তারা যুদ্ধে যেতে বাধ্য নয়। যারা অনিচ্ছুক, তারা যুদ্ধে যোগ নাই দিতে পারে। তাই আমার মনে হয় রামচন্দ্র চাইলেও বিশাল সৈন্যদল একত্র করতে পারবেন না।'

'তাহলে হতভাগা শূর্পণখা আর বিভীষণ, যতকিঞ্চিৎ হলেও কাজে লেগেছে বলা যেতে পারে, কি বলো?'

উপহাসের হাসি ঝিলিক দিয়ে গেল কুম্ভকর্ণের চোখে, 'হুম, উপকারী নির্বোধ ওরা!'

'খবর্দার, ওদের ওই নামে উল্লেখ করার অধিকার শুধুই আমার!' অট্টহাসিতে ফেটে পড়ে রাবণ খেলাচ্ছলে কুম্ভের সুবিশাল উদর চাপড়ে দিলেন।

দুভাই পুষ্পকবিমানের কাছে এসেই পড়েছিলেন, এবার তাঁরা বিমানের অভ্যন্তরে পদার্পণ করলেন সগর্বে। সৈন্যদল তাঁদের অনুসরণ করে বিমানে প্রবেশ করে নিজের নিজের স্থান দখল করল। বিমান আরোহণের প্রস্তুতি নিতে, রাবণ ও কুম্ভকর্ণ তাঁদের আসনে বসে বন্ধনপেটিকায় নিজেদের আবদ্ধ করতে উদ্যত হলেন। বিমানের যান্ত্রিক দুয়ার সশব্দে বন্ধ হতে শুরু করল।

সীতার দিকে কুম্ভকর্ণ সপ্রশংসার দৃষ্টিতে তাকিয়ে মাথা নাড়লেন, 'অসাধারণ

বীরাঙ্গনা এই রাজকুমারী!' লঙ্কার সৈন্যদল তখন তাঁর অচেতন শরীরটিকে আরো ভালোভাবে বেঁধে ফেলছে ধীরে ধীরে!

এই বীরাঙ্গনাকে আটক করতে ওঁদের মাথার ঘাম পায়ে ফেলতে হয়েছে!

রামচন্দ্র ও রামানুজ লক্ষ্মণের বিরুদ্ধে শূর্পণখার যুদ্ধের তিরিশ দিন অতিক্রান্ত হতে, অযোধ্যার রক্ষীদল তাদের রাশ আলগা করেছিল। তারা ভেবেছিল লঙ্কার দলবল তাদের না খুঁজে পেয়ে হাল ছেড়ে দিয়েছে। সেদিনই তাঁরা বাইরে বেরিয়ে নিজেদের জন্য খাদ্য সংগ্রহে ব্যস্ত হয়েছিলেন। মকরন্ত নামের এক মলয়পুত্র সেনার সঙ্গে সীতা গিয়েছিলেন কলাপাতা কেটে আনতে। রাম ও লক্ষ্মণ গিয়েছিলেন সম্পূর্ণ অন্যদিকে, শিকারের সন্ধানে।

যে দুজন লঙ্কাসেনা সীতার হদিশ পেয়েছিল, তারাই মকরন্তকে মেরে ফেলে। কিন্তু তারা দুজনে সীতার হাতে মারা পড়ে। তারপরে বীরাঙ্গনা রাজকুমারী সীতা ঘন জঙ্গলের ভিতর আত্মগোপন করে পৌঁছে যান মলয়পুত্রদের বিধ্বস্ত উপনিবেশে, সেখানে তূণীরভর্তি তিরের অব্যর্থ লক্ষ্যভেদে, নিকেশ করেন প্রচুর লঙ্কাসেনাকে। প্রতি মুহূর্তে স্থান পরিবর্তন করার ফলে তিনি অধরা রয়ে যান। কিন্তু তিনি রাবণ বা কুম্ভকর্ণের নাগাল পাননি, কারণ রণকুশলী লঙ্কাসৈন্য তাঁদের ঘিরে এক দুর্ভেদ্য রক্ষাবেষ্টনী রচনা করেছিল। তাঁর বিশ্বস্ত অনুচর, সর্দার জটায়ুর প্রাণরক্ষা করতে তিনি আত্মপ্রকাশ করেন। তখনি তাঁকে কড়া বিষের আক্রমণ শানিয়ে অচৈতন্য অবস্থায় পুষ্পকবিমানে আটক করা সম্ভব হয়!

'মলয়পুত্রদের ধারণা এই সীতা হলেন বিষ্ণুর অবতার!' স্মিতভাবে হাসলেন রাবণ, 'ইনি একজন উৎকৃষ্ট যোদ্ধা বৈ আর কিছু নন।'

সনাতন ভারতীয় সংস্কৃতি অনুযায়ী, বীর যোদ্ধা রাজারা, বরং বলা ভালো, রাজাধিরাজেরা, যারা বীরত্বের ধারক বাহক হয়ে মানবজীবনের ইতিহাস নবরূপে রচনা করেছেন, শাস্ত্রমতে তাঁদের 'বিষ্ণু অবতার' আখ্যানে অভিহিত করা হয়। এখনো পর্যন্ত বিষ্ণুর ছয় অবতারের অস্তিত্ব পাওয়া গেছে, এবং মলয়পুত্রদের বংশের প্রতিষ্ঠাতা বিষ্ণুর এই ষষ্ঠাবতার—প্রভু পরশুরাম। বর্তমানে মলয়পুত্ররা তাদের সপ্তম অবতারকে আবিষ্কার করে ফেলেছে, যিনি ভারতদেশে জীবনযাপনের সনাতনী রূপ নতুনভাবে প্রতিষ্ঠা করবেন —তিনি এই রাজকুমারী সীতা! এবং লঙ্কাধিপতি রাবণ তাঁকে এই মুহূর্তে অপহরণ করতে সফল হয়েছেন!

তাদের কার্যসমাধা করে লঙ্কাসেনারা তাদের নিজস্ব জায়গায় ফিরে গেল।

বাঁশের মাচার উপর, সুতীব্র বন্ধনে সুদৃঢ়ভাবে শায়িত তিনি, রাবণের আসন থেকে আন্দাজ কুড়ি হাত দূরে! তাঁর অঙ্গবস্ত্র যত্নসহকারে তাঁর সারা শরীর আবৃত করে আছে, দেহের মূল অংশ ও পা দুখানি শক্ত করে বাঁধা। বিষের প্রভাবে তাঁর মুখ থেকে লালা নিঃসৃত হচ্ছে। ভীষণ কড়া এই বিষ, এর অনেকটা পরিমাণ ব্যবহৃত হয়েছে তাঁকে অচেতন অবস্থায় আনতে।

জীবনে প্রথমবার, রাজা রাবণ ও অনুজ কুম্ভকর্ণের সৌভাগ্য হল রাজকুমারী সীতার সৌন্দর্য অবলোকন করার! রাবণ অনুভব করলেন তাঁর শ্বাস বন্ধ হয়ে আসছে! তিনি কিংকর্তব্যবিমূঢ়ের ন্যায় বসে আছেন! চোখদুটি যেন আটকে গিয়েছে!

আটকে গিয়েছে সীতার শক্তিময়, রাজকীয় ও অনিন্দ্যসুন্দর মুখমণ্ডলে!

দ্বিতীয় অধ্যায়

ছাপান্ন বছর পূর্বে, গুরুদেব বিশ্রভের আশ্রম, ইন্দ্রপ্রস্থের নিকট, ভারতবর্ষ

চার বছর বয়সি শিশু রাবণের পদক্ষেপে দেখা গিয়েছিল দৃঢ়তা, আচার আচরণে স্বকীয়তা।

এই স্বনির্ভর শিশুটি ছিল ঋষি বিশ্রভের প্রথম পুত্রসন্তান। সুবিখ্যাত ঋষিরাজ পরিণয় বন্ধনে আবদ্ধ হয়েছিলেন বেশ বিলম্ব করেই, তখন তাঁর বয়স সত্তর বছর পেরিয়েছিল। তাঁকে দেখে যদিও বোঝার উপায় ছিল না—প্রতিদিন বার্ধক্যরোধক জাদুপাণীয় সোমরস সেবন তাঁর বয়সকে একই জায়গায় ধরে রেখেছিল। বহুদশক ধরে চলতে থাকা তাঁর দেওয়া সুশিক্ষা ও বৈজ্ঞানিক পরীক্ষা-নিরীক্ষার সুফলাফল, তাঁকে অতি বিখ্যাত ও স্বনামধন্য করে তুলেছিল। সত্যি কথা বলতে, তিনি তাঁর সময়ের অন্যতম শ্রেষ্ঠ পণ্ডিত হিসাবে গণ্য হতেন।

বিখ্যাত পিতার পুত্র হবার কারণে, ছোট থেকেই রাবণের উপর প্রত্যাশার চাপ ছিল প্রবলতম। রাবণ কিন্তু কাউকে আশাহত করেনি। ওই কচি বয়সেই, তাঁর বুদ্ধি ছিল প্রখর, এতটাই যে তা ভয়ের উদ্রেক করত! তাঁর সঙ্গে যারাই মিলিত হতো, তাদের মনে হতো ভবিষ্যতে এই বালক অনায়াসেই তাঁর পিতার অপরিসীম ক্ষমতাকেও ছাড়িয়ে যাবে।

কিন্তু জগতের একটা বাঁধাধরা নিয়ম আছে, যা সবকিছুর ভারসাম্য ধরে রাখে। তাই, ভালোর সঙ্গে মিশে থাকে মন্দ!

সূর্যদেব পাটে যাচ্ছিলেন সুদূর দিকচক্রবালে, রাবণ সেই সময়ে ধৈর্য সহকারে তাঁর শিকার করা খরগোশের নরম, ভঙ্গুর পা দুটি বাঁধছিলেন দুটো খুঁটির সঙ্গে। ছোট্ট প্রাণীটি আতঙ্কে ছটফট করে উঠতে, তিনি হাঁটু দিয়ে তাকে নির্দয়ভাবে চেপে ধরে কষে দড়ির বাঁধন আরো শক্ত করলেন। বাঁধা শেষ হতে দেখা গেল প্রাণীটার দুটি করে পা দুদিকে টেনে বাঁধা, আর তার বুক আর পেটের নীচের অংশ উর্দ্ধমুখী—অর্থাৎ তাকে চিত করে রাখা হয়েছে। বালক রাবণ এতক্ষণে সন্তুষ্ট! এবার সে কাজ শুরু করতে পারবে!

আগের দিনই রাবণ আরেকটি খরগোশের ব্যবচ্ছেদ করেছিলেন। সেটির অস্থিবিন্যাস, মাংসপেশীর গঠনশৈলী ইত্যাদি সূক্ষ্ম বিষয়গুলি ভালো করে মাথায় ঢুকিয়ে ফেলেছিলেন, তখনও প্রাণীটির শ্বাসপ্রশ্বাস চলছিল। রাবণের ইচ্ছা ছিল ভালো করে চলমান সেই হৃদয়ের পরীক্ষানিরীক্ষা করা। কিন্তু বেচারি খরগোশের আর যন্ত্রণা সহ্য করার ক্ষমতা অবশিষ্ট ছিল না, তাই পাঁজরের হাড়গুলি কর্তন করে হৃদয়ে পৌঁছনোর আগেই সেটি মারা গিয়েছিল। রাবণ যখন হৃদয়ে পৌঁছলেন, তখন সেটি নিথর!

তাই আজ, তিনি ঠিক করেছেন প্রথমেই প্রাণীটির হৃদয়ে আঘাত হানবেন।

খরগোশটি তখনও প্রাণপণে ছটফট করছে, তার বিশাল কানগুলি প্রবলভাবে আন্দোলিত হচ্ছিল। খরগোশ সাধারণত শান্ত প্রাণী, কিন্তু এটি স্বাভাবিক আতঙ্কের কারণেই ছটফট করে চলেছিল।

রাবণ তাঁর শাণিত ছুরির ধার পরীক্ষা করলেন নিজের আঙুলের ডগায়। সঙ্গে সঙ্গে কয়েক বিন্দু রক্ত বেরিয়ে এল। আঙুলটা মুখে ঢুকিয়ে তিনি খরগোশটির দিকে তাকালেন, তাঁর মুখে হাসি!

তাঁর মধ্যে এক অদ্ভুত উত্তেজনা, তাঁর হৃদয়ের উদ্বেলিত স্পন্দন, তাঁর যাবতীয় অস্বস্তিকে ভাসিয়ে নিয়ে গেল তলপেটের সেই চিরকালীন অস্বস্তিকর ব্যথাকে! বাম হাত দিয়ে তিনি তাঁর শিকারকে শক্ত করে ধরলেন, ছুরির ফলাটা বাগিয়ে ধরা অসহায় প্রাণীটির বুকের ঠিক মাঝবরাবর!

আঘাত হানতে যেতেই রাবণ অনুভব করলেন তৃতীয় কোনো প্রাণের অস্তিত্ব। তিনি উপরে তাকালেন।

এ যে দেবী কন্যাকুমারী!

ভারতের অনেক রাজ্যে, কন্যাকুমারিকার পূজার চল ছিল, যার আসল অর্থ ছিল কুমারী পূজা। ভক্তরা বিশ্বাস করত, বিশেষভাবে চয়ন করা শুদ্ধ

কুমারী শরীরে ক্ষণিকের জন্য ভর করতেন দেবীমা। এই কুমারীদের জীবন্ত দেবীরূপে পুজা করা হতো। মানুষ তাদের কাছে আসত সুপরামর্শ ও ভবিষ্যৎ জানার জন্য—ভক্তদের মধ্যে অন্যান্য ধনীদের সঙ্গে রাজা রানিরাও থাকতেন—এই পূজা চলত তাদের ঋতুমতী হওয়া পর্যন্ত। প্রচলিত বিশ্বাস অনুযায়ী, তারপর দেবীমা তাদের দেহ পরিত্যাগ করে আরেকটি শুদ্ধ, কুমারী কন্যার শরীরে আশ্রয় নিতেন।

সারা ভারতে কন্যাকুমারীর অনেক মন্দির ছিল। এই বিশেষ কন্যাকুমারী, যিনি রাবণের সম্মুখে দণ্ডায়মান, তাঁর মন্দির পূর্বভারতের বৈদ্যনাথে।

মহাপীঠ অমরনাথের পবিত্র গুহা দর্শন শেষে, বৈদ্যনাথ হয়ে তিনি ফিরছিলেন তীর্থযাত্রা সম্পন্ন করে। পথে ঋষি বিশ্রভের আশ্রমে বিশ্রামের জন্য থেমেছিলেন। অমরনাথের পবিত্র গুহা বছরের বেশির ভাগ সময়েই বরফের আস্তরণে ঢাকা থাকে, তার অভ্যন্তরে রয়েছে বিশাল এক বরফের শিবলিঙ্গ। সনাতন বিশ্বাস বলে, দেবাদিদেব মহাদেব এই গুহাতেই মানবজীবনের উৎস-রহস্যের উন্মোচন করেছিলেন।

তীর্থশেষে ফেরার সময় এই সমস্ত তীর্থযাত্রীদের অন্তরে শান্তি ও পবিত্রতার উন্মেষ ঘটলেও, অত্যধিক ক্লান্তি ও অবসাদের থাবায় শরীর সম্পূর্ণ পর্যুদস্ত হয়ে পড়ে। তাই এই কন্যাকুমারী দেবী সিদ্ধান্ত নিয়েছেন যমুনা নদীর পার্শ্ববর্তী এই ঋষি বিশ্রভের আশ্রমে কিছুদিন বিশ্রাম গ্রহণ করে তারপর বৈদ্যনাথের পথে তাঁদের অবশিষ্ট পথ অতিক্রম করবেন।

এই আশ্রমে তাঁর আগমনে ঋষি বিশ্রভ সানন্দে তাঁকে স্বাগত জানান, কারণ তিনি জানতেন দেবীর সান্নিধ্যে, আলোচনের মাধ্যমে তিনি আধ্যাত্মিক জীবনের অনেক গূঢ় রহস্যমোচনের জ্ঞান আহরণ করতে পারবেন। দুর্ভাগ্যবশত, এই দেবী তাঁর সঙ্গে, বা আশ্রমের কারো সঙ্গে বাক্যালাপে আগ্রহী ছিলেন না, তিনি নিজের মনেই থাকতে ভালোবাসতেন।

কিন্তু এই দূরত্ব দেবীর প্রতি এক অনন্য, অমোঘ আকর্ষণ সৃষ্টি করেছিল। এমনকী নিজের জগতে আত্মবিস্মৃত কিশোর রাবণ, সুযোগ পেলেই তাঁর দিকে চমৎকৃত দৃষ্টিতে নির্নিমেষে তাকিয়ে থাকতেন!

তিনি উপরদিকে তাকিয়ে স্থাণুবৎ হয়ে গেলেন, তাঁর শাণিত অস্ত্র সেই জায়গাতেই থেমে থাকল।

কন্যাকুমারী তাঁর সম্মুখে দাঁড়িয়ে আছেন–তিনি অভিব্যক্তিহীন! তাঁর

মুখমণ্ডলে কোনোপ্রকার রাগ বা বিরক্তির প্রকাশ নেই, যা রাবণ আশ্রমের প্রতিটি মুখে লক্ষ করেছেন তাঁর এইসব বৈজ্ঞানিক পরীক্ষানিরীক্ষার অত্যাচারের ফলে। দেবীর মুখমণ্ডলে অসহায় প্রাণীটির জন্য কোনো দয়া বা অনুকম্পাও ধরা পড়ছে না! তিনি পুরোপুরি অভিব্যক্তিহীন! তাঁর দৃষ্টিতে অপার শূন্যতা।

তিনি পাথরের মূর্তির ন্যায় সেখানে দাঁড়িয়েছিলেন, জাগ্রত কিন্তু একই সঙ্গে প্রাণহীনা! বয়স কত হবে? বড়জোর আট কি নয় বছর। পাকা গমরঙা, গালের হাড় রীতিমতো উঁচু, আর একটা ছোট সুন্দর টিকালো নাক। ঘন কুচকুচে কালো চুলের একটা আলগা খোঁপা। কাজল রঙের গভীর, মসৃণ অক্ষিপল্লবে ঢাকা দীঘল চোখ। পরিধানে লাল ধুতি, জামা ও অঙ্গবস্ত্র। হিমালয় প্রদেশের মানুষের মতো তাঁর মুখের আদল।

চকিতে রাবণ নিজের ধুতির উপরে নাভির উপর বাঁধা কোমরবন্ধের দিকে তাকিয়ে একবার দেখে নিলেন। তাঁর গোপনীয়তা সুরক্ষিত রয়েছে। তারপর তাঁর মনে পড়ল তাঁর ক্ষতবিক্ষত, দাগে ভরা মুখমণ্ডলের কথা। শিশুবয়সে হওয়া জলবসন্তের কালিমা। সম্ভবত জীবনে প্রথমবার, তিনি তাঁর বাহ্যিক চেহারার সৌন্দর্য সম্পর্কে চিন্তিত হলেন!

প্রবলভাবে মাথা নাড়িয়ে এই চিন্তাধারাকে মন থেকে ঝেড়ে ফেলার মরিয়া চেষ্টা চালালেন কিশোর রাবণ।

'দেবী ক... কন্যাকুমারী!' অস্ফুটে বললেন তিনি, এবং তাঁর হাত থেকে ছুরিটি মাটিতে পড়ে গেল! তাঁর চোখের দৃষ্টি দেবীর চোখে আটকে গেছে!

একটি কথাও না বলে, দেবী কন্যাকুমারী এক পা বাড়িয়ে এগিয়ে এলেন, তাঁর অভিব্যক্তির বিন্দুমাত্র পরিবর্তন ঘটল না। সামনে ঝুঁকে তিনি ছুরিটি তুলে নিলেন। তারপর, সাবলীল আত্মবিশ্বাসী পোঁচে, অসহায় প্রাণিটির কঠোর বন্ধন হাল্কা করে দিলেন।

মুক্ত প্রাণীটিকে তুলে নিয়ে তার মস্তকে স্নেহচুম্বন স্থাপন করলেন দেবী কন্যাকুমারী। ভীত সন্ত্রস্ত মূক প্রাণীটি সম্ববত বুঝতে পেরেছিল, এযাত্রা সে প্রাণভিক্ষা পেয়েছে, তাই সে নীরবে দেবীর স্নেহের স্পর্শ উপভোগ করতে লাগল।

এক মুহূর্তের জন্য রাবণের মনে হল, দেবীর চোখে স্নেহ ও ভালোবাসার অভিব্যক্তি দেখা দিয়েই আবার তা সেই গাম্ভীর্যের মুখোশের আড়ালে তলিয়ে গেল।

তিনি খরগোশটিকে নামিয়ে দিতে সে কালবিলম্ব না করে চোখের আড়ালে চলে গেল।

দেবী কন্যাকুমারী পুনরায় রাবণের দিকে তাকিয়ে তাঁকে তাঁর ছুরিটি ফিরিয়ে দিলেন। তাঁর মুখমণ্ডল তখনও অভিব্যক্তিহীন।

কোনো কিছু না বলেই তিনি মুখ ঘোরালেন এবং সেখান থেকে চলে গেলেন।

তিনি এই আশ্রমে আসা থেকেই, কিশোর রাবণকে একটি প্রশ্ন কুরে কুরে খেত। জীবন্ত দেবীরূপে পূজিত হবার আগে, এই কন্যাকুমারী দেবীর নাম কী ছিল?

মাতা কৈকেশী ঘুমিয়ে পড়ার সঙ্গে সঙ্গেই রাবণ বাড়ি থেকে বেরিয়ে পড়েছিলেন। অতি সত্বর তিনি তাঁর গন্তব্যের দিকে এগিয়ে চলেছিলেন।

এখন তাঁর সাত বছর বয়স। পিতার খ্যাতির সঙ্গেই তাঁর নামোচ্চারিত হয় এক অতীব চিন্তাশীল বিস্ময়বালক রূপে। এছাড়াও তিনি ইতিমধ্যে রণকৌশলে পারদর্শী হয়ে উঠছিলেন, এবং এক মহান বীররূপে তাঁর সম্ভাবনার সাক্ষর রাখতে শুরু করেছিলেন। এই শেষ নয়, তিনি রীতিমতো সংগীতপ্রিয় ছিলেন। তারবিশিষ্ট বাদ্যযন্ত্রে ছিল তাঁর অসাধারণ দখল, বিশেষ করে রুদ্রবীণায় তাঁর পারদর্শিতা ছিল অনস্বীকার্য। খুব বেশিদিন হয়নি তিনি রুদ্রবীণার অধ্যয়ন শুরু করেছেন, কিন্তু ইতিমধ্যেই তিনি তার ভালোবাসায় মোহিত।

রাবণের পরমারাধ্য দেবাদিদেব মহাদেব, যিনি প্রভু রুদ্রনাথ নামেও পরিচিত, তাঁর নামেই এই রুদ্রবীণার নামকরণ। সকল বাদ্যযন্ত্রের মধ্যে এটির অভ্যাস সবচাইতে কঠিন বলে মনে করা হতো। রাবণকে যখন বলা হয়েছিল যে এটিকে সম্পূর্ণভাবে আয়ত্ত করতে বহুবছরের তপস্যার প্রয়োজন, তিনি নিজেকে প্রমাণ করার তাগিদে আরো কঠোর অনুশীলনে ডুব দিয়েছেন—কারণ রাবণ যে সর্বশ্রেষ্ঠ এই বিষয়ে কোনো সন্দেহ থাকা উচিত নয়।

অন্ধকারে হাঁটতে হাঁটতে, তাঁর মনে দোলাচল শুরু হয়। পরের দিন এক সংগীত প্রতিযোগিতার আয়োজন করা হয়েছে, ডাগর নামের এক প্রতিযোগীর

সঙ্গে তাঁকে লড়তে হবে। এক অল্পবয়সি, প্রতিশ্রুতিমান এবং স্বনামধন্য রুদ্রবীণাবাদক এই ডাগর, বর্তমানে ঋষি বিশ্রভের আশ্রমে বিশ্রামরত।

যদিও এটি একান্তই একটি বন্ধুত্বপূর্ণ প্রতিযোগিতা, রাবণের পরাস্ত হবার কোনো অভিপ্রায় ছিল না।

তাঁর মনে পড়ে রুদ্রবীণার সঙ্গে প্রথম সাক্ষাতের মুহূর্ত। মেহগনি কাঠের নিখুঁত ভাস্কর্যের উৎকর্ষ এই বীণার দুই খোলের মাঝে অঙ্গুলি সঞ্চালনের স্থান স্পর্শ করতেই তাঁর কিশোর মনে এক অনিন্দ্যসুন্দর ভালোবাসা তৈরি হয়েছিল। পরে জেনেছিলেন ওই অংশটি আসলে সুবিশাল লাউখোল দ্বারা নির্মিত। মধ্যবর্তী দণ্ডের দুধারে প্রভু রুদ্রনাথের প্রিয় পক্ষী ময়ূরের ছবি খোদাই করা! অঙ্গুলিস্থাপনের সঙ্গে বাইশটি ছোট কাঠের টুকরো সোজাসুজি মোমের দ্বারা লাগানো, আর দণ্ডের দুধারে ও মাঝামাঝি তিনটি ক্ষুদ্র সেতু আছে।

এই অত্যাশ্চর্য বাদ্যযন্ত্রে আটখানি তার আছে, তার মধ্যে চারটি প্রধান ও তিনটি কোমল তার দণ্ডের একদিকে, আর অবশিষ্ট আরেকটি কোমল তার দণ্ডের আরেক দিকে অবস্থিত। প্রতিটি তারের মাথা শক্ত করে জড়ানো আছে সুরদণ্ডের মাথার আটখানি ঘূর্ণায়মান কাঠের চাবির সঙ্গে।

তাঁর সংগীত শিক্ষার প্রথমদিনে, রাবণ লক্ষ করেছিলেন পুরোনো ছাত্ররা আশ্রমের মেঝেতে পা মুড়ে বসে, রুদ্রবীণার একটি খোল নিজ কাঁধে এক বিশেষ পদ্ধতিতে ধরে রেখেছে। কেউ কেউ আবার কাঁধের পরিবর্তে বাম হাঁটুর ব্যবহার করেছে। তখনই তিনি বুঝলেন যে এই বিশেষ বাদ্যযন্ত্র একান্তই ব্যবহারকারীর সুবিধামতো ব্যবহার্য, একে নির্দিষ্টভাবে ধারণ করার কোনো বাধ্যবাধকতা নেই—আর এই যন্ত্রের আকারের তারতম্য নেই।

যিনি পুঙ্খানুপুঙ্খরূপে রুদ্রবীণার গঠনশৈলী লক্ষ করেছেন, তিনিই জানেন এই যন্ত্রটিকে বুঝে ওঠাই বিষম ব্যাপার, বাজানোর কথা তো দূর অস্ত। তর্জনী ও মধ্যমায় পরিহিত ধাতুনির্মিত আংটার দ্বারা প্রধান তারগুলিকে আকর্ষণ করতে হয়, আর কড়ে আঙুলের নখ দিয়ে কোমল তারগুলিকে আকর্ষণ দ্বারা এই বাদ্যযন্ত্র থেকে অপার্থিব সুরসংগীত নির্গত হয়। প্রতিটি তারকে মূল দণ্ডের নীচে থেকে বামহাতে আয়ত্তে রাখা হয়, এবং অসুবিধার কারণ ঘটে যখন ডানহাত এসে কোমল তারের আকর্ষণে বামহাতের প্রতিবন্ধকতা সৃষ্টি করে!

কিন্তু অন্যান্য তার সম্বলিত বাদ্যযন্ত্রের সঙ্গে রুদ্রবীণার পার্থক্য তার থেকে নিঃসৃত সুমধুর সুরের প্রবাহ—দুটি খোল থাকার কারণে সুর বা সংগীতলহরীর

ঘনত্ব এবং মিষ্টতার আকাশপাতাল অন্তর ঘটে। যন্ত্র নির্গত নিখুঁত শব্দলহরী সংগীতের ক্ষমতা ও রসাস্বাদনে বিশেষ উপাদান হিসাবে গণ্য হয়।

খোলগুলিকে বিনষ্ট করো! সুরের মূর্ছনা বিনষ্ট হোক। সংগীতকে ধ্বংস করো!

পায়ে পায়ে চুপিচুপি রাবণ সেই বিশেষ ছোট কুঁড়েতে ঢুকলেন, যেখানে সমস্ত বাদ্যযন্ত্র সুরক্ষিত রয়েছে। ডাগরের বীণাও সেখানেই বিরাজমান। সংগীতজ্ঞরা প্রতিদিন সকাল সন্ধ্যায় তাঁদের বাদ্যযন্ত্রের পূজাপাঠ সম্পন্ন করেন, এই সত্য সকলের অবগত, এবং ডাগরও এর ব্যতিক্রম ছিলেন না। তাই তার রুদ্রবীণার সামনেও পূজার ফুলমালা ও ভস্মীভূত ধূপকাঠির ছাই পড়েছিল।

রাবণ মনে মনে ভীষণ হর্ষিত হলেন—*ডাগরের প্রার্থনা আজ গ্রাহ্য হবে না!*

তিনি নিঃশব্দে তড়িঘড়ি কাজ শুরু করলেন। প্রথমেই বাদ্যযন্ত্রের উপরের আবরণ টেনে সরিয়ে দিলেন। তারপর বামদিকের খোলটি খুলে ফেলে ওটির ভিতরের দেওয়ালে হাত বোলালেন রাবণ—নিখুঁতভাবে পালিশ করা সেটি। কোমরবন্ধে লুকোনো ছোট ঝোলা থেকে তিনি বার করে আনলেন লোহার ধারালো যন্ত্র, এবং সেটি দিয়ে নির্মমভাবে সেই দেওয়াল আঁচড়ে দিতে থাকলেন!

আগামীকাল ডাগর তাঁর বাদ্যযন্ত্রের সুর বাঁধার সময় সুরের নিটোলতার হেরফের ধরতে পারবেন না। কিন্তু যখন তাঁর কাছে সেই খুঁত ধরা পড়বে, তখন তিনি প্রতিযোগিতার মধ্যবর্তী পর্যায়ে থাকবেন। তখন কিছু করার উপায় থাকবে না তাঁর! এই গর্হিত কাজটি করতে করতে রাবণের নজর বারবার দরজার দিকে পড়ছিল। এইমুহূর্তে এই ঘরে কারো আগমন ঘটলে, অজুহাত হিসেবে একটা শব্দও তাঁর মুখ থেকে বেরোবে না। কিন্তু এইসব কথা ভাবার মতো সময় তাঁর নেই।

তিনি একাগ্রচিত্তে তাঁর কাজে মনোনিবেশ করলেন।

—।ঠ।—

প্রতিযোগিতার সকালটি ছিল রৌদ্রোজ্জ্বল, নীল আকাশে একটুকরো মেঘের অস্তিত্ব ছিল না। আশ্রমের বাসিন্দারা যারপরনাই চমৎকৃত, কারণ বৈদ্যনাথধামের দেবী কন্যাকুমারী পুনরায় আশ্রমে এসে উপস্থিত হয়েছেন। সুদীর্ঘ তিন বছর

পর আবার তাঁর প্রত্যাবর্তন। এইবার তাঁর গন্তব্য ভারতের উত্তর পশ্চিমাংশে স্থিত বিখ্যাত তক্ষশীলা বিশ্ববিদ্যালয়। এবং যাত্রাপথে ঋষি বিশ্রভের এই আশ্রম তাঁদের কাছে এক আদর্শ বিশ্রামাগার হিসাবে গণ্য।

দেবী কন্যাকুমারীর সামনে প্রতিযোগিতা শুরু হতে দুই বাদ্যযন্ত্রী নিজেদের সংগীতসম্ভার পরিবেশনায় বসলেন। কিন্তু প্রতিযোগিতা হল ক্ষণস্থায়ী, ডাগরের রুদ্রবীণা কিছুক্ষণ পরেই বিনষ্ট হতে, প্রতিযোগীদের মধ্যে কনিষ্ঠজনকে বিজয়ী ঘোষণা করা হল।

ঋষি বিশ্রভ কিন্তু তাঁর পুত্রকে রন্ধ্রে রন্ধ্রে চিনতেন।

তিনি রাবণকে টানতে টানতে তাঁদের কুটিরে নিয়ে গেলেন প্রতিযোগিতার অব্যবহিত পরেই!

কুটিরের দুয়ার ভেজিয়ে দিয়ে চাপা রাগান্বিত স্বরে বললেন, 'তুমি কী করেছ?' যাতে কেউ তাঁদের কথোপকথন শুনতে না পায়।

রাবণ জ্বলন্ত চোখে পিতার দিকে চেয়ে উদ্ধত গলায় উত্তর দিল, 'আমি কিছু করিনি!' তাঁর ঔদ্ধত্যপূর্ণ উচ্চ শির তাঁর পিতার বুকের নাগালেও পৌঁছোয়নি এখনো, 'আপনার পছন্দের ওই অপদার্থ বাদ্যযন্ত্রীর চাইতে আমার গুণ অনেকাংশে বেশি!'

'মুখ সামলে কথা বলো তুমি,' রাগে ঋষি বিশ্রভের হাতদুটি বজ্রমুষ্ঠি মুদ্রা ধারণ করল। 'আধুনিক জগতে ডাগর হলেন মহাকুশলী রুদ্রবীণা বাদকদের মধ্যে অন্যতম সেরা!'

রাবণের মুখে আবার তাচ্ছিল্যের অভিব্যক্তি খেলা করে যায়, 'অন্যতম সেরা হতেই পারে, কিন্তু আমায় পরাজিত করার মতো শক্তিশালী নয়।'

'দেবী কন্যাকুমারী এই স্থানে উপস্থিত। তাঁর উপস্থিতিতে এই প্রতারণা আমি কীভাবে সহ্য করি?'

রাবণ এই বিশেষ শব্দটির অর্থ জানতেন না, 'প্রতা... কী বললেন?'

তাঁদের পিছনে দাঁড়ানো কৈকেশী মৃদুস্বরে বললেন, 'বিশ্রভ, আপনার যদি বিন্দুমাত্র সন্দেহ থাকে রাবণের সততা নিয়ে, আপনি এই মুহূর্তে সর্বসাধারণের সামনে ডাগরকে বিজয়ী ঘোষণা করুন। রাবণের উপলব্ধি হবে। যদি সম্ভব হয়, দেবী কন্যাকুমারীও—'

রাবণ তাঁকে বাধা দিলেন, 'কিন্তু আপনার স্বামীও সেই একই দোষে দুষ্ট! আমার জন্মের সময় থেকে উনি মিথ্যাচার করে আসছেন। সেই ব্যাপারে

উনি দেবী কন্যাকুমারীর কাছে সত্যি বলছেন না কেন? সকলকে কেন আমার সম্বন্ধে সত্যি কথাটা বলছেন না?'

বৃদ্ধ ঋষি প্রচণ্ড রাগে তাঁর হাত উপরে ওঠালেন! 'দয়া করুন স্বামী!' কৈকেশী ছুটে গিয়ে দুহাত দিয়ে তাঁর পুত্রকে আড়াল করে দাঁড়ালেন, 'আপনি ভুল করছেন, আপনি এভাবে রাবণের গায়ে হাত তুলবেন না।'

'চুপ করো। এর দায় সম্পূর্ণ তোমার! তোমার কর্মের ফলে আমার আজ এই দুরবস্থা! তোমার কর্মের ফলে আজ রাবণের নাভিমূল ক্ষতিগ্রস্ত। আজ ওর মন দূষিত।' তিক্তস্বরে বলে উঠলেন ঋষি বিশ্রভ।

রাবণ রাগান্বিত স্বরে বললেন, 'ওনার সঙ্গে কথা বলে কাজ নেই। আপনি আমার সঙ্গে কথা বলুন!'

আর রাগ সামলাতে না পেরে, ঋষি বিশ্রভ কৈকেশীকে ঠেলে সরিয়ে দিয়ে রাবণের দিকে ধেয়ে গেলেন। সজোরে এক চপেটাঘাত করলেন তাঁর গণ্ডদেশে। প্রবলশক্তির এই প্রহারের ফলে সাত বছরের ছোট ছেলেটি কুটিরের একদিকে ছিটকে পড়ল। কৈকেশী আর্তচিৎকার করে ছুটে গেলেন ভূপতিত রাবণের কাছে।

মাটিতে পড়ে থাকা রাবণের দিকে তাকালেন ঋষি বিশ্রভ। তাঁর কোমরবন্ধ খুলে যেতে, তাঁর নাভিমূল থেকে বেরিয়ে থাকা কালচে বেগুনি মাংসের ডেলাটি বেরিয়ে পড়ল—এটিই তাঁর জন্মগত শারীরিক অসামঞ্জস্য। এটাই প্রমাণ করে যে রাবণ একজন 'নাগ'! সনাতন বিশ্বাস অনুযায়ী, এইরূপ শারীরিক অসামঞ্জস্য গত জন্মের কুকর্মের ফল, বা দুরাত্মার অভিশাপ। এবং এই সমস্ত অভিশপ্ত মানুষদের 'নাগ' নামে অভিহিত করা হতো।

ঋষি বিশ্রভ প্রবল বিরক্তি লুকোবার চেষ্টা না করেই বললেন, 'তোমার পোষাক ঠিক করো!' রোষকষায়িত নজরে স্ত্রীর দিকে তাকিয়ে বিষোদ্গার করলেন ঋষি, 'তোমার পুত্র আমার কলঙ্ক!' রাবণ তাঁর মায়ের মমতার হাত ঘৃণায় ঠেলে সরিয়ে দিয়ে বললেন, 'আমি আপনার কলঙ্কই তো! কারণ প্রত্যেকে জানে যে আপনার চেয়ে আমি সর্বদিক থেকেই বহুগুণে সেরা!'

'দুর্মুখ বালক! ইন্দ্রদেব তাঁর আশীর্বাদের জন্য ভুল মানুষকে চয়ন করেছেন!' যাওয়ার পথে বলে গেলেন ঋষি বিশ্রভ!

'হ্যাঁ, বিদায় হন আপনি! আমার চোখের সামনে থেকে চলে যান! আমার

আপনাকে প্রয়োজন নেই!' অশ্রুসিক্ত চোখ আর কম্পমান কণ্ঠস্বর যতদূর সম্ভব স্বাভাবিক রাখা যায়, তার প্রচেষ্টায় মরিয়া হলেন রাবণ!

নাভিমূলের যন্ত্রণা বৃদ্ধি পাচ্ছিল উত্তরোত্তর। তাঁর ক্রমবর্ধমান রাগের সঙ্গে সঙ্গে!

—১০—

পিতার আশ্রমের অনতিদূরে যমুনার তীরে বসেছিলেন রাবণ। তাঁর অপমানের অশ্রু বহুক্ষণ আগে শুকিয়ে গেলেও, তাঁর গণ্ডদেশে এখনো আঘাতের স্পষ্ট ছাপ রয়ে গেছে।

হাতে একটা আতসকাচ নিয়ে মাটির দিকে তাকিয়ে আছেন তিনি। অসীম মনোযোগ সহকারে, সূর্যের শক্তিশালী আলো তিনি পুঞ্জিভূত করতে সক্ষম হলেন কাচের ভিতর দিয়ে, এবং অসহায় পলায়মান পিঁপড়ের দলকে নির্মমভাবে দহন করতে থাকলেন। তাঁর শিরা উপশিরায় বয়ে চলা রক্তস্রোত অস্বাভাবিক রাগে ফুটছে, শ্বাসপ্রশ্বাস ত্বরান্বিত! নাভিমূল থেকে উঠে আসা যন্ত্রণার প্রকোপ ধীরে ধীরে বাড়ছে।

ঠিক সেই মুহূর্তে তাঁর নাকে এক অপূর্ব সুবাস ধরা দিল।

মাথা ঘুরিয়ে তিনি তাঁকে দেখতে পেলেন।

দেবী কন্যাকুমারী!

তাঁর দেহ শীতল হতে শুরু করল, হাতে এখনও সেই মারণ আতসকাচ ধরা। আগুনে ঝলসে যাওয়া ক্ষুদ্র প্রাণীগুলির দেহাবশেষ পড়ে আছে তাঁর পায়ের কাছে। আগুনের তাপে সেই বিশেষ জায়গার ঘাসগুলি কালচে রঙ ধারণ করেছে!

কন্যাকুমারীর সেই ভাবলেশহীন অভিব্যক্তি! রাগ, ক্ষোভ বা বিরক্তির কোনো প্রকাশমাত্র নেই!

কাছে এসে তিনি রাবণের হাত থেকে আতস কাচটি নিয়ে নিলেন, 'তুমি এর চেয়ে অনেক ভালো কাজ করতে পারো!'

রাবণের মুখে একটাও কথা সরলো না। তাঁর গলা শুকিয়ে কাঠ হয়ে গেছে। অনেকক্ষণ আটকে রাখা শ্বাস, দীর্ঘশ্বাস হয়ে শরীর থেকে নির্গত হয়ে গেল।

কন্যাকুমারীর মুখে একচিলতে হাসির আভাস দেখা দিয়েই মিলিয়ে গেল! অপার্থিব সেই হাসি! জীবন্ত দেবীর হাসি!

তিনি আশ্রমের দিকে আঙুল তুলে দেখালেন, যেখানে সকালে সংগীত প্রতিযোগিতা অনুষ্ঠিত হয়েছিল, 'তুমি ওর চেয়েও অনেক ভালো হতে পারো!'

রাবণ অনুভব করলেন তাঁর ঠোঁট নড়লেও মুখ দিয়ে কোনো শব্দ নির্গত হচ্ছে না, তাঁর চিন্তাশক্তিও কাজ করছে না। এই মুহূর্তে তিনি একটি সাধারণ বাক্যগঠনের শক্তিও হারিয়েছেন!

তাঁর হৃৎস্পন্দন তীব্র থেকে তীব্রতর হতে থাকে। হঠাৎ তিনি লক্ষ্য করলেন, কোন জাদুমন্ত্রে তাঁর নাভিমূলের যন্ত্রণার উপশম হয়েছে, এইটুকু সময়ের ভিতর।

'চেষ্টা করলেই হবে,' বললেন দেবী। তারপর তিনি সেখান থেকে চলে গেলেন।

'যে কোনো সময়েই বিজয়ী হতে পারো,' স্মিতমুখে বললেন ডাগর।

সূর্য পাটে গেছে, সন্ধ্যা প্রায় আগত। আশ্রমের আবাসিকরা বেশির ভাগ তাদের কুটিরে প্রত্যাবর্তন করেছেন। রাবণ এসেছেন ডাগরের সঙ্গে দেখা করতে, তাঁর হাতে শোভা পাচ্ছে সকালের প্রতিযোগিতায় জেতা পবিত্র শতদলের মালাখানি। অনিচ্ছাসত্ত্বেও রাবণ তাঁর ভুল স্বীকার করতে, বয়োজ্যেষ্ঠ ডাগর আন্তরিকভাবেই গ্রহণ করলেন ঘটনাটি, কিন্তু রাবণ তাঁর চোখে চোখে রাখতে পারছিলেন না শরমে।

ডাগর, প্রতিযোগিতার সভায় উপস্থিত অন্যদের মতোই, সন্দেহ করেছিলেন যে তাঁর বাদ্যযন্ত্রের কোনো গোলযোগ হয়েছে। প্রতিযোগিতার শেষে তিনি সেটিকে পরীক্ষা করে সেই সমস্যার সমাধান পেয়েছিলেন। কিন্তু কোনোভাবেই ক্রোধের বহিঃপ্রকাশ করতে পারেননি, কারণ হাজার হলেও রাবণ এখনো সামান্য এক বালকমাত্র!

রাবণ নীরবে মাথা নীচু করে দাঁড়িয়েছিলেন। তিনি দেবী কন্যাকুমারীর কথা ভাবছিলেন। দেবী আগামীকাল আশ্রম ছেড়ে তাঁর গন্তব্যের উদ্দেশে রওনা দেবেন!

ষোড়শবর্ষীয় ডাগর, যার দীর্ঘ, সুঠাম চেহারার কাছে রাবণ নিতান্তই ক্ষুদ্র, তাঁর মাথায় হাত বুলিয়ে আদর করে বললেন, 'তোমার প্রতিভা আছে। সেই প্রতিভার ব্যবহার করো। কখনো অসততার সাহায্য নিও না।'

রাবণ নীরবে মাথা নাড়ালেন। তাঁর কেশাগ্র কেউ স্পর্শ করে, এ তাঁর একেবারেই পছন্দ নয়।

দেবী ছাড়া... তিনি যদি এভাবে তাঁর মাথায় হাত বুলিয়ে দেন, সেটার জন্য রাবণ অসম্ভবকে সম্ভব করতে পারেন!

'চিন্তা করো না, আমার বীণা সারানো হচ্ছে, ওটির কোনো গুরুতর ক্ষতিসাধন হয়নি।'

রাবণ পুনরায় দীর্ঘশ্বাস ছাড়লেন, তাঁর নাভিমূলের যন্ত্রণা আবার ফিরে এসেছে—আশাতীতভাবে!

'আর এটি তুমি রাখতে পারো তোমার কাছে,' ডাগর শতদলের মালাখানি রাবণকে ফিরিয়ে দিলেন। রাবণ তৎক্ষণাৎ সেটি হস্তগত করে তাঁর কুটির অভিমুখে ছুটে গেলেন!

৩

তৃতীয় অধ্যায়

দুই বছর আরো অতিবাহিত। রাবণের বয়স এখন নয়। প্রতিদিন, তিনি দেবী কন্যাকুমারীর আদেশ নিজের অন্তরে জাগিয়ে রাখার প্রচেষ্টায় রত। '*তুমি আরো ভালো হতে পারো!*' তিনি সর্বক্ষণ এই কথাই মনে রাখেন। তাঁর প্রতি কাজে থাকে দেবীর আশীর্বাদের অসীম আর্তি, তিনি এমন কোনো কাজ করেন না, যাতে দেবী পুনরায় কুপিত হন। এবং এতে তাঁর অনেক উন্নতি হয়েছে। আশ্রমের আবাসিকদের সঙ্গে তাঁর সম্পর্কের উত্তরণ ঘটেছে, তাদের মধ্যে কিছু মানুষের কাছে এখন রাবণ রীতিমতো প্রিয়পাত্র!

কুটিরে থাকাকালীন রাবণ তাঁর কোমরবন্ধ দ্বারা তাঁর নাভিমূল আবৃত করে রাখতেন। তিনি জানতেন 'নাগ' রূপে জন্মাবার ঘটনা তাঁর পিতাকে কতটা কলঙ্কিত করে, এবং বিগত দুই বছর ধরে যাতে সেই ঘটনার পুনরাবৃত্তি না ঘটে—তিনি সেই প্রচেষ্টায় রত। এর ফলে, পিতার সঙ্গে তাঁর বিরোধের ঘটনা আর ঘটেনি।

নাভিমূলের যন্ত্রণাও আগের তুলনায় অনেকাংশে হ্রাস পেয়েছে। এতোটাই, যে রাবণ মাঝেমধ্যে তাঁর শরীরে অনাহূত মাংসপিণ্ডটির কথা সম্পূর্ণ বিস্মৃত হন।

কিছুকাল পরে, একদিন ঋষি বিশ্রভ তাঁর আশ্রম ছেড়ে এক দুর্গমপথে পশ্চিমে পাড়ি দেন। তাঁর গন্তব্য সুদূর ভূমধ্যসাগরস্থিত নসোস দ্বীপ! নসোস দ্বীপের মহারাজ তাঁর সান্নিধ্যলাভের অভিলাষ জানিয়েছেন, এবং ঋষিরাজ সেই নিমন্ত্রণ গ্রহণ করেছেন।

তিনি আশ্রম ছেড়ে যাওয়ার কিছু সপ্তাহ পরে, কৈকেশী আবিষ্কার

করলেন তিনি সন্তানসম্ভবা। তিনি ভাবলেন এই সুখবর ঋষিকে দূত মারফৎ পাঠিয়ে, তাঁকে ফিরিয়ে নিয়ে আসার কথা। কিন্তু পরক্ষণেই এই ভাবনার জলাঞ্জলি ঘটল। ঋষির প্রত্যাবর্তনে তিনি কতটা চমৎকৃত হবেন, এই ভেবে তিনি নিরস্ত হলেন।

সত্যি কথা বলতে, তাঁর মনেও এক আশঙ্কা কাজ করতে থাকল, *এই দ্বিতীয় সন্তানও যদি 'নাগ' রূপে জন্মগ্রহণ করে?*

মাতার দুশ্চিন্তার কথা রাবণের কিশোর মনে প্রভাব ফেলে না, তিনি তাঁর ছোট ভাই অথবা বোনের আগমনের আনন্দে মগ্ন ছিলেন। তিনি সারাক্ষণ মায়ের আশেপাশে ঘুরে বেড়াতেন, তাঁর যত্ন নিতেন, এবং দরকারমতো আবশ্যিক জিনিসপত্র মায়ের হাতে হাতে এগিয়ে দিতেন। অবশেষে সেই শুভদিন এসে পড়ল।

যখন আঁতুড়ঘরে এক অভিজ্ঞ ধাত্রী কৈকেশীর প্রসবে সহায়তা করছে, তখন চিন্তিত রাবণ বাইরে অস্থিরভাবে পদচারণায় ব্যস্ত, তাঁকে দেখে মনে হচ্ছে তিনিই যেন পিতা হতে চলেছেন! অধীরভাবে খবরের অপেক্ষায়!

তাঁর সঙ্গে সমগ্র আশ্রম আবাসিকরাও অপেক্ষায় ছিলেন। প্রসবকাল ক্রমে দীর্ঘ হচ্ছিল, বারো ঘণ্টা ইতিমধ্যেই অতিবাহিত! ধীরে ধীরে অনেক আবাসিকই তাদের কুটিরে ফিরতে শুরু করল, শুধু রাবণ ও কৈকেশীর অগ্রজ মারীচ সেখানে অপেক্ষায় থাকলেন। মারীচ বেশ কয়েকদিন আগেই আশ্রমে এসেছিলেন, ঋষি বিশ্রভের অনুপস্থিতিতে সন্তানসম্ভবা ভগ্নির সাহায্যার্থে।

আরো কিছু সময় পরে, মারীচও রণে ভঙ্গ দিয়ে নিদ্রার ব্যবস্থা দেখতে গেলেন। 'আমি বিশ্রাম নিতে যাচ্ছি রাবণ, তোমারও বিশ্রামের দরকার। আমি ধাত্রীকে সমস্ত নির্দেশ দিয়ে রেখেছি, প্রয়োজনে সে আমাদের খবর পাঠাবে।'

রাবণ কোনোমতেই রাজি হলেন না, তিনি সজোরে মাথা নেড়ে তাঁর অসম্মতি জানালেন। একাধিক বন্য অশ্বও তাঁকে এক চুল সরাতে পারবে না তাঁর এই অবস্থান থেকে।

'অতি উত্তম,' গাত্রোত্থান করতে করতে মারীচ বললেন, 'আমি পাশের কুটিরেই আছি। ধাত্রী খবর দিলেই তুমি এসে আমায় জানাবে, বুঝতে পেরেছ?'

'হ্যাঁ।'

'কোনো কিছু শুনলেই আমি যেন তৎক্ষণাৎ খবর পাই!'

'আপনার বক্তব্য আমি আগেই শুনেছি, মাতুল।'

মৃদু হেসে মারীচ রাবণের মাথায় আদরের হাত বুলিয়ে দিলেন।

রাবণকে বিরক্তমুখে মাথা সরিয়ে নিতে দেখে মারীচ আরো জোরে হেসে উঠে কপট ক্ষমাপ্রার্থীর ভঙ্গিমায় উদ্বাহু হলেন, 'মাফ করো আমায়... আমি ক্ষমা ভিক্ষা চাইছি!'

কৌতুকের এই মুহূর্তটিকে উপভোগ করতে করতে, তিনি কুটিরের উদ্দেশে রওনা দিতে, রাবণ তাঁর অবিন্যস্ত চুলগুলি আবার পরিপাটি করে সাজালেন!'

এখন তিনি সম্পূর্ণ একা, তিনি নক্ষত্রশূন্য রাতের আকাশের দিকে মাথা তুলে চাইলেন। একফালি চাঁদ একক বিক্রমে সমস্ত অন্ধকারকে দূরীভূত করার চেষ্টায় রত। কুটিরের সামনের অংশে প্রজ্জ্বলিত মাটির প্রদীপের আলোর ছোট ছোট বৃত্ত স্থানটিকে মায়াবী আলোয় ভরিয়ে তুলেছে।

অন্ধকারের ভিতর তাকিয়ে থাকতে থাকতে, তাঁর হঠাৎ মনে হল অনতিদূরে কিছু ছায়া নড়াচড়া করছে! একসময় বাতাসের গতি বেগবান হতে, শব্দেরও কেমন অশরীরী উপস্থিতি! অজানা আতঙ্কে শিহরিত হয়ে উঠল নয় বছরের একাকী বালক! নাভিমূলের যন্ত্রণা আবার ফিরে এসেছে—আতঙ্কে সেখানে প্রবল অস্বস্তি শুরু হয়েছে!

হাতজোড় করে সন্ত্রস্ত রাবণ *মহা মৃত্যুঞ্জয়* মন্ত্র পড়তে শুরু করলেন। এই মন্ত্র *মৃত্যুকে জয় করার* মন্ত্র, দেবাদিদেব মহাদেব, রুদ্রনাথ দেবের উদ্দেশে প্রার্থনা!

মন্ত্র পড়তে পড়তে, ধীরে ধীরে আতঙ্কের উপশম ঘটল, তাঁর সংকুচিত পেশীসকল পুনরায় তাদের পূর্বাবস্থায় ফিরে গেল। তাঁর হৃদ্‌স্পন্দনও ধীরে ধীরে স্বাভাবিক অবস্থায় ফিরে এল।

নাভিমূলের যন্ত্রণাও কমে এল খুব তাড়াতাড়ি।

এবার তিনি সম্পূর্ণ আত্মবিশ্বাসের সঙ্গে অন্ধকারের দিকে তাকালেন!

'*এসো! কে আছো এগিয়ে এসো, আমি লড়তে প্রস্তুত!*

স্বয়ং রুদ্রনাথ আমার সঙ্গে আছেন!'

অস্বাভাবিকভাবে, তাঁর নাভিমূলের বেদনা আবার ফিরে এসেছে! তিনি মরিয়াভাবে মন্ত্র উচ্চারণ করে যেতে লাগলেন!

হঠাৎ, এক বিশ্রী, কর্কশ চিৎকারে রাতের নিস্তব্ধতা বিদীর্ণ হল, 'রাবণ!'

কৈকেশীর কণ্ঠস্বর!

লাফিয়ে উঠে তিনি কুটিরের দিকে ছুটলেন প্রাণপণে!

'রাবণ!'

তিনি পরিষ্কার শুনতে পেলেন নবজাতকের কান্নার আওয়াজ!

'রাবণ!'

তাঁর মাতার কণ্ঠস্বর এবারে আরো করুণ আর্তিতে পরিপূর্ণ।

রাবণ চকিতে দুয়ার খুলে কুটিরে প্রবেশ করল ঝড়ের গতিতে।

কুটিরের অভ্যন্তর অন্ধকারাচ্ছন্ন। শুধু কয়েকটি প্রদীপের অপ্রতুল আলো এক আলো আঁধারি পরিবেশের সৃষ্টি করেছে ভিতরে। তাঁর মাতা এখনো বিছানায় শায়িত। দুর্বল, তাঁকে দেখে তিনি উঠে বসার চেষ্টা করলেন। তাঁর গণ্ডদেশ অশ্রুসিক্ত!

ধাত্রী নবজাতককে ধরে আছে। বরং বলা ভালো, নবজাতকের একটি পা ধরে তাকে ঝুলিয়ে রেখেছে সে! এটি শিশুপুত্র। রাবণ লক্ষ করলেন নবজাতকের শরীর আন্দাজে এ শিশুর শরীরের আয়তন বিরাটাকার। এই দৃশ্য অবলোকন করতে করতে, হঠাৎ ধাত্রী নবজাতককে মাটিতে আছড়ে ফেলতে উদ্যত দেখে রাবণ আতঙ্কে স্তম্ভিত হয়ে গেলেন!

'তিষ্ঠ!' বিদ্যুৎচমকের মতো সামনে এগিয়ে গেলেন তিনি, তাঁর হাতে তাঁর ক্ষুদ্র, শাণিত তরবারি শোভা পাচ্ছে!

তার শরীরে তরবারির ধাতব স্পর্শ পেতেই ধাত্রী পাথরের মূর্তিতে পরিণত হল।

কর্কশস্বরে রাবণ বললেন, 'আমার ভাইকে আমার হাতে তুলে দাও!'

'আপনি জানেন না আপনি কী অনর্থ করছেন! আমি আপনার মাতার রক্ষার্থে, আপনার রক্ষার্থে এই পন্থা অবলম্বন করছি!' মিনতি করল ধাত্রী।

ঠিক সেই মুহূর্তে রাবণের নজর পড়ল শিশুর কানের অস্বাভাবিক বৃদ্ধির দিকে। কানের উপর ওই মাংসের পিণ্ডগুলির কারণে কানদুটি অতিকায় কলসের ন্যায় প্রতিপন্ন হচ্ছে। দুদিকের কাঁধের উপরের অংশেও অস্বাভাবিক দুটি বাড়তি হাতের উপস্থিতি! তার ছোট চেহারা সার্বিকভাবে লোমে ঢাকা! এবং সেই শিশু অস্বাভাবিকভাবে গর্জন করে চলেছে!

তা সত্ত্বেও রাবণ তাঁর তরবারি ধাত্রীর শরীরে চেপে ধরলেন, 'তুমি কি শুনতে পাচ্ছ না, আমি আমার ভাতা চাইছি!'

'আপনি বুঝতে পারছেন না, একে বাঁচিয়ে রাখা সম্ভব নয়। এ শিশু অভিশপ্ত! এর শরীর অস্বাভাবিকতায় পরিপূর্ণ। এ একজন নাগ!'

'ওর কিছু হয়ে গেলে, তোমাকেও প্রাণত্যাগ করতে হবে!'

ধাত্রী দ্বিধান্বিত, তার শরীরে আঘাত হানতে প্রস্তুত মারণাস্ত্রের স্পর্শ তাকে হতচকিত করে তুলেছে। সে চিন্তা করছিল, সে যদি আঘাতপ্রাপ্ত হয়, বৈদ্যরাজ কি তাকে প্রাণদান করতে পারবেন আঘাতের অব্যবহিত পরে?

'তোমার নিস্তার নেই!' গর্জে উঠলেন রাবণ, তিনি যেন ধাত্রীর চিন্তাধারা সম্বন্ধে সম্পূর্ণ অবগত। 'আমার তরবারি তোমার উদর ফুঁড়ে তোমার মেরুদণ্ড দ্বিখণ্ডিত করবার ক্ষমতা ধরে! আর সেটা বহুবার পরীক্ষিত বিভিন্ন প্রাণী দ্বারা, এমনকী মানবদেহেও এই পরীক্ষা আমার দ্বারা সম্পন্ন। কোনো বৈদ্যরাজ তোমায় বাঁচাতে পারবেন না! শুধু আমার ভ্রাতাকে আমার হাতে তুলে দাও, তোমার কোনো অনিষ্ট হবে না।'

ধাত্রী পড়ল ধর্মসংকটে! তাকে আদেশানুসারে কাজ করতে হবে, কিন্তু সেই আদেশ পালন করতে গিয়ে সে মৃত্যুবরণ করতে পারে না কোনো মতেই। সে রাবণের পরীক্ষানিরীক্ষার সম্পর্কে অবগত। সে জানে তরবারির ব্যবহারে রাবণ কতটা সুনিপুণ! আর সেই সত্যতা সর্বজনবিদিত।

রাবণ ধাত্রীর আরো কাছে এগিয়ে গেলেন, 'ওকে আমার হাতে দাও!'

রাবণের রোষকষায়িত চাউনির দিকে তাকিয়ে থাকা যায় না—ধাত্রী তাঁর এই রক্তলোলুপ দৃষ্টির সঙ্গে পূর্বপরিচিত, এ একদম রক্তপিপাসু সৈন্যদলের অভিব্যক্তি। যারা অবলীলায় মানুষের প্রাণ নিতে পারে। কিছু কিছু সময়ে, মনোরঞ্জনের জন্যেও তারা মানুষ মারতে পারে!

তখনই তার চোখ পড়ল রাবণের আলগা হয়ে আসা কোমরবন্ধের নীচে তাঁর নাভিমূলে অবস্থিত কুৎসিত মাংসপিণ্ডের দিকে!

রাবণও যে একজন নাগ!!

বজ্রাহত মহিলাটির পা যেন মাটিতে এক অনড় শিকড়ের বন্ধনে আবদ্ধ!

সে শুনতে পেল কুটিরের বাইরে লোকসমাগমের শব্দ। তারা সবাই ধাত্রীর পক্ষেই কথা বলবে। তারা জানে তাদের এখন কী কর্তব্য।

তাই তার অনাবশ্যক প্রাণাহুতি দেওয়ার কোনো যুক্তি নেই। সে রাবণের হাতে অস্বাভাবিক শিশুটিকে সমর্পণ করে কুটির থেকে বেরিয়ে গেল সভয়ে।

—২০।—

রাবণ শুনতে পেলেন কুটিরের বাইরে সমাগত মানুষের রাগান্বিত, উচ্চগ্রামের আলোচনা। তারা আইনের কথা বলছে। তারা মানবিকতা, মনুষ্যত্বের কথা আলোচনা করছে!

কুটিরের দুয়ার আগলহীন! সেটি শুধুমাত্র ভেজিয়ে রাখা আছে। যে কোনো মুহূর্তে যে কেউ দুয়ার ভেঙে কুটিরে প্রবেশ করতে পারে!

রাবণের শরীর শক্ত, তাঁর শ্বাসপ্রশ্বাস অস্বাভাবিক ত্বরান্বিত! তিনি তাঁর তরবারি নিয়ে তৈরি—কেউ কুটিরে পদার্পণ করলেই সে মারা পড়বে! তিনি একবার ঘুরে তাঁর নবজাতক ভাইয়ের দিকে তাকালেন, সে নিশ্চিন্ত আশ্রয়ে, পরম শান্তিতে মাতার কোলে স্তন্যপানে ব্যস্ত! শিয়রে আগত বিপদ সম্বন্ধে সম্পূর্ণ উদাসীন।

প্রবল আতঙ্কের অভিব্যক্তি ফুটে উঠেছে তাঁর মাতার মুখমণ্ডলে, 'এবার আমাদের কী করণীয়, রাবণ?' উৎকণ্ঠায় প্রশ্ন করলেন তিনি জ্যেষ্ঠপুত্রকে।

রাবণ নিরুত্তর। তাঁর দৃষ্টি একাগ্রভাবে কুটিরের দুয়ারে নিবদ্ধ, তাঁর প্রিয় পরিবারের ক্ষতিসাধনের প্রচেষ্টায় কেউ ভিতরে পা রাখলেই তিনি তাকে আক্রমণ করবেন!

হঠাৎ দুয়ার খুলে যেতে, কুটিরে প্রবেশ করলেন মারীচ! তাঁর হাতে খোলা তরবারি। সেটির থেকে তাজা রক্ত ঝরে পড়ছে!

কৈকেশী আতঙ্কে আর্তনাদ করে উঠে, তাঁর নবজাতক সন্তানটিকে বুকের সঙ্গে মিশিয়ে নিলেন। তিনি দয়াভিক্ষা চাইলেন তাঁর অগ্রজের সমুখে, 'দাদা, দয়া করুন! আমাদের প্রাণদান করুন!'

এমতাবস্থায়, শিশুটি মায়ের বুক থেকেই অস্বভাবিক কর্কশস্বরে কেঁদে উঠল।

রাবণ মারীচের সামনে এসে দাঁড়ালেন, তাঁর হাতে ধরা তরবারি ঝিকমিকিয়ে উঠল। আশ্চর্য শান্তস্বরে তিনি বললেন, 'প্রথমে আমাকে হত্যা করতে হবে আপনাকে!'

মারীচ অত্যন্ত বিদ্রূপের দৃষ্টিতে বিধঁলেন রাবণকে। 'খবর্দার, রাবণ!' তাঁকে সম্পূর্ণ উপেক্ষা করে বোনের দিকে ঘুরলেন তিনি, 'কী বলছ তুমি কৈকেশী? আমি তোমার অগ্রজ। আমি কেন তোমাদের হত্যা করব?'

কৈকেশী বিমূঢ় অবস্থায়, অবিশ্বাসের দৃষ্টিতে মারীচের দিকে চেয়ে রইলেন।

আর সময় নষ্ট না করে, দেওয়াল থেকে একটি কাপড়ের ঝোলা টেনে নামিয়ে এনে সেটি রাবণকে লক্ষ্য করে ছুড়ে দিলেন। 'যত তাড়াতাড়ি

সম্ভব, ভাই ও মায়ের জন্য আবশ্যিক জিনিসপত্র এতে নিয়ে নাও!' অবস্থার পরিপ্রেক্ষিতে সম্পূর্ণ হতবাক রাবণ তড়িদাহতের ন্যায় দাঁড়িয়ে!

'যা করার এক্ষুনি করতে হবে!' চিৎকার করে উঠলেন মারীচ।

মাতুলের চিৎকারে রাবণ সম্বিত ফিরে পেলেন। তিনি তাঁর তরবারি খাপে ঢুকিয়ে ফেলে মাতুলের আদেশানুসারে ঝোলাটি তুলে নিলেন।

মারীচ কৈকেশীকে তাড়া দিলেন, 'উঠে পড়ো! আমাদের এইস্থান এই মুহূর্তে পরিত্যাগ করতে হবে!'

অল্প কিছু সময়ের ভিতর, তাঁরা কুটিরের বাইরে বেরিয়ে এলেন। রাবণের কাঁধে জিনিসপত্র বোঝাই ঝোলাটি। তাঁর সদ্যোজাত ভাই মাতার কোলে নিশ্চিন্তে বিরাজ করছে, মাতা তাঁর একটি হাতের তালুর দ্বারা শিশুর নরম ঘাড়টি শক্ত করে ধরে রেখেছেন।

আশ্রমের আবাসিকরা কুটিরের সামনে একত্রিত হয়েছে। তাদের মুখমণ্ডলে ঘৃণা ও রাগের অভিব্যক্তি, হাতে তাদের জ্বলন্ত মশাল!

তিনখানি শবদেহ আশ্রমের সামনে ভূমিতে শয়িত, মহাবলী মারীচের তরবারি দ্বারা কর্তিত!

মারীচ তাঁর তরবারির আস্ফালনে একত্রিত আবাসিকদের বাধাপ্রদান করছেন, আড়ালে দাঁড়িয়ে তাঁর ভগ্নি ও তাঁর নাবালক পুত্ররা। আবাসিকদের মধ্যে বেশির ভাগ মানুষই পেশাগতভাবে বুদ্ধিজীবি অথবা শিল্পী। তাঁরা স্বভাবতই মানুষকে একঘরে করতে দক্ষ। তাঁরা তর্কবিতর্কে মহাপটু! গণপ্রহারেও তাঁরা সিদ্ধহস্ত! কিন্তু একজন শিক্ষিত যোদ্ধার মোকাবিলায় তাঁরা একেবারেই অকৃতকার্য।

'তফাৎ যাও!' হুংকার দিলেন মারীচ।

ধীরে ধীরে তিনি আস্তাবলের দিকে এগিয়ে গেলেন, খোলা তরবারি এখনো তাঁর হাতে, আর তাঁর শ্যেনদৃষ্টি আবাসিকদের দিকে নিবদ্ধ। তিনি তাঁর ভগ্নিকে সত্বর অশ্বারোহণে সাহায্য করতেই, রাবণ আরেকটি অশ্বে সওয়ার হলেন তৎক্ষণাৎ! পরমুহূর্তেই, আশ্রমের প্রধান দ্বার উন্মুক্ত করেই, মারীচ তাঁর অশ্বে আরোহণ করলেন।

দুর্বার গতিতে তিনখানি অশ্ব দৃষ্টির বাইরে চলে গেল কয়েক মুহূর্তের মধ্যেই!

—১০।—

ক্ষুদ্র দলটি দীর্ঘসময় তাদের যাত্রা অব্যাহত রেখেছে। তাঁরা পূর্বদিক অভিমুখে যাত্রা করছিলেন। সূর্যোদয়ের সময় অতিক্রান্ত হয়েছিল আগেই, এখন সূর্যদেব মধ্যগগনে বিরাজমান।

'দয়া করুন দাদা,' মিনতি করলেন কৈকেশী, 'আমাদের থামতে হবে। আমি আর এভাবে চলতে পারছি না!'

মারীচের গম্ভীর মুখমণ্ডলের থেকে একটিমাত্র শব্দ নির্গত হল, 'না!'

'দয়া করুন দাদা!'

মারীচ নুয়ে পড়ে কৈকেশীর অশ্বের শরীরে চাবুকের প্রবল আঘাত করতে, সেটি পুনরায় সজোরে বেগবান হল।

—ꟷ—

যখন তাঁরা শেষপর্যন্ত বিশ্রাম নিতে থামলেন, তখন প্রায় দ্বিপ্রহর!

আশ্রমের আবাসিকদের রণকৌশল অথবা অনুসরণ করার ক্ষমতা সম্বন্ধে মারীচের যে বিশেষ উচ্চধারণা ছিল, তা নয়। কিন্তু পরে আফশোস করার চাইতে তিনি সাবধানতার অবলম্বনে বেশি জোর দিয়েছিলেন। এবং তাই, কৈকেশীর উপর্যুপরি অনুরোধেও তিনি একবারের জন্যেও কর্ণপাত করেননি।

গঙ্গানদী তীরবর্তী সমতলে তাঁরা ইতিমধ্যেই পৌঁছেছিলেন—সেখানে জমি ছিল ঢালু, উর্বর পলিমাটি স্তরে স্তরে আবৃত, আর চতুর্দিকে ন্যাড়া, অবগুণ্ঠনহীন প্রান্তর। যে স্থানে তাঁদের খুঁজে বার করা খুব সহজ। এই কারণে তাঁরা বারংবার দিশা পরিবর্তন করেছিলেন। তাঁদের যাত্রাপথে তাঁরা অতিক্রম করেছিলেন অসংখ্য ঝরণা প্লাবিত শস্যশ্যামলা জমি। এবং এই সমস্ত করার একটাই অভীষ্ট—যাতে তাঁরা অধরা থেকে যান।

তাঁদের পরিশ্রান্ত বাহনগুলিকে সযত্নে বেঁধে ফেলা হয়েছিল, এবং অদূরেই কৈকেশী নবজাতককে স্তন্যপান করাচ্ছিলেন। রাবণকে প্রহরায় বহাল করে মারীচ খাদ্যান্বেষণে বেরিয়েছিলেন।

কিছুক্ষণ পরেই তিনি ফিরে এলেন দুটি খরগোশ শিকার করে, এবং তাঁর কাঁধের ঝোলাতে কিছু ফলমূল অবশিষ্ট ছিল।

তাঁরা যৎকিঞ্চিত রন্ধন প্রক্রিয়া সমাধা করে খাওয়া শেষ করলেন।

'আমরা মাত্র কিছু সময় বিশ্রাম নেব,' বললেন মারীচ, 'তারপর আবার আমাদের যাত্রা শুরু!'

'দাদা, আমার মনে হয় আশ্রমের মানুষদের আমরা অনেক পিছনে ফেলে এসেছি।' ক্লান্তস্বরে বললেন কৈকেশী, 'আমরা কী আরো একটু বেশি সময়ের জন্য এখানে বিশ্রাম নিতে পারি না?'

'না, আমাদের পক্ষে কনৌজের দিকে অগ্রসর হওয়াটা বেশি গুরুত্বপূর্ণ। সে স্থানে আমাদের পরিবারবর্গ উপস্থিত। তারা আমাদের রক্ষা করবে।'

কৈকেশী সম্মতি জানালেন মাথা নাড়িয়ে।

মারীচ রাবণের দিকে তাকিয়ে দেখলেন, খাদ্যটুকু ছুঁয়েও দেখেনি, 'ভোজন সমাধা করো পুত্র!'

'আমি ক্ষুধিত নই!'

'তুমি ক্ষুধিত কিনা, তা নিয়ে আমি একেবারেই চিন্তিত নই। তুমি কি তোমার মাতা ও ভ্রাতাকে রক্ষা করতে চাও? চাইলে, তোমায় শক্তিশালী হতে হবে, আর সেই একটি কারণে তোমায় ভোজন করতে হবে।'

রাবণ পুনরায় প্রতিবাদে উদ্যত হলে, কৈকেশী বললেন, 'ভোজন সমাধা করো, রাবণ!'

জ্বলন্ত দৃষ্টিতে মাতার দিকে একবার দেখে নিয়ে, রাবণ নীরবে তাঁর খাওয়া শেষ করতে থাকলেন।

'আমার বিশ্বাস হচ্ছে না আশ্রমের আবাসিকরা আমাদের সঙ্গে এই ব্যবহার কী করে করতে পারে!'

কৈকেশী বললেন, 'আমি তাঁদের গুরুপত্নী! আমরা তাঁদের গুরুদেবের পরিবার! কী করে এতো সাহস পান ওনারা?'

মারীচ দৃষ্টিতে বোনের দিকে তাকালেন, 'তুমি কি অবুঝ হওয়ার ভান করছ, কৈকেশী! নাকি তুমি সত্যকে অস্বীকার করছ?'

'কী বলতে চান আপনি, দাদা?'

'তোমার কী মনে হয় এরা এই সিদ্ধান্তে নিজেরাই পৌঁছেছে?'

'আপনার ইঙ্গিত কোনদিকে আমার বোধগম্য হচ্ছে না, দাদা।'

'এ তো দিনের আলোর মতো পরিষ্কার। তারা কারো নির্দেশানুসারে কাজ করছে!'

অবিশ্বাসে মাথা নাড়লেন কৈকেশী, 'না, এ অসম্ভব! উনি আমার সন্তান সম্ভাবনার কথা জানার পূর্বেই আশ্রম ছেড়েছেন!'

'এটি ওনারই কাজ। উনি আন্দাজ করেছিলেন এরকমটা ঘটতে পারে, তাই আগে থেকেই উনি নির্দেশ জারি করে গিয়েছিলেন। আবাসিকরা শুধুমাত্র তাঁর নির্দেশ মেনে কাজ করছে!'

'এই কথা আমি মানতে পারছি না!'

'সত্যকে অস্বীকার করা মানে সেই সত্য মিথ্যা হয়ে যাবে, সেটা অসম্ভব। কনৌজে আমরা এই ঘটনা সম্পর্কে অবহিত। তুমি জানো না আমি কেন তোমাদের সঙ্গে আশ্রমে থাকতে এসেছিলাম?'

কৈকেশী তখনও অবিশ্বাসে মাথা নাড়ছেন, 'না, না, এ সত্যি হতে পারে না!'

এতোক্ষণে রাবণ মুখ খুললেন, 'আমার পিতা আমাদেরকে হত্যা করার জন্য ওদের নির্দেশ দিয়েছিলেন?' মারীচ একবার রাবণের দিকে আরেকবার কৈকেশীর দিকে দৃষ্টিবদল করলেন। বোনের সঙ্গে কথোপকথনে তিনি রাবণের উপস্থিতি সম্পর্কে সম্পূর্ণ বিস্মৃত হয়েছিলেন!

'আমি আপনাকে একটি প্রশ্ন করেছি, মাতুল!' বললেন রাবণ।

'কৈকেশী!' অসহায় আর্তি মারীচের কণ্ঠে!

'মাতুল, আমার পিতা কি সত্যি করেই আমাদের হত্যার আদেশ দিয়েছিলেন?' পুনরায় প্রশ্ন রাবণের।

'কৈকেশী,' পুনরায় মারীচের আর্তস্বর ভেসে আসে।

কৈকেশী সম্পূর্ণ নীরব! তিনি তখনও মাথা নাড়িয়ে চলেছেন অবিশ্বাসে। অশ্রুস্রোত তাঁর গণ্ডদেশ সিক্ত করেছে।

'মাতুল...!'

মারীচ বাধ্য হয়েই রাবণের দিকে ঘুরলেন, 'এবার তোমার সময় এসেছে পরিবারের দায়িত্ব নেওয়ার। তোমার এই প্রশ্নের উত্তর দেওয়ার সময় আগত!'

রাবণ বাকশক্তিরহিত। তাঁর দুহাত মুষ্ঠিবদ্ধ। উত্তর তিনি জানেন, তাও সেটি তাঁর শোনার আবশ্যকীয়তা আছে।

'যতটুকু আমি জানি, ঋষি তোমাকে কিংবা তোমার মাতাকে হত্যা করার নির্দেশ দেননি,' বললেন মারীচ, 'কিন্তু তিনি তোমার ভ্রাতার হত্যার আদেশ

জারি করে গিয়েছেন, একমাত্র যদি জন্মের পর দেখা যায়—সে একজন নাগ রূপে জন্মগ্রহণ করেছে।'

রাবণ একটি সুদীর্ঘ শ্বাস নিলেন। মাত্রাতিরিক্ত রাগ এবং ক্ষোভ তাঁর মনের আকাশকে নিকষ কালো অন্ধকারে নিমজ্জিত করেছে। ভাইয়ের দিকে তাকাতে, তিনি দেখলেন সে মায়ের কোলে নিশ্চিন্তে নিদ্রা যাচ্ছে। তার ঘুমের মধ্যে তার কাঁধের উপর বাড়তি দুটি অস্বাভাবিক হাত নিঃশ্বাস-প্রশ্বাসের সঙ্গে ওঠানামা করছে। বাকি শরীর একেবারে শান্ত।

নীচু হয়ে রাবণ পরম মমতায় তাঁর শিশু ভ্রাতাকে কোলে তুলে নিলেন। পরম মমতায় তাকে দুহাতে মুড়ে ফেললেন, তাঁর দুচোখে অনন্ত স্নেহ ও ভালোবাসা ফুটে উঠছে, 'আমি এ জীবনে তোমার কোনো অনিষ্ট হতে দেবো না। কারো কখনো ক্ষমতা হবে না তোমায় বিন্দুমাত্র আঘাত করার। আমার দেহে প্রাণ থাকা পর্যন্ত কেউ তোমায় ছুঁতে পারবে না!'

তাঁর মাথার উপর দিয়ে, মারীচ ও কৈকেশী একে অপরের দিকে অর্থপূর্ণ দৃষ্টি বিনিময় করলেন, তাঁদের অভিব্যক্তিতে ফুটে উঠল ভাবাবেগ ও একই সঙ্গে, অবিশ্বাস! মারীচ সহমর্মিতার হাত বালক রাবণের কাঁধে রাখতে, তিনি বিরক্তির সঙ্গে সেই মমতার হাত সরিয়ে দিলেন, এবং ভাবলেশহীনভাবে শিশুটিকে আদর করতে থাকলেন।

৪

চতুর্থ অধ্যায়

কৈকেশী ও তাঁর পুত্রদের ঋষি বিশ্রভের আশ্রম থেকে মারীচের সহায়তায় পলায়নের ঘটনার পর দুদিন অতিক্রান্ত। রাতে অরণ্যের ভিতর একটি অপরিসর ছোট জায়গায় তাঁরা তাঁবু খাটিয়ে রয়েছেন, এবং তাঁদের অশ্বগুলি তাঁবুর চারধারে বাঁধা রয়েছে।

অমাবস্যা আসতে আর বেশিদিন বাকি নেই। ঘন জঙ্গলের ভিতর গভীর অন্ধকার, আর কুয়াশাচ্ছন্ন আবহাওয়ায় দুহাত দূরের বস্তুও দেখা যায় না। তাই মারীচ আগুন জ্বালাবার চেষ্টায় রত হলেন। শুধু তাপ বিকিরণের জন্য নয়, কিছুটা সাবধানতা অবলম্বনের কারণেও!

তিনি বসেছেন একটি কাঠের তৈরি সমতল টুকরো নিয়ে, তার মধ্যে একটি জায়গায় একটি গর্ত করা। এটির কাজ আগুন জ্বালানো। তার হাতে আরেকটি লম্বা, সরু কাঠের টুকরো, যেটিকে দুহাতের তালুতে ঘর্ষণ করলে তা ঘুরতে থাকে। শান্তভাবে তিনি কাঠের লম্বা টুকরোর একটি প্রান্ত সেই ছোট গর্তের মধ্যে রেখে ঘর্ষণ শুরু করলেন। এই পদ্ধতি খুবই আদিম ও সময়সাপেক্ষ, কিন্তু এই জঙ্গলে তাঁরা অনন্যোপায়। তিনি ধৈর্যসহকারে অপেক্ষা করতে লাগলেন ওই গর্তে কাঠকয়লার কালো গুঁড়ো জমা হবার জন্য, কারণ এই ভাবেই আগুন প্রজ্বলিত হয়।

অপেক্ষারত অবস্থায়, তাঁর দৃষ্টি গেল তাঁর ভগ্নি কৈকেশী ও তাঁর নবজাতক শিশুপুত্রের দিকে। তাঁরা বর্তমানে নিদ্রাচ্ছন্ন, সারাদিনের কষ্টকর যাত্রার পর স্বাভাবিকভাবেই ক্লান্ত। কয়েকদিনের শিশুটির নতুন নামকরণ হয়েছে—কুম্ভকর্ণ,

যার অর্থ 'যার কান কলসের ন্যায়'! এই নামকরণ করেছেন স্বয়ং রাবণ, এবং মাতা কৈকেশী ও মাতুল মারীচ তাতে সানন্দে সম্মতি দিয়েছেন।

মারীচ তাঁর নিকটে উপবিষ্ট রাবণের দিকে চাইলেন। নয় বছরের বালকটির শাণিত তরবারি তার খাপের বাইরে রাখা। মারীচ রাবণের মুখের দিকে দেখার চেষ্টা করলেন।

তাঁর চক্ষু কি মুদিত?

তিনি সবে রাবণকে তিরস্কার করতে উদ্যত হয়েছিলেন আগুন জ্বালানোর জন্য কাঠ এনে তাঁকে সাহায্য না করার জন্য, তখনই তাঁর তরবারি নিকষ অন্ধকারের ভিতর ঝলসে উঠল! একটি নিদারুণ আর্তনাদ শোনা গেল। মারীচ হতবাক হয়ে রাবণের দিকে তাকিয়ে থাকলেন! অন্ধকারে যদিও বোঝা শক্ত, তাও তাঁর মনে হল এই নিশ্ছিদ্র অন্ধকারে, তাঁর ভাগিনেয় তরবারির নিপুণ আঘাতে একটি খরগোশ শিকারে সমর্থ হয়েছে!

তিরের দ্বারা অদৃশ্য লক্ষ্যে লক্ষ্যভেদ করতে খুব কম মানুষই সক্ষম। তার থেকেও কম শব্দভেদী বাণ নিক্ষেপ করা বা তরবারি চালনায় সক্ষম মানুষ! কিন্তু খরগোশের মতো দ্রুতগতির এক প্রাণীকে, শুধুমাত্র শব্দের উপর ভিত্তি করে তরবারি দ্বারা আঘাত করার ঘটনা মারীচের কাছে অভূতপূর্ব!

মারীচ এই ঘটনায় এতোটাই হতবাক, যে তিনি নির্নিমেষে রাবণের দিকে কিছুক্ষণ তাকিয়ে থাকলেন।

পরমুহূর্তেই তিনি পুনরায় আগুন জ্বালাবার প্রক্রিয়ায় ব্যস্ত হলেন। কালো গন্ধকের কিছু পরিমাণ জমা হতেই তিনি তাড়াতাড়ি সেগুলি ঢেলে দিলেন পাশেই জড়ো করে রাখা কাঠের টুকরোর উপর। তারপর কিছু সময় ধরে ফুঁৎকার দিতেই, জ্বালানিগুলি জ্বলে উঠলো। ভালোভাবে আগুন জ্বলতেই, তিনি ছোট টুকরোগুলিকে একের পরে এক স্থানান্তরিত করলেন সাজিয়ে রাখা কাঠের মোটা গুঁড়িতে। অল্পসময়ের ভিতরেই তাঁদের ক্ষুদ্র উপনিবেশের মাঝামাঝি এক বড়সড় আগুনের সৃষ্টি হল।

আগুনের ব্যবস্থা করার পরে, মারীচ রাবণের দিকে মনঃসংযোগ করলেন। তিনি ততক্ষণে ছোট প্রাণীটির পিছনের পায়ের থেকে চামড়া ছাড়াতে শুরু করেছেন! আঁতকে উঠলেন মারীচ, প্রাণীটি এখনো জীবিত! অসহ্য যন্ত্রণায়, অসহায় ক্ষুদ্র দুর্বল প্রাণটি যেন মৃদুস্বরে প্রাণভিক্ষা চাইছে! আগুনের ছটায় রাবণের মুখের অভিব্যক্তি চোখে পড়ল মারীচের।

তাঁর মেরুদণ্ড দিয়ে এক শীতল শিহরণ বয়ে গেল!

তৎক্ষণাৎ তিনি উঠলেন, হাতে উঠে এল তাঁর নিজস্ব তরবারি, রাবণের কাছ থেকে খরগোশটিকে ছিনিয়ে নিয়ে সেটি আমূল বসিয়ে দিলেন তার হৃদয়ে! কিছু সময়ের জন্য সেটি সেখানে ধরে রাখলেন, যতক্ষণ না প্রাণীটি নিঃস্পন্দ হয়ে পড়ল। তারপর তিনি সেটি তুলে দিলেন রাবণের হাতে, 'এই প্রাণীটি তোমার কোনো ক্ষতি করেনি কিন্তু!'

রাবণ ভাবলেশহীন মুখে মাতুলের দিকে তাকালেন। কিছুক্ষণ শান্তভাবে অপেক্ষা করার পরে, তিনি আবার নির্বিকারভাবে মৃত প্রাণীটির চামড়া ছাড়াতে থাকলেন। মারীচ ধীরে ধীরে মাটিতে পড়ে থাকা তাঁর ঝোলাটির কাছে গিয়ে সেটি থেকে কিছু শুকনো মাংস বের করে আনলেন। তিনি সেটি আগুনে সেঁকতে লাগলেন লোহার একটি শিকের দ্বারা।

'মাতুল!'

মারীচ মুখ তুলে তাকালেন।

'আমার আপনাকে ধন্যবাদ দেওয়া হয়নি, মাতুল,' বললেন রাবণ।

'তার কোনো প্রয়োজন নেই আর।'

'হ্যাঁ, প্রয়োজন আছে। আমার ধন্যবাদ গ্রহণ করুন। আমি চিরদিন আপনার এই দয়ার কথা মনে রাখব। চিরদিন মনে রাখব আপনার এই আনুগত্য!'

মারীচ এই নয়ের বয়স্ক বালকটির দিকে চেয়ে স্মিত হাসলেন, তাঁর মুখে প্রাপ্তবয়স্ক মানুষের ন্যায় কথা শুনে। তারপর আবার তিনি তাঁর কাজে নিবিষ্ট হলেন।

রাত অতিবাহিত হয়ে প্রত্যুষের আলো ফোটার আশা নিয়ে তাঁরা অপেক্ষায় রইলেন। কাল তাঁরা কনৌজে পৌঁছে যাবেন।

প্রাচীন নগর কনৌজ অনেক ভারতীয়কে উন্নতির পথে অগ্রসরের সুযোগ করে দিয়েছে।

পবিত্র গঙ্গানদীর উপকূলবর্তী এই নগর সুবিখ্যাত সেখানে উৎপাদিত নানা সামগ্রীর জন্য। বিশেষ করে কনৌজে তৈরি তাঁতের কাপড়ের খ্যাতি বহুবছর ধরে সর্বজনবিদিত। এখানে তৈরি উৎকৃষ্ট আতরের সুবাস ছিল তুলনাহীন।

শিক্ষা, গবেষণা ও জ্ঞানগর্ভ তর্কবিতর্কের তীর্থস্থান ছিল এই কনৌজ, এবং দরিদ্র, জ্ঞানী, তীক্ষ্ণবুদ্ধিসম্পন্ন কন্যাকুব্জ ব্রাহ্মণদের ভূমি ছিল কনৌজ নগরী। তাঁদের মধ্যে একটি হাস্যকর প্রবাদের চলন ছিল—বিদ্যা ও জ্ঞানের দেবী মা সরস্বতী তাঁদের উপরে বিশেষ সদয়, কিন্তু বিত্ত ও ধনসম্পত্তির দেবী মা লক্ষ্মী তাঁদের উপর কোনোমতেই আশীর্বাদ বর্ষণ করতে রাজি নন।

জ্ঞান ও শিক্ষার পীঠস্থান এই নগরে, সর্বসময় জ্ঞানী, গুণী, বিদ্বান, দার্শনিকদের ভিড় লেগেই থাকত, এবং তাঁদের ভিতর ঋষি বিশ্বামিত্র, যিনি জন্মগ্রহণ করেছিলেন কনৌজের রাজপরিবারে, ছিলেন সর্বশ্রেষ্ঠ! কিন্তু নগরের প্রধান ফটকে জমায়েত হওয়া শ্রান্ত, ক্লান্ত ও আশ্রয়প্রার্থী ভবঘুরেদের প্রতি এই শহরের মানুষ বিশেষ সদয় ছিলেন না।

কৈকেশীর গর্ভে নাগ শিশু জন্ম নিয়েছে একথা শোনামাত্রই কৈকেশী ও মারীচের পিতা-মাতা কন্যার সঙ্গে সমস্ত সম্পর্ক ছিন্ন করেছিলেন, এ কথা কনৌজের প্রত্যেকের অবগত। অন্যদিকে রাবণের সযত্নে লুকিয়ে রাখা গোপন খবরও আর কারো অজানা নেই, এবং এই ঘটনার জন্য যে শুধুমাত্র কৈকেশী দায়ী, তাও সবাই জানে। সঙ্গতভাবেই, ঋষিরাজ বিশ্রভকে তো আর নাগ শিশুর জন্মের কারণে দোষারোপ করা যায় না!

এমনকী, যাদের মনে কৈকেশীর জন্য বিন্দুমাত্র করুণা বা সহমর্মিতা অবশিষ্ট ছিল, তাদেরও এই ব্যাপারে সমাজের বিদ্বজনের সঙ্গে আলোচনা বা তর্কে যাওয়ার কোনো সদিচ্ছা ছিল না।

তাই কনৌজ পৌঁছোবার এক দিনের মাথায়, তাঁরা নিজেদের গঙ্গাতীরে, নগরের বাইরে বিতাড়িত অবস্থায় আবিষ্কার করলেন, তাঁদের গন্তব্য ছিল অজানা।

'এবার আমাদের কী করণীয়?' কৈকেশীর প্রশ্ন।

মারীচ একদৃষ্টে নদীর দিকে চেয়েছিলেন, তাঁর অন্তর ক্ষোভে ও অভিমানে জর্জরিত! তিনি কিছুতেই বিশ্বাস করতে পারছেন না, তাঁর পরিবার তাঁদেরকে বর্জন করেছে! প্রথমে যারা ঋষি বিশ্রভের আশ্রমে গিয়ে তাঁর ভগ্নির বক্ষণাবেক্ষণের সাধু সিদ্ধান্তে সহমত পোষণ করেছিল, তারাই আজ তাদের সুর বদল করেছে! তারা আজ উদ্ধতস্বরে বলছে, 'আমরা আশা করিনি যে কৈকেশী একজন নাগ শিশুর জন্ম দেবেন! সেটাই তো আমাদের কাছে আশাতীত ব্যাপার!'

'দাদা, আমাদের কী হবে?' কৈকেশীর প্রশ্ন আবার ভেসে এল মারীচের দিকে।

'আমি জানি না বোন,' মাথা নাড়লেন মারীচ, 'আমার জানা নেই!'

রাবণ এইসময়ে একটি মসৃণ পাথরের দ্বারা নিজের তরবারিতে শাণ দিচ্ছিলেন। তিনি উপরে তাকিয়ে বললেন, 'আমি জানি। আমরা পূর্বদিকে যাত্রা করব। চলো আমরা বৈদ্যনাথধাম উপলক্ষে যাত্রা করি।'

'বৈদ্যনাথধাম?' হতবাক হয়ে প্রশ্ন করলেন মারীচ, বৈদ্যনাথে কী আছে?'

কন্যাকুমারী, মনে মনে ভাবলেন রাবণ, কিন্তু কী ভেবে, তাঁর এই চিন্তা মুখে প্রকাশ করলেন না তিনি। তিনি পুনরায় তাঁর তরবারিতে শাণ দিতে শুরু করলেন, 'আমি জানি ওখানে আমাদের বিপদ নেই, ওখানে আমার পিতা অনুপস্থিত!'

মারীচ নীরব রইলেন।

'চলো আমরা পূর্বদিক অভিমুখে যাত্রা করি, উদিত সূর্যের দিক লক্ষ্য করে! জ্ঞানের আলোয় আলোকিত হোক আমাদের ভবিষ্যৎ!'

'এই কথা কি তোমার নিজের মস্তিষ্কপ্রসূত?' জিজ্ঞাসা করলেন চমৎকৃত মারীচ।

রাবণ আড়চোখে মাতুলের দিকে দেখলেন, 'না, এ আমি কোথাও পড়েছি। আপনারও অধ্যয়নের অভ্যাস করা প্রয়োজনীয়। এটি স্বভাবতই একটি ভীষণ ভালো অভ্যাস!'

মারীচ সরোষে তাঁর দৃষ্টি অন্যদিকে চালিত করলেন। *উন্নাসিক, অকালপক্ক বালক!*

—ꣲ—

বৈদ্যনাথধামে পৌঁছে তাঁরা একটি ছোট গ্রামে, বিশ্ববিখ্যাত বৈদ্যনাথ মন্দিরের অনতিদূরে, সুন্দর একটি দাতব্য সরাইখানায় উঠলেন। বৈদ্যনাথধাম আরেকটি কারণে বিখ্যাত, তার সুচিকিৎসকদের জন্য। কৈকেশী কালবিলম্ব না করে কুম্ভকর্ণকে এক চিকিৎসকের কাছে নিয়ে গেলেন, তার কলসের ন্যায় কান ও কাঁধের উপরিভাগের বাড়তি হাতগুলির কোনো ব্যবস্থা করা যায় কিনা সেই আশায়। চিকিৎসক তাকে পরীক্ষা করে বললেন যে অস্ত্রপ্রচার অসম্ভব।

বর্ধিত অংশগুলিতে এতো পরিমাণ শিরা উপশিরার উপস্থিতি যে কোনোরকম অস্ত্রপোচার শিশুটির অকাল মৃত্যু ডেকে আনবে। তাঁরা বিধান দিলেন, কুম্ভকর্ণ একজন হাসিখুশি নীরোগ শিশু, যার শরীরের বাড়তি অংশগুলি তাঁকে যন্ত্রণা দেবে না। তাই সেগুলিকে নিয়ে বেঁচে থাকাটাই শ্রেয় কুম্ভকর্ণের জন্য।

কৈকেশী প্রবলভাবে হতাশ হয়ে পড়লেন। রাবণেরও একই অবস্থা! কিন্তু মাতার শোকের থেকে তার শোকের কারণ একেবারেই ভিন্ন। সেই শোকের কারণ তিনি তার মনের ভিতর অব্যক্ত রেখে দিলেন। পরদিন, সূর্য ওঠার আগে, তাঁরা বৈদ্যনাথ মন্দির অভিমুখে যাত্রা শুরু করলেন। কিছু সময় পরেই আরতি আরম্ভ হবে, আবালবৃদ্ধবনিতা নির্বিশেষে সকলে দেবাদিদেব মহাদেব রুদ্রনাথের চরণে অঞ্জলি প্রদান করবে।

গভীর অরণ্যস্থিত একাধিক মন্দিরের সমষ্টির অন্যতম এই বৈদ্যনাথের মন্দির। আলাদা আলাদা মন্দিরে বিভিন্ন দেবদেবীর অবস্থান, সেখানে বিষ্ণুদেবের অবতার, নাম না জানা অনেক দেবদেবীর পূজা হতো যারা ভারতবর্ষের সন্তানদের বারম্বার রক্ষা করে এসেছেন—ইন্দ্রদেব, বরুণদেব, অগ্নিদেব এবং অন্যান্যরা। সর্ব বৃহৎ মন্দিরটি অবশ্যই মহাদেব রুদ্রনাথের। তিনি দেবতাদের দেবতা—মহাদেব। দেবাদিদেব!

বন্যাপ্রবণ ময়ূরাক্ষী নদীর পাশে অবস্থিত এই বৈদ্যনাথ মন্দির। নদী ও মন্দিরকে আলাদা করেছে বিস্তীর্ণ জলাভূমি ও সমতলভূমি, যেগুলি বর্ষাকালে বন্যার বর্ধিত জলরাশি শোষণ করে নিয়ে মন্দির ও মন্দির সংলগ্ন জমিকে রক্ষা করে। জলাভূমি অঞ্চলে প্রচুর পরিমাণে ভেষজ ও জীবনদায়ী ঔষধের লতাগুল্ম জন্মানোয়, এই ছোট মন্দির নগরী সুচিকিৎসা ও সকল ব্যাধি নিরাময়ের কেন্দ্রস্থল হিসাবে গণ্য হতো। নগরের নামটি এসেছিল বৈদ্যনাথ শব্দটি থেকে—ঔষধি প্রদানকারী!

বৈদ্যনাথের প্রধান মন্দিরটি দৈত্যাকার এক পদ্মফুলের আকারে নির্মিত। মন্দিরের চূড়ার নীচে বিশাল চত্বর, কিন্তু আপাতসাধারণ গঠনশৈলী এই অনুপম মন্দিরের। অভ্যন্তরে সুবৃহৎ দালানে শিক্ষাপ্রদানের স্থান, আর সম্পূর্ণ কেন্দ্রস্থলে 'অগম' ঘরানার স্থাপত্যশিল্প অনুসরণ করে, শ্বেতপাথরে নির্মিত এক অতুলনীয় বেদী। পনেরো গজের ভিত থেকে পঞ্চাশ গজের বিশাল গম্বুজ সোজা উঠে গেছে উপরে। ভিতের উপরে কাঠের তৈরি একশত আটখানি শতদলের পাপড়ির সম্ভার। এক একটি পাপড়ি এক পূর্ণাবয়ব মানুষের

চতুর্গুণ! সুঠাম ও মহা শক্তিশালী শালকাঠের তৈরি এই পাপড়িকে বিভিন্ন রাসায়নিক ও গোলাপি রঙে রাঙিয়ে আরো দীর্ঘস্থায়ী রূপ দেওয়া হয়েছে। তারপর তাদের চারটি স্তরে, একের পর এক সাজানো হয়েছে এক দৈত্যাকার পদ্মফুলের রূপ দিতে, যা সমগ্র মন্দিরের গর্ভগৃহটিকে ঘিরে রেখেছে। প্রধান গম্বুজটিকে হলুদ রঙ করা হয়েছে, এবং সেটি মন্দিরের কেন্দ্রস্থল থেকে বেরিয়ে রয়েছে এক বিশাল গর্ভকেশরের মতো। নীচের অংশে সবুজ রঙ করা, সেটিকে পুষ্পাধার হিসেবে নির্মাণ করা হয়েছে। সামনের লম্বা অংশটি একটি সুড়ঙ্গের ভিতর দিয়ে সুকৌশলে নির্মিত হয়েছে মন্দিরের প্রবেশপথ!

পাঁকে জন্মানো পদ্মফুল বহুল প্রতিকূলতা সত্ত্বেও নিজের সৌন্দর্য ও মনোরম সুবাস অক্ষুণ্ণ রাখে। মন্দিরে আসা প্রত্যেক মানুষের কাছে এই পদ্মফুল এক নীরব প্রশ্ন রাখে, তা সেই মানুষ ধর্মাবলম্বী হোক অথবা নাস্তিক। পদ্মফুলের পাপড়ির সংখ্যা–একশত আটটি–সেটির তাৎপর্য অপরিসীম। ভারতের ধার্মিক মানুষেরা এই বিশেষ সংখ্যাটির সঙ্গে ওতপ্রোতভাবে জড়িত। তাদের বিশ্বাস, মহাবিশ্বের নির্মাণকাল হতে এই দৈব সংখ্যাটির ব্যবহার বারেবারে হয়ে এসেছে। সূর্যের ব্যাস আমাদের পৃথিবীর ঠিক একশত আট গুণ! সূর্য থেকে আমাদের গ্রহের দূরত্ব সূর্যের ব্যাসের একশত আটগুণ! একইভাবে, পৃথিবী আর চন্দ্রের দূরত্ব ঠিক চন্দ্রের ব্যাসের একশত আটগুণ! এছাড়াও এই জাদুসংখ্যা প্রতিবার, নানাভাবে এসেছে জাগতিক বিভিন্ন হিসাবে ও অংকে। উদাহরণস্বরূপ, একটি মন্ত্রকে ওই একশত আটবার জপ করার কথাই শাস্ত্রসম্মত!

মন্দিরের অন্যদিকে অধ্যয়নের স্থানে, দেবাদিদেব রুদ্রনাথের এক প্রমাণ আকারের মূর্তি বিরাজ করছে। চক্ষু মুদিত, পদ্মাসনে উপবিষ্ট, যোগাসনে বসা এক মহাযোগী রূপে তিনি প্রতীয়মান। তাঁর ঠিক পিছনে, তিরিশ হাত উঁচু 'লিঙ্গম যোনি'–এক সুপ্রাচীন দেবতার প্রতিমূর্তি। এই বিচিত্র মূর্তির আকার আধখানি ডিমের মতো, মানুষের বিশ্বাস এটি ব্রহ্মাণ্ড, অথবা জীবনের উৎস রহস্যের প্রতীক, যা জীবনের প্রতিষ্ঠা করেছে এই সংসারে। অন্যরা অবশ্য বিশ্বাস করে এটি পুরুষত্ব ও পুরুষকারের প্রতিভূ। লিঙ্গমের আধারে রয়েছে যোনি, যাকে ভাষান্তরে গর্ভ হিসাবেও অভিহিত করা হয়, যার আসল অর্থ হলো 'উৎস' বা 'মূল', যা দেবীশক্তির নিদর্শন। এই দুই মূর্তি একযোগে প্রাণের সৃষ্টি ও সঞ্চারের কথা বলে, পুরুষকার ও দেবীশক্তির মহাসঙ্গম, বর্তমান সময় এবং নিরাকার শুন্যতার সঙ্গম যা সমস্ত সৃষ্টির আধার।

মূল প্রার্থনাগারের বহির্ভাগে, মন্দিরের কেন্দ্রস্থলে পদ্মফুলের আকারের গম্বুজের নীচে, ভক্তকুলের সমাবেশের প্রধানস্থল।

রাবণ ও তাঁর পরিবার যখন মন্দিরে পৌঁছলেন, মন্দিরের সূক্ষাতিসূক্ষ কারুকার্য ও সৌন্দর্য উপভোগ করার সুযোগ পেলেন না তাঁরা। ইতিমধ্যেই দেবাদিদেব রুদ্রনাথের আরতি শুরু হয়ে গেছে, এবং এই আরতির সৌন্দর্য অপার্থিব!!

প্রার্থনার বিশাল কক্ষের দুধারে তিরিশখানি বিশাল বিশাল ঢাক সাজানো ছিল। পেটানো চেহারার বলশালী পুরুষেরা তাদের শালপ্রাংশু বাহুর ন্যায় বৃহৎ আকারের দণ্ডের সাহায্যে সেই ঢাকে তাল তুলছিল।

ধুম ধুম ধানা ধুম ধুম ধানা...!

এই তাল যেন ধীরে ধীরে রাবণের পুরো শরীরে নেশার উদ্রেক করল। তিনি তাঁর অস্থিমজ্জার অভ্যন্তরে সেই ঝিম ধরানো তালবাদ্যের রেশ অনুভব করছিলেন। এবং সেই নেশা তাঁর ভিতর চারিয়ে যেতেই দেবাদিদেবের অন্যান্য ভক্তদের মতোই, তিনি সেই ছন্দে নৃত্যের তালে পা মেলাতে বাধ্য হলেন। শিশু কুম্ভকর্ণ অবধি সেই গুরুগম্ভীর বাদ্যে উত্তেজিতভাবে হাত আন্দোলিত করতে লাগল, তাঁর মুখেও ভয়ডরের লেশমাত্র নেই।

ধুম ধুম ধানা ধুম ধুম ধানা...!

ধুম ধুম ধানা ধুম ধুম ধানা...!

বাদ্যের তাল ত্বরান্বিত হতে নৃত্যরত পুরুষ ও মহিলা ভক্তের দল সেই বিশাল কক্ষের একদিকে অগ্রসর হতে থাকলেন। সেই স্থানে দুইশতের বেশি ঘণ্টা পৃথকভাবে আটকানো ছিল। ঢাকের গুরুগম্ভীর তালের সঙ্গে সঙ্গে আরেকটি শব্দ যোগ হল, সেই সম্মিলিত ঘণ্টাধ্বনি—একেবারে নিখুঁত তালে বাজতে থাকল সেগুলি।

ঢাকের তালের, প্রথমে মৃদু গুঞ্জন রূপে, তারপর ক্রমবর্ধমান আওয়াজে উচ্চরিত হতে থাকল একটি বিশেষ নাম, উচ্চারণের সুবিধার কারণে সেটিকে দুভাগে ভেঙে নেওয়া হয়েছে। একটি শব্দ যা মহাশক্তির আধার।

'মহা...দেব!'

'মহা...দেব!'

'মহা...দেব!'

এই শব্দোচ্চারণে ক্রমশ গতিসঞ্চার হতে থাকার সঙ্গে সঙ্গে, ভক্তদের

কণ্ঠস্বরও উচ্চগ্রামে পৌঁছোতে থাকে। মহাদেবের প্রতি অপার শ্রদ্ধায় তাঁরা ভক্তিরসে উদাত্ত, উদ্বেল। দেবতাদের দেবতা। ভগবানের ভগবান, স্বয়ং দেবাদিদেব রুদ্রনাথ!

বিরাটকায় তালবাদ্যগুলি ভক্তদের এই উন্মাদনার সঙ্গে তাল রেখে চলেছে সর্বক্ষণ!

ধুম ধুম ধানা ধুম ধুম ধানা...!

ধুম ধুম ধানা ধুম ধুম ধানা...!

রাবণ চমৎকৃত অবস্থায় তাঁর চারদিক একবার ঘুরে দেখলেন। জীবনে এই প্রথম তিনি, নিজের ক্ষুদ্রতার পরিচয় পেলেন। তাঁর পরমারাধ্য দেবতার সম্মুখে, সবার সঙ্গে মিলেমিশে এরূপ আরাধনায় অংশগ্রহণ করে পরম আনন্দ উপভোগ করলেন। তিনি রুদ্রদেবের ভক্ত। এখানে প্রত্যেকে তাই। এখানে কোনো ভেদাভেদ নেই। কোনোরূপেই নেই। ধনী-দরিদ্র নির্বিশেষে এরা দেবাদিদেবের আরাধনার উল্লাসে মত্ত। ছাত্ররা তাদের গুরুদেবের সঙ্গেই নৃত্যরত। স্বাস্থ্যবান, সুঠাম চেহারার মানুষ পা মেলাচ্ছেন বিকলাঙ্গ ভক্তদের সঙ্গে। পুরোহিতেরা সহাবস্থান করছেন অচ্ছ্যুত 'অঘোর' সম্প্রদায়ের মানুষের সঙ্গে। নারী, পুরুষ, ক্লীব নির্বিশেষে ভগবানের জয়গান চলছে! সকলে যেন জাতিধর্ম নির্বিশেষে মিলেমিশে এক হয়ে গেছে! ভারতীয়দের সঙ্গে বিদেশিরাও এই প্রার্থনায় সামিল হয়েছে!

কোনো ভেদাভেদ নেই।

স্বাধীনতা!

আচারবিচারের স্বাধীনতা। পার্থিব আশা ভরসার স্বাধীনতা। ঠিক ও ভুল বিচারের থেকে স্বাধীনতা। ভগবান ও শয়তানের থেকে স্বাধীনতা। নিজেকে আবিষ্কার করার স্বাধীনতা। এ শুধু দেবাদিদেব রুদ্রনাথের সঙ্গে মিশে যাওয়ার প্রয়াস।

ধুম ধুম ধানা ধুম ধুম ধানা...!

'মহা...দেব!'

ধুম ধুম ধানা ধুম ধুম ধানা...!

'মহা...দেব!'

এইরূপেই উচ্চগ্রামে পৌঁছে সেই আরতি সম্পন্ন হলে, ভক্তদের উদাত্ত, ভক্তিরসে নিমজ্জিত কণ্ঠের সম্মিলিত আকুল আর্তি সমগ্র বৈদ্যনাথধামের মন্দিরের প্রতি অংশে গুঞ্জরিত হল।

'জয় শ্রী রুদ্রের জয়!' জয় হোক দেবাদিদেব রুদ্রনাথের!

হঠাৎ ঢাকের গুরুগম্ভীর আওয়াজ, সকলের মিলিত কণ্ঠের মতোই একযোগে থেমে গেল। শুধুমাত্র মন্দিরের অলিন্দের, গর্ভগৃহের ও গম্বুজের ভিতর থেকে গেল সম্মিলিত ভক্তিরসের সুরেলা প্রতিধ্বনি।

মাত্র কিছুসময়কাল ব্যপ্ত এই আরতি ওই স্থানে উপস্থিত প্রত্যেকের আত্মায় এক অনিন্দ্য সুখের রেশ রেখে গেল। রাবণ চারিদিকে দেখলেন, প্রতিটি মুখমণ্ডলে প্রশান্তিতে ভরা। মাতা কৈকেশী ও মাতুল মারীচের দিকে তাকিয়ে দেখলেন, তাঁদের গণ্ডদেশ আনন্দাশ্রুতে সিক্ত। তারপর তিনি তাঁর নিজের মুখমণ্ডলে হাত বুলিয়ে হতবাক! তাঁর গণ্ডদেশেও অশ্রুর উপস্থিতি!

তিনি স্বগোক্তি করলেন, 'জয় হোক শ্রী রুদ্রনাথের!'

ঠিক সেই সময়েই ভক্ত সমাবেশের থেকে কিছু উত্তেজিত কণ্ঠ শোনা গেল!

'কন্যাকুমারী!'

'কন্যাকুমারী!'

আরতির শেষে শাস্ত্রানুসারে কন্যাকুমারীর দ্বারা সনাতনী পূজার দায়ভার সম্পন্ন হয়, লিঙ্গম যোনির *রুদ্রাভিষেকের* পূজা। কুমারী দেবী তাই তাঁর দায়িত্ব সম্পন্ন করতে এসে পড়েছেন!

প্রত্যেকে ঘাড় বাঁকিয়ে, পায়ের আঙুলের উপর দাঁড়িয়ে সামনে ঝুঁকে তাঁদের পরমপূজ্য দেবীকে একবার চোখের দেখা দেখতে চাইল।

রাবণ কিন্তু সেদিকে চাইলেন না, অধোবদন হয়ে মাটির দিকে তাকিয়ে দাঁড়িয়ে রইলেন শরীর শক্ত করে। তাঁর হাত দুখানি মুষ্ঠিবদ্ধ!

'এই কন্যাকুমারী কি নতুন?' জিজ্ঞাসা করলেন কৈকেশী।

কন্যাকুমারীর দিকে ঘুরে তাকাবার আগে মারীচ হাতজোড় করা অবস্থাতেই তাঁর ভগ্নির দিকে একবার আড়চোখে তাকিয়ে দেখলেন। 'হ্যাঁ, আমি জানতে পেরেছি আগের কন্যাকুমার কিছু মাস আগে ঋতুমতী হয়েছেন। তাই এই নতুন কন্যাকুমারিকা তাঁর স্থলাভিষিক্তা হয়েছেন।'

শিশু কুম্ভকর্ণকে ঘুম পাড়াবার জন্য কৈকেশী তালে তালে দুলছিলেন। তিনি বললেন, 'আমি বরাবর চিন্তা করি এই সমস্ত কন্যাদের, দেবীর পদ থেকে স্থানান্তরিত হবার পরে কী হয়? তাঁরা কোথায় যান? কী করেন তাঁরা?'

মারীচ মাথা নাড়লেন, 'এ আমার জানা নেই। হয়তো কন্যাকুমারিকার পদত্যাগ করার পরে তাঁরা তাঁদের গ্রামে ফিরে যান।

'কিন্তু তাঁদের কীভাবে খুঁজে পাওয়া যাবে? তাঁদের জন্মগত নামেও তাঁরা বিশেষ পরিচিত নন!'

এতোক্ষণে রাবণ মুখ তুলে নতুন কন্যাকুমারীর দিকে দৃষ্টিপাত করতে দেখা গেল তাঁর দুচোখে ঘৃণার আগুন জ্বলজ্বল করছে!

এক মুহূর্তের জন্য তাঁর অপ্রকৃতিস্থ মন তাঁকে বলল, এগিয়ে গিয়ে এক মর্মান্তিক আঘাতে দেবীকে ধরাশায়ী করেন! সেই আঘাতের প্রভাবে দেবী প্রাণত্যাগ করবেন। কিন্তু পরমুহূর্তেই তিনি তাঁর মনে আসা এই অস্বাভাবিক কুচিন্তার প্রশমন ঘটালেন। এই কর্ম সম্পূর্ণ অমূলক হবে। অন্য আরেকজন কুমারীর এই দেবীর স্থলাভিষিক্ত হওয়া শুধু সময়ের অপেক্ষা। তাঁর কন্যাকুমারী আর তাঁর কাছে ফিরে আসবেন না। রাবণ জানেন না সেই দেবী কোথায় থাকেন! তিনি তো তাঁর আসল নাম সম্বন্ধে অবগত নন!

তিনি কিছুই জানেন না। তাঁর স্মৃতিতে শুধু দেবীর কথাগুলি রয়ে গেছে। তাঁর মধুর কণ্ঠস্বর, আর তাঁর অপরূপ মুখশ্রীটুকুর রেশ থেকে গেছে তাঁর কিশোর মনের নরম মাটিতে। তাঁর সুশ্রী মুখমণ্ডল রাবণের মনের সমস্ত যন্ত্রণা ভুলতে সাহায্য করত।

তাঁর মনের যে আশঙ্কা তাঁকে চিন্তান্বিত করে রেখেছিল সেটি অবশেষে সত্যি প্রমাণিত করে তাঁকে ব্যাথিত করে। তিনি তাঁকে আর কোনোদিন দেখতে পাবেন না। চিরদিনের জন্য দেবী তাঁর জীবন থেকে চলে গেছেন, তিনি আর ফিরবেন না।

রাবণ অনুভব করলেন তাঁর শ্বাসকষ্ট শুরু হয়েছে। তাঁর মনে হচ্ছে যে ক্রমেই তাঁর শ্বাসপ্রশ্বাস স্তব্ধ হয়ে আসছে।

রাবণ তাঁর মাতার হাত ধরলেন, 'আমাদের এখান থেকে চলে যেতে হবে।'

'কী? কেন? দেবী কন্যাকুমারী...'

'কাল এসে তুমি ওনার আশীর্বাদ গ্রহণ করবে। এখন আমরা যাব।'

রাবণ ঘুরলেন এবং গমনোদ্যত হলেন।

পঞ্চম অধ্যায়

'স্থান পরিত্যাগ করব?' মারীচ হতবাক, 'কী কারণে?'

মারীচ, কৈকেশী, রাবণ ও শিশু কুম্ভকর্ণ পুনরায় তাঁদের সরাইখানার ক্ষুদ্র কুটিরে ফিরে এসেছেন।

রাবণ শান্তস্বরে বললেন, 'আমি এখানে কুম্ভকর্ণের সুচিকিৎসার কারণে এসেছিলাম। কিন্তু এখানের বৈদ্যরাজেরা আমাদের কোনো আশার আলো দেখাতে পারেননি। তাই এই স্থানে থেকে যাওয়ার কোনো সঙ্গত কারণ আমি দেখছি না!'

'কিন্তু শুধু কুম্ভকর্ণের চিকিৎসার কারণে আমাদের এই স্থানে আগমন ঘটেনি। কিছুকাল নিশ্চিন্তে ও নির্ভয়ে থাকার ব্যবস্থাও এখানে আছে।'

'শুধুমাত্র নিশ্চিন্তে থাকা আমার অভীষ্ট নয়। আমি এখানে কিছু পাওয়ার কারণে এসেছিলাম। সেই কাজ আর এখানে করা সম্ভব নয়!'

মারীচ অকালপক্ক এই কিশোরের দিকে বিরক্তমুখে তাকালেন, 'রাবণ, তোমার বয়স মাত্র নয় বছর। তুমি এখনো সামান্য এক কিশোর। তুমি এতো চিন্তা করো না, সিদ্ধান্ত নেওয়ার জন্য আমরা বয়োজ্যেষ্ঠরা আছি।'

'আমি শিশু বা সামান্য কিশোর নই,' রাবণ মারীচের বক্তব্যে মাঝপথেই বাধাপ্রদান করলেন, 'আমার পরিবারের প্রধান পুরুষ আমি। আমি আমার দায়িত্ব সম্পর্কে অবহিত।'

মারীচ অনেক কষ্টে হাসি আয়ত্তে আনলেন, 'ঠিক বলেছেন প্রধান, আমাকে দয়া করে বলবেন, এই মুহূর্তে বৈদ্যনাথধামের চেয়ে উৎকৃষ্ট স্থান আমাদের

কাছে আর কী আছে? এই স্থান নিঃশর্ত দানের উদারতায় পরিপূর্ণ। তোমার মাতা ও শিশু-ভ্রাতা দাতব্যের আহার ও বাসস্থানের সুবিধা ভোগ করতে পারেন এই সরাইখানায়। অন্যত্র গেলে এই সুযোগ তুমি কোথায় পাবে?'

'আমি পূর্বাঞ্চলে স্থিত বিশাল বন্দরের কথা শুনেছি সেখানে সুদূর বালি ও মালয় দ্বীপপুঞ্জের সঙ্গে বানিজ্যিক বিনিময় হয়। আমরা সেখানে যেতে পারি। আমরা সেখানে গিয়ে কাজ করতে পারি।'

'হঠকারী সিদ্ধান্ত নিয়ো না রাবণ, যদি অতদূরে গিয়েও কাজ না...'

'আমি সিদ্ধান্ত নিয়েছি ইতিমধ্যেই, মাতুল,' বললেন রাবণ, 'মাতার সঙ্গেও এই ব্যাপারে আমার কথোপকথন সম্পন্ন হয়েছে। এখন প্রশ্ন, আপনার কী অভিপ্রায়?'

মারীচ তাঁর ভগ্নির দিকে অবাক দৃষ্টিতে তাকালেন। রাবণের সঙ্গে কৈকেশীর এই ব্যাপারে ইতিমধ্যেই আলোচনা হয়ে গিয়েছে, সে ব্যাপারে তাঁর বিন্দুমাত্র অবগতি ছিল না। কৈকেশীর মুখমণ্ডলে অসহায়তা ও সমর্পণের কাতর অভিব্যক্তি। এই পরাভূতের অভিব্যক্তি ভগ্নির মুখে বহুবছর পরে প্রত্যক্ষ করে বিস্মিত হলেন মারীচ। ঠিক এই মুহূর্ত থেকে রাবণের সঙ্গে মারীচের সম্পর্কের সংজ্ঞা আমূল বদলে গেল। রাবণ কিশোর ভাগিনেয় থেকে তাঁর ভবিষ্যতের প্রভু ও আদেশকারী রূপে উত্তীর্ণ হলেন!

অধোমুখে মারীচ সম্মতি দিলেন, ' পূর্বাঞ্চল অভিমুখেই যাত্রা শুরু হোক তবে।'

—ꣻ—

চিলিকা হ্রদের তটস্থিত একটি ছোট নগরে এসে বসবাস করার চার বছর পূর্ণ হল রাবণ ও তাঁর পরিবারের।

চিলিকা একটি সুবিশাল উপহ্রদ, পৃথিবীর সর্ববৃহৎ উপহ্রদগুলির মধ্যে অন্যতম, যার ব্যাপ্তি প্রায় এক সহস্র যোজনের চাইতেও বেশি, ভারতের পূর্ব উপকূলবর্তী অঞ্চলের উত্তর-পূর্ব হতে দক্ষিণ-পশ্চিমাংশে তার অবস্থান। মহানদীর প্রধান শাখানদীগুলির মধ্যে অন্যতম, দয়া এবং লুনা নদীর জল এসে এই চিলিকা হ্রদকে কানায় কানায় পরিপূর্ণ করে। এছাড়াও প্রায় পঞ্চাশটি

নদীর জল এসে এই চিলিকা হ্রদের সঙ্গে যুক্ত হয়। তাই বর্ষাকালে, প্রবল বর্ষণে চিলিকার জল ফুলে ফেঁপে ওঠে বিপজ্জনকভাবে।

এই কলিঙ্গ রাজ্যে নবাগত কোনো আগন্তুকের আপাতদৃষ্টিতে মনে হতেই পারে যে মহানদীর ব-দ্বীপে অবস্থিত এই কলিঙ্গ রাজ্য, তার উর্বর চাষজমি, তরতাজা জলের অফুরন্ত ভাণ্ডার, এবং অকৃপণ বর্ষাকালের হাতভরা আশীর্বাদে বর্ধিষ্ণু এক নগর, কিন্তু তার এই ভ্রান্ত ধারণাকে ক্ষমা করাই যায়। চাষবাস যদিও এই নগরকে স্বয়ংসম্পূর্ণ করে তুলেছে, কিন্তু বন্দর জুড়ে ব্যস্ততা ও কোষাগার উপচে পড়া ধনসম্পত্তির আসল উৎস ছিল কাছে দূরে, দেশে বিদেশে বানিজ্যের প্রতুলতা। এবং এই সুবিপুল বানিজ্যের কেন্দ্রস্থল হল এই চিলিকা হ্রদসংলগ্ন নগর!

বিশেষ আকারের কারণে, চিলিকার সর্বদিকের তট জুড়ে একাধিক বন্দর নির্মাণ করা সম্ভব হয়েছে। এই হ্রদ সুগভীর হওয়ার ফলে, ছোট, বড় থেকে সর্বাধিক আকারের বানিজ্যপোতের এই সমস্ত বন্দরে অবাধ বিচরণ। হ্রদের মধ্যভাগস্থিত বিভিন্ন ছোট সাগরাঞ্চল ঘেঁষা দ্বীপগুলিতে, মাঝারি আয়তনের জাহাজগুলির নোঙর ফেলায়, হ্রদের জলযানবাহনের গতিপথ সঞ্চালন সুষ্ঠভাবে সম্পন্ন হতো। হ্রদের পূর্বদিকে বিস্তীর্ণ বালিয়াড়ি পূর্বসাগরের থেকে এই হ্রদকে পৃথক করেছে। এই বালিয়াড়ি এক অলঙ্ঘনীয় প্রাচীর সৃষ্টি করেছে ঝঞ্ঝাপূর্ণ সাগরের থেকে, যার ফলে বিভিন্ন বানিজ্যপোত চিলিকার নিশ্চিন্ত আশ্রয়ে সহজেই বিচরণ করতে সক্ষম ছিল। এই দুর্ভেদ্য বালিয়াড়ির উত্তরাংশে একটি বিস্তীর্ণ, ও দক্ষিণাংশে অপেক্ষাকৃত সংকীর্ণ দুটি দ্বার ছিল, যার দ্বারা এই চিলিকা হ্রদে বিভিন্ন জলযানের গমনাগমন সম্ভব হতো। এ ছাড়াও, চিলিকা থেকে মহানদী বেয়ে দক্ষিণ কোশলের রাজধানী পর্যন্ত যাত্রা করা সম্ভব ছিল সহজেই, আর সেখান থেকে উত্তরদিকে যাত্রা করলেই সপ্তসিন্ধুর দেশে পৌঁছে যাওয়া যেত অনায়াসে!

চিলিকা হ্রদ ছিল একটি নিরাপদ ও সুগম বন্দর এবং স্বর্ণগর্ভ পশ্চাদভূমি, সপ্তসিন্ধুতে সহজে ও গোপনে পৌঁছোবার চাবিকাঠি। আসলে সপ্তসিন্ধু ছিল সেই সময়ে সারা পৃথিবীর সর্বোত্তম ও সর্বোৎকৃষ্ট পশ্চাদভূমি।

যে কোনো সময়ে, সংখ্যায় এক শতের উপরে ছোটবড় জলযানের উপস্থিতিতে সরগরম থাকত এই বন্দরনগরী। এছাড়াও, বহু ছোট বানিজ্যতরী বন্দরের অভ্যন্তরে নোঙর ফেলার সুযোগের অপেক্ষায় পঙক্তিবদ্ধ হয়ে থাকত।

অনবরত মালপত্র ওঠানো নামানোর কাজ চলতে থাকত এই মহাব্যস্ত বন্দরে। খাজনা আদায়কারী কর্মচারীদের সঙ্গে ছোটবড় ব্যবসায়ীদের দরকষাকষি, তুমুল বাকবিতণ্ডার শব্দে ভারী হয়ে থাকত সমগ্র এলাকার পরিমণ্ডল। ছুটি পাওয়া জাহাজীদের দেখা যেত, নগরীর ভিতরে সুরা ও নারীর অমোঘ আকর্ষণে ও অন্বেষণে ব্যাকুলভাবে নগরের আনাচে কানাচে ঘুরে বেড়াতে। সরাইখানার মালিকেরা আর বারাঙ্গনারা প্রাণপণে চেষ্টা করে যেত নিজ নিজ ব্যবসার প্রভূত উন্নতি ঘটানোর আকাঙ্খায়। বন্দরে, সৈন্যদল এতো অরাজকতার মধ্যেই শান্তি শৃঙ্খলতা বজায় রাখার প্রয়াসে মহাব্যস্ত থাকত।

চিলিকা সমস্ত সম্প্রদায়ের ব্যবসায়ীদের কাছে ছিল স্বর্গরাজ্য, কারণ ভারতবর্ষের অন্যান্য জায়গার মতো, এখানে ব্যবসা-বানিজ্যে নিয়মের কড়াকড়ি ছিল না সেভাবে।

বিগত কয়েক দশক ধরে, সপ্তসিন্ধুর অনেক অংশে সাধারণ প্রজারা, কিছু শাসক পরিবারের সঙ্গে একযোগে মিলিত হয়ে গর্জে উঠেছিল বৈশ্য সম্প্রদায়ের অবিরাম অন্যায় অবিচারের বিরুদ্ধে। ব্যবসা-বানিজ্য নিয়ে অনৈতিক নিয়মকানুন রুজু করা হয়েছিল। ব্যবসা করার জন্য ব্যবসায়ীদের প্রতিপদে অবৈশ্য আধিকারিকদের কাছ থেকে ছাড়পত্র জোগাড় করতে হতো। কিন্তু এই পদ্ধতি সমস্যার সুষ্ঠ সমাধান করার পরিবর্তে জন্ম দিল আরেক সমস্যার—উৎকোচের। প্রভূত পরিমাণ উৎকোচ আদানপ্রদানের প্রক্রিয়ায়, প্রভূত সমস্যার সৃষ্টি হল। সর্বোপরি, এই অসাধু আধিকারিকরা ক্ষমতার অপব্যবহারে ও অর্থের লালসায়, উৎকোচ আদানপ্রদানের অশুভ প্রক্রিয়ার উদাসীন দাসত্বের সামনে মাথা নত করলেন। তাঁদের কাছে, এটি অসাধু ব্যবসায়ীদের পাপের গুণাগার!

অবশ্য জ্ঞানী ব্যক্তিমাত্রই জানেন, কয়েকজন অসাধু ও অসুস্থ মানসিকতার মানুষের কারণে সমগ্র জাতিকে অপরাধীর আখ্যা দেওয়া সম্পূর্ণ পক্ষপাতদুষ্ট কাজ হিসাবে গণ্য হবে। প্রত্যেক সুস্থ সমাজেরই যেমন শিল্পপতি, ব্যবসায়ী প্রয়োজন, তেমনই প্রয়োজন বুদ্ধিজীবী, সৈন্যদল ও শিল্পীদের। সমাজ যদি সুষ্ঠভাবে সবরকম মানুষের উপস্থিতির সম্বন্ধে উদাসীন হয়ে, বিশেষ এক শ্রেণীকে সমর্থন করে, তখন তার পতন অনিবার্য! দুর্ভাগ্যবশত, সপ্তসিন্ধুর দেশের শাসন ব্যবস্থার দূরদর্শিতার অভাবে সমগ্র ব্যবসায়ীকুল এইভাবেই শোষিত হতে থাকল।

শেষে আর উপায়ান্তর না পেয়ে, সপ্তসিন্ধুর ব্যবসায়ীকুল লঙ্কার

প্রবলপ্রতাপশালী ব্যবসায়ী রাজা কুবেরের অধিনায়কত্বে একজোট হলেন। কুবের সপ্তসিন্ধু ও তার অঙ্গরাজ্যগুলির রাজাদের সঙ্গে চুক্তি করে সমগ্র ব্যবসায়িক কর্মকাণ্ডের দায়িত্ব নিজের দখলে নিলেন, এবং তার পরিবর্তে লভ্যাংশের এক উল্লেখযোগ্য অংশ তাঁদের উপঢৌকন হিসাবে উপহার দিতে থাকলেন। কিন্তু এই ব্যবস্থায়, ব্যবসায়ীদের বিন্দুমাত্র সুবিধা হল না। ব্যবসায় অত্যধিক লাভ নিজের দখলে রাখতে গিয়ে কুবের রাজা তাঁদের লভ্যাংশের উপর তাঁর নির্মম থাবা বসালেন। তাই তাঁর অধিনায়কত্বে এসে ব্যবসায়ীরা আগের চেয়েও অনেকগুণ বেশিভাবে ক্ষতিগ্রস্ত ও শোষিত হতে থাকলেন!

সপ্তসিন্ধুর একমাত্র রাজ্য যেটি কুবেরের সঙ্গে একত্রে কাজ করতে রাজি হয়নি —সে হল কলিঙ্গ রাজ্য। সেই কারণেই, দেশের অন্যত্র ব্যবসার কাজে বাধা বিপর্যয় এলেও, চিলিকার এই বন্দরনগরীতে ব্যবসা-বানিজ্য ফুলে ফেঁপে উঠেছিল।

কলিঙ্গ রাজ্যের রাজধানী কটক, যা চিলিকা থেকে আশি যোজন দূরে অবস্থিত, সেখান থেকেই কলিঙ্গরাজ সমগ্র রাজ্য পরিচালনা করতেন। আক্ষরিক অর্থে 'কটক' হল সৈন্যশিবির, যা এই রাজ্যের বীর যোদ্ধাদের সম্মানে নামাঙ্কিত। কিন্তু বহু শতক আতিক্রান্ত হয়েছে, কলিঙ্গবাসী মানুষ নিরীহ, অহিংস এবং শান্তিপ্রিয় এক জাতিতে পরিণত হয়েছে, যাদের বর্তমান আগ্রহ শুধুমাত্র ব্যবসা-বানিজ্য, সাংস্কৃতিক আলোচনা আর বুদ্ধি দ্বারা তর্কবিতর্ক আর বিশ্লেষণের উপর আধারিত। এই কারণেও এই রাজ্য ছিল শান্তিপূর্ণ, আর কলিঙ্গরাজের শাসনেও কঠোরতা প্রয়োগের প্রয়োজন ছিল সীমিত। ফলে, সহস্র বৈশ্য পরিবার কলিঙ্গে বসবাস করে সেখানে ব্যবসা-বানিজ্যে মনোনিবেশ করেছিল।

কিন্তু ধীরে ধীরে পরিবর্তন আসছিল। সারাদেশের বৈশ্য বিরোধী মনোভাব এই শান্তিপূর্ণ কলিঙ্গরাজ্যেও চারিত হচ্ছিল। প্রত্যেকে অযোধ্যার মহাবলীয়ান মহারাজ দশরথের আনুগত্য স্বীকারের দিকে অগ্রসর হচ্ছিল, যিনি ছিলেন অযোধ্যা সহ সমগ্র সপ্তসিন্ধুর একছত্র অধিপতি। এবং তাঁর রাজ্য যে কঠোরভাবে বৈশ্য বিদ্বেষী, সে অবিসংবাদিত। তদুপরি, মহানদীর উপরিভাগে অবস্থিত, কলিঙ্গরাজ্যের অনতিদূরে, দক্ষিণ কোশলের শক্তিশালী রাজ্য অযোধ্যার সঙ্গে বিবাহসূত্রের বন্ধনে, আরো শক্তিধর হয়ে উঠেছিল। রাজকুমারী কৌশল্যার সঙ্গে রাজা দশরথের শুভ পরিণয় সংঘটিত হয়েছিল।

শক্তিশালী আত্মীয়দের বলে বলীয়ান হয়ে, দক্ষিণ কোশল রাজ্যেও ধীরে ধীরে ব্যবসা-বানিজ্যের বিভিন্ন অন্যায়ের উপর নিষেধাজ্ঞা শুরু হল। কলিঙ্গ রাজ্যেও অবস্থার পরিপ্রেক্ষিতে পরিবর্তনের রেশ পৌঁছে গেল। সুদূর মেসোপটেমিয়ার উত্তর-পশ্চিমে অবস্থিত ব্যাবিলনের থেকে একজন 'নাহারী' সম্প্রদায়ের মানুষকে আধিকারিক হিসাবে চিলিকায় আনা হল 'অসৎ' ব্যবসায়ীদের সহবৎ শিক্ষার্থে। মানুষটির আসল নাম সম্বন্ধে কেউ অবগত না থাকার কারণে, তার একটি ভারতীয় নামকরণ করা হল—ক্রকচবাহু, অর্থাৎ যার বাহুদুটি করাতের ন্যায়! দুর্ভাগ্যবশত, সেই আধিকারিক যথার্থই সার্থকনামা ছিল। কারণ তার ভয়ানক নামের সঙ্গে সাযুজ্য রেখেই তার নারকীয় শাসন ব্যবস্থা সকলকে তটস্থ করে তুলল। কলিঙ্গরাজ অবশ্য, নিজে সুদূর রাজধানীতে থেকে এই ক্রকচবাহুর দায়িত্বে চিলিকার শাসনভার তুলে দিলেন!

খুব শীঘ্রই, কলিঙ্গরাজ্যের ব্যবসায়ীরাও সপ্তসিন্ধুর অন্যান্য রাজ্যে তাঁদের ব্যবসায়ী বন্ধুদের উপর নির্বিচারে চলা অরাজকতা ও খাজনার নামে চলা অত্যাচারের মতো একইভাবে জর্জরিত হতে থাকলেন। চিলিকাতেও যদি তাঁরা নিশ্চিন্তে ব্যবসা না করতে পারেন, তাহলে তাঁরা কোথায় যাবেন? হতাশায় ব্যবসায়ীকুলের একাংশ ব্যবসাপত্র গুটিয়ে দেওয়ার মনস্থ করলেও, তাঁদের অবশিষ্ট সিংহভাগ প্রতিকূলতার বিরুদ্ধে লড়াই চালিয়ে যেতে লাগলেন, কারণ তাঁদের ব্যবসা ব্যতীত অন্য কাজ জানা ছিল না। এসবের মধ্যে একটি চিন্তাই তাঁদের মনে মাথা চাড়া দিচ্ছিল, কীভাবে এই ভীষণ ক্রকচবাহুর করাল শাসনের হাত থেকে অব্যাহতি লাভ করা যায়!

খুব সত্বর চোরাচালানের দ্বারা বাঁকাপথে সপ্তসিন্ধুর দেশ থেকে বিভিন্ন জিনিসের পসরা পাড়ি জমাল বিদেশের পথে! ভারত স্বাবলম্বী এবং স্বয়ংসম্পূর্ণ দেশ হওয়াতে, ভারতীয়দের বিদেশ থেকে আমদানি করা কোনো ভোগ্যপণ্যের দরকার পড়ত না। যদিও বা কোনো জিনিস চোরাপথে ভারতে আসত, তা জরুরি তৈজসপত্র না থাকার কারণে সপ্তসিন্ধুর যে কোনো রাজধানীতে বাজেয়াপ্ত হতো। সেই কারণেই, চোরাই পথে আমদানির চেয়ে চোরাইপথে রপ্তানিতে বেশি লাভ ছিল। সারা পৃথিবীতে প্রবল চাহিদা রয়েছে সেরকম জিনিস সপ্তসিন্ধুতে প্রচুর পরিমাণে উৎপাদন হতো। তাই সেগুলির চোরাপথে রপ্তানি করাই ছিল খাজনা ফাঁকি দেওয়া, আর তার সঙ্গে ব্যবসায় প্রচুর লাভ করার সহজ পন্থা।

সময়ের সঙ্গে সঙ্গে এই চোরাচালানের ব্যবহার উন্নত হতে হতে এক বিশাল ত্রিস্তরীয় প্রক্রিয়ায় রূপান্তরিত হল। প্রাথমিক স্তরে উৎপাদিত জিনিসপত্র সপ্তসিন্ধুর বিভিন্ন রাজ্য থেকে এসে চিলিকায় একত্রিত হতো। এই ব্যাপারটি খুব অনায়াসেই সম্পন্ন হতো, কারণ অন্যান্য সাধারণ জিনিসপত্রের সঙ্গে মিলেমিশে চোরাই মালপত্র সহজেই পাচার করা হতো। এই কাজ সবচেয়ে কম ঝুঁকিপূর্ণ, এবং তিনটি স্তরের মধ্যে সবচেয়ে কম লাভের অংশ ছিল। দ্বিতীয় স্তরের কর্মচারীরা সুকৌশলে ছোট ছোট ডিঙিনৌকায় মালপত্র বোঝাই করে লুকিয়ে ক্রকচবাহুর পরীক্ষিত খাজনাপ্রদত্ত জিনিসপত্র বোঝাই নৌকার সঙ্গে হ্রদ থেকে বেরিয়ে সোজা সাগরে এসে পড়ত, সম্ভবত নজরদারী এড়িয়ে অথবা খাজনা আধিকারিকদের উৎকোচ দেওয়ার পরে। পূর্বসাগরে পৌঁছনোর পরে তৃতীয় স্তরের কাজ শুরু হতো, যেখানে চিলিকার থেকে দক্ষিণে যোজন যোজন দূরে, লুকিয়ে নোঙর করে থাকা বিশাল বিশাল বানিজ্যপোত সেগুলিকে ডিঙিনৌকা থেকে সংগ্রহ করে দেশ বিদেশে তাদের যাত্রা শুরু করত!

এই দ্বিতীয় স্তরের কার্যকলাপ ছিল সর্বাপেক্ষা ঝুঁকিপূর্ণ। কিন্তু তা সত্ত্বেও, এই কাজ ডিঙিনৌকা চালক, অল্পবয়সি চোরাচালানকারীদের দ্বারা সংঘটিত হতো নির্বিঘ্নে। এদের আর্থিক অবস্থা ভীষণ শোচনীয় ছিল, অনেক কষ্টে তারা জীবন অতিবাহিত করত, কারণ লভ্যাংশের সিংহভাগ চলে যেত তৃতীয় স্তরে কর্মরত বানিজ্যপোতের মালিকদের কাছে! তারা রীতিমতো দরদস্তুর করে স্বল্প মূল্যে এই চোরাচালানকারীদের কাছ থেকে মালপত্র ক্রয় করে, সেগুলিকে বহুগুণে বর্ধিত মূল্যে এবং তার সঙ্গে চড়া খাজনা জুড়ে আরবদেশে, মালয়দেশ আর সুপ্রাচীন কম্বুজায় বিক্রয় করে দিত!

এই বন্দরনগরীতে আসার পর, কিশোর রাবণ ও মাতুল মারীচ বন্দরের কর্মচারী রূপে কাজ খুঁজে নিয়েছিলেন। প্রাথমিক কঠিন সংগ্রামের পরে, অধিক রোজগারের লালসায় ও সহজলভ্য সুযোগের সদ্ব্যবহার করে, রাবণ একটি ছোট ডিঙিনৌকা ভাড়া নিয়ে, দ্বিতীয় স্তরের চোরাচালানকারীর পদে উন্নীত হয়েছিলেন। অতি সত্বর, বুদ্ধিমান ও করিৎকর্মা কর্মচারী হিসাবে, এবং একজন সুদক্ষ নাবিক হিসাবে রাবণ বহুল পরিচিত হয়ে উঠলেন। এছাড়াও, আসন্ন বিপদে ও প্রতিকূল অবস্থাতে ঝুঁকি নিয়ে কার্যসমাধা করার সুনামও অর্জন করলেন তিনি। তাই অকম্পন নামের তৃতীয় স্তরের এক চোরাচালানকারী যখন

তাঁর দিকে বন্ধুত্বের হাত বাড়াল, সেই ঘটনা একেবারেই অনভিপ্রেত ছিল না।

সাধারণত, তৃতীয় স্তরের চোরাচালানকারীরা সুদক্ষ নাবিক হওয়ার সঙ্গে সঙ্গে প্রচুর মুনাফা লুঠত। অকম্পন এদের থেকে অনেকটাই পৃথক ছিল, সে ছিল তৃতীয় স্তরের মানুষদের মধ্যে এক উল্লেখযোগ্য সফল ব্যবসায়ী। তার বানিজ্যপোতের সকল কর্মীদের সঠিক সময়ে তাদের প্রাপ্য অর্থ না দেওয়া, অথবা একেবারে দিতে অস্বীকার করার কারণে সে ছিল কুখ্যাত। এই অবস্থা চলতে থাকায় কোনো কর্মীই তার হয়ে কাজ করতে রাজি ছিল না। কিন্তু তা সত্ত্বেও সে একটি বিশাল বানিজ্যপোতের মালিক—এমন একটি জলযান যেটি যে কোনো সাগরের যে কোনো অংশে অনায়াসে যাত্রা করতে সক্ষম!

একজন দ্বিতীয় স্তরের কর্মচারীর তৃতীয় স্তরে উন্নীত হওয়ার একমাত্র উপায় ছিল যদি সে এই সমস্ত বানিজ্যপোতে কাজ করে থাকে, বা এই জাহাজের মালিকানা অর্জন করতে পারে। এই কারণেই রাবণ অকম্পনের সঙ্গে দেখা করতে রাজি হলেন।

পর দিন প্রত্যুষে, রাবণ ও মারীচ ডিঙিনৌকায় তাঁদের পাঁচজন বিশ্বস্ত খুনে নাবিককে সঙ্গে নিয়ে চিলিকার অপরপ্রান্তে লোকচক্ষের আড়ালে অবস্থিত, অকম্পনের কুটির উদ্দেশে যাত্রা শুরু করলেন। রাবণ তাঁর নাবিকদের অকম্পনের বানিজ্যপোত অভিমুখে রওনা দেওয়ার নির্দেশ দিলেন, যেটি তটের অনতিদূরেই নোঙর করা ছিল।

'বরুণদেবের দোহাই!' হতচকিত মারীচ জলের ও সাগরের দেবতাকে স্মরণ করে বললেন, 'এই অকম্পন কি তার জাহাজের ন্যূনতম মেরামতির কাজেও মন দেয় না কখনো?'

সেই সময়ে জলযানের বিচার করা হতো তাতে উপস্থিত মাস্তুলের সংখ্যা দিয়ে। চিলিকায় আসা বেশিরভাগ বানিজ্যপোতে তিনটির বেশি মাস্তুল থাকত না। অকম্পনের জলযানেও তিনটি মাস্তুলের উপস্থিতি, কিন্তু সেটির দুরাবস্থা দেখে তাঁদের ভালো লাগল না। মাস্তুল, তার পাল টাঙাবার আঙটা ইত্যাদির বাতাস আকর্ষণ করার ক্ষমতাই লোপ পেয়েছে। তা ছাড়াও, দমকা হাওয়া বা হঠাৎ আসা ঝঞ্ঝার হাত থেকে পালগুলি সুরক্ষিত রাখতে সেগুলি গুটিয়ে তুলে রাখাও হয়নি! মাস্তুলের ভগ্নদশা ফেরাতে অবিলম্বে নতুন কাঠ লাগানো প্রয়োজন। প্রধান মাস্তুলের উপরিভাগে দূরবীক্ষণ যন্ত্র দ্বারা সাগর নিরীক্ষণ করার জন্য একটি খাঁচা থাকে, নাবিকদের ভাষায় যার নাম 'কাকের

বাসা'। সেই খাঁচার মেঝের অংশের কাঠ খসে পড়েছে। জলযানের গায়ের আলকাতরার প্রলেপ, যা সেটিকে জলনিরোধক অবস্থায় রাখবে, ও সম্ভাব্য ফুটোফাটার থেকে রক্ষা করবে, তাও মলিন ও খসে পড়ছে জায়গায় জায়গায়।

'আমার ধারণা ছিল অকম্পনের এই বানিজ্যপোত তার দুর্দমনীয় গতির জন্য বিখ্যাত!' রাবণ বললেন, তিনিও যথেষ্ট বিস্মিত!

'আমিও সেই ধারণার বশবর্তী ছিলাম,' বললেন মারীচ, 'তুমি কি স্থিরপ্রতিজ্ঞ যে এই মানুষটার সঙ্গে তুমি কাজ করবে?'

রাবণ একদৃষ্টে জলযানের দিকে তাকিয়ে ছিলেন চিন্তান্বিতভাবে। পরমুহূর্তে তিনি তার অঙ্গবস্ত্র ছুড়ে ফেললেন পাশে।

'তোমরা এখানে থাকবে।'

মারীচ তাঁকে প্রশ্ন করলেন, 'কী করছ তুমি?'

তাঁর বক্তব্য শেষ হওয়ার পূর্বেই, রাবণ জলে অবতরণ করেছেন এবং জলযানের দিকে সাঁতার কেটে এগিয়ে চলেছেন। যানের কাছে পৌঁছে তিনি থামলেন এবং নীরবে ভাসতে লাগলেন। তারপর গভীরভাবে নিরীক্ষণ করতে থাকলেন যানের বহিরাংশ। পরমুহূর্তেই তিনি জলের নীচে ডুব দিলেন নিমজ্জিত অংশটুকুর পরীক্ষা করতে। পুনরায় উপরে এসে যানের এমাথা থেকে ওমাথা, রীতিমতো হাত দিয়ে অনুভব করতে থাকলেন। তারপর বহুক্ষণ ধরে একবার জলের উপরে, পরমুহূর্তে নীচে নেমে পরীক্ষায় নিয়োজিত থাকলেন, মাঝে মধ্যে শ্বাস নেওয়ার কারণে জলের নীচ থেকে মাথা তুলে পুনরায় জলে নিমজ্জিত হলেন। মারীচের নির্দেশে, ডিঙিনৌকা তাঁকে অনুসরণ করে সমগ্র বানিজ্যপোতকে প্রদক্ষিণ করতে থাকল।

সম্পূর্ণরূপে তাঁর পরীক্ষা সম্পন্ন করে রাবণ যখন জল থেকে গাত্রোত্থান করে তাঁর নৌকায় প্রত্যাবর্তন করলেন, মারীচ তাঁর দিকে প্রশ্নবোধক দৃষ্টি নিয়ে তাকিয়ে।

'এই বানিজ্যপোতের মধ্যে অস্বাভাবিকত্ব রয়েছে,' বললেন রাবণ।

'কী?'

'একটি শামুকেরও অস্তিত্ব নেই! একটি ঝিনুকেরও না! কোনো জলজ উদ্ভিদেরও দেখা মিলল না! যানের বহিরাংশ একেবারে পরিষ্কার—যেদিন এই পোত তৈরি হয়েছিল সেদিনকার মতোই ঝকঝকে!'

যে কোনো জলযানের নিয়মিত ব্যবহারের ফলে তার বহিরাংশে

জলজীবনের এক অনতিক্রম্য ছাপ পড়ে যায়। কাঠ নির্মিত এই সমস্ত অংশ জলজ উদ্ভিদ ও বিভিন্ন প্রাণীর আঁতুড়ঘর হয়ে ওঠে অচিরেই। তারা বংশবৃদ্ধি করে জলে নিমজ্জিত এই অংশে, আর এই আবরণকে এক আস্তরণে ঢেকে ফেলে অল্পসময়ের ভিতরে। এক একটি জলযানের এতোই খারাপ অবস্থা হয়, যে তাদের এই অংশে কাঠের অস্তিত্বই খুঁজে পাওয়া দুষ্কর!

এই জলজ উদ্ভিদ ও প্রাণীর ভ্রাম্যমান উপনিবেশ জলযানের গতি প্রবলভাবে হ্রাস করে, যাত্রায় বিঘ্ন ঘটায়। আরেকটি বিপদের কারণ হল জলজ কেঁচোর আক্রমণ, যেগুলির বৃদ্ধি কিছু কিছু সময়ে দু-হাতের চেয়েও বেশি হয়। এই বিশেষ প্রাণীরা কাঠের অংশে গর্ত করে ভয়ংকর ক্ষতিসাধন করে জলযানের। এবং সংগত কারণেই এদেরকে সাগরের ঘূণ হিসাবে অভিহিত করা হয়। রাবণ প্রচুর এরকম জলযান প্রত্যক্ষ করলেও কোনোদিন অকম্পনের বানিজ্যপোতের ন্যায় এরকম যান দেখেননি—এটির বহিরাংশ একেবারেই পরিষ্কার, জলজ আস্তরণের বিন্দুমাত্র অস্তিত্ব নেই!

রাবণ জানতেন যে জলযানের বহিরাংশ পরিষ্কার করার একমাত্র উপায় হল বন্দরে বিশাল কাঠের তৈরি উঁচু বেদীর উপরে যানটিকে ওঠানো। ধারালো অস্ত্র দ্বারা এই প্রাণীগুলিকে যানের কাঠের অংশ থেকে ছাড়িয়ে, যেখানে প্রয়োজন পুরোনো কাঠ পরিবর্তন করা। কিন্তু চোরাচালানকারীদের পক্ষে বন্দরে বানিজ্যপোতের এইরূপ পরিমার্জনা করা বাস্তবিকভাবে অসম্ভব। তাই তারা অন্য পন্থা অবলম্বন করত। নির্জন তটভূমি চয়ন করে, ভাঁটার সময়ে তারা তাদের জলযান একদিকে হেলিয়ে রেখে দিত। ভাঁটার টানে জল নেমে গেলে, কাঠের বহিরাংশ জলের বাইরে বেরিয়ে আসত। তখন সহজেই তারা তাদের জলযানের পরিমার্জনায় ব্যস্ত হতো।

মারীচ যেন এই কথাটিই ভাবছিলেন, তিনি বললেন, 'হয়তো এরা সম্প্রতি এদের জলযানের পরিমার্জনার কাজ করেছে!'

অসম্মত হলেন রাবণ, 'মাতুল, যদি অকম্পন তার জলযানের পালগুলি গুটিয়ে রাখার ব্যাপারে এতোটাই উদাসীন হতে পারে, তাহলে আপনার কি মনে হয় সে জলযান পরিমার্জনার মতো সময়সাপেক্ষ ও ব্যয়বহুল কাজে আগ্রহী হবে?'

'সঠিক যুক্তি!' মারীচ সম্মত হলেন।

রাবণ তাঁর যুক্তিগুলি পর পর সাজালেন। জলজ এই অনাহূত আস্তরণের

অনুপস্থিতিতে অকম্পনের এই বানিজ্যপোত অন্যান্য জলযানের দ্বিগুণ গতিতে যাত্রা করতে সক্ষম! প্রবল প্রতিযোগিতামূলক এই ব্যবসায় এটা বিশাল এক সুবিধা!

তিনি তৎক্ষণাৎ সিদ্ধান্ত নিলেন।

—।১০।—

'আমি মাসোহারা দিতে পারব না,' বলল অকম্পন, 'কিন্তু আমার কিঞ্চিৎ লভ্যাংশের থেকে একাংশ তোমাদের দিতে পারি।'

রাবণ ও মারীচ তাঁদের সঙ্গীসাথীদের একটু দূরে রেখে এসেছিলেন, এমনভাবে যাতে তারা তাঁদের আলোচনা শুনতে না পায়। এতে দরাদরির সুবিধা হয়। একটি অপরিষ্কার বাগানে এই তিনজন কাঠের কেদারায় বসেছিলেন। এই বাগান ছিল অকম্পনের বিশাল, ভগ্নপ্রায় অট্টালিকার চৌহদ্দির ভিতর। এই অট্টালিকা সাগরতটের কাছে অবস্থিত হওয়ায়, সেই স্থান থেকেই ওঁরা অকম্পনের সুবিশাল বানিজ্যপোত দেখতে পাচ্ছিলেন।

মারীচ অকম্পনের এই প্রস্তাব শুনে তৎক্ষণাৎ ভাগিনেয় রাবণের মুখের দিকে সপ্রশ্ন দৃষ্টিতে তাকালেন। তিনি অপেক্ষায় ছিলেন রাবণের এই অস্বাভাবিক প্রস্তাব নাকচ করার মুহূর্তের। কিন্তু রাবণ নীরবে অপেক্ষা করতে লাগলেন, তাঁর অভিসন্ধি বোধগম্য হল না মারীচের।

দোহারা চেহারার অকম্পন, যার উচ্চতাও স্বাভাবিকের চেয়ে বেশি নয়, রাবণের নীরবতায় অস্বস্তিতে নড়াচড়া করছিল তার কেদারায়। তার অস্থির হাত অজান্তেই তার কপালে আঁকা তিলক স্পর্শ করছিল—বিশেষ করে লম্বা, কালো দাগটিতে। শেষ পর্যন্ত সে আর থাকতে না পেরে নীরবতা ভঙ্গ করল।

'শোনো,' সে বলল, 'রোজকার খরচাপাতির জন্য কিছু বাড়তি অর্থের ব্যবস্থা করা যেতে পারে, কিন্তু...'

একটি রাগী কর্কশ নারীকণ্ঠ তাকে থামিয়ে দিল। 'এখানে এসব কী হচ্ছে?'

ওঁরা ঘুরে দেখলেন এক দীর্ঘ চেহারার নারীমূর্তি তাঁদের দিকে এগিয়ে আসছেন!

'আবার তুমি কর্মচারী নিয়োগে উদ্যত হয়েছ, অকম্পন?' তিনি প্রশ্ন করলেন, এবং তাঁর কণ্ঠে চাপা ক্ষোভের সুর কারো কাছে গোপন রইল না।

অকম্পন আড়ষ্ঠভাবে আমতা আমতা করল, 'অর্থ রোজকারের জন্য বানিজ্য করতে হবে প্রিয়তমা! এই ভদ্রলোকেরা...'

'বানিজ্য? ও জিনিস তোমার দ্বারা অসম্ভব! তুমি শুধু লোকসান করতেই জানো। আমি তোমায় আর কোনো অর্থ প্রদান করব না। আমার আর একটি গহনাও তুমি পাবে না। পারো তো ওই অভিশপ্ত জাহাজটা বিক্রয় করে দাও!'

'না, কিন্তু...'

'তুমি একটি জড়ভরত!' চিৎকার করলেন তিনি, 'এই সত্যটাকে উপলব্ধি করে তোমার নিজেকে নিজের মতো করে রাখা উচিত!'

'কিন্তু আমাদের প্রয়োজন...'

'কোনো কিন্তু নয়। ওই জাহাজ বিক্রয় করো এক্ষুনি! তুমি জানো, আমি ক্রকচবাহুর সঙ্গে সংসার বাঁধতে পারতাম। সে আমায় ভালোবাসত! কিন্তু আমি চিলিকার সেই প্রবল প্রতাপশালী আধিকারিকের আহ্বান অগ্রাহ্য করে তোমার কাছে থেকে গেছি! কিন্তু আর আমি তোমাকে সহ্য করতে পারছি না। ওই জাহাজটি বিক্রয় তোমায় করতেই হবে!'

অপমানিত, অপদস্থ অকম্পন অন্যদিকে তাকালেন। কিন্তু তার এই নীরবতা তার স্ত্রীকে আরো বিপুলভাবে রাগান্বিত করল। তার আক্রমণ আরো শাণিত হল, 'কী ব্যাপার, কী হয়েছে তোমার? তুমি কি জানো না আমার এই কথাগুলো কতটা সত্যি?'

'না না, সে তো ঠিকই,' বলতে পারল অকম্পন, 'সে কথার অন্যথা হতে পারে কি প্রিয়তমা?'

তার স্ত্রী হতাশভাবে মাথা নাড়াতে নাড়াতে রাগী দৃষ্টিতে রাবণ ও মারীচের দিকে দেখে নিয়ে, প্রস্থান করলেন অন্দরমহলে।

অকম্পন সুতীব্র ঘৃণার দৃষ্টিতে তার স্ত্রীর গমনপথের দিকে তাকিয়ে থেকেই খেয়াল করল তার সামনে অন্য মানুষের উপস্থিতির কথা। তৎক্ষণাৎ সে নিজের ভাবাবেগ প্রশমিত করল। গলা ঝেড়ে, অপ্রস্তুত এক হাসি ঠোঁটে ঝুলিয়ে সে পুনরায় ঘুরে মারীচের দিকে তাকাল। এবার মারীচ অপ্রস্তুতভাবে মুখ ঘুরিয়ে অন্যদিকে তাকাতে বাধ্য হলেন।

কিন্তু রাবণের উপর এর কোনো প্রতিক্রিয়া দেখা গেল না। 'আমরা একটি কাজ করতে পারি,' তিনি বলে চললেন, যেন তাঁদের কথোপকথন কখনো বিঘ্নিত হয়নি! 'আমরা জলযানটি নিয়ে পরিমার্জনা করে, সেটির

সম্পূর্ণ সংস্কার করিয়ে সেটি চালাব। তুমি আমাদের সঙ্গে আসতে পারো ইচ্ছানুসারে। এবং লভ্যাংশ বিভক্ত হবে, নব্বই— দশে।'

অকম্পনের মুখমণ্ডল উদ্ভাসিত হয়ে উঠল, 'নব্বই হলে আমি রাজি!'

রাবণ নিরাসক্তির অভিব্যক্তি নিয়ে অলসভাবে অকম্পনের দিকে তাকালেন। 'নব্বই আমার। অবশিষ্ট দশ তোমার।'

'কী? কিন্তু এই জলযানের মালিক তো আমি!'

রাবণ গাত্রোত্থান করলেন, 'তাহলে এটি এখানেই পড়ে থেকে বিনষ্ট হোক!'

'শোনো! আমি রাজি নই!'

'এর সঙ্গে আমি তোমার স্ত্রীর ব্যবস্থাও করে দেবো!'

বিগত কয়েক বছর ধরে তাঁর ভাগিনেয়র বজ্রকঠিন, শীতল চরিত্রের পরিচয় পাওয়া মাতুল মারীচ তাঁর মুখে এই ভয়ানক কথা শুনে রাবণের দিকে ভীত, সন্ত্রস্ত দৃষ্টিতে চেয়ে রইলেন!

অকম্পন একবার ভীরু চোখে তার অন্দরমহলের দিকে তাকিয়ে নিয়ে, তারপর রাবণের দিকে তাকাল, 'কী বলতে চাইছ তুমি?'

'আমি এমন কাজ করব যেটা ভাবলেও তুমি আতঙ্কে শিউরে উঠবে!'

অকম্পন ঢোক গিলল তার মানসিক পরিস্থিতি গোপন করার চেষ্টা না করেই! তার অভিব্যক্তি দেখে মনে হল এই প্রস্তাবে তার আগ্রহ আছে।

'তাহলে আমাদের পাকা কথা হয়ে গেল?' আত্মবিশ্বাসে লৌহকঠিন রাবণের কণ্ঠস্বর!

ষষ্ঠ অধ্যায়

অকম্পনের বানিজ্যপোতের দখল নেওয়ার দুবছর অতিবাহিত। রাবণ এখন পনেরো বছরের, এবং এই বয়সেই তিনি একজন চূড়ান্ত সফল ব্যবসায়ী হিসাবে পরিণত হয়েছেন। বানিজ্যপোত সংস্কারের পর, দেশ বিদেশে অগণিত সফল চোরাচালানের অভিযানের ফলে, আজ রাবণের নামযশ চারিদিকে ছড়িয়ে পড়েছে, এবং তিনি উল্লেখযোগ্য সফল ব্যবসায়ীদের মধ্যে অন্যতম ধনী হিসাবে অগ্রগণ্য।

উত্তর ভারতীয় বন্দরগুলিতে স্বাধীনভাবে ব্যবসা করার উপর প্রচুর নিয়মাবলী ও নিষেধাজ্ঞা বহাল হওয়ার জন্য, ভারত মহাসাগর উপকূলবর্তী লঙ্কাদ্বীপ ব্যবসা-বানিজ্যের স্বর্গরাজ্য রূপে উন্নীত হয়েছে। বিগত বারো মাস ধরে রাবণ এই দ্বীপে প্রায়শই এসেছেন। এর মধ্যে, তিনি আবিষ্কার করেছেন লঙ্কার ব্যবসা-বানিজ্যের একছত্র অধিপতি কুবের তাঁর গুরুভাই—ঋষি বিশ্রভের আশ্রমের শিক্ষার্থী তিনি! কিন্তু এই ঘটনা তিনি লঙ্কাদ্বীপে সকলের কাছে গোপন রাখলেন। তিনি তাঁর পিতার নাম করে, মানুষটির কাছ থেকে কোনোভাবে কোনোরকম সুযোগ সুবিধা প্রত্যাশা করেন না।

তাঁর ব্যবসার আয়তন বৃদ্ধি পেতে, রাবণ লঙ্কাদ্বীপের প্রধান বন্দর, গোকর্ণকে চয়ন করলেন তাঁর বানিজ্যের মূল ঘাটি হিসাবে। গোকর্ণ শব্দটির অর্থ হল গোমাতার কান। এই নগরটি দ্বীপের উওর-পূর্ব দিকে অবস্থিত ছিল। এর ভিতর এক প্রাকৃতিক হ্রদ ছিল, যেখানে গভীর উপসাগর থেকে সাগরের দিকে বেরিয়ে থাকা জমির অংশ ছিল, সেটি কাজ করত প্রাকৃতিক

বাঁধের মতো। তাই, বছরের যে কোনো ঋতুতে এই স্থানে বানিজ্যপোতের পক্ষে নোঙর করা খুব সহজ! তাই এই স্থানটি রাবণের পক্ষে এক বাড়তি সুবিধা হিসাবে প্রতিপন্ন হল।

মহাবলী গঙ্গা, লঙ্কাদ্বীপের দীর্ঘতম নদী, দক্ষিণদিক দিয়ে এই গোকর্ণ উপসাগরে প্রবিষ্ট হতো। দ্বীপে আগত সমস্ত বানিজ্যপোতের পক্ষে ভীষণ সুবিধা হতো এইপথে দ্বীপের একদম মধ্যবর্তী স্থলে পোঁছোন। বহুবছর পূর্বে, মলয়পুত্র প্রজাতির প্রবর্তক গুরু বিশ্বামিত্র এই নদীর নামকরণ করেন, যেটি তাঁর আগে বিষ্ণুর অবতার প্রভু পরশুরাম পিছনে ফেলে গেছেন। হয়তো তাঁর রাজ্য কনৌজের পাশ দিয়ে বয়ে চলা গঙ্গানদীকে সম্মান জানাতে তিনি এইরূপ নামকরণ করেন নদীর, যার অর্থ—মহা বালুকাময় গঙ্গা!

এই লঙ্কাদ্বীপে, গুরু বিশ্বামিত্রকে প্রভূত সম্মান ও শ্রদ্ধার চোখে দেখা হতো। শুধু তিনি মহাঋষি বলে নয়, এই অনামী ছোট দ্বীপটিকে এক অগ্রগণ্য বানিজ্যিক কেন্দ্রে রূপান্তরিত করা, এবং বিশ্ব দরবারে একে উল্লেখযোগ্য এক স্থান অধিকার করানোর দায়িত্ব একা হাতে তুলে নিয়েছিলেন তিনি। এর আগে এই লঙ্কাদ্বীপের পরিচিতির পরিধি, সাগরে নিমজ্জিত বিশাল ভূমি-সঙ্গমতামিলের অবশিষ্টাংশ অবধি বিস্তারিত ছিল, যে ভূমির উল্লেখ প্রাচীন ভারতের বেদে পাওয়া যায়। সারা ভারত থেকে তীর্থযাত্রীরা সমগ্র ভারতের পরিক্রমা করে তাঁদের পূর্বপুরুষের তৈরি প্রাচীন মন্দিরের ধ্বংসাবশেষ প্রত্যক্ষ করে সেখানে তাঁদের শ্রদ্ধাঞ্জলি জ্ঞাপন করতে আসতেন। কিন্তু এখন অবস্থার পরিবর্তন হয়েছে। এখন তারা আসে ধনী হওয়ার জন্য, এবং তাঁদের মধ্যে বেশির ভাগ মানুষের আগমন ঘটেছে কলিঙ্গরাজ্য থেকে।

লঙ্কাদ্বীপে তৎকালীন কুবের রাজার শাসনকালে সকলে সন্তুষ্ট ছিল। সারাদেশের বানিজ্যের এই একছত্র অধিপতি এবং তাঁর অনুগামীরা গুরু বিশ্বামিত্রকে রীতিমতো পুজো করতেন। কারণ একশত বছর পূর্বে, তিনিই রাজা ত্রিশংকু কাশ্যপকে লঙ্কার রাজধানী হিসাবে সিগিরিয়া নগরীর প্রতিষ্ঠায় সাহায্য করেন। পরবর্তীকালে এই রাজা তাঁর প্রজাদের কাছে তাঁর শাসন ব্যবস্থার কারণে চুড়ান্তভাবে ঘৃণার পাত্র হয়ে উঠলেও, ঋষি বিশ্বামিত্র তাদের কাছে অনন্ত শ্রদ্ধার পাত্র হিসাবে পূজিত হতে থাকেন।

রাবণ কখনো দ্বীপের অভ্যন্তরে এই সিগিরিয়া নগরে পদার্পণ করেননি, যার অবস্থান গোকর্ণের দক্ষিণ-পশ্চিম দিকে প্রায় একশত যোজন দূরে। তিনি

গোকর্ণে দেবাদিদেব রুদ্রনাথের কোনেস্বরম মন্দিরের অনতিদূরেই একটি অনিন্দ্যসুন্দর ভবন ক্রয় করেছিলেন।

বহুবছর পূর্বে উপসাগরের যে অংশটি ভারত মহাসাগরের দিকে প্রসারিত, তার উপরিভাগে একটি সুউচ্চ টিলার উপরে এই ভবন নির্মিত হয়েছিল। কৈকেশী প্রতিদিন ছয় বছরের কুম্ভকর্ণের হাত ধরে এই মন্দিরে যেতেন। রাবণের ছোট ভাই এখনো তাঁর অগ্রজের সঙ্গে সমুদ্র অভিযানে যাওয়ার মতো বড় হননি।

সেই বিশেষ দিনে, কৈকেশী এক বিশেষ উদ্দেশ্যে কোনেশ্বরম মন্দিরে গিয়েছিলেন। তাঁর কাছে খবর ছিল, ঋষি বিশ্বামিত্র এই নগরীতে উপস্থিত, তিনি এই স্থান হয়ে সিগিরিয়া অভিমুখে যাত্রা করবেন। বহু বছর পূর্বে, ঋষি বিশ্রভের আশ্রমে, তাঁর সঙ্গে ঋষি বিশ্বামিত্র ও তাঁর প্রধান সহচর আরিষ্ঠনেমীর সাক্ষাৎ হয়েছিল। যদিও সেই সময় সাক্ষাৎ পর্ব খুবই সংক্ষিপ্ত ছিল, আরিষ্ঠনেমীর সঙ্গে তিনি প্রচুর সময় অতিবাহিত করেছিলেন, এবং পরম স্নেহে তাঁকে নিজের ভ্রাতারূপে গ্রহণ করেছিলেন। কৈকেশী তাঁকে রাজি করিয়ে ঋষি বিশ্বামিত্রের সঙ্গে সাক্ষাতের সুযোগ পান। ঋষি বিশ্বামিত্রের পিতা রাজা গাধী, কৈকেশীর পিতামহের সুহৃদ ছিলেন, এবং তাদের উভয়ের পরিবারের মধ্যে যে আত্মীয়তা ছিল, সে খবর উহ্য রাখা হয়েছিল। এবং তা সঙ্গত কারণেই!

শিশু কুম্ভকর্ণের হাত ধরে অগ্রসর হতে হতে কৈকেশী আরিষ্ঠনেমীকে অনুরোধ করলেন, 'আমার স্বামীর নাম করে যে আমি এই সুযোগ গ্রহণ করেছি, এই সত্য যেন কখনো কারো কাছে প্রকাশ না পায়, দয়া করে এটি খেয়াল রেখো ভ্রাতা!'

আরিষ্ঠনেমী মাথা নেড়ে সম্মতি জানালেন। ঋষি বিশ্রভের সহিত তাঁর প্রথমপক্ষের স্ত্রী ও সন্তানদের তিক্ত সম্পর্কের সম্বন্ধে তিনি অবগত ছিলেন। বিশেষত এই সময়ে, যখন ঋষি বিশ্রভ দ্বিতীয়বার পরিণয়ে আবদ্ধ হয়েছেন সুদূর নসোস থেকে আসা বিদেশিনীর সঙ্গে! 'কোনো চিন্তা নেই, এ সংবাদ প্রকাশ পাবে না!'

স্মিতহাস্যে বললেন কৈকেশী, 'অনেক ধন্যবাদ, ভ্রাতা!'

আরিষ্ঠনেমী তাঁদের নিয়ে গেলেন কোনেশ্বরম মন্দির সংলগ্ন এক অতিথিশালায়, যেখানে ঋষি বিশ্বামিত্র বিশ্রামরত ছিলেন, 'এখানে কিছুক্ষণ অপেক্ষা করুন!'

কৈকেশী বিহ্বল হলেন, 'কিন্তু...!'

আরিষ্ঠনেমী বললেন, 'আমি যা বলছি তাই করুন!' বলে তিনি অভ্যন্তরে অন্তর্হিত হলেন।

দুয়ারের বাইরে থেকে আভ্যন্তরীণ আলোচনার কিছু অংশ কৈকেশীর কানে এল।

'আমার এসব করার অবকাশ নেই আরিষ্ঠনেমী। তোমার উচিত...'

কৈকেশী সটান কক্ষে প্রবিষ্ট হলেন কুম্ভকর্ণকে সঙ্গে করে।

এক বিশাল, শালপ্রাংশু চেহারার মানুষ মেঝের উপর পদ্মাসনে বসেছিলেন। ঋষি বিশ্বামিত্র। কৈকেশীর আগমনের শব্দে তিনি সেদিকে তাকিয়েই তাঁকে ঋষি বিশ্রভের জায়া রূপে শনাক্ত করতে পারলেন, এবং তাঁর পিতার একান্ত বিশ্বস্ত পরামর্শদাতার পৌত্রী রূপেও!

তিনি তাঁর বিরক্তি লুকোবার কোনো প্রচেষ্টাই করলেন না, 'শুনুন কৈকেশী, আপনার পিতামহ আমার পিতার লোকান্তরের পরবর্তী সময়ে যথেষ্ট সমস্যার সৃষ্টি করেছিলেন, এবং আমি অপারগ!'

কথা বলতে বলতে কৈকেশীর হাত ধরে থাকা শিশুটির দিকে নজর পড়তেই বিশ্বামিত্রের বাক্‌রুদ্ধ হয়ে গেল! ছয় বছরের বালকটির দৈহিক আয়তন অনায়াসেই দশ বছর বয়স্ক বালকের সঙ্গে তুলনা করা চলে! এবং তার সারা শরীরে রোমের আধিক্য! ঋষির চোখ গেল তাঁর অস্বাভাবিক বাড়তি হাতগুলি ও কানের দিকে, যা থেকে অতি সহজেই বোঝা যায় যে এই শিশু একজন নাগ। শুধুমাত্র জন্মদাত্রী মাতার কাছেই এই বিকৃত আকৃতির শিশু সম্পূর্ণ স্বাভাবিক ও নিখুঁত! কিন্তু ঋষি বিশ্বামিত্র স্বর্ণহৃদয় ব্যক্তি। বিশেষত, দৈহিক অথবা মানসিক প্রতিবন্ধীদের জন্য তাঁর বিশেষ সহমর্মীতা ছিল। তার গম্ভীর, বিরক্ত মুখে হাসির আভাস দেখা গেল, 'কী মনোহরা এই সুন্দর শিশুটি!'

কৈকেশী সগর্বে ঋষির চোখে চোখ রেখে উত্তর দিলেন, 'যথার্থ ঋষিরাজ!'

বিশ্বামিত্র শিশুটিকে কাছে ডাকলেন, 'এখানে এসো, বালক।'

কুম্ভকর্ণ মাতার আড়ালে সংকুচিত অবস্থায় পিছিয়ে গিয়ে, তাঁর অঙ্গবস্ত্রের একাংশ আঁকড়ে ধরে থাকল।

'ওর নাম কুম্ভকর্ণ, হে মহর্ষি!' ভক্তিভরে বললেন কৈকেশী।

ঋষি বিশ্বামিত্র সামান্য তির্যক ভাবে বালকের চোখে চোখ রাখলেন, স্নেহের স্বরে বললেন, 'এইখানে এসো, বৎস্য!'

কুম্ভকর্ণ আরেকবার আড়চোখে ঋষির দিকে তাকিয়েই মাতার আড়ালে আত্মগোপন করল!

বিশ্বামিত্র আমোদিতভাবে হেসে উঠলেন। তিনি আরিষ্ঠনেমীর দিকে ঘুরে কক্ষে রাখা একটি রেকাবির দিকে ইশারা করলেন। পূর্বে আসা ভক্তরা তাঁর জন্য বাড়িতে তৈরি করা কিছু মিষ্টান্ন এনেছিল। আরিষ্ঠনেমী সঙ্গে সঙ্গে রেকাবিটি ঋষির কাছ এনে দিল।

'আমার কাছে কিছু লাড্ডু রয়েছে, কুম্ভকর্ণ!' হেসে বললেন তিনি, এবং রেকাবি থেকে একখানি লাড্ডু তুলে নিয়ে সেটি কুম্ভকর্ণের দিকে বাড়িয়ে ধরলেন!

প্রিয় মিষ্টান্নের উল্লেখ শুনে, কুম্ভকর্ণ দ্বিধাগ্রস্তভাবে অগ্রসর হতে লাগল পায়ে পায়ে। সে তাঁর মাতার দিকে তাকাল, এবং তিনি সম্মতিসূচক হেসে মাথা নাড়তে, তিনি এক ছুটে ঋষির কাছে পৌঁছে লাড্ডুটি হস্তগত করল সে! ঋষি অট্টহাস্য করলেন, তারপর আদর করে কুম্ভকর্ণকে তাঁর পাশে উপবেশন করালেন।

কৈকেশীর জড়তা কেটে গিয়েছিল, তিনি ঋষির সামনে হাতজোড় করে নতজানু হলেন।

'হে মহা মলয়পুত্র,' বললেন কৈকেশী, 'আমার অনুরোধ... আমার পুত্র কুম্ভকর্ণ... সে একজন...!'

'হ্যাঁ, আমি জানি। মাঝে মধ্যে এই বাড়তি মাংসপিণ্ডগুলি থেকে প্রভূত রক্তক্ষরণ হয়। সে ভীষণ যন্ত্রণাদায়ক। এবং ঠিক সময়ে রক্তক্ষরণ থামানো না গেলে মৃত্যু অবধি হতে পারে।' বিশ্বামিত্র বললেন, কৈকেশীর চোখের দিকে সটান তাকিয়ে। মহর্ষিরা এই বিশেষ ক্ষমতাবলে মানুষের চোখের দিকে তাকিয়ে তার মনের সমগ্র চিন্তাধারা পড়ে নিতে সক্ষম ছিলেন। এবং বলাই বাহুল্য, আধুনিক কালের সবচেয়ে সমাদৃত ঋষিরাজ বিশ্বমিত্রেরও এই দৈব অন্তর্দৃষ্টির ক্ষমতা পুরোভাগে ছিল।

'আপনি সবটাই জানেন মহর্ষি, আপনি কি ওকে সাহায্য করতে পারবেন গুরুদেব?'

'সম্পূর্ণ নিরাময় হয়তো আমার দ্বারা সম্ভব হবে না, কিন্তু আমি রক্তক্ষরণ হ্রাস করে দিতে সক্ষম। এবং সেই অর্থে আমি এই সুন্দর বালকের প্রাণরক্ষা করতে সক্ষম হব।'

কৈকেশীর গণ্ডদেশ আনন্দাশ্রুতে সিক্ত হয়ে উঠল এবং তিনি গুরুদেবের

পায়ে মাথা ঠেকিয়ে সাষ্টাঙ্গে প্রণিপাতে রত হলেন, 'ধন্যবাদ, অশেষ ধন্যবাদ আপনাকে গুরুদেব!'

ঋষি বিশ্বামিত্র কৈকেশীর কাঁধে হাত রেখে তাঁকে ওঠালেন। 'ওকে কিন্তু প্রতিদিন আমার দেওয়া ঔষধ সেবন করতে হবে, একদিনও ঔষধ ব্যতীত চলবে না। একদিন বাদ গেলেই মৃত্যু ত্বরান্বিত হবে!'

'অবশ্যই গুরুদেব, আমি কখনোই...'

'এই ঔষধি বিশেষ দুষ্প্রাপ্য, বহুকষ্টে এগুলি সংগ্রহ করতে হয়। আরিষ্ঠনেমী সর্বদা নজর রাখবে এই ঔষধি আপনার নিকট সময়ানুযায়ী সরবরাহ হচ্ছে কিনা। আপনার দায়িত্ব এই ঔষধিগুলিকে অতি উজ্জ্বল আলোক অথবা তাপের থেকে দূরে সরিয়ে রাখা। এবং আরিষ্ঠনেমী ঠিক যেভাবে বলবে, আপনি ঠিক সেভাবেই এই ঔষধি ব্যবহার করবেন।'

'ধন্যবাদ গুরুদেব। অশেষ ধন্যবাদ। জানি না কীভাবে আমি আপনার এই দয়ার ঋণ শোধ করব!'

'আপনি আপনার পিতামহকে তাঁর বহু বছর আগের কৃতকর্মের জন্য আমার কাছে ক্ষমা প্রার্থনা করতে বলতে পারেন!'

কৈকেশীর মুখে কথা সরে না! তাঁর পিতামহ দেহরক্ষা করেছেন। তিনি আমতা আমতা করলেন, 'গুরুদেব, আমার পিতামহ তিনি...'

'উনি লোকান্তরিত হয়েছেন?' অবাক হলেন ঋষি, 'আচ্ছা!'

'গুরুদেব,' বললেন কৈকেশী, তাঁর চোখ থেকে পুনরায় অবিরত বারিধারা বর্ষিত হচ্ছে।

'প্রভু পরশুরামের দোহাই, দয়া করে ক্রন্দন প্রশমিত করে কথা বলুন!'

'মহর্ষি...!'

বিশ্বামিত্র পুনরায় কৈকেশীর চোখে চোখ রাখলেন, 'এমতবস্থায় কি আর কোনো প্রিয়জন রয়েছেন?'

কৈকেশী তাঁর অশ্রু দমন করে বললেন, 'আপনার চোখে জগতের কোনো কিছুই অজানা নেই, গুরুদেব! আমার জ্যেষ্ঠ পুত্র রাবণও একজন নাগ!'

ঋষি দীর্ঘশ্বাস ছাড়লেন, তিনি একটি অভূতপূর্ব সুযোগের সম্ভাবনা প্রত্যক্ষ করলেন।

রাবণ একজন নাগ?

'সে একজন... সে একজন... '

বিশ্বামিত্র বললেন, 'আমি জানি সে একজন চোরাচালানকারী!'

চকিতে একবার আরিষ্ঠনেমীর দিকে তাকিয়ে নিয়ে কৈকেশী পুনরায় ঋষির দিকে তাকালেন। পুনরায় তাঁর দুচোখে অশ্রুধারার সমাগম। 'আমরা ভীষণ কঠিন পরিস্থিতির ভিতর দিয়ে গেছি গুরুদেব। জীবন রক্ষার্থে তাকে যা যা করতে হয়েছে—সে প্রাণপণে তাই করেছে। সে আমার সন্তান, আমি তাকে এসব কাজ বন্ধ করতে বলতে পারি...'

বিশ্বামিত্র স্থবির হয়ে বসে রইলেন, তাঁর ভাবনা হল সুদূরপ্রসারী!

আমি যতদূর শুনেছি, রাবণ অতি সত্বর বিখ্যাত হয়ে উঠছে। তার বয়স অল্প হলেও, তার মধ্যে নেতৃত্ব দেওয়া ও অনুগামী জোটানোর ক্ষমতা আছে। কর্মদক্ষ, বুদ্ধিমান সঙ্গে অত্যন্ত নির্মম সে। সে একজন নিপুণ যোদ্ধা! সে আমার বহু কাজে সহায়তা করতে পারবে। সে ভারত মাতার কাজে লাগবে!

কৈকেশী তখনও ক্রন্দনরত, 'হে মহান মলয়পুত্র, তার নাভিমূলের বাড়তি অংশে পুনরায় রক্তক্ষরণ শুরু হয়েছে! এভাবে চলতে থাকলে সে সত্বর মৃত্যুবরণ করবে। তাকে সাহায্য করুন মহর্ষি। সে শয়তান নয়। পরিস্থিতির দুর্বিপাকে আজ সে এই কাজ বেছে নিতে বাধ্য হয়েছে!'

যদি এভাবেই ওর ক্ষতে রক্তক্ষরণ হতে থাকে, তাহলে আমার ঔষধ ওর সর্বদা প্রয়োজন হবে প্রাণরক্ষা করতে। তাই সে সর্বদা আমার অনুগত থাকবে! তার সম্পূর্ণ জীবনকাল অবধি!

'দয়া করুন গুরুদেব!' কৈকেশী পুনরায় ঋষির পদতলে আত্মসমর্পণ করলেন, 'আমাদের দয়া করুন। আমাদের দুজনেরই উৎপত্তি কনৌজ হতে! দয়া করুন! আমায় সাহায্য করুন! আমার পুত্রকে প্রাণভিক্ষা দিন গুরুদেব!'

'আমি জানি তোমরা কোন পরিস্থিতির ভিতর দিয়ে প্রাণরক্ষা করে এখানে এসেছ,' মৃদু হাসলেন ঋষি বিশ্বামিত্র।

কৈকেশী এখনো তাঁর পদতলে বসে নীরবে ক্রন্দনরত।

বিশ্বামিত্র তাঁর মস্তকে স্নেহাশিষের হাত রাখলেন, 'আমি প্রতি মাসেই ওদের দুজনের জন্য ঔষধি পাঠাবার ব্যবস্থা করছি। আমি ওদের প্রাণরক্ষা করব! যতদিন করা সম্ভব, আর এই কাজ আমায় সম্ভব করতেই হবে!' তিনি বললেন।

—I০১—

কৈকেশী ও কুম্ভকর্ণ স্থানত্যাগ করতেই, আরিষ্ঠনেমী ঋষির দিকে ঘুরে হতবাক দৃষ্টিতে তাকিয়ে রইলেন!

'গুরুদেব,' সন্তর্পণে বলল সে, 'আপনি রাবণকে কেন সাহায্য করতে সম্মত হলেন তা আমার বোধগম্য হচ্ছে না। কুম্ভকর্ণ শিশু, তার আপনার সাহায্যের প্রয়োজন রয়েছে। কিন্তু রাবণ? তার নির্মমতার পরিচয় আমি পেয়েছি। সে অতীব নিষ্ঠুর! এবং সে এখনো প্রাপ্তবয়স্ক নয়। বড় হলে সে দুর্দমনীয় হয়ে উঠবে!

বিশ্বামিত্রের অধরে এক মৃদু হাসি ফুটে উঠল, 'হ্যাঁ, সে অতীব নির্মম। এবং তোমার কথা সত্য যে সে পূর্ণবয়সে দুর্দান্ত হয়ে উঠবে।'

আরিষ্ঠনেমীকে আরো বিহ্বল দেখাল, ' তবে কেন আপনি ওকে সাহায্য করতে সম্মত হলেন গুরুদেব?'

'আরিষ্ঠনেমী, মলয়পুত্রদের প্রতিভূ হিসাবে আমার আমলেই বিষ্ণুর নবতম অবতারের উদয় হবে!'

পূর্বের বিষ্ণু অবতার প্রভু পরশুরামের সৃষ্ট মলয়পুত্রদের জীবনে দুইখানি মূলমন্ত্র ছিল। প্রথমটি ছিল অশুভের ধ্বংসকারী পরবর্তী মহাদেবের সহায়তা করা—তাঁর উত্থানের সময়ে। আর দ্বিতীয়টি ছিল তাঁদের ভিতর থেকে পরবর্তী বিষ্ণুদেবের অবতারকে চয়ন করে সময়ানুযায়ী প্রতিষ্ঠা করা।

আরিষ্ঠনেমীর দৃষ্টি বিভ্রান্ত, 'গুরুদেব... মানে, আমি আপনার সিদ্ধান্তকে অস্বীকার করছি না, কিন্তু রাবণের বিষয়ে আমি একদম... আপনি এই ব্যাপারে অবগত... বিষ্ণুর অবতারের দায়িত্ব বড়ই...'

'তুমি কি পাগল হলে আরিষ্ঠনেমী? তোমার কী মনে হয় যে আমি রাবণকে বিষ্ণুর অবতার হিসাবে বিবেচনা করছি?'

আরিষ্ঠনেমী মুখে স্বস্তির হাসি ফুটল, 'আমি জানতাম এরকম কিছু হবে না...আমি শুধুমাত্র...'

'মনোযোগ দিয়ে আমার কথা শোনো। যদি তুমি সনাতনী বিশ্বাস, ভক্তি আর ভক্তদের হুজুগ একপাশে সরিয়ে রাখো, তাহলে সাধারণ ভারতবাসীর কাছে এই বিষ্ণু অবতারের তাৎপর্য কতটুকু?'

আরিষ্ঠনেমী নীরব! সে ভাবল তার প্রদেয় যে কোনো উত্তরই সঠিক হিসাবে গণ্য হবে না।

ঋষি বিশ্বামিত্র প্রাঞ্জল করলেন বিষয়টিকে, 'বিষ্ণু কে? বিষ্ণু এক মহানায়ক।

আর মানুষ তাঁদের মহানায়ককে সর্বদিক থেকে অনুসরণ করে তাঁর উপর তারা অখণ্ড বিশ্বাস ও ভরসা করে বলেই।'

'কিন্তু এর সঙ্গে রাবণের কী সম্পর্ক গুরুদেব?'

'প্রতি নায়কের কী প্রয়োজন হয় নায়ক হতে গেলে, আরিষ্ঠনেমী?'

'একটি লক্ষ্য!'

'হ্যাঁ, তোমার অনুমান সঠিক, কিন্তু এ ছাড়াও একটি জিনিসের প্রয়োজন!'

আরিষ্ঠনেমী এতোক্ষণে বিষয়টি হৃদয়ঙ্গম করে মৃদু হাসলেন, 'একটি খলনায়কের!'

একেবারে সঠিক! আমাদের নায়কের বিপরীতে প্রবল এক প্রতিদ্বন্দ্বীর প্রয়োজন। তাহলেই মানুষ তাঁকে প্রকৃত বিষ্ণুর অবতার হিসাবে পূজা করবে। একমাত্র তাহলেই তারা তাদের অবতারের দেখানো পথ অনুসরণ করবে, যে পথে আমরা তাদের অগ্রসর হওয়াতে চাই। যে পথ এই মহান দেশের গরিমা বৃদ্ধি করবে সম্পূর্ণভাবে। যে পথ অনুসরণ করলে আবার আমাদের দেশ জগতসভায় শ্রেষ্ঠত্বের উচ্চাসনে উন্নীত হবে। দারিদ্র ও ক্ষুধার নিরসন ঘটবে। অন্যায় ও অবিচারের দিন শেষ হবে! দলিত, নিম্নবর্গের মানুষ, অসুস্থ ও প্রতিবন্ধীদের প্রতি দলন, শোষণ ও বিদ্রূপের পরিসমাপ্তি ঘটবে! তাহলেই আজকের ভারতের সন্তানেরা তাঁদের পূর্বপুরুষের পাশে গর্বিত উচ্চশিরে দাঁড়াবার ক্ষমতা লাভ করবে!'

'বুঝতে পেরেছি গুরুদেব!' সম্ভ্রমে নতমস্তক আরিষ্ঠনেমী বলল, 'আমি এই রাবণের সম্পর্কে যতটুকু শুনেছি, তাঁর মধ্যে সর্বোত্তম খলনায়ক হয়ে ওঠার সমস্ত উপকরণ মজুত রয়েছে!'

'আদর্শ খলনায়ক। কারণ সে শুধু একজন বিশ্বাসযোগ্য খলনায়কই হবে না, সে সর্বদা আমাদের আয়ত্তাধীন থাকবে,' বললেন বিশ্বামিত্র।

'অবশ্যই। অগ্যস্তকূট থেকে আমাদের আনানো ঔষধ সেবন না করলেই, তাঁর মৃত্যু সুনিশ্চিত!'

ভারতের দক্ষিণাংশে, পবিত্রভূমি কেরালায়, দুর্গম জঙ্গল ও পাহাড়ের গভীর অন্তরালে, মলয়পুত্রদের গোপন রাজধানী অগ্যস্তকূটের অবস্থান।

তাঁর ভবিষ্যতের কার্যকলাপের বিষয়ে চিন্তাভাবনা করতে করতে বিশ্বামিত্র নিজের মনেই তাঁর মাথা নাড়াতে থাকলেন, 'আমরা রাবণের উত্থানে সাহায্য করব। কার্যসিদ্ধির পরে উপযুক্ত সময় বেছে নিয়ে আমরা তাকে ধ্বংস করব। ভারতমাতার উদ্দেশ্যে উৎসর্গ করব তার জীবন!'

'ভারতমাতার উদ্দেশ্যে উৎসর্গ করব তার জীবন!' তাঁর কথার প্রতিধ্বনি আরিষ্ঠনেমীর কণ্ঠেও!

ঋষি বিশ্বামিত্রের চিন্তাধারা অতীতে প্রত্যাবর্তন করতেই তাঁর মুখমণ্ডলের অভিব্যক্তির সহসা আমূল পরিবর্তন ঘটে গেল! অবদমিত প্রচণ্ড রাগে তিনি বলে উঠলেন, 'ওই... ওই লোকটা আমাকে আর কিছুতেই আমার অভীষ্টে পৌঁছোবার পথ থেকে বিচ্যুত করতে পারবে না!'

আরিষ্ঠনেমী জানত বিশ্বামিত্র কাকে লক্ষ্য করে একথা বলছেন, তাঁর শৈশবের মিত্র এবং বর্তমানে নিকৃষ্টতম জাতশত্রু—ঋষি বশিষ্ঠ! কিন্তু সে অভিব্যক্তিহীন থাকাটাই শ্রেয় মনে করে নীরবে অপেক্ষা করে থাকল, পরিস্থিতির পরিবর্তন না হওয়া পর্যন্ত।

—ইতি—

'দাদা!' সিঁড়ি থেকে দ্রুত অবতরণ করতে করতে উত্তেজিত স্বরে চিৎকার করে উঠল কুম্ভকর্ণ! তাঁর অগ্রজ, মাতুল মারীচ ও অকম্পনের সান্নিধ্যে গৃহে প্রবেশ করছেন সগর্বে!

বিগত কয়েক বছরের মধ্যে ব্যবসায় প্রভূত উন্নতির ফলে যে বিপুল ধনরাশির মালিক হয়েছেন সতেরো বছরের রাবণ, তা তাঁকে লঙ্কাদ্বীপের অন্যতম বিত্তশালী ব্যক্তিদের মাঝে প্রতিষ্ঠা করেছে। কিন্তু এই সফলতা তাঁকে আরো ক্ষমতা, আরো বিত্তের প্রতি আগ্রাসী করেছে। বেশি সময় তিনি সাগরে সাগরে ঘুরে বেড়ান, সারাক্ষণ কাজে ব্যস্ত! ফলস্বরূপ, গোকর্ণের সুউচ্চ টিলার মাথায় তাঁর বিলাসবহুল নতুন বাসভবনে, সে অর্থে বসবাস করাই হয় না তাঁর! কিন্তু যখন তিনি বহুদিনের ব্যবধানে সেই ভবনে পদার্পণ করেন, তাঁর আট বছরের অনুজ কুম্ভকর্ণের আনন্দের পরিসীমা থাকে না।

'দাদা!!' সুবৃহৎ অট্টালিকার মধ্যভাগে বিশাল প্রাঙ্গণের দিকে সবেগে ছুটে এলেন কুম্ভকর্ণ, তার লক্ষ্য তার অগ্রজ! ছোটার তালে তালে তার বিশাল উদর আন্দোলিত হতে থাকল।

হাত ভর্তি উপহার মাটিতে ফেলে রাবণ দুহাত প্রসারিত করে সহাস্যে বললেন, 'ধীরে কুম্ভ, ধীরে! তুমি এখন যথেষ্ট বড় হয়ে উঠেছ এইরূপ ছেলেমানুষি...!'

কিন্তু উত্তেজিত কুম্ভকর্ণ সে কথা শোনার অবস্থায় থাকলে তো! তাঁর বয়স

মাত্র আট বছর হলেও তাঁকে দেখতে লাগে পনেরো বছর বয়স্ক বালকের ন্যায়। উত্তেজিত হলে তার কাঁধের উপরের দুটি বাড়তি হাত অস্বাভাবিকভাবে আন্দোলিত হতে থাকে! আর অসম্ভব রোমশ চেহারার কারণে, তাঁকে দেখতে লাগছে অবিকল একট ক্ষুদ্র ভল্লুকের ন্যায়!

কুম্ভকর্ণ ছুটে এসে তাঁর অগ্রজের প্রসারিত দু-বাহুর মধ্যে ঝাঁপিয়ে পড়ল, রাবণের মতো বীরও রীতিমতো টলে গেলেন! কুম্ভকর্ণ নিজের আনন্দে হেসে চলেছেন তখন।

রাবণও দুহাতে তাঁর ভ্রাতাকে ধরে, তাঁকে দু-পাক ঘুরিয়ে দিলেন সহর্ষে! কিছু মুহূর্তের জন্য, তাঁর নাভিমূলের চিরন্তন যন্ত্রণার ক্ষণিক উপশম ঘটল।

বিশাল প্রাঙ্গণের উল্টোদিকের রন্ধনশালার থেকে বেরিয়ে এলেন কৈকেশী। তাঁর রক্তজবার ন্যায় রক্তাভ নয়নের দিকে দেখলেই অনুমেয়, তিনি ক্রন্দনরতা, 'রাবণ!!'

কুম্ভকর্ণকে কোল থেকে নামিয়ে মাতার দিকে তাকাতেই, রাবণের অভিব্যক্তি সুখ থেকে দুশ্চিন্তায় পরিবর্তিত হল! সঙ্গে সঙ্গেই, তাঁর নাভিমূলের বেদনার প্রত্যাবর্তন ঘটল, 'কী হয়েছে, মাতা?'

'কিছু না!'

রাবণ পুনরায় মাতার দিকে তাকিয়ে প্রশ্ন করলেন, 'মাতা, কী হয়েছে?'

'তুমি যদি বারম্বার আমায় প্রশ্ন করতে থাকো, তাহলে তুমি আমার সুপুত্র নও!'

'যথার্থ, সে অর্থে আমি আপনার সুপুত্র কখনোই ছিলাম না,' রাবণ তাঁর সদা দুখিনী মাতার প্রতি এভাবেই রূঢ়ভাবে কথা বলতেই অভ্যস্ত, 'আমি আপনাকে শেষবারের মতো প্রশ্ন করতে চলেছি। কী হয়েছে, সমস্যাটা কী?'

'দীর্ঘ চার মাস বাদে তুমি বাড়ি এলে, রাবণ! তুমি কি তোমার পরিবারের সঙ্গে কালাতিপাত করতে অনিচ্ছুক? কেন আমায় এইটুকু বারে বারে চাইতে হবে তোমার কাছে? অর্থই কি তোমার কাছ সব?'

'আমি সবসময় তোমাদের নিকট থাকতে পারি, এবং এক দরিদ্র কুটিরে বসবাস করে অনায়াসেই অনাহারে দেহত্যাগ করতে পারি। অথবা আমি আমার কাজকর্মের দ্বারা তোমাদের সকলকে আরামে রাখতে পারি। আমি দ্বিতীয় পন্থাই অবলম্বন করেছি মাতা!'

এমতাবস্থায় মারীচ এবং অকম্পন অস্বস্তিতে পদসঞ্চালন করতে থাকলেন, কারণ ক্রমে মাতা ও পুত্রের কথোপকথনের তিক্ততা ক্রমশ বৃদ্ধি পেতে লাগল।

বাদানুবাদ এমন পর্যায়ে চলে গেল যে কৈকেশী তাঁর অকৃতজ্ঞ পুত্রকে বললেন একমাত্র তাঁর অনুনয়ে বিগলিত হয়ে ঋষি বিশ্বামিত্র দয়াপরবশ হয়ে রাবণকে ঔষধি প্রদান করেছেন, না হলে তাঁর এতোদিন জীবিত থাকার কথা নয়! তিনি অনুযোগ করলেন, যে এখন তাঁর প্রয়োজন ফুরিয়েছে। রাবণের সঙ্গে বর্তমানে ঋষি বিশ্বামিত্রের এক প্রগাঢ় সুসম্পর্ক। রাবণের কাছে আর তাঁর মাতার কোনো প্রয়োজন নেই!

এই কচি বয়সে, ইতিমধ্যেই কুম্ভকর্ণ তার মাতা ও প্রিয়তম ভ্রাতার তিক্ততার মাঝে শান্তিদূত হিসাবে অবতীর্ণ হয়েছে! এই মুহূর্তে অশান্তির আঁচ পেয়ে সে তার অগ্রজের উদ্দেশে বলল, 'দাদা, আপনি কিন্তু আমায় আপনার গুপ্তকুঠুরি দেখাবেন বলে অঙ্গীকার করেছিলেন!'

রাবণ স্মিতমুখে তাঁর প্রিয় অনুজের দিকে তাকালেন, 'কিন্তু তোমার জন্য আনা উপহারগুলির কী হবে এখন?'

'উপহারে আমার কোনো আগ্রহ নেই!' বলল কুম্ভকর্ণ, 'আমাকে আপনার গুপ্তকুঠুরি দেখান। আপনি আমায় কথা দিয়েছিলেন!'

যে বিশেষ কক্ষটি দেখার জন্য কুম্ভকর্ণ এতো উদগ্রীব ছিল, সেটি রাবণের এই অট্টালিকার উপরমহলে অবস্থিত। সর্বসাধারণের নাগালের বাইরে এই কক্ষ সর্বদা তালাবন্ধ। এর একমাত্র চাবির গুচ্ছ সর্বসময় রাবণের কাছেই থাকত। এমনকী এই কক্ষের গবাক্ষগুলিও অবগুণ্ঠিত! গোকর্ণে থাকাকালীন, রাবণ তাঁর এই গুপ্তকক্ষে একান্তে প্রচুর সময় অতিবাহিত করতেন। ভিতরে আসার অনুমতি কারো ছিল না। কেউ না!

কিন্তু আগেরবার তাঁর অগ্রজের কাছ থেকে প্রতিশ্রুতি নিয়েছিলেন কুম্ভকর্ণ, যে আগামীবার রাবণ তাঁকে এই গুপ্তকক্ষে প্রবেশাধিকার দেবেন! অনুজকে এতোটাই স্নেহ করতেন রাবণ যে কনিষ্ঠ ভ্রাতাকে কিছু অদেয় তাঁর পক্ষে ছিল অসম্ভব!

কুম্ভকর্ণের হাত নিজের হাতে ধারণ করে সহাস্যে রাবণ বললেন, 'এসো কুম্ভ, আমরা সেই কক্ষে যাই!' গমনোদ্যত অবস্থায়, ভূপতিত উপহারগুলির দিকে ইশারা করে রাবণ বললেন, 'মাতা, আপনার উপহার ওগুলির ভিতর রয়েছে। সংগ্রহ করে নিন!'

—১০—

রাবণের গুপ্তকক্ষের আয়তন কুম্ভকর্ণের প্রত্যাশার চাইতে অনেক বড়। এবং এই কক্ষ সম্পূর্ণ অন্ধকার। তিনি কেশে উঠতে বিগত কয়েকমাসের জমে থাকা ধুলোর আস্তরণ স্থানচ্যুত হয়ে তাঁদের নাসিকায় প্রবেশ করল।

'এখানে অপেক্ষা করো, কুম্ভ,' বলে রাবণ পার্শ্ববর্তী একটি উঁচু পিড়িতে রাখা একটি পাত্রের ভিতর চাবির গুচ্ছটি নিক্ষেপ করলেন। হাতে ধরা মশালটি থেকে, সারা ঘরে সার দিয়ে রাখা অন্যান্য মশালগুলি প্রজ্জ্বলিত করে দিলেন তিনি। দেওয়াল জুড়ে বিশাল বিশাল ঝকঝকে পালিশ করা তাম্রপত্রের উপস্থিতি! তাদের গায়ে মশালের আলো প্রতিফলিত হতেই সমগ্র কক্ষটিকে আলোকে উদ্ভাসিত করে তুলল!

'অসাধারণ...!' ফিসফিসিয়ে বলল কুম্ভকর্ণ। একমাত্র সে ছাড়া তার অগ্রজের জীবনের এই গোপনতার সাক্ষী আর কেউ নেই পৃথিবীতে, এমনকী তাঁদের মাতাও নন! তিনি ঘুরে দুয়ারের কপাট বন্ধ করে দিলেন!

'পছন্দ হয়েছে তোমার?' প্রশ্ন করলেন রাবণ।

মাথা নেড়ে সম্মতি জানিয়ে কুম্ভকর্ণ ঘোর লাগা চোখে ঘুরে ঘুরে সারা কক্ষ পর্যবেক্ষণ করতে থাকল, প্রতিটি বস্তুর সঙ্গে একাত্ম হওয়ার প্রচেষ্টায়!

কক্ষের একটি দেওয়ালে একটি রাজকীয় রুদ্রবীণার উপস্থিতি। প্রতিবার রাবণ ভবনে এলে, রুদ্ধ দুয়ারের অবগুণ্ঠনে সেটির স্বর্গীয় মূর্ছনা অতীতে শুনেছেন কুম্ভকর্ণ। এ ছাড়া সুশৃঙ্খলভাবে পংক্তিবদ্ধ অবস্থায় রাখা আছে তবলা, ঢোল, ডমরু, থাভিল, সেতার, চিকারা, সানাই, বাঁশি, ছেন্দা অগণিত বাদ্যযন্ত্র। কুম্ভকর্ণ তাঁর অগ্রজকে এগুলির সবকটি বাজাতে শুনেছে!

'ওইটি কী, দাদা?' একটি সম্পূর্ণ অদেখা, অজানা ও অপরিচিত বাদ্যযন্ত্রের দিকে অগ্রজের দৃষ্টি আকর্ষণ করল কুম্ভকর্ণ।

স্বর্ণাভ একটি বেদীর উপরে রাখা ছিল একটি দুই তারবিশিষ্ট বাদ্যযন্ত্র, তার পাশে একটি আংটায় সযত্নে রক্ষিত ছিল সেটির ছড়।

'এই বাদ্যযন্ত্র আমার আবিষ্কার। আমি এটির নামকরণ করেছি "হত"!'

'এই শব্দের অর্থ কী দাদা?' প্রশ্ন করল কুম্ভকর্ণ।

রাবণ স্মিতহাস্যে অনুজের মাথায় হাত বুলিয়ে তার চুল এলোমেলো করে দিয়ে অন্যদিকে তাকিয়ে বললেন, 'হত—একটি সংস্কৃত শব্দ, এর অর্থ হল একজন সম্পূর্ণ পরাজিত মানুষ!'

'আমি এই সম্বন্ধে তোমায় পরে বিষদে বলব,' বললেন রাবণ।

তাঁর নাভিমূলের প্রচণ্ড যন্ত্রণা ফিরে আসছে পুনরায়।

'কিন্তু আপনার আবিষ্কৃত বাদ্যযন্ত্রের নামকরণ অবশ্যই আপনার নামে হওয়া উচিত দাদা!' বললেন কুম্ভকর্ণ।

এক মুহূর্তের জন্য রাবণকে চিন্তান্বিত দেখাল। তাঁর ভ্রাতার উক্তি একাধিকভাবে যুক্তিযুক্ত, কারণ এই বাদ্যযন্ত্র হতে নিঃসৃত করুণরসের সুরে তাঁর নিজের জীবনের সমস্ত দুর্দশার কথা মনে পড়ে যায়! 'হ্যাঁ, তোমার কথাই ঠিক। আজ থেকে আমি এটির নাম দিলাম রাবণহত!'

'আমার জন্য এটি একবার বাজাবেন দাদা?'

'পরে কোনোসময়ে ভ্রাতা, আমি প্রতিশ্রুতি দিচ্ছি তোমায়।'

রাবণ এই বাদ্যযন্ত্র সেই দেবী কন্যাকুমারীর স্মৃতিতে নির্মাণ করেছেন, তাই এটি বাজালেই তাঁর দেবীর কথা মনে পড়ে!

এবার কুম্ভকর্ণের নজর গেল দূরের দেওয়ালের দিকে, 'ওই চিত্রগুলি কি হাতে অঙ্কিত?'

কুম্ভের প্রসারিত হাত ধরলেন রাবণ। এইবার তিনি অনুজকে নিয়ে এই গুপ্তকক্ষ থেকে প্রস্থান করবেন। এইসব প্রশ্নের জন্য তিনি প্রস্তুত ছিলেন না। একদমই না। কিন্তু এর অব্যবহিত পরে, তিনি কোনো অজ্ঞাত কারণে, নিজেকে পরিহার করলেন। দীর্ঘ সময় ধরে তিনি সম্পূর্ণ একাকী এই মনোকষ্টের বোঝা বয়ে এসেছেন। হৃদয়ের গভীরে তিনি অনুভব করলেন, এই যাবতীয় সত্যাসত্য অনুজ কুম্ভকর্ণের গোচরে আনা উচিত। তিনি তাঁর দুঃখ, দুর্দশা কষ্ট তাঁর অনুজের সঙ্গে ভাগ করে নিতে চান। এমনকী তাঁর সমস্ত আশা আকাঙ্খাও!

তিনি তাঁর দুচোখে প্লাবিত হয়ে আসা অশ্রু সংবরণ করতে অক্ষম হলেন।

ইত্যবসরে কুম্ভকর্ণ সেই চিত্রগুলির দিকে অগ্রসর হয়েছেন!

একটি দীর্ঘনিঃশ্বাস ছেড়ে, প্রাণভরে এক বুক নিঃশ্বাস নিয়ে, তাঁর অলক্ষে অশ্রুসংবরণ করে ধীরপায়ে অনুজকে অনুসরণ করলেন রাবণ—এতে তাঁর মনের ভার খানিকটা লাঘব হল।

একেবারে বামদিকের চিত্রটি কুম্ভকর্ণের দৃষ্টি আকর্ষণ করল।

চিত্রটি এক কিশোরীর। তার বয়স বারো কি তেরোর বেশি হবে না। গোলাকার মুখমণ্ডলে সুউচ্চ গ্রীবা ও ছোট, সুন্দর টিকালো নাকের উপস্থিতি। উজ্জ্বলবর্ণ। কুচকুচে কালো চুল, গুছিয়ে খোঁপা করে বাঁধা। সুগভীর, উজ্জ্বল চাহনি, এবং অক্ষিপল্লব একদম নিভাঁজ। তার পরনে সুদীর্ঘ লাল ধুতি, জামা এবং অঙ্গবস্ত্র!

দৈব মূর্তি। অবিশ্বাস্য। সুদূরবর্তী।

কুম্ভকর্ণের মনে হল এ নিশ্চয় দেবীমাতা, তিনি তাঁর অগ্রজের দিকে তাকালেন, 'এই কাজ কি আপনার হাতের, দাদা?'

রুদ্ধ কণ্ঠে সম্মতিসূচক মাথা নাড়লেন রাবণ।

'কী এঁর পরিচয়?'

রাবণ একটি দীর্ঘশ্বাস নিলেন, 'ইনি একজন কন...কন্যাকুমারী।'

কুম্ভকর্ণ অখণ্ড মনোযোগ সহকারে চিত্রটি পর্যবেক্ষণ করতে থাকল। তার অনভ্যস্ত নজরেও, প্রতিটি তুলির আঁচড়ে শ্রদ্ধা, উপাসনা ও ভালোবাসার অভ্রান্ত আর্তি ধরা পড়তে লাগল।

একবার সে তার অগ্রজের ব্যথিত মুখমণ্ডলের দিকে চেয়ে, পুনরায় চিত্রের দিকে মনঃসংযোগ করল। সেই মুহূর্তেই তার চোখ গেল সেই ছবির পার্শ্ববর্তী চিত্রের দিকে।

সেই কিশোরীর আরেকটি চিত্র। আগেরটির সঙ্গে এই চিত্রের বিন্দুমাত্র পার্থক্য নেই। একটাই পার্থক্য, এখানে কিশোরীর পোষাকের রঙ সম্পূর্ণরূপে নিষ্কলঙ্ক সাদা!

সে অগ্রজের দিকে ফিরে বলল, 'এই চিত্রে একে বয়স্ক দেখাচ্ছে!'

রাবণ মাথা নাড়লেন, 'ঠিক! এটিতে ওর বয়স ঠিক এক বছর বেশি!'

এরপর একে একে কুম্ভকর্ণ দেওয়ালে সজ্জিত প্রতিটি চিত্র পর্যবেক্ষণ করতে লাগলেন। প্রতিটি চিত্রই সেই কিশোরীর, কিন্তু প্রতিটিতে তার বয়স বৃদ্ধি পেয়েছে। যৌবনের পরশে তার কুচযুগলের সমৃদ্ধি, তার শরীরে নারীসুলভ সমস্ত উপকরণের পূর্ণতালাভ, এবং তার উচ্চতার উন্নতির প্রতিটি লক্ষণ বিশেষভাবে পরিলক্ষিত হয়।

কুম্ভকর্ণের দশম চিত্রের কাছে পৌঁছে, গতি স্থগিত হয়ে গেল, এবং সেই স্থানে বহুক্ষণ স্থিরভাবে দাঁড়িয়ে রইল। এই চিত্রই অন্তিম চিত্র, এখানে কিশোরী সম্পূর্ণ এক নারী হিসাবে প্রতীয়মান। সম্ভবত তাঁর বয়স সেই সময়ে একুশ থেকে বাইশের ভিতর। তাঁর পোষাকের রঙ মৃদু বেগুনী—যে রঙের পোষাক পৃথিবীতে সর্বাপেক্ষা দুর্মূল্য ও রাজপরিধান হিসাবে স্বীকৃত। তিনি দীর্ঘাঙ্গী, তিনি পরমাসুন্দরী, সুদীর্ঘ কেশদাম তাঁকে আরো সুন্দর করেছে! শরীরে নারীত্বের সৌন্দর্যসম্ভার যত্নসহকারে সজ্জিত। যেন তিনি আকর্ষণের আরেক নাম!

তাঁর সৌন্দর্য এক বিশেষরূপে সমক্ষে এসেছে—সে রূপ অনবদ্য! তাঁর মুখমণ্ডল, তাঁর চোখ, তাঁর অভিব্যক্তি সম্পূর্ণ দেবীর রূপ। দেবী রূপিনী মাতা!

'উনি কি প্রতি বছর আপনার চিত্রাংকনের জন্য উপস্থিত থাকেন?' প্রশ্ন করলেন কুম্ভকর্ণ।

রাবণ প্রথম চিত্রের দিকে ইশারা করলেন, 'এই শেষবার আমার দেখা হয় ওনার সঙ্গে, তখন তিনি বয়ঃসন্ধিতে!'

'তবে পরের চিত্রগুলি আপনি কীভাবে অঙ্কন করেছিলেন?'

'আমার কল্পনার মাধ্যমে, আমার মানসচক্ষে আমি ওনার বয়োবৃদ্ধি অবলোকন করেছি!'

'কেন আপনি ওনার চিত্র অঙ্কন করেছিলেন?'

'ওনার দিকে চাইলে আমার দেহকষ্ট, মনোকষ্ট দূর হয়ে যায়, কুম্ভ...'

'কী নাম ওনার?'

'আমি তোমায় ইতিমধ্যেই বলেছি।' আবেগতাড়িত কণ্ঠে চোখ বন্ধ করে রাবণ উত্তর দিলেন। অনেক কষ্টে তিনি নিজেকে সংবরণ করে রেখেছেন, 'কন...কন্যাকুমারী!'

'ওটি যে শুধুমাত্র উপাধি, সেই সত্য সম্বন্ধে আমিও অবিদিত নই, দাদা! শত সহস্র কন্যাকুমারী রয়েছেন। তবে একজন পূর্ণবয়স্কা নারী হওয়ার কারণে ইনি আর কন্যাকুমারী হিসাবে গণ্য হবেন না। তাঁর আসল নাম কী?'

'আমার জানা নেই কুম্ভ!'

'কোন উপজাতির থেকে এনার উত্থান?'

'আমার জানা নেই কুম্ভ!'

'বর্তমানে ইনি কোথায় আছেন?'

'আমার জানা নেই কুম্ভ!'

কুম্ভকর্ণের অন্তঃকরণ বেদনায় আপ্লুত হল। তার চোখেও অশ্রুসমাগম হল! সে অগ্রসর হয়ে রাবণকে আলিঙ্গনাপাশে আবদ্ধ করল, 'আমরা ওনাকে খুঁজে বের করব দাদা!'

রাবণের গণ্ডদেশ বেয়ে গড়িয়ে পরা অবারিত বারিধারা প্রবল হতে, তিনি তাকে রুদ্ধ করার বিন্দুমাত্র প্রয়াস করলেন না। তিনি তাঁর অনুজকে সুদৃঢ়ভাবে বুকে ধরে রাখলেন। তাঁর নাভিমূলের যন্ত্রণা অসহ্য হয়ে উঠছে!

'আমরা তাঁকে খুঁজে বার করব, দাদা। আমি তোমায় কথা দিলাম!'

৭

সপ্তম অধ্যায়

'গৃহে প্রত্যাবর্তনের আনন্দই আলাদা!' আনন্দের আতিশয্যে কুম্ভকর্ণের বাড়তি বাহুদুটি মৃদুভাবে আন্দোলিত হতে থাকল, উত্তেজনার সময়ে তার যেরূপ হয়। তার বয়স এখন সবে দশ, এবং ইতিমধ্যেই তার কণ্ঠের সুরেলাভাব চলে গিয়ে কণ্ঠ কর্কশ হতে শুরু করেছে—বয়ঃসন্ধির প্রথম ধাপ!

গুপ্তকক্ষে কুম্ভকর্ণকে প্রবেশাধিকার দেওয়ার ঘটনার পরে দুবছর অতিবাহিত হয়েছে। এশিয়া মহাদেশের উত্তর-পূর্বের এক উল্লেখযোগ্য বন্দরনগরী, নিকোবর দ্বীপপুঞ্জ থেকে ফিরছিলেন রাবণ ও কুম্ভকর্ণ। এটিই কুম্ভকর্ণের প্রথম ব্যবসা সংক্রান্ত অভিযান ছিল, এবং রাবণ এই জলযাত্রাকে যথাসম্ভব আরামদায়ক রাখার ব্যবস্থা করেছিলেন, এবং সেই কারণেই এই যাত্রাকে তিনি দীর্ঘায়িত করেননি।

রাবণ দীর্ঘশ্বাস ফেললেন, 'গৃহে অবস্থান করতে আমার ভালোলাগে না, সাগরে থাকতেই আমি বেশি আনন্দ পাই!'

'কিন্তু গৃহের তুলনা আর কিছুতে নেই দাদা!'

'এবং আমাদের মাতা সত্যিই অতুলনীয়... তাঁর অবিরাম ক্রন্দন আমার বিরক্তিভাজনের অন্যতম কারণ! তিনি সম্ভবত আমার বিরক্তি উদ্রেক করার কারণেই যথেচ্ছ অশ্রুবর্ষণে লিপ্ত হন। একদিন আমি...'

কুম্ভকর্ণের অভিব্যক্তির পরিবর্তন লক্ষ করে রাবণ স্বভাবতই ক্ষান্ত হলেন, কারণ তিনি জানতেন যদিও তাঁর অনুজ তাঁকে প্রাণাপেক্ষা ভালোবাসতেন,

মাতার বিরুদ্ধে রাবণের এই অগ্ন্যুদগারে তিনি বিশেষ প্রীতি অনুভব করেন না।

কুম্ভকর্ণের কাঁধ চাপড়ে তিনি বললেন, 'ঠিক আছে, ঠিক আছে! তুমি তো জানো আমি এই ব্যাপারে কোনোমতেই কোনো বিপজ্জনক কাজ করব না। শুধু একটাই অনুরোধ, এবারটি তুমি মাতার অশ্রুমোচনের দায়িত্বভার গ্রহণ করো!'

বন্দরের মুখে প্রবেশরত বানিজ্যপোতটি ধীরে ধীরে তার গতি হ্রাস করছিল। তাঁদের জন্য নির্দিষ্ট অংশে সঠিকভাবে জলযানটিকে নোঙর করানোর অভিপ্রায়ে নাবিকদের কর্মবস্থা লক্ষ করছিলেন দুই ভ্রাতা। তাঁরা বন্দরে প্রবেশ করতে অন্যান্য বানিজ্যপোতের থেকে শত সহস্র অভিভূত দৃষ্টি নিক্ষেপিত হতে থাকল তাঁদের সুবিশাল জলযান উদ্দেশ্য করে, যা ইতিমধ্যেই এক প্রবাদপ্রতিম উপাখ্যানে উন্নীত হয়েছিল! কঠিন প্রতিযোগিতামূলক এই চোরাচালানের ব্যবসায় তাঁর এই বানিজ্যপোতের দুর্দম গতি রাবণকে দিয়েছিল এক অনন্য সুবিধা। ব্যবসার সমূহ উন্নতির ফলস্বরূপ, রাবণ ইতিমধ্যেই পাঁচটি সর্বাধুনিক বহর নির্মাণ করতে সক্ষম হয়েছিলেন।

অন্যদের সপ্রশংস দৃষ্টির সম্বন্ধে রাবণ বিশেষভাবে অবগত ছিলেন। তিনি এই ব্যাপারটি বিশেষ উপভোগ করতেন। কিন্তু তিনি এমন ভাব করতেন যেন এই প্রশংসাখচিত, ঈর্ষান্বিত দৃষ্টিবাণের সম্পর্কে তিনি ভীষণভাবে উদাসীন। তিনি অন্যদের সামনে এই বিষয়টি নিয়ে কখনো আলোচনা করতেন না, কারণ তাতে তাঁর মানসিক দুর্বলতা প্রকাশ পেতে পারে। এবং উনিশ বছর বয়সি রাবণ বিশ্বাস করতেন না জনসমক্ষে নিজের দুর্বলতার।

ব্যবসায়ীকুল তাঁকে বানিজ্যের যুবরাজের আখ্যা দিয়েছিল, এবং এইটি তিনি ভীষণভাবে উপভোগ করতেন।

'দাদা!' রাবণের মনোযোগ আকর্ষণ করতে কুম্ভকর্ণ অগ্রজকে মৃদু ঠেলা দিলেন।

রাবণ ঘুরলেন এবং অকম্পনকে দেখতে পেলেন। সে বন্দরের উপর তাঁদের জন্য অপেক্ষা করছিল, এবং সে কোনোকারণে প্রবলভাবে উত্তেজিত!

বানিজ্যপোত থেকে অবতরণ করার প্রস্তুতি নিতে নিতে রাবণ বললেন, 'ওকে দেখে মনে হচ্ছে আমাদের জন্য কোনো সংবাদ অপেক্ষারত!'

—ꭥoI—

'রাবণ! আমি রহস্যোদঘাটন করতে সমর্থ হয়েছি! আমি গোপন খবর খুঁজে...'

রাবণ তার মাথা চাপড়ে কঠোরস্বরে তাকে বললেন, 'নীরব হও!'

অকম্পন দৃশ্যত অপ্রস্তুতভাবে চুপ করে গেল।

তাঁরা এখনো বন্দর এলাকায় রয়েছেন, চারধারে বিভিন্ন মানুষ পরিবেষ্টিত। রাবণের খুব ভালোভাবেই জানা ছিল যেকোনো বাণিজ্যের মূলমন্ত্র হল অন্যান্য বানিজ্যপোতের সম্বন্ধে তথ্যাদি—কী কী ধরণের এবং কত পরিমাণে মালপত্র ও বিভিন্ন তথ্য, সেই জাহাজের গন্তব্য কোথায় ইত্যাদির সংবাদ। এবং প্রত্যেকের উচিত স্ব-স্ব গোপনীয়তা রক্ষা করা!

রাবণ হাঁটতে থাকলেন, তাঁর দেহরক্ষীরা সামনে জমা ভিড় ঠেলে সরিয়ে তাঁর পথ পরিষ্কার করতে থাকল। অকম্পন তাঁকে অনুসরণ করতে করতে মাথার অবিন্যস্ত চুল পরিপাটি করতে থাকল। রাবণ যখন তার মাথায় আঘাত করেছিলেন, তখন সাজানো চুলের কয়েকটি স্থানচ্যুত হওয়াতে, তার পরিচর্যায় ব্যস্ত সে! তার হাতে সুগন্ধি তৈল লেগে যাওয়ায়, পাশে চলতে থাকা কর্মচারীর দিকে তাকাল অকম্পন, একটি কাপড়ের আশায়!

—፤ዐፗ—

'এবার!' বললেন রাবণ, 'তোমার বক্তব্য ব্যক্ত করো।'

এখন তাঁরা গোকর্ণের ভবনে রাবণের নিজস্ব কক্ষে উপস্থিত। রাবণ তাঁর অনুপস্থিতিতে আসা বিভিন্ন পত্রাবলী উলটে পাল্টে দেখছেন। তাঁর সামনের বিশাল পিঁড়ির অপরদিকে মারীচ ও অকম্পন উপবিষ্ট। কুম্ভকর্ণ একটি জানালার পাশে বসে বাতাবিলেবুর সরবতে বিভোর!

'অত্যন্ত গর্হিত কাজ করে ফেলেছি রাবণ,' অস্বস্তিতে বলে উঠল অকম্পন, 'বন্দরে আমার ওইভাবে কথা বলা একদম ঠিক...!'

'হ্যাঁ, হ্যাঁ, ঠিক আছে,' রাবণ তাকে বাধাপ্রদান করলেন তাচ্ছিল্যভরে হাত নেড়ে, এমনকী তিনি মাথা তুলে অকম্পনের দিকে দৃকপাতও করলেন না, 'কাজের কথায় এসো। আমার কাছে সময়ের ভীষণ অভাব!'

অকম্পন সামনে ঝুঁকে পড়লেন, তার কণ্ঠে উত্তেজনার আঁচ পাওয়া যায় সহজেই, 'আমি খুঁজে পেয়েছি! গোপন কথাটির রহস্যভেদ আমি করে ফেলেছি!'

রাবণ কাগজের গোছা পাশে নামিয়ে রেখে একটি শরের কলম তুলে নিলেন। তারপর সেটি কালিতে নিমজ্জিত করে যে পত্রটি পড়ছিলেন, তার পাশে উত্তর রচনা করতে করতে বললেন, 'তুমি ভালো করেই জানো আমার হেঁয়ালি পছন্দ নয়। যা বলার পরিষ্কার করে বলো। কী খুঁজে পেয়েছ তুমি?'

'যে তথ্যের অন্বেষণে আমরা বহুদিন ছিলাম, সেই তথ্য আমি জোগাড় করেছি রাজা ত্রিশংকু কাশ্যপের এক বংশধরের কাছ থেকে!'

রাবণের রচনা স্থগিত হল। তিনি শরের কলমটি কলমদানে পুনরায় স্থাপন করে, তাঁর কেদারায় পিঠ এলিয়ে বললেন, 'তারপর?'

'ত্রিশংকু কাশ্যপের দেহাবশেষের কোনো হদিশ পাওয়া যায়নি এ ঘটনা সম্বন্ধে তুমি অবগত...'

'আমি ত্রিশংকুর সমগ্র ঘটনা সম্বন্ধে অবগত। আমায় ইতিহাসের কাহিনি শুনিয়ে লাভ নেই। সোজা ঘটনায় এসো!' বাধা দিলেন রাবণ।

ত্রিশংকু কাশ্যপ ছিলেন আধুনিক লঙ্কাদ্বীপের প্রথম রাজা। তাঁর রাজধানী স্থাপন করতে সাহায্য করেছিলেন ঋষি বিশ্বামিত্র। কিন্তু তাঁর প্রজারা তাঁর হিংসাত্মক ও স্বার্থপরতায় রাগান্বিত হয়ে, তাকে সিংহাসনচ্যুত করে। এমনকী ঋষি বিশ্বামিত্র রাজা চয়নে তাঁর নির্বুদ্ধিতা উপলব্ধি করে, প্রজাদের সঙ্গে এক হয়ে রাজাকে ছুড়ে ফেলার আন্দোলনের পুরোভাগে ছিলেন।

উপস্থিত প্রত্যেকের মনে আসা প্রশ্নটি এবার মারীচের মুখ থেকে নির্গত হল, 'তুমি কি সত্যি গোপন তথ্য সংগ্রহ করতে সমর্থ হয়েছ?'

'অবশ্যই!' সগর্বে হুঙ্কার দিল অকম্পন।

এই রহস্য, যাবতীয় গোপনীয়তা রাবণের প্রধান বানিজ্যপোত সম্পর্কিত, এক সময়ে যেটির মালিকানা ছিল অকম্পনের! অকম্পনের দ্বারা চূড়ান্ত তাচ্ছিল্যভরে সেটিকে ব্যবহার করার পরেও, সেই বানিজ্যপোতের বহিরাংশে কখনো কোনো জলজ আস্তরণ পড়েনি, এবং সেটি অন্যান্য জলযানের দ্বিগুণ গতিতে যাত্রা করা অব্যাহত রেখেছিল। অকম্পন নিজেই জানত না এই বানিজ্যপোতের বিশেষত্ব! যতদূর সে জানত, এই জাহাজ একসময় রাজা ত্রিশংকু কাশ্যপের এক বংশধরের সম্পত্তি ছিল।

'এক বিশেষ বস্তু, যেটিকে গুঁড়ো করে একরকম তৈলের সঙ্গে সংমিশ্রণ করতে হবে–সেই তৈল সুদূর মেসোপটেমিয়া থেকে আনা হতো। কুড়ি বছর বাদে বাদে একবার করে ওই সংমিশ্রণ জাহাজের বহিরাংশে লাগানো হতো।'

বলল অকম্পন, 'এই মিশ্রণ যাবতীয় জলজ উদ্ভিদ ও কীটপতঙ্গকে জলযান থেকে দূরে রাখে! এইটুকুই হল তথ্য!'

রাবণ সামনে ঝুঁকে পড়লেন, 'আর এই বিশেষ বস্তুটির উৎস কোথায় অকম্পন?'

'এর উৎস তোমার বান্ধব মলয়পুত্রদের কাছে। এই বস্তুকে তারা অজানা কারণে 'গূঢ়বস্তু' নামে চেনে!'

রাবণ বিদ্রুপের স্বরে বললেন, 'আমার আন্দাজে এই বস্তু ওঁরা হয়তো কোনো গুহার অভ্যন্তরে খুঁজে পেয়েছিল!'

'হয়তো তোমার অনুমান সত্য,' অকম্পনের স্বরে যথারীতি তোষামোদের সুর।

রাবণ উজ্জ্বল দৃষ্টিতে মাতুল মারীচের দিকে তাকিয়ে বললেন, 'অতি সত্বর ওদের সঙ্গে কথা বলার ব্যবস্থা করুন!'

ঋষি বিশ্বামিত্র প্রশ্ন করলেন, 'এই গূঢ়বস্তু তোমার কী কারণে প্রয়োজন, রাবণ?'

কাকতালীয়ভাবে, ঋষি বিশ্বামিত্র ও আরিষ্ঠনেমীর গোকর্ণে আগমন ঘটেছিল ঠিক সেই সপ্তাহেই, যখন তাঁরা সিগিরিয়া যাওয়ার পথে সেখানে থেমেছিলেন। রাবণ তাঁদের সঙ্গে দেখা করার এই সুবর্ণসুযোগ হাতছাড়া করেননি। কিন্তু এইবার তিনি ঋষির সঙ্গে মিলিত হতে একা যাওয়ার মনস্থ করেছিলেন—অকম্পনকে ছাড়া, এমনকী মারীচকেও তিনি সঙ্গে নিয়ে যাননি!

শ্রদ্ধায় নতমস্তক হয়ে রাবণ বললেন, 'ওটিকে নিয়ে আমার ব্যবসার পরিকল্পনা আছে গুরুদেব!' তাঁর সঙ্গে ঋষিরাজ বিশ্বামিত্রের বিশেষ শ্রদ্ধা, ভক্তি ও সম্ভ্রমের সুসম্পর্ক।

'তুমি কি মলয়পুত্রদের বানিজ্য থেকে বিতাড়িত করে সরাসরি কুবেরের কাছে ওই বস্তু বিক্রয় করার কথা ভাবছ? এভাবে কি তুমি আমাদের লভ্যাংশ হ্রাস করার চিন্তা করছ?'

রাবণ জানতেন মলয়পুত্ররা এই দুর্মূল্য গূঢ়বস্তু সরাসরি রাজা কুবেরের কাছে বিক্রয় করত। অকম্পন তাঁকে অবগত করেছিলেন, এই বস্তু ব্যবসার ক্ষেত্রে উপকারী হলেও, মানুষের জন্য তীব্র বিষ বিশেষ! সেটিকে পরিশ্রুত করে

অন্যান্য দ্রব্যের সঙ্গে মিশ্রণ করে, রাজা কুবেরের প্রবাদপ্রতিম উড়োজাহাজ পুষ্পকবিমানে জ্বালানি হিসাবে ব্যবহৃত হতো। এই মিশ্রণের অন্যান্য বস্তুগুলিও ভীষণভাবে দুর্মূল্য। এই কারণেই এই পুষ্পকবিমানের ব্যবহার ছিল বিশেষভাবে সীমিত, এবং অন্যান্য বিমান নির্মাণেও এই ছিল প্রতিবন্ধকতার হেতু। এগুলি ছিল ভীষণভাবে ব্যয়বহুল।

রাবণ এই প্রশ্নের জন্য প্রস্তুত ছিলেন। তিনি করজোড়ে মাথা তুললেন, 'না গুরুদেব! আমি মহান মলয়পুত্রদের সম্বন্ধে এ কথা কখনো আমার চিন্তাতেও আনিনি। কিন্তু এটাও তো সত্য যে বাণিজ্যরাজ কুবের আপনাদের কাছ থেকেও ওই বস্তু ক্রয় করছে না, তার অগ্নিমূল্যের কারণে। আপনি নিশ্চয় অবগত আছেন, তিনি ইতিমধ্যেই পুষ্পকবিমানের ব্যবহার রদ করে দিয়েছেন?'

'তাই কি তুমি ভেবেছ ওই বিমান ক্রয় করে স্বয়ং ব্যবহার করবে?'

রাবণ আন্দাজ করেছিলেন যে ওই গূঢ়বস্তু বানিজ্যপোত পরিমার্জন করতেও ব্যবহার্য, সেই সত্য সম্পর্কে এই মলয়পুত্ররা অবহিত ছিলেন না, কারণ তাঁরা ওই বস্তু তাঁদের বানিজ্যপোতে ব্যবহার করতেন না। এখন ঋষির কথা শুনে, তিনি সুনিশ্চিত হলেন যে তাঁর আন্দাজ অক্ষরে অক্ষরে মিলে গেছে! যদি সব ভালোভাবে মিটে যায়, সাগরে বাণিজ্য করা দ্রুততম বানিজ্যপোতের বহরের একছত্র অধিপতি হওয়ার থেকে তাঁকে কেউ আটকাতে পারবে না!

'পুষ্পকবিমান ভাড়া দেওয়ার মধ্যেও বাণিজ্যরাজ কুবের লাভের সম্ভাবনা দেখবেন, তাই নয় কি গুরুদেব? কারণ তিনি কোনো ব্যবসাতেই না বলতে অভ্যস্ত নন!'

'এবং তুমি এই পুষ্পকবিমান নিয়ে কী করবে শুনি?'

'এই আর কি গুরুদেব, এটা ওটায় কাজে লাগিয়ে দেবো!'

যদিও ব্যবসার ক্ষেত্রে এই পুষ্পকবিমানের ব্যবহার তাঁর ব্যবসায়িক লভ্যাংশের একটি বৃহৎ পরিমাণ বিনষ্ট করতে পারে, তার অত্যধিক ব্যয়বহুলতার কারণে, তথাপি রাবণ এটিকে ব্যবহার করার স্বপক্ষে ছিলেন। তার একমাত্র কারণ, মলয়পুত্রদের বিশ্বাসভাজন হওয়া যে তিনি এই গূঢ়বস্তু ক্রয় একটি কারণেই করছেন—পুষ্পক ওড়াবার জন্য। হয় এদিক ওদিক ঘোরাফেরার জন্য, অথবা দূরদূরান্তে ভ্রমণের কারণে!

তীব্র দৃষ্টিতে রাবণের দিকে তাকালেন ঋষি বিশ্বামিত্র, তাঁর মন পড়ে ফেলতে চাইলেন তিনি। কিন্তু সে মনের তল পেলেন না তিনি! ইতিমধ্যেই

রাবণ এতোটা শক্তিশালী হয়ে উঠেছেন, যে তাঁর মতো পরম শক্তিধর মহর্ষিও তাঁর মন যথেচ্ছভাবে পড়ে ফেলতে পারেন না!

'অতি উত্তম,' বললেন বিশ্বামিত্র, 'প্রতি বিনিময়ে তোমাকে পাঁচ শত সহস্র স্বর্ণমুদ্রা দিতে হবে। এবং এই বিনিময় তোমায় এক বছরে ন্যূনতম তিনবার সম্পন্ন করতে হবে!'

এ এক অসম্ভব মূল্য! কুবের রাজা ওঁদের যে মূল্য প্রদান করতেন তার চেয়ে অনেকানেক অংশে বেশি! এবং এই বিনিময়ের সংখ্যা অথবা বিনিময় মূল্যের উদাহরণ অভূতপূর্ব!

রাবণ বিন্দুমাত্র দমলেন না। তিনি তাঁর হিসাবপত্র আগেই কষে রেখেছিলেন। 'মূল্যের ব্যাপারে আমি আপনার সঙ্গে সম্পূর্ণ সহমত গুরুদেব! কিন্তু বিনিময় সংখ্যা সম্পর্কে আমি দ্বিমত পোষণ করি। আমি জানি না কতবার আমি এই পুষ্পকবিমান ব্যবহার করব। আমি চেষ্টা করব বছরে যাতে এই বিনিময় সম্ভব হয়, তার ব্যবস্থা করার। কিন্তু কোনো কোনো বছরে আমার দ্বারা সেটি সম্ভব নাও হতে পারে। সেক্ষেত্রে কিন্তু আমায় দোষী সাব্যস্ত করা যাবে না!'

ঋষি বিশ্বামিত্র মাথা নেড়ে সহমত পোষণ করলেন, 'তথাস্তু!'

পাশে দাঁড়িয়ে থাকা আরিষ্ঠনেমী চক্ষুকর্ণের বিবাদভঞ্জনে অক্ষম হলেন—পাঁচ শত সহস্র স্বর্ণমুদ্রা প্রতি বিনিময়ে! ওই পরিমাণ অর্থলাভে মলয়পুত্রেরা তো অতি সত্বর দৈবী অস্ত্র অন্বেষণে মত্ত হয়ে উঠবে! এই দৈবী অস্ত্র হল সাংঘাতিক ধরণের মারণাস্ত্র, যার ব্যবহার সম্পূর্ণরূপে নিষিদ্ধ করে গেছেন মহাদেব রুদ্রনাথ! তাঁর বংশধর, বায়ুপুত্রদের অনুমতি ব্যতীত এই সমস্ত মারণাস্ত্রের ব্যবহার একান্তভাবে নিষিদ্ধ, এই নিয়মে সকলকে বেঁধে গেছেন মহাদেব! কিন্তু ঋষি বিশ্বামিত্রের অভিসন্ধি অন্য। তিনি চেয়েছিলেন বিষ্ণুর অবতার তাঁর আমলে জন্মগ্রহণ করেন! কিন্তু তাঁর অভীষ্টে পৌঁছোতে গেলে, এই সমস্ত দৈবী অস্ত্র তাঁর আয়ত্ত্বাধীন থাকার প্রয়োজন। রাবণের সঙ্গে এই ব্যবসায়িক চুক্তি সম্পন্ন হলে, তিনি এই সকল অস্ত্রের ব্যবস্থায় এই বিপুল ধনরাশি কাজে লাগাতে পারেন। আরিষ্ঠনেমী ভাগ্যের এই বিড়ম্বনায় হেসে ফেললেন! এই চোরাচালানকারী রাবণের হাত ধরে, বায়ুপুত্রদের উপর তাঁদের নির্ভরতা থেকে স্বাধীন হবেন তাঁরা–একে ভাগ্যের পরিহাস ব্যতীত আর কীই বা বলা যায়?

'অশেষ ধন্যবাদ আপনাকে, গুরুদেব!' বলে সম্পূর্ণ নত হয়ে ঋষিরাজ বিশ্বামিত্রের পায়ে নত হলেন রাবণ!

'*আয়ুষ্মান ভব!*' বললেন বিশ্বামিত্র।

'রাবণের মতিগতি আমার বোধগম্য হচ্ছে না গুরুদেব!' বলল আরিষ্ঠনেমী।

'আমিও সেই চিন্তাই করছি,' বললেন বিশ্বামিত্র, 'পুষ্পকবিমানে জ্বালানি হিসাবে ব্যবহার ব্যতীত এই গূঢ়বস্তুর একমাত্র উপকারিতা হল গরল হিসাবে!'

'কিন্তু, গরল হিসাবেও যে এই বস্তুর মান অতি নিকৃষ্ট, সে বিষয়ে কোনো সন্দেহ নেই।'

আরিষ্ঠনেমী সঠিক কথাই বলছিলেন। এই বস্তু আসলে একধরনের গরল, যা অতি শ্লথভাবে কাজ করে। প্রতিদিন ধরে এই গরল প্রয়োগে কিছু সপ্তাহ লাগবে শিকারের উপর সম্পূর্ণভাবে প্রভাব বিস্তার করতে। কিন্তু এই গরলকে যদি বহুগুণে পরিশ্রুত করা যায়, তার থেকে এমন কটু গন্ধ নির্গত হবে, যে সেটি আর গরল হিসাবে শিকারের উপরে প্রয়োগ করাই অসম্ভব! তার কারণ, সেই কটু গন্ধ নাকে প্রবেশ করলে কোনো শিকার কাছেই আসবে না!

'হতে পারে এই পৃথিবীতে উড়োজাহাজের একমাত্র মালিক হওয়ার বিরল কৃতিত্ব অর্জনই রাবণের অভীষ্ট, তার জন্য সে তার উপার্জিত অর্থরাশি এইরকম ঝুঁকিপূর্ণ বিনিয়োগে ঢালতেও পিছপা হচ্ছে না! ভেবেছিলাম রাবণ আমাদের কাজে লাগবে। তাকে আমি এক আদর্শ খলনায়ক রূপে গড়ে তুলতে পারব। কিন্তু সে তো অহমিকার হাতে নিজেকে সঁপে দিয়েছে,' হতাশ সুরে বললেন ঋষি বিশ্বামিত্র।

'অবশ্যই সে আমাদের কার্যসিদ্ধি করবে গুরুদেব। তার প্রদেয় বিপুল অর্থের স্বর্ণ দ্বারা, আমরা সহজেই দৈবী অস্ত্র তৈরির জিনিসপত্রের অন্বেষণ শুরু করতে সক্ষম হবে সত্বর!'

'যথার্থ! কিন্তু ওই পরিমাণে গূঢ়বস্তু একত্রিত করাও তো এক বিশাল কর্মযজ্ঞ!'

'দয়া করে এটি নিয়ে আপনি দুশ্চিন্তা করবেন না গুরুদেব,' বলল আরিষ্ঠনেমী, 'সেই পরিমাণে গূঢ়বস্তু সংগ্রহ করতে যাতে কোনোরূপ সমস্যা না হয়, তার দায় আমি নিলাম!'

—১০—

'রাবণ, তোমার কি মস্তিষ্কবিকৃতি ঘটেছে?' ফুঁসে উঠলেন মারীচ! পরমুহূর্তেই রাবণের এক কঠিন শীতল দৃষ্টি তাঁকে তাঁর উত্তেজনা দমন ও ক্রোধ সংবরণ করতে বাধ্য করল। 'শোনো রাবণ, আমরা সকলে মিলে কঠোর পরিশ্রম করেছি... তুমি হাড়ভাঙা পরিশ্রম করে আমাদের এই পরিস্থিতিতে উন্নীত করেছ। প্রতি বিনিময়ে পাঁচ শত সহস্র স্বর্ণমুদ্রা একদম অসম্ভব। আমরা কখনোই...'

'আমার হিসাব অভ্রান্ত। আমার হিসাবমতো, যদি আমরা দুই শত বানিজ্যপোতের একটি বহর নির্মাণ করতে সক্ষম হই, এবং সেগুলির দ্বারা প্রধান বানিজ্যিক অঞ্চলে মশলা, তুলা, হাতির দাঁত, বিভিন্ন ধাতু এবং হীরার ব্যবসা করতে সক্ষম হই, আমাদের এই বিপুল বিনিয়োগ উদ্ধার করতে শুধু তিন বছর সময় লাগবে! তারপর, শুধু লাভ আর লাভ!'

'দুই শত জলযান? রাবণ, তোমার আত্মবিশ্বাসকে আমি শ্রদ্ধা করি, এবং তোমার দূরদর্শিতাকে আমি বরাবরই প্রাধান্য দিয়ে এসেছি। কিন্তু এই বিষয় আমার কাছে অকল্পনীয়! আর অতিমানবিক! এখানে ঝুঁকি সর্বাপেক্ষা বেশি!'

'বিপরীতে চিন্তা করলে, একবার কাজ শুরু হয়ে গেলে আমাদের ঝুঁকি হ্রাস পেতে থাকবে!'

'কিন্তু রাবণ, ইতিহাসে কোনো ব্যবসায়ী কখনো দুই শত বানিজ্যপোতের মালিক হননি! এ অভাবিত!'

'তার একমাত্র কারণ হল, এর পূর্বে রাবণ নামের কোনো ব্যবসায়ীর জন্ম হয়নি!'

অকম্পন এই বার্তালাপে প্রথমবার অংশগ্রহণ করল, 'আমরা কি মলয়পুত্রদের সঙ্গে আর কোনোভাবে দরদস্তুরে যেতে পারি না? গুরুদেব বিশ্বামিত্র ও তাঁর অনুগামীরা প্রবল কৃচ্ছসাধনায় জীবন অতিবাহিত করেন। তাঁদের এই পরিমাণ অর্থের প্রয়োজন কী স্বার্থে? হয়তো দরদস্তুর করার সুযোগ থাকলেও...'

'যে চুক্তি ইতিমধ্যেই স্বাক্ষরিত, সেটিকে পরিমার্জনা করতে আমি কখনোই ফিরে যাব না।' দৃঢ়স্বরে বললেন রাবণ।

'তাহলে উপায়ান্তর আছে, আমরা ধীরে ধীরে অগ্রসর হতে পারি। ধরো

আমরা কুড়িটি জাহাজ দিয়ে শুরু করলাম। গূঢ়বস্তুর এক কিস্তির বিনিময়ের জন্য এই সংখ্যক জাহাজ যথেষ্ট! এই পন্থা কেমন কাজ করে দেখে নিয়ে...'

রাবণ বাধা প্রদান করলেন, 'অসম্ভব! আমরা দুই শত বানিজ্যপোত দিয়েই শুরু করব!'

'কিন্তু রাবণ,' অকম্পন নিজের আঙুলে শোভিত বিভিন্ন আংটি নাড়াচাড়া করতে করতে দ্বিধাগ্রস্ত কণ্ঠে বললেন, 'দুই শত জলযান প্রস্তুত করতে আমাদের কম করে দশটি বিনিময়ের প্রয়োজন। তার অর্থ আমাদের পাঁচ নিযুত স্বর্ণমুদ্রার ব্যবস্থা করতে হবে!'

'একেবারে সঠিক হিসাব।'

'রাবণ, আমার কথা শোনো,' বললেন মারীচ, 'পাঁচ নিযুত স্বর্ণমুদ্রা সমগ্র সপ্তসিন্ধুর সমস্ত রাজ্যের সারা বছরের সম্মিলিত খাজনা অপেক্ষাও প্রচুর পরিমাণে বেশি! এই অর্থ একত্রিত করতে হলে আমাদের সমস্ত কিছু বন্ধক রাখতে হবে!'

'প্রয়োজন হলে আমরা তাই করব।'

'দাদা,' মুখ খুললেন কুম্ভকর্ণ।

রাবণ তাঁর প্রিয়তম অনুজের দিকে ঘুরলেন, 'হ্যাঁ, বলো।'

'আমার কাছে একটি উপায় আছে!'

'সেটা কী?'

'সকলে আমার সম্মুখে বিভিন্ন রকমের কথা বলে কারণ তারা আমাকে শিশু হিসাবেই গণ্য করেন...'

'দয়া করে তোমার বক্তব্য পেশ করো, কুম্ভকর্ণ। তুমি অবগত যে রাবণ ঘুরিয়ে পেঁচিয়ে কথা বলতে অথবা শুনতে পছন্দ করে না!' অকম্পন বলে উঠলেন সহসা। কথাটি বলে তিনি রাবণের সমর্থন লাভ করার জন্য তাকাতে, তাঁর রোষকষায়িত দৃষ্টি তাকে মাটিতে মিশিয়ে দিল। পৃথিবীতে প্রিয়তম অনুজ কুম্ভকর্ণের জন্য রাবণের কখনো সময়াভাব ঘটবে না!

'আমরা যদি অর্থ ধার না নিয়ে সেই অর্থ লুণ্ঠনের মাধ্যমে সঞ্চয় করি?' অতি শান্তস্বরে বললেন কুম্ভকর্ণ।

রাবণ অসম্মতিসূচক মাথা নাড়লেন, 'এটি সহজ পন্থা নয়। ওই বিপুল রাশি একত্রিত করতে হলে আমাদের একাধিক স্থানে তস্করীর কাজ করতে হবে। এবং প্রতি লুণ্ঠনে বিপদের আশঙ্কা বৃদ্ধি পেতে থাকবে।'

'না দাদা, সে আশঙ্কা নেই। আমাদের দরকার একটিমাত্র বর্ধিষ্ণু কোষাগার!'

'আমরা রাজ কোষাগার লুণ্ঠন করতে পারি না কুম্ভ! সেখানে নিশ্ছিদ্র প্রহরার কড়াকড়ি!'

'আমি রাজ কোষাগারের উল্লেখ করছি না।'

'এই ভারত দেশে, রাজা ব্যতীত, আর কোনো ব্যক্তির কাছে পাঁচ নিযুতের বেশি স্বর্ণমুদ্রা আছে?' চিন্তান্বিত রাবণের কপালে চিন্তার বলিরেখা দেখা দিয়েছে!

'ক্রকচবাহু, চিলিকা বন্দরের খাজনা আধিকারিক!'

পেস্তা বাদামের সরবত পানরত মারীচ এই কথা শুনেই বিষম খেলেন। 'ক্রকচবাহু? তার কাছ থেকে চুরি করা কীরূপে সম্ভব? সমগ্র কলিঙ্গের বাণিজ্যপোত আমাদের আক্রমণ করার জন্য প্রস্তুত হয়ে যাবে! সমগ্র ভারত মহাসাগরে আমরা আমাদের একটি জাহাজ রাখার আশ্রয়টুকু পাব না!'

'কিন্তু মাতুল,' ভদ্র ভাবেই বললেন কুম্ভকর্ণ, 'এই বিপুল ধনরাশি ক্রকচবাহুই কলিঙ্গরাজের কাছ থেকে লুণ্ঠন করেছিল! বহুবছর ধরে সে দাখিল হওয়া খাজনা থেকে একাংশ কেটে নিয়ে নিজের কোষাগার পরিপূর্ণ করে চলেছে! এই বিপুল ধনরাশি সে তার প্রাসাদের নীচের ভূগর্ভে লুক্কায়িত একটি সিন্দুকে সঞ্চয় করে। ওই স্থান থেকে আমরা লুণ্ঠন করলেও সে জনসমক্ষে স্বীকার করতে পারবে না ওই সিন্দুকের অস্তিত্ব! আর সেটাই মজার ব্যাপার—একজন তস্করের কাছ থেকে লুণ্ঠন করলে তার কিছু বলার উপায় থাকে না!'

'হুমমম...' রাবণের চোখে সম্ভাবনার জৌলুষ দেখা দিল।

'আমার কাছে এই খবরও আছে যে ক্রকচবাহু তার ধনরাশির সিংহভাগ, অমূল্য হীরা, পাথর ও জহরত রূপে সঞ্চয় করে রেখেছে। ক্ষুদ্র, হাল্কা এবং সেগুলি লুণ্ঠন করা সম্ভব অতি সহজেই। পরে ভারত মহাসাগরের যে কোনো বন্দর নগরীতে সেগুলি স্বর্ণের সঙ্গে বিনিময় করে নিতে কোনো সমস্যাই হবে না!'

রাবণ সগর্বে মাতুল মারীচ ও অকম্পনের দিকে ঘুরলেন, তাঁর মুখমণ্ডল উদ্ভাসিত প্রফুল্লতায়, 'এই হল আমার ভ্রাতা!'

'কিন্তু রাবণ,' বলল অকম্পন, 'আমরা অত সহজে ক্রকচবাহুর প্রাসাদে প্রবেশাধিকার পাব না। দেশের অগ্রগণ্য বাসভবনগুলির ভিতর এই প্রাসাদের

সুরক্ষা ব্যবস্থা অন্যতম বজ্রকঠিন! এবং এই প্রাসাদের রক্ষীরা সমস্ত ক্রকচবাহুর দেশের মানুষ, তারা সকলেই নাহার!'

কিন্তু মারীচ, যিনি এই সম্ভাবনার আকস্মিকতার প্রথম ধাক্কা সামলে নিয়েছেন ইত্যবসরে, তিনি ইতিমধ্যেই এই প্রকল্পের সফলতা সম্বন্ধে ভাবনা চিন্তা শুরু করে দিয়েছেন, 'হ্যাঁ, কিন্তু এই প্রাসাদের প্রধানরক্ষীর নাম হল প্রহস্ত!'

রক্ষীর নাম শোনামাত্রই রাবণের মুখের হাসির বিস্তার ঘটল, 'এই প্রহস্ত আমার দ্বারা একদা উপকৃত!'

'যথার্থ!' বললেন মারীচ, 'একদা তুমি তার জীবনরক্ষা করেছিলে। এবং সে সর্বদা তোমার সঙ্গে কাজ করতে ইচ্ছুক ছিল। তার চারিত্রিক হিংস্রতা ও লালসার কারণে, সে এই কাজের জন্য একেবারে যথার্থ মানুষ!'

'তা হলে আমরা প্রস্তুত হই। ঠিক এক মাস বাদে আমরা চিলিকা অভিমুখে যাত্রা শুরু করব!'

৮

অষ্টম অধ্যায়

'আমাদের পরিকল্পনা অতুলনীয়, দাদা!' বললেন কুম্ভকর্ণ।

কুম্ভকর্ণ দ্বারা ক্রকচবাহুর ধনভাণ্ডার লুণ্ঠন করার প্রস্তাবের পরে দুই সপ্তাহ অতিবাহিত হয়েছে। একদিন সন্ধ্যাবেলায়, সুদৃশ্য কাঠের কারুকাজে সজ্জিত, সহস্র দুর্মূল্য ও দুষ্প্রাপ্য পুঁথি সম্বলিত রাবণের নিজস্ব গ্রন্থাগারে বসে দুই ভ্রাতা এই লুণ্ঠনের পরিকল্পনার কর্মশৈলী সম্বন্ধে আলোচনা করছিলেন।

চিরকালই জ্ঞানের প্রভূত কদর আমাদের এই ভারত দেশে। প্রতি গৃহে পুঁথিপত্রের সংগ্রহ তাই বিরল ছিল না, কিন্তু স্বভাবতই, মহাবিদ্যালয়, বিশ্ববিদ্যালয় এবং বিভিন্ন মন্দিরে প্রচুর পরিমাণে গ্রন্থাদি সযত্নে রক্ষিত হতো। কিন্তু সেই বিস্তীর্ণ অঞ্চলে, রাবণের গ্রন্থাগারের বিপুল গ্রন্থাদির সমাহার অন্য কারো ব্যক্তিগত সংগ্রহে পাওয়া অসম্ভব! সর্বোপরি, এইসমস্ত পুঁথিপত্রের অধিকাংশ তিনি পাঠ করে ফেলেছিলেন!

'অবশ্যই, আমি সম্পূর্ণ পরিকল্পনা একাধিকবার পাঠ করেছি,' বললেন রাবণ, 'এটি একেবারেই নির্ভুল!'

'হতে পারে অসৎ উপায়, কিন্তু এতে আমাদের কার্যসিদ্ধি হবে।'

'অবশ্যই! সে আর বলতে?' সহাস্য রাবণ বললেন, 'তুমি সর্বান্তকরণে আমার সব কিছুর রাজা!'

কুম্ভকর্ণ নাটকীয়ভাবে সহাস্যে অভিবাদনের ভঙ্গি করলেন মাথা নত করে, 'দাদা,আমি উৎকৃষ্ট কোনো গ্রন্থ পাঠ করতে চাই। আমাকে একটু সাহায্য করবেন?'

রাবণ তাঁর সুবিশাল গ্রন্থাগারে নজর বোলালেন। এই প্রতিটি পুঁথির প্রতি তাঁর অগাধ টান। কুম্ভকর্ণ ব্যতীত অন্য কারো এখানে প্রবেশাধিকার রহিত, এবং একমাত্র অনুজকেই তিনি অধ্যয়নের সুযোগ দিয়েছেন। তাঁর কাছে কুম্ভকর্ণের কোনো আবদারেরই নিষেধ ছিল না, 'তোমাকে যদি আমি একটি কবিতা পাঠ করে শোনাই, কেমন হবে?'

'কবিতা?'

'হ্যাঁ!'

'কার দ্বারা রচিত?'

রাবণ নীরব! তিনি রীতিমতো অপ্রস্তুত!

কুম্ভকর্ণ ভ্রূকুঞ্চিত করলেন। 'আপনার রচনা, দাদা?'

'হ্যাঁ!'

'দেবী সরস্বতীর দোহাই, কী করে এই অভূতপূর্ব ঘটনা ঘটল? আমার বিন্দুমাত্র ধারণা ছিল না আপনি কবিতা রচনায় পারদর্শী!'

'তুমি শান্ত হয়ে শুনবে কি?'

'হ্যাঁ, নিশ্চয়!'

রাবণ কম্পিত হাতে একটি কাগজ তুলে নিলেন, তিনি ঈষৎ অপ্রস্তুত ও একই সঙ্গে উত্তেজিত! গলা পরিষ্কার করে নিয়ে বললেন, 'কবিতার নাম হল "সূর্য পৃথিবীর উপাখ্যান"!'

'কী বাঙ্ময়! আমার ভীষণ পছন্দ হয়েছে!'

'চুপ করে শোনো কুম্ভ!'

'মাফ করবেন, আমি মনোযোগ সহকারে শোনার চেষ্টা করছি। এ হল কবিতা, এবং সেটি আদ্যোপান্ত গভীরতায় পরিপূর্ণ!' মুচকি হাসলেন কুম্ভকর্ণ!

'আসলে, এটি কবিতা হলেও এতে একটি কাহিনি উপস্থিত। এবার শোনোঃ

'সূর্য পৃথিবীর উপাখ্যান!

মেঘেরা ধাবমান পর্বতের পানে...'

কুম্ভকর্ণ বাধাপ্রদান করলেন, 'এখানে মেঘ, পর্বত এসব কেন? আমি ভেবেছিলাম এই কবিতা শুধুমাত্র সূর্য আর পৃথিবীর কথা বলবে।'

রাবণ কপট উষ্মায় কুম্ভের দিকে তাকাতে, তিনি তৎক্ষণাৎ দুহাত জোড় করলেন ভীতভাবে!

'আর কোনো বাধা নয়, আমি তোমায় সাবধান করছি!' বললেন রাবণ। তারপর একটি গভীর নিঃশ্বাস নিয়ে তিনি পাঠ শুরু করলেন ঃ

সূর্য পৃথিবীর উপাখ্যান

মেঘেরা ধাবমান পর্বতমালার পানে
মধুর পরশ বোলায় ভালোবাসার টানে...
সকলে আকাশে ভেসে তার মন পেতে চায়,
আবেশে জড়িয়ে থাকে গভীর ভালবাসায়।
মেঘেরা দেখে সম্মুখে দণ্ডায়মান উচ্চ পর্বতশিখর—
উচ্চশির, মেঘেদের গমনপথে প্রতিবন্ধ প্রখর!
মহাশক্তিমান মহর্ষির ন্যায় দীপ্ত তেজে ঠায়—
উন্মুখ হয়ে থাকে তাদের ফেরার অপেক্ষায়!
মেঘেদের মনে নেই সন্দেহের অবকাশ,
তাদের প্রতি পর্বতের ভালোবাসার রাশ!

কিন্তু তারা জানতে পারে না এই পর্বতের মন,
তাদের জন্য ভালোবাসায় সে হয় না উচাটন—
ঘনকৃষ্ণ জলদের অপেক্ষায় সে বসে থাকে হায়,
মন তার অবিচল নয় মেঘের প্রতি ভালোবাসায়!
তাদের বুক বিদীর্ণ করাই পর্বতের অভিপ্রায়,
যখন বোঝে তারা তখন ফেরা দুষ্কর,
বারিধারা বৃষ্টি হয়ে বর্ষে ঝরঝর!!

কিন্তু কোনো মেঘ এই কাহিনি শোনাবার জন্য থাকে না জীবিত!

নদী ছুটে চলে সাগরের পানে—
সঙ্গমে তাদের হবে মিলন, সে কথাই সে জানে!
ভালোবাসার কাহিনি শুনেই তার বড় হয়ে ওঠা
অন্ধ প্রেমাবেগে সাগর অভিমুখে ছোটা!
প্রেমিকের সান্নিধ্য পরশে সে ধন্য হতে চায়,
অবিরত ছোটে তাই মহাসঙ্গমের অভিপ্রায়!
পেয়ে সাগরের বিস্তার, শক্তি আর গভীরতার পরিচয়—

দ্বিধায়, সম্ভ্রমে তার গতি হ্রাস হয়!
কিন্তু শেষে তাদের ভালোবাসারই হয় জয়,
নদী সাগরের বুকে বিলীন হয়ে যায়!

কিন্তু সে জানতে পারে না সাগরের মনে,
একবিন্দু ভালোবাসাও জমা নেই কোনো এক কোণে!
সাগর হারিয়ে থাকে নিজের গরিমায়—
নদীর উপস্থিতি তার মন কাড়ে না হায়!!
তার প্রেমের আলিঙ্গনে সাগরের মন না ওঠে,
নদী তাতে মিশলেও তার বোধ হয় না মোটে—
সূর্যের দান নদীর জলে সে পরিপূর্ণ হয়ে ওঠে!

কিন্তু নদীর যখন এই সত্যে ভরে ওঠে হৃদয়,
তখন সে হারিয়ে ফেলেছে তার নিজের পরিচয়!

সবশেষে বলি শোনো পৃথিবীর কথা,
পৃথক সে, চিন্তায় ভর তার, থাকে ভুলে মনের ব্যথা!
হৃদয় অপেক্ষা প্রবল তার মানসিক শক্তি—
অন্তরীক্ষের সূর্যদেবে অগাধ তার ভক্তি!
সৃষ্টিতে আলোকচ্ছটা একাকী করে বিচ্ছুরণ,
সারা জগৎ সেই কিরণে করে অবগাহন।
চতুর পৃথিবী এই ইন্ধনের করে ব্যবহার,
বৃদ্ধি ঘটে দিনে দিনে তার উন্নতিসহ উর্বরতার!
নিজের করমে পৃথিবী হয় পরিতৃপ্ত—
চরিত্রে, সৌন্দর্যে, বুদ্ধিবলে আজ সে দৃপ্ত!
তার সম্ভ্রমের কারণ সূর্যদেবের অপরিসীম শক্তি—
তথাপি তাঁর শক্তিক্ষয় নেই তার ভক্তি!

কিন্তু সে জানে না যদি সূর্য না করে এই আলোকপ্রদান,
এই মহাবিশ্বে পৃথিবীর রইবে না কোনো স্থান!

সূর্য নীরবে জ্বলেন, যাতে পৃথিবীতে বেঁচে থাকে প্রাণ,
তিনি আসতে চাইলেও কাছে, ত্যাগে অপারগ স্থান!
তাঁর তেজে তাঁর প্রেম প্রজ্বলিত হবে—
তাই তিনি বহুদূরে দাঁড়িয়ে নীরবে!!
কিন্তু কেউ নেই যে পৃথিবীকে জানাবে এই সমাচার—
সূর্যদেব তিনি ব্যতীত কাউকে ভালোবাসেন না আর!!

রাবণ কাগজের টুকরোটি সরিয়ে রেখে অধীর আগ্রহে তাঁর অনুজের প্রতিক্রিয়ার অপেক্ষায় রইলেন ব্যগ্রভাবে।

কুম্ভকর্ণ অগ্রজের এই রচনা শুনে রীতিমতো ভাবুক হয়ে পড়েছিলেন।

এক মুহূর্ত পরে তিনি বললেন, 'দাদা, আপনার এই কবিতা অসম্ভব শক্তিশালী রচনা!'

রাবণের মুখে হাসি ফুটল, 'সত্যি তোমার ভালো লেগেছে কুম্ভ?'

'ভালো লেগেছে। আমি এই কবিতার প্রেমে পড়ে গিয়েছি! আমার কথা মিলিয়ে নেবেন, ভবিষ্যতে মহাদেব সহ বিষ্ণুর অনুগামীরাও এই কবিতা পাঠ করবেন!'

রাবণ অট্টহাস্য করলেন, 'এ তোমার ভালোবাসা বলছে, আমার প্রিয় অনুজ...'

'সে তো বলাই বাহুল্য! কিন্তু দাদা, আপনি একাধারে সুনিপুণ বাদ্যযন্ত্রী, সুগায়ক, আপনি এইরূপ কবিতার স্রষ্ঠা, আপনি রণনিপুণ, আপনি ধনীশ্রেষ্ঠ, আপনার মতো সুপাঠক বিরল, সর্বোপরি আপনার জ্ঞানবুদ্ধির শিখরে বিরাজমান! আপনার ন্যায় এই পৃথিবীতে কেউ নেই—আপনি একমেদ্বিতীয়ম!!!

কপট শ্লাঘায় রাবণ নিজের বক্ষ স্ফীত করে বললেন, 'তুমি সঠিক বলেছ। আমার মতো কেউ নেই কোথাও!'

দুজনে অট্টহাস্যে ঢলে পড়লেন!

—ʕδI—

ক্রকচবাহুর কোষাগারে লুণ্ঠনের সিদ্ধান্ত নেওয়ার পরে একটি মাস অতিক্রান্ত হয়েছে! পরের দিন রাবণ ও তাঁর দলবল গোকর্ণ বন্দর থেকে যাত্রা শুরু

করবেন! যে গতিতে তাঁরা যাত্রা করবেন বলে সিদ্ধান্ত নেওয়া হয়েছে, তাতে মাত্র কয়েকদিনেই চিলিকা পৌঁছে যাবেন তাঁরা। রাবণের সঙ্গে মাতুল মারীচ, অকম্পন সহ একশত সৈন্যের এক বিরাট দল! কুম্ভকর্ণ তাদের সঙ্গে যোগ দেওয়ার ইচ্ছাপ্রকাশ করলে, রাবণ তাঁকে প্রথমে নিষেধ করলেও, পরে অনুমতি দিতে বাধ্য হয়েছেন!

মারীচ ও অকম্পন পূর্বেই রক্ষীপ্রধান প্রহস্তের সঙ্গে চুক্তিবদ্ধ হয়েছেন। সে ক্রকচবাহুর ধনরাশি লুণ্ঠন করতে রাবণ এবং তাঁর দলবলকে পূর্ণাঙ্গরূপে সহায়তা করবে, এবং কার্যসিদ্ধি হলে তাঁদের সঙ্গে চিলিকা পরিত্যাগ করবে। সৌভাগ্যবশত, এই সময়ে ক্রকচবাহু তাঁর দেশ নাহার ভ্রমণে গিয়েছেন। চিলিকা ও নাহার পৃথিবীর সম্পূর্ণ বিপরীত প্রান্তে টাইগ্রিস এবং ইউফ্রেটিস নদীর মধ্যবর্তী অংশে অবস্থিত।

যাত্রার পূর্বরাতে, রাবণ তাঁর প্রিয়তমা, সেই সময়ের সব চাইতে দুর্মূল্য বারাঙ্গনা দদিমিকলীর সঙ্গে সময়যাপন করতে গোকর্ণের সর্বোৎকৃষ্ট পতিতালয়ে গিয়েছিলেন। রাবণের জন্য সবসময়ে উৎকৃষ্টতম জিনিসটি অপেক্ষায় থাকত!

কটি পর্যন্ত আবরণে অবগুণ্ঠিত অবস্থায়, তিনি আরামদায়ক শয্যায় শায়িত। তাঁর উরুতে মাথা রেখে উপুড় অবস্থায়, জন্মসময়ের ন্যায় সম্পূর্ণ উলঙ্গ অবস্থায়, সুগঠিত কিন্তু নাতিদীর্ঘ চেহারার লাস্যময়ী দদিমিকলী শায়িত ছিলেন।

'আমি আগামীকাল ভালোভাবে চলতে অক্ষম,' সে অর্থপূর্ণ ভাবে হাসল। তারপর রাবণের দিকে পিছন ফিরে গাত্রোত্থান করতে করতে বলল, 'আপনাকে দেখে মনে হচ্ছে আপনাকে আমি সন্তুষ্ট করতে পারিনি!'

আড়মোড়া ভেঙে আঙুল মটকিয়ে রাবণ বললেন, 'কিন্তু তোমার যে আর আমায় সন্তুষ্ট করার ক্ষমতা নেই!'

দদিমিকলী তাঁর দিকে আদরের দৃষ্টিতে তাকিয়ে বলল, 'আপনি জানেন আমি আপনার জন্য সব করতে সক্ষম!'

রাবণ অন্যদিকে তাকালেন। কিছুটা বীতশ্রদ্ধ—এই বারাঙ্গনার প্রেম ধীরে ধীরে শক্তিবিস্তার করছে। রাবণের মনে পড়ে গেল কিছুকাল পূর্বে সহস্তে একটি সারমেয়কে বধ করার কথা। যে সর্বদা তাঁকে অনুসরণ করত!

নোংরা, বিকটদর্শন প্রাণী! ঘৃণা উদ্রেককারী! তার এই জীবনের থেকে মরণেই শান্তি!

'রাবণ!'

রাবণ নিরুত্তর! গভীর শ্বাসপ্রশ্বাসের সঙ্গে সঙ্গে তাঁর শরীর জেগে উঠতে থাকে। অন্তরে বহুদিনের ঘুমিয়ে থাকা পাশবিক সত্তা ধীরে ধীরে তার কালান্তক রূপের বিস্তার ব্যস্ত হয়।

'রাবণ,' নীচুস্বরে দদিমিকলী বলে, 'আমি আপনার প্রেমে পড়েছি!'

এবার রাবণ অনুভব করলেন তাঁর আভ্যন্তরীণ সত্তার স্বকীয় উপস্থিতি।

দদিমিকলী তাঁর শরীরের সঙ্গে অন্তরঙ্গ হয়ে তার নগ্ন শরীরের উপরিভাগ রাবণের শরীরের সঙ্গে মিশিয়ে দিতে চাইল। তার চোখে দুর্দম ভালোবাসার আর্তি! 'আপনি নীরব রইলেও আমি বুঝি আপনিও আমায় ভালোবাসেন। তবুও আমি আপনাকে জানাতে চাই যে আমি আপনার প্রেমে বিহ্বল—আপনাকে আমি প্রাণাধিক ভালোবাসি!'

'তুমি কি দেখছ?' গর্জে উঠলেন রাবণ!

রাবণের উজ্জ্বল শ্যামবর্ণ ত্বক প্রতি নারীর কাছে এক আকর্ষণের বস্তু, এ বিষয়ে তিনি অবগত ছিলেন। কিন্তু তাঁর মুখমণ্ডলে জলবসন্তের দাগ তাঁর অস্বস্তির কারণ ছিল বরাবর। তিনি এই বিশেষ দাগগুলিকে আড়াল করার কারণে তাঁর মুখমণ্ডল শ্মশ্রুগুম্ফমণ্ডিত করার প্রচেষ্টায় ছিলেন।

দদিমিকলী অপলকে তাঁর দিকে চেয়েই থাকল, 'আমি আপনার সুন্দর মুখমণ্ডল দর্শন...'

সে নিজেকে রাবণের বক্ষলগ্না হওয়ার চেষ্টায় অগ্রসর হল, তার ওষ্ঠ গভীর চুম্বনের উদ্দেশে সম্পূর্ণরূপে প্রস্তুত! রাবণ তৎক্ষণাৎ তার কেশ আকর্ষণ করে তার মাথাটি পিছনে টেনে ধরলেন।

'আমার মুখমণ্ডলের কোন অংশটি তোমায় আকর্ষণ করছে?' প্রশ্ন করলেন তিনি।

দদিমিকলী জানত, কিছু কিছু সময়ে রাবণ সহবাসের সময়ে রুক্ষতা পছন্দ করতেন। তাই সে মাথার পিছনে হাত দুটিকে প্রসারিত করে, নিজেকে উন্মুক্ত করে রাবণের কাছে সম্ভোগের হেতু সম্পূর্ণরূপে আত্মসমর্পণ করল, 'আমি আপনার দাসী। আপনার ইচ্ছানুযায়ী আমায় সম্ভোগ করুন প্রভু!'

রাবণের অন্তরে উদগ্র কামনার উদ্রেক হল। দদিমিকলীর মুখমণ্ডলের ত্বকের নীচে থাকা রক্তাভ গোলাপি মাংসের দৃশ্য অবলোকন করার বাসনা তাঁর মধ্যে প্রবল হল! তিনি তরবারির দ্বারা সেই মুখমণ্ডলের সমগ্র শিরা উপশিরাগুলিকে ফালা ফালা করে কর্তন করতে চাইলেন। একেবারে অস্থিমূলে

পৌঁছোতে চাইলেন তিনি। অস্থিমজ্জাগুলিকে টুকরো টুকরো করতে চাইলেন তিনি! উত্তেজনায় তাঁর শ্বাসপ্রশ্বাসের গতির উত্তরোত্তর বৃদ্ধি অনুভব করলেন তিনি। তাঁর অন্তরের পাশবিক স্পৃহা এই মুহূর্তে তুঙ্গে!

রাবণের উত্তেজনার সুপ্ত কারণ বোধগম্য না হওয়াতে, দদিমিকলী তাঁর সঙ্গে আরো নিবিড় হল, রাবণের ওষ্ঠে একাধিক চুম্বন এঁকে দিল। নিজেকে সমর্পণ করল সম্পূর্ণভাবে তাঁর দেহতলে!

রাবণ তার ওষ্ঠে সজোরে দংশন করতে, রক্তাক্ত হল শৃঙ্গার! বারাঙ্গনা কিন্তু নীরবে, নিঃস্পন্দ শরীরে আরো কামার্ত অত্যাচারের অপেক্ষায় রইল।

রাবণের বুকে তখন হাপর চলছিল। যে খেলা তিনি শুরু করেছিলেন, তা সমাপ্ত করার জন্য তাঁর শরীরে তাড়না শুরু হয়েছে। তাঁর ধমনীতে যেন লোহিতের পরিবর্তে সুতীব্র গরলের স্রোত বয়ে চলেছে। তখনি তাঁর অন্তর থেকে ভেসে এল এক ক্ষীণস্বর!

দাদা...

কুম্ভকর্ণের আর্তকণ্ঠ! নিষ্পাপ ও ভয়ভীত!

না। একে হত্যা করা অসম্ভব! এই স্থানে এই সমাচার গোপন রাখা দুষ্কর। কুম্ভকর্ণ ঠিক জানতে পারবে।

কিন্তু অন্তরের পশুকে নিবারণ করা অসম্ভব!

এই ঘটনার গোপনীয়তা রক্ষার্থে আমার কাছে পর্যাপ্ত পরিমাণে ধনসম্পত্তি আছে।

দদিমিকলীর বিশ্বাসপূর্ণ চোখের দিকে তাঁর চোখ গেল। তার লোভনীয় কামনাসিক্ত অধরের দিকে। উত্তেজনায় দ্রুত ওঠানামা করা তার সুপুষ্ট বুকের দিকে!

তাঁর রতিক্রীড়ার সাথী তাঁকে চাইছে। সে রতিভিক্ষা করছে! তাকে সহ্য করা যাচ্ছে না। তাকে এই মুহূর্তে মুক্তি দিতে হবে!

তিনি তাকে সজোরে বাহুপাশে আবদ্ধ করলেন। তাকে পেষণ করতে থাকলেন। সে যন্ত্রণায় ককিয়ে উঠল। কিন্তু তা সত্ত্বেও অভিযোগ করল না।

'আমি তোমার। আমাকে নিয়ে যেমন খুশি... '

হঠাৎ, রাবণ তাঁর মাথার ভিতর সেই পরিচিত, শান্ত কণ্ঠস্বর শুনতে পেলেন!

তুমি এর থেকে অনেক ভালো করতে পারো!

দেবী কন্যাকুমারীর কণ্ঠ। জীবন্ত দেবীর কণ্ঠস্বর!

তাঁর নাভিমূলের যন্ত্রণা প্রকট হতে শুরু করল! অসহ্য বেদনায় কুঁকড়ে গেলেন তিনি!

পরমুহূর্তে দদিমিকলীকে স্থানচ্যুত করে শয্যা থেকে উঠে পড়লেন। সে তাঁকে প্রাণপণে বাধা প্রদানের চেষ্টা করে ব্যর্থ হল, 'কী হল? আমি কি ভুল করলাম?'

'আমার চোখের সামনে থেকে চলে যাও তুমি!' অদম্য আক্রোশে চোখ জ্বলে উঠেছে রাবণের।

অশ্রুতে পরিপূর্ণ হয়ে উঠল দদিমিকলীর অক্ষিযুগল, 'আমায় এই অবস্থায় পরিত্যাগ করবেন না প্রভু...দয়া করুন আমায়!'

রাবণ তার দিকে ঘুরে তাকে প্রচণ্ড এক তলোপ্রহারে আহত করে, নিজের পোষাক সংগ্রহ করে কক্ষ থেকে নির্গত হয়ে গেলেন। সর্বতোরূপে আহত দদিমিকলী শয্যায় পড়ে থাকলেন, সংজ্ঞাহীন!

—१०I—

বানিজ্যপোতের উপরিভাগের পাটাতনে দণ্ডায়মান রাবণ ও কুম্ভকর্ণ চিলিকার প্রবেশপথের অপূর্ব দৃশ্যাবলী অবলোকন করছিলেন। মারীচ ও অকম্পন জাহাজের নীচের অংশে ছিলেন। তাঁরা সেখান থেকে জাহাজের গতিপথ নিরীক্ষণ করছিলেন, যেটি হ্রদের মধ্যবর্তী স্থানে অবস্থিত ক্ষুদ্র নলবান দ্বীপ অভিমুখে অগ্রসর হচ্ছিল।

এই সম্পূর্ণ দ্বীপটি ক্রকচবাহুর ব্যক্তিগত ব্যবহারের জন্য নির্ধারিত করা ছিল। দ্বীপের মধ্যভাগে, পর্বতের উপরে তার প্রাসাদ অবস্থিত ছিল। বড় বড় বানিজ্যপোতের যাতে চিলিকায় গমনাগমনে অসুবিধা না হয়, সেই হেতু চিলিকা হ্রদের তলদেশের মাটি দিয়ে এই কৃত্রিম পর্বত নির্মিত হয়েছিল। প্রাসাদকে ঘিরে কিছু জমি ছেড়ে রাখা হয়েছিল, যে স্থানে বনজ গাছপালা সম্বলিত কাননে সবুজের সমারোহ! এই নলবান দ্বীপ ছিল সারা পৃথিবীর পরিযায়ী পাখিদের শীতকালীন এক আকর্ষণের কেন্দ্র!

আপাতদৃষ্টিতে এই ক্রকচবাহু ছিল একজন সাধারণ মানুষ, সর্বতোভাবে কর্ম অন্তপ্রাণ! আপাতভাবে প্রকৃতির প্রতি তার অপরিসীম ভালোবাসা এবং সাদাসিধে প্রাসাদ, কলিঙ্গের রাজার চোখে তার বিশ্বাসযোগ্যতা অনেকাংশে

বর্ধিত করেছিল, আর তার নির্বিচারে করা লুঠতরাজকে গোপন করে রেখেছিল। আসলে তার অভিপ্রায় ছিল অন্য, অসদোপায়ে কলিঙ্গের খাজনা থেকে অর্জিত ধনরাশি একত্রিত করে অতি শীঘ্রই সে ওই স্থান পরিত্যাগের পরিকল্পনা করেছিল। প্রচুর ধনরাশি সে ব্যয় করেছিল এক অত্যাধুনিক সৈন্যদল নির্মাণ করতে, যার দ্বারা সে তার মাতৃভূমি নাহার জয় করতে পারে। তার বহুদিনের অভিলাষ ছিল মাতৃভূমির শাসক হওয়ার।

কিন্তু তার এই স্বপ্ন যে লঙ্কাদ্বীপের এক সামান্য উঠতি ব্যবসায়ীর দ্বারা বিনষ্ট ও বিধ্বস্ত হবে, তা সে স্বপ্নেও চিন্তায় আনেনি।

'আমার নির্দেশাবলী সম্বন্ধে তুমি অবগত আছ?' রাবণের প্রশ্ন অনুজ কুম্ভকর্ণকে।

'আছি দাদা, কিন্তু আমি কি আপনার সঙ্গে আসতে পারি না?'

'না, পারো না। এ সম্বন্ধে আমরা পূর্বেই আলোচনা করেছি। এখন তুমি আমার নির্দেশাবলী পুনর্বার বলে শোনাও!'

'আমরা সুদূর সিয়াম দ্বীপ থেকে আগত এক বানিজ্যতরী হিসাবে নলবানের দ্বিতীয় ঘাট দিয়ে আত্মপ্রকাশ করব। তোমরা প্রত্যেকে প্রাসাদে খালি সিন্দুক নিয়ে ঢুকবে, তারপর সেগুলি কোষাগার থেকে ক্রকচবাহুর সঞ্চিত স্বর্ণ ও রত্নরাজি দ্বারা পূর্ণ করে, একদম আমাদের জাহাজে ফিরে আসবে।'

রাবণ স্মিতমুখে আদর করে কুম্ভকর্ণের চুল অবিন্যস্ত করে দিলেন, 'কুম্ভ, তুমি যা বললে সেই কার্যসিদ্ধি করার দায়িত্ব আমার, আমি তোমার কাছে তোমার দায়িত্বের কথা শুনতে চেয়েছি!'

'ও আচ্ছা, সেটি হল, আমি আপনাদের প্রত্যাগমনের জন্য ওই ঘাটাতেই অপেক্ষমান রইব। কোনো সমস্যার আন্দাজ পেলে, আমি সজোরে জাহাজের ভোঁ বাজিয়ে দিয়ে ওই স্থান পরিত্যাগ করব। আমি এই দ্বীপের বিপরীত দিকের প্রধান ঘাটায় পৌঁছে আপনাদের সঙ্গে মিলিত হব।'

কিছু মাস পূর্বে, দ্বীপের প্রধান ঘাটা একটি পোতের সঙ্গে সংঘর্ষে ক্ষতিগ্রস্ত হয়েছিল। সেই পোতের মুখ্য যন্ত্রাংশে গোলযোগের কারণে, সেটি নিয়ন্ত্রণ হারিয়ে ঘাটায় আছড়ে পড়ে। বর্তমানে সেই ঘাটায় সংস্কার চলার কারণে, এই অঞ্চলে আসা পোতসমূহ দ্বিতীয় ঘাটার দিকে ঘুরিয়ে দেওয়া হয়েছিল।

'যথার্থ! আমি তোমার সঙ্গে যথেষ্ট সৈন্য রেখে যাচ্ছি। কিন্তু কোনো

বিপদ হলে অযথা বীরত্ব প্রদর্শনে প্রলোভিত হয়ো না। তুমি সরাসরি এই স্থান পরিত্যাগ করে আমার সঙ্গে ওই ক্ষতিগ্রস্ত ঘাটায় মিলিত হবে।'

'অবশ্যই, দাদা!'

রাবণ কুম্ভকর্ণের দিকে ঝুঁকে পড়লেন, 'আমায় প্রতিশ্রুতি দাও, তুমি এই স্থান পরিত্যাগ করবে, এবং কোনোরকম ঝুঁকিপূর্ণ কাজে লিপ্ত হবে না!'

আহত সুরে কুম্ভকর্ণ বললেন, 'আমি কি কখনো আপনার আদেশ অমান্য করেছি, দাদা?'

'প্রায়শই!' গম্ভীরভাবে বললেন রাবণ, 'আমায় প্রতিশ্রুতি দাও! দেবাদিদেব রুদ্রদেবের নামে শপথ করে বলো!'

'দাদা! এতো সহজে কি দেবাদিদেব রুদ্রদেবের নাম নেওয়া সম্ভব?'

'প্রতিজ্ঞা করো!'

'অগত্যা! আমি দেবাদিদেব রুদ্রনাথের নামে শপথ করে বলছি, বিন্দুমাত্র বিপদের আভাস লক্ষ্য করলে আমি এই স্থান পরিত্যাগ করে আপনার সঙ্গে প্রধান ঘাটায় মিলিত হব!'

'অতি উত্তম!'

—⸻—

'প্রভু ইন্দ্রদেবের দোহাই!' উত্তেজিত রাবণ নিখুঁত, নিটোল গোলাপি হীরার টুকরোটি নিজের হাতে ঘোরাতে ঘোরাতে বললেন, 'এই সত্য বিশ্বাস করা অতীব দুরূহ, যে এই ক্ষুদ্র প্রস্তরখণ্ডের মূল্য চার শত সহস্র স্বর্ণমুদ্রা!'

এই হীরার অপূর্ব বর্ণের কারণে এর মূল্য অস্বাভাবিক রকমের বেশি। একটি সাদা হীরার ভিতর হলদে আভার রেশ থাকলে, সেটির মূল্য হ্রাস পায়। কিন্তু এই হীরাতে যদি অপূর্ব গোলাপী আভা লক্ষিত হয়, তাহলেই সেটি দুর্মূল্য হয়ে ওঠে।

এই অপূর্ব হীরা আরো ভালোভাবে নিরীক্ষণ করতে, মারীচ সম্মুখে অগ্রসর হলেন, 'আমি কষ্টকল্পিত ধারণা পেশ করছি না রাবণ, কিন্তু এতো বড় হীরকখণ্ড আমি কখনো দেখিনি!'

অকম্পন সন্ত্রস্তভাবে এক দিকে নীরবে দাঁড়িয়েছিল।

'এটিকে দেখে কি মনে হচ্ছে না, যে এর অভ্যন্তরে রক্তপাত হচ্ছে?'

অবাক দৃষ্টিতে তাকিয়ে থাকলেন রাবণ, 'এই অপূর্ব গোলাপি বর্ণের উৎস কী?'

হীরা তার অপূর্ব বর্ণলাভ কোথা থেকে করত, সেই সম্বন্ধে কারো বিন্দুমাত্র অবগতি ছিল না। কারো বক্তব্য অনুযায়ী শত সহস্র বছর ধরে এই পাথরের উপর মাটির স্তরের প্রচণ্ড চাপের ফলে এর উদ্ভব! অন্যদের অভিমতে ভূমিকম্পনের দ্বারা যে অমিতশক্তির উদ্ভব, তাতেই হীরা তার বর্ণ পরিবর্তন করে। কিছু মানুষ এই গোলাপি হীরাকে অমঙ্গলের রূপ হিসাবে গণ্য করত, এ ছিল তাঁদের কাছে অশুভ কর্মফলের প্রতিরূপ!

রাবণ ওই হীরা অকম্পনের দিকে এগিয়ে ধরে প্রশ্ন করলেন, 'তুমি কি জানো?'

'রাবণ, এর গোলাপি বর্ণের রহস্যের কি কোনো তাৎপর্য আছে? দয়া করে এই স্থান পরিত্যাগ করি চলো!'

রাবণ সহাস্যে বললেন, 'অকম্পন সর্বদাই সন্ত্রস্ত!'

দেওয়ালের ভিতর সুকৌশলে নির্মিত ক্ষুদ্র প্রকোষ্ঠের থেকে রাবণ দু-পা পিছিয়ে দাঁড়ালেন। কক্ষের অপর প্রান্তে দাঁড়ানো প্রহস্তের দিকে তাকিয়ে দেখলেন তিনি। প্রহস্তের সঙ্গে তার বিশ্বস্ত সৈনিকেরা হাতে উন্মুক্ত তরবারি নিয়ে প্রস্তুত। সেই তরবারি থেকে রক্ত চুইয়ে পড়ছে। তাদের সামনে নতজানু অবস্থায় বসে তিনজন নপুংসক। এরা ক্রকচবাহুর নাহারী রক্ষীবাহিনীর একাংশ। এই গুপ্ত প্রকোষ্ঠের অবস্থানের খবর সম্বন্ধে মুখ খোলার পূর্বে, যে অপরিসীম অত্যাচারের সম্মুখীন তারা হয়েছে, তা তাদের শরীরের অগণিত ক্ষতের সংখ্যা থেকে সহজেই অনুমেয়।

রাবণ ইশারা করা মাত্রই সশস্ত্র সৈনিকদলের অভ্রান্ত তরবারির আঘাতে তিন বন্দির শিরচ্ছেদ সংঘটিত হল। রাবণের নির্দেশ ছিল পরিষ্কার ও নির্ভুল! এই অভূতপূর্ব লুণ্ঠনের কোনো সাক্ষীকে জীবনদান দেওয়া হবে না। ক্রকচবাহুর প্রাসাদের প্রত্যেককে—রক্ষীবাহিনী, পরিচারকবর্গ, পাচক, তাদের সাহায্যকারীরা—এক এক করে সকলকে হত্যা করা হয়েছে ঠান্ডা মাথায়।

প্রহস্ত ক্রকচবাহুর বিশ্বস্ত রক্ষীদলের অর্ধেক রক্ষীকে প্রচুর পরিমাণে স্বর্ণলাভ ও অন্যান্য উৎকোচের সম্ভাবনার লোভ দেখিয়ে এই কাজে যোগ দিতে বাধ্য করেছে। তার সৈন্যদল প্রাসাদের অন্য নাহারী সৈন্যদের হঠাৎ আক্রমণ করে তাদের নিকেশ করেছে, আত্মরক্ষার বিন্দুমাত্র অবকাশ না দিয়ে!

প্রাসাদের ভিতর চলা দুর্দান্ত এই অভিযানের বিন্দুমাত্র লেশ বাইরে অবধি

পৌঁছল না। ক্রকচবাহুর চোখে ধুলো দিতে, পূর্বেই প্রাসাদের অভ্যন্তরে কিছু মরদেহ এনে রাখা হয়েছিল। শনাক্তকরণ অসম্ভব করতে, তাদের মুখমণ্ডল থেঁতলে দেওয়া হয়েছিল। এটি সম্পন্ন করা হয়েছিল চিলিকার নাহারী আধিকারিকের স্থির বিশ্বাস অর্জন করতে, যে সকলের সঙ্গে প্রহস্তের হত্যা সংঘটিত হয়েছে এই দুঃসাহসিক লুঠতরাজের সময়।

এই পরিকল্পনা রাবণের মতোই ভয়ংকর হলেও, ভীষণভাবে কার্যকারী এবং অব্যর্থ!

প্রহস্তের পরামর্শে, ক্রকচবাহুর প্রাসাদের অনতিদূরে অবস্থিত ক্ষতিগ্রস্ত প্রধান ঘাটার সংস্কারে কর্মরত কারিগরদের প্রাণভিক্ষা দেওয়ার সিদ্ধান্ত নিয়েছিলেন রাবণ। প্রকাশ্যে কর্মরত এই কারিগরদের কিছু হলে তাতে ঝুঁকি বাড়ত। এই কারিগরদের কখনোই প্রাসাদ অথবা দ্বিতীয় ঘাটার দিকে যাওয়ার অনুমতি ছিল না। সেই কারণে রাবণ ও তাঁর সৈন্যদলকে শনাক্ত করার উপায়মাত্র তাদের কাছে ছিল না।

রাবণের অনুচরেরা ইতিমধ্যেই স্বর্ণবোঝাই সিন্দুকগুলি প্রাসাদের বাইরে নিয়ে যাওয়ার কাজ সম্পন্ন করতে পেরেছিল। এই মুহূর্তে সেগুলি জাহাজে তোলা হচ্ছিল। কিন্তু মারীচ ও অকম্পনের সঙ্গে রাবণ তখনো প্রাসাদে থেকে গিয়েছিলেন—অমূল্য হীরা জহরত সংগ্রহে ব্যস্ত ছিলেন তাঁরা। এগুলি অপরিহার্য ছিল, কারণ ক্ষুদ্র এই পাথরের সম্মিলিত মূল্য প্রায় দুই নিযুত স্বর্ণমুদ্রা!

রাবণ অগ্রসর হয়ে তিন নাহারী নপুংসকের শিরচ্ছেদ করা শরীরগুলির দিকে দেখলেন। তাদের ধড় থেকে ফিনকি দিয়ে বেরিয়ে আসা রক্তস্রোত প্রত্যক্ষ করে তিনি বিহ্বল হয়ে পড়লেন। একমনে উপভোগ করতে লাগলেন সেই নারকীয় দৃশ্য।

সামনের দিকে ঝুঁকে পড়ে তিনি বুঝতে চাইলেন কোন কোন বিশেষ ধমনী বয়ে কালচে ঘন রক্তের ধারা শরীরের বাইরে অনর্গল ঝরে পড়ছে। শরীরগুলি ইতিমধ্যেই প্রাণহীন! তা সত্ত্বেও তাদের বুকের ধুকপুকানি অব্যাহত—এবং তার গতি ক্রমশ হ্রাস পাচ্ছে। কিন্তু ধমনীরা এখনো তাদের কাজে বহাল, অনুপস্থিত শিরে তারা রক্তের জোগান দিতে ব্যস্ত!

অকম্পন রাবণের হাত ছুঁলেন, 'রাবণ... '

রাবণ সম্বিত ফিরে পেয়ে তাঁর কোমরবন্ধের সঙ্গে লাগানো ছোট বটুয়াতে হাতের বহুমূল্য হীরাটি রক্ষিত করলেন। সুদীর্ঘ এক প্রশ্বাস ছেড়ে তিনি অন্যদের দিকে তাকালেন, 'চলো প্রস্থান করি!'

ঠিক সেই মুহূর্তে, দূর থেকে জাহাজের ভোঁ শোনা গেল! সুতীব্র! অস্থির!!

'দৌড়ও!!' চিৎকার করলেন রাবণ।

প্রত্যেকেই তৎক্ষণাৎ পলায়নে ব্যস্ত হল। পরিকল্পনা অনুযায়ী তারা পুঙ্খানুপুঙ্খভাবে জানত এই সময়ে কি করণীয়! অশ্বারোহণ করে তাদের বিদ্যুতের গতিতে পৌঁছোতে হবে প্রধান ঘাটায়, যেখানে রাবণের বানিজ্যপোতে তাদের অপেক্ষায় থাকবেন কুম্ভকর্ণ!

'হ্যাট! হ্যাআআট!'

রাবণ এবং তাঁর দলবল প্রাণপণে তাঁদের অশ্ব ছোটালেন! তাঁরা দশজন! সর্বপ্রথম মারীচ, আর সবচেয়ে পিছনে স্বয়ং রাবণ! দুরন্তগতিতে তারা পাহাড় বেয়ে নামতে থাকলেন।

মারীচ চিৎকার করলেন, 'ডানদিকে!'

সামনের রাস্তা দুভাগে ভাগ হয়ে গেছে, ডানদিকের রাস্তা পাহাড় বেয়ে নেমে গেছে সরাসরি ক্ষতিগ্রস্ত প্রধান ঘাটার দিকে। বামদিকের রাস্তাটি চলে গেছে দ্বিতীয় ঘাটা অভিমুখে, যা এই স্থান থেকেই দৃশ্যমান! সেখানেই রাবণের বানিজ্যপোতের থাকার কথা ছিল, কিন্তু এখন নেই। পর্বতের উচ্চতা থেকে দেখা যাচ্ছে সেই স্থানে আরেকটি সুবিশাল পোতের উপস্থিতি। এই জাহাজটির সদ্য আগমন ঘটেছে, কারণ পালগুলি এখনো বাতাসে আন্দোলিত হচ্ছে। নিশান বাতাসে পত পত করে উড়ছে। ক্রকচবাহুর জলযান এটি—সে সময়ের পূর্বে প্রত্যাগমন করেছে!

'আরো দ্রুত!' হুঙ্কার দিলেন রাবণ।

দ্বিতীয় ঘাটার প্রধান সড়কপথ ধরে সবেগে উঠে আসা অশ্বারোহী দেখতে পেয়েছেন তিনি! তারা পর্বতে আরোহণ করার পথে অতি দ্রুত তাঁদের দিকে ধাবমান! সম্ভবত, ক্রকচবাহু অমঙ্গলসূচক কিছু আন্দাজ করেছে!

'আমরা দ্বিতীয় ঘাটা অভিমুখে যাত্রা করব!' আর্তনাদ করল অকম্পন! পলায়নরত দলের মধ্যবর্তী স্থানে সে ছিল, ছাদের উপর আটকে পড়া ভয়াতুর মার্জারের ন্যায়!

তাঁদের দিকে ধাবমান অশ্বগুলি ডানদিকের রাস্তায় পড়ল, যার দূরত্ব দ্বিতীয়

ঘাটার থেকে মাত্র কিছুটা। রাবণ দেখলেন এক অশ্বারোহী সৈন্য সরাসরি তাঁদের দিকে এগিয়ে আসছে দ্রুত! ক্রকচবাহুর সৈনিক!

খাপ থেকে তরবারি উন্মুক্ত করে, অশ্বের লাগাম মুখে কামড়ে ধরে, মুহূর্তের জন্য মনঃসংযোগ করলেন রাবণ! তারপর এক নিঃশ্বাসে তরবারি চালনা করলেন তিনি, মানুষটির কণ্ঠ লক্ষ্য করে! সে এই মর্মান্তিক আঘাতে ভূপতিত হওয়ার পূর্বেই রাবণ ডানদিকে ঘুরে তাঁর অশ্বারোহী দলের সঙ্গে পুনরায় যোগ দিলেন।

'হ্যাট! হ্যাআআ...'

ঘন অরণ্যের ভিতর দিয়ে তাঁরা সবেগে অবতরণ করতে লাগলেন। তাঁদের গন্তব্যস্থল দ্বিতীয় ঘাটার দিকে, রাবণের শ্যেনচক্ষু সামনের পথ অপলক নিরীক্ষণে রত! তাঁরা সরাসরি পথে অগ্রসর হচ্ছেন দ্বিতীয় ঘাটার দিকে, যেখানে তাঁরা ক্রকচবাহুর অশ্বারোহী তিরন্দাজদের সহজ লক্ষ্যবস্তু হিসাবে প্রতিপন্ন হবেন। এবং এই পলায়নরত দলের সর্বশেষে রয়েছেন স্বয়ং তিনি—সহজতম লক্ষ্য!

সমূহ বিপদ!

বিদ্যুৎগতিতে ছুটে চলা চিন্তাধারার উপযোগ করে, কাঁধে আড়াআড়ি ঝোলানো বন্ধনীর হেরফের ঘটিয়ে তাঁর ঢাল পিঠের মাঝামাঝি তুলে নিলেন রাবণ। এবার পিছন থেকে নিক্ষিপ্ত তিরের আঘাত সহ্য করতে সক্ষম তিনি, কিন্তু কণ্ঠ লক্ষ্য করে আসা তিরের মোকাবিলা কীভাবে করবেন!

ঘাটা প্রায় এসে গেছে—পথ দ্রুত অপরিসর হতে শুরু করেছে। সংস্কারের কাজে পথের দুধার ভাঙা হয়েছে। কারিগরেরা কেউ কেউ পথের পাশে, আর কেউ কেউ ভাঙা অংশের উপর দাঁড়িয়ে প্রস্তুত!

তাঁদের অশ্বের গতি রইল অব্যাহত!

'তফাৎ যাও!' তাদের পেরিয়ে যাওয়ার সময় হুঙ্কার ছাড়লেন মারীচ!

মানুষগুলি অবস্থার পরিপ্রেক্ষিতে কী করণীয় বুঝে উঠতে পারল না! একজন হতভাগ্য অকম্পনের অশ্বের ক্ষুরে পিষ্ট হল। তাও তাঁদের দুর্বারগতি অক্ষুণ্ণ রইল। সেই মানুষটি প্রতিটি অগ্রগামী অশ্বের পদতলে পিষ্ট হতে থাকল—রাবণ যখন তাকে পেরোলেন, সে একটি মাংসপিণ্ডে পরিণত হয়েছে!

এই ঘাটায় জাহাজ বাঁধার উপকরণ না থাকায়, কুম্ভকর্ণ তাঁর নাবিকদের নোঙর ফেলতে নির্দেশ দিয়েছিলেন। ঘাটার যথাসম্ভব নিকটবর্তী স্থানে রাবণের

বানিজ্যপোত অবস্থিত ছিল, সেটি বিশাল আংটার সঙ্গে বাঁধা। নাবিকদের মধ্যে সর্বশক্তিমান ব্যক্তি নোঙরের রশির পাশেই হাতে এক বিশাল কুঠার নিয়ে দণ্ডায়মান, রাবণ ও তাঁর দলবল নিরাপদে জাহাজে আরোহণ করা মাত্রই কুঠারের এক কোপে ঘাটার সঙ্গে বন্ধন ছিন্ন করে দেবে সে!

ঘাটা ও জাহাজের মধ্যে অনেকটাই দূরত্ব ছিল, কিন্তু লঙ্কার অশ্বরা প্রচুর দূরত্ব ও উচ্চতা লঙ্ঘন করার প্রশিক্ষণপ্রাপ্ত ছিল। বিশেষত যে সমস্ত সময়ে হঠাৎ করে পলায়ন করতে হতে পারে—এটি সেইরকমের একটি মুহূর্ত!

ক্ষতিগ্রস্ত ঘাটার মধ্যে দিয়ে যাওয়ার সময়েও মারীচ অশ্বের গতিবেগ হ্রাস করলেন না।

'হ্যাট! হ্যাআআ...'

ভূতাবিষ্টের ন্যায়, তিনি তাঁর অশ্বকে উপর্যুপরি চাবুকের আঘাত করে যেতে থাকলেন, এবং তাঁর অশ্বটি আরো দ্রুত ধাবমান হল! যখন তাঁরা ঘাটার শেষ প্রান্তে পৌঁছলেন, তাঁর মুখ থেকে নির্গত হল একটিমাত্র শব্দ, 'দাশা!'

সংস্কৃত ভাষায় দাশার অর্থ দশ। এই বিশেষ অশ্বগুলির প্রশিক্ষণের সময়ে, রাবণ কেন এই বিশেষ সংখ্যাটির উপর জোর দিয়েছিলেন, সে সম্বন্ধে কেউ অবগত না থাকলেও, তারা অভ্যস্তভাবেই তাঁর আদেশের যৌক্তিকতা অনুসন্ধানে ব্যস্ত হয়নি।

মারীচের অশ্ব ভালোমতোই এই শব্দের অর্থ আহরণ করে থাকায় সে ওই প্রচণ্ড গতিতেই শূন্যে লাফ দিল—দীর্ঘ, শক্তিশালী লাফ! পরমুহূর্তেই সে তার সওয়ারকে পিঠে নিয়ে নির্বিঘ্নে পোতের পাটাতন স্পর্শ করল। মারীচ আরো কয়েক কদম অগ্রসর হলেন সেই গতিতেই, যাতে পরবর্তী অশ্বারোহীরা পাটাতনে নিরাপদে অবতরণ করার সুযোগ পায়।

একের পর এক অশ্বারোহীরা জাহাজে নিরাপদে পৌঁছোতে লাগলেন। প্রহস্তের এক নাহারী সেনা সঠিকভাবে তার অশ্বকে চালিত না করতে পারায়, জাহাজে পৌঁছোতে অসফল হল। সে জলে পড়ে যেতে তার মস্তক সজোরে জাহাজের বহিরাংশে আঘাতপ্রাপ্ত হতে, তার মেরুদণ্ড ভেঙে গেল। সঙ্গে সঙ্গে মৃত্যুবরণ করল সে। তাকে দেখার জন্য কেউ পিছন ফিরে তাকাল না। তাকাবার সময় ছিল না!

'চলে এসো!' মারীচ বানিজ্যপোতের সামনের অংশের বেড়া দেওয়া স্থানে দাঁড়িয়ে উত্তেজনায় চিৎকার করছেন, তাঁর অশ্ব থেকে অবতরণ করার পরে।

প্রহস্ত প্রচণ্ড গতিতে এসে জাহাজে নিরাপদে পা রাখলেন, আর একমাত্র অবশিষ্ট থাকলেন রাবণ। সবার শেষে যে তিনিই ছিলেন!

ক্রকচবাহুর অশ্বারোহীরা দ্রুত আগুয়ান—জাহাজ থেকে তাদের দূরত্ব আর মাত্র দুইশত হাতের!

'লাফ দিন দাদা, এইবার!' চিৎকার করে উঠলেন কুম্ভকর্ণ!

ক্রকচবাহুর এক অশ্বারোহী তিরন্দাজ তার অশ্বের লাগাম মুখে কামড়ে ধরল। ওই অবস্থায় সে তার ধনুক নিজের বুক বরাবর স্থাপন করে, একটি তির নিক্ষেপ করল!

তিরটি তার লক্ষ্য খুঁজে পেল! দ্রুত ধাবমান এক লক্ষ্যে সেটি আঘাত করল!

তিরটি সরাসরি এসে আঘাত করল বেগবান অশ্বের পিছনের ডান পায়ের জটিলতম স্নায়ুমূলের নীচের অংশে। সঙ্গে সঙ্গে ক্ষতের সৃষ্টি হল সেখানে। ক্ষত মারাত্মক ধরণের কিছু নয়, তা থেকে রক্তক্ষরণও হল না, কিন্তু অশ্বের গতি সমানে হ্রাস পেতে থাকল! ডান পা-টি অচিরেই আর কর্মক্ষম না থাকায় সেটি কাজে ইস্তফা দিতে, প্রচণ্ড গতিতে ধাবমান প্রাণীটি ছিটকে গিয়ে মাটি স্পর্শ করল, এবং সঙ্গে সঙ্গেই তার ঘাড়ের অংশটি অস্বাভাবিকভাবে মচকে গেল!

রণকুশলী রাবণ এই পরিণতির পূর্বানুমান করে নিজেকে জিন, রেকাব ও লাগামের বন্ধন থেকে উন্মুক্ত করে নিয়েছিলেন। তাঁর অশ্বটি পড়ে যেতেই, তিনি নিখুঁতভাবে তার থেকে পৃথক হয়ে মাটিতে পড়ে গড়িয়ে গিয়ে, পরক্ষণেই আবার নিজের পায়ে উঠে দাঁড়ালেন! এবং সেই গতির ভরেই সম্মুখে ধাবিত হলেন!

'দাদা!' আতঙ্কে ও উদ্বিগ্নতায় পরিপূর্ণ কুম্ভকর্ণের কণ্ঠ চিরে একটি শব্দ উচ্চারিত হল!

তাঁর সঙ্গে সবার মনে একই দুশ্চিন্তার উদ্রেক হল।

রাবণের পক্ষে নিরাপদে জাহাজে পদার্পণ অসম্ভব!

মারীচ একবার কুম্ভকর্ণের দিকে তাকিয়ে নিয়ে পুনরায় রাবণের দিকে তাকালেন, 'দয়া করুন প্রভু রুদ্রদেব...!'

ঘাটা এবং বানিজ্যপোতের মধ্যবর্তী অংশটুকু লঙ্ঘন করতে প্রশিক্ষণপ্রাপ্ত অশ্বদের যথেষ্ট বেগ পেতে হয়েছে, মানুষের দ্বারা এটি লঙ্ঘন করা অসম্ভব চিন্তা বললেও অত্যুক্তি হয় না!

কিন্তু ইনি কোনো সাধারণ মানুষ নন। ইনি স্বয়ং রাবণ!

ঘাটার উপর দিয়ে তিনি দৌড়ে এলেন! সর্বশক্তির দ্বারা তিনি এগিয়ে চলেছেন ঘাটার শেষপ্রান্তে! বানিজ্যপোতে মালপত্র তোলার কাজে ব্যবহৃত কপিকলের দিক লক্ষ্য করে চলেছেন তিনি। দীর্ঘদিনের অব্যবহৃত কপিকলটি। কিন্তু আজ সম্পূর্ণ ভিন্নকাজে ব্যবহৃত হবে এই জগদ্দল যন্ত্রটি!

ক্রকচবাহুর সেনাদল এখনো তাঁকে লক্ষ্য করে তিরবর্ষণ করে চলেছে। কিছু তাঁর আশপাশ দিয়ে তাঁকে অতিক্রম করে চলে যাচ্ছে, আর কিছু এক চুলের ব্যবধানে লক্ষ্যভ্রষ্ট হচ্ছে। কিন্তু লক্ষ্যভেদ করতে অক্ষম হচ্ছে কালান্তক তিরের ঝাঁক!

ঘাটার শেষবিন্দুতে পৌঁছে, রাবণ লাফিয়ে উঠে কপিকলের মধ্যবর্তী স্থানে অবস্থিত প্রধান আংটা ধরে ফেললেন। তাঁর একটি পা অব্যর্থ লক্ষ্যে মাস্তুলের অংশে পদাঘাত করল! সময়জ্ঞান নিখুঁত! সেই আঘাতে, মাস্তুলের অংশে গুটিয়ে রাখা কপিকলের রশি খুলে গিয়ে দীর্ঘায়িত হতে শুরু করল। আংটা ধরে রেখে সেই রশির ভরে, রাবণ আকাশপথে ভেসে আসতে থাকলেন তাঁর জাহাজের দিকে, তাঁর চারপাশ দিয়ে তিরের বর্ষণ অক্ষুণ্ণ!

কুম্ভকর্ণসহ জাহাজের অবশিষ্ট দল বিস্ফারিত চোখে, স্থাণুবৎ দণ্ডায়মান! শক্তি, বুদ্ধি আর শারীরিক কসরতের সঙ্গমে অসম্ভব উত্তেজনাপূর্ণ এই দৃশ্য তাঁদের পাথরের মূর্তিতে পরিণত করেছিল!

যোগ্য উচ্চতায় পৌঁছে রাবণ নিজের শরীরকে প্রস্তুত করে, সামনে ঝুঁকে আংটা ছেড়ে দিলেন। অনেকটা দূরত্ব লঙ্ঘন করে এসে সটান তাঁর জাহাজের পাটাতন ছুঁলেন। পতনের আঘাত থেকে নিজেকে রক্ষা করতে, একপাক গড়িয়ে গিয়ে পরমুহূর্তেই নিজের পায়ে উঠে দাঁড়ালেন।

তাঁর দলের প্রত্যেকে কাঠের পুতুলের ন্যায় দাঁড়িয়ে—হতচকিত, বাকরুদ্ধ!

'এবার যাওয়া যাক!' সজোরে হুঙ্কার দিলেন রাবণ।

কুঠার হাতে অপেক্ষমান নাবিককে নির্দেশ দিলেন কুম্ভকর্ণ, 'রশি ছিন্ন করো!'

সঙ্গে সঙ্গেই এক মারাত্মক আঘাতে ঘাটার সঙ্গে জাহাজের বন্ধন ছিন্ন হল, আংটার বন্ধনগুলিও শব্দ করে খুলে যেতে থাকল।

'প্রাণপণে দাঁড় টানো!' চিৎকার করে নির্দেশ দিলেন কুম্ভকর্ণ!

নির্দেশ দিতেই, পাটাতনের পাশে অপেক্ষামান তালবাদকের দলের ঢাকে কাঠি পড়ল। দাঁড় টানা শুরু হল সেই তালের সঙ্গে তাল মিলিয়ে। বানিজ্যপোত

অগ্রসর হতে থাকল! তাঁরা নলবানের সেই ঘটনাবহুল ঘাটা পরিত্যাগ করলেন!

ক্রকচবাহুর সেনারা তখনো তাঁদের উদ্দেশে তিরবর্ষণ করে চলেছে!

'মাথা নামাও প্রত্যেকে!' আদেশ করলেন রাবণ।

সকলে নতজানু অবস্থায় জাহাজের বেড়া দেওয়া অংশে শরীর আড়াল করতে ব্যস্ত হল।

'আরো দ্রুত!' কুম্ভকর্ণের আদেশে তালবাদ্য দ্রুত হতে, তার সঙ্গে সাযুজ্য রেখে বাড়তে থাকল দাঁড় টানার গতি।

'জাহাজের পাল উন্মুক্ত করে দাও!'

জাহাজের ক্ষুদ্র উপাসনা স্থলের পিছনে লুকিয়ে থাকা এক নাবিক, পাল তোলার কাঠের হাতল ঘোরাতে শুরু করল। এই যন্ত্রের আবিষ্কর্তা স্বয়ং রাবণ। এটির দ্বারা জাহাজের পাটাতনের উপর থেকেই হাতল ঘুরিয়ে দ্রুত পাল তোলা অথবা নামানো সম্ভব হয়। এক্ষেত্রেও অতি দ্রুত পাল খাটানো সম্পাদিত হতে, বাতাসের প্রবল টানের ছোঁয়ায় জাহাজের গতি দুর্বার হল।

ঘাটা থেকে তাঁদের বানিজ্যপোত দ্রুত দূরবর্তী হতে হতে, দূর থেকে ক্রকচবাহুর সেনাদলের ক্রোধিত কণ্ঠস্বর শোনা যেতে লাগল। নিরাপদে তাঁর জলযানের বেড়ার পিছনে বসে, এই প্রথম রাবণ কুম্ভকর্ণের দিকে তাকিয়ে সফলতার হাসি হাসলেন!

মারীচ রাবণের কাঁধ চাপড়ে দিলেন, 'আমরা পেরেছি! আমরা সফল হয়েছি, রাবণ!'

রাবণ হাসলেন। তারপর হঠাৎ গাত্রোত্থান করে দূরে দাঁড়ানো ক্রকচবাহুর সেনাদলকে উদ্দেশ্য করে অশ্লীল অঙ্গভঙ্গি করলেন! আর ঠিক সেই মুহূর্তে নাহারীদের নিক্ষেপ করা একটি তির মাথার একচুল ব্যবধানে ছিটকে গেল!

ঠিক সেই মুহূর্তে মারীচ তাঁর ভাগিনেয়কে টেনে ধরে বসালেন, 'কী করছ তুমি? আমাদের বিপদ এখনো কাটেনি সম্পূর্ণভাবে! এখান থেকে নড়বে না!'

রাবণের মুখমণ্ডল রক্তশূন্য, তাঁর শরীর অস্বাভাবিকভাবে নিঃস্পন্দ!

'দাদা?' চিন্তিত মুখে কুম্ভকর্ণ তাঁর অগ্রজের শরীরে আঘাতের অনুসন্ধানে লিপ্ত হলেন!

ভূতাবিষ্টের ন্যায় কুম্ভকর্ণকে ঠেলে সরিয়ে দিয়ে রাবণ পুনরায় উঠে দাঁড়ালেন! তাঁর দৃষ্টি ঘাটায় সেই কারিগরদের সমষ্টির দিকে ন্যস্ত! তাঁর

শরীর ছুঁয়ে আরেকটি তির সবেগে ছুটে গেল। তাঁর ভ্রূক্ষেপ নেই—তিনি সেটিকে লক্ষ্য পর্যন্ত করলেন না!

মারীচ পুনরায় তাঁকে টেনে ধরার প্রচেষ্টায় রত, 'কী হল কী তোমার? চুপ করে বসো!'

অসংলগ্নভাবে রাবণ কাঠের পাটাতনের উপর পতিত হলেন। তাঁর শ্বাসপ্রশ্বাস অস্বাভাবিক, তাঁর দৃষ্টি বিস্ফারিত—তিনি যেন কোনো প্রেতাত্মাকে প্রত্যক্ষ করেছেন! তিনি পুনরায় মাতুলকে ঠেলে সরিয়ে উঠে দাঁড়ালেন পাটাতনের উপরে।

সেই মুহূর্তে একটি তির সজোরে এসে বিঁধল তাঁর কাঁধে—রাবণের অভিব্যক্তির একবর্ণ পরিবর্তন ঘটল না। তাঁর চোখ সেই ক্ষতিগ্রস্ত ঘাটার দিকে চেয়ে আছে নির্নিমেষে!

'দাদা!' হাহাকার করে উঠে কুম্ভকর্ণ আহত অগ্রজকে পুনরায় টেনে ধরে বসালেন।

হঠাৎ রাবণের চোখে অশ্রুসমাগম লক্ষ করে তিনি সচকিত হলেন!

'কন্যা...কন্যা...!'

এইবার কুম্ভকর্ণ উঠে দাঁড়ালেন! দ্রুতগতিতে অপস্রিয়মাণ ঘাটার দিকে তাকিয়ে চোখ সরু করে দেখার চেষ্টায় রত হলেন। ঘাটার ওই বিশেষ স্থানটি। তারপর কারিগরেরা! তারপর তাঁর দৃষ্টিও আটকে গেল ঠিক মাঝখানে দণ্ডায়মান একটি শরীরের দিকে!

তিনি!

তাঁর দেখা চিত্রগুলি থেকে স্মৃতি রোমন্থনে কন্যাকুমারীর অস্তিত্ব আবিষ্কৃত হল!

ওই স্থানে বাকিরা নড়াচড়া করলেও, তিনি অবিচলভাবে দণ্ডায়মান! দৃপ্ত ভঙ্গিতে! তিনি যে দেবী কন্যাকুমারিকা! শরীরে প্রবল পরিশ্রমের ক্লান্তি থাবা বসালেও, তাঁর মুখমণ্ডল থেকে জ্যোতির বিচ্ছুরিত হচ্ছে! রাবণের বানিজ্যপোতকে নাগালের বাইরে চলে যেতে দেখেও তিনি শান্ত, তাঁর ভঙ্গিমা রাজেন্দ্রাণীর ন্যায় গম্ভীর! তাঁর অভ্যন্তর থেকে নির্গত অদম্য শক্তি দিয়ে তিনি যেন তাঁদের মধ্যে সংঘটিত এই যুদ্ধের অবসান করবেন!

সন্দেহের অবকাশ মাত্র নেই—তিনিই রাবণের বাৎসল্যের সেই পরমপূজ্যা দেবী কন্যাকুমারী!

আরেকটি তির কুম্ভকর্ণের কানের পাশ দিয়ে হাওয়া কেটে বেরোতে মারীচ কুম্ভকর্ণকে উপবিষ্ট হতে বাধ্য করলেন। রাগতস্বরে বললেন, 'তোমাদের দুই ভ্রাতা কি একসঙ্গে উন্মাদ হয়ে গেলে?'

কুম্ভকর্ণ অগ্রজের দিকে তাকিয়ে একটিমাত্র শব্দ উচ্চারণ করলেন, যেটি রাবণের দ্বারা সম্ভব হয়নি এতোক্ষণ, 'দেবী কন্যাকুমারী...'

দৈব শব্দটি কর্ণকুহরে প্রবিষ্ট হতেই রাবণের শরীরে শক্তি প্লাবিত হল। কাঁধে বিঁধে থাকা তিরের দণ্ডটিকে এক ঝটকায় ভেঙে ফেলে, উঠেই ঘুরে দাঁড়ালেন তিনি। হ্রদে ঝাঁপিয়ে পড়তে প্রস্তুত! সাঁতার দিয়ে দেবীর কাছে পৌঁছোতে প্রস্তুত!

'রাবণ!' ভাগিনেয়কে জাপটে ধরে আর্তনাদ করে উঠলেন মারীচ, 'এই পাগলামী বন্ধ করো!'

'আমায় যেতে দিন!' ঘোর লাগা কণ্ঠে রাবণ নিজেকে মুক্ত করার চেষ্টায় বললেন, 'আমায় যেতে দিন!'

জাহাজের প্রত্যেকে তাঁদের অধিনায়কের এই অসংলগ্ন আচরণে স্তম্ভিত! তারা বুঝে উঠতে পারছিল না হঠাৎ করে তাঁর কী হল!

কুম্ভকর্ণ অগ্রজকে শক্ত করে বাহুপাশে আবদ্ধ করলেন, 'দাদা, আপনি এই মুহূর্তে ফিরতে পারেন না! ওরা আপনাকে হত্যা করবে!'

'আমায় যেতে দাও!' সবাইকে তাঁর অমিত বিক্রমের দ্বারা পর্যুদস্ত করে নিজের পায়ে দাঁড়িয়ে উঠতে চাইলেন রাবণ!

'দাদা, দয়া করে আমার কথা শুনুন। আপনি দেবীর নিকট পৌঁছনোর পূর্বেই আপনার দেহ প্রাণশূন্য হবে!

'আমায় যেতে দাও!'

'আমি ওনার খোঁজে ফিরে আসব, দাদা! আমি ওনাকে খুঁজে বার করবই!'

'আমায় যেতে দাও!' ভূতাবিষ্টের ন্যায় একই কথা বলে চলেছেন রাবণ!

রাবণকে এইরূপে কখনো প্রত্যক্ষ করেননি মারীচ। তিনি স্তম্ভিত অবস্থায় নীরবে দেখে চলেছেন!

'দাদা!' কুম্ভকর্ণ প্রাণপণে অগ্রজকে দুহাতে ধারণ করে রয়েছেন, 'দয়া করুন, বিশ্বাস করুন আমার কথা, দাদা! আমি ওনার জন্য ফিরে আসব! আপনার জন্য দেবীকে আমি খুঁজে বার করব! আমি আপনাকে কথা দিচ্ছি! কিন্তু এই মুহূর্তে, আপনার আমাদের সঙ্গে থাকাই সবচেয়ে নিরাপদ!'

'আমায় যেতে দাও!' এইবার রাবণের কণ্ঠস্বরের প্রাবল্য কিছুটা হ্রাস পেয়েছে। তাঁর ইস্পাতকঠিন অন্তঃকরণে ভাঙন ধরেছে।

'দাদা, আমি ওনাকে খুঁজে বার করবই! আমি আপনাকে প্রতিশ্রুতি দিচ্ছি!'

'আমাকে যেতে দাও... '

ইতিমধ্যে জাহাজের পালে হাওয়া ধরাতে রাবণের সুবিশাল জলযান দুরন্তগতিতে তট থেকে বহুদূর অতিক্রম করেছে। তাঁরা ক্রকচবাহুর তিরের আওতার বাইরে চলে এসেছেন!

তাঁর থেকেও অনেকদূরে!

কন্যাকুমারীকেও অনেক দূরে ফেলে এসেছেন!

'আমায় যেতে দাও...!'

৯

নবম অধ্যায়

এক মাস অতিবাহিত হওয়ার পূর্বে, কুম্ভকর্ণ পুনরায় কলিঙ্গরাজ্যে পদার্পণ করলেন। নলবান দ্বীপের দুঃসাহসিক লুঠতরাজের শেষে, তাঁরা সকলে শোকাহত অবস্থায় লঙ্কায় প্রত্যাবর্তন করেছিলেন। দেড়দিনে গোকর্ণে পৌঁছে, জাহাজভর্তি দুর্মূল্য ঐশ্বর্যরাজি অতি সত্বর রাবণের প্রাসাদের নীচের একটি গুপ্তকক্ষে একত্রিত করা হয়েছিল। বহুসংখ্যক তালার দ্বারা সুরক্ষিত, এই শক্তিশালী কক্ষটি বিশেষভাবে নির্মিত, সেটির বাইরে নিশ্ছিদ্র প্রহরার ব্যবস্থা। এই কাজ সম্পন্ন হওয়ার অব্যবহিত পরে কুম্ভকর্ণ পুনরায় সেই নলবান দ্বীপ অভিমুখে যাত্রার প্রস্তুতি নিলেন। সম্পূর্ণ একটি নতুন জলযান ক্রয় করলেন তিনি, যাতে এই দুর্দান্ত লুণ্ঠন সংক্রান্ত সন্দেহের তির কোনোভাবেই রাবণের দিকে না উৎক্ষিপ্ত হতে পারে। সুদূর আলকেবুলানের (বর্তমানে আফ্রিকা) দক্ষিণাংশ থেকে নব্যগঠিত নাবিকের দল আনিয়েছিলেন তিনি! এবং এতো কিছুর ব্যবস্থা করতে তিনি মাত্র তিন সপ্তাহ সময় নিয়েছিলেন।

তারপর আবার উত্তর অভিমুখে জাহাজ ছোটালেন কুম্ভকর্ণ, তাঁর গন্তব্য সেই চিলিকা হ্রদ! তিনি কন্যাকুমারীর দিকে অগ্রসর হচ্ছিলেন ধীরে ধীরে।

এক দল নাহারী, যারা ক্রকচবাহুর নেতৃত্বে এক বিপ্লবে অংশগ্রহণে একত্রিত হবার প্রতিশ্রুতি গ্রহণ করেছিল, তারা হঠাৎ বিপরীত পথে হেঁটে তাকেই বন্দি করেছিল। এ সংবাদ ক্রমেই সর্বজনবিদিত হল। তারা ক্রকচবাহুকে বন্দি করে তাদের রাজার হাতে সমর্পণ করার লক্ষ্যে জলপথে পাড়ি দিয়েছিল ইতিমধ্যেই! যখন কোনো বিপ্লব অসফল হয়, সম্ভাব্য বিপ্লবীরা নিজেদের পিঠ বাঁচাতে

তাদের নেতার সঙ্গে বিশ্বাসঘাতকতা করে, বিপ্লবের প্রথম লক্ষ্যের আনুগত্য পুনরায় স্বীকার করে। ক্রকচবাহুর দ্বারা বহুবছরের সঞ্চিত বিপুল ধনরাশির অন্তর্ধানের ফলস্বরূপ, নাহারদের এই বিপ্লবের বীজও অঙ্কুরেই বিনষ্ট হয়েছিল।

তা সত্ত্বেও, সরাসরি চিলিকা হ্রদে প্রবেশ করলে বিপদের আশঙ্কা রয়েই যায়, সে বিষয়ে কুম্ভকর্ণ বিশেষ অবগত ছিলেন। তিনি বয়স অনুযায়ী ছেলেমানুষ হলেও, হঠকারী ছিলেন না। এখনো চিলিকায় ক্রকচবাহুর অনুগামীর অস্তিত্ব থাকতেই পারে!

তাই, কুম্ভকর্ণ চিলিকা অতিক্রম করে আরো উত্তরে অগ্রসর হয়ে, মহানদীর মুখে পড়ে, সেখান থেকে কলিঙ্গরাজ্যে প্রবেশ করে চিলিকায় পৌঁছোবার পরিকল্পনা নিলেন। কিন্তু যাত্রাপথে তিনি পুরীধামের বিখ্যাত জগন্নাথ মন্দিরে দেবতার দর্শনের কারণে থামলেন। দক্ষিণে চিলিকা হ্রদ এবং উত্তরে মহানদীর মধ্যবর্তী স্থানে অবস্থিত এই মহাতীর্থ!

এই *জগন্নাথ মন্দির* ভারতের সর্বাপেক্ষা পবিত্র ধর্মস্থান হিসাবে প্রতীয়মান। কুম্ভকর্ণ তাঁর জলযান নোঙর করে, একটি ক্ষুদ্র নৌকায় দশজন আফ্রিকান দেহরক্ষীর সান্নিধ্যে মন্দির অভিমুখে যাত্রা করলেন।

দশ একর জমির উপর বিস্তীর্ণ একটি পাথরের চাতালের উপর নির্মিত এই বিশাল মন্দির চত্বরে মোট তিরিশটি মন্দির বর্তমান। মধ্যবর্তী প্রধান মন্দিরটি ভারতের সর্বোচ্চ ও বৃহত্তম মন্দির হিসাবে পরিচিত, যা হল জগন্নাথ মন্দির। জগন্নাথ, অর্থাৎ *জগৎ সৃষ্টিকারী পিতা*। স্বয়ং বিষ্ণু! বিষ্ণুর অবতারদের উৎপত্তির পূর্বে ইনি! ইনি জগতের সৃষ্টির *সাক্ষী*! ইনি হলেন *সাক্ষীগোপাল*!

মন্দিরের অন্যান্য সমস্ত ধাতু অথবা পাথর দ্বারা নির্মিত মূর্তির ন্যায়, এই জগন্নাথ মূর্তি ছিল সম্পূর্ণ ব্যতিক্রম—এঁর নির্মাণে কাঠ ব্যবহৃত হয়েছিল। সঠিকভাবে ব্যক্ত করলে, নিমবৃক্ষের কাঠ! প্রতি বারো বছর অন্তর, এই মূর্তি নবরূপে নির্মিত হয় নতুন কাঠ থেকে।

ঘনকৃষ্ণ মূর্তির বিশাল মস্তক সরাসরি তাঁর ধড় থেকে নির্গত, মাঝে ঘাড় অথবা গলার অংশ অস্তিত্বহীন! তাঁর স্কন্ধ ওষ্ঠের সঙ্গে সমান্তরাল! চোখগুলি বিরাট এবং বর্তুলাকার! সম্পূর্ণ চেহারাটি কটিদেশেই সমাপ্ত হয়েছে। জগন্নাথ দেবের হাত নেই! এবং তাঁর পায়ের ও কোনো অস্তিত্ব বিরাজ করে না!

এই সাক্ষীগোপাল আক্ষরিক অর্থেই সার্থকনামা। ঘন কালো দেহের রঙ, সংস্কৃতে যাকে কৃষ্ণবর্ণ বলা হয়, জগতের উৎপত্তির সময় থেকে তাঁর অস্তিত্বের

প্রমাণস্বরূপ অধিষ্ঠিত। সৃষ্টির শুরু থেকেই তিনি বিরাজ করছেন, আলোকের অস্তিত্বের পূর্বেও তিনি ছিলেন। কারণ আলোকের আবিষ্কারের পূর্বে সমস্ত জগত অন্ধকারাচ্ছন্ন ছিল। সবকিছুই অন্ধকার–ঘোর কালো!

হাতের অনুপস্থিতি দ্বারা প্রমাণিত যে তিনি কোনোপ্রকার কর্মে অপারগ। পায়ের অনুপস্থিতি বোঝায় তিনি গতিশক্তিরহিত–তিনি কাছে আসতে বা দূরে যেতে অক্ষম! তিনি সম্পূর্ণ নিরপেক্ষ! মানবজীবনের সামান্য হিংসা, বিদ্বেষে তিনি অংশগ্রহণ করেন না। ব্যক্তিগত পছন্দ ও অপছন্দের অনেক উর্দ্ধে তাঁর অবস্থান!

কেউ কেউ বিশ্বাস করত যে ঈশ্বরের নররূপ অথবা নারীরূপ হয় না। তিনি এই সমস্ত নগণ্য হিসাব নিকাশের নাগাল বহির্ভূত। তিনি ঐক্য। তিনিই উৎস!

সর্বোপরি তাঁর অক্ষিপল্লব অনুপস্থিত! তাঁর চোখ সর্বদা উন্মিলিত! অর্থাৎ তিনি সর্বদা প্রত্যক্ষ করছেন!

সনাতন ধর্মাবলম্বীদের মতে, মানুষের বোধশক্তির সর্বোচ্চ স্তরে জগন্নাথদেবের অধিষ্ঠান। কারণ সাক্ষীগোপাল হলেন জীবনের প্রতিভূ! তিনি কালের মধ্য দিয়ে আবহমানকালের যাত্রী। এই জাগতিক বিশ্বের সমস্ত কর্ম, এবং মানুষের জীবনের প্রতিটি ধাপের দিকে অপলক প্রহরারত কালের একমাত্র সাক্ষী!

তাঁর কাছে প্রার্থনা করার নিয়মও সম্পূর্ণ ব্যতিক্রমী!

ভক্তরা তাঁর কাছে শুধুমাত্র তাঁর আশীর্বাদ ভিক্ষা করতে যেত না। তারা যেতো আরো বৃহত্তর স্বার্থে, যে কোনো কর্মে নিয়োজিত হওয়ার পূর্বে তারা জগন্নাথের দর্শনে যেত। সাক্ষীগোপালের স্মৃতিতে যাতে তাদের এই কর্ম চিরকালের জন্য সমাহিত থাকে সেই কারণে। কারণ তাঁর স্মৃতিতে রক্ষিত এই সমস্ত কর্মই তাদের এই জন্ম ও পুনর্জন্মের আবর্ত থেকে স্বাধীনতা পাওয়ার যোগ্যতা বিচার করবে।

কুম্ভকর্ণ বিশ্বাস করতেন তিনি তাঁর জীবনের সবচাইতে বৃহৎ কর্মে আত্মনিয়োজিত হতে চলেছেন। তাই ওই মহাপবিত্র মূর্তির সম্মুখে তিনি নতজানু হলেন। তাঁর পিঠ বাঁকল, এবং তাঁর মস্তক মাটি স্পর্শ করল! তিনি কিছু বলছিলেন একান্তে। কিছুক্ষণ পরে, তিনি উঠলেন এবং সমগ্র ভক্তদের মতোই সাক্ষীগোপালের সম্মুখে দাঁড়িয়ে বললেন, 'প্রভু, আমাকে প্রত্যক্ষ করুন!'

আমার জীবনের সর্বাধিক কঠিন কর্মে আমি লিপ্ত হতে চলেছি–আমাকে প্রত্যক্ষ করুন!

—২০—

নলবান দ্বীপের লুঠতরাজের পর তিন বছর অতিবাহিত হয়েছে। বাইশ বছরের রাবণ নিজের চারদিকে একাকীত্বের প্রাচীর তুলে দিয়েছেন, তিনি গোকর্ণের বাইরে কোথাও যান না। যদিও ব্যবসা-বানিজ্য সংক্রান্ত সমস্ত পরিকল্পনার আলোচনা এবং প্রতিটি মুখ্য সিদ্ধান্ত নিতে সদাব্যস্ত থাকেন তিনি, ব্যবসার কাজে সাগরে যাওয়া বা ভ্রমণ সম্পূর্ণ বন্ধ করে দিয়েছেন তিনি। তিনি সর্বদা গোকর্ণে পর্বতশিখরস্থিত তাঁর প্রাসাদ থেকে সাগর পরিদর্শন করেন। অপেক্ষা করেন অনুজ কুম্ভকর্ণের প্রত্যাবর্তনের।

এই দীর্ঘ সময় ধরে, কলিঙ্গ থেকে নিয়মিত সংবাদ প্রেরণ করে চলেছিলেন কুম্ভকর্ণ! দ্বীপের ঘাটা সংস্কারের কাজে বহাল যে কারিগরদের সঙ্গে দেবী কন্যাকুমারিকাকে দেখা গিয়েছিল, তারা পশ্চিমদিকে যাত্রা করেছে, কলিঙ্গ রাজ্যের হৃদয়স্থলে! পরের বার কুম্ভকর্ণ প্রেরিত সংবাদে রাবণের অবগতি হল যে তারা ময়ূরাক্ষী নদীর তটে, বৈদ্যনাথের নিকটে উপনিবেশ গড়েছে। সে স্থান কলিঙ্গের অনতিদূরেই অবস্থিত!

ইতিমধ্যে, মাতুল মারীচ রাবণের সুদূরপ্রসারী বানিজ্যের রাজ্যপাটের দায়িত্ব নিজের কাঁধে তুলে নিয়েছেন। ক্রকচবাহুর কোষাগার থেকে লুণ্ঠিত বিশাল অর্থের দ্বারা তিনি আধুনিক, শতাধিক নতুন জলযানের নির্মাণ শুরু করে দিয়েছেন। গোকর্ণ ও সেই সম্পূর্ণ অঞ্চলের জলযান নির্মাতারা তাদের সম্পূর্ণ কর্মক্ষমতা উজাড় করে এই কর্মশালায় দিবারাত্র কাজে ব্যস্ত। রাবণের নির্দেশ অনুযায়ী, প্রতি মাসে তারা পাঁচ অথবা ছয়টি করে জাহাজ প্রস্তুত করে রাবণের কাছে জমা করছে। এই অভূতপূর্ব ঘটনায় ভারত মহাসাগরস্থিত সমগ্র অঞ্চলের ব্যবসায়ীকুল হতচকিত ও স্তম্ভিত!!

ধীরে ধীরে, রাবণের এই অত্যাধুনিক জলযানের বহরে জাহাজের সংখ্যা দুইশত সম্পূর্ণ হল! মলয়পুত্রদের কাছে ইতিমধ্যেই গূঢ়বস্তুর আগাম মূল্য হিসাবে অর্থপ্রেরণ করা হয়েছে। প্রস্তুত হওয়ার সঙ্গে সঙ্গে, রাবণের কর্মচারীরা এক একটি বানিজ্যপোত সংগ্রহ করে, লঙ্কাদ্বীপের দক্ষিণ উপকূলে অবস্থিত একটি গোপন স্থান, উনোয়াতুনায় সারিবদ্ধভাবে নোঙর করে রেখে আসত। তারপর গূঢ়বস্তুর সঙ্গে অন্যান্য উপকরণ মিশ্রিত করে, অনেক কষ্টে প্রতিটি জাহাজের কাঠ নির্মিত বহিরাংশে লেপন করা হতো। এটি একটি

ক্লান্তিকর, সুদীর্ঘ কাজ ছিল। একটি ক্ষুদ্র, বিশ্বস্ত কর্মচারীর দল অতি গোপনে এই কার্যসিদ্ধি করত, বিনিময়ে তারা যথার্থরূপে পুরস্কৃত হতো!

রাবণের বানিজ্যপোতের সংখ্যা বৃদ্ধি পাওয়ার সঙ্গে সঙ্গে, সেগুলির দুর্দান্ত গতিবেগ পোতগুলিকে সুবিখ্যাত করে তুলল। পৃথিবী জুড়ে নির্মাতা ও কারিগরেরা তাঁর সঙ্গে ব্যবসা করে প্রচুর অর্থলাভ করতে সক্ষম হল। তারা জানত অন্যান্য ব্যবসায়ীদের তুলনায়, তাদের পসরা অতি সত্বর গন্তব্যে পৌঁছবে এবং সেগুলির বিক্রয় সম্ভব হবে, যদি তারা রাবণের সঙ্গে ব্যবসা করে। এছাড়াও, রাবণের নির্দেশ অনুযায়ী, মারীচের নেতৃত্বে ভারত মহাসাগরের ব্যস্ততম বানিজ্যিক জলপথে ঘুরে বেড়ানো বিভিন্ন মালবাহী বানিজ্যপোতে যথেচ্ছ লুণ্ঠন চালাত রাবণের অত্যাধুনিক বানিজ্যপোতের এই বহর! বিদ্যুৎ ঝলকের মতো দ্রুত হাওয়ায় ভেসে তারা আসত, মালবাহী জাহাজে যথেচ্ছ লুঠতরাজ চালিয়ে, নাবিকদের হত্যা করে, জাহাজ ডুবিয়ে দিয়ে কোনো সাক্ষী না রেখে গভীর সাগরে বিলীন হয়ে যেত। আক্রান্ত জাহাজগুলির ভিতর রাজা কুবেরের জাহাজও থাকত, কিন্তু উপযুক্ত প্রমাণ না থাকায়, এই অপরাধে রাবণের উপর কোনো সন্দেহের অবকাশ ছিল না। মানুষ মনে করত এ হল গভীর সমুদ্রের ত্রাস, জলদস্যুদের কাজ!

বলাই বাহুল্য, শুধুমাত্র ঐশ্বর্যের লালসায় এই সমস্ত বানিজ্যপোত লুণ্ঠন করার অভিপ্রায় রাবণের ছিল না। সাগরে জলদস্যুদের ক্রমবর্ধমান আতঙ্কের বাতাবরণের সুবিধা নিয়ে, প্রহস্তের নেতৃত্বে তিনি এক ক্ষুদ্র সৈন্যদলের গোড়াপত্তন করেছিলেন। জনসমক্ষে এই সৈন্যদলকে তিনি তাঁর বহরের রক্ষীদল হিসাবে অভিহিত করেছিলেন। যদিও কোনো ব্যবসায়ীর পক্ষে তাঁর বানিজ্যপোতের রক্ষার্থে এইরূপ সশস্ত্র রক্ষীদল রাখা অস্বাভাবিক ছিল, তাও মানুষ ভাবল প্রভূত পরিমাণ লভ্যাংশ সুরক্ষিত করার জন্য এই দল অপরিহার্য। কিছু কিছু ব্যবসায়ী রাবণের এই রক্ষীদলের থেকে তাঁদের সম্পত্তি পাহারা দিতে সেনা ভাড়া করতে শুরু করল। ফলস্বরূপ, তাদের কাজে লাগিয়ে রাবণ শুধুমাত্র ভাড়া পেতে থাকলেন তা নয়, প্রত্যেক ব্যবসায়ীর বাণিজ্য সংক্রান্ত গোপন তথ্যাদি সহজেই তাঁর কাছে পৌঁছোতে লাগল!

অতি দ্রুত সর্বদিক থেকে অর্থপ্রাপ্তি ঘটতে থাকল। গোকর্ণে রাবণ অপেক্ষা ধনী ব্যবসায়ী আর কেউ ছিল না। তিনি অতি সত্বর সারা পৃথিবীর ধনীতম ব্যবসায়ী হিসাবে নিজেকে প্রতিষ্ঠা করার থেকে আর মাত্র কয়েক পা দূরে

ছিলেন। তাঁর বিত্ত ও প্রতিপত্তি এমন উচ্চতায় পৌঁছেছিল, যে তা রাজা কুবেরের নজরে পড়তে বাধ্য হল।

মলয়পুত্ররা যাতে তাঁদের ক্রয় করা প্রচুর পরিমাণে গূঢ়বস্তুর ব্যবহার নিয়ে বিন্দুমাত্র সন্দেহপ্রকাশ করতে না পারে, মারীচ সেই কারণে রাজা কুবেরের কাছে পুষ্পকবিমান ভাড়া করার উদ্দেশ্যে পৌঁছে গেলেন। তিনি এই বিমানের বিনিময় মূল্য নিয়ে প্রবলভাবে দরদস্তুর করেছিলেন, যাতে সেই মূল্য যথাযথ হয়।

বিচক্ষণ ব্যবসায়ী রাজা কুবের, মহা আগ্রহে রাজি হলেন, কারণ এই বিমানের রক্ষণাবেক্ষণ এতোটাই ব্যয়বহুল যে তিনি এর ব্যবহার একেবারেই বন্ধ করে দিয়েছিলেন। এবং অব্যবহৃত যে কোনো অন্য যন্ত্রের ন্যায়, সেটি পড়ে থেকে থেকে বিনষ্ট হওয়ার পথে অগ্রসর হচ্ছিল। তাই রাজা কুবের এটিকে যেমনভাবে সম্ভব, বিনিময়ের সুযোগ খুঁজছিলেন।

পুষ্পকবিমানের দখল নিয়েই, যে প্রথম কাজ মারীচ করলেন, তা হল, বিমানের অভ্যন্তরে রাজা কুবেরের স্থাপন করা যাবতীয় বিলাস ব্যসনের সামগ্রী বর্জন করা। স্বর্ণখচিত, নরম পালক দ্বারা নির্মিত বিশাল শয্যাটি নিষ্কাশিত হল, তারপর সুস্বাদু ভোজন রন্ধনের যাবতীয় উপকরণ খচিত বৃহৎ রন্ধনশালাটিও! তার কাজের জন্য প্রয়োজনীয় সমস্ত বস্তু ব্যতীত, সমগ্র বিমান হতে বিলাসের শেষ নিদর্শনটুকুও নির্মমভাবে উৎপাটিত হল। এই বস্তুগুলির বিয়োগে বিমানের ওজন প্রভূতভাবে হ্রাস পেতে, সেটি আকাশে ওড়াবার জন্য যে পরিমাণ জ্বালানি প্রয়োজন হতো, তার চেয়ে গূঢ়বস্তুর ব্যবহার ভীষণভাবে হ্রাস পেল! তাই অতি সহজেই এই পুষ্পকবিমান চালানোর ব্যয় কমানো গেল।

এছাড়াও, মারীচ এই বিমানের ব্যবহারের পরিমাণেও রাশ টানলেন। শুধুমাত্র দূরের দেশে যাত্রা করতে এর ব্যবহার সীমাবদ্ধ করে হল। এর মূল কাজ দূরদূরান্ত থেকে তথ্যাদি জোগাড় করে আনা, আর অতি দুর্মূল্য কিন্তু ওজনে ভারী নয় এমন বস্তু, যেমন হীরা জহরত বহন করা ধার্য হল। মাঝেমধ্যে এ সমস্ত কাজে মারীচের সঙ্গী হতেন রাবণ।

এইরকমের একটি যাত্রা সম্পর্কে রাবণের সঙ্গে আলোচনা করতে এসেছিলেন মারীচ।

শরীরচর্চা করতে করতে রাবণ গম্ভীরভাবে বললেন, 'এই তথ্য সম্বন্ধে আপনি নিশ্চিত তো?'

তাঁর প্রাসাদের দ্বিতীয় মহলের বারান্দায় অবস্থান করছিলেন মারীচ ও রাবণ। সাগরের দিকে মাথা উঁচু করে থাকা পর্বতের শিখরে এই প্রাসাদ। যতদূর চোখ যায়, সুদূরপ্রসারী নীল জলরাশি সম্বলিত ভারত মহাসাগরের দুরন্ত দৃশ্য উপভোগ করা যায়। সুদূর দিকচক্রবালে দৃষ্টি হারায়। প্রতি প্রত্যুষে রাবণ এইখানে এসে *সূর্য নমস্কার* করেন—সূর্যদেবের কাছে প্রার্থনা জানান। একে প্রাণায়াম বলে—শরীরচর্চা ও আধ্যাত্মিকতার অপূর্ব সংমিশ্রণ!

'হ্যাঁ, এই সৈনিক দক্ষিণ আলকেবুলানের,' বললেন মারীচ। 'একদম পাকা খবর। এ যা চাক্ষুস করেছে তাই বলছে!'

যে মানুষটির কথা বলা হচ্ছে, তার নাম লেথাবো, সে কুম্ভকর্ণের সঙ্গে কলিঙ্গ যাত্রা করেছিল। এক মাস পূর্বে, সে রাবণের জন্য একটি সন্দেশ নিয়ে এসেছিল, কিন্তু আহত হওয়ার কারণে, সে কলিঙ্গ রাজ্যে কুম্ভকর্ণের কাছে ফিরতে পারেনি, যিনি বর্তমানে বৈদ্যনাথে আছেন। এর সঙ্গে দেখা করতে মারীচ গোকর্ণ আয়ুরালয়ে গিয়েছিলেন, যেখানে এর চিকিৎসা হচ্ছিল। সেখানেই এর কাছে মারীচ জানতে পারেন আলকেবুলানের দক্ষিণতম বিন্দুর কাছে একাধিক বিশাল রত্নখনির অবস্থানের কথা। সেই স্থানের বিশেষত্ব হল একটি অবতল পর্বতের উপস্থিতি—যেটিকে সেখানকার মানুষ পিঁড়ি পর্বত নামেই অভিহিত করে!

'হুম ম ম...,' এই শব্দ ব্যতীত রাবণের মুখ থেকে আর কোনো শব্দ নির্গত হল না, যতক্ষণ না তাঁর প্রাণায়াম সম্পন্ন হল।

'রাবণ, আমরা যদি পুষ্পকবিমান নিয়ে ওই স্থানে যাত্রা করতে পারি, কিছু হীরা জহরত সংগ্রহ করতে পারলেই সমগ্র যাত্রার ব্যয় পূর্ণ হয়ে যাবে। আর আমরা যদি একটি খনি আবিষ্কার করতে সক্ষম হই এর পরের চিন্তা করার ভার আমি তোমার উপরেই ছাড়লাম!'

রাবণ বারান্দার শেষপ্রান্তে গিয়ে সুদৃশ্য বেড়ার উপর ভর করে দাঁড়ালেন। প্রথমে তিনি সাগরের দিকে দেখলেন, তারপর তাঁর দৃষ্টি চলে গেল দিকচক্রবালের দিকে!

'রাবণ!'

রাবণ সম্পূর্ণ নীরব!

'রাবণ, তোমার কী সিদ্ধান্ত?'

কোনো উত্তর নেই।

মারীচ দীর্ঘশ্বাস ত্যাগ করলেন, তিনি তাঁর ভাগিনেয়র কাছে অগ্রসর হয়ে তাঁর কাঁধে পরম মমতায় হাত রাখলেন।

'রাবণ...'

'কুম্ভ...'

'কী?'

রাবণ দিকচক্রবালের দিকে তাকিয়ে একটি জাহাজকে নির্দেশ করলেন। জাহাজটির সম্পূর্ণ পাল তোলা। সেটির শিখরে নিশান উড়ছে! কুম্ভকর্ণের নিশান!!!

'এতোটা দূরত্ব থেকে তুমি কীভাবে ওই জাহাজের নিশান নির্দিষ্ট করতে পারলে!' অবিশ্বাসের স্বরে প্রশ্ন করলেন মারীচ।

'ওটি কুম্ভকর্ণ! আমি সঠিক জানি!' বললেন রাবণ, তাঁর কণ্ঠে উত্তেজনা আর মুখমণ্ডলে প্রশান্তির ছটা।

পিছনদিকে ঘুরে তিনি প্রায় দৌড়ে বেরিয়ে গেলেন, আর যেতে যেতে রক্ষীদলকে নির্দেশ দিলেন তাঁকে অনুসরণ করতে। তিনি এখুনি একটি জাহাজে করে প্রিয়তম ভ্রাতাকে অভ্যর্থনা জানাতে অগ্রসর হবেন! তাঁর পক্ষে আর অপেক্ষা করা অসম্ভব!

যথাসম্ভব সত্বর তাঁর তথ্য প্রয়োজন!

কন্যাকুমারীর তথ্য!

'তুমি সঠিক বলছ?'

এক মুহূর্ত বিলম্ব না করে, রাবণ একটি জাহাজে চেপে বেরিয়ে পড়েছিলেন, এবং গোকর্ণের প্রধান বন্দরের কিছু দূরে, অনুজের সঙ্গে মিলিত হয়েছিলেন। তাঁর অগ্রজের এই অকস্মাৎ উপস্থিতিতে হতবাক হলেও, কুম্ভকর্ণ তাঁর অগ্রজের মানসিক অবস্থা সম্বন্ধে অবগত ছিলেন। তিনটি বছর অতিক্রান্ত হয়েছে এর মাঝে!

আবেগঘন এক মিলনপর্বের অবসানে, রাবণ অনুজ কুম্ভকর্ণকে একান্তে নিয়ে গেলেন জাহাজের উপরিভাগের পাটাতনের আরেক প্রান্তে। সেখানে দাঁড়িয়ে তিনি তাঁর প্রশ্নের প্লাবন শুরু করলেন—কন্যাকুমারী সম্পর্কে।

'হ্যাঁ দাদা, আমি সম্পূর্ণ নিশ্চিত। আমি নিজের চোখে ওনাকে প্রত্যক্ষ করেছি!'

রাবণের চোখে হর্ষের ছায়া, 'তুমি ওনাকে দেখেছ?'

কুম্ভকর্ণ হাসলেন, 'হ্যাঁ দাদা। আমার সৌভাগ্য!'

রাবণের মুখমণ্ডল আনন্দে উজ্জ্বল হয়ে উঠল, 'অবশ্যই! কিন্তু ওই স্থানের দূরত্ব কতটা?'

যে গ্রামে তিনি বসবাস করেন সেটির অবস্থান সাগরের থেকে অনেকটা দূরে। বলতে গেলে, তিনি বৈদ্যনাথ মন্দিরের খুব কাছে বাস করেন।'

'সত্যি বলছ? বৈদ্যনাথ মন্দির? তুমি যখন শিশু অবস্থায় ছিলে, তখন আমরা বেশ কিছুটা সময় ওই স্থানে বসবাস করেছি!'

'হ্যাঁ, সে বিষয়ে আমি অবগত,' বললেন কুম্ভকর্ণ, 'সম্পূর্ণ ঘটনা আমি মাতার কাছ থেকে জেনেছি!'

'কিন্তু এই বৈদ্যনাথ মন্দির স্থানীয় কন্যাকুমারীর মন্দিরের বেশ নিকটবর্তী, তাই না? এই স্থানটির নাম কী যেন? ত্রিকূট? কিন্তু তিনি সেই স্থানে কেন প্রত্যাগমন করবেন, যে স্থানে একদা তাঁকে দেবীরূপে পূজা করা হতো?'

'আপাতভাবে, যে স্থানে তাঁরা পূজিত হতেন, সেই স্থানে অবস্থিত কন্যাকুমারীর মন্দিরের নিকটেই প্রাক্তন কন্যাকুমারীরা বসবাস করেন, এই নিয়মের প্রচলন হয়ে আসছে বহুকাল। এ শুধু ত্রিকূটে অবস্থিত কন্যাকুমারী মন্দিরের ঘটনা নয়, সারা দেশে অন্যান্য কন্যাকুমারীর মন্দিরেও এই একই নিয়মের অভ্যাস। আমার মনে হয়, সারা দেশে এতো সংখ্যক প্রাক্তন কন্যাকুমারীদের জন্য একটি নির্দিষ্ট আয়ের ব্যবস্থা থাকার বিশেষ প্রয়োজন আছে, তাঁদের ভবিষ্যৎ জীবন সুরক্ষিত করতে!'

'হুম ম ম...' রাবণ তাঁর অনুজের কথা সেভাবে মনোযোগ সহকারে শুনছেন না।

বহুদিন পূর্বেই আমার বৈদ্যনাথে গমনের প্রয়োজন ছিল। তাঁর অন্বেষণে এটিই ছিল সর্বতোভাবে যুক্তিযুক্ত! আমি নির্বোধের ন্যায় কালাতিপাত করেছি। আমি বহু বছর বিনষ্ট করেছি!

'দাদা...!'

'কী?' তাঁর সম্বিত ফিরে আসতে উত্তর দিলেন রাবণ।

'আমি বলতে চাই যে ক্ষুদ্র হলেও একটি সমস্যা রয়েছে!'

'কী সমস্যা?'

'উম ম ম...!'

'আরে, ব্যক্ত করো! এমন কোনো সমস্যা থাকতে পারে না যেটির সমাধান করতে তোমার অগ্রজ অক্ষম!'

'দাদা, কন্যাকুমারী... তাঁর... তিনি বিবাহিত!'

রাবণ তাচ্ছিল্যের হাত নাড়িয়ে বিষয়টিকে উপেক্ষা করে বললেন, 'সেটা কোনো সমস্যাই নয়। আমরা সেটা সামলে নেব!'

'সামলে নেব? কেমন করে?' অধীর আগ্রহে জানতে চাইলেন কুম্ভকর্ণ।

'নির্বোধের ন্যায় কথা বোলো না কুম্ভ,' রাবণ অনুজকে মৃদু তিরস্কার করলেন, 'আমরা কি তাঁর স্বামীকে হত্যা করব নাকি? তা কী করে সম্ভব? তিনি যে কন্যাকুমারীর স্বামী! আমরা তাঁকে ক্রয় করে নেব!'

'কিন্তু...!'

'তুমি সে ভাবনা আমার উপরে ছেড়ে দাও! এখন বলো, কত সত্বর আমরা বৈদ্যনাথ অভিমুখে যাত্রা শুরু করতে পারি?'

'কিছু দিনের মধ্যেই পারি!'

'অতি উত্তম!'

কুম্ভকর্ণ হাসিতে ভেঙে পড়ে রাবণকে বললেন, 'আপনার আদেশ শিরোধার্য, ইরাইভা!'

রাবণের এই উপাধি 'ইরাইভা' অকম্পন প্রদত্ত। অকম্পনের মাতৃভূমি, ভারতের উত্তর-পশ্চিমদিকে বহুদূরে অবস্থিত পাশতুন অঞ্চলের ভাষা অনুযায়ী, এই শব্দের অর্থ হল প্রভুশ্রেষ্ঠ! এই উপাধি বর্তমানে লোকমুখে বহুদূর ছড়িয়ে পড়েছে—এর জনপ্রিয়তা তুমুল! রাবণের নাবিকদলের একাংশ তাঁকে এই নামে উল্লেখ করে!

অনুজকে আলিঙ্গন করার পরে পরম স্নেহে তাঁর মাথার চুলগুলি অবিন্যস্ত করে দিলেন রাবণ! তাঁর চেয়ে নয় বছরের কনিষ্ঠ হওয়া সত্বেও, কুম্ভকর্ণ উচ্চতায় অগ্রজের প্রায় কাছাকাছি!

'কিন্তু অবশ্যম্ভাবী প্রশ্নটি আপনি আমার সামনে এখনো রাখেননি, দাদা!' বললেন কুম্ভকর্ণ, 'আমার মনে হচ্ছে আমি দীর্ঘদিন বাইরে থাকার ফল এটি। এবং সময়ের সঙ্গে আপনার ক্ষুরধার বুদ্ধিও শ্লথ হয়ে পড়ছে!'

রাবণ মুখব্যাদান করে কুম্ভকর্ণকে পিছনে টেনে ধরলেন, 'কী সেই প্রশ্ন?'

'যার উত্তর আপনি সারাজীবন ধরে জানতে চেয়েছেন! আমায় প্রশ্ন করুন! আমার কাছে সেই প্রশ্নের উত্তর আছে!'

কুম্ভকর্ণের কথার অর্থ অনুধাবন করতে পেরে রাবণের মুখমণ্ডল আনন্দে উদ্ভাসিত হয়ে উঠল, 'তুমি জানতে পেরেছ? তুমি ওনার নাম জানতে পেরেছ?'

মৃদু হেসে কুম্ভকর্ণ সম্মতিসূচক মাথা নাড়লেন!

রাবণ অনুজের কাঁধে হাত রেখে ব্যগ্রভাবে প্রশ্ন করলেন, 'আমায় পূর্বেই বলবে তো, নির্বোধ! কী নাম ওনার?'

'বেদবতী!'

রাবণ শ্বাস নেওয়া স্থগিত রাখলেন! কোনো এক জাদুমন্ত্রের ন্যায় কন্যাকুমারীর নাম তাঁর কানে, সেখান থেকে তাঁর সারা শরীরে আর শেষে, সমগ্র আত্মায় ছড়িয়ে পড়ল!

বেদবতী!

পবিত্র বেদের থেকে উৎসারিত তাঁর নাম!

রাবণ তাঁর অনুজের চোখের সামনে থেকে তাঁর দৃষ্টি সরালেন, তিনি অসীম সাগরের দিকে তাকালেন। তাঁর মনে হতে লাগল ওই পবিত্র নামের উচ্চারণে তাঁর হৃদয় বিদীর্ণ হবে! তিনি ওই নাম সশব্দে উচ্চারণ করার ক্ষমতা রাখেন না। তাঁর আত্মা এই নামের ভার বহন করতে অক্ষম! তিনি তাই এই নামের প্রতিধ্বনি নিজের অন্তরের গভীরতম অন্তরালে নিরন্তর বেজে যেতে দিলেন!

বেদবতী...

১০

দশম অধ্যায়

আগামী প্রত্যুষে তাঁদের যাত্রা ধার্য হয়েছিল। তাঁদের বিশালতম বহরের দ্রুততম জলযানটিকে এই যাত্রার জন্য চয়ন করে প্রস্তুত করা হয়েছিল।

সূর্যদেব পাটে যেতে সৌভাগ্যবশত তাঁর দায়িত্ব কাঁধে তুলে নিয়েছিলেন চন্দ্রদেবতা-সোমদেব! সেই রাতটি ছিল এক অনিন্দ্যসুন্দর পূর্ণিমার রাত। সাগরের অনেকটা অংশ এবং গোকর্ণের বিস্তীর্ণ উপকূলের সিংহভাগ জ্যোৎস্নার আলোকের স্নিগ্ধ ছটায় অনেকটাই আলোকিত হয়ে উঠেছিল। আকাশ ছিল নির্মেঘ, এবং জাজ্বল্যমান নভমণ্ডল পৃথিবীর উপরে এক রত্নখচিত চাঁদোয়া নির্মাণ করেছিল! সাগর থেকে ভেসে আসা শীতল, আর্দ্র বাতাস চারিদিকে এক শান্তির বাতাবরণ তৈরি করেছিল। ব্যস্ত বাণিজ্যনগরীর ব্যস্ততা ধীরে ধীরে সম্পন্ন হয়ে আসায়, পরিমণ্ডল ছিল শান্ত ও কোলাহলহীন। রাবণ আকাশের দিকে মুখ তুলে চাইলেন।

বাতাসে ছিল ভালোবাসার স্পর্শ! প্রবল প্রতাপশালী জলদস্যু শিরোমণি রাবণ সেই বাতাস বুকভরে শুষে নিলেন!

আরো কিছুটা সুরাপান করা তিনি অধৈর্যভাবে বলে উঠলেন, 'আমার কাল সকাল হওয়া পর্যন্ত অপেক্ষা সইছে না!'

কুম্ভকর্ণ হাসলেন। অনেক অনুনয় করে তিনি অগ্রজের সুরাপানের নিমন্ত্রণ থেকে নিজেকে মুক্ত করতে সক্ষম হয়েছেন। তাঁদের মাতা গৃহেই উপস্থিত ছিলেন।

সুরার অপূর্ব স্বাদ গ্রহণ করতে করতে রাবণ আনন্দে তাঁর সুরাপাত্রটি

উপরে তুলে ধরেছেন! তিনি সুরার আধারের দিকে তাকালেন। তারপর তিনি কুম্ভকর্ণের সুরাপাত্রহীন হাতের দিকে তাকালেন।

'সত্যি?' অবাক হয়ে প্রশ্ন করলেন রাবণ, 'আমার কুঅভ্যাসগুলি তোমায় উনি অনুসরণ করতে নিষেধ করেছেন? কিছু কিছু সময়ে আমার ইচ্ছা করে...!'

কুম্ভকর্ণ তাঁর সুরামত্ত অগ্রজকে নিরস্ত করলেন, 'দাদা, এর কি কোনো প্রয়োজন আছে? তিনি আমাদের মাতা...'

দীর্ঘশ্বাস ত্যাগ করে রাবণ আরো কিছুটা সুরা গলায় ঢাললেন!

যদিও কুম্ভকর্ণ তাঁর মাতার ইচ্ছাকে, অন্তত তাঁর উপস্থিতিতে সম্মান করে চলতেন, কৈকেশীর অন্যান্য হিতোপদেশে তাঁর কনিষ্ঠ পুত্রও দৃকপাত করতেন না। কুম্ভকর্ণ অন্ধের ন্যায় তাঁর অগ্রজকে অনুসরণ করে চলতেন। তাঁর অগ্রজ তাঁর কাছে ছিলেন ভগবানতুল্য। তিনি রাবণের প্রতিটি অভ্যাসকে বিবেচনাহীন ভাবে অনুসরণ করে চলতে চাইতেন। তাঁর একটিমাত্র জিনিস ছিল অপছন্দের—কথায় কথায় রাবণের তাঁদের মাতার প্রতি অপমানসূচক ব্যবহার!

'ওনার সম্পর্কে আরো কিছু বলো,' বললেন রাবণ, 'কন্যাকুমারী...'

কুম্ভকর্ণ লক্ষ্য করেছিলেন, তাঁর নাম জানা সত্ত্বেও, রাবণ কখনো দেবী কন্যাকুমারীর নামোচ্চারণ করতেন না। তিনি চিন্তায় পড়ে গেলেন, বেদবতীর সম্বন্ধে রাবণকে আর কীই বা বলার আছে তাঁর। ইতিমধ্যেই তিনি তাঁর অগ্রজের কাছে বেদবতীর সম্পূর্ণ শারীরিক বিবরণ ব্যক্ত করেছেন। উল্লেখ করেছেন যে রাবণের দ্বারা সৃষ্টি চিত্রগুলি কী ভীষণভাবে তাঁর প্রতিটি অঙ্গপ্রত্যঙ্গের সাথে পুঙ্খানুপুঙ্খভাবে সদৃশ!

'তিনি সত্যই অনুপমা, দাদা!' বললেন কুম্ভকর্ণ, 'আপনি নিশ্চয় অবগত মানুষের জীবন অতিবাহিত করা কী ভীষণ কঠিন! প্রদেয় খাজনার উত্তরোত্তর বৃদ্ধি এবং কর্মহীনতা জীবনকে কতটা দুরূহ করে তুলেছে!'

সমগ্র সপ্তসিন্ধু প্রদেশে ব্যবসায়ীদের বিরুদ্ধে তৈরি করা বিভিন্ন আইনকানুন ব্যবসা-বানিজ্যের সুষ্ঠ পরিস্থিতির উপর ভীষণভাবে চাপ সৃষ্টি করে চলেছে। তার ওপর নাটকীয়ভাবে যোগ হয়েছে রাজস্বের হ্রাস পাওয়া! অন্যদিকে অবিরামভাবে চলতে থাকা যুদ্ধের বিশাল ব্যয়ভার যুক্ত হয়ে পরিস্থিতির আরো অবনতি ঘটিয়েছে। সেই ব্যয়ের ভার লাঘব করতে স্বভাবতই খাজনার পরিমাণ বৃদ্ধি করা হয়েছে! এই সমস্ত কারণে ব্যবসার হার এবং তার সঙ্গে ওতপ্রোতভাবে জড়িত কর্মসংস্থানের পরিমাণ ক্ষতিগ্রস্ত হচ্ছে। স্বাভাবিকভাবেই

এই সমস্ত কারণে জন্ম হয়েছে বিভিন্ন অসাধু কর্মকাণ্ডের। আর এই সমগ্র ঘটনাবলীর প্রকোপ গিয়ে বর্তেছে সাধারণ প্রজাদের উপর। সারা দেশ জুড়ে জন্ম হচ্ছে ক্ষুদ্রাতিক্ষুদ্র বিপ্লবের, যার প্রধান শিকার হচ্ছেন রাজতন্ত্রের অনুগামী কর্মী, জমিদার এবং সভাসদরা। কিন্তু এই বিশেষ মুহূর্তে রাবণ তাঁদের নিয়ে চিন্তা ভাবনা করার স্তরে বিচরণ করছিলেন না।

'আমাকে কন্যাকুমারীর সম্বন্ধে বলো!'

'এর সঙ্গে কন্যাকুমারীর সম্পর্ক রয়েছে। কন্যাকুমারীর স্বামী...'

রাবণের চোয়াল শক্ত হতে দেখে কুম্ভকর্ণ মাঝপথেই তাঁর বক্তব্য স্থগিত করলেন।

এক মুহূর্তের জন্য বিরক্তমুখে অন্যদিকে তাকিয়েই রাবণ পরমুহূর্তেই পুনরায় তাঁর ভ্রাতার দিকে তাকালেন, 'হ্যাঁ, তার কী হয়েছে?'

বলে চললেন কুম্ভকর্ণ, 'তার নাম পৃথ্বী। ভারতের সুদূর পশ্চিমে অবস্থিত বালোচিস্থান হতে আগত এই ব্যক্তি একজন ব্যবসায়ী, অথবা বলা ভালো, একজন ব্যবসায়ী ছিলেন! বহুবছর পূর্বে এই বৈদ্যনাথে এসে তিনি ব্যবসা শুরু করেছিল। কিন্তু এই কাজে তিনি সম্পূর্ণ অকৃতকার্য হন।'

'পর্যুদস্ত!'

রাবণের এই ঈর্ষাসূচক মন্তব্যের উত্তর প্রদান করার নির্বুদ্ধিতা বিচক্ষণ কুম্ভকর্ণ সযত্নে এড়িয়ে গেলেন! তিনি অবগত হয়েছিলেন এই পৃথ্বী একজন অতিশয় সৎ, নির্বিরোধী ভদ্র ব্যক্তি। যদিও তার ব্যবসায়িক বুদ্ধি খুব উঁচুদরের ছিল না!

'ব্যবসায় এই চূড়ান্ত বিফলতার কারণে,' বললেন কুম্ভকর্ণ, 'তিনি স্থানীয় জমিদারের কাছে প্রবলভাবে দেনায় জর্জরিত হয়ে পড়েন। এই দেনা শোধ করার হেতু, তিনি বর্তমানে সেই জমিদারের অধীনস্থ এক সামান্য কর্মচারী রূপে কর্মরত!'

'তাই তাঁর স্বামীর নির্বুদ্ধিতার খেসারৎ দেওয়ার কারণে কন্যাকুমারীকে এই সামান্য কার্যে লিপ্ত হতে বাধ্য হতে হয়েছে?'

'মনে হয় তিনি স্বেচ্ছায় এই কাজে নিজেকে লিপ্ত করেছেন, দাদা। তিনিও সেই জমিদারের অধীনেই কর্মরতা। তিনি যে প্রাক্তন কন্যাকুমারী তা এই অঞ্চলের মানুষের কাছে গোপন নেই, এবং তাঁকে প্রত্যেকে সম্মান করে। সেই কারণেই সম্ভবত, প্রয়োজনে জমিদার ও তাঁর প্রজাদের ভিতর

কোনোরকম অশান্তি ঘটলে তিনি সুচারুরূপে সেখানে শান্তি প্রতিস্থাপনে সমর্থ হয়ে থাকেন। জমিদারও তাঁর প্রজাদের ভরণপোষনে যথাযোগ্য নজর রাখতে বাধ্য থাকেন। যে স্থানে সম্ভব, তিনি তাঁর প্রজাদের জন্য কর্মসংস্থানের ব্যবস্থা দেখেন–তাঁর জমিতে অথবা চিলিকায় এবং তার সংলগ্ন স্থানে গড়ে ওঠা বিভিন্ন নির্মাণশালায়। সেই কারণেই তাদের বিপ্লবের অঙ্কুরেই বিনাশ ঘটেছে। সমগ্র সপ্তসিন্ধুতে তাই তাদের গ্রামের অপেক্ষা শান্তিপূর্ণ স্থান আর দুটি খুঁজে পাওয়া দুষ্কর। বর্তমান সমাজের পরিপ্রেক্ষিতে তাদের এই গ্রামে অশান্তি ও বিদ্বেষের কোনো স্থান নেই। এবং এই পরিস্থিতি সৃষ্টির মূল কারণ বেদবতীজির উপস্থিতি!'

কুম্ভকর্ণের মুখে সমগ্র বিবরণের ফলে রাবণের উপলব্ধি তাঁর বক্তব্যে প্রকাশ পায়, 'তাহলে আমাদের একমাত্র করণীয় হচ্ছে জমিদারের সমস্ত প্রদেয় দেনা শোধ করে দেওয়া, তাহলেই কন্যাকুমারী এর থেকে মুক্তি পাবেন?'

'উম... দাদা, শুনতে সহজ হলেও এই কর্ম সমাধা করা বেশ কঠিন!'

'এই কাজ অতীব সহজ! এই জীবনে তোমার অনেক কিছু শিক্ষার বাকি আছে। তোমার বয়স অতি অল্প!'

ভারতের পূর্ব উপকূলবর্তী এলাকা সংলগ্ন সাগরপথ ধরে রাবণের জলযান ব্রংগ অভিমুখে যাত্রা করছিল, পবিত্র গঙ্গানদীর মুখ লক্ষ্য করে। তাঁরা ঠিক করেছিলেন, নদীপথ ধরে বৈদ্যনাথের নিকটতম স্থানে পৌঁছবেন। সেই স্থান থেকে রাবণের সেনাদল পদব্রজে সেই পবিত্র মন্দির নগরীতে প্রবেশ করবেন। ময়ূরাক্ষী নদী বৈদ্যনাথের সন্নিকটে নিজের যাত্রা শুরু করে পূর্বে গঙ্গানদীর প্রশাখায় মিলিত হয়েছে। একজন শিক্ষানবিশ নাবিকের ভ্রান্ত ধারণা হতে পারে যে এই ময়ূরাক্ষীর গতিপথ ধরে যাত্রা করলে অতি সত্বর বৈদ্যনাথে পৌঁছে যাওয়া যেতে পারে। কিন্তু রাবণ কখনোই একজন শিক্ষানবিশ নাবিক ছিলেন না। তিনি এই ব্যাপারে ভালোমতন অবগত যে এই ময়ূরাক্ষী নদী এক বন্যাপ্রবণ নদী, এবং এটি এক প্রবল চোরাস্রোত সম্বলিত বিপদসংকুল নদী! এর উপর দিয়ে যাত্রা করা এক সমূহ বিপজ্জনক কাজ, এবং এখানে অতি ধীরে অগ্রসর হওয়াই বিচক্ষণতার পরিচয়। এর চেয়ে গঙ্গানদীর উপর

দিয়ে যাত্রা করে নগরীর সন্নিকটে পৌঁছে, তারপর পদব্রজে অথবা অশ্বে সওয়ার হয়ে অগ্রসর হওয়াই শ্রেয়।

খেলাচ্ছলে কুম্ভকর্ণের বিশাল উদরে হাল্কা চাপড় মেরে রাবণ সহর্ষে বললেন, 'তোমার পক্ষে এই সুদীর্ঘ পথ অশ্বারোহণ দ্বারা বৈদ্যনাথে পৌছনো কি আদৌ সম্ভবপর হবে?'

ভাতৃদ্বয় জাহাজের উপরিভাগের পাটাতনের উপরে অলিন্দের ভিতর দিয়ে জাহাজচালনাকারী প্রধান সারেঙ্গের কক্ষ অভিমুখে চলেছেন। পাটাতনের উপরে কিছু পূর্বেই রাবণ তাঁর প্রিয় বাদ্যযন্ত্রী সূর্যের সঙ্গতে একঘণ্টা ব্যাপী নৃত্যের অনুশীলন সম্পন্ন করেছেন। কিছুকাল পূর্বে প্রচুর অর্থ ব্যয় করে তিনি সূর্যকে এই কর্মে নিযুক্ত করেছিলেন, এবং তাঁকে ও তাঁর সহধর্মিণী অন্নপূর্ণাকে তাঁদের এই অভিযানে অন্তর্ভুক্ত করেছিলেন, যাতে তিনি এই কঠিন নৃত্যশৈলী সম্পূর্ণভাবে রপ্ত করার অনুশীলন চালিয়ে যেতে সক্ষম হতে পারেন।

কুম্ভকর্ণ তাঁর মুখমণ্ডলে এক কপট ভক্তিভাব ফুটিয়ে তুলে বললেন, 'আমার কারণে দুশ্চিন্তা করবেন না দাদা! ওই দৈব নামের উচ্চারণ মাত্রই আমার শ্বাসপ্রশ্বাস বন্ধ হওয়ার উপক্রম হয় না! আমি সেই ব্যক্তি নই!'

এই কৌতুকময় মুহূর্তের অবতারণায় রাবণ অট্টহাস্যে ফেটে পড়লেন, এবং অগ্রজের কাঁধে হাত রেখে আরো তীব্র হাসিতে ভেঙে পড়লেন কুম্ভকর্ণ! দুজনে একটি অপরিসর কক্ষে প্রবেশ করতে, কুম্ভকর্ণ দুয়ারে আগল দিলেন। কক্ষে রক্ষিত একটি সুসজ্জিত আলমারি থেকে সুদৃশ্য একটি পানাধার এবং সুরাপাত্র বার করে এনে নিজের জন্য সুরা প্রস্তুত করলেন।

তারপর সেই পাত্রটিকে হাতে তুলে ধরে বললেন, 'মাতা এই স্থানে অনুপস্থিত, তুমি কি আমায় সঙ্গত করবে কুম্ভ?'

'আমি পূর্বেই কিছুটা সুরাপান করেছি দাদা!' কুম্ভকর্ণের সহাস্য উত্তর, 'কিন্তু সাগরে যাত্রাকালীন আমার পান করতে ইচ্ছা যায় না। তাতে আমার বমনেচ্ছার উদ্রেক হয়!'

'ছি...!' রাবণ মুখব্যাদান করলেন, 'সেটা আমার জানার কোনো প্রয়োজন নেই!' তিনি জাহাজের বর্তুলাকার জানালার পাশে বসলেন, অনুজের থেকে কিছুটা দূরত্ব অবলম্বন করেই! তিনি বললেন, 'আমি অবগত যে ইতিমধ্যেই তুমি সুরাপানে অভ্যস্ত হয়ে উঠেছ! এবার আমার দায়িত্ব তোমায় নারীর স্বাদ আহরণের অভিজ্ঞতা অর্জন করানোর। এই পথেই বেশ কিছু উৎকৃষ্ট

বারাঙ্গনার বাস। আমরা সেগুলির একটিতে থামব, চলো আজই তোমায় নারী শরীরের স্বাদ আঘ্রাণ করাই!'

কুম্ভকর্ণ অপ্রতিভ হাসিতে নিজের অপ্রস্তুত অবস্থা লুকোনোর চেষ্টা করলেন। তিনি লজ্জা পাচ্ছিলেন, সঙ্গে মনে মনে উত্তেজিতও হচ্ছিলেন। এ বিষয়ে তিনি প্রচুর ঘটনা শুনেছেন। কিন্তু নারীর সঙ্গলাভে পুরুষের ঠিক কী করণীয় তা প্রচ্ছন্নভাবে তাঁর জ্ঞানের বহির্ভূত ছিল!

'নারীদের একমাত্র সমস্যা হচ্ছে তাদের মুখ!' বললেন রাবণ, 'তারা কথা বলে! এবং সবচেয়ে বিরক্তিকর হল, তারা না বুঝে কথা বলে। তুমি তো জানো পৃথিবীতে বেশির ভাগ মানুষের বিশ্বাস হল মাথার উপর স্বর্গ, আর ভূমির নীচে পাতালের উপস্থিতি। কিন্তু নারীদের চিন্তাধারায়, ব্যাপারটা সম্পূর্ণ বিপরীত! তারা বিশ্বাস করে, স্বর্গ পায়ের নীচে আর নরকের অবস্থান মাথার উপরে, আকাশে!'

এই কথা বলে রাবণ নিজেই কৌতুকে হেসে উঠলেন... তাঁর দেখাদেখি কুম্ভকর্ণ সেই হাসিতে যোগ দিলেন।

'আপনার উক্তি কিন্তু সমস্ত নারীর ক্ষেত্রে প্রযোজ্য নয়, দাদা!' তিনি বললেন, 'যখন বেদবতীজি কথা বলেন, তাঁর প্রতিটি কথার মধ্যে থাকে জ্ঞানের উৎকর্ষ!'

কিন্তু তাঁর বক্তব্য শেষ করার আগেই রাবণের বাধাপ্রদানে কুম্ভকর্ণের কণ্ঠরুদ্ধ হল, 'কিন্তু কন্যাকুমারী সাধারণ কোনো নারী নন ভ্রাতা! তিনি এক জীবন্ত দেবী!'

'হ্যাঁ, নিশ্চয় দাদা!'

রাবণ গবাক্ষের বাইরে তাঁর দৃষ্টি প্রসারিত করলেন, হাতে ধরা সুরাপাত্রে চুমুক দিতে দিতে। তিনি চিন্তা করছিলেন, কন্যাকুমারীর সঙ্গে তাঁর সাক্ষাতে তিনি তাঁকে কী বলবেন! তিনি কীভাবে তাঁর প্রেয়সীর সম্মুখে প্রেম নিবেদন করবেন!

দেবীর তো তাঁকে প্রত্যাখ্যান করার কোনো কারণ নেই! বিশেষত যখন তাঁর সম্বন্ধে রাবণের প্রেমের পরিচয় পাবেন! কী হবে যখন তিনি রাবণের প্রতাপ, বিত্ত ও প্রবল ক্ষমতার পরিচয় পাবেন! তিনি কি বুঝবেন রাবণ সর্বতোভাবেই তাঁর প্রেমিক হওয়ার উপযুক্ত!

'দাদা, একটি বিষয় আমি আপনার সামনে স্বীকার করতে চাই। এবং

আপনাকে এই ব্যাপারে স্থির সিদ্ধান্ত নিতে হবে,' কুম্ভকর্ণের কথায় রাবণের চিন্তায় ছেদ পড়ল সাময়িকভাবে।

ভ্রাতার গম্ভীর অভিব্যক্তি লক্ষ্য করে, রাবণের মুখমণ্ডলেও গাম্ভীর্যের ছায়া নেমে আসে, 'কী হয়েছে?'

দ্বিধাপূর্ণ স্বরে কুম্ভকর্ণ বললেন, 'আসলে যা হয়েছে...'

'কী হয়েছে কুম্ভ? আমায় বলে ফেলো শীঘ্র!'

'দাদা, আমার কথার অন্য অর্থ করবেন না... কিন্তু আমার মনে হয়, কন্যাকুমারী আপনার নৃত্যে একেবারেই প্রভাবিত হবেন না। তাই দয়া করে আপনি এই নৃত্য পরিবেশনের কষ্ট করবেন না! আমি আপনাকে নিশ্চিতভাবেই বলছি, আপনার এই নৃত্য দেখে তিনি দৌড়ে পলায়ন করবেন!'

কাছেই পড়ে থাকা একটি ক্ষুদ্র তাকিয়া তুলে রাবণ সেটি কুম্ভকর্ণকে লক্ষ্য করে সজোরে নিক্ষেপ করতে, তিনি হাসতে হাসতে লুটিয়ে পড়লেন!

রাবণও সেই হাসিতে যোগ দিয়েছেন, 'তুমি আর মোটেই সেই ছোট বালক নও, যাকে মাতার চিন্তা অনুযায়ী আমার দ্বারা ক্ষতিসাধন করা সম্ভব!'

কুম্ভকর্ণ হাসলেন, 'আমি আপনার দ্বারা প্রাণিত, দাদা!'

রাবণ পুনরায় আরেকটি তাকিয়া অনুজকে লক্ষ্য করে নিক্ষেপ করতে, তিনি অনায়াসে সেটিকে লুফে নিয়ে তাঁর পিঠের নীচে রেখে দিলেন, 'আপাতত আর প্রয়োজন নেই, এই কটি তাকিয়া আমায় আরাম দিতে যথেষ্ট, অনেক ধন্যবাদ দাদা!'

সারা কক্ষ হাসির রোলে ভরে উঠল। উল্লাসের হাসিতে চোখ থেকে নির্গত অশ্রু মুছে ফেলে পরম স্নেহের দৃষ্টিতে অনুজের দিকে তাকালেন রাবণ। তিনি ভ্রাতার প্রতি গর্বিত এইরকম কয়েকটি আনন্দের মুহূর্ত তাঁকে প্রদান করার জন্য, কারণ এই বিশেষ মুহূর্তগুলিতে তাঁর নাভিমূলের যন্ত্রণা সম্পূর্ণরূপে নির্মূল হয়ে যায়! নতুন আশায় ও আনন্দে ভরে ওঠে তাঁর হৃদয়!

—১০।—

অসংলগ্ন পদক্ষেপে জাহাজে প্রত্যাবর্তনের সময়ে কুম্ভকর্ণের মুখমণ্ডলে খেলা করছিল তৃপ্তিসুখের অভিব্যক্তি।

রাবণ তাঁর অনুজের কাঁধে হাত স্থাপন করে, তাঁর কানের কাছে মুখ নিয়ে গিয়ে প্রশ্ন করলেন, 'কেমন অভিজ্ঞতা হল?'

তাঁরা মহুয়া দ্বীপে অবতরণ করেছিলেন, এবং কুম্ভকর্ণ তাঁর জীবনে প্রথমবার বারাঙ্গনা সান্নিধ্যলাভ করলেন। গঙ্গা নদীর পশ্চিমে সর্বশেষ প্রান্তের প্রশাখার মুখে অবস্থিত এই দ্বীপ, যে স্থানে এই নদী জলের এবং উর্বর পলিমাটির গুরুভারে শ্লথ হয়ে পূর্বসাগরে বিলীন হয়েছে। এইখানেই বসন্তপলা নাম্নী এক মহিলা দ্বারা চালিত এই নিষিদ্ধ পল্লীর অবস্থান, যা এই সমগ্র অঞ্চলে বিশেষভাবে পরিচিত স্থান। সেই কারণেই রাবণ এই স্থানটি চয়ন করেছিলেন তাঁর অনুজের সাবালকত্ব অর্জনের পাঠশালা হিসাবে।

বসন্তপলার পরামর্শে রাবণ তাঁর অনুজের জন্য জাবিবি নামের এক বিখ্যাত বারাঙ্গনাকে বায়না করেছিলেন। সুদূর আরবদেশ থেকে অতি সম্প্রতি আগমন ঘটেছিল এই জাবিবির, সে ভারতে এসেছিল তাঁর ভাগ্য অন্বেষণে। সে রূপে গুণে স্বর্গের অপ্সরার অপেক্ষা কোনো অংশে কম নয়। উদ্ভিন্নযৌবনা, পেলব সুঠাম চেহারা আর ঘনকৃষ্ণ কালো চুলে তার রূপে সে ছিল দেবভোগ্যা। যদিও এই দ্বীপে সে নবাগতা, তাও এই অল্প সময়েই সে তার রূপযৌবন ও অসামান্য বেশভূষার জন্য বিখ্যাত হয়ে উঠেছিল। সর্বোপরি, সে রতিক্রীড়ায় ছিল বিশেষ অভিজ্ঞতাসম্পন্না!

কুম্ভকর্ণের জন্য পৃথিবীর উৎকৃষ্টতম উপকরণের ব্যবস্থা করেছিলেন অগ্রজ রাবণ!

'সম্ভবত আমি প্রেমে পড়েছি,' নেশা ধরা কণ্ঠে বললেন কুম্ভকর্ণ, তিনি একাধারে বিকারগ্রস্ত ও উত্তেজিত!

রাবণ অট্টহাস্য করে উঠলেন। তিনি সামনে কিছুটা এগিয়ে গেলেন, পরমুহূর্তে খেয়াল করলেন যে তাঁর অনুজ তাঁর পাশে নেই!

কুম্ভকর্ণ কিছুটা পিছনে কাঠের মতো দাঁড়িয়ে স্বপ্নালু চোখে সকালের নির্মল রূপসুধা পান করছেন। কাঁধের উপর বাড়তি দুটি হাত কিছুটা নেতিয়ে পড়েছে, যেন তারা সারাদিনের ব্যস্ততার পরে অবসাদগ্রস্ত, 'দাদা, আমি কৌতুক করছি না, আমি ওকে সত্যি ভালোবেসে ফেলেছি!'

রাবণের ভ্রূকুঞ্চিত হয়ে উঠল!

'আমি ওকে এখানে ছেড়ে যেতে পারব না! আমি কি ওকে সারাজীবনের জন্য পেতে পারি না? আমি কি ওর সঙ্গে পরিণয় সম্পন্ন করতে পারি না?'

রাবণ ফিরে গেলেন সেই স্থানে, যেখানে কুম্ভকর্ণ দাঁড়িয়ে পড়েছিলেন, সস্নেহে তাঁর কাঁধে হাত রেখে অনিচ্ছুক অনুজকে সঙ্গে নিয়ে পুনরায় অগ্রসর হতে লাগলেন।

'দাদা, আমি কিন্তু সত্যি কথা বলছি...!'

'কুম্ভ, জাবিবির মতো নারীরা ব্যবহার করার জন্য, ভালোবাসার জন্য নয়!'

সেই মুহূর্তে কুম্ভকর্ণের ক্রোধান্ধ মুখমণ্ডল দেখে রাবণ স্তম্ভিত হয়ে নীরব হলেন!

'দাদা, জাবিবির সম্বন্ধে এইরূপ কথা আপনি বলবেন না!'

'এ ছিল বিনিময়, কুম্ভ। ও তোমাকে সুখ প্রদান করেছে, বিনিময়ে তুমি ওকে অর্থ প্রদান করেছ। তোমার প্রতি ওর ভালোবাসা নেই। ওর একমাত্র ভালোবাসা অর্থের প্রতি!'

'না, না! আপনি জানেন না ও আমায় কী বলেছে! সে বিশ্বাসই করতে পারেনি যে আমি একজন কিশোর! সে বলেছে আমার ন্যায় পুরুষ তার কাছে অনাস্বাদিত!'

'আমি ওকে অর্থপ্রদান করেছি। এটিই ওর পেশা! তুমি নিজের সম্বন্ধে ঠিক যা যা শুনতে চেয়েছ ও ঠিক তাই বলেছে!'

'কিন্তু সে আমার ভালো লাগবে বলে একটি কথাও বলেনি। তার কথাগুলি অন্তর থেকে নিঃসৃত হয়েছে! সে তো একবারও বলেনি আমার চেহারা কন্দর্পকান্তি! আমি জানি আমি কুরূপ। কিন্তু সে আমার বুদ্ধিমান হিসাবে অভিহিত করেছে! যে কথাটি একদম যথার্থ! এবং আমি শক্তিশালী! এবং...' কুম্ভকর্ণ সলজ্জ হাসলেন, 'আমি রতিক্রিয়ায় পারদর্শী!'

রাবণ পুনরায় হাসি চাপতে অক্ষম হলেন, 'আমার ছেলেমানুষ ভ্রাতা কুম্ভ! এই পৃথিবী স্বার্থচালিত। প্রতিটি মানুষ স্বার্থপর। তারা তাদের অভীষ্ট পূরণ করার হেতু তোমার মন জুগিয়ে বিভিন্নরকমের কথায় তোমার মন ভোলাবে! তোমায় এদেরকে নিজের স্বার্থেই ব্যবহার করতে শিখতে হবে। পৃথিবী এভাবেই চলে!'

'কিন্তু দাদা, জাবিবি অন্যরকমের। সে...'

'সেও সম্পূর্ণ একই রকমের। বরং সে তার চাহিদার ব্যাপারে পুরোপুরি সৎ। সে চায় অর্থ। বিনিময়ে সে তোমায় রতিপ্রদান করবে। এই হল সোজা কথা। কিছু মানুষ সম্মান চায়। কেন? আমার জানা নেই। কিন্তু তারা চায়।

তাই, তাদের চাহিদা পূরণ করো। তাদের একটি সম্মানজনক মৃত্যু উপহার দাও। এবং সেখান থেকে লাভ করো। কিছু নারীর ধারণা যে তাদের রূপের প্রদর্শন করে কার্যসমাধা করাই হল তাদের ক্ষমতা। তাদের সম্মানার্থে, তাদের সম্ভোগ করে তাদের বর্জন করো। কেউ তোমায় ব্যবহার করার পূর্বে তুমি তাদেরকে ব্যবহার করো। বেশির ভাগ মানুষ হল ঘৃণ্য, নীচ প্রকৃতির। অনেকে মুখোশ পরে থাকে জীবনভর। যারা নিজেদের কাছে সৎ, তারাই সাফল্যের মুখ দর্শন করতে সক্ষম হয়। সেরকম জাবিবিও সৎ! তার তোমাকে নিয়ে কোনো আগ্রহ মাত্র নেই। সে শুধু নিজের কথাই ভাবে। তার এখানে আগমনের হেতু আগামী কয়েক বছরে যথেষ্ট অর্থ উপার্জন করে, আরবদেশে তার স্বামীর কাছে প্রত্যাবর্তন করা।'

কুম্ভকর্ণ হতভম্ব, 'ও বিবাহিত? ও আমার সঙ্গে মিথ্যাচার করল?'

'হ্যাঁ, সে তোমায় মিথ্যা বলেছে। কিন্তু তা সত্ত্বেও সে নিজের সত্তার কাছে মিথ্যাচার করেনি! তোমার অবাক হওয়ার কিছু নেই। বরং তোমার ওর কাছ থেকে শিক্ষা নেওয়া উচিত! তোমার চাহিদা সম্পর্কে সর্বদা পরিষ্কার থাকবে। কিন্তু সেই চাহিদা সর্বজনবিদিত করবে না। সেই গোপনীয়তা তোমায় তোমার অভীষ্ট লক্ষ্যে পৌঁছোতে সাহায্য করবে!'

অগ্রজের সমস্ত কথা শুনে কুম্ভকর্ণ বেশ কিছুক্ষণ নীরব হয়ে রইলেন, তিনি গভীর চিন্তায় মগ্ন। শেষে তিনি বললেন, 'সেই কারণেই কি আমরা কুবের রাজার বানিজ্যপোত আক্রমণ করছি? কিন্তু আমরা সেই কাজ এমনভাবে সম্পন্ন করছি যাতে মনে হয় সেগুলি জলদস্যুদের কাণ্ড?'

'একদম যথার্থ! এই তো তুমি ইতিমধ্যেই শিক্ষা নিতে শুরু করেছ। কুবেরের শক্তি বা ক্ষমতা হচ্ছে তাঁর বিপুল ধনরাশি, এবং তা থেকে আমরা যতটা সরিয়ে নিতে সক্ষম হব, ততই তাঁর প্রভাব, প্রতাপ হ্রাস পেতে থাকবে! অগত্যা নিরুপায় হয়ে তিনি মুখাপেক্ষী হবেন এই লঙ্কাদ্বীপের একমাত্র ক্ষমতাশালী মানুষের, যার অধীনে একটি বিশাল প্রশিক্ষণপ্রাপ্ত, সশস্ত্র সেনাবাহিনী বর্তমান—অর্থাৎ কিনা আমি! তাঁর কোষাগারের সুরক্ষার দায়িত্ব আমার উপরে বর্তাবে। আমি অবশ্যই অসহায় মানুষটির দিকে সাহায্যের হাত প্রসারিত করব। এভাবেই আমার এই লঙ্কাদ্বীপের প্রধান সেনাপতি হওয়ার পথে আর কোনো বাধা অবশিষ্ট থাকবে না! আর সেই অবস্থান থেকে অচিরেই এই প্রদেশের রাজা হওয়ার পথ নিষ্কণ্টক হয়ে যাবে আমার সম্মুখে!'

গর্বে কুম্ভকর্ণের বুকের ছাতি প্রসারিত হল, 'আমার ভ্রাতা, লঙ্কার রাজা!'

রাবণ হাসলেন, 'সর্বদা স্মরণে রাখবে কেন আমরা শক্তিশালী, কেন আমরা সর্বদা সফল! এর একমাত্র কারণ আমরা কখনো এই কথা ভেবে মুর্খামি করি না, যে আমরা উত্তম অথবা সম্মানীয়। আমরা অবগত আমরা কারা। সেই সত্য মেনেই আমরা চলি। সেই কারণেই আমরা সদা সফল! সেই কারণেই ভবিষ্যতেও আমরা কখনো পরাজয়ের মুখ দেখব না!'

'অবশ্যই, দাদা!'

দৃপ্ত পদক্ষেপে রাবণ অগ্রসর হতে থাকলেন, তাঁর গতির সঙ্গে কুম্ভকর্ণকে পাল্লা দিতে রীতিমতো বেগ পেতে হচ্ছিল!

১১

একাদশ অধ্যায়

'আমাদের ফিরে যেতে হবে, দাদা!'

'কুম্ভ, নির্বুদ্ধিতার কাজ কোরো না! যাও তোমার কক্ষে পদার্পণ করো!'

কিছু ঘণ্টার ভিতর তাঁদের জলযান মহুয়া দ্বীপ ছেড়ে পুনরায় যাত্রা শুরু করবে। এইমাত্র কুম্ভকর্ণ কিছু গুরুত্বপূর্ণ সংবাদ বহন করে ব্যস্তভাবে রাবণের কক্ষে উপস্থিত হয়েছিলেন। পূর্বে, তিনি যে সময়ে জাবিবির সঙ্গে তাঁর স্বপ্নের মুহূর্তগুলি উপভোগ করছিলেন, সেই সময় একটি আট বছরের বালিকা তাঁকে সুরা ও খাদ্য পরিবেশন করেছিল। তিনি স্বভাবতই তার দিকে দৃকপাতও করেননি। সেই বালিকা কক্ষত্যাগ করার পূর্বে, একটি কেদারার পাশে কিছু সময় অতিবাহিত করেছিল, যেখানে কুম্ভকর্ণ অঙ্গবস্ত্র পরিত্যাগ করেছিলেন। সে সম্বন্ধে তিনি সেই মুহূর্তে কিছু ভাবেননি।

কিন্তু জাহাজের কক্ষে প্রত্যাবর্তনের পরে, তিনি সেই বস্ত্রখণ্ডের এক কোণে একটি ক্ষুদ্র গিঁটের উপস্থিতি লক্ষ্য করলেন। সেটি খুলে তিনিই একখণ্ড কাগজের টুকরো পেয়েছিলেন যার উপরে মাত্র দুটি শব্দের উপস্থিতি। সেই হস্তাক্ষর কোনো শিশুর বলে মনে হয়। তিনি সংশ্লিষ্ট কাগজখানি অগ্রজের হাতে সমর্পণ করলেন।

রাবণ সেটি সশব্দে পাঠ করলেন, 'সাহায্য চাই!'

'আমাদের তাকে সাহায্য করতেই হবে!'

'কাকে সাহায্য করতে হবে?'

'নিষিদ্ধপল্লীতে ওই ছোট বালিকাটির!'

'তুমি কীভাবে নিশ্চিত হচ্ছ এই হস্তাক্ষর তারই?'

'আমি জানি দাদা। তাকে দেখেই মনে হয়েছিল সে দুর্দশাগ্রস্ত অবস্থায় রয়েছে! এখন আমি স্মরণ করতে পারছি, তার চোখে আতঙ্কের দৃষ্টি প্রত্যক্ষ করেছি আমি! সে আমাদের সাহায্যপ্রার্থী!'

'কুম্ভ, কিছুমাত্র পূর্বে এই নিয়ে তোমায় আমি অনেক কথা বলেছি! মানুষকে নিজের কাজে ব্যবহার করতে পারি বলেই আজ আমরা প্রতি কাজে সফলতার স্বাদ আহরণ করতে সক্ষম। আমরা মানুষের উপকার করতে আসিনি!'

'দাদা, আপনিই কোনো সময়ে আমাকে শিখিয়েছিলেন কেউ বিপদে পড়লে আমাদের উচিত তাকে সাধ্যমত সাহায্য করা—এবং তারপর তাকে নিজের দাসত্বে নিয়োগ করা! বালিকাটির উপর যদি কেউ অত্যাচার করে, এবং আমরা যদি তাকে এই অবস্থা থেকে উদ্ধার করতে সক্ষম হই, তাহলে সে সারাজীবন আমাদের কাছে কৃতজ্ঞ থাকবে, এবং সে আমাদের কাজে আসতে পারে!'

'এটি সম্পূর্ণ নির্বুদ্ধিতার লক্ষণ, কুম্ভ! তুমি ওকে সাহায্য করতে ব্যগ্র এবং সেই কাজে সফল হওয়ার কারণে তুমি তোমার অমূলক যুক্তি সাজাচ্ছ!'

'হয়তো ঠিক তাই। কিন্তু এই সামান্য কাজে আমাদের বিশাল কোন মূল্য দিতে হবে না। একটি ছোট বালিকাকে নিজেদের অনুগত পরিচারিকায় রূপান্তরিত করতে আমাদের কী এমন ব্যয় করতে হবে? কিন্তু আমি বলছি বালিকাটি আমাদের কাজে আসবে। আমি তার চোখে বিশেষ স্পৃহা দেখেছি!'

'এক মুহূর্ত পূর্বে তুমি বলেছিলে তুমি তার চোখে আতঙ্কের অভিব্যক্তি প্রত্যক্ষ করেছিলে! সঠিক করে বলো, সেটা কি আতঙ্ক ছিল নাকি প্রতিভার আগুন?'

'দাদা, আপনাকে পুনরায় বলছি। এই বালিকা আমাদের কাজে আসবে!'

স্পষ্টতই হতাশায় মাথা নাড়লেন রাবণ! তারপর তিনি বিরক্তমুখে কুম্ভকর্ণের দিকে একটি আঙুল নির্দেশ করে বললেন, 'এই শেষবারের মতো তোমার মুখ চেয়ে আমি কোনো অচেনা মানুষের উপকারের উদ্যোগ নিতে উদ্যত হচ্ছি!'

'এটি সামান্য উপকার নয়, দাদা! এটি ব্যবসার অঙ্গ। এবং এটি আমাদের কাছে লাভদায়ক হিসাবে প্রতিপন্ন হবে! আমার উপরে দয়া করে বিশ্বাস রাখুন!'

'বসন্তপলা, আমি যে অর্থমূল্য তোমায় প্রদান করছি তা যুক্তিপূর্ণ,' অধৈর্যভাবে বললেন রাবণ, 'দশটি স্বর্ণমুদ্রা! এই অর্থ গ্রহণ করে কার্য সম্পন্ন করো। আমার সময় ব্যয় কোরো না!'

রাবণ ও কুম্ভকর্ণ তাঁদের বিশজন সেনা নিয়ে বসন্তপলার আস্তানায় প্রত্যাগমন করেছিলেন। রাবণ ভেবেছিলেন এই কাজটি অতি সহজেই সম্পন্ন হবে, কিন্তু তাঁর জন্য চমক অপেক্ষা করছিল!'

যে বালিকাটিকে তাঁরা উদ্ধার করতে এসেছিলেন সে দেওয়ালে ঠেস দিয়ে দাঁড়িয়েছিল। হাতজোড় করে, নতমস্তকে। তার ছোট শরীরটি উত্তেজনায় কম্পমান— সম্ভবত ভয়ে, কিংবা সম্ভাব্য স্বাধীনতার সম্ভাবনায়!

'এই কর্ম অতি দুষ্কর, প্রভু,' বসন্তপলা বলল, 'মাত্র দশটি স্বর্ণমুদ্রা বালিকাটির বিনিময়ে যথেষ্ট নয়!'

রাবণ স্পষ্টতই বিরক্ত, 'এতো বছর ধরে তুমি আমার কাছ থেকে কম অর্থ উপার্জন করোনি, বসন্তপলা! নির্বুদ্ধিতার কাজ করো না। অতি সহজেই তুমি আরেকটি বালক অথবা বালিকা তোমার কাজে সংগ্রহ করতে সক্ষম! বর্তমানে প্রত্যেকের কর্মসংস্থান অতি প্রয়োজন!'

'এই বালিকাটি সামান্য এক পরিচারিকা নয়!'

রাবণ পুনরায় বালিকাটির দিকে চোখ ফেরালেন। তার হাতে ও পায়ে বেড়ির বন্ধনের দাগ প্রকট হয়ে উঠেছে — যার থেকে সহজেই অনুমেয় প্রায়শই তাকে বন্ধনে আবদ্ধ করে রাখা হয়! তিনি অবগত ছিলেন অনেক বিকৃতকাম পুরুষ বন্ধনে আবদ্ধ কমবয়সি বালক বালিকাদের সঙ্গে রতিমত্ত হতে পছন্দ করে। এই কাজটি কখনোই তাঁর বোধগম্য হয়নি। এটি একটি নারকীয় কাজ! জঘন্যতম!

'তাহলে তোমার কত চাই?' তিনি প্রশ্ন করলেন।

'দুই শত স্বর্ণমুদ্রা। ওকে পেলে আপনি লাভবান হবেন!'

রাবণ তাঁর হাত প্রসারিত করলেন। তাঁর এক কর্মচারী তাঁর হাতে একটি কাগজ ও কলম এগিয়ে দিল। রাবণ সেই কাগজে অর্থের পরিমাণ লিখে, তাতে শিলমোহর অঙ্কিত করে সেটি বসন্তপলার উদ্দেশে নিক্ষেপ করলেন, 'এক শত স্বর্ণমুদ্রা আমার সর্বশেষ ধার্যমূল্য, আর তুমি এই রশিদের বিনিময়ে যে কোনো স্থানে তোমার অর্থ সংগ্রহ করে নিতে পারো।'

বসন্তপলা কাগজের টুকরোটি তুলে নিয়ে মনোযোগ সহকারে পাঠ

করল। সে হেসে বলল, 'অজস্র ধন্যবাদ প্রভু, কিন্তু এই অর্থমূল্যে বিনিময় সম্ভবপর নয়।'

'আমি তোমার সঙ্গে আর দরদস্তুরে রাজি নই বসন্তপলা। এটিই আমার ধার্য সর্বশেষ মূল্য, এতে যদি না হয় তাহলে আমার এই রশিদ বিনষ্ট করে...!'

বসন্তপলা তাঁকে বাধাপ্রদান করল, 'আমি নিজের জন্য এই অর্থমূল্য দাবি করছি না প্রভু! আমার জন্য এই অর্থমূল্য যথেষ্ট! কিন্তু এর জন্য আপনাকে অন্য কাউকেও মূল্য প্রদান করতে হবে।'

হতবাক রাবণ বিরক্তমুখে প্রশ্ন করলেন, 'কাকে?'

'ওর পিতাকে!' বসন্তপলার উত্তর।

উত্তরের অভিঘাতে রাবণ পুনরায় সেই বালিকাটির দিকে তাকালেন! এক মুহূর্তের জন্য! *প্রতিটি পিতাই কি অমানুষ? তাঁর পিতার ন্যায়?*

বালিকাটি তার মাথা তুলে রোষকষায়িত দৃষ্টিতে বসন্তপলার দিকে তাকাল। তার মুখমণ্ডলে তীব্র ঘৃণা! কিন্তু তার অব্যবহিত পর মুহূর্তেই তার অভিব্যক্তির আমূল পরিবর্তন ঘটল। পুনরায় সে পূর্বাবস্থায় ফিরে গেল—নতমস্তক, নিস্তেজ, অপেক্ষমাণ!

এই বালিকাটি সাধারণ বালিকা নয়। হয়তো সত্যি সে এই মূল্যের যোগ্য!

রাবণ বসন্তপলার দিকে তাকালেন, 'ওর পিতা?'

'আপনার কী মনে হয়? ওর পিতা ব্যতীত কে ওকে আমার কাছে বিক্রয় করে দিয়েছে?'

—।১৫।—

বসন্তপলার এই নিষিদ্ধপল্লীর অনতিদূরেই এই বালিকার পিতার বাসস্থান। বসন্তপলার এক কর্মচারী, রাবণ ও তাঁর সেনাদলকে সেই স্থানে নিয়ে গেল। তার মুখেই রাবণ জানতে পারলেন এই বিশেষ বালিকাটিকে কেউ কখনো কথা বলতে শোনেনি। কেউ জানে না সে জন্ম থেকেই মূকবধির কিনা! রাবণের ধারণা হল শিশুবয়স থেকেই তার উপর এই অকথ্য অত্যাচার এই নিষ্পাপ বালিকাটির মুখের ভাষা কেড়ে নিয়েছে কিনা।

অপেক্ষাকৃত একটি নির্জন, নিরালাতে একটি সাধারণ কুটিরে তাঁরা পৌঁছলেন। আশাতীতভাবে বালিকাটির দুর্দশাগ্রস্ত অবস্থার পরিপ্রেক্ষিতে এই

কুটিরের পরিস্থিতি যথেষ্ট ভালো! কুটিরের চারিদিক পরিষ্কার পরিছন্ন করে রাখা। কুটিরের দেওয়ালগুলি নতুন ইট দিয়ে পরিমার্জন করা হয়েছে সম্প্রতি! কুটিরের ছাদটি নবনির্মিত। বহিরাংশে একটি সুন্দর বাগিচা, সেখানে একটি পুষ্প উদ্যান সুন্দরভাবে শোভিত! চারিদিকে সুস্থ, সুন্দর রুচির পরিচয় পাওয়া যায়।

বসন্তপলার কর্মচারী কুটিরের দুয়ারের কড়া নেড়ে পাশে সরে দাঁড়াল। এক মধ্যবয়স্ক ব্যক্তি দুয়ার উন্মুক্ত করে বাইরে এসে দাঁড়াল। রাবণ অপেক্ষা তার উচ্চতা কম, চেহারাও সেই অর্থে দুর্বল, তার শরীরের মধ্যবর্তী অঞ্চল ঈষৎ স্ফীত। তার পরনে একটি উৎকৃষ্ট মূল্যবান রেশমের ধুতি, কণ্ঠায় শোভিত একটি মোটা রশির ন্যায় স্বর্ণমালা! তার মাথার দীর্ঘ কেশরাশি পরিপাটি ভাবে তৈলচর্চিত ও সুসজ্জিত!

বালিকাটির দিকে উদ্দেশ্য করে অঙ্গুলিনির্দেশ করে রাবণ তাঁকে প্রশ্ন করলেন, 'এটি কি তোমার কন্যা?'

ব্যক্তিটি প্রথমে বালিকাটির দিকে, তারপর রাবণের দিকে তাকাল। রাবণের পেশীবহুল, শালপ্রাংশু চেহারার দিকে আপাদমস্তক জরিপ করল সে। তার চোখ টেনে নিল রাবণের দুর্মূল্য বেশভূষা ও অলংকাররাজি সজ্জিত রাজকীয় উপস্থিতি। নিশ্চয় একজন বিশাল বিত্তশালী ক্রেতা, 'হ্যাঁ, ও আমার কন্যা!'

'আমার একটি প্রশ্ন আছে। আমি জানতে চাই...'

ব্যক্তি অশিষ্টভাবে বাধাপ্রদান করল, 'প্রতি ঘণ্টায় একটি করে স্বর্ণমুদ্রা। আপনি আমার এই কুটিরেই একটি কক্ষ ব্যবহার করতে পারেন। আপনার যদি বিশেষ কোনো চাহিদা থাকে, যেমন আপনি যদি ওর মুখ অথবা পায়ূ ব্যবহারে আকৃষ্ট হন, মূল্য বর্ধিত হবে অবশ্যই। অবশ্য সম্ভোগের সময় আপনি যদি ওকে বন্ধনে আবদ্ধ করতে চান, অথবা বলপূর্বক ওর সঙ্গে রতিমগ্ন হতে ইচ্ছুক হন, তাহলে দরদস্তুর প্রার্থনীয়। কারণ এই মর্মে যদি ও কোনোভাবে আঘাতপ্রাপ্ত হয়, অথবা হাড় ভাঙে, তাহলে কয়েকমাস ও উপার্জনক্ষম থাকবে না!'

রাবণ এক পা ব্যক্তির দিকে অগ্রসর হলেন!

'তাহলে কি মূল্য ধার্য হল?' অনিশ্চয়তার অভিব্যক্তি তার মুখমণ্ডলে খেলা করছে।

উত্তরস্বরূপ, রাবণের বজ্রমুষ্ঠি চকিতে ঝলসে উঠে সজোরে পাষণ্ডটির মুখে আছড়ে পড়ল! তার দু-চোখের মাঝে এই প্রচণ্ড আঘাত তার নাকের

অংশ থেকে একটি বিজাতীয় ভোঁতা আওয়াজে বোঝা গেল, তার নাসিকা বিদীর্ণ হয়েছে! সে ভূপতিত হওয়ার পূর্বেই তার নাক থেকে প্রবল রক্তক্ষরণ শুরু হতে, রাবণ বালিকার দিকে ফিরে তাকালেন। সে নিষ্পলকে তার পিতার দিকে চেয়ে রয়েছে–তার পিতার শরীর থেকে নির্গত রক্তধারার দিকে!

সে একবারও চোখের পলক ফেলল না! সে একবারও তার দৃষ্টি অন্যদিকে ফেরাল না!

রাবণ তাঁর সেনাদলকে আদেশ দিলেন, 'ওকে নতজানু অবস্থায় ওই বৃক্ষের সঙ্গে পিঠমোড়া করে বাঁধো!'

বালিকার পিতার তখন সঙ্গীন অবস্থা, সে অসহ্য যন্ত্রণায় কাতরাচ্ছে!

রাবণের অনুচরেরা তাকে বলপূর্বক টেনে হিঁচড়ে পাশের দীর্ঘ নারকেল গাছের কাছে নিয়ে গিয়ে বন্ধনে আবদ্ধ করে ফেলল। নতজানু অবস্থায়। তার হাতদুটিকে বৃক্ষের মূলকাণ্ডের সঙ্গে পিছনে টেনে আবদ্ধ করা হল। পা দুটি ভূমিতে। রাবণের সম্মুখে তার মুখ! স্পষ্টতই অসহায়! তখনও সে অসহ্য যন্ত্রণায় আর্তনাদ করে চলেছে!

'প্রভু ইন্দ্রের দোহাই, কেউ এই অমানুষের মুখ বন্ধ করো!' অদম্য ক্রোধে ফুটতে থাকা রাবণ চিৎকার করে উঠলেন!

একজন সেনা একটি কাপড়ের টুকরো দ্বারা তার মুখগহ্বর বন্ধ করে দিল। তারপর আরো একফালি দীর্ঘ কাপড়ের অংশ দ্বারা তার মুখ বেঁধে সেটি বৃক্ষের কাণ্ডের সঙ্গে শক্ত করে পেঁচিয়ে বাঁধল। এমতাবস্থায়, শব্দ করা দূরের কথা, তার আর মাথা নাড়াবার ক্ষমতাও থাকল না। শুধুমাত্র কিছু জড়ানো, দুর্বোধ্য আওয়াজ তার মুখ থেকে নির্গত হতে থাকল!

রাবণ এবার ঘুরে তাঁর অনুজের দিকে তাকালেন, অর্থপূর্ণ দৃষ্টিতে! দুজনের দৃষ্টি বিনিময় হল। *দেখো, আর শেখো!*

'তুমি,' রাবণ বালিকার দিকে তাকালেন, 'তোমার নাম কী?'

বালিকাটি উত্তর দিল না। বালিকা যে কথোপকথনে অক্ষম সেই ইঙ্গিত কুম্ভকর্ণ রাবণকে করতে যেতে, তিনি সঙ্গে সঙ্গে অনুজকে ইশারা করলেন নীরব থাকতে।

'এখানে এসো,' রাবণ তাকে কাছে ডাকলেন।

সে এগিয়ে এল। রাবণের বিশাল রাজকীয় চেহারার পাশে ছোট বালিকাটিকে একটি পুতুলের ন্যায় দেখতে লাগছিল। তার উচ্চতা রাবণের কটিদেশ

ছাড়ায়নি। হঠাৎ রাবণ একটি সুদীর্ঘ ছোরা বার করে আনলেন। বালিকাটি সভয়ে পিছিয়ে গেল কিছুটা!

'ত্রস্ত হয়ো না। এই ছোরাটি তোমার আত্মরক্ষার জন্য!' এই কথা বলে, রাবণ ছোরাটিকে ভাঁজ করে, সেটির বাঁটের অংশটি তার দিকে বাড়িয়ে ধরলেন।

সে সভয়ে জিনিসটিতে চোখ বোলালো। সেটি দীর্ঘ, সুদৃশ্য ধাতব বাঁটে আবদ্ধ, একটি অমোঘ অস্ত্রবিশেষ। ফলার একদিক নিখুঁতভাবে শাণিত, অপরদিকে ধারালো খাঁজকাটা! শাণিত দিকটি অবলীলায় মাংসের অভ্যন্তরে প্রবেশ করতে সক্ষম, আর অন্যদিকের নির্মম খাঁজগুলি ছোরা টেনে বার করে নেওয়ার সময় ক্ষতটিকে সর্বাপেক্ষা ক্ষতিসাধনে সক্ষম! গোকর্ণের প্রতিভাধর কর্মকারদের দ্বারা প্রস্তুত এই ছোরার আবিষ্কর্তা স্বয়ং রাবণ!

বালিকাটি ছোরাটি গ্রহণপূর্বক সেটিকে সজোরে আঁকড়ে ধরল। তার হাতগুলি প্রবলাবে কম্পমান! তারপর সে তার পিতার দিকে তাকালো। তার চোখ দুখানি আতঙ্কে বিস্ফারিত হল। তার মুখ থেকে নির্গত দুর্বোধ্য আর্তনাদ তীব্রতর হল।

আমি তোমার পিতা...

আমায় ক্ষমা করো...

আমি তোমার পিতা...

'আমার সঙ্গে এসো,' বললেন রাবণ। তিনি বৃক্ষে আবদ্ধ ব্যক্তির অত্যাচারিত শরীরের দিকে অগ্রসর হলেন। তাঁকে অনুসরণ করল বালিকাটি।

মানুষটি বিস্ফারিত চোখে চেয়েছিল, সে মৃত্যুর আশঙ্কায় কম্পমান! প্রাণভয়ে সে তাকে আবদ্ধ করা বন্ধনের বিরুদ্ধে বিপ্লবের বৃথা চেষ্টায় রত হল। সে একচুল নড়তে সক্ষম হল না। তার কণ্ঠ থেকে নির্গত সেই দুর্বোধ্য আওয়াজগুলি ছাড়া সেই স্থানে আর কোনো আওয়াজ শোনা যাচ্ছিল না।

রাবণ সজোরে ব্যক্তিটিকে এক তলোপ্রহার করলেন, 'এই, নীরব হও!'

রাবণ বালিকাটির দিকে ফিরে তার পিতার গলার অংশের একটি বিশেষ স্থানে অঙ্গুলি নির্দেশ করলেন, যে স্থানে ক্যারোটিড ধমনী ও ঘাড়ের প্রধান শিরা মাথা ও হৃদয়ের মধ্যে রক্ত সঞ্চালন করে। তিনি যেন বালিকাটিকে শল্য চিকিৎসার পাঠ দিচ্ছেন, সেইভাবে রাবণ ঠিক কোন অংশে আঘাত করতে হবে বোঝাচ্ছেন, 'এখানে একটা বড়, গভীর ক্ষত প্রদান করতে পারলেই তোমার পিতা কিছুসময়ের ভিতরই দেহত্যাগ করবে!' তারপর

রাবণ মানুষটির হৃদয়ের দিকে নির্দেশ করে, তার বুকের বিশেষ অংশটিতে হাত রেখে বললেন, 'এখানে আঘাত করলে প্রাণত্যাগ ত্বরান্বিত হবে! কিন্তু এই আঘাত তোমায় সন্তর্পণে করতে হবে, কারণ একটুকু লক্ষ্যভ্রষ্ট হলেই পঞ্জরের বাধাপ্রাপ্ত হতে পারে। পঞ্জরের অস্থি বড়ই শক্ত! কিছু সময়ে, এই অস্থিতে তোমার আঘাত প্রতিফলিত হয়ে তোমারই আঘাত লাগতে পারে! তাই, আমি তোমায় পরামর্শ দিচ্ছি এই মুহূর্তে তোমায় এই দায়িত্ব নিতে হবে না। ভবিষ্যতে এর প্রশিক্ষণ তোমায় দেওয়া হবে!'

বালিকাটি সম্মতিসূচক মাথা নাড়ল। এক আদর্শ শিক্ষানবিশের মতো। একজন ছাত্র যে প্রতি মুহূর্তে শিক্ষায় আগ্রহী।

'অথবা,' মানুষটির তলপেটের দিকে নির্দেশ করে রাবণ বলে চললেন, 'তুমি ওকে এখানেও ছুরিকাঘাত করতে পারো। এই অন্ত্রের অংশে—এখানে তোমার আঘাত প্রতিফলিত করার জন্য কোনো অস্থির উপস্থিতি নেই। কিন্তু একটা সমস্যা রয়েছে, এখানে আঘাত করলে মৃত্যু বিলম্বিত হবে। মৃত্যু হওয়ার আগের মুহূর্ত অবধি, যা প্রায় আধ ঘণ্টা বিলম্বেও আসতে পারে, আমাদের ওর কাতরানি, আর্তনাদ ইত্যাদি সহ্য করে যেতে হবে! তোমার হানা আঘাত যদি যথেষ্ট গভীর না হয়, তাহলে রক্তক্ষরণের মাত্রাও হ্রাস পাবে। অনেক সময় ব্যয় হয়ে যেতে পারে সে ক্ষেত্রে! এবং তোমার পিতার ক্ষেত্রে এতটা সময় ব্যয় করা আমার পক্ষে সম্ভব নয়। তাই, তুমি যদি এই স্থানে আঘাত করার বিবেচনা করে থাকো, চেষ্টা করো যাতে সেই আঘাত মর্মস্থলে পৌঁছোয়!

বালিকার পিতা মৃত্যুভয়ে ছটফট করে উঠছিল!

এইবার সম্পূর্ণ দায়িত্ব তোমার হাতে!' বললেন রাবণ।

বালিকা তার পিতার দিকে তাকালো। জ্বলন্ত রোষে আর উদগ্র ঘৃণায় তার আত্মসংযমের বাঁধ ভেঙে সে উত্তেজনায় কম্পমান! সে দুহাতে ছোরাটি শক্ত করে ধরেছে। তার পিতার কাতর দৃষ্টিতে ফুটে উঠেছে প্রাণের করুণ আর্তি! রক্তের সঙ্গে মিশেছিল স্বেদ, এখন তার সঙ্গে যুক্ত হল অশ্রুজল!

রাবণ পাশেই দাঁড়িয়েছিলেন বালিকার সিদ্ধান্তের প্রত্যাশায়!

কিন্তু এরপরের ঘটনার দ্রুততা বিষয়ে তিনিও প্রস্তুত ছিলেন না!

বালিকা সময় ব্যয় করল না। এক মুহূর্তের জন্য সে দ্বিধাগ্রস্ত হল না। সে অগ্রসর হয়ে তার পিতার তলপেটে প্রচণ্ড গতিতে ছুরিকাঘাত করল!

আঘাত জোরালো করতে সে তার কাঁধের দ্বারা সর্বশক্তি প্রয়োগ করল! তার পিতার জন্য সে সময়সাপেক্ষ, যন্ত্রণাদায়ক মৃত্যুই চয়ন করল। মানুষটির মুখ দিয়ে এক চরম অস্পষ্ট আর্তনাদ নির্গত হল। মৃত্যুভয়ে ও অসহ্য যন্ত্রণায় তার দুচোখ বিস্ফারিত হয়ে উঠল! এবং তার প্রতিটি অভিব্যক্তি যেন বালিকাটির ভিতরের গর্জে ওঠা প্রতিশোধের স্পৃহার উদগ্র বাসনাকে উদ্বেলিত করে তুলল। সে তার দুটি হাতকে ব্যবহার করে ছোরাটিকে পিতার শরীরে প্রবিষ্ট করাতে থাকল। শেষ পর্যন্ত সে যখন পিতার শরীর থেকে অস্ত্রটি বার করে আনল, রক্তের ফোয়ারা ছিটকে বেরোল! পিতার রক্তে সে রঞ্জিত হল—তার হাত, তার পোষাক, তার সম্পূর্ণ শরীর, তার সর্বান্তকরণ!

সে ভূতাবিষ্টের ন্যায় দণ্ডায়মান। এক পাও পিছিয়ে এল না সে! সে তার পিতার রক্তে স্নাত অবস্থায় ঠাঁয় সেই স্থানে দাঁড়িয়ে রইল।

রাবণ হাসলেন, 'অতি উত্তম, বালিকা!'

কিন্তু তার কার্যসমাধা হতে বাকি ছিল। সে পুনরায় অগ্রসর হয়ে তার পিতাকে ছুরিকাঘাত করতে থাকল। বারম্বার! উপর্যুপরি! এবং প্রতিবার সে নির্ভুল লক্ষ্যে একই স্থানে আঘাত করতে সমর্থ হল–তলপেটে, ঠিক অন্ত্রের মূল অংশে!

এবং এই সম্পূর্ণ সময়টায় সে নীরব ছিল।

কোনো রাগের বহিঃপ্রকাশ নেই, কোনো চিৎকার নেই, ভাবলেশহীন!

শুধুমাত্র খাঁটি প্রতিহিংসা ও জিঘাংসার আগুন।

সে ততক্ষণ ধরে আঘাত হেনে যেতেই থাকল, যতক্ষণে তার পিতার উদরের অংশ সম্পূর্ণ ছিন্নভিন্ন হয়ে না যায়, সেখান থেকে অন্ত্রের অংশ শরীরের বাইরে এসে ঝুলে পড়েছে।

কুম্ভকর্ণ অগ্রজকে বললেন, 'দাদা, ওকে এবারে থামতে বলুন!'

রাবণ অসম্মতিসূচক মাথা নাড়লেন। না!

তাঁর দৃষ্টি বালিকার দিকে স্থির।

সে পুনরায় তার পিতাকে ছুরিকাঘাত করল।

সব শেষে সে যখন পিছিয়ে এল, তখন হতভাগ্য মানুষটির নিঃস্পন্দ দেহে পঁচিশটির বেশি ছুরিকাঘাতের ক্ষত! বালিকার মুখমণ্ডল, তার হাত, তার শরীর, তার পোষাক রক্তে মাখামাখি। দেখে মন হয় যেন সে তার পিতার রক্তে অবগাহন করে এসেছে!

সে এইবার ঘুরে রাবণের দিকে তাকালো। মুহূর্তের জন্য রাবণ বাকরুদ্ধ হয়েছিলেন।

তার মুখে হাসি!

সে রাবণের দিকে অগ্রসর হয়ে, তাঁর সম্মুখে নতজানু হয়ে, রক্তাক্ত ছোরাটি তাঁর পায়ে অর্পণ করল।

রাবণ তার দু-কাঁধে হস্তস্থাপন করে তাকে তার নিজের পায়ে দাঁড় করালেন।

পুনরায় প্রশ্ন করলেন তাকে, 'তোমার নাম কী?'

যথারীতি তার মুখ দিয়ে কোনো শব্দ নির্গত হল না।

রাবণ বললেন, 'আজ থেকে তুমি আমার অধীনে কাজ করবে। আমি তোমার প্রভু। তুমি আমার অনুগত কর্মচারী। এবং আমি তোমার রক্ষাকর্তা!'

বালিকাটি একইভাবে নীরব রইল।

রাবণ পুনরায় তাকে একই প্রশ্ন করলেন, 'তোমার নাম কী?'

বালিকাটি ইতিপূর্বে শুনেছিল রাবণের অনুগামীরা তাঁকে কোন নামে উল্লেখ করে। ইরাইভা! প্রভুশ্রেষ্ঠ!

এইবার সে মুখ খুলল। অস্বাভাবিক শান্ত এক বালিকাসুলভ, রিনরিনে কণ্ঠস্বর, 'হে ইরাইভা, আমার নাম সমিচী!'

১২

দ্বাদশ অধ্যায়

রাবণ ও তাঁর দল বৈদ্যনাথে কুম্ভকর্ণের ব্যবস্থাপনায় ভাড়া নেওয়া প্রাসাদে পদার্পণ করলেন। মন্দিরের অনতিদূরে অবস্থিত এই প্রাসাদ এক সাধারণ ইমারত, এবং তা সেইসব অত্যাধুনিক বিলাসব্যঞ্জন রহিত, যাতে রাবণ বর্তমানে থাকতে অভ্যস্ত। কিন্তু তাঁরা এখানে এইরূপেই বসবাস করার পরিকল্পনা নিয়েছিলেন। এই অঞ্চলে প্রধান প্রধান মন্দিরের উপস্থিতিতে, সমগ্র সপ্তসিন্ধু সংলগ্ন অঞ্চলের রাজপরিবারের প্রধান সদস্যরা এই স্থানে প্রায়শই গমনাগমন করতেন। এর অর্থ এই স্থান সম্পূর্ণ রূপে সুরক্ষিত। সুবিখ্যাত অথবা কুখ্যাত চোরাচালানকারী সেখানকার নগরপাল অথবা খাজনা আদায়কারী আধিকারিকদের কাছে এক অমূল্য উপহার! রাবণ ও কুম্ভকর্ণ এই সমস্যার থেকে নিজেদের সুরক্ষিত রাখতে ছদ্মনামের ব্যবস্থাও করেছিলেন–জয় ও বিজয়!

এই প্রাসাদে পৌঁছনোর এক ঘণ্টার ভিতরে রাবণ ও কুম্ভকর্ণ বেদবতীর সন্ধানে বেরিয়ে পড়লেন। এক ঘণ্টার অশ্বারোহণের দূরত্বে, তোড়ি নামক গ্রামে তাঁর অবস্থানের সংবাদ তাঁরা সংগ্রহ করেছিলেন।

ঐতিহাসিক এই সমস্ত ভারতীয় মন্দিরগুলি কেবলমাত্র উপাসনা কেন্দ্র হিসাবেই গণ্য ছিল না, সেগুলি ছিল সমগ্রভাবে সেই বিশেষ অঞ্চলের যাবতীয় সামাজিক কার্যকলাপের কেন্দ্রস্থল! স্থানীয় মানুষের ব্যবহারের হেতু, প্রতিটি মন্দির সংলগ্ন চত্বরে পুষ্করিণীর ব্যবস্থা ছিল। দরিদ্র ভক্তদের জন্য সেখানে লঙ্গরের ব্যবস্থাও ছিল, যেখানে প্রসাদরূপে তাদের অন্নসংস্থান হতো। গ্রামের শিশুদের প্রাথমিক পাঠ অধ্যয়নের নিমিত্ত পাঠশালার ব্যবস্থাও ছিল

মন্দিরের অনতিদূরে। বর্ধিষ্ণু নগরীগুলিতে ছাত্রদের জন্য উচ্চশিক্ষার বন্দোবস্ত বর্তমান ছিল। মন্দিরসংলগ্ন চিকিৎসা কেন্দ্রগুলিতে স্থানীয় গ্রামবাসীদের প্রাথমিক চিকিৎসার সুব্যবস্থাও ছিল। অতিবৃষ্টি বা অনাবৃষ্টির সময়ে মানুষকে পর্যাপ্ত পরিমাণে খাদ্যশস্য সরবরাহ করার জন্য এই সমস্ত মন্দিরগুলিকে শস্যের গুদাম হিসাবেও ব্যবহার করা হতো। এই মন্দিরগুলিতে বিপুল পরিমাণে সংগৃহীত প্রণামীর সঞ্চয়ের অংশ উদ্বৃত্ত হলে, সে অর্থ স্থানীয় ইমারত নির্মাণ, দরিদ্র মানুষের বাসস্থান, এবং নদীর উপরে বাঁধ তৈরির কাজে ব্যবহৃত হতো। এবং এই প্রণামী সমাজের সর্বপ্রকার মানুষের ভক্তির দান হিসাবে মন্দিরের কোষাগারে একত্রিত হতো।

কিন্তু বর্তমানে, সমাজের সার্বিক অনুশাসনের মতোই এই সুষ্ঠ ব্যবস্থাও ভাঙনের মুখে উপনীত। সারা দেশে ব্যবসা-বানিজ্যের অবনতির সঙ্গে, দানের পরিমাণও পাল্লা দিয়ে হ্রাস পেতে থাকল। এমনকী, প্রধান মন্দিরগুলিতেও কোষাগারে সঞ্চিত ধনরাশিতেও টান পড়তে শুরু করল। সর্বোপরি, প্রভাবশালী রাজ পরিবারগুলি এই সমস্ত মন্দিরের যাবতীয় কার্যভার সুষ্ঠভাবে পরিচালনার লক্ষ্যে সেগুলির অধিগ্রহণে মনোযোগ দেওয়া শুরু করল। এর ফলস্বরূপ, খুব অল্প সময়ের ভিতর, মন্দিরের সংগৃহীত অর্থের সিংহভাগ জমা হতে থাকল সংশ্লিষ্ট রাজ কোষাগারগুলিতে!

অতি সত্বর, মন্দিরের দ্বারা কৃত সামাজিক উন্নয়নের কাজগুলিও শ্লথ হয়ে পড়ল। স্থানীয় কার্যক্রমের পরিকাঠামো ভীষণভাবে ক্ষতিগ্রস্ত হতে শুরু করল।

কিন্তু তোড়ি গ্রামের ক্ষেত্রে এই পরিস্থিতির কোনো প্রভাব পড়েনি। এই গ্রামের জমিদার, শচিকেশ, গ্রামের অনতিদূরে বয়ে চলা একটি স্রোতস্বিনীর উপর, গ্রামবাসীদের সঙ্গে বাঁধের কাজে ব্যস্ত ছিলেন। এর ফলে অনাবৃষ্টির সময়ে পর্যাপ্ত পরিমাণ জলের বিকল্প একটি ব্যবস্থা সম্ভবপর হল। এই বাঁধ নির্মাণের যাবতীয় মালপত্র সরবরাহ করেছিলেন শচিকেশ, এবং গ্রামবাসীদের পরিশ্রম দ্বারা এই নির্মাণ সম্ভবপর হয়েছিল—বৃহত্তর সামাজিক স্বার্থে।

আপাতদৃষ্টিতে অসম্ভব এই যৌথ প্রচেষ্টা সম্ভবপর হয়েছিল একমাত্র বেদবতীর তৎপরতায়। গ্রামবাসীরা জমিদারের উপর স্থির বিশ্বাস না রাখতে পারলেও, তারা বেদবতীকে বিশ্বাস করত। তাঁর উপর প্রতিটি মানুষের অখণ্ড বিশ্বাস ছিল।

এবং সেই কারণেই তিনি নিজে উপস্থিত থেকে এই নির্মাণকাজের তদারকি

করছিলেন। এই প্রচণ্ড তাপমাত্রায়, শরীরে জমা স্বেদবিন্দু ও ধূলারাশি অগ্রাহ্য করে, একটি উঁচু বেদীর উপরে দাঁড়িয়ে তিনি চারদিকে কড়া নজর রাখছিলেন।

এই বাঁধ নির্মাণের কাজ অতি দ্রুত অগ্রসর হচ্ছিল, কারণ গ্রামের অধিকাংশ শক্তিশালী জোয়ান পুরুষ নিরন্তর, ক্লান্তিহীনভাবে শ্রমদান করছিল। জমিদার শচিকেশও বেদবতীর সান্নিধ্যে দণ্ডায়মান, তিনিও একইভাবে নির্মাণের গতিপ্রকৃতির দিকে খেয়াল রাখছিলেন। গ্রামবাসীরা সময়ের বিরুদ্ধে সংগ্রাম করছিল প্রাণপণে, এবং তাদের এই প্রচেষ্টা সহজে পরিলক্ষিত হচ্ছিল। জমিদার তাঁর পুত্র শুকরমনকেও এই কাজে সাহায্য করার আহ্বান জানিয়েছিলেন, কারণ তাঁদের কাছে সময়ের বড়ই অভাব! বর্ষার আগমনে এখনও ঢের বিলম্ব, কিন্তু একটি মাত্র কারণে তাঁদের এই বাঁধ নির্মাণের মহাযজ্ঞ সম্পন্ন করতে হবে! এবং এই কারণটি হলেন বেদবতী!

তিনি যে সন্তানসম্ভবা! স্বাভাবিকভাবেই পূর্ণ সন্তানসম্ভবা! বৈদ্যনাথ মন্দির সংলগ্ন চিকিৎসাকেন্দ্রে গিয়ে তাঁর সন্তানের জন্ম দেওয়ার পূর্বেই, এই বাঁধের কাজ সম্পন্ন করতে হবে। তাঁর দৃঢ় অথচ শান্ত তত্ত্বাবধান ব্যতীত এই কার্যসমাধা করা সম্ভবপর হবে না, এ সত্যে গ্রামবাসী তথা জমিদারের কর্মীদের স্থির বিশ্বাস ছিল। তিনিই একমাত্র ব্যক্তি যার দ্বারা এই দু-পক্ষের যাবতীয় মনোমালিন্য, রেষারেষি ও অশান্তির নিষ্পত্তি সম্ভব!

এই কর্মস্থল হতে কিছু দূরে, রাবণ ও কুম্ভকর্ণ তাঁদের অশ্বগুলি বেঁধে রেখে, অতি সাবধানতা অবলম্বনপূর্বক, পদব্রজে সেই দিশায় যাত্রা শুরু করলেন। রাবণ সিদ্ধান্ত নিয়েছিলেন প্রথম দিন অন্তরালে থেকে তাঁরা শুধুমাত্র বেদবতীর উপর লক্ষ্য রাখবেন।

'দাদা!' বললেন কুম্ভকর্ণ!

'আরো ধীরে!' অধরে অঙ্গুলিস্থাপন করে অনুজকে ইশারা করলেন রাবণ, 'আমাদের আওয়াজ কেউ শুনে ফেলতে পারে!'

কুম্ভকর্ণ তাঁর চারপাশ ঘুরে দেখে নিলেন একবার। কোনো মানুষের অস্তিত্ব নেই সেই স্থানে! কিন্তু অগ্রজের নির্দেশ মান্য করে কণ্ঠস্বর খাদে নামিয়ে বললেন, 'দাদা, আমরা কী কারণে লুক্কায়িত অবস্থায় রয়েছি? আমাদের পরিচয় সম্বন্ধে এখানে কারো অবগতি নেই। আমরা এইভাবে এদের কাছে নিজেদের পরিচয় দিতে পারি—বৈদ্যনাথ মন্দির দর্শনে অভিলাষী এক সাধারণ ব্যবসায়ী, যিনি তাঁর সরাইখানায় প্রত্যাগমনের পথে এখানে কিঞ্চিৎ

বিশ্রামরত। তারপর আপনি অতি সহজেই কন্যাকুমারীর কাছে গিয়ে তাঁর সঙ্গে কথা বলতে পারেন! আপনার পরিচয় সম্বন্ধে একমাত্র তিনি অবগত!'

রাবণ অসম্মতিসূচক মাথা নাড়লেন।

রাবণের এই অনাবশ্যক সাবধানতা অবলম্বনের পথ কুম্ভকর্ণের বোধগম্য হল না, 'আমি ইতিপূর্বে এই স্থানে এসেছি দাদা। এখানকার মানুষের নাগেদের উপর পৃথক কোনো জিঘাংসা নেই। এই স্থানে আমি সম্পূর্ণ নিরাপদ।'

রাবণ কুম্ভকর্ণের দিকে তাকালেন, 'তোমার দিকে ওঠা কোনো অভিযোগের রক্তচক্ষু আমি সমূলে উৎপাটন করব!' শান্তস্বরে বললেন তিনি। ভীষণ সাবধানে পা ফেলছিলেন তিনি—পায়ের তলায় সমস্ত শুকনো পাতা বা কাঠের টুকরোর আওয়াজ সযত্নে এড়িতে!

কুম্ভকর্ণ নিজের মনেই হাসলেন। তাঁর দোর্দণ্ডপ্রতাপ অগ্রজ এইমুহূর্তে সত্যিই প্রবল স্নায়বিক দুর্বলতার শিকার!

'তুমি কি জানো তোমার শিশুকালে আমরা কিছু সময়ের জন্য তোড়ির নিকটে বসবাস করতাম?' নীচুগলায় অনুজকে প্রশ্ন করলেন রাবণ।

'আপনি আমায় ইতিমধ্যেই এ কথা বলেছেন, দাদা!' কুম্ভকর্ণ তাঁর হাত প্রসারিত করে তিনটি আঙুল তুলে ধরলেন, 'বিগত কিছু মুহূর্তের মধ্যেই তিনবার!'

'ও, বলেছি বুঝি? আমার মনে হল আমি বুঝি...'

সেই মুহূর্তে কুম্ভকর্ণের হাসির বিস্তার ঘটল! তিনি তাঁর অগ্রজকে এরূপ অবস্থায় কখনো দেখতে অভ্যস্ত নন!

—ꟾOꟾ—

একটি জঙ্গলাকীর্ণ অঞ্চলের গভীরে, ভ্রাতৃদ্বয় আত্মগোপনের একটি আদর্শ স্থানের সন্ধান পেলেন। সেই স্থান থেকে স্রোতস্বিনী সংলগ্ন নির্মাণস্থলের যাবতীয় কার্যকলাপ লক্ষ্য করা সম্ভবপর ছিল। সেই স্থানে কর্মব্যস্ত একটি শ্রমিকও তাঁদের উপস্থিতির আভাস মাত্র পায়নি! কেউ তাঁদের ওই স্থানে আত্মগোপন করা অবস্থায় লক্ষ্য করেনি! এমনিতেই তাঁরা অভিজ্ঞ জলদস্যু ব্যবসায়ী সময়বিশেষে নিজের উপস্থিতি জনসমক্ষে গোপন রাখা তাঁদের কাছে একটি অন্যতম পেশাগত যোগ্যতার মধ্যে পরিগণিত হয়।

নির্মাণস্থলে পঞ্চাশের অধিক মানুষের উপস্থিতির ভিতর রাবণের শ্যেনদৃষ্টি কেবলমাত্র একজনের উপরেই ন্যস্ত!

তিনি স্থবির হয়ে গিয়েছিলেন! যথার্থই পাথরের মূর্তির ন্যায়! তাঁর শরীরের ভিতর শুধুমাত্র তাঁর অক্ষিগোলকেই ছিল গতি–তাঁর দৃষ্টি নির্নিমেষে গ্রামবাসীদের ভিতরে হেঁটে বেড়ানো বেদবতীকে অনুসরণ করছিল!

তিনি চিন্তা করছিলেন ললিতকলার দেবতা তাঁকে প্রাণভরে আশীর্বাদ করেছেন। কারণ তাঁর সৃষ্ট সেই চিত্রগুলিতে, তাঁর কল্পনাপ্রসূত দেবীর তনুবরের সঙ্গে বাস্তবের বেদবতীর অস্বাভাবিক সাদৃশ্য বর্তমান! সাধারণ একজন নারীর তুলনায় তাঁর উচ্চতা যথেষ্ট বেশি। উজ্জ্বলবর্ণা, তাঁর বর্তুলাকার মুখমণ্ডল, সুউচ্চ গ্রীবা, আর ছোট টিকালো নাসিকা! গভীরতাপূর্ণ, দীঘল ঘনকৃষ্ণ অক্ষিযুগল, তাঁর অক্ষিপল্লব মসৃণ! তাঁর সুদীর্ঘ, কালো কেশদাম শক্ত করে বাঁধা খোঁপায় আবদ্ধ। তাঁর এই চেহারা রাবণের রন্ধ্রে রন্ধ্রে খোদাই করা রয়েছে। তিনি কন্যাকুমারীকে এক অপূর্ব পেলব, লাস্যময়ী চেহারা প্রদান করেছিলেন, যাতে নারীসুলভ সমস্ত শারীরিক উপকরণের ডালি সাজানো ছিল সযত্নে! কিন্তু বাস্তবে তিনি লাবণ্যে, লাস্যে, পেলবতায় এবং আকর্ষণে এক অমোঘ, অনতিক্রম্য চুম্বকের ন্যায় রাবণকে আকর্ষণ করছিলেন, এবং তাঁর অতি সাধারণ পরিধান এই আকর্ষণকে বিন্দুমাত্র প্রভাবিত করতে অক্ষম ছিল।

কুম্ভকর্ণ মৃদুস্বরে বললেন, 'আমি অতিশয় দুঃখিত, দাদা! আমার অবগতি ছিল না যে কন্যকুমারী অন্তঃস্বত্তা! এই লক্ষণ আমার চোখে ধরা...'

রাবণ কিছুই শুনছিলেন না, তিনি নির্নিমেষে বেদবতীর দিকে তাকিয়েছিলেন। তাঁর বিশ্বাস হচ্ছিল না যে তিনি অবশেষে দেবী কন্যাকুমারীকে চাক্ষুস করতে সক্ষম হয়েছেন!

কুম্ভকর্ণের কয়েক মুহূর্ত সময় লাগলো এটি বুঝতে, বেদবতীর সঙ্গে তাঁর অগ্রজের অঙ্কিত চিত্রের সাদৃশ্য থাকা সত্ত্বেও তাঁর বর্তমান চেহারার সঙ্গে চিত্রের কল্পিত চেহারার অনেকটাই পার্থক্য! সেটি তাঁর বর্তমান চেহারায় মাতৃত্বের লক্ষণ প্রকট হওয়ার কারণে নয়। কারণ সম্পূর্ণ আলাদা। রাবণের চিত্রে তাঁর চেহারায় ফুটে উঠেছিল এক বরাভয় দেবীরূপ, যিনি সর্বদা রক্ষা করছেন তাঁর সন্তানদের, এবং তিনি ছিলেন দৈব, মানুষের নাগাল বহির্ভূত। কিন্তু বাস্তবে তিনি সম্পূর্ণ আলাদা! তাঁর মধ্যে দৈবরূপ এখনো বিরাজমান। বরাভয় প্রদানকারিণী তিনি এখনো। কিন্তু সেই দূরত্ব আর নেই! গ্রামবাসীদের

ভিতর চলে ফিরে বেড়ানো কন্যাকুমারীর শরীর থেকে দয়া, মায়া ও পরম মমতা ঝরে পড়ছে। বাস্তবিক তিনি দেবী মাতা!

'দাদা!' কুম্ভকর্ণ কণ্ঠ খাদে নামিয়ে বলে উঠলেন।

রাবণ নিঃশব্দে তাঁর একটি হাত অনুজের কাঁধে রাখলেন। তাঁর মুখ দিয়ে একটিও শব্দ নির্গত হল না, কিন্তু তাঁর এই নীরব ইশারাই কুম্ভকর্ণের কাছে যথেষ্ট ছিল!

শব্দ করো না, ভ্রাতা! আমাকে দেখতে দাও... এখন থেকে আমার জীবনটা আমার মতো করে বাঁচতে দাও...!

—১০।—

কুম্ভকর্ণ নরম স্বরে বললেন, 'দাদা, আপনার কি মনে হয় না এবার আমাদের...'

পুনরায় অগ্রজের উত্তোলিত হাতের নীরব ইশারায়, তাঁকে তাঁর বক্তব্য স্থগিত রাখতে হল!

বৈদ্যনাথে তাঁদের আগমনের পরে একটি পূর্ণ সপ্তাহ অতিক্রান্ত হয়েছে। প্রতিনিয়ত তাঁরা এই নির্মাণস্থলের অঞ্চলে আসেন, প্রতিদিন আত্মগোপনের স্থান পরিবর্তন করেন। প্রতিনিয়ত তাঁরা এই নির্মাণস্থলটি বিভিন্ন আঙ্গিকে অবলোকন করেন। সেই স্থানে কর্মরত মানুষের বিভিন্ন বিভঙ্গের প্রতি নজর রাখেন। প্রতিদিন কন্যাকুমারীকে বিভিন্নভাবে দর্শন করেন!

সমস্ত কিছুর পরিবর্তন ঘটলেও একটি জিনিসের পরিবর্তন ঘটেনি। তাঁরা এখনো তাঁর সঙ্গে বাক্যালাপ করেননি। তাঁদের অস্তিত্ব সম্পর্কে এখনো পর্যন্ত কেউ অবগত নয়।

কুম্ভকর্ণের কাছে এই ঘটনা সম্পূর্ণ অস্বাভাবিক! তাঁর প্রবল পরাক্রমশালী অগ্রজের এই অবস্থা—বেদবতীর সম্মুখে গিয়ে বাক্যালাপ করা তো দূর অস্ত, তিনি ওনার সম্মুখেই যেতে সক্ষম হননি! নারী সান্নিধ্যে তাঁর অনায়াস বিচরণ, তাঁর সপ্রতিভতা, তাঁর প্রভুত্বের প্রতিভা সম্ভবত তাঁকে পরিত্যাগ করেছে। এবং সেই কারণেই, তিনি সাধারণ এক কাপুরুষের ন্যায় আত্মগোপন পূর্বক, তাঁকে নির্নিমেষে প্রত্যক্ষ করে চলেছেন সারাক্ষণ!

তাঁর কন্যাকুমারী! তাঁর দেবী!

কিন্তু এই কাজ রাবণের পক্ষে সম্ভব হলেও, অনুজ কুম্ভকর্ণের পক্ষে

একেবারেই অনভিপ্রেত। তাই বাধ্য হয়ে তিনি ইতিমধ্যেই অবশিষ্ট শ্রমিকদের দিকে দৃকপাত করে তাদের কাজ, তাদের বিশ্রাম নেওয়া ইত্যাদিতে মনঃসংযোগ করেছেন। একটি সম্পূর্ণ সপ্তাহ ধরে তিনি এই গ্রামবাসীদের প্রত্যেককে পুঙ্খানুপুঙ্খভাবে প্রত্যক্ষ করেছেন, তাদের আচার-ব্যবহার, তাদের চালচলন। জমিদার শচিকেশ নিতান্তই একজন ভালো মনের মানুষ। লঙ্কাদ্বীপের অন্যান্য জমিদারের ন্যায় তাঁর বেশভূষার প্রাচুর্য না থাকলেও, তিনি তাঁর প্রজাদের শুভচিন্তক। এবং অন্যদিকে, সম্পূর্ণ বিশ্বাস না করলেও গ্রামবাসীরা তাঁকে অসম্মান প্রদর্শন করেন না। অন্যদিকে, শচিকেশের পুত্র শুকরমন ছিল এক মহা অপদার্থ! সে অলস, হিংসুটে। সুযোগ পেলেই কাজে ফাঁকি দিত সে, আর সকলের চোখে ধুলো দিয়ে সে অর্থ চুরিতেও পিছপা হতো না! কিন্তু কন্যাকুমারী অথবা তার পিতার নিকটে থাকলে তার মতো সুবোধ সন্তান আর দুটি নেই!

এই অপদার্থগুলির দিকে তাকিয়ে আমি কী কারণে নিজের সময় বিনষ্ট করছি?

কুম্ভকর্ণ রাবণের দিকে ঘুরলেন, 'দাদা...!'

রাবণ পুনরায় সেই এক ইশারা ভ্রাতার উদ্দেশ্যে ফেরত দিলেন।

এইবার আর কুম্ভকর্ণ নীরব থাকতে রাজি হলেন না! তিনি তাঁর ধৈর্যের শেষ সীমায় পৌঁছে গিয়েছিলেন—প্রাণপণে তিনি চাইছিলেন রাবণ এইবারে একটি পদক্ষেপ অগ্রসর হন! মাঝে মধ্যে তাঁর মনে এই আশঙ্কার উদ্রেক হচ্ছিল—যদি তাদের সারাজীবন ধরে এই জঙ্গলের ভিতর লুক্কায়িত অবস্থায় কন্যাকুমারীর উপর নজর রেখে যেতে হয়? না, তাঁকেই কিছু একটা ব্যবস্থা করতে হবে, 'দাদা, ওনাকে যদি আমরা অপহরণ করি?'

আতঙ্কগ্রস্ত মুখে রাগান্বিত অভিব্যক্তিতে কুম্ভকর্ণের দিকে তাকালেন রাবণ, 'তোমার কি মাথা খারাপ হয়ে গেছে? উনি সাক্ষাৎ দেবী! কেমন করে ওনাকে...!'

মৃদু হেসে কুম্ভকর্ণ তাঁর অগ্রজকে বাধাপ্রদান করলেন, 'দাদা, মহুয়া দ্বীপে আপনার আমাকে দেওয়া সেই বাণী আজও আমি স্মরণে রেখে দিয়েছি! মানুষের বিশ্বাস জিতে নিয়ে তাকে নিজের কাজে বহাল করার সেই বাণী! এতদিন আমি ভেবেছি আমরা সেই কাজে সর্বাপেক্ষা দক্ষতা অর্জন করেছি। তাহলে আজ আমরা কেন দীর্ঘসময় যাবৎ জঙ্গলের অন্তরালে আত্মগোপন করে গ্রামবাসীদের প্রত্যক্ষ করে চলেছি?'

রাবণ কয়েক মুহূর্ত ধরে দুর্দান্ত রোষে স্তম্ভিত হয়ে রইলেন, তারপর তিনি হেসে মাথা নাড়লেন, '*ভামাহ কামো মনুষ্যনাম যস্মিন কিলাহ নিবাধ্যাতে; জানে তাস্মিম স্ত্যভানুক্রোশাহ স্নেহাস্তা কিলাহ জয়তে।*'

বিশ্ববিখ্যাত দার্শনিক এবং মহান বাল্মিকী উপজাতির প্রবর্তক, বিষ্ণুর নারী অবতার মোহিনী—তাঁর বাণী আবৃত্তি করছিলেন রাবণ। এই সংস্কৃত শ্লোক হচ্ছে এক অসহায় প্রেমিকের আর্তি। অর্থ হল, *একজন মানুষ যে বাসনার দ্বারা সম্মোহিত, সে হৃদয়ের আর্তি ও ভালোবাসার মধ্যে নিজেকে অসহায়ভাবে হারিয়ে ফেলে!*

মূল বার্তাটি হল—একজন প্রেমে পড়া মানুষ সত্যি দুর্বলতম!

অগ্রজের দিকে তাকিয়ে কুম্ভকর্ণ স্মিতমুখে তাকালেন, তাঁর মুখমণ্ডলে কৌতুকের ছায়া খেলা করে গেল!

কিছুটা দূরত্বে দণ্ডায়মান বেদবতীর দিকে একবার তাকিয়ে নিয়ে রাবণ ফিসফিস করে বললেন, 'আগামীকাল... আমরা আগামীকাল ওনার সঙ্গে কথা বলব!'

—१ϐI—

'হ্যাঁ,' দুই হাত জোড় করে নমস্কার জানিয়ে বললেন কুম্ভকর্ণ, 'আমরা ব্যবসায়ী, আমরা এই বৈদ্যনাথে এসেছি দেবাদিদেব মহাদেবের মন্দির দর্শন করার অভিপ্রায়ে। দর্শনশেষে আমরা এই পথ দিয়ে আমাদের সরাইখানায় প্রত্যাগমন করছিলাম। পথে শুনলাম এই স্থানে একটি বাঁধ নির্মাণের কর্মকাণ্ড চলছে, তাই বিবেচনা করলাম এই স্থান একবার পরিদর্শন করে যাওয়ার।'

পূর্ব পরিকল্পনামতো, রাবণ ও কুম্ভকর্ণ আত্মপ্রকাশ করেছেন। দুইজনেই বুদ্ধি করে, অপেক্ষাকৃত সাধারণ পোষাকে সজ্জিত হয়ে এসেছিলেন। এই বর্তমান অর্থনৈতিক দুরাবস্থার দুর্দিনে, আপাতসন্তুষ্ট প্রজাদের এক শান্তিপূর্ণ রাজ্য হওয়া সত্ত্বেও, তাঁদের দুর্মূল্য বেশভূষা এক সঙ্গীন সমস্যা, এমনকী চরম বিপদের কারণও হতে পারত! মাত্র তেরো বছর বয়সি কুম্ভকর্ণ তাঁর এইটুকু অভিজ্ঞতায় মনুষ্য চরিত্রের এক গূঢ় রহস্যের সমাধানে সমর্থ হয়েছিলেন—যার নাম ঈর্ষা!

জমিদার ও গ্রামবাসীদের কাছে, কুম্ভকর্ণের বিশাল চেহারা ও আচার আচরণ

এক বিশ বছরের তরুণের ন্যায় প্রতিপন্ন হচ্ছিল। এবং তাঁর বাকপটুত্বে, বিচক্ষণ শচীকেশের দৃষ্টি একবারও কুম্ভকর্ণের কাঁধের উপর বাড়তি হাতের উপর পড়ল না, যা তাকে একজন নাগ হিসাবে সকলের থেকে পৃথক করত।

'আপনাদের এই স্থানে স্বাগত জানাই, এবং আমাদের সঙ্গে ভোজন সম্পন্ন করার নিমন্ত্রণ জানাই, হে সুধী ব্যবসায়ীগণ!' বললেন শচীকেশ, 'আমরা আর্থিকভাবে সচ্ছল না হলেও, আমাদের ধর্ম সম্বন্ধে আমরা অবগত—*অতিথি দেবো ভবঃ!*'

তৃতীয় উপনিষদ থেকে একটি অতি পুরাতন সংস্কৃত শ্লোক শচীকেশ আবৃত্তি করতে, কুম্ভকর্ণ সম্মান প্রদর্শনপূর্বক দুই হাত জোড় করে নত মস্তকে অভিবাদন জানালেন। *অতিথি হলেন ভগবান!* তিনি অগ্রজকে ওই একই কাজ করতে বাধ্য করলেন, কিন্তু রাবণের মনোযোগ ছিল অন্য কোনো স্থানে! তাঁর দিকে লক্ষ্য করে ধীর পদক্ষেপে এক নারী অগ্রসর হচ্ছেন!

দেবী কন্যাকুমারী স্বয়ং!

সেই কুমারী দেবী।

বেদবতী!

'আপনাদের শুভ নাম জানতে পারি?' প্রশ্ন করলেন শচীকেশ।

'আমার নাম বিজয়,' বললেন কুম্ভকর্ণ, 'এবং আমার অগ্রজের নাম হল জয়!'

শচীকেশ হাসলেন, 'আপনাদের দুই ভাইয়ের নামের অর্থই হল বিজয়ী হওয়া। এই নামকরণে আপনাদের পিতা মাতার প্রবল উচ্চাশার পরিচয় পাওয়া যায়!'

কুম্ভকর্ণ হেসে উত্তর দিলেন, 'এবং সেই আশায় আমরা উত্তীর্ণ হতে অসফল এখনো!'

শচীকেশও হাসলেন। তিনি তাঁর মাথার লোহিতবর্ণ কেশের দিকে নির্দেশ করলেন, 'আমার পিতা মাতা আমার নামকরণ করেছিলেন শচীকেশ। অর্থাৎ কিনা যার কেশ অগ্নির ন্যায় রক্তিম ও তেজোদ্দীপ্ত! কিন্তু বিশ্বাস করুন, আমার মধ্যে এই তেজোদ্দীপ্ত ভাবটি বিরাজ করে না!'

'বোধ হয় প্রতিটি সন্তানই রীতিমতো দায়িত্ব সহকারে তাদের পিতা মাতাকে এইভাবেই হতাশ করতে ইচ্ছুক!' কুম্ভকর্ণ এই অহেতুক কথোপকথন চালিয়ে যেতে থাকলেন, এবং প্রতি মুহূর্তেই আশা করতে লাগলেন তাঁর অগ্রজ যেন সত্বর সম্বিত ফিরে পান!

শচীকেশ এই কথোপকথন উপভোগ করছিলেন। অকথিত কোনো চিন্তাধারার বশবর্তী হয়ে, তিনি তাঁর পুত্র শুকরমনের দিকে তাকালেন। সে তখন অদূরেই বসে অন্যান্য সকলের কার্যকলাপ লক্ষ্য করছিল। পুত্রকে দেখার সঙ্গে সঙ্গে শচীকেশের মুখমণ্ডল থেকে হাসির শেষ রেশটিও মুছে গেল। শুকরমন শব্দটির অর্থ হল— *যে ব্যক্তি ভালো কাজের জন্য পরিচিত।* কৌতুকের মোড়কে অবগুণ্ঠিত কঠোর সত্য মনকে অশেষ যন্ত্রণাদান করে! তিনি বললেন, 'যাই হোক, আসুন আমাদের সঙ্গে আজ মধ্যাহ্নভোজ সারুন!'

শচীকেশের আমন্ত্রণের উত্তর প্রদানের বিন্দুমাত্র সুযোগ কুম্ভকর্ণ পেলেন না, কারণ ইতিমধ্যেই বেদবতী তাঁদের সামনে পৌঁছে গেছেন! তাঁর বাম হাত সযত্নে ভর করে আছে তাঁর ঈষৎ স্ফীত উদরে ওপর, যেখানে তাঁর সন্তান ধীরে ধীরে পৃথিবীতে পদার্পণ করার প্রস্তুতিতে। কুম্ভকর্ণ তাঁর দিকে তাকিয়ে সম্ভ্রমের হাসি হাসলেন। অন্যদিকে রাবণ পাথরের মূর্তির ন্যায় ধরিত্রীর দিকে নির্নিমেষে চেয়ে আছেন!

'আমাদের মহান শচীকেশ একদম সঠিক কথাই বলেছেন,' বললেন বেদবতী, 'আমাদের সহিত ভোজন সম্পন্ন করার জন্য আপনাদের স্বাগত জানাই!'

রাবণ তাঁর নতমস্তক ঈষৎ উত্তোলন করে এইবার হাসলেন। এতো বছর ধরে এই মধুর কণ্ঠ শোনার জন্য তিনি তৃষিত ছিলেন! এটি তাঁর জ্বলেপুড়ে খাক হয়ে যাওয়া অন্তরের জন্য এক মহৌষধী বিশেষ! বেদবতীর সুমধুর কণ্ঠ তিনি তাঁর শরীরের আভ্যন্তরীণ অলিন্দে অলিন্দে প্রতিফলিত হতে দিলেন। তাঁর কণ্ঠ থেকে নির্গত শব্দগুলি তাঁর কাছে অপ্রয়োজনীয় ছিল।

তিনি কিছু বলতে চাইলেন, তিনি উত্তর দিতে চাইলেন। কিন্তু এই মুহূর্তে তাঁর স্বরযন্ত্র তার দায়িত্ব থেকে সাময়িক বিরতি নিয়েছিল। তাঁর মুখ থেকে সামান্য শব্দটুকুও নির্গত হল না!

কুম্ভকর্ণ তাঁর অসহায়, নীরব অগ্রজের দিকে তাকালেন, তারপর তাঁর দৃষ্টি নিক্ষেপ করলেন বেদবতীর দিকে। যন্ত্রণাদায়ক সত্যটি তাঁর সম্মুখে উন্মোচিত হল। বেদবতীর রাবণ সম্বন্ধে বিন্দুমাত্র জ্ঞান ছিল না! এবং তিনি রাবণকে একমুহূর্তের জন্যও চিনতে পারেননি!

কুম্ভকর্ণ নতমস্তক হয়ে তাঁকে অভিবাদন জানালেন, 'হে মহান কন্যাকুমারী...!'

মৃদু হেসে, কন্যাকুমারী বাধাপ্রদান করলেন, 'আমি কিন্তু আর বর্তমানে দেবী কন্যাকুমারী নই!'

কুম্ভকর্ণ পুনরায় নতমস্তকে অভিবাদন জানালেন, 'হ্যাঁ, অবশ্যই, সম্মানীয়া বেদবতীজি! কিন্তু আমার মনে হয় না আমরা আপনাদের সঙ্গে ভোজন সমাধা করতে সক্ষম হতে পারব। কারণ আমাদের অবিলম্বেই...'

আমরা থাকতে সক্ষম!'

সেই মুহূর্তে যদি কুম্ভকর্ণ তাঁর অগ্রজের বলিষ্ঠ স্পর্শ নিজের কাঁধে অনুভব না করতেন, তাঁর পক্ষে রাবণের কণ্ঠস্বর শনাক্ত করা অসম্ভব হতো! এই নতুন কণ্ঠ একদম বালখিল্য—কোমল, নরম! জলদস্যু রাজা রাবণের সেই বিখ্যাত জলদ্গাম্ভীর কণ্ঠস্বর সম্পূর্ণ অস্তিত্বহীন!

'অতি উত্তম!' বেদবতী রাবণের দিকে চেয়ে হাসলেন। পরমুহূর্তেই তিনি ঘুরে অন্যত্র চলে গেলেন।

কুম্ভকর্ণ তাঁর অগ্রজের দিকে তাকিয়ে দেখলেন, বেদবতীর অপস্রিয়মাণ বরতনুর দিকে তূরীয় অবস্থায়, দুর্বোধ্য এক হাসি মুখে নিয়ে তিনি চেয়ে রয়েছেন। তাঁর মুখমণ্ডলে এক অস্বাভাবিক অভিব্যক্তির অবতারণা ঘটেছে! অভূতপূর্ব এক ভালো লাগায় তাঁর দুচোখ উদ্ভাসিত হয়ে উঠেছে!

সন্তাপে কণ্ঠরুদ্ধ হয়ে আসে কুম্ভকর্ণের। তিনি কোনো পুঁথিতে অধ্যয়ন করেছেন, বিফল প্রেমের অপেক্ষা নির্মম ঘাতক আর হতে পারে না। কিন্তু সেই লেখক ভ্রান্ত ছিলেন—তার থেকেও নির্মমতর অবস্থা এই জীবনে বর্তমান! যুগলের ভিতর বিফল প্রেম, যার মধ্যে একজন সেই প্রেমের অস্তিত্ব সম্বন্ধেই অবগত নন! তাঁর প্রিয়তম অগ্রজকে, যাকে তিনি এই পৃথিবীতে সর্বাপেক্ষা ভালোবাসেন—তিনি এই ভগ্নাবস্থায় প্রত্যক্ষ করতে চাননি এই জীবনে!

তিনি অন্যদিকে তাকালেন, তাঁর মন বেগবান–এই দুরাবস্থা থেকে যেমন করেই হোক তাঁকে নিষ্কৃতি পেতেই হবে!

১৩

ত্রয়োদশ অধ্যায়

'এটি অত্যন্ত দুর্ভাগ্যজনক ঘটনা!' বললেন বেদবতী, 'আমরা প্রতিদিনের ন্যায় কাজে চলেছিলাম, হঠাৎ কোথা থেকে কয়েকজন সশস্ত্র মানুষ এসে আমাদের একজন সঙ্গীকে হত্যা করল! আমাদের এই সমাজে দুর্বল মানুষের এই ভবিতব্য!'

রাবণ ও কুম্ভকর্ণ পুনরায় তোড়ি গ্রামে প্রত্যাগমন করেছিলেন। বিগত কয়েকদিন ধরে তাঁরা এই স্থানে প্রতিনিয়ত উপস্থিত ছিলেন, বাঁধ নির্মাণের বিদ্যাগত প্রযুক্তি আহরণ করার অছিলায়।

এই বিশেষ দিনটিতে, শচীকেশ ও বেদবতীর সঙ্গে তাঁরা মধ্যাহ্নভোজ সারছিলেন। নির্মাণস্থলের থেকে বেশ কিছুটা দূরত্বে তাঁরা অবস্থান করছিলেন, ধোঁয়া এবং ধূলার হাত থেকে নিষ্কৃতি পেতে।

নির্মাণস্থলের সুরক্ষা ব্যবস্থা সম্বন্ধে কুম্ভকর্ণ অতিরিক্ত কৌতূহলী ছিলেন। এবং তাঁরা ইতিপূর্বে ঘটে যাওয়া দুর্ঘটনা এবং আক্রমণের অভিজ্ঞতার বিষয় সম্বন্ধে আলোচনা করছিলেন, যেগুলি তাঁরা নিজেরা ঘটতে দেখেছেন বা শুনেছেন। শচীকেশ তিন বছর পূর্বে ঘটে যাওয়া এক হতভাগ্য শ্রমিকের মৃত্যুর ঘটনার উত্থাপন করেছিলেন এই আলোচনায়। এই ঘটনা ঘটেছিল চিলিকা হ্রদে। আধিকারিক ক্রকচবাহুর প্রাসাদের নিকটে!

এই ঘটনার অবতারণার ফলে কুম্ভকর্ণ আড়ষ্ঠ হয়ে গিয়েছিলেন, অবশ্য কিছুক্ষণের ভিতর তিনি নিজেকে সামলে নিতে সক্ষম হলেন। রাবণের উপর এই ঘটনার উল্লেখ কোনোরকম প্রভাব বিস্তার করল না। তিনি ভাবলেশহীন

অভিব্যক্তিতে প্রথমে শচীকেশের মুখে, তারপর বেদবতীর মুখে এই ঘটনার বিবরণ শুনতে লাগলেন, কীভাবে নির্মম হত্যাকারীদের অশ্বদলের দ্বারা পদপিষ্ট হয়ে সেই হতভাগ্য, তরুণ শ্রমিকটি মৃত্যুবরণ করেছিল!

আধিকারিকের প্রাসাদে সংঘটিত এই দুর্দান্ত লুণ্ঠনের ঘটনার পুঙ্খানুপুঙ্খ বিবরণে ব্যস্ত হয়েছিলেন শচীকেশ! কুম্ভকর্ণ প্রাণপণে এমনভাবে এই সমগ্র বর্ণনা শোনার চেষ্টা করছিলেন যেন মনে হয় এটি তিনি প্রথমবার শুনছেন!

'এই ঘটনার অনেক পরে আমরা জানতে পেরেছিলাম,' বললেন শচীকেশ, 'এই আক্রমণ সম্ভবত ক্রকচবাহুর মাতৃভূমি, সুদূর নাহার দেশে তাঁর বিরোধীদের দ্বারা সংঘটিত হয়েছিল। কিন্তু রাজায় রাজায় যুদ্ধ হলে, উলুখাগড়ার প্রাণ যায়। আর আমরা সেই সামান্য উলুখাগড়ার বন!'

'কিন্তু এ তো অধর্মের কাজ!' বললেন বেদবতী, 'ক্ষত্রিয়দের যাবতীয় যুদ্ধবিগ্রহ নিজেদের মধ্যেই সীমাবদ্ধ রাখা উচিত, তাঁদেরকে এই ব্যাপারে যত্নবান হতে হবে, যাতে তাঁদের অশান্তির ফলে নিরীহ নিরপরাধের প্রাণসংশয় না ঘটে!'

রাবণ সম্মতিসূচক মাথা নাড়লেন, তাঁর মুখমণ্ডলে কিছুমাত্র ধরা পড়ে না!

'যথার্থ, একদম সত্য!' বললেন শচীকেশ, 'কিন্তু আজকের দিনে ধর্মের কথা কে স্মরণে রাখে? আমরা আমাদের সনাতনী রীতি রেওয়াজ, আমাদের সংস্কৃতি বিস্মৃত হতে বসেছি! আমাদের পূর্বপুরুষের গ্লানিময় ভবিষ্যৎ হলাম আমরা!'

কুম্ভকর্ণ তাঁর অন্তঃকরণে গ্রহদেবতাকে তাঁর অশেষ কৃপার জন্য ধন্যবাদ দিলেন। চিলিকার সেই লুঠতরাজের সময়, তিনি তাঁর জাহাজে উপস্থিত ছিলেন, এই মানুষদের থেকে বহুদূরে! তাই এরা তাঁকে শনাক্ত করে উঠতে সক্ষম হয়নি। তিনি বুঝতে পারলেন সেই লুণ্ঠন সম্পন্ন করে রাবণ এত সত্বর সেই স্থান পরিত্যাগ করেছিলেন, যে কেউ তাঁর উপস্থিতি ভালো করে নজরে আনতে পারেনি, বিশেষ করে বেদবতী! অবশ্য, তিন বছর পূর্বে রাবণের মুখমণ্ডলের সিংহভাগ শ্মশ্রুগুম্ফে এইরূপে অবগুণ্ঠিত হয়নি! এবং বর্তমানের এই বিশেষ ধরণের চাড়া দেওয়া গুম্ফে তাঁর চেহারার অনেকটাই পরিবর্তন হয়েছে।

হয়তো ভালোই হয়েছে যে বেদবতী রাবণকে একদম চিনতে পারেননি! তাঁর পিতার আশ্রম অথবা চিলিকার সেই স্মৃতির অন্তরাল থেকে!

—১৬—

বেদবতীর সন্তান প্রসবের সময় আসন্ন, এবং তাঁর জঠরে লালিত শিশুর শক্তিশালী পদাঘাতে তিনি বিস্মিত—তাঁর সন্তান এখন থেকেই রীতিমতো বলশালী! এই শক্তিমান শিশুর যথেষ্ট পরিমাণে সুষম খাদ্য প্রয়োজনীয়! দুগ্ধ মিশ্রিত সুু চাল, সঙ্গে পরিমাণমতো এলাচ ও আদা সহযোগে তৈরি উপাদেয় খাদ্য মাতা ও তাঁর শিশুর জন্য সর্বোত্তম! কিন্তু এই ছোট তোড়ি গ্রামে সমস্ত কিছু পাওয়া গেলেও এলাচের অস্তিত্ব ছিল না! বড়, কালো এবং উৎকৃষ্ট প্রজাতির এলাচের চাষ হয় পূর্ব নেপাল, সিকিম ও ভুটানের বিভিন্ন পর্বতের পাদদেশে। এবং সেই এলাচ বড়ই দুষ্প্রাপ্য ও মূল্যবান!

কিন্তু যা অন্যদের পক্ষে অসম্ভব, রাবণের কাছে তা অনায়াসলভ্য! তিনি তাঁর কর্মচারীদের সেখানে পাঠালেন, এবং পাঁচ বস্তা এই সুবাসিত মশলা ক্রয় করে ফেললেন। প্রয়োজনের অপেক্ষা এই পরিমাণ পর্বতপ্রমাণ! রাবণ এই এলাচ বেদবতীকে উপহার দিয়ে বললেন, এই এলাচ সমগ্র গ্রামের ব্যবহারের জন্য। এছাড়া, তিনি আরো উন্নত কিছু যন্ত্রপাতির আমদানি ঘটালেন, যেগুলির দ্বারা গ্রামের শ্রমিকদের নির্মাণের কাজে আগের চাইতে অনেক সুবিধা হবে।

কৃতজ্ঞচিত্তে বেদবতী এর পরের দিন রাবণের সঙ্গে মধ্যাহ্নভোজে বসেছিলেন। শচীকেশ বৈদ্যনাথ পরিদর্শনে গিয়েছিলেন। কাকতালীয়ভাবে, হঠাৎ কুম্ভকর্ণেরও গ্রামে কোনো অসমাপ্ত কাজের কথা মনে পড়ে গিয়েছিল!

দুজনে নীরবে একত্রে তাঁদের ভোজন সমাধা করতে ব্যস্ত ছিলেন, অন্তরের নিরন্তর বয়ে চলা ঝড়ের বিন্দুমাত্র আভাস রাবণের শান্ত, বিনীত চেহারায় খুঁজে পাওয়া দুষ্কর!

'জয়,' রাবণের ব্যবহার করা ছদ্মনাম ব্যবহার করে বললেন বেদবতী, 'আপনার আগমন কি ইন্দ্রপ্রস্থ অঞ্চল থেকে? আপনার বাক্যালাপের ধরণ লক্ষ্য করে, আমার এই কথা মনে হয়েছে!'

কিন্তু রাবণ এই মুহূর্তে তাঁর পূর্বপুরুষদের পরিচয় জানাতে চাইছিলেন না বেদবতীর সম্মুখে। এখনও সেই সময় আসেনি, 'আমি কিছু সময় ওই অঞ্চলে অতিবাহিত করেছি। তবে দীর্ঘকাল নয়।'

বেদবতী অনিশ্চয়তার দৃষ্টিতে তাঁর দিকে তাকালেন, 'জয়, যদিও আপনার এই মহানুভবতার কারণে আপনার কাছে বিশেষ কৃতজ্ঞ, তাও আমি আশা

করব আমাদের সাহায্যার্থে আপনি আপনার ক্ষমতার বাইরে কিছু করেননি। যদি কিছু মনে না করেন, একটি প্রশ্ন করতে পারি? আপনার পেশা কী? এই বহুল পরিমাণে দান ধর্ম করতে প্রচুর বিত্তের প্রয়োজন—এটি কীভাবে সম্ভবপর?'

'ও...আমার কাজ...ব্যবসা! দেশ বিদেশ থেকে আমাদের দেশের মানুষের প্রয়োজনে জিনিসপত্র আমদানি করি, এবং আমাদের দেশ থেকে সেই জিনিসপত্র রপ্তানি করি, যা বাইরের দেশে অপ্রতুল!'

'আচ্ছা। এবং এই ব্যবসা কি লাভদায়ক?'

যদি ওই পাঁচ বস্তা মশলার জন্য ব্যয় করা অর্থ আমি হারিয়েও ফেলতাম, সেই ঘটনা আমার চোখে ধরাও পড়ত না!

রাবণ তাঁর এই ধারণা নিজের অন্তরে চেপে রেখে বললেন, 'হ্যাঁ। তবে নতুন নুতন আইন কানুন, বাধ্যবাধকতার কারণে ব্যবসা এই মুহূর্তে কিঞ্চিৎ কঠিন। কিন্তু আমার চলে যায়!'

'অতি উত্তম!' বললেন বেদবতী। সহজ সরল ভদ্র মানুষ অন্যদের মুখের কথা অতি সহজেই বিশ্বাস করেন, 'অসংখ্য ধন্যবাদ, জয়! আপনার এই সাহায্য আমার গ্রামের পক্ষে অত্যন্ত শুভ!'

রাবণ কাঁধ ঝাঁকালেন। *এই কাজ তাঁর কাছে কিছুই নয়!*

'বর্তমানে, আমাদের যারা সাহায্য করতে সক্ষম, কেউ করেন না!' বললেন বেদবতী, 'বিশেষ করে এই সময়ে তো নয়!'

'প্রত্যেকে কি আর...জয়!' কোনোরকমে নিজের আসল নাম বলে ফেলতে গিয়েও নিজেকে সামলে নিয়ে রাবণ হাসতে হাসতে বলে উঠলেন!

বেদবতীও রাবণের এই কথায় হাসলেন, 'এই গ্রামবাসীরা অনেক কষ্টের সম্মুখীন হয়েছে। আজকের দিনে দেশজুড়ে চলতে থাকা অন্যায় অবিচারের মূল শিকার হল এই সাধারণ মানুষ। এবং কেউ নিজেদের ছাড়া অন্য কোনো অভাগা মানুষকে সাহায্য করার কথা ভাবতেও পারে না। দান-ধ্যানের পবিত্র রেওয়াজ আমাদের এই মহান দেশের নাগরিকদের কাছে ক্রমেই বিলুপ্ত হয়ে আসছে! আমরা ধীরে ধীরে ধর্মভ্রষ্ট হচ্ছি!'

রাবণ কিছু বলতে গিয়েও নিজেকে সামলে নিলেন।

তাঁর এই অভিব্যক্তি লক্ষ্য করে বেদবতী বললেন, 'আমি কিন্তু আপনার কথা ভেবে এই কথা বলতে চাইনি, জয়! কিন্তু আজ দেশজুড়ে, ধর্মের নামে

শুধু বড় বড় আস্ফালন আর নিয়মকানুনের বাতুলতা! এই সমস্ত নিয়মকানুনের প্রবর্তন কেন হয়েছিল, আমরা কীভাবে ও কেন এই নিয়মকানুনের বশবর্তী, তাই আমাদের বিস্মরণে আজ!'

'অবশ্যই, আমি আপনার সঙ্গে সহমত!' রাবণ বললেন, 'প্রতিটি স্থানে আজ অরাজকতা, পক্ষপাতিত্ব এবং দুর্নীতির করাল ছায়া। কিন্তু...!'

'কিন্তু কী?' প্রশ্ন করলেন বেদবতী।

'অবশ্য আমার মনে হয় এই গ্রামের মানুষদের অবস্থার শিকার বলাটা সমীচীন হবে!'

বেদবতী ভোজন স্থগিত করে প্রশ্ন করলেন, 'আপনার মনে হয় এরা এই অবস্থার শিকার নয়?'

'না না, তারা শিকার তো নিশ্চয়!'

বেদবতী হাসলেন, মাথা নাড়িয়ে পুনরায় ভোজন অব্যাহত রাখলেন, 'আপনার বক্তব্য আমার বোধগম্য হচ্ছে না!'

'নিশ্চয় তারা এই অবস্থার শিকার,' রাবণ বললেন, 'এই পৃথিবীর প্রতিটি মানুষের ন্যায়। যে কোনো অবস্থাতেই আমরা প্রত্যেকেই অবস্থার শিকার। কিন্তু তার মানে এই নয় যে আমরা সবসময় নিজেদের অবস্থার পরিপ্রেক্ষিতে শোষিত হিসাবে গণ্য করব।'

বেদবতী চিন্তিতভাবে রাবণের দিকে তাকালেন।

রাবণ বলতে থাকলেন, 'আমরা প্রত্যেকে নিজের জীবনে এমন এমন পরিস্থিতির মধ্যে দিয়ে গিয়েছি, তখন মনে হয়েছে জীবন আমাদের উপর সদয় নয়। এই সমস্ত পরিস্থিতিতে, আমরা নিজেদের অবস্থার শিকার মনে করে কষ্ট পেয়েছি, এবং এই কারণে সারা পৃথিবীকে দোষারোপ করেছি! আমরা নিজেদের কপট আরামে নিমজ্জিত করে রেখে নিজেদের মনকে প্রবোধ দিয়েছি যে এই অবস্থার জন্য আমরা দায়ী নই, এবং অন্য কারো অপেক্ষায় দিন গুনেছি যাতে সে এসে আমাদের জীবনের উন্নতিসাধন করে! কিংবা, আমরা নিজের অন্তরের শক্তিবলে পুনরায় উঠে দাঁড়িয়েছি। নিজেদের সাহস জুগিয়ে জীবিত থাকার জন্য লড়াই করেছি!'

'এটি সম্পূর্ণ সত্যি, জয়, আমাদের প্রত্যেকের জীবনে বাধা বিপদ এসেছে, কিন্তু একথা তো মানবেন আপনি, যে প্রত্যেকের জীবন একইরকম সমস্যার সম্মুখীন হয় না! কারো সমস্যা অন্যদের অপেক্ষা অধিক গুরুতর হতেই

পারে। এবং সেই সমস্ত মানুষের স্বার্থে আমাদের পাশে থাকা উচিত! তবে এ কথা যথার্থ যে অন্যের সাহায্য যাচনা করে কেউ যদি বিন্দুমাত্র প্রচেষ্টা না করে অলসভাবে অপেক্ষা করে—তা মোটেই কাজের কথা নয়, কিন্তু সবল মানুষের সাহায্য...'

'....সাহায্য কাকে? শিকারের অসহায়ত্বকে?' বাধাপ্রদান করলেন রাবণ।

'কী?'

'মানুষের একটি বিশাল অংশ শুধু অশ্রুপাত আর নালিশ জানাতে দক্ষ!' রাবণ নাটকীয়ভাবে উদ্বাহু অবস্থায় কণ্ঠস্বর উচ্চগ্রামে তুলে সুর করে বলতে থাকলেন, ' ইশশ, বেচারি আমাকে দেখো! দেখো আমার জীবনে কত কষ্ট! কেউ আমায় সাহায্য করো! নইলে আমি আর বাঁচব না! আমি এই অমানুষিক সমাজের অবিচারের অসহায় বলি!'

বেদবতী তাঁর ওষ্ঠাগত হাসির রেশ নিজের ওষ্ঠে দংশন করে প্রতিরোধ করে, তাঁর মুখমণ্ডলে গাম্ভীর্য আনার চেষ্টা করলেন, 'জয়, অন্যদের দুর্বলতা সম্বন্ধে আমাদের জড়ানো উচিত নয়, কিন্তু এভাবে তাদের দুর্দশা নিয়ে পরিহাস করাও সঠিক নয়!'

'আমি পরিহাস করছি না...একদম করছি না...মহান কন্যাকুমারী, সত্যি তো, তাঁদের উপহাস করার কোনো অধিকার আমার নেই! আমি অতিশয় দুঃখিত। কিন্তু এই অবস্থায় আমি এভাবেই ভাবতে অভ্যস্ত—আমাদের প্রত্যেকের অভ্যন্তরে একটি করে সিংহ ও একটি করে হরিণ বাস করে। আমরা যদি এই সিংহকে সযত্নে লালন করি, তাহলে এই জীবনে আমরা সফলতার মুখ দেখতে সক্ষম! কিন্তু যদি পরম মমতায় দুর্বল হরিণটিকে লালন করি, তাহলে জীবনভর আমাদের পলায়ন ও আত্মগোপন করেই চলতে হবে!'

'আচ্ছা...শিকার ও শিকারির কাহিনি!'

'হ্যাঁ!'

'তাহলে আমাদের সর্বদা শিকারি হওয়ার লক্ষ্যে অগ্রসর হতে হবে, তাই তো আপনার অভিপ্রায়? কারণ বেচারি শিকার তার জীবনদর্শন সম্বন্ধে কিছু বলতে পারার পূর্বেই প্রাণত্যাগ করে?'

'যদি আমরা নিজেদের জন্য লড়াই করতে অক্ষম হই, তবে আমাদের দ্বারা রক্ষিত ও নির্ভরশীল দুর্বলের সাহায্য কেমন করে সাধন করব?'

'তাহলে আপনি জীবনকে এইভাবে দেখেন? প্রতি শিকারি এক রাজকীয় যোদ্ধা, কিন্তু শিকারের কোনো সম্মান প্রাপ্য নেই?'

'আপনি আমার সঙ্গে সহমত নন, মহান বে...বেদ...কন্যাকুমারী?'

বেদবতী অনুকম্পার দৃষ্টিতে রাবণের দিকে তাকালেন। তিনি ভাবলেন রাবণের সম্ভবত 'ব' অক্ষর দিয়ে শুরু নামোচ্চারোণে বিশেষ অসুবিধা হয়, সেটি সময় বিশেষে এতোটাই প্রবল হয়ে ওঠে যে তাঁর বাক্যালাপ করাই দায় হয়ে ওঠে! তাই তাঁর নাম উচ্চারণের চেয়ে রাবণ তাঁকে কন্যাকুমারী নামে সম্মোধনেই অভ্যস্ত!

'জয়, আপনি কি পঞ্চতন্ত্রের নাম শুনেছেন?'

তৎক্ষণাৎ সম্মতির মাথা নাড়ালেন রাবণ, 'অবশ্যই!'

পঞ্চতন্ত্র, আক্ষরিক অর্থে পঞ্চ পবিত্র গ্রন্থগুলি সমগ্র ভারতের প্রতিটি শিশুর অধ্যয়নের প্রথম পাঠ। এতে বাক্যালাপ করতে সক্ষম পশুপাখিদের গল্প থাকে, এবং প্রতিটি গল্পের শেষে একটি বিশেষ শিক্ষার উল্লেখ থাকে।

'কিছু সময়,' বললেন বেদবতী, 'ধর্মের বিভিন্ন পাঠ অধ্যয়নের জন্য আমাদের এই পশুপাখিদের উপকথা পাঠ করতে হয় না। কারণ আমরা সেগুলি আসল পশু পাখিদের কাছ থেকেই শিখতে সক্ষম হই।'

রাবণের কৌতূহল বৃদ্ধি পেতে, তিনি সম্মুখে ঝুঁকে বসলেন!

'এই ঘটনাটা ঘটেছিল বহু বছর পূর্বে,' বললেন বেদবতী, 'তখন আমি কন্যাকুমারী ছিলাম। আমি বহুস্থানে ভ্রমণ করেছি, সাহসী অন্ধ্রদের অসাধারণ রাজ্যেও আমি গিয়েছি। সেই স্থান অমরাবতীর নদীবন্দরের নিকট অবস্থিত!'

'আমি সেই স্থানে গিয়েছি। সত্যি অনিন্দ্যসুন্দর স্থান। সর্বার্থেই এক সার্থকনামা বন্দরনগরী!'

'এবং বহু মানুষের বিশ্বাস, আজ যে স্থানে এই আধুনিক অমরাবতী নগরের অবস্থান, সুদুর অতীতে দেবতাদের রাজা ইন্দ্র সেখানেই বিরাজমান ছিলেন!'

'হ্যাঁ, এই কাহিনি আমিও শুনেছি। এবং আমার মতে, এই ঘটনা সত্য হলেও হতে পারে!'

'যাই হোক, আমরা যখন সেই স্থানে উপস্থিত ছিলাম, স্থানীয় রাজা আমাদের নিয়ে পবিত্র কৃষ্ণা ও গোদাবরী নদীর মধ্যবর্তী এক অরণ্যে, অরণ্যবিহারের ইচ্ছাপ্রকাশ করেছিলেন। সেই অরণ্যের সিংহভাগ উন্মুক্ত ঘাসজমি, এবং আমরা হস্তীপৃষ্ঠে মৃগয়ায় গিয়েছিলাম। একদিন সকালে

আমরা একটি প্রাপ্তবয়স্ক সিংহ ও তার শাবকদের দেখলাম,' প্রশ্ন করার পূর্বে বেদবতী থামলেন, 'আপনি নিশ্চয় সিংহদের বৃদ্ধবয়সের অসহায় অবস্থা সম্বন্ধে অবগত?'

'হ্যাঁ,' রাবণ সম্মতি সূচক মাথা নাড়লেন, 'একজন প্রবল পরাক্রমশালী শিকারি যখন জরায় ন্যুব্জ অবস্থায় পরমুখাপেক্ষী হয়ে পড়ে, তার চাইতে করুণ দৃশ্য আর কিছুই হতে পারে না। এই দৃশ্য আমি একাধিকবার প্রত্যক্ষ করেছি—পূর্ণবয়স্ক জরাক্লিষ্ট সিংহকে উঠতিবয়সের সিংহের আক্রমণ। সে পরাভূ ত হয়েও যদি জীবিত থাকে, তার আর ওই অঞ্চলে বাস করার অধিকার থাকে না। তখন বিজয়ী তার সম্পূর্ণ রাজ্যপাটের দখল নেয়, দলের সিংহীরা পুরাতনকে বর্জন করে নতুন প্রধানের আনুগত্য স্বীকার করে অবলীলায়! পরাজিত সিংহের শাবকগুলির নতুন রাজার হাতে নিহত হওয়ার সম্ভাবনা প্রবল, এবং তাদের মাতাদের এই অবস্থায় বাধাপ্রদান করার সামান্য অধিকারও থাকে না। নতুন প্রধানের নতুন শাসননীতির সম্মুখে, হয়তো এভাবেই তারা অসহায়ভাবে বশ্যতা স্বীকার করে নেয়!'

'জঙ্গলের জীবন কিন্তু ভীষণ নির্মম হতে পারে!'

'এবার, আপনারা যে বৃদ্ধ সিংহকে দেখেছিলেন, সে হয়তো কোনোভাবে তার সন্তানদের প্রাণরক্ষা করতে পেরেছিল। সম্ভবত, সে এবং তার শাবকেরা নতুন প্রধানের রোষের হাত থেকে নিজদের রক্ষা করে, পলায়ন করতে সক্ষম হয়েছিল!'

'খুবই সম্ভব,' বললেন বেদবতী, 'স্বাভাবিকভাবেই, এক বৃদ্ধ সিংহের কাছে, শিকার দ্বারা নিজের প্রতিপালন করা দুরূহ কাজ! এবং তদুপরি যদি তার উপর তার শাবকেরা নির্ভরশীল হয়, তাহলে তার জীবনযাপন কোনোমতেই সুখের হতে পারে না। এই সিংহের শাবকেরা অনাহারে মৃত্যুর দিন গুনছিল! সে নিজেও অনাহারে ধুঁকছিল! তারা ক্রমেই দুর্বল হয়ে পড়ছিল।'

'তারপর কী ঘটেছিল, মহান কন্যাকুমারী?'

'যে সময়ে আমরা এই সিংহকে প্রত্যক্ষ করেছিলাম, সে ঘাসজমির বিপরীত দিকে অবস্থান করছিল, তার তিন শাবক ঠিক তার পিছনে। সে দলছুট একটি হরিণকে লক্ষ্য করছিল, যেটি সম্পূর্ণ একা অন্যদিকে চরে বেড়াচ্ছিল। সেও এক মাতা হরিণী, সঙ্গে তার চার শাবক! তাদের মধ্যে একজন শারীরিকভাবে দুর্বল ছিল—পরিবারের কুলাঙ্গার!'

'তার শাবকদের জন্য খাদ্য...!'

বেদবতী লক্ষ্য করলেন রাবণের প্রাথমিক চিন্তা ছিল সেই বৃদ্ধ সিংহ ও তার শাবকদের জন্য। যদিও এক্ষেত্রে শিকারির অবস্থা খুব দৃঢ় ছিল না, তাও তিনি কিন্তু শিকারির পক্ষেই চিন্তা করছিলেন, 'নিশ্চয়, কিন্তু ভাবুন, এই সিংহ কিন্তু বৃদ্ধ ও দুর্বল ছিল! একজন প্রাক্তন, ন্যুব্জ শিকারি! আপনার কী মনে হচ্ছে, এরপর কী ঘটতে পারে?'

'কেন, নিশ্চয় সে সর্বাপেক্ষা দুর্বল হরিণশিশুটিকে আক্রমণ করল! এতে অবশ্য সে যথেষ্ট পরিমাণে আহার পাবে না, কিন্তু সহজেই শিকার সম্পন্ন করে সে তার ক্ষুধিত শাবকদের সামনে খাদ্য উপস্থিত করতে সক্ষম হবে। কিছু না পাওয়ার থেকে কম পরিমাণে পাওয়া ভালো। এতে তার শাবকেরা অন্তত আরেকটি দিন জীবনধারণ করতে সক্ষম হবে! কম হলেও কিছুটা শক্তিবৃদ্ধি করতে পারবে!'

বেদবতী হাসলেন, 'আপনি শিকারির মননশীলতা সম্বন্ধে অতি উত্তমরূপে অবিদিত, জয়!'

রাবণ প্রত্যুত্তরে বেদবতীর দিকে তাকিয়ে হাসলেন, কিন্তু বেদবতীর এই বাক্য তাঁর প্রতি প্রশংসা ছিল, নাকি তির্যক মন্তব্য ছিল, তা নিয়ে সংশয় রয়ে গেল!

'আপনার অনুমান সঠিক, বৃদ্ধ সিংহটি প্রথমেই সেই দুর্বল হরিণশাবকের উদ্দেশে দৌড়ল,' বলে চললেন বেদবতী, 'কিছুটা দূরে থাকা মাতা হরিণ, বিপদের আভাস পেয়ে, মাথা তুলে চারিদিকে দেখতে থাকল। সিংহটিকে দেখা মাত্রই, সে তার শাবকদের সাবধান করার উদ্দেশে বিপদসংকেত পাঠাতে, তারা সবেগে পরস্পরের উপর দিয়ে লম্ফ দিতে দিতে ঘন জঙ্গলের দিকে ছুটল। তারা যথেষ্ট গতিময়! কেবল সেই শবকটি ব্যতীত! সিংহ তার গতি বৃদ্ধি করল! দুর্বল হলেও সে সিংহ! ধীরে ধীরে অতিকায় সেই সিংহ ও ক্ষুদ্র, দুর্বল হরিণশাবকের দূরত্ব হ্রাস পেতে থাকল! তার মৃত্যু ছিল শুধুমাত্র সময়ের অপেক্ষা, এবং যে কোনো মুহূর্তে, সিংহ তার উপরে ঝাঁপিয়ে পড়তে পারত। অবশেষে মনে হচ্ছিল ক্ষুধার্ত সিংহ ও তার শাবকদের ভাগ্যে খাদ্যের সম্ভাবনা প্রবল।'

'আর তারপর কী ঘটল?'

'তারপর, আমাদের হতচকিত করে দিয়ে, মাতা হরিণ তার গতিবেগ

হ্রাস করতে শুরু করল। সুস্থ হরিণশাবকেরা ঘাসজমি অতিক্রম করে ঘন জঙ্গলের নিকট পৌঁছে গেছে, যে কোনো মুহূর্তে তারা দৃষ্টির নাগালের বাইরে চলে যাবে। সিংহের থেকে নিরাপদ দূরত্বে। এখন একমাত্র দুর্বল শাবকটির প্রাণসংশয়ের সম্ভাবনা! মাতা হরিণ তার গতিবেগ হ্রাস করতে করতে, শেষে একেবারেই থেমে গেল!'

রাবণ অনুভব করলেন উত্তেজনায় তাঁর শ্বাস প্রশ্বাসের উপর চাপের বৃদ্ধি হচ্ছে, 'তারপর?'

'সিংহটি এইবার মাতা হরিণের দিকে মনঃসংযোগ করল। ওই ক্ষুদ্র, দুর্বল শাবক অপেক্ষা এই পূর্ণবয়স্ক, নধর হরিণ তাকে ও তার শাবকদের প্রচুর খাদ্যের সংস্থান দেবে! সেই মুহূর্তেই সে দিক পরিবর্তন করল। সেই মুহূর্তে মাতা হরিণটি স্থবির অবস্থায় থাকায়, এবং পলায়নের বিন্দুমাত্র প্রচেষ্টা না করায়, সিংহ কয়েক মুহূর্তেই তার উপর ঝাঁপিয়ে পড়ল!'

'শেষ মুহূর্তে মাতা হরিণটি কেন দৌড়ে পলায়ন করল না? সে তো তার দুর্বল শিশুটির প্রাণরক্ষা করতে সক্ষম হয়েছিল—তার নিজের দিকে বিপদের দৃষ্টি আকর্ষণ করে!'

বেদবতী মাথা নাড়লেন, 'না। সে নীরবে শেষ পর্যন্ত দাঁড়িয়ে দেখতে থাকল, যতক্ষণ না দুর্বল শাবকটিও নিরাপদে জঙ্গলে বিলীন হয়ে গেল।'

'সিংহটি এবার কী করল?'

'সিংহটিও মাতা হরিণের নিকটে এসে থেমে দাঁড়াল। হরিণের কিছুমাত্র দূরত্বে! তার মনেও সংশয়। দুর্বল শাবকটি ইতিমধ্যে তার সহোদরদের সান্নিধ্যলাভ করতে সক্ষম হয়েছে! তারা সেই নিরাপদ স্থানে পৌঁছে তাদের অসহায় জননীর উদ্দেশে প্রাণপণে চিৎকার করে চলেছে—মনে হচ্ছে যেন তারা তাদের মাতাকে পলায়নের জন্য অনুনয় করছে! কিন্তু সে একবিন্দু স্থান পরিবর্তন করল না। একবার তার মুখ থেকে একটিমাত্র শব্দ নির্গত হল। সে যেন তার শাবকদের শেষবারের মতো পলায়নের নির্দেশ প্রদান করছে। হয়তো এর পরবর্তী নারকীয় দৃশ্যের অবতারণা তাদের চোখের সম্মুখে ঘটতে দিতে চায় না!'

রাবণ নীরব! '*এই হচ্ছেন মাতা...*'

বেদবতী বললেন, 'এই কাহিনি কিন্তু এখনো সমাপ্ত হয়নি!'

'এরপর আর কী হওয়া সম্ভব?'

'সিংহটি সেই হরিণশিশুদের দিকে তাকিয়ে দেখল, যারা এখন নিরাপদে, তার নাগালের সম্পূর্ণ বাইরে। তারা প্রাণপণে তাদের মাতার জন্য আর্তনাদ করে চলেছে! তারপরে সে মাতা হরিণের দিকে দেখল, যে তার থেকে মাত্র একটি লম্ফের দূরত্বে দণ্ডায়মান। এবং হঠাৎ করে সে চলৎশক্তিরহিত হয়ে পড়ল। কিছুতেই যেন তার সম্মুখে দাঁড়ানো অসাধারণ এই প্রাণীটিকে সে আক্রমণ করতে অপারগ! পরমুহূর্তেই তার দৃষ্টি গেল দূরে দাঁড়ানো নিজের শাবকদের দিকে—তারা বুভুক্ষুর মতো এখনো খাদ্যের অপেক্ষায় অধীর!'

সেই অরণ্যবিহারের স্মৃতি রোমন্থনকারিনী বেদবতীর মুখমণ্ডলে বিভিন্ন অভিব্যক্তির বহিঃপ্রকাশ নীরবে লক্ষ্য করে চলেছিলেন রাবণ!

'সিংহের এখন কী করণীয়? সে এখন ধর্মসংকটে পড়ে গেছে। সে কি একজন আদর্শ পিতার ন্যায় তার শিকার সম্পন্ন করে তার শাবকদের মুখে আহার তুলে দেবে? নাকি দয়াপরবশ হয়ে এই মহাত্মা মাতাকে প্রাণভিক্ষা প্রদান করবে?'

'আমি...আমি জানি না!' উত্তর দিলেন রাবণ।

'আমরা মনে করি পশুপাখিরা ধর্মের কথা চিন্তা করতে পারে না। হয়তো তারা বাক্যালাপে অক্ষম, তাই তারা ধর্মের ভাব প্রকাশে অসফল। কিন্তু আমরা কেন ধরে নেব যে তারা ধর্ম বহির্ভূত? ধর্ম সকলের জন্যে। ধর্ম সকলকে এক সূত্রে বাঁধে!'

রাবণ যথারীতি নীরব—তিনি কায়মনবাক্যে বেদবতীর সমস্ত কথা শুনে যাচ্ছিলেন।

বেদবতীর কথা এখনো সমাপ্ত হয়নি, 'ধর্ম ভীষণ জটিল। ধর্ম সর্বদা কর্ম কী তা খোঁজে না, সে কর্মের কারণের অন্বেষণ করে। যদি এই সিংহ মনোরঞ্জনের কারণে শিকার করত—যে কাজ অন্য পশুদের দ্বারা সম্ভব নয়—তখন আমরা এই কাজকে অধর্মের কাজ বলে অভিহিত করতে পারতাম। যেহেতু সে তার ক্ষুধার্ত শাবকদের জন্য এই শিকার করছিল, আমরা বলতে পারি সে ধর্মের পথেই অগ্রসর হচ্ছিল। ওদিকে যদি মাতা হরিণ এই বিপদের মুখে তার শাবকদের সাহায্যে ছুটে না গিয়ে, নিজেকে রক্ষা করতে পলায়ন করত, তাহলে সে অবশ্যই ধর্মের পথ থেকে বিচ্যুত হতো। কিন্তু শাবকদের রক্ষার্থে তার আত্মবলিদান অবশ্যই ধর্মের স্বপক্ষে। ধর্মের পথে, কর্ম অপেক্ষা কর্মসাধন করার সদিচ্ছা প্রাধান্য পায়। কিন্তু একটি কথা পরিষ্কার। যদি তুমি

নিজের জীবনের অপেক্ষা তোমার কর্তব্যের উপর প্রাধান্য দাও, তাহলে তুমি সঠিকভাবে ধর্মের পথ অবলম্বন করে চলছ। বিপরীতে, স্বার্থপরতা তোমাকে ধর্মের পথ থেকে বিপথগামী করতে পারে অচিরেই!'

'জীবন কিন্তু এই সিংহ এবং হরিণের উপর মোটেই সদয় ছিল না,' রাবণ চিন্তান্বিতভাবে বললেন, 'তারা দুজনেই অবস্থার শিকার!'

'জীবন কারো উপরেই সদয় নয়। যেমন বুদ্ধদেবের বাণী অনুযায়ী, জীবনের আসল সত্য হল দুঃখ। এই মায়াময় পৃথিবীর প্রতিটি কোণে কোণে শোকের কারণ, দুঃখের বাতাবরণ বিরাজমান! এই সনাতন সত্যকে যদি তুমি মেনে নিয়ে চলতে পারো, তাহলে এই দুঃখকে জয় করার পক্ষে সেটিই তোমার প্রথম সফল পদক্ষেপ।'

'প্রত্যেকেই লড়াই করছে সমস্যার বিরুদ্ধে...তাই আমার মনে হয়, আমাদের বুঝতে হবে, শিক্ষা নিতে হবে, কথায় কথায় শুধু মানুষের ভুলভ্রান্তির উল্লেখ আর বিচার করার থেকে।'

'একদম। যদি তুমি কথায় কথায় মানুষের বিচার না করো, তুমি নিজের অন্তর থেকে মানুষের সাহায্যে আসতে সক্ষম হবে। এবং এই কর্ম তোমাকে ধর্মের পথে উন্নীত করবে!'

'কিন্তু কাহিনির সমাপ্তি কীভাবে হয়েছিল, মহান কন্যাকুমারী? সিংহ কি সত্যি করে মাতা হরিণকে হত্যা করতে সক্ষম হয়েছিল?'

'সে কথা এই কাহিনির উদ্দেশ্য নয়, জয়!'

রাবণ স্মিতহাস্যে তাঁর প্রশ্নবাণের প্রশমন করলেন।

—ॐ—

'আমাদের কিন্তু বহু সময় ব্যয় হয়ে যাচ্ছে, দাদা!' বললেন কুম্ভকর্ণ। ইতিমধ্যেই বৈদ্যনাথ অঞ্চলে তাদের বসবাসের মাসাধিক কাল অতিবাহিত হয়েছে, 'মাতুল মারীচ চেয়েছিলেন যাতে কার্যসমাধা করে আমরা যথাসম্ভব সত্বর প্রত্যাবর্তন করতে পারি। সুদূর আলকেবুলানে আমাদের সেই ব্যবসা..!'

রাবণ অনুজকে তাঁর হাতের একটি ইশারায় বাধাপ্রদান করলেন, 'এমন কোনো কাজ নেই, যা মাতুল মারীচের দ্বারা করা অসম্ভব!'

'কিন্তু দাদা, কিন্তু আমাদের নাবিকদের কী হবে? আর সমিচী? তারা

অকর্মণ্যভাবে এখানে কালাতিপাত করছে, তাদের কাছে এই সরাইখানায় বসবাস করার উদ্দেশ্য সম্বন্ধে বিন্দুমাত্র আভাস নেই...'

রাবণ ভ্রাতাকে বাধাপ্রদান করলেন, 'ওদের কর্মে বহাল করো, কুম্ভ! ওদেরকে কোনো স্বল্পমেয়াদী ব্যবসার কাজে আশেপাশের অঞ্চলে পাঠিয়ে দাও!'

অগ্রজের কথা শুনে কুম্ভকর্ণ নীরব হলেন। রাবণ স্বপ্নালু দৃষ্টিতে জানালার বাইরে তাকালেন। রাত এখন গভীর। নিস্তব্ধ পরিবেশে একমাত্র ঝিল্লীর আওয়াজ রাতের নৈঃশব্দের ব্যাঘাত ঘটাচ্ছে। মাঝে মধ্যে, বহুদূর থেকে প্যাঁচার অপার্থিব আওয়াজ ভেসে আসছে। সারাদিন বেদবতীর সান্নিধ্যে থেকে তাঁর সঙ্গে দীর্ঘ কথোপকথনের শেষে রাবণ সরাইখানায় প্রত্যাবর্তন করেছিলেন। তিনি চন্দ্রের দিকে তাকিয়ে দীর্ঘশ্বাস ছাড়লেন।

'আজকের রাত কী সুন্দর, তাই না?'

কুম্ভকর্ণ ঘুরে চন্দ্রের দিকে তাকালেন, কিন্তু সেভাবে কোনো বিশেষত্ব খুঁজে পেলেন না। তিনিও দীর্ঘশ্বাস ত্যাগ করে অগ্রজের দিকে ফিরে তাকালেন, 'দাদা...!'

'শশশ...!' রাবণ তাঁর পাশে রাখা রাবণহতটি তুলে নিয়ে বললেন, 'শোনো, আমি একটি নতুন সুর বেঁধেছি!'

তিনি প্রথমে তাঁর আবিষ্কৃত বাদ্যযন্ত্রে পরীক্ষামূলক কিছু স্পর্শ করে, তারপর বাজাতে শুরু করলেন।

যেদিন থেকে রাবণের হাতে এই বাদ্যযন্ত্রের সংগীত শুনেছিলেন কুম্ভকর্ণ, তাঁর মনে হয়েছিল এই রাবণহত আদতে একটি শোকবিলাসের বাদ্য। তার সংগীত হৃদয়ে ব্যথার টান আর চোখে অশ্রু উদ্রেককারী!

কিন্তু আজ রাবণের গম্ভীর দরদী কণ্ঠস্বর, সঙ্গে তাঁর সৃষ্ট অপূর্ব সুরের সংমিশ্রণ, মৃদু বাতাসের সংগত, আর এর সঙ্গে রাবণহতের সংগীতের ত্র্যহস্পর্শ এক স্বর্গীয় বাতাবরণের সৃষ্টি করেছে। আজ তাঁর জাদুর ছোঁয়া পেয়ে আদ্যপান্ত এই শোকবিলাসের বাদ্য থেকে আনন্দমিশ্রিত ভালোবাসার সপ্তসুরের ঝংকার চারিদিকে ছড়িয়ে পড়ছে!

অসম্ভবকে সম্ভবপর করার সম্ভাবনা সবসময় থাকলেও, এই পরিবর্তনকে রূপদান করার জন্য এক দেবীর প্রয়োজন অনস্বীকার্য!

১৪

চতুর্দশ অধ্যায়

যখন তোমার স্বপ্নের নারী, যাকে তুমি আজীবন ধরে পূজা করে এসেছ, গোপনে নীরবে তাঁকে ভালোবেসে গেছ প্রতি পলে, সারাজীবনের জন্যে তোমার কাছ থেকে হারিয়ে যান, তখন তোমার কী করণীয়? মুখ বন্ধ করে, নিজের দ্বিখণ্ডিত অন্তরকে পাথরের ন্যায় শক্ত করে, তিনি ব্যতীত জীবন অতিবাহিত করার প্রস্তুতি নেওয়া ছাড়া উপায়ন্তর কোথায়?

তারপর, ভাগ্যের নির্মম পরিহাসে, একদিন তোমার সঙ্গে তাঁর পুনরায় সাক্ষাৎ হয়। এবং তুমি জানতে পারো তাঁর জীবন এক অন্য মানুষের জীবনের সঙ্গে ওতপ্রোতভাবে বিজড়িত! তুমি কী করে এই সত্যকে অস্বীকার করবে? তাঁর জীবনে অন্য পুরুষের উপস্থিতি কীভাবে অগ্রাহ্য করবে? কী করে তোমার অন্তরে বয়ে চলা অশান্ত, অস্থির ঘৃণার ঝঞ্ঝাকে আয়ত্বে আনবে?

কিন্তু তুমি তাঁর আকর্ষক উপস্থিতি এড়াবার শক্তি সঞ্চয় করতে অক্ষম! তুমি ধীরে ধীরে তাঁর মনের হদিশ পেতে থাকবে। যদি সম্ভব হয়—তাহলে তুমি তাঁকে আরো গভীরভাবে ভালোবেসে ফেলবে! এবং তারপর, তুমি তাঁর জীবনের পুরুষটির সঙ্গে পরিচিত হবে। তাঁর স্বামীর সঙ্গে। আশাতীতভাবে তাঁর সম্বন্ধে তোমার সমূহ ধারণা ভ্রান্ত বলে প্রমাণিত হবে—তিনি সুপুরুষ। তিনি সৎ, দয়ালু, নিঃস্বার্থ। তাঁর চারিত্রিক গঠন এতটা মহৎ, যা তোমার পক্ষে অনতিক্রম্য!

এবং তিনি তাঁর পত্নীকে ভালোবাসেন। হয়তো তুমি যতটা ভালোবাসো

সেই পরিমাণেই! তিনি তাঁকে শ্রদ্ধা করেন! হয়তো তুমি যতটা শ্রদ্ধা তাঁকে করো তদাপেক্ষা অনেক অনেক বেশি!

তোমার অভ্যন্তর থেকে এক বিজাতীয়, দানবিক এবং দুরাচারী কণ্ঠ ধীরে ধীরে মাথা তোলে। যা তুমি কোনোভাবে শুনতে বা স্বীকার করতে প্রস্তুত নও, সেই কণ্ঠ নিরন্তর তোমার মনে এই ভাবনার অবতারণা ঘটিয়ে চলে—তুমি অপেক্ষা সেই নারীর স্বামী সর্বান্তকরণে উপাদেয়! তোমার চেয়ে তিনি বহুগুণে উৎকৃষ্ট!

তখন তুমি কী করবে? কীই বা করণীয় অবশিষ্ট তোমার কাছে?

একমাত্র যুক্তিপূর্ণ কর্তব্য হল সেই মানুষটিকে পূর্বাপেক্ষা ঘৃণা ও অভিশাপে নিমজ্জিত করতে থাকা, যতটা তোমার পক্ষে সম্ভব!

এবং সেটাই তিনি করবেন। রাবণ নিজেকে সেই কথাই বললেন।

বেদবতীর স্বামী পৃথ্বী সম্প্রতি গ্রামে প্রত্যাবর্তন করেছেন। এই বার্তা শোনামাত্রই, ব্যাক্তিগত কিছু প্রয়োজনীয় কর্মের অছিলায়, রাবণ বেদবতীর সঙ্গে সাক্ষাৎ করলেন না। কিন্তু, বেশি দিন এই দূরত্ব সহ্য করতে না পেরে, কুম্ভকর্ণের সঙ্গে নির্মাণস্থল অভিমুখে অগ্রসর হলেন।

সেই সময় গোধূলির মায়াবী আলোকে দিকচক্রবাল উদ্ভাসিত হয়ে উঠেছিল, এবং আগুয়ান সন্ধ্যার মৃদু শীতল বাতাসে সারাদিনের তাপপ্রবাহের ক্লান্তি ধুয়েমুছে যাচ্ছিল। বাঁধের নির্মাণকাজের জন্য প্রয়োজনীয় মালপত্র ক্রয় করার ব্যবস্থায় শচীকেশ অন্যত্র গিয়েছিলেন। কিন্তু রাবণ বরাবর সুযোগের সদ্ব্যবহারে দক্ষ। শচীকেশের পুত্র শুকরমন, পুনরায় মন্দিরের দক্ষিণার সিন্দুক থেকে অর্থ চুরি করতে গিয়ে ধরা পড়ে, অজুহাত হিসাবে তার জুয়াখেলার ঋণের কথা ব্যক্ত করেছে। শচীকেশ প্রাণপণে সেই পরিমাণ অর্থের ব্যবস্থায় ছুটে বেড়াচ্ছেন, যাতে তিনি এই সংবাদ ছড়িয়ে পড়ার পূর্বেই পুত্রের অপরাধের প্রায়শ্চিত্ত করতে সক্ষম হন। রাবণ এই সংবাদ নিজের কাছেই গোপনে আগলে রাখলেন। আসন্ন সন্তানসম্ভবা বেদবতীর সম্মুখে এই সংবাদ পরিবেশন করে তাঁকে এমতাবস্থায় বিব্রত করতে ইচ্ছুক ছিলেন না তিনি!

'আপনাকে পুনরায় ধন্যবাদ জানাই, জয়!' রাবণকে উদ্দেশ্য করে বললেন পৃথ্বী। ভারতের পশ্চিমপ্রান্তের বালোচ অঞ্চলের মানুষের ন্যায়, পৃথ্বী ছিলেন সুদীর্ঘ, ঋজু, সুঠাম এবং উজ্জ্বল গৌরবর্ণ এক সুপুরুষ। রাবণকেও মনে মনে স্বীকার করতে হল যে যথার্থই এই পৃথ্বী একজন সুপুরুষ। 'যে সমস্ত যন্ত্রপাতি

আপনি আমাদের এই বাঁধের নির্মাণের কাজের জন্য প্রদান করেছেন, তাতে আমাদের কাজ করতে বিশেষ সুবিধা হচ্ছে। আমরা আনন্দিত ও আপ্লুত, আপনার মতো একজন ব্যবসায়ীর সঙ্গে পরিচিত হতে পেরে, যিনি ধর্ম ও দানের মহৎ পথ অবলম্বনে বিশ্বাসী।'

রাবণ তাঁর মুখমণ্ডলে অনেক কষ্টে হাসির আভাস এনে, যথেষ্ট আড়ষ্টতার সঙ্গে হাত আন্দোলিত করলেন, কারণ তিনি জানতেন না তাঁর ঘৃণার পাত্রের কাছ থেকে অভিনন্দন কীভাবে গ্রহণ করার উচিত!

'আপনার যাত্রাপথ কেমন ছিল, পৃথ্বীজি?' প্রশ্ন করলেন কুম্ভকর্ণ।

উত্তর প্রদানের পূর্বে পৃথ্বী বেদবতীর দিকে একবার তাকালেন, 'অতি উত্তম! এইবার আমি যথেষ্ট পরিমাণে লাভ করেছি ব্যবসায়। প্রায় সাড়ে ছয়শত স্বর্ণমুদ্রা!'

রাবণ তাঁর অভিব্যক্তি গোপন করার প্রাণপণ প্রচেষ্টায় মত্ত হলেন। *মাত্র ছয়শত স্বর্ণমুদ্রা! আমি মাত্র এক ঘণ্টায় এই অর্থ উপার্জন করতে সক্ষম!*

'শেষ পর্যন্ত, আমার পত্নী এবং আমার সন্তানের জন্য, আমার কাছে যথেষ্ট পরিমাণে অর্থ সংগৃহীত হয়েছে,' বেদবতীর করকমল নিজের হাতে ধারণ করে বললেন পৃথ্বী।

বেদবতী তাঁর মাথা পৃথ্বীর কাঁধে রাখলেন পরম ভালোবাসার নিভৃত আশ্রয়ে! রাবণ অনোন্যপায় হয়ে তাঁর মাথা ঘুরিয়ে অন্য কোনো বস্তুর উপরে মনঃসংযোগ করতে বাধ্য হলেন।

'এবং আপনি একদম সঠিক সময়ে প্রত্যাবর্তন করেছেন,' বললেন কুম্ভকর্ণ।

'অবশ্যই!' গর্বিতভাবে বললেন পৃথ্বী, 'আমাদের সন্তানের এই পৃথিবীতে পদার্পণ করতে আর মাত্র কয়েক সপ্তাহের বিলম্ব!'

কুম্ভকর্ণ সম্মতিসূচক মাথা নাড়ালেন, 'অবশ্যই, তবে আপনার হাতে যদি পর্যাপ্ত পরিমাণ সময় থাকে, আমি আপনাকে এই বাঁধ নির্মাণের সুবিধার জন্য আরো কিছু উন্নত যন্ত্রপাতির হদিশ দিতে পারি, আমি আপনাকে সেই জিনিস দেখাতেও সক্ষম!'

পৃথ্বী বেদবতীর দিকে তাকালেন।

'আমার এই মুহূর্তে বিশ্রামের ভীষণ প্রয়োজন, পৃথ্বী,' বললেন বেদবতী, 'আমার কোমরে অসহ্য যন্ত্রণা হচ্ছে!'

পৃথ্বী মৃদু হেসে তাঁর প্রিয়তমার মুখমণ্ডলে পরম স্নেহে হাত বুলিয়ে দিলেন, 'আমি একটু পরেই ফিরে আসব!'

কুম্ভকর্ণের সঙ্গে পৃথ্বী কুটির থেকে নিষ্কাশিত হওয়ার পরে, রাবণ কিছুটা শান্তি পেলেন, 'কতটা যন্ত্রণা হচ্ছে আপনার? আমি কি বৈদ্যনাথের থেকে ঔষধ আনার ব্যবস্থা করব?'

বেদবতী রাজি হলেন না, 'না, আমার মনে হয় তার প্রয়োজন পড়বে না। এক সপ্তাহের ভিতর আমরা তো বৈদ্যনাথে পৌঁছেই যাব।'

রাবণ অন্যদিকে তাকিয়ে মাথা নাড়ালেন, তাঁর অভিব্যক্তি তিনি কন্যাকুমারীর থেকে অন্তরালে রাখতে চাইছিলেন।

'উনি কিন্তু একজন ভীষণ ভালো মানুষ, আপনি জানেন?' বললেন বেদবতী।

রাবণ সচকিত অবস্থায় তাঁর দিকে তাকালেন, 'অবশ্যই উনি ভালো মানুষ। এ ব্যাপারে আমারও কোনো দ্বিমত নেই।'

'এবং আমি তাঁকে সর্বাপেক্ষা ভালোবাসি। উনি আমার পরমপূজ্য!'

'আমি... অবশ্যই... নিশ্চয়...!'

বেদবতী রাবণের চোখ থেকে তাঁর দৃষ্টি সরালেন না। তিনি নিশ্চিতভাবে বুঝতে চাইছিলেন তাঁর বার্তা রাবণকে কতটা বিচলিত করে তোলে।

'বলতে পারেন আমাদের প্রথম কোথায় সাক্ষাৎ হয়েছিল?' অতর্কিতে বেদবতী প্রশ্ন করলেন!

রাবণ সেই মুহূর্তে হতবাক হয়ে গেলেন! তাঁর বোধগম্য হচ্ছিল না বেদবতী ঠিক কী জানতে চাইছেন!

'একদিন আমি বিজয়কে প্রশ্ন করেছিলাম, আপনাদের দেখে আমার এমন কেন মনে হয় যে আপনারা আমার পূর্বপরিচিত? হয়তো আমার কন্যাকুমারী হিসাবে দিন যাপনের সময়... মাঝে মধ্যে আমারও মনে হয় আপনি আমার অতি পরিচিত। কিন্তু বিজয় সম্বন্ধে আমার এইরূপ মনে হয় না, কারণ তাঁর সঙ্গে সাক্ষাৎ হয়ে থাকলে আমি কখনোই বিস্মৃত হতাম না।' অতি ভদ্রতার সঙ্গে বেদবতী অমোঘ সত্যটি এড়িয়ে যেতে সক্ষম হলেন—আসলে কুম্ভকর্ণের বিশেষ শারীরিক অসুবিধাগুলির কারণে তাঁর সঙ্গে একবার সাক্ষাৎ হলে, তাঁকে বিস্মরণ করা অসম্ভব! 'তাই, আমি নিশ্চিত যে আপনার সঙ্গে আমার পূর্বে সাক্ষাৎ হয়েছে। কিন্তু কোথায় আমাদের সাক্ষাৎ হয়েছিল?'

অতি সপ্রতিভতার সঙ্গে মুহূর্তের ভিতর রাবণের মুখে উত্তর উঠে এল, 'খুব

সম্ভব যখন আমি আমার শৈশবে এই বৈদ্যনাথের মন্দিরে এসেছিলাম। আমি কন্যাকুমারীর মন্দিরে এসে আপনার আশীর্বাদ গ্রহণ করেছিলাম। এই ঘটনা বহু বছর পূর্বের—তখন আমরা দুজনেই কিশোর অবস্থায় ছিলাম। আপনার আশ্চর্য স্মরণশক্তির পরিচয় পেয়ে আমি যথার্থই চমৎকৃত!

বেদবতী রাবণের চোখে চোখ রাখলেন। এক মুহূর্তের জন্য রাবণের মনে হল তিনি ধরা পড়ে গেছেন, বেদবতী তাঁর পরিচয় পেয়ে গেছেন, এবং তিনি তাঁর মিথ্যা ধরে ফেলেছেন। কিন্তু তিনি রাবণকে আশ্বস্ত করে মাথা নাড়ালেন শুধু!

'তাহলে আপনি দেবাদিদেব রুদ্রনাথের ভক্ত?' বেদবতী প্রশ্ন করলেন।

রাবণ মৃদু হেসে তাঁর কণ্ঠে দোদুল্যমান একমুখী রুদ্রাক্ষটি স্পর্শ করলেন, 'হ্যাঁ, অবশ্যই, জয় শ্রী রুদ্র!'

'জয় শ্রী রুদ্র,' রাবণকে অনুসরণ করলেন বেদবতী, তাঁর মুখেও হাসি এবং তিনিও নিজের রুদ্রাক্ষের মালাটি আঁকড়ে ধরে বললেন, 'এবার আমি আপনাকে আরেকটি প্রশ্ন করতে চাই, আপনি কি দেবাদিদেব মহাদেবের কর্মকাণ্ডের ভক্ত, নাকি তিনি মহাদেব রূপে সে অসীম শক্তির প্রতিভূ, সেই শক্তির উৎসের ভক্ত?'

রাবণ অপ্রস্তুত, 'এই দুইয়ের মধ্যে কি কোনো বিশেষ পার্থক্য আছে?'

'অবশ্যই আছে, থাকতে বাধ্য!'

'কীভাবে? একজন মানুষ কী ধরনের কর্মসাধন করে, তার উপর তার পরিচয় নির্ধারিত হয়। তার অভীষ্ট অথবা তার পেশার উপর। কর্মই মানুষকে তার পরিচয় দেয়। কর্ম ব্যতীত একজন মানুষের কোনো অস্তিত্ব বিরাজ করে না।'

বেদবতী হাসলেন, 'আমি একবারের জন্যেও বলিনি যে কর্মের প্রয়োজনীয়তা নেই। কিন্তু একমাত্র কর্মই যথেষ্ট নয়। তা ছাড়াও অন্যান্য জিনিস বর্তমান।'

'আর এই অন্যান্য জিনিসগুলি কী?'

'পুরাতন সংস্কৃতে একে স্বতত্ত্ব বলা হয়। আক্ষরিক অর্থে এর তাৎপর্য হল 'আত্মপরিচয়'! অথবা আরো সাধারণভাবে, আত্মপরিচিতি!'

'আত্মপরিচিতি?'

'এটি একটি জটিল শব্দ, যার অর্থ সবার কাছে বোঝা সহজ নয়! ঠিক 'ধর্ম' শব্দটির ন্যায়!'

'আমি ধর্ম শব্দের অর্থ বুঝি!'

'সত্যি বোঝেন?' হাসলেন বেদবতী!

'আচ্ছা মানলাম। স্বীকার করছি ধর্ম বিষয়টি অত্যন্ত জটিল। এবং এই বিষয় সম্বন্ধে তর্কে গেলে অনেকগুলি জীবনেও কোনো সুরাহা হতে পারে না। কিন্তু, আত্মপরিচিতি ব্যাপারটি মোটেই অতখানি জটিল নয়!'

'অবশ্যই জটিল! তবে আত্মপরিচিতি সম্বন্ধে সম্পূর্ণরূপে অবগত হতে গেলে পূর্বে ধর্মের আসল অর্থ বুঝতে হবে। আপনার করণীয় কাজগুলিই আপনার কর্ম। আমরা সকলে এভাবেই কর্মসাধন করি। আচ্ছা আমায় বলুন, আপনি কেন অন্যান্যদের জন্য সমস্ত কর্ম করেন? কারণ, এর পরিবর্তে আপনি তাদের কাছ থেকে একটি প্রতিক্রিয়া আশা করেন, যা স্বভাবতই আপনাকে সন্তুষ্টি প্রদান করতে সক্ষম।'

'তাহলে কি আপনি বলতে চাইছেন কর্ম, বিনিময়ের অপর নাম? তাহলে তো তার সঙ্গে স্বার্থ জড়িয়ে যায়!'

উনি কি বুঝতে সক্ষম হয়েছেন যে আমি শুধুমাত্র তাঁর সংস্পর্শে আসার সুযোগের জন্য এই জঘন্য গ্রামের জন্য নিজের পুঁজি থেকে এতো বহুল পরিমাণে অর্থব্যয় করেছি?

বেদবতী হতাশভাবে মাথা নাড়লেন, 'কোনটি ভালো আর কোনটি মন্দ, এই বিচারে যাবেন না। যেটি যেমন, সেটিকে তেমন থাকতে দিন। এইটুকুই। কর্ম হল নিশ্চিতভাবেই বিনিময়ের আরেক নাম!'

'এবং আত্মপরিচিতি সেরকম নয়?'

'একেবারেই নয়। সেই কারণেই সেটির মাহাত্ম্যই আলাদা। এবং তা সর্বাপেক্ষা শক্তিশালী!'

'আমার বোধগম্য হচ্ছে না!'

'আমি এ ব্যাপারে নিশ্চিত যে আপনাকে শেখানো হয়েছে মনের শান্তিলাভের জন্য শুধুমাত্র শান্তভাবে থাকা ও একাগ্রতার একান্ত প্রয়োজন।'

'হ্যাঁ,' চোখ মটকে বললেন রাবণ।

'আপনার অভিব্যক্তি এইরূপ হল কেন?'

'আমি অতিশয় দুঃখিত। আমি অনিচ্ছা সত্ত্বে এই কাজ করে ফেলেছি!'

বেদবতী হেসে উঠলেন, 'আমি একবারও বলিনি এই কাজ গর্হিত। আমি শুধু এর কারণ জিজ্ঞাসা করলাম।'

রাবণও প্রত্যুত্তরে হেসে উঠে বললেন, 'কারণ অন্য মানুষকে শান্ত ও

একাগ্রতা অবলম্বন করতে বলাটা খুবই সহজ, কিন্তু কেউ এই কাজে সফল হওয়ার সঠিক পথ দেখিয়ে দেয় না!'

'যথার্থ! এইখানেই তো আসল সমস্যা। মানুষ ভাবে এই বিশেষ স্তরে পৌঁছোতে গেলে তাদের বিশাল কিছু অর্জন করতে হবে। পেশাগতভাবে সফল হওয়া, যথেচ্ছ ভ্রমণে যাওয়া, সঠিক বন্ধুবান্ধব অন্বেষণ করতে পারা, এমনকী অন্য নারীর দার পরিগ্রহ করা... কিন্তু এতো কিছুর পরেও তারা দেখে যে তাদের অন্তরাত্মা শান্তিলাভ করতে অক্ষম। তখন তারা ভাবে তাদের আরো অনেক কিছু অর্জন করতে হবে। সম্পূর্ণ আলাদা! এ এক বিরামহীন চক্র। তাদের হাতে শান্তি অধরাই থেকে যায়, কারণ মানুষ ভাবতে থাকে, এই স্তরে উন্নীত হতে গেলে তাদের ভালো কর্ম করা উচিত, কর্মের দ্বারাই মোক্ষলাভ সম্ভব।'

'তাহলে আমরা যেভাবে কর্মকে বোঝার চেষ্টা করি, সেটাই আমাদের প্রধান সমস্যা?'

'হ্যাঁ। সারাক্ষণ যদি আমরা আমাদের মোক্ষলাভের চিন্তায় ব্যস্ত থাকি, তাহলে শান্ত ও একাগ্রচিত্তে থাকব কীভাবে? কর্ম হচ্ছে সেই কর্মের বিনিময়ে কিছু ফেরত পাওয়ার অব্যক্ত আশা। যেমন, আপনি যদি কাউকে কিছু দান করেন, আপনার অন্তরের সুপ্ত প্রত্যাশা হবে কিছু না হোক, বিনিময়ে কিছুটা শ্রদ্ধা ফিরে পাওয়া। এটি বিনিময় ব্যতীত কী? এবং কোনোরূপে যদি আপনার কর্মের আশানুরূপ ফল না পান, তাহলে স্পষ্টতই আপনি হতাশ এবং মনোক্ষুণ্ণ হবেন। এর চাইতেও খারাপ হবে, যদি আপনার কর্মের বিনিময়ে আপনি আপনার অভীষ্ট সম্মানটুকু পেয়ে থাকেন, আপনি দেখবেন এই আনন্দটুকু ক্ষণস্থায়ী মাত্র। আপনার চাহিদার সন্তুষ্টি চরিতার্থ না হলে কীভাবে আপনি মোক্ষলাভের পথে অগ্রসর হবেন?'

'কেমন করে?'

'খুব সহজ! নিজেকে নিজের পরিচয় সম্বন্ধে প্রশ্ন করুন। কে আপনি? কী আপনার আত্মপরিচয়? নিজের কাছে স্বচ্ছ থাকলেই মোক্ষলাভের পথ নিষ্কণ্টক!'

রাবণ সন্তুষ্টভাবে পিঠ এলিয়ে দিয়ে বসলেন। বেদবতীর যুক্তি তাঁর মনকে পরিপূর্ণ করে তুলেছে।

বেদবতী বলতে থাকলেন, 'আমি একবারও বলছি না নিজের কর্মের উপরে

মনঃসংযোগ না করতে। কর্ম ব্যতীত, আমাদের জীবন তাৎপর্যবিহীন। কিন্তু কর্ম জীবনের মুখ্য আরাধ্য হতে পারে না। যদি আমাদের আত্মপরিচিতি খুঁজে পেতে সক্ষম হই, যদি আমাদের স্বতত্ত্ব অক্ষুণ্ণ থাকে, যদি আমাদের যা হওয়া উচিত, তাই হতে সক্ষম হতে পারি, তখন সবকিছু সহজ হয়ে যায়। তখন আমাদের কর্ম নিয়ে কোনোরূপ দুশ্চিন্তার অবকাশ থাকে না। কারণ তখন আমরা কিছু লাভের ভ্রান্ত আশায়, কিছুর বিনিময়ে কোনো কর্মসাধন করব না। আত্মপরিচিতিই আমাদের স্ব স্ব অভীষ্টের পথে নিয়ে যাবে, মোক্ষলাভের আশায় আমাদের আর কিছুই অর্জন করার প্রয়োজন পড়বে না!'

বিগত চার সপ্তাহে বেদবতীর সান্নিধ্যেও রাবণ এতোটা শান্তি এবং একাগ্রতা উপভোগ করতে সক্ষম হননি। তাঁর সমস্ত প্রশ্নের উত্তর বেদবতীর কাছে উপস্থিত। সেই সমস্ত প্রশ্নের উত্তর, যে প্রশ্নের অস্তিত্ব সম্বন্ধে তিনি নিজেও অবগত ছিলেন না, 'এবং আপনার কী মনে হয়, আমার জন্ম কী কারণে হয়েছে, কী আমার আত্মপরিচয়? হে মহান কন্যাকুমারী? কী আমার স্বতত্ত্ব?'

'নায়ক!'

রাবণ অট্টহাস্যে ঢলে পড়লেন! বেদবতী গম্ভীরভাবে নীরব হয়ে রইলেন, তাঁর ভবিষ্যৎবাণীর সত্যতা সম্বন্ধে অবিচল!

রাবণ তাঁর প্রগলতা সামলে নিয়ে বললেন, 'আমার ধৃষ্টতা মাফ করবেন কন্যাকুমারী। আমি কোনোমতেই নায়ক নই। আপনি যথার্থই দেবী। কিন্তু আমি নই। আমি বরং একজন...' রাবণ মাঝপথেই বাকরুদ্ধ হলেন, তাঁর মুখ থেকে 'খলনায়ক' শব্দটি নির্গত হওয়ার পূর্বে!

বেদবতী সামনে ঝুঁকে পড়লেন, 'কিন্তু আপনার স্বতত্ত্ব সেই কথাই বলছে! নায়ক হওয়ার অদম্য স্পৃহা আপনার অন্তরে। আপনি আর্য হতে চান। আপনি মহান হতে চান। সেই কারণেই, সপ্তসিন্ধু পরিত্যাগ করে গিয়েও আপনার এই স্থানে প্রত্যাগমন ঘটেছে। আমাকে অবগত করা হয়েছে আপনি লঙ্কাদ্বীপের অধিবাসী। সপ্তসিন্ধুর সমস্ত বিত্তবান মানুষ সেই স্থানে পলায়নরত। কিন্তু আপনি বারম্বার এই স্থানে ফিরে আসছেন! কেন? কারণ এখানকার আর্যসমাজের কাছে আপনি সম্মান ও প্রতিষ্ঠা চান। যতদিন না নিজের অস্তিত্ব স্বীকার করতে আপনি সমর্থ হবেন, ততদিন আপনি শান্তি পাবেন না!'

রাবণ নীরব রইলেন। তাঁর চোখদুটি উজ্জ্বল হয়ে উঠল। পুনরায় তিনি একটি ছোট শিশুর ন্যায়, বেদবতীর সম্মতি পাওয়ার উদগ্র বাসনায় ছটফট

করতে থাকলেন। কন্যাকুমারীর সম্মতি। তাঁর হৃদস্পন্দন পুনরায় বর্ধিত হল। পুনরায় তিনি তাঁর শরীরের সুবাস গ্রহণ করলেন! সেই সুবাস, যা তাঁকে কৈশোরে মদমত্ত করেছিল। তাঁর মনের অভ্যন্তরে পুনরায় তিনি শুনতে পেলেন কন্যাকুমারীর কিশোরীবেলার সেই দৃঢ়তাপূর্ণ আদেশের সুর!

তুমি এর চাইতে অনেকগুণে ভালো। চেষ্টা করো অন্তত!

না, আমি ভালো নই!

হ্যাঁ, তুমি জানো না। তুমি এই জীবনে এই হতেই এসেছ।

আমি আমার পিতাকে আঘাত করতে চাই। আমি তাঁকে ঘৃণা করি!

তুমি কি তাঁকে পরাভূত করতে ইচ্ছুক?

হ্যাঁ।

সর্বদিক দিয়ে তাহলে তোমার পিতাকে পরাজিত করো। কিন্তু তাঁকে দৈহিকভাবে আঘাতপ্রাপ্ত কোরো না। সর্বদিক থেকে তাঁর অপেক্ষা ভালো হয়ে, ভালো কর্ম করে দেখাও!

'জয়!'

বেদবতীর কণ্ঠস্বর রাবণকে তাঁর বিধ্বস্ত অভ্যন্তরের গভীর থেকে বাস্তবে ফিরিয়ে আনল। 'মাফ করবেন কন্যাকুমারী... কিছু বললেন?'

'এই সপ্তসিন্ধুতে আপনি খ্যাতিলাভের প্রলোভনে আগমন করেছেন, আমার বক্তব্যের উদ্দেশ্য তা নয়। এই স্থানে আর্য বলে কিছুর অস্তিত্ব নেই, কেউ যথার্থ আর্য নয়। কিন্তু আমি লক্ষ্য করছি আপনার একমাত্র অভীষ্ট, আসল আর্যদের কাছে সম্মান পাওয়া। যারা সত্যই সনাতন—যারা সত্যই মহান। তাঁরা হয়তো আজ দুর্বল, কিন্তু তাঁরা ধর্মভ্রষ্ট হননি! আপনি তাঁদের কাছে গ্রহণযোগ্যতা চান। জয়, আপনাকে শুধু নিজেকে খুঁজে পেতে হবে। তাহলেই আপনি শান্তি পাবেন, আপনার মোক্ষলাভ হবেই!'

বেদবতী সস্নেহে রাবণের দিকে তাকালেন, 'চেষ্টা করুন অন্তত!'

—১৮—

'পরিকল্পনা মতো কাজ হল না!' বললেন কুম্ভকর্ণ।

তিনি সবে তোড়ি গ্রাম থেকে প্রত্যাগমন করেছেন। রাবণ তাঁকে পৃথ্বীর কাছে একটি কর্মসংস্থানের সংবাদ নিতে পাঠিয়েছিলেন। তিনি সরাইখানায়,

অনুজের ফেরার জন্য অধীরভাবে অপেক্ষমাণ ছিলেন। কিন্তু কুম্ভকর্ণ সেই কাজে অকৃতকার্য হয়ে ফিরে এলেন!

'তুমি কি ওদের সব কথা বলেছিলে?' প্রশ্ন করলেন রাবণ, 'প্রদেয় অর্থের অঙ্কটিও?'

'হ্যাঁ দাদা, আমি সম্পূর্ণভাবে অবগত এই কাজ আপনার কাছে কতটা গুরুত্বপূর্ণ!'

'ওই নির্বোধকে আমার আপ্ত সহায়ক হওয়া ব্যতীত আর কোনো কাজ করতে হবে না!' বললেন রাবণ, 'তার কাজ পত্র রচনা। আমি নিশ্চিত এই কাজটুকু সে সঠিকভাবে সম্পন্ন করতে সক্ষম হবে। এবং এই কাজের বিনিময়ে আমি তাকে বাৎসরিক দুই সহস্র স্বর্ণমুদ্রা প্রদান করব। এতেও সে রাজি হল না?'

'সম্ভবত, এই কাজের জন্য প্রদেয় অর্থের মধ্যে বেদবতীজির জন্য অনুকম্পার আভাস স্পষ্ট!'

'কন্যাকুমারী! তিনি এর ভিতর নিজেকে কেন জড়ালেন?'

'পৃথ্বীজি এই কাজে যোগদান করতে সানন্দে রাজি ছিলেন। তিনি তাঁদের সন্তানের জন্মের কিছু মাস পরেই লঙ্কাদ্বীপে যাত্রা করতে প্রস্তুত ছিলেন। কিন্তু তারপর এই ব্যাপারে তিনি বেদবতীজির অনুমতি নিতে গেলে, তিনি অনুমতি প্রদান করেননি!'

'কিন্তু কেন? আমার তো মনে হয়েছে তিনি আমায়...'

'কী করবেন তিনি আপনাকে?'

'কিছু নয়। কিন্তু তিনি কেন রাজি হলেন না?'

'তিনি সেই কারণের কোনো জবাবদিহি করেননি।'

'কিন্তু তুমি কি তাঁকে জিজ্ঞাসা করেছিলে?'

'করেছিলাম, দাদা!'

রাবণ অন্যদিকে মুখ ঘোরালেন। জানালা দিয়ে তিনি বাইরে তাকালেন!

'এবং তারপর তিনি সবচেয়ে চাঞ্চল্যকর কথাটি বললেন!'

'কী?'

'তিনি বললেন, বিলম্ব হলেও যে তিনি সেই ঘটনা স্মরণে আনতে সক্ষম হয়েছেন, সেই বার্তা আপনাকে পৌঁছে দিতে!'

'কী স্মরণ করতে সক্ষম হয়েছেন?'

'সেই খরগোশ আর পিঁপড়েদের কথা!'

রাবণ বজ্রাহতের মতো কুম্ভকর্ণের দিকে ফিরলেন! তাঁর পরিচয় আর গোপন নেই কন্যাকুমারীর কাছে! কিন্তু তিনি কতটা জানতে পেরেছেন? তিনি কি লুণ্ঠনের সংবাদটি সম্বন্ধেও অবগত হয়েছেন? হয়ে থাকলে তিনি তাঁকে ঘৃণার চোখে দেখবেন, 'তিনি কি চিলিকা সম্বন্ধে কিছু বলেছেন? ক্রকচবাহুর সম্বন্ধে?'

'না! সে কাজ তিনি কেন করবেন? আমার মনে হয় না সেই ঘটনার সঙ্গে তিনি আমাদের সম্পর্ক সম্বন্ধে অবহিত।'

রাবণ নিস্তব্ধ হয়ে বসে রইলেন!

'কিন্তু দাদা, খরগোশ আর পিঁপড়ের কথা বলতে তিনি কী বোঝাতে চাইলেন?'

রাবণ নিরুত্তর!

১৫

পঞ্চদশ অধ্যায়

‘আমি ভাবতাম আমার উন্নতির জন্য আপনি আমায় নিরন্তর উৎসাহ প্রদান করতেন!’ বললেন রাবণ!

রাবণ স্বয়ং তোড়ি গ্রামে প্রত্যাগমন করেছিলেন বেদবতীর সঙ্গে সাক্ষাৎ করার জন্য। তিনি অবগত ছিলেন যে তিনি আর এই স্থানে বেশিদিন থাকতে পারবেন না, এবং অচিরেই তাঁকে লঙ্কাদ্বীপে প্রত্যাবর্তন করতে হবে। বহুদিন তিনি তাঁর রাজ্যপাট ছেড়ে বাইরে রয়েছেন। কিন্তু বেদবতীকে সঙ্গে না নিয়ে তিনি কী করে লঙ্কায় পদার্পণ করবেন? রাবণ মরিয়া হলেন—যেভাবেই হোক বেদবতীকে রাজি করাতেই হবে!

‘আমার পক্ষে যাত্রা করা অসম্ভব,’ বললেন বেদবতী।

‘কিন্তু সন্তানের জন্ম দেওয়ার পরে? তখন তো আপনি আসতেই পারেন!’

বেদবতী নীরব রইলেন।

‘দয়া করুন...আমি আপনার কাছে ভিক্ষাপ্রার্থী!’

‘আপনি অবদিত যে আপনার আমাকে কোনোভাবেই প্রয়োজন নেই।’

‘প্রয়োজন আছে! দয়া করুন... কোনো পরিবর্তনের প্রয়োজন নেই। আপনি আপনার স্বামীর সঙ্গেই বাস করবেন। পৃথ্বীর সঙ্গে। আপনার কাছে আমার কোনো চাহিদা নেই। আমি শুধু এইটুকু চাই আপনি লঙ্কাদ্বীপে বসবাস করুন। শুধু আমার সামনে থাকুন... প্রতিদিন যেন আপনার দর্শন লাভ করতে পারি আমি। আমার চাহিদা এইটুকুই। দয়া করুন... দয়া করুন... বে... বেদ... মহান কন্যাকুমারী!’

'আমাকে আপনার প্রয়োজন হবে না!' শান্তভাবে পুনরায় বললেন বেদবতী।

রাবণের দুচোখে অশ্রু সমাগম হল, 'প্রয়োজন হবে... আমি জানি আমার কী প্রয়োজন!'

'না, আপনি জানেন না আপনার কী প্রয়োজন। কারণ সেটি জানলে আপনি আমাকে অনুরোধ করতেন না!'

'কিন্তু না!' রাবণ নিজের অসহিষ্ণুতা আড়াল করতে অক্ষম হলেন, 'আমি আপনাকে চাই। আমার আপনাকে চাই!'

'আপনার আমাকে প্রয়োজন নেই। আপনার প্রয়োজন আপনার নিজেকে!'

'এই কথার অর্থ কী? আমি জানি না... '

'একটু চিন্তা করুন। আজ পর্যন্ত আমি আপনার জীবনে কতটুকু অংশে ছিলাম? শুধুমাত্র আপনার মনের ভিতর লালিত একটি সুখকর চিন্তা হয়ে ছিলাম আমি। একমাত্র আপনি, নিজের অক্লান্ত প্রচেষ্টায় নিজেকে উন্নত থেকে উন্নততর অবস্থায় উন্নীত করে চলেছেন। আপনার শুধু একটি কারণের প্রয়োজন ছিল। একটি উৎসাহের উৎস হিসাবে ছিল আমার অস্তিত্ব, যা আপনার উত্তরণ ঘটাবে—যে মানসিক অবস্থায় আপনার পিতা আপনাকে নস্যাত করে দিয়েছিলেন সেই শিশুবয়স থেকেই। সেই অজুহাত হিসাবে আমাকে আঁকড়ে ধরেছিলেন আপনি। আমি যা বলতে চাইছি, এমতাবস্থায় আপনার আর সেই অজুহাতের প্রয়োজন পড়বে না। আসলে, আপনার উন্নতিসাধনের হেতু আর কখনোই কোনো বাহ্যিক শক্তির প্রয়োজন নেই। কারণ এই ব্যাপারটি যথেষ্ট বিপজ্জনক। খুবই সম্ভব আগামীকাল আমার মৃত্যু হতে পারে! তখন আপনি কি...'

রাবণের দুহাত মুষ্ঠিবদ্ধ হল, 'কেউ আপনাকে আঘাত করলে আমি তাদের সমূলে বিনষ্ট করব। আমি তাদের কলিজা উৎপাটন... '

'আপনি এই কথা কেন ভাবছেন আমায় কেউ আঘাত করতে পারে? কোনো অসুস্থতা আমার মরণের কারণ হতে পারে! তখন আপনি কাকে দোষারোপ করবেন?'

রাবণ পুনরায় নীরব হলেন।

'যখন আপনি আপনার জীবনের সর্বাপেক্ষা গুরুত্বপূর্ণ পথে যাত্রা শুরু করছেন, তখন অন্য কারো উপর নির্ভর করা আপনার শোভা পায় না। কারণ সেক্ষেত্রে আপনি আপনার উদ্দেশ্য, আপনার স্বধর্ম, অন্যের হাতে

তুলে দিচ্ছেন। সেখানেই বিপদের আশঙ্কা। বিশেষ করে আপনার মতো একজন বিশিষ্ট মানুষের জন্য!!'

'আমি বিশিষ্ট মানুষ নই...' রাবণ নিজেকে অভিশম্পাত করার চেষ্টায় রাশ টানলেন, 'আমি ভালোমানুষ নই। আমি কোনো বিশেষ মানুষ নই। আপনার অবগতি নেই, আমি কীরূপ কর্মকাণ্ডের সঙ্গে যুক্ত!'

'নিজের উপরে অতটাও নির্মম হবেন না! সেই কিশোর বয়স থেকে আপনি আপনার মাতা ও কনিষ্ঠ ভ্রাতার সমস্ত দায়িত্বভার বহন করে চলেছেন। সম্পূর্ণ নিজের প্রচেষ্টায় এই বিস্তীর্ণ ব্যবসায়িক রাজ্যের গোড়াপত্তন করেছেন। আপনার শক্তি আছে, আপনার সাহস আছে, এবং আপনি স্বয়ংসম্পূর্ণ!'

'আমার এই বিশাল সাম্রাজ্য বিস্তার করার কারণে আমি... আমি অনেক অপ্রীতিকর কর্মকাণ্ডে লিপ্ত হয়েছি। আমি...' জীবনে প্রথমবার রাবণ সততার সঙ্গে নিজেকে মেলে ধরতে চাইছিলেন। আমি রাক্ষসতুল্য! এবং আমার এই অস্তিত্ব আমি রীতিমতো উপভোগ করি। আমি চাই আপনি আমাকে রক্ষা করুন। আপনি আমার একমাত্র আশা। যদি আমি জীবনে সফল হতে চাই... জীবনে উল্লেখযোগ্য কিছু করতে পারি, আপনি আমার একমাত্র বলভরসা!'

'এইখানেই আপনি ভুল করছেন। আমি আপনার বলভরসা নই। আপনি নিজেই আপনার শক্তির উৎস। আপনি নিজেকে পাশবিক হিসাবে প্রতিপন্ন করতে চান? কোন মহান ব্যক্তি আছেন, যার অন্তরে পাশবিক সত্তা অনুপস্থিত!'

রাবণ নীরবে বেদবতীর দিকে তাকিয়ে রইলেন।

'যেটিকে আপনি রাক্ষস বলছেন, পাশবিক বলে অভিহিত করছেন, সেটি আসলে প্রতিটি মানুষের অন্তরে জ্বলতে থাকা সদিচ্ছার অনলজ্যোতি,' বলে চললেন বেদবতী, 'যে আগুন মানুষটিকে অলসতার প্রশয়ে নিমজ্জিত হতে দেবে না। যে আগুন তাঁকে কর্মঠ হতে শেখাবে। তাঁকে বুদ্ধিমান বানাবে। তাঁকে অবারিত, অনর্গল বানাবে। তিনি একাগ্রতায় পরিপূর্ণ হবেন। তিনি নিয়মানুবর্তিতায় নিমজ্জিত হবেন। আর এগুলি সমস্ত সাফল্যের উপকরণ। আপনার অন্তরে প্রজ্জ্বলিত এই আগুন আপনাকে সাধারণভাবে জীবনযাপন করতে দেবে না। কিন্তু একটি মাত্র জিনিস একজন সফল মানুষ আর একজন মহান মানুষের ভিতরে পার্থক্য গড়ে দেয়। এবং সেই জিনিসটাই মুখ্য। সেই আগুন কি আপনার প্রভু, নাকি সেই আগুনকে আপনি আয়ত্তে আনতে সক্ষম? এই আগুনের অস্তিত্ব ব্যতীত, আপনি কিন্তু সাধারণ এক মানুষ। কিন্তু এই

আগুনকে কাজে লাগিয়ে, আপনি মহান হওয়ার সুযোগ পেতে পারেন। মনে রাখবেন, মহান হওয়ার একটি সুযোগ আপনার সম্মুখে আসবে। সেই সুবর্ণ সুযোগের সদ্ব্যবহার করতে, আপনাকে সর্বশক্তি ও বুদ্ধি দিয়ে, একাধারে সেই অদম্য স্পৃহাকে আয়ত্তে রেখে, ধর্মের পথে কর্মসাধন করতে হবে।'

'আপনি ব্যতীত আমার দ্বারা কিছু সম্ভব নয়!'

'আমি? আমি কেউ নই!'

'আপনি আমার কন্যাকুমারী! আমার জীবন্ত দেবী! যেভাবে আপনি মহান, সেভাবে আমি কখনোই মহত্ব অর্জন করতে পারব না। আপনি দয়া ও করুণার প্রতিরূপ! আমার জীবনে দেখা সর্বাপেক্ষা পবিত্র মানুষ আপনি! আমি এক নোংরা, স্বার্থপর অনাহূত শয়তান!'

বেদবতী একদৃষ্টে রাবণের দিকে তাকিয়ে রইলেন অপলকে, তাঁর মুখমণ্ডল পাথরের ন্যায় শক্ত।

রাবণ পরমুহূর্তেই আমূল বদলে গেলেন, 'আমি অভিশম্পাত দিতে চাইনি! আমার ধৃষ্টতা মাফ করবেন দয়া করে!'

'কোনো বিশেষ কথা কাউকে বোঝাতে গেলে, কুকথনের প্রয়োগ নিষ্প্রয়োজনীয়!'

'আমি অতিশয় দুঃখিত!'

বেদবতী হাসলেন, 'আপনি কী মনে করেন, আমি সম্পূর্ণ পবিত্র? কখনো লক্ষ্য করেছেন একদম পরিশ্রুত জলে মাছ বসবাস করতে অক্ষম?'

রাবণ যথারীতি নীরব। বেদবতীর কথা যে সম্পূর্ণ সত্য, তা বোধগম্য হতে তাঁর বেশ কিছুটা সময় লাগল!

'হতে পারে আমি পবিত্র, কিন্তু এর দ্বারা অন্যান্য মানুষের জীবন কি প্রভাবিত করতে সক্ষম হয়েছি আমি? হয়তো আমার কাজের দ্বারা আমি সকলের সম্মুখে মহান হতে পেরেছি, কিন্তু আমার সে ক্ষমতা এই গ্রামের মানুষদের উপরেই সীমিত। যারা তাঁদের প্রভাব নিযুত নিযুত মানুষের হৃদয়ে অনায়াসে পৌঁছে দিতে সক্ষম, তাঁরাই অন্য মানুষের জীবনকে প্রভাবিত করতে পারেন। ক্ষমতা ব্যতীত মহানতার প্রভাব যৎসামান্য, তা কেবলমাত্র উপমা দেওয়ার জন্যেই ব্যবহার হতে পারে!'

'কিন্তু...'

'আমার কথা শুনুন, রাবণ। প্রকৃত মহান মানুষেরা, যারা মানুষের অন্তরে

ছাপ রেখে যেতে সক্ষম হয়েছেন, ইতিহাসের পাতায় যাদের উপস্থিতি অমরত্বে উন্নীত হয়েছে—তাঁরা প্রত্যেকে ধীরেসুস্থে, হিমশীতল মনোভাবের সঙ্গে ধর্মের উষ্ণতার মেলবন্ধন ঘটিয়ে সফল হয়েছেন!'

'আমার সেই বস্তু নেই! আমি হৃদয়হীন। আমি পারব না...'

বেদবতী সামনে ঝুঁকে রাবণের হাত নিজের হাতে গ্রহণ করলেন। জীবনে এই প্রথমবার তিনি রাবণকে স্পর্শ করলেন। তৎক্ষণাৎ রাবণের হৃৎস্পন্দন রহিত হল!

'আপনি একজন সহৃদয় ব্যক্তি, রাবণ। তাই সেই হৃদয়কে শুধুমাত্র দেহচালনার অংশবিশেষ হিসাবে ব্যবহার করবেন না আপনি। সেটির দ্বারা নিজের আত্মায় ধর্মকে ধারণ করুন। ভালো কর্মসাধনের জন্য নিজের উত্তরণ সংঘটিত করুন। আমাদের এই দারিদ্র, অনাহার, অনাচার ও রোগক্লিষ্ট হতভাগ্য দেশের উন্নতিকল্পে কিছু করুন! আর্তদের সাহায্য করুন। সবার ভালো করুন!'

রাবণের চোখ অশ্রুবারিতে পরিপূর্ণ হল!

'এই ভারতদেশকে তাঁর শ্রেষ্ঠত্ব পুনরায় অর্জন করতে সাহায্য করুন—পুনরায় তাকে সত্যিকারের আর্যাবর্ত হিসাবে প্রতিষ্ঠা করুন। পুনরায় তাকে এক মহান দেশে পরিণত করুন। তারপরেই আমি লঙ্কাদ্বীপে এসে বসবাস করার অঙ্গীকার করছি। আপনার দেবী হিসাবে নয়। আপনার একনিষ্ঠ ভক্ত হিসাবে। আমি ও আমার স্বামী আপনার ভক্ত হয়েই এ জীবন অতিবাহিত করব!'

রাবণের কিছু বলার ছিল না। বেদবতীর চোখে নিজেকে নতুন করে আবিষ্কার করলেন তিনি! তিনি কি সত্যই এই বিশাল কর্মসাধনের যোগ্য?

'আপনার উপর আমার সম্পূর্ণ বিশ্বাস আছে। আপনি নিশ্চয় পারবেন। আমাদের দুখিনী দেশমাতৃকার বুকে অসংখ্য শয়তান ধ্বংসের তাণ্ডবলীলায় মত্ত! আমাদের একজন নায়কের প্রয়োজন! আপনি সেই নায়ক!'

রাবণ নীরবে বসে বেদবতীর সমস্ত কথা শুনছিলেন।

'আপনি তো দেবাদিদেব রুদ্রদেবের একনিষ্ঠ ভক্ত, তাই না?' নরম, শান্ত কণ্ঠে প্রশ্ন করলেন বেদবতী।

রাবণ মাথা তুলে সম্মতির মাথা নাড়লেন। হ্যাঁ।

'আমি নিশ্চিত প্রভুর এই নামের অর্থ আপনার কাছে পরিষ্কার, রুদ্র অর্থাৎ গর্জনরত—যিনি সাধারণ মানুষের রক্ষার্থে সজোরে গর্জন করেন।

আপনি কি রাবণ শব্দটির অর্থ সম্বন্ধে অবগত? আপনাকে এই শব্দের অর্থ সম্বন্ধে কী বলা হয়েছে?'

রাবণ কোনো উত্তর প্রদান করলেন না।

'আপনার পিতা আপনাকে কী বলেছেন? এই শব্দের অর্থ কী?'

'তিনি বলেছেন এই শব্দের অর্থ যে মানুষকে ভীতি প্রদর্শন করে! রাবণ এমন এক ব্যক্তি যে মানুষের অন্তরে আতঙ্কের বাতাবরণ তৈরি করে!'

'আপনার পিতা আপনাকে অর্ধসত্যটুকুই ব্যক্ত করেছেন। রাবণ শব্দের মূল অংশ হল—রু। তাই রাবণ শব্দের অর্থ হল 'যিনি মানুষকে ভীতি প্রদর্শনের হেতু গর্জনরত!'

'আপনি কি বলছেন প্রভু রুদ্রনাথ এবং আমার নামের মূল অংশের সাদৃশ্য রয়েছে?'

'অবশ্যই! কিন্তু প্রশ্ন হচ্ছে, আপনি গর্জন করবেন কী উপলক্ষে? আপনি কি মানুষকে আতঙ্কগ্রস্ত করার লক্ষ্যে গর্জন করবেন? নাকি প্রভু রুদ্রনাথের ন্যায় মানুষের রক্ষার্থে, তাঁদের বিপদের হাত থেকে বাঁচাতে সেই গর্জন ব্যবহার করবেন?'

বেদবতীর মুখ হতে নির্গত শব্দগুলি রাবণের অভ্যন্তরে এক বিপুল শক্তির আধারে আঘাত করতে, তাঁর অন্তরে শক্তির স্ফুরণ ঘটে গেল। সর্বোপরি, তিনি তাঁর আরাধ্য দেবতা, দেবাদিদেব মহাদেবের সঙ্গে অন্তরের এক দুর্বার আকর্ষণ অনুভব করলেন।

'গর্জে উঠুন, মহান রাবণ!' বললেন বেদবতী, 'কিন্তু গর্জে উঠুন ধর্মের স্বপক্ষে। দরিদ্র, নিরীহ ও রোগপীড়িত মানুষের জন্য গর্জে উঠুন! মহাদেবের যোগ্য শিষ্য হয়ে উঠুন। মানুষের ভালোর জন্য দরকারে আক্রমণাত্মক হন। শক্তিশালী হোন, কিন্তু নিপীড়িতের দুর্বল হাত টেনে ধরতে! অশুভশক্তির কাছে মূর্তিমান আতঙ্কের আরেক নাম হয়ে উঠুন। প্রভু রুদ্র এই কাজ করেছিলেন। হয়ে উঠুন তাঁর যোগ্যতম ভক্ত!'

রাবণ একটি কথাও বললেন না।

'জয় শ্রী রুদ্র!' বললেন বেদবতী।

'জয় শ্রী রুদ্র!'

পুনরায় হেসে বেদবতী রাবণের হাত ছেড়ে দিলেন!

মহাদেবের আসল ভক্ত হওয়ার প্রথম পদক্ষেপ ছিল আনুষ্ঠানিকভাবে

যজ্ঞ করে আত্মঅহমিকার বিসর্জন দেওয়া। রাবণ জানতেন তাকে ঠিক কী করতে হবে! তিনি বেদবতীর সম্মুখে নতজানু হয়ে বসলেন। গভীর একটি শ্বাস নিয়ে, তাঁর প্রবাদপ্রতিম অনমনীয় মেরুদণ্ড সামনে ঝুঁকিয়ে কন্যাকুমারীর পায়ে নিজের মাথা নামিয়ে আনলেন। তাঁর জীবনে প্রথমবার, কোন জীবিত মানুষের কাছে তিনি এভাবে আত্মসমর্পণ দ্বারা আশীর্বাদ ভিক্ষায় রত হলেন!

বেদবতী তাঁর দুই হাত রাবণের মাথায় স্পর্শ করে তাকে আশীর্বাদ প্রদান করলেন, 'সর্বদা ধর্মের পথে চলো! তোমার অন্তরে ধর্মের আলোক প্রজ্জ্বলিত হোক চিরতরে!'

পরমুহূর্তে রাবণ মেরুদণ্ড টানটান করে গাত্রোত্থান করলেন, এবং তাঁর কোমরবন্ধের লাগোয়া চামড়ার থলি থেকে একখণ্ড পুরাতন কাগজের টুকরো বেদবতীর দিকে এগিয়ে ধরলেন, 'দয়া করে এইটি গ্রহণ করুন, দয়াময়ী বেদবতী! দয়া করে না বলবেন না!'

জীবনে প্রথমবার, সাবলীলভাবে, সজোরে সেই দৈবী নামের নিখুঁত উচ্চারণ করতে সমর্থ হলেন রাবণ। তাঁর বিন্দুমাত্র অসুবিধা হল না!

'কীসে না বলব?'

'জীবনে আমার প্রথম ভালো কর্মকে!'

'নিজেকে এভাবে কষ্ট দিচ্ছ কেন? পূর্বেও তুমি প্রচুর ভালো কর্মসাধন করেছ। তুমি তোমার অনুজকে রক্ষা করেছ। এই গ্রামের জন্য তুমি অনেক করেছ...'

'সেই সমস্ত কর্মে স্বার্থ জড়িয়ে ছিল ওতপ্রোতভাবে। আমি আমার নিজের লোকেদের রক্ষা করেছি। এমনকী, এই যে কাগজের অংশটি আপনার হাতে দিয়েছি, আপনাকে চমৎকৃত করার অভিপ্রায়ে! যখন আমি এই রশিদটি রচনা করে, তাতে আমার শিলমোহর প্রদান করেছি, আমার একটি স্বার্থপ্রণোদিত উদ্দেশ্য ছিল, কিন্তু এখন আর তার প্রয়োজন নেই। আমি এটি আপনার হাতে সমর্পণ করছি কারণ আমি অবগত যে এটির সঠিক মূল্যায়ন একমাত্র আপনিই করবেন।'

'রাবণ, আমি তোমার কাছ থেকে অর্থ স্বীকার করতে পারি না!'

'এই অর্থ আপনার জন্য নয়, মহান বেদবতী! এই রশিদ হল পঞ্চাশ সহস্র স্বর্ণমুদ্রার সামিল, এই অর্থ সমগ্র অঞ্চলের উন্নতিকল্পে! আমি জানি এর আপনি সদ্ব্যবহার করবেন!'

'কিন্তু...!'

'দয়া করে অস্বীকার করবেন না! আমার প্রথম ভালো কর্মসাধনে আমায় বাধাপ্রদান করবেন না! এটি আমার কাছে আপনার অশেষ দয়ার প্রতিভূ হিসাবে প্রতীয়মান হবে!'

বেদবতী রাবণের হাত থেকে রশিদটি গ্রহণপূর্বক নিজের কপালে ঠেকালেন, 'এ আমার কাছে অত্যন্ত সম্মানের দান হিসাবে গৃহীত হল, মহান রাবণ! সাধারণ মানুষের স্বার্থে আমি এই ধনরাশি ব্যবহার করব।'

'এই ঘটনা আমার চিরদিন স্মরণে থাকবে। আমি প্রতিজ্ঞা করছি আমি একজন প্রকৃত আর্য হয়ে এই স্থানে ফিরে আসব, এবং আপনার কাছ থেকে আমার কী কী করণীয়, সেই শিক্ষা আহরণ করব।'

'এবং তুমি প্রত্যাখ্যাত হবে না, রাবণ! পৃথ্বী এবং আমি তাতে সম্মানিত বোধ করব!'

রাবণ দুহাত জোড় করে বেদবতীকে প্রণাম জানালেন, 'এখন আমি আপনার সান্নিধ্য থেকে বিদায় নেব, মহান বেদবতী! আপনার সন্তানের জন্য অনেক আশীর্বাদ রইল। সে পুত্রই হোক অথবা কন্যারত্ন, আপনার ন্যায় জননী এবং পৃথ্বীর ন্যায় পিতা লাভ করে সে ইতিমধ্যেই সৌভাগ্যের অংশীদার!'

'অনেক ধন্যবাদ, মহান রাবণ!'

প্রতিবার বেদবতীর মুখ থেকে তাঁর নামের উচ্চারণ শুনে, রাবণের শরীরের ভিতর দিয়ে এক আনন্দের স্রোত বয়ে চলেছিল, 'আবার সাক্ষাৎ হবে, বেদবতী। জয় শ্রী রুদ্র!'

'জয় শ্রী রুদ্র!'

বেদবতীর কাছ থেকে বিদায় নেওয়ার সময়ে, রাবণের অন্তরে এক অপূর্ব শান্তি অনুভূত হতে থাকল। তাঁর অন্তর জুড়ে বয়ে যেতে থাকল এক অবারিত শক্তির স্ফুরণ। এমনকী, তিনি তাঁর নাভিমূলের অসহ্য যন্ত্রণার কথাও বিস্মৃত হলেন। তাঁর চলার গতিতে যোগ হয়েছে এক দুর্বার গতি, তাঁর ওষ্ঠে মহাদেবের নাম, আর হৃদয়ে কন্যাকুমারীর বাস।

একটি মানুষ যার একটি নির্দিষ্ট উদ্দেশ্য আছে!

একটি মানুষ যিনি ধর্মের পথে চালিত হয়েছেন!

তাঁদের দুজনের অলক্ষে শচীকেশের অপদার্থ পুত্র, শুকরমন, একটি ঝোপের আড়ালে আত্মগোপন করেছিল। সে এই সমস্ত সময় ধরে সেই

স্থানে বসে রাবণ ও বেদবতীর কথোপকথনের প্রতিটি শব্দ শুনেছে! কিন্তু যে চারখানি শব্দ তার মনের গভীরে দাগ কাটতে সক্ষম হয়েছে—তা হল *পঞ্চাশ সহস্র স্বর্ণ মুদ্রা*!

—১৩—

'অসাধারণ ঘটনা!' কুম্ভকর্ণ আশ্চর্যান্বিত হলেন সমগ্র ঘটনা শুনে, তাঁর ভ্রূযুগল কুঞ্চিত!

'এই তো সবে শুরু!' রাবণ উত্তর দিলেন, তাঁর মুখমণ্ডলে খেলা করা বেড়াচ্ছে এক অর্থপূর্ণ হাসির রেশ।

বিগত এক সপ্তাহ ধরে, কুম্ভকর্ণ তাঁর গম্ভীর প্রকৃতির অগ্রজকে এইভাবে খোশমেজাজে থাকতে দেখেননি। বেদবতীর সঙ্গে সাক্ষাৎ হওয়ার পর এই সাত দিন ধরে, তিনি যেন এক সম্পূর্ণ অন্য মানুষে পরিবর্তিত হয়েছিলেন, নতুন আশা ও উদ্যমে পরিপূর্ণ এক নতুন মানুষে! তিনি তাঁর অগাধ সম্পত্তি ও ধনরাশি কীভাবে দেশের উন্নতিকল্পে ব্যয় করবেন, তার পরিকল্পনায় ছিলেন মশগুল! তিনি সপ্তসিন্ধুর একটি ছোট রাজ্যের শাসনভার গ্রহণ করে, সেই রাজ্যকে সাধারণ সমগ্র অঞ্চলের মানুষের সম্মুখে এক আদর্শ রাজ্য হিসাবে প্রতিপন্ন করার কথা ভাবছিলেন।

এছাড়াও তিনি বৈদ্যনাথ মন্দির সংলগ্ন এলাকায় একটি বিশাল চিকিৎসালয় স্থাপন করার পরিকল্পনা করেছিলেন, যেখানে সপ্তসিন্ধুর যে কোনো অংশ থেকে আগত দরিদ্র মানুষ বিনামূল্যে চিকিৎসার সুব্যবস্থা গ্রহণ করতে সক্ষম হবে। এই মহৎ কর্মে যে পরিমাণ অর্থদানের উল্লেখ তিনি করেছিলেন, তা শুনেই অনুজ কুম্ভকর্ণ চমৎকৃত হয়ে উপরোক্ত বক্তব্যটি করেন।

'আপনি আপনার সিদ্ধান্তে নিশ্চিত, দাদা?' প্রশ্ন করলেন কুম্ভকর্ণ, 'এ তো এক বিশাল পরিমাণ অর্থ!'

'আমার কোষাগারে সঞ্চিত অর্থসাগরের অনুপাতে এই অংক এক জলবিন্দু পরিসম, কুম্ভ। এবং সে বিষয়ে তোমার অবগতি আছে। নাও, এই রশিদ গ্রহণ করে স্থানীয় মহাজনের কাছে গিয়ে, তার থেকে স্বর্ণ সংগ্রহ করে নিয়ে এসো। আমরা এই অর্থদান সম্পন্ন করে, লঙ্কাদ্বীপ অভিমুখে যাত্রা শুরু করব। অনেক কাজ বাকি পড়ে আছে, এই মুহূর্তে শুরু না করলেই নয়!'

কুম্ভকর্ণ মাথা নত করে হেসে বললেন, 'আপনার আদেশ শিরোধার্য, হে মহান ক... কন্যা... কন্যাকুমারিকার ভক্ত শিরোমণি!'

রাবণ অনুজের বাহুতে এক কপট মুষ্ঠ্যাঘাত করে বললেন, 'আমাকে বিদ্রূপ করা বন্ধ করবে তুমি?'

কুম্ভকর্ণ সহাস্যে সেই কক্ষ থেকে নিষ্কাশিত হলেন।

—১৮—

'অত্যাশ্চর্য ঘটনা!' মহাজন বিস্মিত হল, 'একই দিনে মহাবলী রাবণের কাছ থেকে দুটি পৃথক রশিদ!'

মহাজনের কাছ থেকে রশিদখানি সংগ্রহ করে কুম্ভকর্ণ তাঁর শিলমোহর স্থাপন করলেন। এরপরে এই মহাজন এই স্বাক্ষরিত রশিদ ও রাবণের আসল রশিদখানি নিয়ে, তাঁর নিকটতম ব্যবসায়িক দফতর, মগধে এই বিপুল অর্থের স্বর্ণমুদ্রা সংগ্রহ করতে সক্ষম হবে। আর এই বিনিময়ে, তারও প্রভূ ত পরিমাণে অর্থলাভ নিশ্চিত!

'আশি সহস্র স্বর্ণমুদ্রা!' প্রগলভ সেই মহাজন বলল, 'আমাদের ক্ষুদ্র গ্রাম বৈদ্যনাথের পক্ষে এ এক বিশাল অর্থসম্ভার। সেটিও একদিনে সংগৃহীত হয়েছে!'

'এবং তার সঙ্গে স্থুল পরিমাণে অর্থলাভও তোমার জন্য অপেক্ষা করছে!' কৌতুকের সুরে বললেন কুম্ভকর্ণ।

'অবশ্যই!' মহাজনের হাসি আকর্ণ বিস্তারিত হল, 'শেষ পর্যন্ত আমি আর আমার পত্নী মিলে একটু জমি ক্রয় করতে সক্ষম হব, যার জন্য আমরা বহুদিন ধরে অপেক্ষায় ছিলাম।'

রশিদখানি মহাজনের হাতে ধরিয়ে তার কাছ থেকে স্বর্ণমুদ্রার ভারী, স্ফীতকায় থলিগুলি হাসিমুখে সংগ্রহ করলেন কুম্ভকর্ণ। তাঁর রক্ষীবাহিনীর ভিতর থেকে দুজন রক্ষী অগ্রসর হয়ে থলিগুলি তাঁর হাত থেকে নিয়ে তাঁদের শকট অভিমুখে রওনা দিল। কুম্ভকর্ণ মহাজনকে ধন্যবাদ দিয়ে প্রস্থানোদ্যত হলেন।

পরমুহূর্তেই তিনি থামলেন। তাঁর ষষ্ঠ ইন্দ্রিয় তাঁকে সাবধান করছে!

'যে নারী ইতিপূর্বে রাবণের অন্য রশিদটি নিয়ে তোমার কাছে এসেছিল,' বললেন কুম্ভকর্ণ, 'তিনি কি...?'

'তিনি তো নারী ছিলেন না!' মহাজন বলল, 'তিনি একজন পুরুষ। মাত্র এক ঘণ্টা পূর্বে তিনি আমার কাছে এসেছিলেন!'

তাহলে পৃথ্বীজি এসেছিলেন!

'এবং তিনি অল্পবয়সি এক যুবক মাত্র!' বলল মহাজন।

কুম্ভকর্ণের মনে কু-ডাক দিতে, তিনি বললেন, 'আমাকে সেই রশিদখানি দেখাতে পারো?'

মহাজন বিমর্ষভাবে মাথা নাড়ল, 'আমি আপনাকে সেই রশিদ প্রদর্শনে অক্ষম। সেটি...'

কুম্ভকর্ণ তার সম্মুখে পঞ্চাশটি স্বর্ণমুদ্রা ফেলতে সে বাকরুদ্ধ হতে, কুম্ভকর্ণ তাঁর হাত প্রসারিত করলেন আদেশ করার ভঙ্গিতে! বিন্দুমাত্র দ্বিধা না করে, মহাজন সেই কক্ষে রক্ষিত একটি ছোট সিন্দুক থেকে হাতড়ে হাতড়ে সেই রশিদ খুঁজে বার করল। কুম্ভকর্ণ চকিতে সেটিতে চোখ বুলিয়ে নিয়েই তাঁর অশ্বের দিকে দৌড়লেন!

তিনি বৈদ্যনাথের প্রশস্ত পথ ধরে নগরের প্রধান আস্তাবলগুলির দিকে অতি দ্রুতগতিতে অগ্রসর হচ্ছিলেন। যদি কোনো মানুষ নগরের বাইরে যেতে ইচ্ছুক হয়, সে অশ্বের খোঁজে, অথবা কোনো শকটে নিজের স্থান খুঁজে নিতে আস্তাবলেই যেতে পারে!

তিনি অবগত ছিলেন তাঁকে যথাসম্ভব দ্রুত সেখানে পৌঁছোতে হবে! তাঁর হাতে সময় বড়ই অল্প!

এর একমাত্র কারণ—সেই রশিদের উপর কালি দ্বারা পরিষ্কারভাবে একটি মাত্র শব্দের উপস্থিতি বিরাজ করছিল—শুকরমন!!

১৬

ষোড়শ অধ্যায়

রাবণ শুকরমনের মুখে সজোরে একটি চপেটাঘাত হানলেন, 'তুমি কী মনে করেছিলে, এই কাজ করে তুমি অতি সহজেই পার পেয়ে যাবে?'

কুম্ভকর্ণ একদম সঠিক সময়ে আস্তাবলে পৌঁছে যেতে সমর্থ হয়েছিলেন। অসদুপায়ে গ্রামের উন্নতিকল্পে দান করা অর্থ সংগ্রহ করে শুকরমন তার পাঁচ অনুগামীর সঙ্গে নগর পরিত্যাগ করতে উদ্যত হয়েছিল। কুম্ভকর্ণ এবং তাঁর রক্ষীদলের হাতে অতি সহজেই সেই ছয় অসৎ যুবক পর্যুদস্ত হয়, এবং তারা সেই অর্থ পুনরুদ্ধার করতে সক্ষম হন। তারপর তাদের আটক করে রাবণের সম্মুখে পেশ করা হয়।

'তোমাদের ভাগ্য অতি সপ্রসন্ন যে আমি এখন এক পরিবর্তিত মানুষ!' গর্জন করলেন রাবণ, 'নইলে তোমাদের ছিন্নভিন্ন শরীরগুলি এখানে অর্ধমৃত অবস্থায় মৃত্যুর অপেক্ষায় শায়িত থাকত।'

শুকরমন সন্ত্রস্ত অবস্থায় রাবণের ও তাঁর রক্ষীদলের সম্মুখে, আতঙ্কের দৃষ্টি নিয়ে তাকিয়ে ছিল।

কুম্ভকর্ণ শুকরমনের পাশে দণ্ডায়মান বাকি পাঁচজনের দিকে ইঙ্গিত করলেন, 'তোমার এই সঙ্গীদের পরিচয় কী, শুকরমন? এদের পরিচয় তো আমি পাইনি! আর এরা তোমার গ্রামের বাসিন্দা নয়!' তিনি বললেন।

শুকরমনের মুখ থেকে কোনো উত্তর নির্গত হল না, সে আতঙ্কে কম্পমান!

'দাদা, এদেরকে নিয়ে চলুন আমরা তোড়ি গ্রামে ফিরি,' বললেন কুম্ভকর্ণ, 'সেখানে বেদবতীজি সিদ্ধান্ত নেবেন একে কী শাস্তি প্রদেয়!'

রাবণ নির্নিমেষে শুকরমনের দিকে তাকিয়েছিলেন। তাঁর উদগ্র রোষের বহিঃপ্রকাশ সত্ত্বেও, তিনি নিজের প্রচণ্ড আবেগ সংযত করে রাখতে সক্ষম হয়েছিলেন। বেদবতীর উল্লেখে, তাঁর রোষানল নির্বাপিত হতে, তিনি আরো শান্ত হলেন, 'আমরা তাই করতাম, কিন্তু আমার সন্দেহ হচ্ছে তিনি এদেরকে ক্ষমাভিক্ষা প্রদান করতে প্রস্তুত হতেন না!'

শুকরমন সভয়ে নিজের সংযম হারিয়ে আতঙ্কে জলবিয়োগ করে ফেলতে, রাবণের প্রথম অভিব্যক্তি ছিল অট্টহাস্যের, কিন্তু তিনি থেমে গেলেন!

সহসা এক পীড়াদায়ক অনুভূতি তাঁকে তাঁর সম্বিত ফিরে পেতে বাধ্য করল! কয়েক মুহূর্তের জন্য, সেই ভয়ংকর চিন্তা তাঁকে সম্পূর্ণ অবশ করে ফেলল!

হায় প্রভু রুদ্র... না...!

প্রভূত আতঙ্কে, তিনি ঘুরে তাঁর অনুজের দিকে ফিরে তাকালেন! অনুজের মুখমণ্ডলে তাঁর ভাবনার প্রতিফলন প্রত্যক্ষ করে তাঁর মন অজানা ভয়ে পরিপূর্ণ হয়ে উঠল। তিনি যেন ভূতাবিষ্টের মতো শুকরমনের দিকে তাঁর দৃষ্টি চালিত করলেন। তার মুখমণ্ডল তখন পাংশুবর্ণ ধারণ করেছে! তার বিধ্বস্ত চেহারা তখন মৃত্যুভয়ে কম্পমান। রাবণের আতঙ্কিত অন্তর তখন হিমশীতল! এটি সামান্য এক লুণ্ঠন ছিল না... এটি ছিল...!

দেবাদিদেব রুদ্রদেব... দয়াপরবশ হন...!

সবার প্রথমে কুম্ভকর্ণ সম্বিত ফিরে পেতে, তিনি দ্রুতগতিতে দৌড়লেন, 'রক্ষীদল! সকলে প্রস্তুত হও! আমরা তোড়িগ্রামে ফিরব! সত্বর!'

—ꣳ—

এক ঘণ্টার কম সময়ে, রাবণের শতাধিক সৈন্য বিশিষ্ট সেনাদল ঝঞ্ঝার বেগে তোড়িগ্রামে উপস্থিত হলেন পুনরায়! কুম্ভকর্ণের নির্দেশ অনুযায়ী কেবলমাত্র তাঁরা সমীচিকে পিছনে ছেড়ে এসেছিলেন। শুকরমনকে একটি অশ্বপৃষ্ঠে পিছমোড়া করে বেঁধে আনা হয়েছিল, এবং সেই অশ্বের রাশ ছিল রাবণের আরেক অশ্বারোহী সৈন্যের হাতে। তার অপকর্মের সঙ্গী পাঁচ দুষ্কৃতীকেও একই ভাবে তোড়িগ্রামে ফিরিয়ে আনা হচ্ছিল।

যে ভঙ্গীমায় তাঁরা তোড়িগ্রামে প্রবেশ করলেন, দেখেই অনুধাবন হচ্ছিল যে অপ্রীতিকর কোনো ঘটনা সংঘটিত হয়েছে।

চারিদিকে মৃত্যুর নৈঃশব্দ বিরাজ করছিল।

অশ্বারোহীদলের পুরোভাগে রাবণ তাঁর অশ্বকে পরিত্রাহী বেত্রাঘাতপূর্বক, গ্রামের মধ্যভাগে অবস্থিত বেদবতীর কুটির অভিমুখে ধাবমান! কুটিরের সম্মুখে ইতিমধ্যেই গ্রামবাসীদের বিশাল এক সমাবেশ লক্ষ করলেন তাঁরা! সম্পূর্ণ গ্রামের মানুষ যেন সেই স্থানে একত্রিত হয়েছিল।

রাবণ তাঁর অশ্ব থেকে লাফ দিয়ে অবতরণ করে, মানুষের ভিড়কে উপেক্ষা করে কুটিরের দিকে ছুটে গেলেন। তাঁর হৃৎস্পন্দন বর্ধিত!

তাঁকে অনুসরণ করছিলেন অনুজ কুম্ভকর্ণ।

এক গ্রামবাসীকে সজোরে ঠেলে অগ্রসর হতেই, ভূপতিত কোনো বস্তুতে বাধাপ্রাপ্ত হয়ে তিনি নিজেই ভূ-পতিত হচ্ছিলেন!

সেদিকে দৃকপাত না করেই, কোনোরকমে নিজেকে সামলে নিয়ে তিনি বেদবতী ও পৃথ্বীর দরিদ্র কুটিরের দিকে অগ্রসর হতে থাকলেন।

কুম্ভকর্ণের গোচরে এল রাবণ যে জিনিসটিতে বাধাপ্রাপ্ত হয়েছিলেন, সেটি আসলে কী!

পৃথ্বীর রক্তাক্ত ছিন্নভিন্ন মৃতদেহ!

দোহাই প্রভু রুদ্রনাথ...!

একটি অসম সংঘর্ষ সংঘটিত হয়েছিল। পৃথ্বীর নশ্বর শরীরে অগণিত ছুরিকাঘাতের ক্ষত, সম্ভবত সেগুলির ফলে অবিরাম রক্তক্ষরণে তাঁর মৃত্যু ঘটেছিল। পরিষ্কারভাবে বোঝা সম্ভব, তিনি প্রচণ্ড যন্ত্রণাভোগ করে মৃত্যুর কোলে ঢলে পড়েছেন। ভূমির উপর ঘষটানো রক্তের দাগ লক্ষ করে অনুমান করা যায়, তিনি আঘাতপ্রাপ্ত হয়েও কুটিরের দিকে অগ্রসর হওয়ার প্রাণপণ চেষ্টা করেছিলেন! কিন্তু তিনি সফল হননি।

কুম্ভকর্ণ মাথা তুলে কুটিরের দিকে তাকালেন। পৃথ্বীর কুটিরের দিকে। যেখানে সন্তানসম্ভবা বেদবতীর থাকার কথা!

তখনই তাঁর কানে প্রবেশ করল এক হৃদয়বিদারক হাহাকার মিশ্রিত আর্তনাদ!

বিধ্বস্ত মনের গভীর থেকে উঠে আসা, শোকের এক নিদারুণ সর্বহারা হাহাকার। শোকে বিদীর্ণ এক আত্মার করুণ দ্বিখণ্ডিত আর্তি!

তিনি প্রাণপণে তাঁর পথে আসা প্রতিটি বাধাকে নস্যাৎ করে, দৌড়লেন বেদবতীর কুটির লক্ষ্য করে। ভিড় অতিক্রম করে তিনি প্রত্যক্ষ করলেন

সেই করুণ দৃশ্য—কুটিরের অবারিত দুয়ারের সম্মুখে রাবণ নতজানু হয়ে বসে সর্বসমক্ষে কান্নায় ভেঙে পড়লেন!

সর্বশক্তি সঞ্চয় করে নিজের অন্তরকে দৃঢ় করে, কুম্ভকর্ণ সেই উন্মুক্ত দুয়ারের ভিতর দিয়ে কুটিরের একমাত্র কক্ষের অভ্যন্তরে তাঁর দৃষ্টি নিক্ষেপ করলেন। ভিতরের দৃশ্য প্রত্যক্ষ করে তাঁর শরীর রক্তশুন্য হয়ে গেল! ভূপতিতা বেদবতীর দক্ষিণ বাহু এক অস্বাভাবিক ভঙ্গিমা ধারণ করে ভগ্নাবস্থায়। তাঁর বাম বাহু তাঁর স্ফীত উদরের উপর, ঠিক যেন তিনি তাঁর অনাগত সন্তানকে রক্ষা করছেন! কিংবা তাকে রক্ষা করার প্রচেষ্টায় তিনি প্রাণত্যাগ করেছেন। তাঁর শরীরের অধিকাংশ ছুরিকাঘাতের ক্ষত তাঁর উদর লক্ষ্য করেই সংঘটিত হয়েছে। কমপক্ষে পনেরো থেকে বিশবার তাঁর উপর ছুরিকাঘাত করা হয়েছে! তাঁর শরীর থেকে অনর্গল রক্তক্ষরণ হয়ে তাঁর নিঃস্পন্দ শরীর ঘিরে কালচে লাল রঙের এক পরিখা তৈরি করেছে। অপূর্ব লাবণ্যে পরিপূর্ণ তাঁর শান্ত, স্নিগ্ধ মুখমণ্ডল, এই পাশবিক আক্রমণের থেকে নিষ্কৃতি পায়নি! আক্রমণকারী তার তরবারি আমূল বসিয়ে দিয়েছে বেদবতীর বাম চক্ষের কোটরে! সেই আঘাত মারাত্মক—প্রাণহরণকারী! সেই আঘাত থেকেই সম্ভবত তাঁর মৃত্যু হয়েছে! একটি আঘাত, যা জীবন্ত দেবীর চক্ষু থেকে সারাজীবনের জন্য আলো কেড়ে নিয়েছে!

চোখের সম্মুখে এই দৃশ্যের অবতারণায় কুম্ভকর্ণ সামনে ঝুঁকে পড়লেন—এই দৃশ্য যে তিনি বাস্তবিক প্রত্যক্ষ করছেন, তা ছিল তাঁর কল্পনার অতীত! তাঁর দৃষ্টিশক্তি অশ্রুবারিতে ঝাপসা হয়ে যেতে তিনি কোনোমতে এগিয়ে গিয়ে তাঁর অগ্রজের শরীর স্পর্শ করার চেষ্টা করলেন।

এই স্পর্শে রাবণ সহসা সংকুচিত হলেন, যেন তিনি আগুনের স্পর্শ পেয়েছেন! তিনি তাঁর অনুজের দিকে তাকালেন—তাঁর সমগ্র মুখমণ্ডল স্বেদ আর অশ্রুতে সিঞ্চিত!

কুম্ভকর্ণ নতজানু হয়ে ভেঙে পড়লেন, 'দাদা...!'

রাবণ উন্মুখ হয়ে অন্তরীক্ষের দিকে চাইলেন। তাকালেন স্বর্গ অভিমুখে, যেখানে দেবতাদের বাস, 'শয়তানের দল! কেন? কেন তাঁর দেবীর আজ এই পরিণতি? কেন? কী কারণে?'

এই পরিস্থিতিতে তাঁর কী করণীয় বোধগম্য না হওয়ায়, কুম্ভকর্ণ প্রাণপণে তাঁর শোকসন্তপ্ত অগ্রজকে সজোরে আলিঙ্গন করলেন!

যারা বলে অশ্রু শোকের যন্ত্রণা বিলীন করে দেয়—তারা মিথ্যা বলে!

কিছু শোক, যা সহস্র অশ্রুবিন্দুতেও বিলীন হয় না, সেই শোক মানুষকে সারাজীবনের মতো পঙ্গু করে দেয়। কখনো মানুষকে বিস্মৃত হতে দেয় না!

যারা বলে সময় সমস্ত ক্ষতস্থান নিরাময় করে দেয়—তারা মিথ্যা বলে!

কিছু শোক এতই গভীর, যে সময় তার সম্মুখে আত্মসমর্পণ করতে বাধ্য হয়!

ভ্রাতৃদ্বয় একে অপরের বাহুবন্ধনে নির্নিমেষে ক্রন্দনে একত্রিত হলেন। কোনো সান্ত্বনাই তাঁদের জন্য যথেষ্ট ছিল না!

রাবণের বিশাল সেনাবাহিনী ধীরে ধীরে রাবণকে এবং কুম্ভকর্ণকে পরিবেষ্টন করে দাঁড়ালেন। তাদের বোধগম্য হচ্ছিল না তাদের সম্মুখে এ কী ঘটনার অবতারণা! কিন্তু তারা লক্ষ করছিল যে তাদের একছত্র অধিপতি স্পষ্টতই শোকে বিধ্বস্ত!

গ্রামবাসীরাও হতবুদ্ধি অবস্থায় দাঁড়িয়ে নিরন্তর অশ্রুবর্ষণ করছিল।

শচীকেশ অনেক কষ্টে পায়ে পায়ে রাবণের সামনে নিজেকে টেনে নিয়ে যেতে সক্ষম হলেন—ক্রমাগত ক্রন্দনের ফলে তাঁর মুখমণ্ডল স্ফীতাকার ধারণ করেছে, অত্যন্ত শোকের যন্ত্রণাভারে তাঁর শরীর ন্যুব্জ, 'আমি অতিশয় সন্তাপগ্রস্ত... জয়... আমি...!'

তাঁর কাছে এখনো রাবণের আসল পরিচয় গোপন ছিল।

'এই নারকীয় ঘটনার সময় আপনারা সবাই কোথায় ছিলেন?' গর্জে উঠলেন রাবণ! জগতের সমগ্র রোষানল যেন তাঁর কণ্ঠস্বরের মাধ্যমে সিংহনাদ করে উঠল।

'জয়... আমাদের করণীয় কিছুই ছিল না... সংঘর্ষের শব্দ শুনে আমরা এখানে ছুটে আসি... কিন্তু ঘাতকরা সশস্ত্র ছিল... '

রাবণের অভ্যন্তরে তাঁর দুর্দান্ত পাশবিক সত্তা মাথা চাড়া দিচ্ছিল। তিনি চারিদিকে তাঁর রোষকষায়িত দৃষ্টি নিক্ষেপ করলেন। কুটির সংলগ্ন অঞ্চলে প্রায় দুই শতাধিক মানুষের সমষ্টি। তিনি শুকরমন ও তার পাঁচ সঙ্গীর দিকে তাকালেন—তাদের প্রত্যেককে কুটির সংলগ্ন একটি বৃক্ষের সঙ্গে বন্ধনে আবদ্ধ করা হয়েছে ইতিমধ্যে!

দুই শতাধিকের বিরুদ্ধে মাত্র ছয়!

রাবণের কঠিন পাশবিক কণ্ঠস্বর শচীকেশের কানে প্রবেশ করল, 'তিনি ছিলেন আপনাদের আরাধ্যা দেবী! আপনাদের এই হতদরিদ্র গ্রামকে তিনি একক শক্তিতে বেঁধে রেখেছিলেন। মমতাময়ী মাতার ন্যায় তিনি আপনাদের রক্ষার্থে উৎসর্গ করেছিলেন। তাঁকে আপনারা এই ছয়টি পাষণ্ডের কবল থেকে রক্ষা করতে অসমর্থ হলেন?'

'আমি অতিশয় দুঃখিত... আমরা... অনেকে আতঙ্কে এই স্থান থেকে পলায়ন করে... '

রাবণ তাঁর সম্পূর্ণ উচ্চতায় উঠে দাঁড়ালেন, শচীকেশের শরীরকে ছাড়িয়ে, 'পলায়ন করেছিল? অকৃতজ্ঞ ভিক্ষুকের দল পলায়ন করেছিল!'

লঙ্কার ব্যবসায়ীকুলের একচ্ছত্র অধিপতির রক্তচক্ষুর সম্মুখে আতঙ্কে শিউরে উঠে শচীকেশ বৃথা চেষ্টা করলেন তাঁর যুক্তিপ্রদানে, 'কিন্তু... কিন্তু আমরা কীই বা করতে সমর্থ...!

তাঁর মুখনিঃসৃত শব্দগুলি তাঁর ওষ্ঠে আসার সঙ্গে সঙ্গে হারিয়ে গেল! তাঁর শরীরে নিমজ্জিত শাণিত অস্ত্রখানি লক্ষ করেই তাঁর চক্ষু বিস্ফারিত হল! একমুহূর্তের নীরবতার পরেই তাঁর মুখ থেকে বেরিয়ে এল এক করুণ আর্তনাদ! মুহূর্তের অবকাশে রাবণ তাঁর শাণিত তরবারি মানুষটির শরীরে বিদ্যুতচমকের ন্যায় প্রবিষ্ট করেছেন! তাঁর এই আর্তনাদ রাবণকে ক্রোধান্ধ করে তুলল। তিনি তাঁর তরবারি শিকারের শরীরের আরো গভীরে প্রোথিত করে সেটিকে পেঁচাতে থাকলেন। তরবারির অপর প্রান্ত শচীকেশের শরীর ভেদ করে তাঁর পিঠ ফুঁড়ে বেরিয়ে গেল। রাবণ তাঁর শাণিত তরবারি শচীকেশের শরীর থেকে টেনে বার করে তাঁকে সামনে ঠেলে দিলেন সজোরে! মানুষটি সশব্দে ভূপতিত হলেন। তাঁর মৃত্যুও হবে ধীরে ধীরে, যন্ত্রণাদায়ক মৃত্যু!

গ্রামবাসীরাও স্ব স্ব অবস্থানে স্থাণুবৎ-আতঙ্কে পাথরে পরিণত হয়েছে!

রাবণ এক মুহূর্তের জন্য শচীকেশের শরীরের দিকে তাকিয়ে দেখলেন। তারপর লঙ্কাদ্বীপের প্রবল প্রতাপশালী ব্যবসায়ী রাজা তোড়ি গ্রামের জমিদারের শরীর লক্ষ্য করে ঘৃণায় থুৎকার নিক্ষেপ করলেন!

সেদিক থেকে তাঁর দৃষ্টি না সরিয়েই, রাবণের মুখ থেকে নির্গত হল সেই অমোঘ আদেশ, 'প্রত্যেককে হত্যা করো!' তারপর তিনি তাঁর দৃষ্টি ফেরালেন সেদিকে, যে স্থানে শুকরমন ও তার সঙ্গীদের বেঁধে রাখা হয়েছে, 'এদেরকে ছাড়া!'

রাবণের সেনাবাহিনী তাদের প্রভুর আদেশ পালন করার জন্য ধাবিত

হতে, গ্রামবাসীরা আর্তনাদ করতে করতে ছত্রভঙ্গ হয়ে দিশাহারা পলায়নে মত্ত হল। কয়েক মুহূর্তের মধ্যে একটি প্রাণও অবশিষ্ট থাকল না! প্রত্যেকে মৃত্যুর করাল দংশনে প্রাণাহূতি দিল!

—২৩—

মৃতদেহের সম্ভারে তোড়িগ্রামের ভূমি রক্তাক্ত হল। পুরুষ। নারী। শিশু। তারা যে স্থানে ছিল সেখানে দাড়িয়েই মৃত্যুবরণ করল! কয়েক মুহূর্তের ভিতর সব শেষ!

শুকরমনের এক সঙ্গী দুর্বৃত্তের একদিকে দণ্ডায়মান ছিলেন রাবণ, আর অন্যদিকে ছিলেন কুম্ভকর্ণ। তাদের রক্তাক্ত তরবারি হাতে নিয়ে পিছনে দণ্ডায়মান রাবণের কালান্তক সেনাদল। শুকরমনের হাতদুটি লৌহ শলাকাবিদ্ধ অবস্থায় একটি দুয়ারের সঙ্গে আটকানো —তার সম্মুখে সেই বৃক্ষ, যার সঙ্গে তার সঙ্গীদের বেঁধে রাখা হয়েছিল। শুকরমন পরিষ্কারভাবে প্রত্যক্ষ করতে পারছিল তার সঙ্গীদের সঙ্গে কী ব্যবহার করা হচ্ছিল।

রাবণ একটি জ্বলন্ত মশাল দ্বারা একজনের বাহুতে অগ্নিসংযোগ করছিলেন, আগুনের লেলিহান শিখা ধীরে ধীরে মানুষটির ত্বক, তারপর মাংসে তার সর্বগ্রাসী থাবা প্রসারিত করছিল। চারিদিকে পোড়া মাংসের কটু দুর্গন্ধ ছড়িয়ে পড়ছিল। আগুনের গ্রাসে ধীরে ধীরে জ্বলতে থাকা মানুষটির অন্তিম আর্তনাদ আকাশে বাতাসে ছড়িয়ে দিচ্ছিল।

তাঁর এই অকথ্য অত্যাচারের শিকারের মৃত্যুকালীন আর্তনাদ সম্পর্কে রাবণের বিন্দুমাত্র আগ্রহ লক্ষিত হল না! তাঁর অবিচল দৃষ্টি শুকরমনের মুখমণ্ডলে ন্যস্ত! ‘তুমি এই কাজ কি অর্থের লালসায় করেছ? নাকি কারো আদেশে তুমি ওনাকে হত্যা করেছ?’

মৃত্যুভয়ে শুকরমনের মুখ থেকে কটি দুর্বোধ্য শব্দ নির্গত হল, ‘আমি... দুঃখিত... ক্ষমা করুন... দয়া করুন... ক্ষমা... সমস্ত অর্থ ফিরিয়ে নিন... ’

অবর্ণনীয় রোষে রাবণের মুখমণ্ডলে রক্তের সঞ্চার হল। জ্বলন্ত মশালটি তিনি তাঁর শিকারের মুখের সামনে নিয়ে গেলেন। তারপর পুনরায় তিনি শুকরমনের দিকে তাকালেন, ‘তুমি কি মনে করছ এসব শুধুমাত্র অর্থের জন্য?’

কুম্ভকর্ণ তাঁর মুখ খুললেন, ‘কন্যাকুমারীর সন্তান কোথায়?’

যখন বেদবতীর শরীর পরীক্ষা করা হয়, তখন তাঁর মাতৃজঠর রিক্ত ছিল।

এর অর্থ, তাঁর মৃত্যুর পূর্বে, তিনি তাঁর সন্তানের জন্ম দিতে সক্ষম হয়েছিলেন!

কিন্তু সেই নবজাতকের কোনো হদিশ পাওয়া যায়নি!

'শুকরমন, তোমাকে আমি একটি প্রশ্ন করেছি! শিশুটি কোথায়?' গর্জন করলেন কুম্ভকর্ণ!

শুকরমন কোনো উত্তর প্রদানে সক্ষম হল না, তার দৃষ্টি ভূমির দিকে প্রোথিত। চূড়ান্ত ত্রাসে সে পুনরায় জলবিয়োগ করে ফেলল!

'শুকরমন!' কুম্ভকর্ণের দুহাত ধীরে ধীরে মুষ্ঠিবদ্ধ হতে থাকে, 'আমি তোমার উত্তরের অপেক্ষায় রয়েছি!'

হঠাৎ, শুকরমনের এক সঙ্গীর মুখ থেকে কয়েকটি শব্দ নির্গত হল, 'ওর আদেশে আমি এই কাজ করেছি। ও এই কাজের নির্দেশ দিয়েছিল। আমি এই কাজ করতে প্রস্তুত ছিলাম না!'

তার দিকে তাকিয়ে কুম্ভকর্ণ গর্জন করে উঠলেন, 'কী কাজ করেছ তুমি?'

'যা করেছি ওর আদেশে। এই কাজের দায়িত্ব সম্পূর্ণ ওর...'

'তুমি কী করেছ?' বজ্রনির্ঘোষ ধেয়ে এল যেন!

মানুষটি নীরব হল সহসা!

কুম্ভকর্ণ তার দিকে অগ্রসর হয়ে তাঁর জ্বলন্ত দৃষ্টি তার চোখে রাখলেন।

'কী করেছ তুমি? আমায় ব্যক্ত করো। এর জন্য তুমি প্রাণভিক্ষা পেলেও পেতে পারো!'

মানুষটি একবার শুকরমনের দিকে তাকিয়ে পুনরায় কুম্ভকর্ণের দিকে তাকালো, 'ও আমায় নির্দেশ দিয়েছিল... শিশুটিকে অরণ্যে নিক্ষেপ করতে...। যাতে বন্য প্রাণীরা... ভক্ষণ... মানে...!' ধীরে ধীরে সে বাকশক্তিরহিত হয়ে পড়ল। তার বর্বর অন্তঃকরণ পর্যন্ত তার দ্বারা কৃত এই নরাধমের ন্যায় কর্মকে সমর্থন করল না!

ভারতীয়রা বিশ্বাস করত শিশুহত্যা মহাপাপ, এই কর্ম যার দ্বারা সংঘটিত হয়, তার আত্মা পরবর্তী বহুজন্ম ধরে কলুষিত হয়। শুকরমনের দুষ্কৃতি দলের বিশ্বাস ছিল বন্য পশুদের দ্বারা এই কার্যসমাধা হলে, তাদের আত্মার উপর এই অভিশম্পাত বর্ষিত হবে না।

কুম্ভকর্ণ রাবণের দিকে তাকিয়ে দেখলেন, তিনি বাকরুদ্ধ! তাঁর কাছেও এই উত্তর আশাতীত! এই বর্বরদের কুকার্য, এই চিন্তাধারা নারকীয়তম!

একটি নিষ্পাপ নবজাতককে অরণ্যে নিক্ষেপ করা হয়েছে, যাতে বন্য পশুরা তাকে শান্তিতে ভক্ষণ করতে সক্ষম হয়... দোহাই দেবাদিদেব রুদ্রদেব!

'আমায় দয়াভিক্ষা প্রদান করুন...' কাতরস্বরে প্রার্থনা করল সে, 'আমি সত্য কথা বলেছি... দয়া...'

কুম্ভকর্ণ পুনরায় অগ্রজের দিকে তাকালেন। রাবণ সম্মতি দিলেন। পরমুহূর্তেই কুম্ভকর্ণ তাঁর তরবারির একটিমাত্র নিপুণ আঘাতে সেই ব্যক্তির শিরচ্ছেদ করলেন!

সেই দুষ্কৃতির ছিন্নমস্তক সজোরে উড়ে গিয়ে আঘাত করল তার পাশেই দণ্ডায়মান তার সঙ্গীর শরীরে! সে সভয়ে আর্তনাদ করে উঠতেই, মুণ্ডহীন ধড়টির থেকে ফিনকি দিয়ে নির্গত হওয়া রক্তের ফোয়ারা তার সমস্ত শরীর সিক্ত করে তুলতে লাগল!

মাথার উপর থেকে আসা বহু ডানা ঝাপটানোর সম্মিলিত শব্দ রাবণ ও কুম্ভকর্ণকে উপরে তাকাতে বাধ্য করল। বিশাল একটি শকুনের দলে ধীরে ধীরে তোড়িগ্রামের উপর আবর্তিত হচ্ছে। তাঁরা লক্ষ্য করলেন একটি শকুন নেমে এসে পড়ে থাকা অগণিত মৃতদেহের একটি থেকে মাংস ছিঁড়ে ভক্ষণ করতে শুরু করেছে। সদ্য মৃত দেহটির থেকে উষ্ণ মাংসের স্বাদ আহরণ করে, পরম তৃপ্তিতে তার মুখ থেকে সন্তুষ্টির একটি আওয়াজ নির্গত হতে, সে মহানন্দে তার ভোজনের সুখভোগে ব্যস্ত হল!

এবার রাবণ নিশ্চিন্তে তাঁর পাশে নীরবে জ্বলতে থাকা মানুষটির শরীরের দিকে পুনরায় মনঃসংযোগ করলেন। এখনো সুদৃঢ় বন্ধনে আবদ্ধ সেই দগ্ধ, দলা পাকানো, শনাক্তকরণের অযোগ্য দেহটির দিকে তাকিয়ে থাকতে থাকতে, রাবণের দুচোখ দিয়ে রোষাগ্নি, তরল আগুনের ন্যায় ঝরে পড়তে লাগল নিরন্তর। তাঁর অন্তরে দয়া অথবা করুণার লেশমাত্র অবশিষ্ট ছিল না! শুধু রোষের আগুন ধিক ধিক করে জ্বলছিল!

রাবণ ও কুম্ভকর্ণ দেওয়ালে পিঠ রেখে ভূমির উপরে বসেছিলেন। পাঁচ দুষ্কৃতীর বিকৃত মৃতদেহগুলি এখনো সেই বৃক্ষে আবদ্ধ অবস্থায় বর্তমান। অর্ধমৃত শুকরমনকে সেই দুয়ারের থেকে ছাড়িয়ে নিয়ে গিয়ে অন্য একটি বৃক্ষের সঙ্গে আবদ্ধ করে রাখা হয়েছিল। যে লৌহ শলাকায় তাকে বিদ্ধ করে রাখা হয়েছিল পূর্বে, সেই শলাকাগুলিতে এখনো কিছু রক্তাক্ত মাংসের অবশিষ্টাংশ ঝুলছিল। এই ভীষণ অত্যাচারের ফলে সে সংজ্ঞাহীন হয়ে পড়েছিল। কিন্তু রাবণের এই বিষয়ে

কড়া লক্ষ্য ছিল যাতে এত সহজে শুকরমনের মৃত্যু না হয়। মানুষের সহ্যের সর্বশেষ পরিসীমা পর্যন্ত তাকে যন্ত্রণাদান করে যাওয়া ছিল তাঁর একমাত্র অভীষ্ট! সেই যন্ত্রণা, যা আগত একাধিক জন্মে তাকে আতঙ্কগ্রস্ত করে রাখতে সক্ষম হবে!

ইতিমধ্যে, রাবণের সেনাবাহিনী পৃথ্বী ও বেদবতীর প্রাণহীন দেহগুলি গ্রামের জমিদারের প্রাসাদে সযত্নে বহন করে নিয়ে গিয়েছিল। সসম্মানে সৎকারের পূর্বে তাঁদেরকে স্নান করিয়ে, রাজবেশে ভূষিত করার অভিপ্রায়ে।

ইতিমধ্যে, শকুনের দলকে যোগ্য সংগত করতে, অন্যান্য বন্যপ্রাণীরা সদলবলে যোগদান করেছিল সেই মহাভোজে! কাকেরা। বন্য কুকুরেরা। হায়েনারা। প্রত্যেকের জন্য যথেষ্ট পরিমাণে খাদ্য প্রস্তুত ছিল সেই গ্রামে। তারা নীরবে আহার সারছিল। কেউ কারো সঙ্গে লড়াই করছিল না। তারা কোনো শব্দ করছিল না। তারা অবগত ছিল তাদের প্রত্যেকের জন্য প্রচুর পরিমাণে খাদ্য সংরক্ষিত রয়েছে এই স্থানে!

এক অস্বস্তিকর, শিহরণ জাগানো দৃশ্যের অবতারণা ঘটল তোড়ি গ্রামে! যেদিকে দৃষ্টি যায়, সেদিকেই বন্য প্রাণীরা নিঃশব্দে অগণিত মৃতদেহ থেকে খুবলে খুবলে মাংস ছিঁড়ে আহারে ব্যস্ত! একটি অচৈতন্য, মৃতপ্রায় মানুষ বৃক্ষের সঙ্গে আবদ্ধ অবস্থায়। শতাধিক সেনা তাদের রক্তাক্ত তরবারি নিয়ে সারবদ্ধভাবে দণ্ডায়মান তাদের পরবর্তী আদেশের জন্য। এবং দুই সহোদর ভ্রাতা ভগ্নহৃদয়ে, তাঁদের পরম শ্রদ্ধেয়া নারীর কুটিরের সম্মুখে শোকাতুর অবস্থায় বিলাপরত! সেই নারী যাকে তাঁরা ভালোবাসতেন! সেই নারী যিনি তাঁদের কাছে দেবীসম আরাধ্যা ছিলেন!

রাবণের দুই রক্তচক্ষু অবিরাম অশ্রুবর্ষণের ফলে সিক্ত এবং স্ফীতাকার ধারণ করেছে, এবং তাঁর সমগ্র মুখমণ্ডল অভিব্যক্তিহীন। তাঁর রক্তাক্ত হাতদুটি নিজের হাতে নিয়ে অনুজ কুম্ভকর্ণ তাঁর পাশে বসে। বেদবতীর অকালপ্রয়াণের জন্য দায়ী প্রতিটি মানুষের রক্তে তাঁদের শরীর রক্তরঞ্জিত, কিন্তু সেই রক্ত তাঁদের শোক সম্বরণের কোনো উপায়ন্তর নয়! এই গুরুভার সন্তাপের সান্ত্বনা দেওয়ার কোনো ভাষা ছিল না।

সর্বশেষে, রাবণ মুখ খুললেন, 'আমি ঘৃণা করি...' তাঁকে পুনরায় বাকরুদ্ধ করে ফেলল নতুন করে চোখ থেকে নির্গত হওয়া শোকের বারিধারা!

কুম্ভকর্ণ নীরবে তাঁর অসহায় অগ্রজের দিকে তাকিয়ে থাকলেন!

রাবণের কণ্ঠ হতে এবার নির্গত হল চাপা গর্জন!

'আমি এই অভিশপ্ত অঞ্চলকে ঘৃণা করি!'

১৭

সপ্তদশ অধ্যায়

প্রতিবার শুকরমন তার সংজ্ঞা হারাবার সঙ্গে সঙ্গে, তার মুখে সজোরে নিক্ষেপিত হচ্ছিল কলস কলস জল! মৃত্যুর পূর্বমুহূর্ত পর্যন্ত সে যাতে তিলে তিলে তার উপর সংঘটিত অমানুষিক অত্যাচারের যন্ত্রণা অনুভব করতে সক্ষম হয়। কটিদেশে সামান্য লজ্জাবস্ত্রটুকু ব্যতীত তার শরীর ছিল নিরাবরণ। তার শরীর জুড়ে অসংখ্য ক্ষতস্থান, প্রতিটি অংশে জ্বলে যাওয়ার ক্ষত থেকে রক্ত চুইয়ে পড়ছিল, কেবলমাত্র তার মুখমণ্ডল ছাড়া।

যখন শুকরমন তার শরীরের সর্বশক্তি একত্রিত করে চোখ খুলতে পারল, তার সম্মুখে লঙ্কাদ্বীপের জলদস্যু রাজা দাঁড়িয়ে রয়েছেন!

রাবণ!

এই পৃথিবীর ধনীতম মানুষদের ভিতর অন্যতম ধনী। এবং সেই মুহূর্তে, এই গ্রহের সর্বাপেক্ষা রাগান্বিত পুরুষশ্রেষ্ঠ মহাবীর! যে মানুষটি প্রতিশোধের নেশার উত্তেজনায় ফুটছেন, 'কেন শুধু অর্থ সংগ্রহ সম্পন্ন করে ওঁকে অব্যাহতি দাওনি!' রাবণের কণ্ঠস্বরে সীমাহীন রোষের সঙ্গে মিলিত হয়েছিল ক্ষোভ ও বিদ্বেষের আগুন, 'কেন? কী কারণে তাঁকে হত্যা করতে হল?'

শুকরমনের মনের মধ্যে শেষ আশার আলো প্রজ্জ্বলিত হল, সে ভাবল নিজের প্রাণভিক্ষা করার একটি সুযোগ তার সম্মুখে উপস্থিত! এই চিন্তা তার শরীরে কিঞ্চিৎ প্রাণসঞ্চার ঘটাল, 'আমি চেষ্টা করেছিলাম... আমি যথাসাধ্য চেষ্টা করেছিলাম... কিন্তু উনি আমার কথা শুনলেন না!'

রাবণ একবার অনুজের দিকে দৃকপাত করে, পুনরায় তাঁর শিকারের দিকে মনঃসংযোগ করলেন!

'আমি তাঁকে বোঝাবার চেষ্টা করছিলাম। তিনি তো পূর্বে কখনো অর্থের চিন্তায় মগ্ন ছিলেন না... তাহলে এখন কী কারণে এইরূপ আচরণ করছেন? কিন্তু তিনি আমার কথায় সম্মত হচ্ছিলেন না... তিনি অবুঝের মতো তর্ক করছিলেন। এমনকী তাঁর শান্তস্বভাবের স্বামী তাঁর পক্ষ নিয়ে আমায় বাধাপ্রদান করছিলেন—আমার পথ কণ্টকাকীর্ণ করে তুলছিলেন! তিনি তাঁর অবশিষ্ট সমস্ত সম্বল আমায় দান করতে সম্মত ছিলেন—আপনার রশিদ ব্যাতীত! কিন্তু ওঁদের সম্পত্তির মূল্য কিছুই নয়... আমার জুয়ার ঋণশোধ করতে বিপুল অর্থের ব্যবস্থা করতেই হতো... পাওনাদারেরা আমায় হত্যা করতে উদ্যত হয়েছিল... আমি তাঁকে সে কথাও বলেছিলাম... তাও তিনি সম্মতি দেননি!' দফায় দফায় শুকরমনের বক্তব্য সম্পন্ন হল।

অবিশ্বাসীর দৃষ্টি নিয়ে রাবণ শুকরমনের দিকে তাকিয়ে রইলেন!

শুকরমনের কণ্ঠ ক্ষীণ থেকে ক্ষীণতর হতে থাকে, 'আমি তাঁকে বলেছিলাম...আপনি তাঁকে আরো অর্থপ্রদান করতে যথেষ্ট সক্ষম... আপনার কোষাগার উপচে পড়ছে... এই পরিমাণ অর্থ আপনার কাছে নিতান্তই নগণ্য... কিন্তু... উনি কিছুতেই সম্মত হলেন না... উনি বললেন এই রশিদ তাঁর কাছে অমূল্য... মহাপবিত্র এক বস্তু... সদ্য ধর্মের পবিত্র পথে পা বাড়ানো এক মানুষের উপলব্ধি সেটি নিজের অন্তরে ভগবানকে আবিষ্কার করতে পারার এই অমূল্য দলিল উনি কিছুতেই হাতছাড়া করতে পারবেন না...'

কুম্ভকর্ণের মুখ থেকে নির্গত হল এক বিজাতীয় ঘৃণার দুর্বোধ্য আর্তনাদ, নিষ্ফল আক্রোশে তিনি সজোরে তাঁর কেশাকর্ষণ করলেন! রাবণের সেই ক্ষমতাটুকুও ছিল না—তিনি শুকরমনের দিকে অপলক দৃষ্টিতে তাকিয়ে রইলেন!

শুকরমনের তখনও কিছু বলা বাকি ছিল! রাবণের নীরবতায় সাহসের সঞ্চার হল তার ভিতর, সে বলতে থাকল, 'আমি ওঁকে বোঝাবার চেষ্টা করছিলাম, কিন্তু আমাদের মধ্যে একজন ধৈর্য হারাল... তারও দোষ ছিল না... উনি অবুঝের মতো করছিলেন!'

রাবণ সহ্যের শেষ সীমায় পৌঁছে গিয়েছিলেন। এক প্রবল মুষ্ঠ্যাঘাত শুকরমনের চিবুকের নীচে সজোরে আছড়ে পড়ল! আঘাতের প্রবলতায় শুকরমনের মাথা পিছনে বৃক্ষের মূলে সজোরে আঘাত করল। পরমুহূর্তে

কুম্ভকর্ণ অগ্রসর হয়ে তার মাথার চুল একহাতে ধরে, তার চোয়াল লক্ষ্য করে আরেকটি প্রবলতর মুষ্ঠ্যাঘাত হানলেন। তার চোয়াল বিদীর্ণ হল। তারপর তিনি শুকরমনের চোয়াল ধরে সজোরে নীচের দিকে আকর্ষণ করতে, তার মুখগহ্বর সম্পূর্ণরূপে উন্মোচিত হল!

জ্বলন্ত অঙ্গারের একটি টুকরো সংগ্রহ করে রাবণ তার দ্বিখণ্ডিত মুখের ভিতর ঠেলে দিলেন।

তার মুখগহ্বরের অভ্যন্তরে তীব্র দহনের জ্বালা ধীরে ধীরে তার খাদ্যনালী অভিমুখে যাত্রা শুরু করতে শুকরমনের শরীর সজোরে কম্পমান হল। কুম্ভকর্ণ তার মুখগহ্বর পুনরায় উন্মুক্ত করতে, লঙ্কার সৈন্যদলের কিছু সদস্য আরো কিছু জ্বলন্ত অঙ্গারের টুকরো নিয়ে ধেয়ে এল! রাবণ একের পর এক সেগুলিকে শুকরমনের গলার মধ্যে সজোরে চেপে চেপে ঢোকাতে থাকলেন! প্রতিশোধের উন্মত্ততায় তিনিও তাঁর অরক্ষিত হাতের দ্বারা এই কর্ম সাধন করছিলেন, জ্বালা যন্ত্রণার অনুভূতি হারিয়েছিলেন তিনিও! একের পর এক অঙ্গার শুকমনের খাদ্যনালী দিয়ে জ্বলতে জ্বলতে নামতে থাকায়, তার শরীর বাঁশপাতার ন্যায় কাঁপতে থাকল!

তাকেও আগুনে পুড়িয়ে হত্যা করা হচ্ছিল, পার্থক্য শুধু একটি—তার শরীর ভিতর থেকে জ্বালানো হচ্ছিল।

কিন্তু রাবণ ও কুম্ভকর্ণ থামলেন না! ভূতাবিষ্টের ন্যায়, শুকরমনের শরীরের অভ্যন্তর তাঁরা জ্বলন্ত অঙ্গারে পরিপূর্ণ করে দিচ্ছিলেন অবিরামভাবে!

কিছু সময় পরে, তার শরীর নিঃস্পন্দ হয়ে গেল।

পোড়া মাংসের কটু দুর্গন্ধ পুনরায় আকাশ বাতাস পরিপূর্ণ করে তুলল। শুকরমনের মুখগহ্বর থেকে ধোঁয়া নির্গত হচ্ছিল! তার উদরের অভ্যন্তর থেকে আগুনের শিখা নির্গত হচ্ছিল—তার শরীর ভিতর থেকে জ্বলছিল।

তাও, ভ্রাতৃদ্বয় ক্ষান্ত হচ্ছিলেন না!

তাঁদের মনুষ্যত্বের দখল নিয়েছিল আদিমতম রিপু—ক্রোধ!!

তাঁরা সর্বস্ব হারিয়েছিলেন।

তাঁদের দেবী। তাঁদের পৃথিবী। তাঁদের বোধবুদ্ধি।

তাঁরা শূন্য। তাঁরা রিক্ত!!

সৎকারের সম্পূর্ণ ব্যবস্থা সম্পন্ন হয়েছিল। দুখানি বিশাল চিতার ব্যবস্থা করা হয়েছিল। বেদবতী এবং পৃথ্বীর দেহগুলিকে শুদ্ধ করে, স্নান করিয়ে নতুন শ্বেতশুভ্র পোষাকে সুসজ্জিত করা হয়েছিল। তাঁদের কর্ণকুহরে পবিত্র বেদ থেকে মন্ত্র পড়ে শোনানো হচ্ছিল। সনাতন বিশ্বাস অনুযায়ী মনে করা হতো, সদ্যমৃত ব্যক্তির আত্মা এই পবিত্র মন্ত্রে শক্তিপ্রাপ্ত হয়ে পরলোকে অবাধে বিচরণ করতে সক্ষম।

এই সমস্ত কাজ সম্পন্ন হওয়ার পর, তাঁদের মুখগহ্বরে পবিত্র জল ও ওষ্ঠাধারে তুলসীপত্র সাজিয়ে দেওয়া হল। আরো কিছু তুলসীপত্র গুচ্ছ করে তাঁদের নাসারন্ধ্র ও কর্ণকুহরে সাজিয়ে দেওয়া হল। বেদবতীর দুই বাহুকে একত্রিত করে তাঁর বুকের উপর নমস্কারের ভঙ্গিতে সাজিয়ে, তাঁর দুই হাতের বৃদ্ধাংগুষ্ঠ একত্রে আবদ্ধ করা হল। পায়ের বৃদ্ধাংগুষ্ঠ একইভাবে আবদ্ধ করে রাখা হয়েছিল। পৃথ্বীর বাহুযুগল ও পদযুগল একইভাবে আবদ্ধ করা হল। সনাতন বিশ্বাস বলে—এতে নাকি শরীরের বাম ও দক্ষিণ অংশের শক্তি পুঞ্জিভূত হয়ে শারীরিক শক্তির সমন্বয় সংঘটিত হয় সুচারুভাবে। যে স্থানে বেদবতী ও পৃথ্বীর প্রাণহানি ঘটেছিল সেই স্থানে মাটির প্রদীপ প্রজ্জ্বলিত করা হল। সেগুলির শিখা দক্ষিণমুখে রাখা হল, ধর্ম ও মৃত্যুর দেবতা যমরাজকে সম্মান প্রদর্শন করার জন্য।

এই সমস্ত কার্যাবলী সম্পাদিত হওয়ার সময়ে, রাবণ ও কুম্ভকর্ণ অস্বাভাবিক শান্ত রইলেন। আর্তস্বরে বিলাপ কিংবা উচ্চস্বরে ক্রন্দন করার কোনো অভিপ্রায় তাঁদের ছিল না। সম্মান, শ্রদ্ধা ও প্রার্থনা—দেবীর বিসর্জন সেভাবেই ছিল একান্ত কাম্য। যেভাবে এই মহান কন্যাকুমারী জীবিত ছিলেন এই ধরাধামে, সেভাবেই তাঁর চিরবিদায়ের অনুষ্ঠান সম্পাদিত হওয়া অনুমেয় ছিল।

বেদবতীর সুসজ্জিত চিতার পাশে ভগ্নহৃদয়ে দুই ভ্রাতা দণ্ডায়মান ছিলেন নীরবে। প্রথমে তাঁর চিতায় অগ্নিসংযোগ করা হবে, তারপর তাঁর স্বামীর চিতা।

বিশাল মাটির পাত্রে পবিত্র ঘৃত নিয়ে আসা হতে, কুম্ভকর্ণ সেই পাত্র হাতে ধরে চিতার পাশে দাঁড়ালেন। রাবণ তাঁর আরাধ্যা দেবীর শরীরে অকুণ্ঠভাবে সেই ঘৃত ঢেলে দিতে থাকলেন। এই সময়ে, দুই ভ্রাতার মুখ থেকে নিরন্তরভাবে পবিত্র গরুদা পুরাণ থেকে স্তোত্র নির্গত হতে থাকল। ঘৃতাহুতি সম্পন্ন করার পরে রাবণ তাঁর হাত পরিষ্কার করতে, তাঁর সেনারা এসে বেদবতীর পবিত্র শরীরের উপর আরো কিছু চন্দন কাঠের টুকরো সাজিয়ে

দিল, তাঁর মুখমণ্ডল ব্যতীত শরীরের বাকি অংশ কাঠের অবগুণ্ঠনে চলে গেল।

তিনি দুকদম পিছিয়ে যেতে, তাঁর হাতে পবিত্র আগুনে প্রজ্জ্বলিত একটি মশাল এনে দেওয়া হল।

শেষবারের মতো বেদবতীর পবিত্র মুখমণ্ডলের দিকে একবার চাইবার সাহস সঞ্চয় করতে পারলেন কুম্ভকর্ণ! তাঁর মুখমণ্ডলের ক্ষতস্থানগুলি সযত্নে ঢেকে দেওয়া হয়েছে। তাঁর বাম চক্ষুর স্থানে একটি কাপড়ের আবরণ সযত্নে রক্ষিত!

সেই অমানুষিক নির্যাতনের পরেও, তাঁর মুখমণ্ডলে বিরাজ করছে এক অদ্ভুত শান্তি ও সৌন্দর্য! ঠিক যেন বিসর্জনে যাওয়ার পূর্বে দেবীর মুখ! অতিকষ্টে কুম্ভকর্ণ তাঁর অশ্রুসংবরণ করার চেষ্টা করলেন। তিনি দেবীর সম্মুখে কিছুতেই তাঁর দুর্বলতা প্রকাশ করবেন না। তাঁর আরাধ্যা দেবীর সম্মুখে কিছুতেই না!

তিনি বহুবার শুনেছেন, প্রিয়জনের প্রয়াণে তাঁর মৃতদেহের সম্মুখে রোদন অথবা বিলাপ করলে, সেই প্রিয়জনের আত্মার শান্তি হয় না। তাই তাঁর জীবিত প্রিয়জনদের নিজের শোক, বিলাপ ও ক্রন্দন সম্বরণ করতে হয়, সেই বিদেহী আত্মার পরলোকগমনের পথ নিষ্কণ্টক করতে।

তিনি নির্নিমেষে দেবী কন্যাকুমারীর নিঃস্পন্দ শরীরের দিকে তাকিয়ে রইলেন, যা আর কয়েক মুহূর্তের মধ্যেই সর্বগ্রাসী আগুনের লেলিহান শিখায় বিলীন হতে উদ্যত। এবং ঠিক সেই মুহূর্তে, তাঁর শরীর থেকে যাবতীয় ক্রোধ, হতাশা ও ক্ষোভ নির্বাপিত হল সহসা!

তিনি ভূতাবিষ্টের ন্যায় তাঁর চারিদিকে তাকালেন, মনে হল তিনি যেন সদ্য এক সুদীর্ঘ নিদ্রার পর জাগ্রত হয়েছেন। অনতিদূরেই তিনি দেখতে পেলেন, বন্যপ্রাণীরা তখনও গ্রামবাসীদের মৃতদেহ মহানন্দে ভক্ষণ করতে ব্যস্ত। নারী পুরুষ নির্বিশেষে, যাদের একান্তভাবেই দুষ্কৃতী হিসাবে অভিহিত না করা গেলেও, নির্বোধ বলা যায়! তিনি পুনরায় বেদবতীর মুখমণ্ডলের দিকে দৃকপাত করে অত্যন্ত লজ্জিত হলেন। লজ্জিত ও অনুতপ্ত হলেন নিজেদের কর্মে, শোকসন্তপ্ত হলেন নিজেদের দুষ্কর্মের কথা চিন্তা করে।

তিনি উপলব্ধি করলেন, তাঁর ও তাঁর অগ্রজের এই নারকীয় কৃতকর্মের কারণে দেবী তাঁদের উপর কুপিত হবেন। তিনি ঘুরে তাঁর অগ্রজের দিকে দেখলেন।

রাবণ পবিত্র আগুনে প্রজ্জ্বলিত সেই মশাল হাতে ধীরে ধীরে বেদবতীর চিতার দিকে অগ্রসর হচ্ছেন।

কুম্ভকর্ণ পিছিয়ে এলেন।

রাবণ মশালের দ্বারা চিতায় অগ্নিসংযোগ করলেন! তাঁর দেবীকে অগ্নিদেবের পবিত্র শিখায় চিরকালের জন্য উৎসর্গ করলেন!

কেউ রাবণের হাতে পবিত্র জল ভর্তি একটি মাটির কলস দিতে, সনাতন নিয়ম অনুযায়ী সেই কলসে একটি ছিদ্র করে, তিনি জ্বলন্ত চিতাকে প্রদক্ষিণ করতে শুরু করেছেন। তাঁর কাঁধে রাখা সেই মাটির কলসের ছিদ্র থেকে পবিত্র জল চিতার চারিদিকে চুঁইয়ে পড়তে লাগল। তিনবার চিতাকে প্রদক্ষিণ করলেন রাবণ। এই প্রথার মাধ্যমে, রাবণ সমগ্র পৃথিবীর সকলের সম্মুখে, বেদবতীর সকল ঋণ প্রদানের ভার গ্রহণ করার সংকল্পবদ্ধ হলেন। এই ঋণ অর্থসম্বন্ধীয় নয়, আত্মার কাছে অর্থের কোনো মূল্য নেই —তিনি কন্যাকুমারীর সমস্ত অসমাপ্ত কর্মের দায়ভার নিজের কাঁধে উত্তোলন করলেন, যাতে তাঁর বিদায়ী আত্মা এই পৃথিবীর সমস্ত বন্ধন ও দায়িত্বভার থেকে সম্পূর্ণভাবে স্বাধীন হতে পারে। সেক্ষেত্রে এই পবিত্র আত্মা মোক্ষলাভের পথে অনর্গলভাবে অগ্রসর হতে সক্ষম হয়, এবং এই জীবন ও মৃত্যুর আবহমান চক্র হতে নিষ্কৃতি লাভ করতে পারে।

কুম্ভকর্ণ তাঁর প্রদক্ষিণরত অগ্রজের দিকে একবার তাকিয়ে দূরে তোড়ি গ্রামের দিকে দেখলেন—যে সম্পূর্ণ গ্রাম তাঁদের দ্বারা বিনষ্ট হয়েছে।

অনেক কাজ করা বাকি। এই জঘন্য কৃতকর্মের প্রায়শ্চিত্ত তাঁদের করতেই হবে!

তিনি কিছুতেই দেবীর বিশ্বাসভঙ্গ করতে নারাজ!

—২০—

পরের দিন অনেক বেলায় রাবণ ও কুম্ভকর্ণ শয্যাত্যাগ করলেন। সারারাত তাঁরা দুজনে গ্রামের অদূরে একটি হ্রদের ধারে নিঃশব্দে বসে অতিবাহিত করেছেন। সারাদিনের অক্লান্ত পরিশ্রমের পরে, তাঁরা মাত্র কয়েক ঘণ্টার জন্য বিশ্রাম নিতে সক্ষম হয়েছেন!

দুখানি চিতার আগুন সম্পূর্ণ নির্বাপিত হলেও, সেগুলির থেকে তখনো ধোঁয়া নির্গত হচ্ছিল। বেদবতী ও তাঁর স্বামীর নশ্বর দেহ চিতার পবিত্র আগুনে সম্পূর্ণ ভস্মীভূত হয়েছে। রাবণের সেনাবাহিনীর বিশজন সেনা সারারাত

সেই চিতার পাশে সারিবদ্ধ ভাবে কঠোর প্রহরায় দণ্ডায়মান ছিল, যাতে কোনো বন্যপ্রাণী কোনোভাবেই সেগুলির কাছে না ঘেঁষতে পারে। যদিও এ আশঙ্কা স্বভাবতই অমূলক ছিল। সমগ্র গ্রাম জুড়ে তাদের জন্য খাদ্যের কোনো অভাব ছিল না।

অবগাহনের পরে, রাবণ ও কুম্ভকর্ণ পুনরায় সেই সৎকারের স্থানে ফিরে গেলেন। আরো কিছু নিয়মরক্ষার কাজ বাকি রয়ে গিয়েছে। প্রথমে তাঁরা বেদবতীর চিতা দিয়েই শুরু করলেন।

একটি কলসে পবিত্র জলের ব্যবস্থা করা হয়েছে। সেই জলে পবিত্র তুলসীপত্র ভাসমান। রাবণ একটি নারিকেল নিয়ে সেটি সজোরে মাটিতে আঘাত করতে, সেটি লম্বালম্বিভাবে বিদীর্ণ হল। এই ঘটনা প্রভূতভাবে মাঙ্গলিক, এর অর্থ সেই আত্মা নির্দিষ্টভাবে মোক্ষলাভে সক্ষম হবে। এই নারিকেলের জল কলসের জলের সঙ্গে মিশ্রিত করা হল। সেই পবিত্র মিশ্রণকে হাতের দ্বারা আন্দোলিত করতে করতে সংস্কৃতে মন্ত্রোচ্চারণ করা। এই কর্ম সুচারুরূপে সম্পন্ন হওয়ার পরে, রাবণ শাস্ত্রানুসারে সেই পবিত্র মিশ্রণ চিতায় ছড়িয়ে দিলেন, অবশিষ্ট অঙ্গারের নামমাত্র আগুন নির্বাপিত হয়ে গেল।

চারজন লঙ্কাসেনা অগ্রসর হয়ে এসে বেদীর উপর থেকে চিতাভস্ম সরিয়ে দিতে লাগল। রাবণ ও কুম্ভকর্ণ তাঁদের শোক সংবরণ করে, সেই ভস্মের ভিতরে সহস্তে দেবীর অস্থি অন্বেষণে ব্যস্ত হলেন। অস্থি—শরীরের অদাহ্য অংশ যা কোনো আগুনেই বিনষ্ট হওয়া অসম্ভব। এই অস্থি ব্যতীত শরীরের বাকি সমগ্র অংশ—মাংস, পেশী, অঙ্গ প্রত্যঙ্গ—সম্পূর্ণরূপে ভস্মীভূত হয়েছে। এই পবিত্র ভস্ম ভূমিমাতার শরীরে মিশে পঞ্চভূতে বিলীন হয়ে যাবে। আর অস্থি বিসর্জন দিতে হবে পবিত্র গঙ্গার জলে।

রাবণ অবগত ছিলেন, এই অস্থি শব্দটির উৎস সংস্কৃত শব্দ অস্তিত্ব থেকে, যার অর্থ আত্মার অস্তিত্ব। এই অস্থির অংশ, যা এই প্রচণ্ড আগুনেও অদাহ্য থেকে গেছে, আত্মার অস্তিত্বের সর্বাপেক্ষা বড় প্রমাণ। সেটি পবিত্র নদীর জলে ভেসে, সঞ্জীবিত অবস্থায় পুনরায় ভূমিমাতার কাছে ফিরে যাবে। নদীর জলে মিশে সেটি প্রকৃতির কাছে প্রত্যাবর্তন করবে, যেখানে বিদেহী আত্মা শান্তি খুঁজে নেবে।

অস্থি সংগ্রহ করে, রাবণ ও কুম্ভকর্ণ সেটিকে জলে পরিষ্কার করে নিয়ে, একটি ছোট মাটির পাত্রে সযত্নে রক্ষিত করলেন। এই অস্থি শরীরের কোন

অংশ থেকে এসেছে নির্ধারণ করা দুরূহ ব্যাপার। পর মুহূর্তেই আশ্চর্যান্বিত হয়ে রাবণ দেখলেন, হাতের আঙুলের ক্ষুদ্র দুটি হাড় চিতার আগুনেও বিনষ্ট হতে পারেনি! দেহের অবশিষ্ট সমস্ত মাংস, পেশী, অঙ্গ প্রত্যঙ্গ সম্পূর্ণরূপে ভস্মীভূত হওয়ার পরেও। একমাত্র অবশিষ্ট দুটি হাতের আঙুলের ছয়খানি ছোট ছোট হাড়। একদম নিখুঁত!

মাথার করোটির শক্ত হাড় সম্পূর্ণ ভস্মীভূত হওয়ার পরেও সামান্য আঙুলের হাড় কীরূপে লেলিহান আগুনের গ্রাস থেকে রক্ষা পেতে পারে?

এই ক্ষুদ্র ভঙ্গুর হাড়গুলি নিজের হাতের তালুতে ধারণ করে রাবণ চিন্তামগ্ন হলেন—সম্ভবত এই আঙুল দিয়েই বেদবতী তাঁর হাত স্পর্শ করেছিলেন! জীবনে প্রথমবারের জন্য। মাত্র কয়েকদিন পূর্বে! তিনি আর কখনো রাবণকে স্পর্শ করেননি! আর কখনো করবেন না!

তিনি এই জীবনে তাঁকে আর কখনো দেখতে পাবেন না! কিন্তু তিনি সবসময়ে তাঁর হাত ধরে থাকবেন!

রাবণ নিজেকে আর কোনোভাবেই সামলাতে সক্ষম হলেন না।

ক্রন্দনে ভেঙে পড়ে, নিজের কপালে সেই হাড়গুলি ঠেকালেন শ্রদ্ধাভরে, বারম্বার! যেন বাস্তবিক সেগুলি দেবীর আশীর্বাদের স্পর্শ। তারপর তিনি সেগুলিকে চুম্বন করলেন!

এগুলি তাঁর দেবী তাঁর জন্য রেখে গেছেন!

তিনি এইবার উপলব্ধি করলেন, তিনি জীবিত থাকতে সক্ষম হবেন। অবশিষ্ট জীবনে তিনি বেঁচে থাকার অন্য কোনো অবলম্বন অন্বেষণ করে নিতে পারবেন। কারণ তিনি জানতেন, এখন থেকে ইচ্ছানুসারে, তিনি তাঁর দেবীর হাত স্পর্শ করতে পারবেন—যখন খুশি!

দেবী তাঁর এই দেহাবশেষ রাবণের জীবনের অবলম্বন হিসাবে রেখে গেছেন। কারণ রাবণের ভবিষ্যৎ জীবনের বাধা বিপর্যয় কাটিয়ে ওঠার জন্য এগুলি তাঁকে মানসিক শক্তি যোগাবে। তাঁর আশীর্বাদের হাত সর্বসময় তাঁর সঙ্গে থাকবে।

তাঁর এই ভালোবাসার স্পর্শের মাধ্যমে!

—𑀇𑀢𑀺—

রাবণ মাটির পাত্রে রক্ষিত বেদবতীর দেহাবশেষ পবিত্র নদীতে উপুড় করে দিলেন। কিছুদূরে, কুম্ভকর্ণ পৃথ্বীর দেহাবশেষ একইভাবে নদীতে বিসর্জন দিলেন!

সৎকার্যের পর তিন দিন অতিবাহিত হয়েছে। ভ্রাতৃদ্বয় তাঁদের সেনাবাহিনী নিয়ে পবিত্র নদী অভিমুখে যাত্রা করেছিলেন, পথে সমীচিকে সংগ্রহ করার পরে। কুম্ভকর্ণের একাধিক অনুনয়ে দৃকপাত না করে, রাবণ তোড়ি গ্রামের মানুষদের সৎকার ব্যবস্থা করতে রাজি হননি। তিনি তাদের ক্ষতবিক্ষত শবদেহগুলি সেই গ্রামের মাটিতেই ফেলে আসার সিদ্ধান্তে অনড়, অটল ছিলেন। বন্য প্রাণীদের জন্য পচনপ্রাপ্ত, গলিত, বিকৃত মৃতদেহ রূপে! তাদের আত্মার সদ্গতি করার কোনো অভিপ্রায় তাঁর মনে অবশিষ্ট ছিল না!

রাবণ একাগ্রচিত্তে দেখছিলেন বেদবতীর পবিত্র দেহাবশেষ নদীর জলে বিলীন হয়ে যেতে। তাঁর দেবী প্রকৃতি মাতার বক্ষে তাঁর শান্তি খুঁজে পেলেন অবশেষে!

কিন্তু তিনি সম্পূর্ণ দেহাবশেষ বিসর্জন দেননি। বেদবতীর হাতের আঙুলের অংশ তিনি নিজের কাছে সযত্নে গচ্ছিত রেখেছিলেন। সেগুলি তাঁর গলায় এক অদ্ভুতদর্শন মালা রূপে শোভিত হচ্ছিল।

তিনি নদীর ঘাট থেকে পুনরায় উপরে উঠতে শুরু করেছিলেন, তাঁর হাতে তখনো সেই মাটির পাত্র ধরা।

'দাদা,' জল থেকে উঠতে উঠতে কুম্ভকর্ণ বললেন, 'আপনাকে শাস্ত্রমতে ওই পাত্রটিকেও বিসর্জন দিতে হবে পবিত্র নদীতে!'

রাবণ তাঁর হাতের শূন্য পাত্রটির দিকে তাকালেন—সেটির অসীম শূন্যতা ও রিক্ততাও যেন তাঁর অন্তঃকরণের অভিব্যক্তির কথাই ব্যক্ত করছে!

'দাদা...'

রাবণ নিরুত্তর রইলেন। তিনি বিহ্বলভাবে তাঁর চারপাশে তাকালেন। তাঁর চারিদিক ঘিরে পবিত্র গঙ্গার জলোচ্ছ্বাস, তার প্রশস্ত তটভূমি, দূরে ঘন অরণ্যের উপস্থিতি—তাঁর এই দেশ, ভারতবর্ষ। ঈশ্বরের আশীর্বাদধন্য এই দেশ!

তিনি তাঁর চোখ বন্ধ করলেন। বিরক্তি ও চরম বিতৃষ্ণায় তাঁর মন ভরে উঠছে!

যে দেশ তার যোগ্য সন্তানদের প্রতি সম্মান প্রদর্শনে অক্ষম, সেই দেশের অস্তিত্ব থাকা উচিত নয়!

'দাদা... পাত্রটি...' কুম্ভকর্ণ অগ্রজকে পুনরায় মনে করাবার প্রচেষ্টা করলেন।

কুম্ভকর্ণ রাবণকে দৃঢ় পদক্ষেপে নদীতটের দিকে অগ্রসর হতে দেখে বিস্ময়ে হতবাক হয়ে গেলেন!

'দাদা?'

রাবণ নদীতটে পৌঁছে, নীচু হয়ে ভূমি থেকে কিছু মাটি তুলে নিলেন—সপ্তসিন্ধুর দেশের মাটি—এবং তা দিয়ে তাঁর হাতের পাত্র পরিপূর্ণ করলেন! পরমুহূর্তে তিনি পুনরায় নদীর দিকে ঘুরে, জলের দিকে অগ্রসর হতে লাগলেন, অস্বাভাবিক গতিতে, অসংলগ্ন পদক্ষেপে!

'দাদা, আপনি কী করছেন?'

রাবণ জলের কাছে পৌঁছে, তাঁর হাতের পাত্রটি নদীর জলে নিমজ্জিত করতে, ভিতরে রক্ষিত মাটি ধুয়ে গেল। তিনি যেন এই সমগ্র সপ্তসিন্ধুর অস্থি বিসর্জন দিচ্ছেন!

'দাদা!' কুম্ভকর্ণের উৎকণ্ঠিত কণ্ঠস্বরে তাঁর অগ্রজের মানসিক সুস্থতার সম্বন্ধে উদ্বেগ ও দুশ্চিন্তা প্রকাশ পেল।

রাবণ সেই মাটির পাত্রে জল ভর্তি করে নিজের সারা শরীরে ঢেলে দিলেন, যেন সৎকার্যের পরে শ্রাদ্ধের কাজ শেষে নিয়মানুসারে অবগাহন করছেন তিনি!

'না, দাদা!' প্রাণপণে দৌড়লেন তিনি তাঁর অগ্রজকে বাধাপ্রদান করতে, কিন্তু সেই কাজ থেকে তিনি তাঁকে বিরত করতে সক্ষম হলেন না!

রাবণ তাঁর অসীম শক্তির দ্বারা মাটির পাত্রটি চূর্ণবিচূর্ণ করে নদীর জলে নিক্ষেপ করলেন। তারপর তিনি কুম্ভকর্ণের দিকে ঘুরলেন, তাঁর দুচোখে প্রতিহিংসার জ্বলন্ত আগুন, তাঁর দুই হাত বজ্রমুষ্ঠিতে পরিণত! তাঁর শরীরের প্রতিটি কোষ থেকে রোষানলের সুতীব্র নিদাঘ নিঃসৃত হচ্ছে! অস্বাভাবিক রোষে তাঁর মুখ থেকে নির্গত হল কয়েকটি মাত্র শব্দ, 'এই সমগ্র দেশ আমার কাছে মৃত!'

'দাদা, আমার কথা শুনুন...!'

'উনি বলেছিলেন, অন্তরের পাশবিক সত্তাকে দমন করতে, তাই না?'

'দাদা, আপনি কী বলছেন? দয়া করে আমার কথা শুনুন...!'

'আমি সেই পশুকে জাগিয়ে তুলব! আমি এই দেশকে ধ্বংস করব!!'

১৮

অষ্টদশ অধ্যায়

'অনির্বচনীয় সংগীত, দাদা!' বললেন কুম্ভকর্ণ।

বেদবতীর অকাল মৃত্যুর পর দুই বছর অতিক্রান্ত হয়ে গিয়েছে।

চব্বিশ বছরের রাবণ তাঁর দেবীর উদ্দেশে উৎসর্গ করা একটি অপূর্ব সুরমাধুরী তাঁর বাদ্যযন্ত্রে ফুটিয়ে তুলছিলেন। দেবীর উদ্দেশে রাবণ সৃষ্ট বেশির ভাগ সংগীতেই তাঁকে মাতৃরূপে বন্দনা করা হয়েছে! অন্যান্য কিছু সংগীতে তাঁকে প্রেয়সী রূপে, এক কন্যা রূপে, এক শিল্পী রূপে বর্ণনা করা হয়েছে ঠিকই, কিন্তু তাঁকে রণরঙ্গিণী রূপে বন্দনা করা হয়েছে খুবই অল্প কিছু সংগীতে। এই আঙ্গিকে রাবণের সৃষ্টি এক অপূর্ব ললিতকলার উদাহরণ—তা হিংস্রতা, রোষ আর বন্যতার মিশ্রণ! যেন প্রকৃতি মাতা তাঁর সমগ্র বন্যতার লাবণ্য ঢেলে সারা জগতে ছড়িয়ে দিয়েছেন।

তিনি এই বিশেষ রাগের নামকরণ করেছিলেন *বাসী সন্তাপনি রাগ। যার অর্থ হল, ক্রোধিতা দেবীর গর্জন!*

'এতটা শক্তিশালী রাগ আমি এর পূর্বে কখনো শুনিনি!' বললেন কুম্ভকর্ণ, 'সত্যি বলতে, এতো সুন্দর একটি রাগসংগীত আমার জীবনে আর একটিও শুনিনি আমি!'

রাবণ অন্যমনস্কভাবে মাথা নাড়ালেন। হয়তো তিনি এই সাধুবাদে আনন্দিত হওয়ার কোনো ইচ্ছা তাঁর ছিল না।

'এমনকী এই 'বাসী' শব্দটির চয়নও কতটা যথাযথ! এর অর্থ—অগ্নিশিখার মর্মধ্বনি, তাই না দাদা? আমার সন্দেহ হয়, এর চাইতে যথাযথ শব্দ পাওয়া যেত না!'

'হুম ম ম...'

নিজের অজান্তেই তিনি তাঁর অগ্রজের কাঁধে হাত রাখলেন, 'এই কারণেই সম্ভবত সকলে বলে শোক ও সন্তাপ একজন প্রকৃত শিল্পীর অন্তর থেকে তাঁর উৎকৃষ্টতম সৃষ্টিকে বার করে আনে!'

রাবণ ভীষণ বিরক্তির দৃষ্টি নিক্ষেপ করলেন অনুজের দিকে, 'সকলে' বলতে কাদের বোঝাতে চাইছ তুমি? তারা যেই হোক, আমার কাছে তারা নির্বোধ! কেউ স্বেচ্ছায় শোকের অন্বেষণে যায় না। কেউ শিল্প সৃষ্টি করার জন্য সাধ করে যন্ত্রণা ভোগ করতে চাইবে না!'

কুম্ভকর্ণ উপলব্ধি করলেন যে তাঁর অগ্রজ এই মুহূর্তে কথোপকথনের মেজাজে নেই। তিনি তাই প্রসঙ্গান্তরে যেতে চাইলেন, 'আমি খুব খুশি যে আপনি নিজেকে বিভিন্ন কার্যসাধনে ব্যস্ত রেখেছেন, দাদা! নিজেকে প্রতি মুহূর্তে কাজের মধ্যে ডুবিয়ে রাখলে মনে কখনো অন্যান্য চিন্তা আসে না!'

সত্যি রাবণ বিভিন্ন কর্মকাণ্ডে নিজেকে অত্যন্ত ব্যস্ত করে তুলেছিলেন। বিগত দেড় বছর ধরে, তিনি তাঁর কোষাগার থেকে বিপুল পরিমাণে অর্থব্যয় করেছিলেন শুধুমাত্র লঙ্কাদ্বীপের সেনাবাহিনীকে সর্বাধুনিক এবং উৎকৃষ্টতম প্রশিক্ষণের দ্বারা উন্নত করতে। তাঁর একমাত্র লক্ষ্য ছিল লঙ্কার সিংহাসনের প্রতি! ইতিপূর্বেই, লঙ্কার রাজা কুবের তাঁর বানিজ্যপোতের সুরক্ষা প্রদান করার জন্য সাহায্য চাইতে তাঁর মুখাপেক্ষী হয়েছিলেন। তিনি ব্যতীত অন্যান্য প্রধান ব্যবসায়ীরাও রাবণের এই সেনাবাহিনীর দ্বারা সুরক্ষা পেতে তাঁর কাছে এসেছিল। সকলের চোখের অন্তরালে, রাবণই যেহেতু একদিকে জলদস্যু আর একদিকে তাঁর সেনাবাহিনীর একছত্র অধিপতি ছিলেন, কোনো ব্যবসায়ী যদি তাঁর সেনাবাহিনীর সাহায্য নিতে আসতেন, তাঁর বানিজ্যপোতের উপর জলদস্যুদের আক্রমণ সেই মুহূর্তেই মন্ত্রবলে স্থগিত হয়ে যেত! রাবণের শক্তি ও নামযশ বৃদ্ধি পাওয়ার সঙ্গে সঙ্গে, তাঁর উপার্জিত ধনরাশির প্রভূত বৃদ্ধি ঘটতে থাকল, সঙ্গে তাঁর প্রতিপত্তিও! এই মুহূর্তে তাঁকে লঙ্কাদ্বীপের সমগ্র ব্যবসা-বানিজ্যের সুরক্ষার প্রধান আধিকারিকের পদে উন্নীত করার চিন্তাধারা নেওয়া হচ্ছিল। তাঁর অভিপ্রায় খুব সাধারণ ছিল—তাঁর নিজস্ব সেনাবাহিনীকে যাতে লঙ্কার সরকারি সেনাবাহিনী হিসাবে কাজে বহাল করা সম্ভব হয়। তাতে প্রথমত সেনাবাহিনীর পিছনে যে বিপুল অর্থব্যয় হয়, সেটি তাঁর কোষাগারের বদলে লঙ্কার সরকারি কোষাগার থেকে ব্যয় করা হবে।

আর দ্বিতীয়ত, সেনাবাহিনী তাঁর একান্ত অনুগত থাকবে, স্থায়ী কাজে বহাল হওয়ার পরেও! ধীরে ধীরে তিনি এই সৈন্যবাহিনীর আরো প্রসার ও বিস্তার ঘটিয়ে একে একটি শক্তিশালী স্থায়ী সেনাবাহিনীতে পরিবর্তন করবেন! যে সৈন্যবাহিনী সপ্তসিন্ধুর মহড়া নিতে সর্বদিক থেকে প্রস্তুত থাকবে!

'হ্যাঁ,' বললেন রাবণ, 'কাজকর্মে ব্যস্ত থাকলে অন্যমনস্ক হওয়ার প্রবণতা হ্রাস পায়!'

অগ্রজের গম্ভীর মুখ থেকে এই কটি কথা বার করতে সক্ষম হওয়ায় কুম্ভকর্ণ খুশি হলেন। কিন্তু এরপরে যে প্রসঙ্গের উত্থাপন হল, তার জন্য তিনি একেবারেই প্রস্তুত ছিলেন না!

'মাতার এই ভ্রান্ত নারীবাদী ধারণা, যে শোকের বিস্তারিত বিশ্লেষণের মাধ্যমে শোকের প্রকোপ হ্রাস পায়, আমি একদম সমর্থন করি না। আমাদের, অর্থাৎ পুরুষদের চিন্তাধারা অনেক উন্নত। নিজেকে কর্মে নিমজ্জিত করো। শোকের পরিসমাপ্তি এভাবেই ঘটানো সম্ভব। সেই চিন্তা নিজের অন্তরে লালন করো, এবং তা কিছুতেই বাইরে আসতে দিও না। শত কষ্টেও সেই শোক নিজের হৃদয়ের ভিতর অন্ধকার পিঞ্জরে আটক করে রাখো, সেখানে যেন বাইরের আলোক কখনোই পৌঁছোতে সক্ষম না হয়। এবং যখন তুমি তোমার বৃদ্ধবয়সে পৌঁছবে, ক্লান্ত ও বিধ্বস্ত হয়ে হৃদরোগে এ জীবন সাঙ্গ করো,' শেষ করলেন রাবণ!

কুম্ভকর্ণ উপলব্ধি করলেন এই মুহূর্তে নীরব থাকাই শ্রেয়। স্বাভাবিকভাবেই! রাবণ তাঁর শোক এখনো আয়ত্বে আনতে পারেননি, তিনি তাঁর অভ্যন্তরে সেই শোকের যন্ত্রণায় তিলে তিলে প্রতিদিন শেষ হয়ে যাচ্ছেন! সপ্তসিন্ধুকে ধ্বংস করার একরোখা অভিপ্রায়ে তিনি নিজেকে অক্লান্ত পরিশ্রমে নিমজ্জিত করে রেখেছেন কিন্তু মনের শান্তি তাঁর চিরকালের জন্য বিনষ্ট হয়েছে! কুম্ভকর্ণ ভেবেছিলেন তাঁদের মাতার উপদেশ তিনি অবস্থা বুঝে অগ্রজের সম্মুখে পেশ করবেন—দার পরিগ্রহ করার উপদেশ! কিন্তু সেই আলোচনা করার যথার্থ সময় এখন নয়!

কুবের রাজাকে স্পষ্টতই চিন্তান্বিত দেখাল, 'পৃথিবীর সর্বশক্তিমান রাজ্যের

বিরুদ্ধে তাদের মহড়া নেওয়া শুধু এক অসম্ভব সাহসের কাজই নয়, দুরূহতম কাজের সমান!'

বেদবতীর দেহত্যাগের পরে চার বছর অতিক্রান্ত হয়ে গিয়েছে।

কুবের রাজা এবং রাবণ লঙ্কাধিপতির নিজস্ব গোপন কক্ষে এই আলোচনায় ব্যস্ত ছিলেন। কিছু সময় পূর্বে, রাবণ ও কুম্ভকর্ণ গোকর্ণে তাঁদের মাতাকে রেখে নিজেরা সিগিরিয়ায় বসবাস শুরু করেছিলেন। লঙ্কাদ্বীপের ব্যবসা-বানিজ্যের প্রধান সুরক্ষা আধিকারিকের পদে উন্নীত হওয়ার অব্যবহিত পর থেকেই, লঙ্কার সিংহাসনের নাগাল পাওয়ার জন্য সমস্তরকমের প্রস্তুতি নিতে শুরু করেছিলেন রাবণ। কুবের রাজার প্রাসাদের অনতিদূরেই তিনি একটি বিশাল অট্টালিকা ক্রয় করেছিলেন।

লঙ্কাদ্বীপের রাজধানীতে প্রত্যাগমনের পরবর্তী সময় থেকে, সপ্তসিন্ধুর বিরুদ্ধে যুদ্ধ ঘোষণা করার সমস্ত প্রস্তুতি গোপনে গোপনে রাবণ শুরু করে দিয়েছিলেন। ওই ক্ষুদ্র দ্বীপরাজ্যকে আক্রমণ করার কারণ হিসাবে, এই বিশাল সাম্রাজ্যকে অনুপ্রাণিত করার যুক্তির প্রয়োজন ছিল—এবং সেই উপায় রাবণের কাছে প্রস্তুত ছিল। এর প্রথম পদক্ষেপ হিসাবে, সীমারেখার ওপার থেকে ব্যবসা করার শুল্ক হিসাবে, সপ্তসিন্ধুর ব্যবসায়ীদের ক্ষেত্রে তাঁদের বহুল লভ্যাংশের ভাগ হ্রাস করার যুক্তি পেশ করলেন তিনি। অনেক মাস ধরে বহু প্রচেষ্টার পর, তিনি এই ব্যাপারে রাজা কুবেরের সঙ্গে সরাসরি আলোচনা করার সুযোগ অর্জন করতে সক্ষম হলেন। উনসত্তর বছর বয়স্ক তীক্ষ্ণ ব্যবসায়িক বুদ্ধিসম্পন্ন কুবের রাজা, মাত্র ছাব্বিশ বছর বয়স্ক রাবণের ন্যায় যোদ্ধা ছিলেন না; তিনি ছিলেন একজন অভিজ্ঞ ব্যবসায়ী যিনি ব্যবসার সুলুকসন্ধান সম্বন্ধে সর্বজ্ঞ ছিলেন। তিনি নামযশের তুলনায় সর্বাধিক লভ্যাংশের উপর জোর দিতেন, এবং এই বিষয়ে সম্পূর্ণ সাবধানতা অবলম্বন করার পক্ষপাতী ছিলেন। বিষয়বুদ্ধির চতুর মারপ্যাঁচে ব্যবসায় সার্বিক সাফল্য অর্জন করায় তিনি ছিলেন সুদক্ষ, এবং সেই কারণে তিনি যেচে অনাবশ্যক অশান্তি ডেকে আনার বিরুদ্ধাচারণ করতেন।

'আমি এই কথা আগেও বলেছি এবং পুনরায় বলছি—আমরা কেন আমাদের উপার্জিত লভ্যাংশের দশ ভাগের নয় ভাগ সপ্তসিন্ধুর হাতে তুলে দেব?' প্রশ্ন করলেন রাবণ, 'কী কারণে আমরা বানিজ্যের পিছনে পুরোদমে আমাদের শ্রমদান করা সত্ত্বেও, আমাদের কষ্টার্জিত অর্থ তাঁদের হাতে তুলে দেব?'

'আমরা আসলে সত্যি করে ওদের হাতে লভ্যাংশের নব্বই শতাংশ উৎসর্গ করি না, রাবণ!' তিনি তির্যক হেসে উত্তর দিলেন, 'আমাদের হিসাব সেইভাবেই রক্ষিত হয়। আমাদের পসরার প্রত্যেকটিতে আসল মূল্যের পরিবর্তে অতিরিক্ত মূল্য ধার্য করা থাকে! প্রকৃত অর্থে, তারা সত্তর শতাংশের অধিক লভ্যাংশ উপার্জন করে না!'

রাবণ বিচক্ষণ কুবেরের কাছ থেকে এই ধরণের উত্তর আসতে পারে আন্দাজ করেই তাঁর বিরুদ্ধে দাবার চাল সাজিয়ে রেখেছিলেন, তাই তিনি এই কথার বিরুদ্ধে তাঁর যুক্তি পেশ করলেন। প্রধানত তাঁর ন্যুব্জ শরীরের কারণে, তাঁর অমিতশক্তিশালী চিন্তাশীল মননকে তাচ্ছিল্য করে সপ্তসিন্ধুর ব্যবসায়ীরা প্রতারিত হলেও, রাবণ সেই পথ মাড়ালেন না। কুবেরের বর্তুলাকার সুশ্রী মুখমণ্ডল, এই বয়সে তাঁর মসৃণ, চিকণ ত্বক তাঁর বয়সের সম্বন্ধে বিপরীত কথাই ব্যক্ত করে। কিন্তু তিনি এতটাই স্থূলাকার ছিলেন যে তাঁর চলাফেরা ছিল অত্যন্ত শ্লথ—ঠিক হংসের ন্যায়! তিনি সর্বসময় উজ্জ্বল, রঙিন পোশাকে সুসজ্জিত থাকতেন; আজ তাঁর পরনে ছিল একটি উজ্জ্বল গাঢ় নীল ধুতি ও উজ্জ্বল হলুদ অঙ্গবস্ত্র, তাঁর সমগ্র শরীর ছিল শৌখিন অলংকারে আবৃত! তাঁর ঈষৎ নারীসুলভ চালচলন যোদ্ধা এবং সেনাদের কাছে ছিল অতীব হাস্য উদ্রেককারী! কিন্তু রাবণ অবগত ছিলেন যে এই শারীরিক অস্বাভাবিকতার অন্তরালে লুক্কায়িত রয়েছে এক ক্ষুরধারবুদ্ধি সম্পন্ন সুতীক্ষ্ণ, প্রসারিত মনন, যার একমাত্র লক্ষ্য হল—ব্যবসায় সাফল্য ও সর্বাধিক লাভ!

'কিন্তু সত্তর শতাংশও তাঁদের জন্য অত্যাধিক!' তাঁর যুক্তি পেশ করলেন রাবণ।

'তিরিশ শতাংশ আমার জন্য যথেষ্ট। আমি সেই অর্থের সিংহভাগ সঞ্চয় করতে সমর্থ, কিন্তু সপ্তসিন্ধু সেই উপার্জিত অর্থের সিংহভাগ অযথা অপচয়, এবং অপব্যয় করে। সেই কারণে আমার কোষাগার তাঁদের অপেক্ষা বহু অংশে সমৃদ্ধতর। আর তুমি কি জানো, কী কারণে তারা অর্থ সঞ্চয়ে সক্ষম হয় না?' প্রশ্ন করলেন কুবের।

'মহান কুবেররাজ, ওঁদের সঞ্চয় সম্বন্ধে আমার বিন্দুমাত্র আগ্রহ নেই! অযোধ্যা এবং তার সংলগ্ন রাজ্যগুলি থেকে কী পরিমাণ অর্থ সংগৃহীত রয়েছে তার সংবাদে আমাদের কী আগ্রহ থাকতে পারে? আমাদের নিজেদের কাছে কত অর্থ রয়েছে সেটি আমাদের চিন্তার মূল কারণ হওয়া উচিত! আমরা

যদি তাদের শুল্ক বৃদ্ধি করতে সক্ষম হই, তাহলে লভ্যাংশের হার বহুগুণে বর্ধিত হতে পারে!'

'তুমি আমার প্রশ্নের উত্তর দিলে না, রাবণ। আমি তোমাকে বলছি কী কারণে আমাদের উপার্জিত কম লভ্যাংশ সত্ত্বেও, কেন আমরা ওদের তুলনায় অধিক সঞ্চয় করতে সমর্থ। এর কারণ হচ্ছে সপ্তসিন্ধু একাধিক অনাবশ্যক যুদ্ধবিগ্রহের পিছনে বিপুল অর্থ অপচয় করে। আমরা সেই কার্যে লিপ্ত হই না। যুদ্ধবিগ্রহ ব্যবসার ক্ষেত্রে অত্যন্ত ক্ষতিকারক, লাভ ও ধনরক্ষার ক্ষেত্রেও তা অতিশয় হঠকারিতার কাজ। আমরা যদি এইরূপে তাদের লভ্যাংশের হার হ্রাস করি, তারা প্রশ্নাতীতভাবেই আমাদের আক্রমণ করবে! তখন আমরা সেই আক্রমণের প্রত্যুত্তর দিতে আমাদের সেনাবাহিনীকে প্রস্তুত করতে বাধ্য হব, না, বরং বলা ভালো, একটি অনাবশ্যক যুদ্ধের জন্য অর্থ অপব্যয় করব। এবং সেটি...'

কুবের রাজার বক্তব্যে বাধাপ্রদান করলেন রাবণ, 'যদি আমি এই যুদ্ধের সমস্ত ব্যায়ভার গ্রহণ করতে সক্ষম হই?'

অবিশ্বাসের দৃষ্টিতে মুখব্যাদান করলেন কুবের রাজা, 'সম্পূর্ণ যুদ্ধের ব্যায়ভার?'

'সম্পূর্ণ! আপনাদের একটি সামান্য স্বর্ণমুদ্রাও ব্যয় করতে হবে না! সমগ্র ব্যায়ভার আমি বহন করব!'

একজন সুদক্ষ ব্যবসায়ী হিসাবে একটি অবিশ্বাস্য ব্যবসায়িক বিনিময়ের অমূল্য সুযোগকে অন্ধের মতো বিশ্বাস করা কুবেরের স্বভাবের বহির্ভূত ছিল। তিনি রাবণের চরিত্রের সম্বন্ধে ভালোমতন অবগত ছিলেন—রাবণ শুধুমাত্র সম্মানরক্ষার কারণে এতো বড় সিদ্ধান্ত নেওয়ার মানুষ ছিলেন না। তিনি প্রশ্ন করলেন, 'দয়া করে আমায় এই সাহায্য করার কারণটি আমি কি জানতে পারি?'

'কারণ তখন আমি আপনার সঙ্গে বর্ধিত লভ্যাংশের অর্থ সমানে সমানে বিভক্ত করে নিতে সক্ষম হব!'

কুবের রাজা হাসলেন। যে কোনো ধরণের স্বার্থের আগ্রহ সম্বন্ধে তাঁর পরিষ্কার ধারণা ছিল, এবং সেই চিন্তাকে তিনি সমীহ করতেন, মূল্য দিতেন! দীর্ঘদিনের অভিজ্ঞতা তাঁকে শিখিয়েছিল, যে কোনো ব্যবসায় দুই পক্ষের স্বচ্ছতা সেই বিনিময়কে সার্থক করতে বাধ্য! 'তাহলে দাঁড়াও, সম্পূর্ণ ব্যাপারটি

আমায় ভালো করে বুঝতে দাও। আমার অনুমতি ব্যতীত তুমি এই যুদ্ধ ঘোষণা করতে অক্ষম। এবং তোমার মতে এই যুদ্ধ আমাদের কাছে অশেষ লাভদায়ক হতে চলেছে!'

'অবশ্যই, দুপক্ষের কাছেই!'

'কিন্তু এই যুদ্ধে আমাদের জয়ের কি সম্ভাবনা রয়েছে?'

'কোনো সম্ভাবনা নেই। কিন্তু যখন আমাদের বাণিজ্যতরীগুলি সমুদ্রের গভীরে ব্যবসা করতে যায়, তখনও কি তাদের জাহাজডুবি হওয়ার সম্ভাবনা থাকে না? আমরা তাও ব্যবসায় লাভের আশায় তাদের উপর ঝুঁকি নিয়ে থাকি। ঝুঁকি আমাদের নিতেই হবে। আমরা ব্যবসায়ীর জাত। সেই কারণেই আমাদের এভাবে জীবনযাপন করতে হয়!'

'অতি উত্তম, কিন্তু যদি আমরা পরাজিত হই এই যুদ্ধে?'

'তখন আপনার ক্ষুরধার বুদ্ধিই হবে আমাদের ভরসা!'

'যদি আমরা এই যুদ্ধে পরাজিত হই,' সন্তর্পণে তাঁর শব্দচয়নে মন দিলেন কুবের, 'তখন আমরা সপ্তসিন্ধুর সম্মুখে এই সত্যকে তুলে ধরব যে এই সম্পূর্ণ পরিকল্পনা তোমার মস্তিষ্কপ্রসূত!'

'যথার্থ! সেটিই হবে সর্বাপেক্ষা বুদ্ধিমত্তার কাজ! যদি আমরা পরাজিত হই, এই পরাজয়ের সমস্ত দায়ভার আমার। যে কারণেই হোক, এই পরিকল্পনা তো আমার! আপনি সেক্ষেত্রে নিজেকেও লঙ্কাদ্বীপের সমস্ত প্রজাকে সুরক্ষিত রাখবেন এইরূপে। কিন্তু যদি আমরা বিজয়ী হই, তাহলে বর্ধিত লভ্যাংশের আধা অংশ আমার!'

কুবের হাসলেন, 'ঠিক আছে রাবণ! তোমার প্রস্তাবিত যুদ্ধের অনুমতি আমি তোমায় দেব। শুধু আমায় নিশ্চয়তা দাও এ যুদ্ধে তুমি পরাজিত হবে না। অনাবশ্যকভাবে ব্যবসায় লোকশান আমার পক্ষে অসহ্য!'

'হে মহান কুবেররাজ, আমি কি কখনো আপনার সম্মানহানি করেছি?' স্মিতমুখে প্রশ্ন করলেন রাবণ।

—ꣿ—

কুম্ভকর্ণ স্পষ্টতই দুশ্চিন্তাগ্রস্ত, 'দাদা, আমরা কি আমাদের প্রচেষ্টাকে আমাদের সাধ্যের বাইরে নিয়ে চলেছি? আমাদের ওজনের তুলনায় কি আমরা অধিক ভোজন করতে উদ্যত হচ্ছি?'

ভ্রাতৃদ্বয় বর্তমানে সিগিরিয়ায় নিজেদের প্রাসাদে অবস্থান করছেন, লঙ্কার রাজধানীতে।

'আমরা মোটেই কিছুমাত্র অসাধ্যসাধন করছি না, কুম্ভ!' বললেন রাবণ, 'আমরা সমস্তটা ভক্ষণ করব! দখল করব সমগ্র সপ্তসিন্ধু! এবং রাহুর ন্যায় গ্রাস করব সবটাই!'

'দাদা এই সপ্তসিন্ধুর শাসকরা শুধুমাত্র যুদ্ধবিগ্রহেই মেতে থাকেন। কিন্তু আমরা হলাম আদতে ব্যবসায়ী। আমাদের সৈন্যদল আসলে শিক্ষিত জলদস্যু। তারা শুধু অর্থসংগ্রহ করার অভীষ্ট নিয়েই লড়াই করে, তাদের একমাত্র লক্ষ্য হল অর্থ! যেই মুহূর্তে লাভের সম্ভাবনা কমে যাবে, সেই মুহূর্তে তারা যুদ্ধক্ষেত্র পরিত্যাগ করবে। কিন্তু সপ্তসিন্ধুর সেনারা যুদ্ধ লড়ে শহিদ হওয়ার লক্ষ্যে। তাদের কাছে শহিদের সম্মানের চাইতে বড় আর কিছুই নেই—শহিদ হিসাবে তারা অমরত্বের লোভে যুদ্ধ করে। এই উন্মাদদের আমরা পরাজিত করব কী করে?'

'আমাদের সেই কাজ সুকৌশলের দ্বারা সম্ভব করতে হবে।'

'আমার মনে হয় আপনি...'

'না, আমি মোটেই অধিক আত্মবিশ্বাসী হচ্ছি না!'

'কিন্তু আমরা যদি ওদের পরাজিত করতেও সক্ষম হই, সেখান থেকে আমরা লাভ কীভাবে করব? এমনিতেই এই যুদ্ধের ব্যায়ভার যথেষ্ট বৃহৎ!'

'চিন্তা করো না। একবার যদি আমরা বিজয়ী হতে সক্ষম হই, তাহলে আমরা নব্বই শতাংশ কেন, তার চেয়ে বেশি দখল করব!'

সুরাপানরত কুম্ভকর্ণ এই কথা শুনে বিষম খেলেন, 'নব্বই শতাংশ! আমাদের জন্য!'

রাবণ হাসলেন, 'হ্যাঁ, তাই তো বলছি!'

'দাদা, মনে হয় এইরকম কোনো নিয়মের প্রবর্তন আমাদের পক্ষে করা অসম্ভব। সপ্তসিন্ধুর শাসকরা এই নিয়মের বশবর্তী হতে অনিচ্ছুক হবেন। সেই কারণেই তাদের কাছে এই যুদ্ধ দীর্ঘায়িত করা ব্যতীত আর কোনো উপায় থাকবে না। অবিরাম এই যুদ্ধ চলতে থাকার ফলস্বরূপ, তাদের সৈন্যদলের অন্দরে বিভিন্ন রকমের বিপ্লবের অবতারণায় তারা ধ্বংসপ্রাপ্ত হবে ঠিকই, কিন্তু আমরাও আমাদের সহ্যের শেষ সীমায় পৌঁছে যাব। এবং শান্তির পরিস্থিতিতে সমগ্র সপ্তসিন্ধুর বিস্তীর্ণ অঞ্চল ও তার প্রজাদের শাসন করার জন্য আমাদের কাছে যথেষ্ট লোকবল প্রস্তুত নেই।'

'এই বিশাল যুদ্ধে আমরা ওদের মনোবল সম্পূর্ণ বিনষ্ট করে দিতে সক্ষম হব। তাদের সমগ্র সৈন্যদলকে আমরা ধূলিসাৎ করে দেব। সপ্তসিন্ধুর নাগরিকদের উপর আমি আমাদের নিয়মকানুন প্রযোজ্য করার কোনো অভিপ্রায় রাখি না, তাই ওদের পৃথকভাবে শাসন করার কোনো পরিকল্পনা আমার নেই। আমরা শুধু আমাদের ব্যবসায়িক পরিকাঠামো তাদের উপর চাপিয়ে দেব, এবং এইভাবেই তাদের শোষণ করে নেব!'

'কিন্তু দাদা,' বললেন কুম্ভকর্ণ, 'আমাদের এই পরিকল্পনা ধীরে ধীরে সপ্তসিন্ধুর উন্নত অর্থনীতিকে সম্পূর্ণ ধ্বংসের পথে নিয়ে যাবে। আমরা কি আমাদের সোনার ডিম প্রসব করা হংসকে এইভাবে বিনষ্ট করে সঠিক সিদ্ধান্ত নিচ্ছি?'

রাবণের দৃপ্ত দৃষ্টি অনুজের চোখের সঙ্গে মিলিত হতেও, তাঁর অভিব্যক্তির অন্যথা হল না।

'যথার্থ!' বললেন রাবণ!

স্বাস্থ্যবান সৈন্যরা তাদের সর্বশক্তি দিয়ে বিশাল তরীখানি তটভূমির দিকে এগিয়ে নিয়ে চলেছে। তরীর সর্বসমক্ষে রাবণ, তাঁর হাত পাটাতনের প্রধান বেড়ার উপরে। কুম্ভকর্ণ ঠিক তাঁর পশ্চাতেই উপবিষ্ট অবস্থায় তাঁর অগ্রজের অতিকায় পেশিবহুল বাহু দুখানি প্রত্যক্ষ করছিলেন—বাহুর পেশীগুলি কোন অজানা কারণে স্ফীত!

দাদা আশঙ্কাগ্রস্ত!

রাবণ সরাসরি সামনের দিকে তাকিয়েছিলেন, সপ্তসিন্ধুর অভিমুখে—*সাতটি নদীর দেশ সপ্তসিন্ধুর দিকে।*

বামদিকে তাকাতে কুম্ভকর্ণ দেখতে পেলেন, কুবের রাজার তরীখানিও দশজন নাবিকের সম্মিলিত প্রচেষ্টায়, তটের দিকে অগ্রসর হচ্ছে।

কুবের রাজাকে সপ্তসিন্ধুর বিরুদ্ধে যুদ্ধ ঘোষণা করতে রাজি করাবার ঘটনার এক বছর অতিক্রান্ত হয়েছে ইতিমধ্যে। তারপরে ঘটনাচক্রে অনেকদূর অগ্রসর হয়েছেন তারা!

অনুমতি পাওয়ার মাত্র কয়েক মাসের মধ্যেই, রাবণ তাঁর সৈন্যবাহিনীকে

প্রস্তুত করে ফেলতে সক্ষম হয়েছিলেন। সারা পৃথিবী থেকে তিনি নামীদামি বীর যোদ্ধাদের জোগাড় করে আনিয়েছিলেন, উপযুক্ত বেতন ও উপহারের বিনিময়ে।

লঙ্কাদ্বীপের এই বিশাল সৈন্যবাহিনী যুদ্ধের জন্য প্রস্তুত হতেই, কুবের রাজা তাঁদের পরিকল্পনা মতো সপ্তসিন্ধুর অধীশ্বর রাজা দশরথের কাছে সরকারি সন্দেশ পাঠিয়েছিলেন। এই বিশেষ সন্দেশ যখন সপ্তসিন্ধুর রাজধানী অযোধ্যায় পৌঁছল, ভারতীয় উপমহাদেশের উত্তরের রাজ্যগুলির রাজা দশরথের শাসনাধীন পরিস্থিতি অশান্ত হয়ে উঠল!

সপ্তসিন্ধুর প্রাচীন রাজপরিবারের সদস্যরা, যারা বৈশ্য ব্যবসায়ীদের ঘৃণার চোখে দেখতেন, তাঁরা এই নারীসুলভ কুবেরকে একেবারেই রাজা হিসাবে মানতে পারতেন না। কিন্তু তাঁর অস্তিত্ব তাঁদের বাধ্য হয়েই সহ্য করতে হতো। তাই লঙ্কাদ্বীপের ব্যবসায়ী রাজা কুবেরের কাছ থেকে এইরূপ সন্দেশ ধৃষ্টতা হিসাবে পরিগণিত হল। সামান্য ব্যবসায়ীদের দ্বারা প্রাচীন রাজবংশের রাজাদের কাছে এইরূপ সন্দেশ প্রেরণ করার নিয়ম ছিল না। বড়জোর তাঁরা পরিশীলিত, অনুগ্রহপূর্বক আর্জিনামা পাঠাতে পারতেন রাজার কাছে, সরকারি সন্দেশ নয়। তাই সেটির প্রেরণের দুঃসাহস সঙ্গে, তাঁদের ব্যবসার লভ্যাংশ হ্রাসের সিদ্ধান্ত যেন বজ্রপাত ঘটাল সুবিখ্যাত ক্ষত্রিয় অহংকারের উপর। এই অপমর্যাদা কিছুতেই মেনে নেওয়া সম্ভব ছিল না সপ্তসিন্ধুর পক্ষে!

তাই রাজা দশরথ তাঁর অধীনস্থ সমস্ত রাজ্যের শাসকদের একত্রিত করে এক বিশাল সৈন্যবাহিনী প্রস্তুত করে ফেললেন। পরিকল্পনা অনুযায়ী, তাঁর এই সৈন্যবাহিনী সপ্তসিন্ধুর পশ্চিম উপকূলবর্তী নগর কারাচাপা অভিমুখে যাত্রা করতে প্রস্তুত হল, যেটি কুবের রাজার ব্যবসার অন্যতম কেন্দ্রস্থল হিসাবে অগ্রগণ্য। দশরথ এই কারাচাপা নগরের প্রধান কেল্লা এবং সেখানে অবস্থিত সমস্ত ব্যবসায়িক মালের গুদাম সম্পূর্ণভাবে ধ্বংস করার পরিকল্পনা করলেন। তিনি ভেবেছিলেন, এই কাজে তাঁরা সমর্থ হলে কুবের রাজার টনক নড়বে। এতেও যদি কুবের নিজের সম্বিত ফিরে না পান, তাহলে তাঁরা তাঁর অধীনস্থ প্রধান প্রধান বন্দর ও বন্দরনগরীগুলিকে ধূলিসাৎ করবেন। এইরূপে, সমগ্র লঙ্কাদ্বীপ তাঁদের আয়ত্তাধীন হবে অচিরেই!

রাবণ অনুমান করেছিলেন যে কুবেরের এই সন্দেশ প্রাপ্তির অব্যবহিত পরেই রাগান্বিত হয়ে তাঁদের বিরুদ্ধে যুদ্ধে প্রস্তুতি নেবেন রাজা দশরথ। তাই

তিনি তাঁর নিজের সৈন্যবাহিনীকে আসন্ন যুদ্ধের জন্যে সম্পূর্ণভাবে প্রস্তুতি নিতে নির্দেশ দিয়েছিলেন। তাঁর বিশেষভাবে নির্মিত বানিজ্যপোতগুলি, তাদের পূর্ণ কার্যকারিতা এবং সেই মহার্ঘ গূঢ়বস্তু সম্বলিত শক্তির সমন্বয়ে, যুদ্ধের জন্য সার্বিকভাবে প্রস্তুত হয়েছিল। তাই, যে মুহূর্তে তিনি সংবাদমাধ্যমের দ্বারা সপ্তসিন্ধুর যুদ্ধের প্রস্তুতির সংবাদ এবং তাঁদের পরিকল্পনার আভাস পেলেন, তাঁর বাণিজ্যপোতগুলি পাল তুলে পশ্চিম উপকূল অভিমুখে যাত্রা শুরু করল, কারাচাপা অভিমুখে!

কারাচাপার সুবিশাল বন্দরেও রাবণের দুই শত জাহাজের স্থানাভাব দেখা দিল। এছাড়া রাবণ ভালোমতন অবগত ছিলেন এই কারাচাপায় সপ্তসিন্ধুর একাধিক গুপ্তচর উপস্থিত ছিল। স্বভাবতই তিনি তাঁর বিশাল জলযানের বহরের গোপনীয়তা, তাদের অনুপম গঠনশৈলী, তাদের শক্তি ইত্যাদির বিবরণ তাঁর শত্রুপক্ষের হাতে তুলে দিতে রাজি ছিলেন না। এই জলযানগুলি এই যুদ্ধে তাঁর তুরুপের তাস হিসাবে পরিগণিত ছিল, তাঁর গোপন মারণাস্ত্র হিসাবে। এই কারণে অধিকাংশ জলযান কারাচাপা বন্দরের বাইরে, সমুদ্রের অনতিদূরে নোঙর ফেলে অপেক্ষারত থাকল।

সেইদিন, রাবণ ও কুম্ভকর্ণ একটি ছোট দাঁড়টানা নৌকায় কারাচাপার উপকূল অভিমুখে রওনা দিলেন। তটে পৌঁছে বালুকাময় বেলাভূমিতে নৌকা পৌছনো মাত্র, সেটি থেকে অগভীর জলে তাঁর চারজন সুদক্ষ সৈন্য লাফিয়ে নেমে, নৌকাটিকে ডাঙায় টেনে তুলল। রাবণ অবিচলভাবে নৌকায় উপবিষ্ট রইলেন। তাঁর দৃষ্টি সটান সম্মুখে ন্যস্ত!

কুম্ভকর্ণ অনুভব করতে সক্ষম হচ্ছিলেন অগ্রজের শ্বাসপ্রশ্বাস উত্তেজনায় ত্বরান্বিত হচ্ছে ক্রমশ। দীর্ঘ পাঁচ বছর পরে পুনরায় তাঁরা এই সপ্তসিন্ধুর মাটিতে পদক্ষেপ করছেন। এর পূর্বে তাঁরা যখন এই মাটিতে দণ্ডায়মান ছিলেন, তখন তাঁরা বেদবতীর দেহাবশেষ পবিত্র গঙ্গায় বিসর্জন দিয়েছিলেন।

কথিত আছে, কেউ যখন তার জীবনের অতীতের স্মৃতি বিজড়িত স্থানে পুনরাগমন করে, সে যখন তার মূলের নিকটে প্রত্যাগমন করে, উত্তেজনায় তার হৃদস্পন্দন ত্বরান্বিত হয়ে ওঠে। বিচ্ছেদের যন্ত্রণা এবং নিজগৃহে প্রত্যাবর্তনের অভিব্যক্তি একান্তভাবেই সার্বজনীন! নিজ মাতৃক্রোড়ে পদার্পণ, তাঁর স্নেহময় পরশের অসীম শান্তির বিকল্প আর কিছুই হতে পারে না এই জগতে!

তাঁদের নৌকা ডাঙায় ঠেকতে, কুম্ভকর্ণ লাফিয়ে অবতরণ করলেন। নীচু

হয়ে কিছুটা সিক্ত বালুকা পরম স্নেহে তুলে নিয়ে, তাঁর মাতৃভূমির সেই পবিত্র মৃত্তিকা শ্রদ্ধা সহকারে নিজের কপালে ঠেকালেন। সেটি পরম মমতায় নিজের দুই চোখে ঠেকিয়ে তারপর সেটিকে চুম্বন করলেন। পর মুহূর্তে সেটি পুনরায় মাটিতে রাখতে রাখতে পরম শ্রদ্ধাভরে ফিসফিসিয়ে বললেন, 'জয় মাতা!'

দেশমাতৃকার জয় হোক!

রাবণ তাঁর কিছুটা আগে, কুম্ভকর্ণ দেখলেন তিনিও মাটি থেকে কিছু বালুকা তুলে নিলেন। কুম্ভকর্ণের মুখমণ্ডল হাসিতে ভরে উঠল।

সম্ভবত, নিজের দেশের মাটিতে পদার্পণ করে তাঁর হৃদয়ের পাষাণ কিছুটা হলেও বিগলিত হয়েছে!

কুম্ভকর্ণ দেখলেন রাবণ সেই পবিত্র বালুকা নিজের মুখের নিকটে নিয়ে এসে সেটির দিকে অপলকে এবং নির্নিমেষে তাকিয়ে রয়েছেন! এই মুহূর্তে তিনি রাবণের কাছে যেতে দ্বিধাগ্রস্ত বোধ করলেন। ভাবলেন, এই মুহূর্তটুকু তিনি তাঁর অগ্রজকে একান্তেই উপভোগ করতে দেবেন।

এই স্বর্গীয় দৃশ্যের অবতারণা তাঁর মনে এক পরম স্বস্তির স্পর্শ নিয়ে এল, এতদিনে অতীতের সমস্ত তিক্ত স্মৃতি এবং অভিজ্ঞতার মধুর পরিসমাপ্তি ঘটল এইভাবে। তাঁর অগ্রজের সমগ্র জীবনকালে যে পরিমাণ ঝড়ঝঞ্ঝা এসেছে, সমগ্র পৃথিবীর উপর তাঁর যে পরিমাণ ক্ষোভ ও জিঘাংসা তিলে তিলে পুঞ্জীভূত হয়েছে, সম্ভবত তার পরিসমাপ্তি আজ ঘটতে চলেছে—দেশের মাটিতে পদার্পণ করে রাবণের অন্তরে প্রজ্জ্বলিত জিঘাংসার লেলিহান আগুন হয়তো আজ কিছুটা হলে নির্বাপিত হয়েছে। এই যুদ্ধ যদিও অবশ্যম্ভাবী! এই যুদ্ধ অনুষ্ঠিত হবে, সম্পূর্ণ নিজেদের লাভের লক্ষ্যে। কিন্তু, সেই কর্মসাধনের লক্ষ্যে দেশের মাটিতে প্রত্যাবর্তন, রাবণের মনের আভ্যন্তরীণ শোকের পরিমাণ কিছুটা হলেও হ্রাস হয়েছে! কুম্ভকর্ণ এভাবেই চিন্তা করলেন।

রাবণ তাঁর হাতের তালুতে ধরে রাখা বালুকা নিজের মুখের কাছে এনে, শান্তভাবে এবং স্বেচ্ছায় সশব্দে তাতে থুৎকার নিক্ষেপ করলেন! তারপর সজোরে সেটিকে মাটিতে নিক্ষেপ করে নির্মমভাবে সেই বালুকা পদপিষ্ট করতে থাকলেন, তাঁর সমগ্র শরীর অসম্ভব রোষে ও ঘৃণায় কম্পমান!

'এই ভূমি নিপাত যাক!'

১৯

উনবিংশ অধ্যায়

'আমাদের কি ওদের শিবিরে যাওয়ার প্রয়োজনীয়তা নেই?' চিন্তান্বিতভাবে প্রশ্ন করলেন কুম্ভকর্ণ।

সপ্তসিন্ধু প্রদেশের একছত্র অধীশ্বর দশরথ, সুদূরে অবস্থিত তাঁর রাজধানী থেকে যাত্রা শুরু করে কারাচাপায় এসে পৌঁছেছিলেন। তাঁর আগমনের কিছু সময়ের মধ্যেই তিনি কুবের রাজের উদ্দেশে একটি কড়া বার্তা প্রেরণ করেছিলেন। সেই বার্তায় তিনি কুবেরকে এই যুদ্ধ স্থগিত করার জন্য একটি আলোচনায় আহ্বান জানিয়েছিলেন।

শুরুর দিকে দশরথ তাঁর পিতা, অজের সুশাসন ব্যবস্থার ঐতিহ্য ও জনপ্রিয়তার আশীর্বাদ পাথেয় করে সপ্তসিন্ধুর শাসনভারের দায়িত্ব গ্রহণ করেছিলেন। সেই কারণে ভারতের সিংহভাগ রাজা এবং শাসকেরা হয় তাঁর আনুগত্য বরণ করেছিলেন, নয়তো তাঁদের সিংহাসনচ্যুত করা হয়েছিল। তিনি ছিলেন রাজাধিরাজ—চক্রবর্তী সম্রাট, যার অর্থ সার্বজনীন শাসনকর্তা।

'মহান ব্যবসায়ী রাজা কুবের, আমরা ওনার শিবিরে যাচ্ছি না!' নিজের চরম বিরক্তিকে সংযমে রেখে উত্তর দিলেন রাবণ, 'এই ব্যবহারকে অযোধ্যাবাসীরা আমাদের দুর্বলতা হিসাবে গণ্য করবে। তথাপি যদি সাক্ষাৎ করতেই হয়, সেটি অনুষ্ঠিত হবে অন্যত্র, কোনো নিরপেক্ষ স্থানে। এই সাক্ষাৎ আমাদের শিবিরে অথবা ওনাদের শিবিরে হওয়া বাঞ্ছনীয় নয়!'

'কিন্তু...'

'কোনো কিন্তু নয়। আমরা যুদ্ধ করতে এসেছি, আত্মসমর্পণ করতে নয়!'

শুরু থেকেই রাবণের লক্ষ্য স্থির ছিল। বিগত কয়েক সপ্তাহ ধরে, তাঁর নির্দেশে তাঁদের সৈন্যবাহিনী কারাচাপার পঞ্চাশ ক্রোশ ব্যাসার্ধের ভিতর সমস্ত গ্রামগুলিতে ধ্বংসলীলা চালিয়েছে। সংগৃহীত পাকা ফসলেও অগ্নিসংযোগ করা হয়েছিল। তৈরি শস্য এবং গবাদি পশু লুণ্ঠন করে লঙ্কার সৈন্যবাহিনীর খাদ্যের রসদ হিসাবে বাজেয়াপ্ত করা হয়েছিল। মৃত পশুদের দেহ কুয়োতে ফেলে সেই জল পানের অযোগ্য করে দেওয়া হয়েছিল।

যুদ্ধের প্রাথমিক স্বাভাবিক শর্ত!

কারাচাপার পরিধির অভ্যন্তরে, লঙ্কার সৈন্যবাহিনীর আহার ও বিশ্রামের সুব্যবস্থা করা হয়েছিল। কিন্তু সপ্তসিন্ধুর বিশাল সৈন্যবাহিনী, যারা এই নগরের বাইরে তাদের শিবিরস্থাপন করেছিল, তাদের পক্ষে প্রতিদিন পাঁচ লক্ষ্যাধিক সেনাকে খাদ্য ও পানীয়ের রসদ জোগান দেওয়া দুষ্কর ব্যাপার হয়ে দাঁড়িয়েছিল এই নিষ্ফলা জমিতে! এই বিশাল সংখ্যার সেনাদল তাদের পক্ষে বোঝা হয়ে দাঁড়াচ্ছিল।

'কিন্তু মহারাজ দশরথ যদি এই খাদ্যাভাব সত্ত্বেও রণে ভঙ্গ দিতে প্রস্তুত না হন?' উদগ্রীবভাবে প্রশ্ন করলেন কুবের, 'যদি তিনি তৎক্ষণাৎ আমাদের আক্রমণ করেন?'

রাবণ হাসলেন, 'আমি যাতে এই কাজটি দশরথের দ্বারা সংঘটিত হয়, তার অপেক্ষাতেই আপনার ক্ষুরধার বুদ্ধির উপর নির্ভর করছি, মহান কুবের! অবশিষ্ট দায়িত্ব আপনি নিশ্চিন্তে আমার উপরে ছেড়ে দিতে পারেন!'

'মহারাজ দশরথ!' বললেন কুবের।

রাবণ কিন্তু শুধুমাত্র মানুষটির নাম উল্লেখ করেছিলেন। শত্রুর প্রতি অযথা সম্মান প্রদর্শনের ইচ্ছা তাঁর ছিল না, 'শুধু দশরথ,' তিনি শান্ত ও দৃঢ়স্বরে বললেন।

—ইতি—

দশরথ কোনোপ্রকার আতিথেয়তা প্রদর্শনের মেজাজে ছিলেন না।

'আমি আপনাকে আদেশ করছি সপ্তসিন্ধুর ব্যবসায়ীদের পূর্বের ন্যায় লভ্যাংশের নব্বই শতাংশ পুনর্বহাল করতে, এবং আমি কথা দিচ্ছি, এর পরিবর্তে, আমি আপনাদের প্রাণভিক্ষা দেব!' কঠোরস্বরে বললেন তিনি।

ইতিপূর্বে, কিছু কঠিন বার্তালাপ হওয়ার পরে, যুযুধান দুই পক্ষ একটি নিরপেক্ষ স্থানে সাক্ষাৎ করতে সম্মত হয়েছিল। স্থানটি ছিল তটের একটি অংশ, যার একদিকে ছিল দশরথের সেনাশিবির, আর অন্যদিকে ছিল কারাচাপার কেল্লা। মহারাজের সঙ্গী ছিলেন তাঁর শ্বশ্রূপিতা রাজা অশ্বপতি, তাঁর সেনাধিনায়ক মৃগস্য, এবং বিশজনের এক রক্ষীদল। কুবেরের সঙ্গে ছিলেন রাবণ, সমসংখ্যক রক্ষীদল নিয়ে।

তাঁর অত্যন্ত স্থূলকায় শরীর নিয়ে কুবের রাজা অতিকষ্টে শিবিরের অন্দরে প্রবেশ করার সময়ে, সপ্তসিন্ধুর সেনারা কোনোরকমে তাদের অট্টহাসি সংবরণ করতে সমর্থ হল! রাবণ তাঁকে পরামর্শ দিয়েছিলেন সেখানে উপযুক্ত পোষাক পরিধান করে যেতে, কিন্তু তা উপেক্ষা করে কুবের একটি অত্যুজ্জ্বল সবুজ ধুতি এবং একটি গাঢ় গোলাপী রঙের অঙ্গবস্ত্র দ্বারা নিজেকে আবৃত করেছিলেন। তাঁর শরীরে অলংকারের আধিক্য অন্যদিনের তুলনায় অনেকগুণে বেশি! তিনি ভেবেছিলেন, তাঁর এই অপূর্ব অভিরুচি প্রত্যক্ষ করে সপ্তসিন্ধুর শাসকেরা তাঁর সম্বন্ধে এক সুরুচিকর ধারণা পোষণ করতে বাধ্য হবেন! কিন্তু আদতে হল সম্পূর্ণ বিপরীত—তাঁদের শত্রুপক্ষের কাছে পরিষ্কার হয়ে গেল তাঁরা এক নারীসুলভ বৈশ্যের বিরুদ্ধে যুদ্ধ করতে চলেছেন, একটি বাহারি ময়ূরের বিরুদ্ধে যার যুদ্ধের অভিজ্ঞতার ভাণ্ডার একেবারেই শূন্য!

'রাজাধিরাজ মহারাজ, প্রভু...' শুষ্ক কণ্ঠে শুরু করলেন কুবের, 'আমি বলছিলাম যে ওই অনুপাতে লভ্যাংশের হার বেধে রাখার কাজটি একটু অসুবিধাজনক হয়ে উঠেছে। মূল্যবৃদ্ধির দরুণ আমাদের লভ্যাংশের হার ঠিক সেভাবে...'

'আমার সঙ্গে আপনার ওই জঘন্য দরদস্তুরের নোংরা খেলা খেলবেন না!' সম্মুখের পিঁড়িতে সজোরে মুষ্ঠ্যাঘাত করে চিৎকার করে উঠলেন মহারাজ দশরথ, 'আমি সামান্য ব্যবসায়ী নই! আমি রাজাধিরাজ! শিক্ষিত মানুষরা এই পার্থক্যটুকু বোঝে!'

পিঁড়ির অপরদিকে উপবিষ্ট রাবণের হাত মুষ্ঠিবদ্ধ হল! কুবের তাঁর পরামর্শের বিন্দুমাত্র অনুসরণ করছেন না—কি ব্যবহারে, আর বক্তব্যেও!

দশরথ সামনে ঝুঁকে পড়ে, নিজের অদম্য ক্রোধ সংবরণ করে বললেন, 'আমি ক্ষমা করতে জানি। মানুষমাত্র ভুল হয়, এবং সে ভুলের ক্ষমাও হয়। কিন্তু সেক্ষেত্রে আপনাকে এই কাজ বন্ধ করতে হবে, এবং আমার কথামতো চলতে হবে।'

কুবের তাঁর কেদারায় নড়েচড়ে বসে তাঁর দক্ষিণদিকে উপবিষ্ট রাবণের স্থিরমূর্তির দিকে তাকালেন। উপবিষ্ট অবস্থাতেও রাবণের অস্বাভাবিক উচ্চতা, আর সুগঠিত পেশীবহুল চেহারা সপ্তসিন্ধুর মানুষদের কৌতূহলী করে তুলেছিল। ব্যবসায়ী সুরক্ষা দলে এইরূপ একজন মহাবলী যোদ্ধাকে খুঁজে পাওয়া তাঁদের কাছে সম্পূর্ণ আশাতীত ঘটনা!

রাবণের রণক্লিষ্ট, রৌদ্রে জ্বলা তামাটে দেহবর্ণ, তদুপরি শৈশবে বসন্তরোগের ফলস্বরূপ সেই ত্বকে ছিল সহস্র ক্ষত। তাঁর পুরুষোচিত শ্মশ্রুগুম্ফমণ্ডিত মুখমণ্ডল তাঁর চেহারাকে আরো ভয়ানক করে তুলতে সক্ষম হয়েছিল। তাঁর পোষাক, শুভ্র ধুতি ও মাখন রঙের অঙ্গবস্ত্র ছিল সুরুচিপূর্ণ এবং রুচিশীল। তাঁর শিরস্ত্রাণ তাঁর উপস্থিতিকে সর্বাপেক্ষা ভয়ংকর করে তুলেছিল—শিরস্ত্রাণের দুই দিক থেকে বেরিয়ে এসেছিল বিঘত দুয়েক দীর্ঘ দুই শিং! এতে একটি সত্য জলের মতো পরিষ্কার—রাবণ একজন সাধারণ যোদ্ধা ছিলেন না, তিনি ছিলেন এক পুরুষসিংহ!

সপ্তসিন্ধু দলের সদস্যরা বারম্বার ব্যবসায়ীদের মধ্যে উপবিষ্ট এই বিশালদেহী লঙ্কার সেনানীকে দেখছিলেন, এবং তাঁর বক্তব্য শোনার জন্য অপেক্ষা করছিলেন। কিন্তু রাবণ একভাবে ঠায় বসে রইলেন, তিনি কোনো পরামর্শ দিলেন না, আবার বাধাপ্রদান করলেন না।

কুবের পুনরায় মহারাজের দিকে ঘুরলেন, 'কিন্তু রাজাধিরাজ, ব্যবসায় আমাদের নিজেদের অনেক সমস্যা দেখা দিয়েছে, যে অর্থ আমরা লগ্নী করেছি...'

'এবার কিন্তু আপনি আমার ধৈর্যের পরীক্ষা নিচ্ছেন, কুবের!' দশরথ সশব্দে বাধাপ্রদান করলেন, 'আপনি সপ্তসিন্ধুর মহারাজকে বিরক্তিসাধন করছেন!'

'কিন্তু প্রভু...!'

'দেখুন, আপনি যদি আমার এই আদেশ লঙ্ঘন করেন, বিশ্বাস রাখুন আগামীকাল এই সময়ে আপনাদের একজনও জীবিত থাকবে না! আমি প্রথমে আপনাদের এই ক্ষুদ্র সৈন্যদলকে ধূলিসাৎ করে, তারপর আপনাদের সেই অভিশপ্ত রাজ্যে গিয়ে সেই রাজ্য জ্বালিয়ে পুড়িয়ে মাটিতে মিশিয়ে দিয়ে আসব!'

'কিন্তু আমাদের বানিজ্যপোতের অনেক সমস্যা, শ্রমিকদের পারিশ্রমিক...'

'আপনাদের সমস্যা নিয়ে আমার বিন্দুমাত্র চিন্তা নেই!' এই মুহূর্তে চিৎকার করে উঠলেন মহারাজ দশরথ!

'চিন্তা করতে হবে, কালকের পর থেকে,' মৃদুস্বরে বলে উঠলেন রাবণ।

রাজাধিরাজ মহারাজ তাঁর মেজাজ হারিয়েছেন। এখন আঘাত করার সঠিক সময়।

রাবণের কথা শুনে সটান ঘুরে দাঁড়ালেন মহারাজ দশরথ, 'কোন সাহসে তুমি এর মধ্যে...'

'আপনার সাহস হল কী করে, দশরথ?' প্রশ্ন করলেন রাবণ, তাঁর কণ্ঠস্বর পরিষ্কার এবং স্পষ্ট।

দশরথ, অশ্বপতি এবং মৃগস্য হতবাক হয়ে স্থাণুবৎ বসে রইলেন, তাঁদের কিছুতেই বিশ্বাস হচ্ছিল না যে সামান্য এক ব্যবসায়ীকুলের মুখপাত্র, এক বৈশ্যের অনুচর সমগ্র সপ্তসিন্ধুর একছত্র অধীশ্বরকে তাঁর নামোচ্চারণ করার দুঃসাহস পায় কী করে!

রাবণ গোপনে হাসি সংবরণ করলেন। তিনি যেভাবে চেয়েছিলেন এরা ঠিক সেভাবেই ব্যবহার করছে। *এই মানুষগুলিকে বোঝা কী ভীষণ সহজ! তাঁদের আত্মঅহমিকাই তাঁদের পতন ডেকে আনবে!*

তাঁর শাণিত ছোরা মোক্ষম আঘাত করার জন্য সম্পূর্ণ প্রস্তুত!

'আমার নেতৃত্বে আমার সৈন্যদলকে পরাজিত করবার কল্পনা করার সাহস আপনি পেলেন কোথায়?' ওষ্ঠে বিদ্রূপের হাসি নিয়ে দশরথকে প্রশ্ন করলেন রাবণ!

প্রচণ্ড রোষে ছিলে ছেঁড়া ধনুকের ন্যায় উঠে দাঁড়াতে, দশরথের কেদারা পিছনদিকে শব্দ করে ছিটকে পড়ল। তিনি রাবণের দিকে একটি আঙুল উঁচিয়ে বললেন, 'অর্বাচীন, কাল তোমার সঙ্গে আমার যুদ্ধক্ষেত্রে সাক্ষাৎ হতে চলেছে!'

অতি ধীরে এবং মূর্তিমান আতঙ্কের ন্যায়, রাবণ তাঁর কেদারা থেকে গাত্রোত্থান করলেন। তাঁর মুষ্ঠিবদ্ধ হাত সজোরে চেপে ধরে আছে তাঁর কণ্ঠলগ্ন এক স্বর্ণহারের সঙ্গে আটকানো একটি বিশেষ বস্তু। মনের শক্তিকে পুঞ্জীভূত করতে তিনি তাঁর হাত স্পর্শ করেছেন! তাঁর সমস্ত কর্মের ভিতর তিনি আছেন। এবং তাঁর জনই এইসমস্ত কর্ম সংঘটিত হচ্ছে!

রাবণের মুষ্ঠিবদ্ধ হাত খুলে যেতে, দশরথের দৃষ্টি পড়ল সেটির দিকে। স্বভাবতই তিনি আতঙ্কে স্তম্ভিত হয়ে গেলেন! তিনি হয়তো ভাবলেন রাবণ এক রাক্ষস বিশেষ, যে শিকার করার পরে সেই শিকারের শরীরের অংশগুলি নিজের শরীরে ধারণ করতে অভ্যস্থ!

দশরথকে বিশ্বাস করতে দেওয়া ভালো যে আমি একজন নরখাদক পশু বিশেষ! সেক্ষেত্রে যুদ্ধে আমার লঙ্কাবাহিনী যথেষ্ট প্রাধান্য পাবে!

'আপনাকে নিশ্চিন্ত করছি, আমি আপনার অপেক্ষায় থাকব!' তাঁর কণ্ঠে কিছুটা শ্লেষ মিশ্রিত করে বললেন রাবণ, এবং তিনি দেখলেন, ফলস্বরূপ দশরথ তাঁর দিকে নির্নিমেষে তাকিয়ে রয়েছেন, 'আমি আপনার রক্তপান করতে চাই!'

যথেষ্ট হয়েছে! এবার উনি রোষানলে প্রজ্জ্বলিত হতে থাকুন!

রাবণ ঘুরলেন, এবং সদর্পে শিবির থেকে নিষ্ক্রান্ত হয়ে গেলেন। কুবের রাজা প্রাণপণে তাঁর সর্বশক্তি দিয়ে তাঁকে অনুসরণ করলেন, এবং তাঁদের অনুসরণ করল লঙ্কার রক্ষীদল!

—ξδI—

'আপনিও ভালো মতন বিশ্রাম নিতে পারেননি?' প্রশ্ন করলেন কুম্ভকর্ণ।

রাবণ অনুজের দিকে ঘুরে তাকিয়ে হাসলেন, এবং তাঁর হাতের মধ্যে শক্ত করে ধরে থাকা দেবীর হাত ছেড়ে দিলেন।

তখন চতুর্থ প্রহরের পঞ্চম ঘণ্টা—মধ্যরাত হতে আর মাত্র এক ঘণ্টা অবশিষ্ট! কারাচাপার কেল্লার ছাতে দাঁড়িয়ে রাবণ সপ্তসিন্ধুর বিশাল সেনাশিবিরের দিকে তাকিয়েছিলেন, যে স্থানে প্রচুর আগুন জ্বালানো হয়েছিল। রাতের নির্জনতা ছাপিয়ে অত দূর থেকেও কথোপকথন ও হাসির আওয়াজ ভেসে আসছিল কারাচাপার কেল্লার আওতায়!

'মনে হচ্ছে আমাদের শত্রুপক্ষ বিনিদ্র রজনী অতিবাহিত করছে!' বললেন রাবণ।

কুম্ভকর্ণ সশব্দে হেসে উঠলেন, 'সপ্তসিন্ধুর এই সেনাদের কাছে যুদ্ধবিগ্রহ এক মজার খেলা বিশেষ!'

রাবণ একটি দীর্ঘ শ্বাস নিলেন, 'আগামীকাল এই সময়ে, আমরা সপ্তসিন্ধুর দখল নেব!'

'নীতিগতভাবে, কুবের রাজাই তো সপ্তসিন্ধুর অধীশ্বর হবেন?'

'তাহলে তাঁর ওই স্থূলতার দায়িত্ব কে নেবে?'

কুম্ভকর্ণ এই কথায় অট্টহাস্যে ফেটে পড়তে, কয়েক মুহূর্ত পরে রাবণ

তাঁর অনুজকে অনুসরণ করলেন। কুম্ভকর্ণ তাঁর এক হাত দিয়ে অগ্রজের কাঁধ জড়িয়ে ধরলেন।

'আপনাকে এইভাবে সর্বদা হর্ষিত থাকতে হবে,' তিনি বললেন, 'আপনার এই আনন্দ তাঁকে আনন্দ প্রদান করত।'

অনুজের কথা শোনামাত্রই রাবণের হাত স্বয়ংক্রিয়ভাবে তাঁর স্বর্ণহারটিকে খুঁজে পেতে চাইল, 'তাঁকে সম্মান করার সর্বোৎকৃষ্ট উপায় হল সেই জঘন্য সমাজের রক্ষাকর্তা সৈন্যদলকে ধ্বংস করা, যাদের ঘৃণ্য ব্যবহারের কারণে তাঁকে মৃত্যুবরণ করতে হয়েছিল।'

কুম্ভকর্ণ নীরব রইলেন যথারীতি। তিনি জানতেন এই ব্যাপারে রাবণকে কিছু বলার অর্থ অরণ্যে রোদন করার সামিল।

রাবণ সেই মসীকৃষ্ণ সাগরের জলের দিকে তাকিয়েছিলেন। তিনি যদিও তাদের দেখতে সক্ষম হচ্ছিলেন না, তিনি জানতেন তাঁর বিশাল জলযানের বহর তটের দুই ক্রোশ দূরত্বে নোঙর করে নিঃশব্দে অপেক্ষরত। এই জাহাজগুলির বৈশিষ্ট্য তাদের অস্বাভাবিক চওড়া ক্ষেপণাস্ত্র, যা তাঁর রণকৌশলের এক অপ্রতিরোধ্য অঙ্গবিশেষ!

'আমাদের জলযানগুলি ওই স্থানেই অবস্থান করবে!' বললেন রাবণ, 'এবং একটিও দাঁড় টানা নৌকা জলে নামানো হবে না।'

'অবশ্যই!' উত্তর দিলেন কুম্ভকর্ণ।

অনুজের তাঁর চিন্তার পূর্বানুমান করতে পারার এই বিশেষ ক্ষমতাকে রাবণ ভীষণ পছন্দ করতেন। লঙ্কার এই জলযানের বহর অনেকদূরে সাগরের গভীরে নোঙর করা আছে, একটিও দাঁড়টানা নৌকা জলে নামেনি দেখে অযোধ্যার সেনারা ধরেই নেবে যে এই যুদ্ধে তারা অংশগ্রহণ করছে না। এছাড়াও এইসব জাহাজে যদি আরো সেনা আত্মগোপন করে থাকে, তাহলে যুদ্ধের প্রয়োজনে তাদের এই যুদ্ধক্ষেত্রে পৌঁছোতে অনেক সময় লেগে যাবে।

এই পরিকল্পনা মতোই ফাঁদ পাতা হয়েছিল!

'আপনার কী মনে হয়, এই ফাঁদে ওরা পা দেবে?' প্রশ্ন করলেন কুম্ভকর্ণ।

'এখনো পর্যন্ত তাঁরা আমাদের পরিকল্পনা মতো ফাঁদে পা দিয়ে ফেলেছেন, তাই না? ওনাদের চরম হঠকারীতার উপর আমার স্থির বিশ্বাস আছে। ওরা যে ভেবে নিয়েছেন আমরা সামান্য ব্যবসায়ী, এবং যুদ্ধবিগ্রহের কোনোরকম অভিজ্ঞতা আমাদের নেই। এই অহংকারই ওনাদের পতনের মূল কারণ হয়ে

দাঁড়াবে! এটাও আমাদের মনে রাখতে হবে যে ওদের কাছে পাঁচ লক্ষ সেনা আছে। এই নগরের ভিতরে আমাদের কাছে মাত্র পঞ্চাশ সহস্র সেনার উপস্থিতি ওদের মনোবল বর্ধিত করবে। এবং মানুষের যখন মনোবল তুঙ্গে থাকে তখনই তারা আত্মবিশ্বাসে ভুল করে!'

'কিন্তু মহারাজ যদি আমাদের এই তটভূমির দিক থেকে আক্রমণ না করেন, তাহলে আমাদের অতগুলি রণতরীর উপস্থিতি সম্পূর্ণ ব্যর্থ হয়ে দাঁড়াবে!'

'যথার্থ!' বলে রাবণ তাঁর অনুজের সম্মুখে এসে দাঁড়ালেন, 'তোমার কাছ থেকে আমি ঠিক এই কথাটি শোনার অপেক্ষায় ছিলাম!'

'এই কাজ আমার, দাদা। আমি কিছু সেনা নিয়ে কেল্লার প্রাচীরের বাইরে গিয়ে নিজেদের টোপ হিসাবে ব্যবহার করব। তার ফলস্বরূপ ওদের সেনাবাহিনী আমাদের লক্ষ্য করে আক্রমণ শানালে, অবশিষ্ট কাজ আপনার ও আপনার জলযানের বহরের দ্বারা সম্পাদিত হবে!'

'আমার চিন্তাভাবনার সঙ্গে তুমিই কিছুটা তাল মিলিয়ে চিন্তা করতে পারো।' হাসতে হাসতে উত্তর দিলেন রাবণ।

কুম্ভকর্ণের মুখে হাসির রেখা বিস্তৃত হল, 'কিছুটা? আমি প্রতি মুহূর্তে আপনার মননের সঙ্গে সাযুজ্য রেখে চলতে সক্ষম!'

'সম্পূর্ণভাবে নয়। কারণ যেভাবে তুমি যুদ্ধের কৌশল ভেবেছ, আমরা ঠিক সেভাবেই অগ্রসর হব। শুধু, তোমার পরিবর্তে আমি হব টোপ! এবং তুমি জলযানের নেতৃত্বে থাকবে!'

কুম্ভকর্ণ ব্যথিত হলেন, 'না, দাদা!'

'কুম্ভ...!'

'না!'

'তুমি প্রায়শই আমায় বলে থাকো যে আমার জন্য তুমি সবকিছু করতে সক্ষম!'

'অবশ্যই করতে সক্ষম! আমি আমার জীবনের বাজি লড়িয়ে দিতে প্রস্তুত! আর আপনি এই যুদ্ধে জয়লাভ করবেন!'

'কুম্ভ, আমি তোমার উপর এর চাইতে অনেক বড় দায়িত্বের ভার প্রদান করছি। আমি শুধু চাই তোমার পরিবর্তে আমি এই ঝুঁকিপূর্ণ কাজের ভার নিতে।'

'এ অসম্ভব, দাদা!'

‘কুম্ভ, আমার কথা শোনো...’

‘না!’

‘কুম্ভ, ওই হঠকারী নির্বোধ দশরথ আমায় ঘৃণা করে। তাই একমাত্র আমাকে দেখলেই সে হঠকারী সিদ্ধান্ত নিতে পিছপা হবে না। তাই তোমার পরিবর্তে আমার যাওয়া বেশি প্রয়োজন।’

‘সেক্ষেত্রে আমি আপনার সঙ্গী হব। মাতুল মারীচ জলযানের বহরকে নেতৃত্ব দেবেন আমার পরিবর্তে।’

‘আমি আমার জীবনের ঝুঁকি নিতে পারি কুম্ভ! তুমি ব্যতীত আর কারো উপর আমার বিশ্বাস নেই!’

‘দাদা...’

‘একমাত্র তুমি আমার জীবিত থাকার চাবিকাঠি!’

কুম্ভকর্ণ তাঁর হাত দিয়ে রাবণের মুখে চাপা দিলেন, ‘ছিঃ, মাতা আপনাকে একাধিকবার নিজের মৃত্যু সম্বন্ধে কোনো কথা বলতে নিষেধ করেছেন। ঈশ্বর আপনাকে একটি মুখ আর কথা বলার শক্তি দিয়েছেন বলে আপনি যথেচ্ছ কথা বলার অধিকার অর্জন করেননি!’

‘তাহলে এই কথা যাতে আমাকে পুনরায় উচ্চারণ করতে না হয়, সেই ব্যবস্থা করো! বহরের নেতৃত্ব গ্রহণ করো!’

‘দাদা!’ কুম্ভকর্ণ রাবণের অকাট্য যুক্তির সম্মুখে অসহায় হলেন।

‘এ আমার আদেশ, কুম্ভ! একমাত্র তোমাকেই আমি সম্পূর্ণভাবে বিশ্বাস করতে পারি। আমার জন্য তোমাকে এই কর্মসাধন করতেই হবে। তোমাকে দায়িত্ব নিতে হবে যে প্রয়োজনে আমাদের জলযানের বহর সঠিক সময়ে যুদ্ধক্ষেত্রে পৌঁছোতে সক্ষম!’

কুম্ভকর্ণ নীরবে অগ্রজের হাত দুখানি সজোরে চেপে ধরলেন!

‘এই যুদ্ধে আগামীকাল আমাদের জয় হবে,’ বললেন রাবণ, ‘এবং তারপর আমাদের যুগ শুরু হবে। ইতিহাস কখনো রাবণ এবং কুম্ভকর্ণের নাম বিস্মৃত হবে না!’

পরের দিন, দ্বিতীয় প্রহরের চতুর্থ ঘণ্টায়, রাবণ যুদ্ধের জন্য সম্পূর্ণ প্রস্তুত হলেন। তাঁর সেনাদলের নেতৃত্বে, তাঁর অশ্বপৃষ্ঠে সওয়ার!

তাঁর শত্রুপক্ষের সেনারা, এমনকী তাঁর সেনাদলের কিছু সৈন্য তাঁর এই অস্বাভাবিক ব্যবহার প্রত্যক্ষ করে স্তম্ভিত হল, যে কেল্লার নিরাপদ আশ্রয় পরিত্যাগ করে তিনি এই বিশাল প্রতিপক্ষের সহজ নিশানায় নিজেকে উৎসর্গ করতে প্রস্তুত হয়েছেন! পরিবর্তে তিনি মাত্র পঞ্চাশ সহস্র সেনাকে একত্রিত করে চিরাচরিত চতুরঙ্গ কৌশলে কেল্লার প্রাচীরের বাইরে তটভূমির উপর উপস্থিত করেছেন!

লঙ্কার সেনাবাহিনীর সম্মুখে বিশাল প্রতিপক্ষের সেনাবাহিনী, এবং তাদের পশ্চাতে কেল্লার প্রাচীর। দশরথ ও তাঁর সুবিশাল সেনাবাহিনীর সামনে এক অতি দীনহীন আক্রমণের লক্ষ্যবস্তু!

সপ্তসিন্ধুর মহাযোদ্ধাদের সম্মুখে লঙ্কাবাহিনীর লোভনীয় টোপ!

এবং তারা সেই লোভনীয় টোপকে উপেক্ষা করার সংযম দেখাতে পারল না!

অযোধ্যার অধীশ্বর তাঁর সেনাদের তটভূমি অনুযায়ী সূচীব্যূহ রচনা করলেন, সূচের আকারের ন্যায়। দশরথ অবগত ছিলেন যে ডাঙার দিক থেকে কেল্লা আক্রমণ করা রীতিমতো অসম্ভব। রাবণের চতুর সৈন্যদল সম্পূর্ণ কেল্লা প্রচুর বিষাক্ত কাঁটাঝোপ দ্বারা পরিবেষ্টিত করেছিল, একমাত্র সাগরের দিকের প্রাচীর ব্যতীত। তাঁর সেনাবাহিনী এই কণ্টকাকীর্ণ পথ গমনাগমনের জন্য পরিষ্কার করে কেল্লায় পৌঁছোতে পারত, কিন্তু তাতে অনেক সপ্তাহ সময় অতিবাহিত হতো। যেহেতু লঙ্কাসৈন্য কারাচাপা এবং তার চতুর্পাশের এলাকার শস্য, জলের উৎস বিনষ্ট করে দিয়েছে, ফলস্বরূপ কেল্লার বাইরে কোথাও পানীয় জল অথবা আহারের কোনো ব্যবস্থাই ছিল না, অনর্থক সময় ব্যয় করার উপায় নেই! তাদের খাদ্য ও পানীয়ের রসদ নিঃশেষ হওয়ার পূর্বেই তাঁদের আক্রমণ করতে হবে।

বিচক্ষণ, রণকুশলী দশরথের একবার অন্তত ভাবা উচিত ছিল, কেন রাবণ সমুদ্রতটের দিক ব্যতীত তাঁদের সম্মুখের সমস্ত পথ বন্ধ করে দিয়েছিলেন! তাঁর বিখ্যাত যোদ্ধা জীবনে, তিনি কখনো একটিও যুদ্ধে পরাজিত হননি। তাই তাঁর সামরিক ব্যুৎপত্তি তাঁকে সাবধানতা অবলম্বনের কথা স্মরণ করিয়ে দিতে পারত সহজেই! কিন্তু ইতিপূর্বে রাবণের কটুক্তি তাঁকে অপমানে জর্জরিত করতে থাকায়, তিনি কৌশলের চাইতে জিঘাংসাকেই প্রাধান্য দিয়েছিলেন।

তটভূমি সুপ্রসারিত হলেও, সেটি এই অস্বাভাবিক বিশাল সৈন্যদলের স্থান সংকুলানে ব্যর্থ। তাই দশরথ এই স্থানে সূচিব্যূহ রচনা করতে বাধ্য হয়েছিলেন। বাহিনীর শ্রেষ্ঠ যোদ্ধারা তাঁর পাশেই অবস্থান করবে এই ব্যূহের সম্মুখে, এবং অবশিষ্ট সেনারা এক সুদীর্ঘ সারিতে তাঁদের পিছনে প্রস্তুত থাকবে। তারা স্থান পরিবর্তন দ্বারা যুদ্ধ করবে, অর্থাৎ প্রথম কিছু সারির সেনারা লঙ্কাবাহিনীকে আক্রমণ করে কিছু সময়ের জন্য যুদ্ধ করবে। তারপর তারা সুকৌশলে স্থান পরিবর্তন করে পিছনে চলে গেলে, পুনরায় সম্মুখের সেনারা তাদের প্রতিপক্ষের উপর ঝাঁপিয়ে পড়বে। এর ফলস্বরূপ, এই রণনিপুণ অযোধ্যাসেনা নিরন্তর লঙ্কাসেনার উপর অবিরাম আক্রমণে তাদের সহজেই ছত্রভঙ্গ করতে সমর্থ হবে।

কেকায়ার রাজা অশ্বপতি, যিনি সম্পর্কে দশরথের শ্বশ্রূপিতা, তাঁর এই কৌশল যুদ্ধে সায় ছিল না। তাঁর অভিমতে, তাঁদের এই বিশাল সৈন্যবাহিনীকে কিছু অংশে বিভক্ত করে, বিশ কিংবা তিরিশ সহস্র সেনাকে যুদ্ধ করতে পাঠানো উচিত ছিল। অবশিষ্ট সেনারা সেই সময়ে পরবর্তী আক্রমণের অপেক্ষায় পিছনে থাকত। ওই অপরিসর অঞ্চলে যুদ্ধ করার চতুর কৌশল অবলম্বন করে, রাবণ সপ্তসিন্ধুর বিশাল সেনাদলের সর্বশক্তিতে লড়াই করার কৌশল সুচারুরূপে ব্যর্থ করে দিতে সক্ষম হয়েছিলেন। কিন্তু অশ্বপতির এই পরামর্শে দশরথ কর্ণপাত পর্যন্ত করতে রাজি ছিলেন না।

দশরথের ভ্রান্ত ধারণা ছিল, এই লঙ্কার মানুষ সামান্য ব্যবসায়ী মাত্র, যাদের যুদ্ধ করার অভিজ্ঞতা ও অত্যাধুনিক রণনীতি তো দুরস্থ, তারা সঠিকভাবে অস্ত্রধারণ করতেও অসমর্থ! নির্বোধের ন্যায় কেল্লার প্রাচীরের বাইরে তাদের সেনাবাহিনীকে উপস্থিত করার ঘটনা প্রত্যক্ষ করে, তাঁর বিশ্বাস আত্মবিশ্বাসে পরিণত হয়েছিল যে রাবণ এবং তাঁর সেনাদলের যুদ্ধ সম্বন্ধে বিন্দুমাত্র জ্ঞান ছিল না!

কিছুটা দূরে, তটের অপরপ্রান্তে রাবণ তাঁর ডানদিকে তাকালেন, যেদিকে সাগরের মধ্যে ক্রোশ দুয়েক দূরত্বে তাঁর আধুনিক জলযানের বহর অপেক্ষা করে রয়েছে। এমনকী, দাঁড়টানা নৌকাগুলিকেও দেখা যাচ্ছে না! কুম্ভকর্ণ তাঁর প্রতিটি আদেশ অক্ষরে অক্ষরে পালন করে চলেছেন নীরবে!

রাবণ পুনরায় ঘুরে সপ্তসিন্ধুর সৈন্যদল অভিমুখে ফিরে তাকালেন।

তাঁর অহংকারী এবং উন্নাসিক প্রতিপক্ষ তাদের শক্তি সম্বন্ধে এতোটাই

আত্মবিশ্বাসী যে তারা তাদের দাঁড়টানা নৌকা পাঠিয়ে রাবণের বিশাল নৌবাহিনীর শক্তি নিরীক্ষণ করার কথাও চিন্তায় আনেননি! কিন্তু রণনীতি অনুযায়ী তাদের সেই কাজ সম্পন্ন করা উচিত ছিল!

তাঁর মুখে এক তির্যক হাসি খেলা করে গেল। *হতভাগ্য নির্বোধেরা!*

রাবণ নিজের কাঁধ ও বাহুর পেশীসমূহ টানটান করলেন। যুদ্ধের সর্বাপেক্ষা বিরক্তিকর পর্যায় আগত। প্রতিপক্ষের আক্রমণের অপেক্ষায় বসে থাকা! এক্ষেত্রে তুমি এক মুহূর্তের জন্যেও মনঃসংযোগ হারাবার বিলাসিতা করতে পারো না, আবার কোনো অন্য কর্মে নিজের শক্তিক্ষয়ও করতে পারো না। তিনি সেই কারণেই নিজের সৈন্যদলকে কঠোর নির্দেশ দিয়েছিলেন, যাতে তারা প্রতিপক্ষের প্রতি অহেতুক রণহুঙ্কার অথবা কটূক্তি করে নিজেদের ক্লান্ত না করে। তাদেরকে বলা হয়েছিল নীরবে যুদ্ধের জন্য সর্বক্ষণ প্রস্তুত থাকতে।

অপরদিকে, দশরথ তাঁর সৈন্যবাহিনীকে এরকম কোনোরূপ নির্দেশ দেননি। তারা নিরন্তর তীব্র চিৎকারে তাদের রণহুঙ্কারে ব্যস্ত ছিল, দফায় দফায় তাদের সারিবদ্ধ কণ্ঠস্বরের ওঠাপড়া কানে ভেসে আসছিল। তাদের এই হুঙ্কার চরম উত্তেজনার প্রতিফলন, যা প্রতি মুহূর্তে তাদের অবসন্ন করে তুলছিল।

রাবণ তাঁর সেই বিশেষভাবে নির্মিত শিরস্ত্রাণ ধারণ করেছিলেন, যার দুদিক থেকে এক বিঘতের বেশি দীর্ঘ শাণিত দুটি শিং বেরিয়েছিল। এই শিরস্ত্রাণেই যেন তাঁর অন্তরের অভিপ্রায় লুকিয়ে ছিল, তাঁর প্রতিপক্ষের প্রতি—রাজাধিরাজ মহারাজ দশরথের প্রতি!

আমি প্রস্তুত! অগ্রসর হয়ে এসে আমায় আঘাত করো!

ইতিমধ্যে রাজা দশরথ, তাঁর প্রশিক্ষণপ্রাপ্ত ও ভীতিপ্রদর্শনকারী চেহারার অশ্বপৃষ্ঠে সওয়ার হয়ে, তাঁর সুবিশাল সেনাবাহিনীর নিরীক্ষণ করছিলেন। আত্মবিশ্বাসের দৃষ্টিতে তিনি তাদের উপর নজর রাখছিলেন। তাঁর সেনারা অতি হিংস্রভাবে, যুদ্ধের উদগ্র উন্মাদনায় তাদের তরবারি উন্মুক্ত করে অপেক্ষায় ছিল। তাদের এই অযাচিত উন্মাদনা যেন তাদের অশ্বগুলির ভিতরেও চারিত হয়েছিল, কারণ তাদের অস্থিরতা সামলাতে সৈন্যদের শক্ত হাতে রাশ টেনে রাখতে বাধ্য করছিল। আসন্ন যুদ্ধের পূর্বাবস্থাতেই দশরথ যেন রক্তের মাদকতার গন্ধ পাচ্ছিলেন, সেই রক্তস্রোতের ঘোর ধরানো গন্ধ যার দ্বারা তাঁরা এই যুদ্ধে জয়লাভ করবেন!

অনেক দূরে লঙ্কার সেনাবাহিনী এবং তাদের অধিনায়ক রাবণকে চাক্ষুষ

করছিলেন তিনি। তাঁদের পূর্ব সাক্ষাতে রাবণের মুখনিঃসৃত শব্দগুলি স্মরণে আসতে, অদম্য ক্রোধে অন্ধ হলেন তিনি! ওই উদ্ধত ব্যবসায়ীকে খুব শীঘ্রই সহবৎ শেখাবেন তিনি। খাপ থেকে তাঁর তরবারি উন্মুক্ত করে সেটি মাথার উপর তুলে ধরলেন তিনি, তাঁর মুখ থেকে নির্গত হল তাঁর রাজ্য কোশালা, এবং তার রাজধানী অযোধ্যার একান্ত নিজস্ব, নির্ভুল রণহুঙ্কার! *'অযোধ্যাতাহ বিজেতারাহ!'*

অপরাজেয় রাজ্যের অপরাজিত শাসকরা!

তাঁর বাহিনীর অন্তর্গত প্রতিটি সেনা অযোধ্যার বাসিন্দা না হলেও, এই যুদ্ধ মহান কোশালার নিশানের পক্ষে লড়তে পেরে তারা গর্বিত! তারা তাদের মহান সেনাধিনায়ক তথা মহারাজের সেই হুঙ্কারে আকাশ বাতাস ভরিয়ে তুলল, 'অযোধ্যাতাহ বিজেতারাহ!'

এই রণহুঙ্কার করতে করতে দশরথ তাঁর শাণিত তরবারি নামিয়ে এনে তাঁর অশ্বকে আঘাত করলেন, 'প্রত্যেককে হত্যা করা হবে! নির্দয়ভাবে!'

'নির্দয়ভাবে!' একযোগে প্রতিধ্বনিত হল প্রথমসারির অশ্বারোহী সৈন্যদের মুখ থেকে, এবং তৎক্ষণাৎ তারা তাদের নির্ভীক প্রভুকে অনুসরণ করল।

একযোগে ছুটে চলল তারা, নির্ভীকভাবে—ছুটে চলল তাদের ধ্বংসের পথে!

তটভূমি বেয়ে দশরথ এবং তাঁর কুশলী রণবীরেরা লঙ্কার সৈন্যবাহিনী অভিমুখে ধেয়ে আসতে শুরু করলেও, রাবণের সেনাবাহিনী পর্বতের ন্যায় নিশ্চল! যখন আক্রমণকারীরা আর মাত্র কিছু দূরত্বে, আশাতীতভাবে রাবণ তাঁর অশ্বের মুখ ঘুরিয়ে পিছোতে শুরু করলেন, কিন্তু তাঁর সেনারা তাদের অবস্থানে অটল রইল!

রাবণের পরিকল্পনা ভীষণ সাধারণ—তাঁর কাছে যুদ্ধে জয়লাভ করাটা বাঞ্ছনীয়, শুধুমাত্র পুরুষকার ও সাহসিকতার প্রদর্শন তাঁর কাছে মুখ্য ছিল না। কিন্তু দশরথ ছিলেন একজন ক্ষত্রিয়, যার কাছে নিজস্ব সাহস, বীরত্ব ও যশের গরিমাই শেষ কথা! রাবণের আপেক্ষিক নির্বুদ্ধিতা তাঁর ক্রোধ বহুগুণে বর্ধিত করে তুলল। তিনি তাঁর অশ্বকে সজোরে পদাঘাত করে গতিবেগ বর্ধিত করে লঙ্কাবাহিনীর দিকে ধাবমান হলেন, তাদের চূর্ণবিচূর্ণ করার লক্ষ্যে এবং রাবণের নাগাল পাওয়ার জন্য। তাঁকে তীব্রবেগে অনুসরণ করছিল তাঁর বাহিনীর শ্রেষ্ঠ যোদ্ধারা।

এই ঘটনাপ্রবাহের ধারা ছিল রাবণের পরিকল্পনাপ্রসূত। আকস্মিকভাবেই যেন লঙ্কাবাহিনীর ভিতর প্রাণসঞ্চার হল! প্রতিটি সৈন্য তৎক্ষণাৎ তাদের তরবারি বিসর্জন দিয়ে, হাতে তুলে নিল অস্বাভাবিক দীর্ঘ বল্লম—যার এক একটি প্রায় বিশ হাত দীর্ঘ, এবং সেগুলি প্রত্যেকের পায়ের কাছে রক্ষিত ছিল। কাঠ এবং লৌহনির্মিত এই বল্লমগুলি এতোটাই ওজনদার, যে সেগুলি তুলতে দুইজন সেনার প্রয়োজন। সেনারা এই বল্লমগুলি উত্তোলন করে দশরথের আসন্ন আক্রমণের দিশায় লক্ষ্যস্থির করতে, তাদের শাণিত তামার ফলকগুলি আলোয় ঝকমক করে উঠল!

অগ্রগামী অশ্বারোহীরা সঠিক সময়ে তাদের গতি হ্রাস করতে অক্ষম হওয়ায়, সরাসরি সেই শাণিত বল্লমের আওতায় তাদের অশ্বগুলি আছড়ে পড়ে ছিন্নভিন্ন হয়ে গেল! সেই অশ্বারোহীরা সম্মুখে ছিটকে পড়তে, তাদের পতনরত অশ্বের বিশাল শরীরের নীচেই তারা পিষ্ট হল। এইরূপে দশরথের আগুয়ান বাহিনীর অগ্রগতি স্থগিত হয়ে যেতে, কারাচাপার কেল্লার সুউচ্চ প্রাচীরের উপরে লঙ্কাবাহিনীর তিরন্দাজদের উদ্ভব ঘটল! সেই উচ্চতা থেকে তাদের নিক্ষিপ্ত তিরের অবিরাম স্রোত নির্ভুল লক্ষ্যে আছড়ে পড়তে লাগল দশরথের অনুসরণকারী সেনাদের ঘনবিন্যাসের মধ্যে! সপ্তসিন্ধুর সেই নিরবছিন্ন সৈন্যদুর্গে প্রথম ফাটল দেখা দিল!

অশ্বপৃষ্ঠ থেকে ভূপতিত দশরথের বাহিনীর সেনারা, আঘাতপ্রাপ্ত অবস্থায় গাত্রোত্থান করে লঙ্কাবাহিনীর সঙ্গে এক ভয়ংকর সম্মুখসমরে লিপ্ত হল। তাদের মহারাজ তাঁর শাণিত তরবারির ক্ষিপ্র আঘাতে তাঁর সামনে আসা প্রতিটি সেনাকে নির্মমভাবে হত্যা করছিলেন। কিন্তু এই অবস্থাতেও, তিনি লক্ষ্য করে স্তম্ভিত হচ্ছিলেন তাঁর চারপাশে তাঁর সুশিক্ষিত সেনারা লঙ্কার সুদক্ষ সেনাবাহিনীর তরবারির নিপুণ আঘাতে আর অমোঘ তিরন্দাজীর সংঘটিত প্রতি আক্রমণে ধ্বংসপ্রাপ্ত হচ্ছিল। কিছু মুহূর্ত পরে, দশরথের ইশারা পৌঁছল তাঁর ধ্বজাধারীর কাছে, যে সঙ্গে সঙ্গে তার হাতের নিশান উত্তোলিত করল। এই ইশারা ছিল তাঁর সৈন্যবাহিনীর উদ্দেশ্যে—দ্বিতীয় সারির সেনাদের প্রতি নির্দেশ, প্রথম সারির সেনাদের সাহায্যার্থে অগ্রসর হওয়ার জন্য।

এই মুহূর্তের জন্যই রাবণ অপেক্ষায় ছিলেন!

কুম্ভকর্ণের নির্দেশে, তৎক্ষণাৎ লঙ্কার জলযানের বহর তাদের নোঙর উত্তোলন করল! বিশাল জলযান সর্বদাই তটের থেকে দূরে, সমুদ্রের ভিতরে

অবস্থান করে, যদি তারা বন্দরে আশ্রয় না পায়। নৌবাহিনীর সেনাদের ছোট দাঁড়টানা নৌকায় করে তটে পৌঁছনো হয়। কিন্তু কুম্ভকর্ণ একটি দাঁড়টানা নৌকাও জলে নামালেন না! তিনি সমস্ত জলযানগুলিকে একত্রে তট অভিমুখে যাত্রা করার নির্দেশ দিলেন। যুদ্ধের জন্য সদাপ্রস্তুত সেনারা সঙ্গে সঙ্গে দাঁড় টানতে শুরু করাতে, অত্যাধুনিক জলযানের সুবিশাল বহর একযোগে তটের দিকে অগ্রসর হতে থাকল। প্রতিটি জাহাজের মাস্তুলে সম্পূর্ণভাবে পাল উত্তোলিত অবস্থায় ছিল, এবং সেগুলি বাতাসের সাহচর্য পেয়ে গতিবান হল। এই রণতরীর পাটাতন থেকে শত শহস্র তির নির্ভুল লক্ষ্যে দশরথের বিশাল সেনাবাহিনীর উপর বর্ষিত হতে থাকল! শত যুদ্ধবিজয়ের অভিজ্ঞতাপ্রাপ্ত সপ্তসিন্ধুর বিখ্যাত সৈন্যবাহিনীর উপর!

দশরথের বাহিনীর প্রত্যেকের কাছে এই ঘটনা চরমভাবে অপ্রত্যাশিত ছিল যে প্রতিপক্ষের বিশাল বিশাল জাহাজ তট লক্ষ্য করে এ হেন দুর্বার গতিবেগে ছুটে আসার ক্ষমতা রাখে, কারণ তটের বালুকায় বিন্দুমাত্র স্পর্শ হলে সেই জলযানের বহিরাংশ চূর্ণবিচূর্ণ হতে পারে! এই উভচর জলযানগুলির বৈশিষ্ট্যের কথা তাদের বিন্দুমাত্র জানা ছিল না, এগুলি ছিল বিশেষভাবে নির্মিত যা তটের মাটিতে আঘাত করা সত্ত্বেও, কোনোপ্রকারে ক্ষতিগ্রস্ত হবে না—এগুলি ছিল অপ্রতিরোধ্য! প্রচণ্ড গতিতে এই অত্যাশ্চর্য জলযান তটে উঠে আসতেই তাদের উপরিভাগে উদয় ঘটতে থাকল বৃহদাকার ধনুকের সারি! এগুলি কোনো সাধারণ ধনুক ছিল না! এগুলি জাহাজের নীচের অংশে সুদৃঢ়ভাবে বিশাল কব্জার সঙ্গে লাগানো, এবং মাটি ছুঁতেই সেগুলি স্বয়ংক্রিয়ভাবে বালুকার উপর উন্মোচিত হল! ফলস্বরূপ, জাহাজের বিশাল খোল থেকে বড় বড় দুয়ার খুলে গেল, সরাসরি তটের বালুকাময় মাটির উপরে! পশ্চিম থেকে আনা অস্বাভাবিক বৃহৎ চেহারার অশ্বদলের উপর উপবিষ্ট দক্ষ অশ্বারোহী সেনা দলে দলে নির্গত হয়ে, সম্মুখে থাকা সপ্তসিন্ধুর অবশিষ্ট সেনাদের নির্মম হত্যালীলায় মেতে উঠল!

সপ্তসিন্ধুর সৈন্যবাহিনী এই মুহূর্তে দ্বিমুখী আক্রমণের বিরুদ্ধে লড়াই করছিল—তাদের সম্মুখে কারাচাপা কেল্লার প্রাচীরের দিকে রাবণের সেনার, আর পিছনে অপ্রত্যাশিতভাবে আগত কুম্ভকর্ণের বিশাল নৌবাহিনীর বিরুদ্ধে!

দশরথের সুশিক্ষিত যোদ্ধাসত্তা তাঁকে সাবধান করল যে তাঁর দৃষ্টির পশ্চাতে মারাত্মক কোনো ঘটনার অবতারণা ঘটেছে! তিনি সেদিকে ফিরে যুদ্ধরত

সহস্র মানুষের সমুদ্রে দৃষ্টিনিক্ষেপ করলেন। হঠাৎই তাঁর বামদিকে একটি অতর্কিত আক্রমণের সম্ভাবনা অনুমান করে তাঁর ঢাল তুলতেই, সেটির উপরে সজোরে বর্ষিত হল এক লঙ্কাসেনার মারাত্মক আঘাত! প্রত্যাঘাতে তিনি এক অপার্থিব হুঙ্কার সহযোগে বিদ্যুৎচমকের গতিতে তাঁর তরবারি চালালেন, সেই প্রচণ্ড আঘাতে লঙ্কাসেনাটির পুরু বর্ম বিদীর্ণ হল! সেনাটি সজোরে ভূপতিত হতে, দেখা গেল, তার উদর দ্বিখণ্ডিত হয়েছে আর সেই মর্মান্তিক ক্ষতস্থান থেকে ফোয়ারার ন্যায় রক্ত ছিটকে বেরোচ্ছে! শুধু রক্তক্ষরণ নয়, হতভাগ্য সেনাটির রক্তাক্ত অন্ত্রখানি তার শরীরের বাইরে বেরিয়ে এসেছে! এইবার দশরথ তাঁর পশ্চাতে ফিরে তাকালেন, তাঁর যুদ্ধরত বীর সেনানীদের দিকে।

'না...!' আর্তনাদ নির্গত হল তাঁর মুখ থেকে!

তাঁর বিস্মিত দৃষ্টির সম্মুখে ধরা পড়ল এক অবিশ্বাস্য, অনাস্বাদিত দৃশ্য! কেল্লার প্রাচীরের সম্মুখে লঙ্কাবাহিনীর সুদক্ষ তিরন্দাজ, তাদের অশ্বারোহী সেনা এবং পশ্চাতে শত শত জলযানের থেকে সদ্য আগত ভয়ংকর অশ্বারোহী যোদ্ধাদের ত্রিমুখী সাঁড়াশি আক্রমণে, তাঁর রণকুশলী, সর্বশ্রেষ্ঠ সেনাদের মনোবল বালুর প্রাসাদের মতো ভেঙে পড়ছে! তাঁর অবিশ্বাসী দৃষ্টির সম্মুখে তাঁর সেনাদের মধ্যে কেউ কেউ ছত্রভঙ্গ অবস্থায় পলায়নের প্রচেষ্টাতে উদ্যত!

'না!' বজ্রকণ্ঠে সিংহনাদ করে উঠলেন তিনি, 'লড়াই করো! লড়াই জারি রাখো! আমরা অযোধ্যাবাহিনী! আমরা অপরাজেয়!'

ইতিমধ্যে, সমস্ত কিছু তাঁর পরিকল্পনা অনুযায়ী হতে থাকায়, রাবণ তাঁর কিছু সেনা সঙ্গে নিয়ে, তাঁর অশ্ব ছোটালেন বামদিকে, সাগরের তটভূমির একটি অবতল অংশ লক্ষ্য করে। একমাত্র এই স্থানটিই অযোধ্যার সেনাবাহিনীর পক্ষে প্রতি আক্রমণের স্থান হতে পারে! সেই কারণে, তাঁর প্রশিক্ষণপ্রাপ্ত দক্ষ অশ্বারোহী বাহিনীকে সঙ্গে নিয়ে, ছত্রভঙ্গ অবস্থা থেকে ধাতস্থ হতে পারার পূর্বেই, পুনরায় অযোধ্যাবাহিনীর অবশিষ্ট সেনাদের ধ্বংস করতে করতে কেল্লা অভিমুখে অগ্রসর হতে থাকলেন। কুম্ভকর্ণ সপ্তসিন্ধু বাহিনীর পশ্চাতের সারিগুলিকে নিঃশেষ করার পূর্বেই তাঁকে কেল্লার প্রাচীরের সম্মুখে নিজেদের অবস্থানে পৌঁছোতে হবে!

দশরথকে হত্যা করার কোনো অভিপ্রায় রাবণের ছিল না। তাঁর লক্ষ্য তিনি ছিলেন না। তাঁর লক্ষ্য ছিল একমাত্র এই যুদ্ধে জয়লাভ করা। এবং

সেই কর্মে সফল হতে গেলে তাঁকে অযোধ্যার সৈন্যদলের অন্তিম শক্তিকে বিলুপ্ত করতে হবে!

ধীরে, কিন্তু প্রত্যাশিতভাবে, কারাচাপা কেল্লার প্রাচীরের সম্মুখে লঙ্কার সুদক্ষ সেনার দ্বারা, কুম্ভকর্ণের নেতৃত্বে পশ্চাৎ থেকে মারাত্মক আততায়ীদের দ্বারা, এবং তাদের অভ্যন্তরে রাবণের অশ্বারোহী সেনার দ্বারা নিষ্পেষিত হতে হতে, ক্রমেই দশরথের প্রবল প্রতাপশালী, অপরাজেয় সেনাদল ছত্রভঙ্গ হতে শুরু করল। আতঙ্ক তাদের গ্রাস করেছে! আর কিছু সময় অতিক্রান্ত হতে, দেখা গেল অমিতশক্তিধর অযোধ্যাবাহিনী সম্পূর্ণ দিশাহারা হয়ে রণে ভঙ্গ দিয়ে পলায়নের পথ চয়ন করতে বাধ্য হয়েছে!

যুদ্ধের আর কিছু অবশিষ্ট ছিল না মুহূর্তে—তা এক নির্বিচার হত্যালীলায় পরিণত হয়েছে!

কিন্তু রাবণ এখানেই ক্ষান্ত দিলেন না। তিনি যুদ্ধবিরতির ঘোষণাও করলেন না! তিনি তাঁর সৈন্যদলকে বিন্দুমাত্র দয়া প্রদর্শনের অনুমতিও প্রদান করলেন না!

তাঁর নির্দেশ একেবারে স্পষ্ট, এবং সেটি তিনি আরো স্পষ্টভাবে চিৎকার করে তাঁর সেনাদের কাছে পৌঁছে দিলেন, 'প্রত্যেককে হত্যা করো! কোনো দয়া দাক্ষিণ্য নয়! কেউ প্রাণভিক্ষা পাবে না!'

তাঁর আদেশ সেনারা অক্ষরে অক্ষরে পালন করল!

২০

বিংশ অধ্যায়

রাবণ নিজের নিঃশেষিত স্বর্ণসুরাপাত্রটিতে ইঙ্গিতবাহী টোকা দিলেন। কক্ষের অপরপ্রান্ত থেকে এক পরিচারক তাঁর দিকে অগ্রসর হতে উদ্যত হল। পরমুহূর্তে কুম্ভকর্ণকে তাঁর আসন থেকে গাত্রোত্থান করে তাঁর অগ্রজের ইশারায় সাড়া দিতে দেখে, সে নিরস্ত হল।

নিজের পানপাত্র পূর্ণ করে, কুম্ভকর্ণ রাবণের সুদৃশ্য পানপাত্রটিও পরিপূর্ণ করে দিলেন তিনি। তারপরে পরিচারকের দিকে তাকিয়ে তাকে কক্ষ থেকে বিদায় নেওয়ার নির্দেশ দিলেন। সে নিঃশব্দে তাঁকে অভিবাদন জানিয়ে, কক্ষ থেকে নিষ্ক্রান্ত হল।

কারাচাপার সেই ঐতিহাসিক যুদ্ধের পর, রাবণ দ্বারা সপ্তসিন্ধুর সমস্ত গর্ব খর্ব হওয়ার পর, পাঁচ মাস সময় অতিক্রান্ত হয়েছে। দ্বিতীয়া পত্নী, কেকায়ার রাজা অশ্বপতির কন্যা কৈকেয়ীর অসম সাহসিকতার ফলস্বরূপ, কোনোপ্রকারে রাজা দশরথের প্রাণ রক্ষা পেয়েছে!

নিজের সুরাপাত্র থেকে চুমুক দিয়ে কুম্ভকর্ণ প্রশ্ন করলেন, 'আপনার কি মনে হয় দাদা, আমাদের কী মহারাজকে হত্যা করা উচিত ছিল?'

'আমি প্রথমে সেই কথাই ভেবেছিলাম,' মাথা নাড়লেন রাবণ, 'কিন্তু এখন মনে করি যা হয়েছে তাই ঠিক। যুদ্ধক্ষেত্রে বীরের ন্যায় মৃত্যুবরণ করলে উনি ইতিহাসের পাতায় অমরত্ব লাভ করতেন। এই পরাজয়ের সীমাহীন গ্লানি ধীরে ধীরে তাঁর সমস্ত মানসিক কাঠিন্য, উদ্দীপনাকে নির্বাপিত করে ফেলবে। একদিকে এক মহাযোদ্ধার কাছে পরাজয়ের এই চূড়ান্ত অপমান, অন্যদিকে

আমাদের দিকে থেকে ব্যবসায়িক নিয়মের বিষম ফাঁস, তাঁর কণ্ঠরোধ করে ফেলবে। এবং ক্রমে ক্রমে এক দুর্বল ও অনিশ্চিত শাসকের নেতৃত্বে, সপ্তসিন্ধু পুনরায় নিজের শ্রেষ্ঠত্বের গরিমা ধরে রাখতে সক্ষম হবে না। সেই কারণেই আমাদের ক্রমবর্ধমান শোষণে তারা আর কখনোই কোনো প্রতিরোধ গড়ে তুলতে অপারগ! আমরা যদি দশরথকে হত্যা করতাম, তাহলে জনমানসে তিনি শহীদরূপে পূজিত হতেন। এবং এই শহীদেরা অত্যন্ত বিপজ্জনক হয়। এদের স্মৃতি বিপ্লবের প্রধান উৎস হিসাবে জনমানসে রক্ষিত হয়ে থাকে।'

'তাহলে আপনার মনে হয়, রানি কৈকেয়ীর সাহসিকতা আসলে আমাদের সাহায্যপ্রদান করেছে!'

'তিনি আমাদের সাহায্যপ্রদান করতে ইচ্ছুক ছিলেন না। তিনি তাঁর স্বামীর প্রাণরক্ষার প্রচেষ্টায় রত ছিলেন। কিন্তু তিনি নিশ্চয় এক অতিশয় সাহসী মহিলা! কিন্তু আমার ধারণা অনুযায়ী, তাঁর অকৃতজ্ঞ প্রজাদের কাছে তিনি দুর্ব্যবহার ব্যতীত কিছুই পাবেন না। এরা এদের নায়কদের সম্মান প্রদর্শনে অতিশয় অজ্ঞ!'

'যেদিন আমরা কারাচাপার মহাযুদ্ধে সপ্তসিন্ধুকে পরাজিত করেছিলাম, সেদিনই দশরথের প্রথমা মহিষী কৌশল্যা এক পুত্রসন্তানের জন্ম দিয়েছিলেন। তাঁর নামকরণ হয়েছিল—রাম!'

'বিষ্ণু অবতারের নাম অনুসরণ করে!' অবজ্ঞার হাসি হাসলেন রাবণ। বিষ্ণুর ষষ্ঠ অবতারের জন্মগত নাম ছিল রাম, কিন্তু তিনি পরিচিত হয়েছিলেন পরশুরাম নামে, 'এই শিশুটির পিতামাতার নিশ্চয় তার উপরে অগাধ আশা আকাঙ্খা!'

'মজার কথা এই যে, কারাচাপার মহাযুদ্ধে তাঁদের পরাজয়ের সমস্ত কলঙ্ক তারা এই শিশুটির উপর ন্যস্ত করেন! তাঁদের স্থির ধারণা, এই শিশুই তাঁদের এই দুর্ভাগ্যের একমাত্র কারণ!'

'তাহলে আমাদের এই বিজয় আমার মস্তিষ্কপ্রসূত বিভিন্ন দুর্দান্ত রণকৌশলের দ্বারা উপলব্ধ হয়নি! রানির আসন্নপ্রসবা অবস্থার কারণে সপ্তসিন্ধু এই যুদ্ধে পরাজয় বরণ করেছে?' অট্টহাস্য করে উঠলেন রাবণ!

কুম্ভকর্ণ সজোরে সেই প্রচণ্ড হাসির সঙ্গে সঙ্গত করলেন!

'আপনার সর্বসময় এইভাবে আনন্দে বিরাজ করা উচিত, দাদা!' তিনি বললেন, 'বেদবতীজিও আপনাকে এইভাবে দেখলে সদা সন্তুষ্ট হতেন!'

'এই এক কথা আমায় বলা বন্ধ করবে তুমি!'

'কিন্তু, এই তো সত্য, দাদা!'

'তুমি কী করে অবগত হলে এ সত্য? ওনার পবিত্র আত্মা কি এসে তোমায় এই কথা বলে গেছেন?'

কুম্ভকর্ণ হতাশায় মাথা নাড়ালেন, 'দাদা, যতক্ষণ না পর্যন্ত আপনি আপনার মুখমণ্ডলে হাসি রেখে, ওনার কথা চিন্তা করতে সক্ষম হবেন ততক্ষণ আপনার মন শান্তি পাবে না। প্রতিবার যদি আপনি অবদমিত ক্রোধে এবং সন্তাপের মাধ্যমে তাঁকে স্মরণ করেন, তাহলে আপনার এই স্বর্গীয়, সুন্দর স্মৃতি গরলে পরিণত হবে ক্রমে। বহু বছর অতিক্রান্ত হয়েছে। এবার এই স্মৃতি আঁকড়ে পড়ে থাকা আপনার পক্ষে ক্ষতিকারক!'

'তুমি কী বলতে চাও তিনি যে কদর্যরূপে দেহত্যাগ করেছেন তা আমি বিস্মৃত হই? তাঁর সমগ্র স্মৃতি বিসর্জন দিয়ে এক হতভাগ্য নির্বোধের জীবন যাপনে অভ্যস্ত হব আমি?' গর্জন করে উঠলেন রাবণ!

কুম্ভকর্ণ শান্ত রইলেন, 'আমি সেই কথা বলিনি। তিনি কীরূপে প্রাণত্যাগ করেছেন তা আমাদের বিস্মৃত হওয়ার কোনো সম্ভাবনা আছে? কিন্তু তাঁর সুন্দর জীবনের একমাত্র মৃত্যুর করাল স্মৃতিটুকুই কেন আমরা বহন করে বেড়াব? তাঁর বহু স্মৃতির মধ্যে তাঁর মৃত্যুর স্মৃতি এক বেদনাদায়ক অংশবিশেষ। আপনার উচিত তাঁর অন্যান্য সুখস্মৃতিগুলি নিয়েও চিন্তা করা। সেই সুন্দর মুহূর্ত যা আপনি তাঁর সান্নিধ্যে অতিবাহিত করেছেন। তাহলেই তাঁর স্মৃতিতে আপনি শোক ও রোষে নিমজ্জিত হওয়ার থেকে রক্ষা পাবেন!'

'হয়তো আমার এই শোকের আবহ পছন্দ! তা আমাকে শান্তি প্রদান করে।'

'যদি আপনি কোনো কিছু নিয়েই কালযাপন করতে শুরু করেন, তাহলে সেটি শোক হলেও, আপনার পছন্দের তালিকায় স্থান পাবে!'

রাবণ অসম্মতির মাথা নেড়ে বুঝিয়ে দিলেন যে এই প্রসঙ্গে আরো বাক্যালাপ করা অবান্তর।

কুম্ভকর্ণ নীরব হলেন।

'আচ্ছা, যুদ্ধ থেকে উপার্জিত অর্থের প্রথমাংশ কবে শিগিরিয়ায় পৌঁছবে?' প্রশ্ন করলেন রাবণ।

'কয়েক সপ্তাহের মধ্যে, দাদা! আমাদের লঙ্কাদ্বীপ এক স্বচ্ছল রাজ্য থেকে এক প্রবল বিত্তশালী দেশে উন্নীত হবে! সম্ভবত এই পৃথিবীর সর্বাপেক্ষা ধনী

দেশগুলির মধ্যে অন্যতম!'

কারাচাপার মহাযুদ্ধের পূর্বে, সপ্তসিন্ধুর সঙ্গে ব্যবসায় সংগৃহীত সমগ্র লভ্যাংশের মাত্র দশ শতাংশ নিজের কোষাগারে সঞ্চয় করতে সক্ষম হতো লঙ্কাদ্বীপ। নব্বই শতাংশের সগর্ব মালিকানা উপভোগ করত অযোধ্যা—সমগ্র সপ্তসিন্ধুর মুখপাত্র হিসাবে। অযোধ্যা এই অর্থ পুনরায় তার অঙ্গরাজ্যগুলির মধ্যে বিভক্ত করে দিত। কিন্তু এই যুদ্ধের পরে, রাবণ নির্মমভাবে অযোধ্যাকে লভ্যাংশের মাত্র নয় শতাংশ প্রদান করে, অবশিষ্ট অর্থ লঙ্কার জন্য রক্ষিত করা শুরু করেছিলেন। এ ছাড়াও, সপ্তসিন্ধু থেকে ক্রয় করা সমস্ত রকমের তৈরি মালপত্রের মূল্য অসম্ভবভাবে হ্রাস করে দিয়েছিলেন রাবণ। এতো করেও তিনি ক্ষান্ত হননি তিনি অযোধ্যাকে নির্দেশ দিয়েছিলেন, অধীনস্থ রাজ্যগুলিকে বিগত তিন বছরের উদ্বৃত্ত অর্থসমূহ বর্ধিত সূদসমেত লঙ্কাদ্বীপের রাজকোষে জমা করতে —যুদ্ধজয়ের পরে নতুন নিয়ম হিসাবে। রাবণ অবগত ছিলেন, এই প্রচণ্ড অর্থনৈতিক চাপ সমগ্র সপ্তসিন্ধুকে ক্রমে দেউলিয়া করার দিকে ঠেলে দেবে, অন্যদিকে লঙ্কাদ্বীপ হয়ে উঠবে অন্যতম এক অর্থনৈতিক শক্তি! এ ছাড়াও, বর্ধিত লভ্যাংশের পঞ্চাশ শতাংশ রাবণ নিজের কোষাগারে সঞ্চয় করবেন, ফলে তিনিও হয়ে উঠবেন অত্যন্ত বিত্তবান এক শাসক। প্রবল প্রতাপশালী এক নায়ক!

'আমাদের পরবর্তী লক্ষ্য কী দাদা? প্রশ্ন করলেন কুম্ভকর্ণ।

কক্ষের ভিতর এক বিশাল জানলার দিকে এগিয়ে গেলেন রাবণ, এবং বাইরের সবুজ গালিচার ন্যায় বাগানে দৃষ্টিক্ষেপ করলেন। সমগ্র পৃথিবীর ধনীতম মানুষ এবং লঙ্কার সামগ্রিক ব্যবসা-বানিজ্যের একছত্র অধিপতি কুবের রাজার অতুলনীয়, বিস্ময়কর রাজপ্রাসাদ—যেটি একটিমাত্র প্রস্তরখণ্ড দ্বারা প্রস্তুত হয়েছে, রাবণের এই সিগিরিয়ার প্রাসাদের থেকে মাত্র কিছুদূরেই অবস্থিত।

যুদ্ধবিগ্রহ ও রণকৌশল সম্বন্ধে কুবের রাজার যথেষ্ট জ্ঞান অথবা অভিজ্ঞতা না থাকলেও, উপচে পড়া কোষাগার সুরক্ষিত করার উপযোগিতা সম্বন্ধে যথেষ্ট অবগতি তাঁর ছিল। বিগত কয়েক যুগ ধরে, তিনি সমগ্র শহরের সুরক্ষা ব্যবস্থার প্রভূত উন্নতিসাধন করেছিলেন। সিগিরিয়া নগর তার চারদিকে বিশাল গড়ানো পাথরনির্মিত পর্বত দ্বারা পরিবেষ্টিত ছিল। সেই দীর্ঘ পাথরের অবতল চূড়ায়, সশস্ত্র সেনার অবস্থান, যাতে ওই অনতিক্রম্য উচ্চতা থেকে তারা আগুয়ান যে কোনো অনুপ্রবেশকারীদের মহড়া নিতে

পারে অবলীলায়। এ ছাড়াও, নগরের চারদিকে সুউচ্চ প্রাচীর ও গভীর পরিখা সমগ্র নগরকে সুরক্ষিত ও সজাগ রাখত।

কুবের রাজা শুধুমাত্র সুরক্ষা ব্যবস্থা সুদৃঢ় করেই ক্ষান্ত থাকেননি! পোষাক এবং অলংকারের ক্ষেত্রে তাঁর রুচিবোধ হাস্যাস্পদ হলেও, স্থাপত্যশৈলী ও কারুকার্যের প্রতি তাঁর সুরুচিপূর্ণ দৃষ্টি উল্লেখযোগ্য ছিল। সেই কারণে এই সুন্দর নগরীকে তিনি তাঁর বিশেষ ক্ষমতাবলে অনিন্দ্যসুন্দর এক নয়নাভিরাম, স্বর্গীয় উপনিবেশে রূপান্তরিত করেছিলেন।

একটি বিস্তীর্ণ মালভূমির উপর নির্মিত এই অনুপম নগরী অসংখ্য সুদৃশ্য বাগিচা এবং প্রশস্ত রাস্তাঘাটে সুসজ্জিত ছিল। সযত্নে সংরক্ষিত ঘাসজমি, চাষ আবাদের জন্য বিশেষভাবে নির্মিত জলাধার এবং জলবণ্টনের সুব্যবস্থা ছিল নগরের বহির্ভাগে। নগরের আভ্যন্তরীণ রাস্তাঘাটের দু-ধারে চিরসবুজ গাছের শৃঙ্খলাবদ্ধ সারি তাদের ডালপালা মেলেছিল নৃত্যের ছন্দে! নগরের অভ্যন্তরে অবিন্যস্ত অবস্থায় পড়ে থাকা বিশাল পাথরের সমষ্টিকে সুচারুরূপে প্রস্তর বাগিচায় রূপান্তরিত করে, সুন্দর ফোয়ারা দ্বারা সজ্জিত করা হয়েছিল। এছাড়াও, আধুনিক সভ্যতার অনুষঙ্গ হিসাবে একাধিক সুবিশাল প্রেক্ষাগৃহ নির্মাণ করা হয়েছিল, যেখানে বিভিন্ন সামাজিক কার্যকলাপ অনুষ্ঠিত হতো। গ্রন্থাগার, নাট্যশালা, জলবিহারের উপযুক্ত সুসজ্জিত হ্রদের ব্যবস্থা ছিল এই নগরীতে। এই লঙ্কাদ্বীপ বৃহত্তর বেদিক জগতের একাংশ হওয়ায়, এই নগরে পবিত্র বেদে পূজিত অসংখ্য দেবদেবীর মন্দিরের প্রাচুর্য লক্ষিত হতো। নগরীর সর্বাপেক্ষা বৃহৎ মন্দিরখানিতে বিষ্ণুর ষষ্ঠ অবতার, এবং মলয়পুত্র সম্প্রদায়ের আবিষ্কর্তা পরশুরামের উপাসনা হতো। এই অনুপম মন্দির সম্পূর্ণ নিজের তত্ত্বাবধানে এবং ব্যবস্থাপনায় নির্মাণ করিয়েছিলেন স্বয়ং ঋষি বিশ্বামিত্র!

এই নগরের স্থাপত্যশৈলী ও সৌন্দর্য মহাবলী রাবণের নিস্তরঙ্গ মন আন্দোলিত করতে সক্ষম হল না। এই নগরের অনতিদূরে, কিছু গ্রাম পরিবেষ্টিত সেই একটিমাত্র প্রস্তরখণ্ডে নির্মিত প্রাসাদ—যাকে সকলে 'সিংহের প্রস্তর' নামে অভিহিত করত, রাবণের লক্ষ্য ছিল সেদিকে! এই নগর তার নাম এই অখণ্ড প্রস্তর হতে আহরণ করেছে, সংস্কৃতে *সিংহগিরি* অথবা *সিংহ পর্বত*! এই পর্বতের চূড়ায় কুবের রাজার স্বর্গীয় সুন্দর রাজপ্রাসাদের অবস্থান! প্রকৃতির প্রাচুর্যের ও মানবের গগনচুম্বী অহং-এর নীরব আস্ফালন এই প্রাসাদ। উন্নাসিকতায় পরিপূর্ণ, কিন্তু রুচিগতভাবে মার্জিত ও পরিশীলিত!

এই প্রস্তরখণ্ডের নীচে অনির্বচনীয় সৌন্দর্যের প্রতিভূ হিসাবে ছিল একাধিক সুসজ্জিত বাগানের উপস্থিতি, যেখানে স্থাপত্যশৈলীর বৈশিষ্ট্যরূপে সম্পূর্ণ জলনিরোধক ইষ্টের সুনিপুণ ব্যবহার পরিলক্ষিত হতো। প্রতিটি বাগান তার পূর্বের বাগানের চাইতে আয়তনে ও উচ্চতায় কিঞ্চিৎ বড় হওয়ায়, তাদের শরীর বেয়ে, একাধিক উদ্যান এবং ফোয়ারার মধ্যে দিয়ে একটি অপরিসর, সর্পিল পথ স্থাপত্যের অসাধারণ মুন্সীয়ানায় প্রস্তরের চূড়ার প্রাসাদে পৌঁছেছে। উত্তরদিক থেকে এই পথ চলে গিয়েছে সিগিরিয়ার অসাধারণ স্থাপত্য শিল্পের প্রতীক—সিংহদুয়ারের দিকে।

এই প্রবেশপথের তোরণের উপরিভাগে পশুরাজ সিংহের একটি বিশাল অবয়ব প্রস্তরে খোদিত থাকার কারণে, এটিকে এই নামে অভিহিত করা হতো। সেই প্রস্তরনির্মিত সিংহের সম্মুখের দুই পায়ের মাঝে ছিল এই দুয়ারের অবস্থান, সেই পায়ের উচ্চতা ছিল প্রাপ্তবয়স্ক মানুষের উচ্চতার সমান। দুয়ারের উপরিভাগে সেই বিশাল সিংহের রাজকীয় মাথা সম্পূর্ণ সিগিরিয়ার সমস্ত অঞ্চল থেকে দৃশ্যমান! বিশাল প্রস্তরখণ্ডটির আকারের সঙ্গে সিংহের অবয়বের সাদৃশ্য পরিলক্ষিত হতো—যেন সে তার রাজকীয় ভঙ্গিমায় উপবিষ্ট হয়ে, অলস বিভঙ্গে তার সমগ্র রাজ্যের অতন্দ্র প্রহরায় রত!

সে এক অচিন্তনীয় দৃশ্য!

এই প্রস্তরখণ্ডের অবতল চূড়ায়, প্রায় দুই ক্রোশাধিক অঞ্চল জুড়ে অবস্থিত ছিল কুবের রাজার রাজপ্রাসাদ! এই প্রাসাদে কোনো জিনিসের অভাব ছিল না—সরোবর, উদ্যান, নিভৃত কক্ষ, আদালত, একাধিক দফতর, অকল্পনীয় সমস্ত ভোগবিলাসের সামগ্রী—যেগুলি এই পৃথিবীর ধনীতম মানুষটিকে বিলাস ব্যসনের সর্বোচ্চ স্তরে বিরাজ করতে সাহায্য করতে পারে।

'আমাদের পরবর্তী লক্ষ্য হল ওই প্রাসাদের দখল নেওয়া!' সিংহ পর্বতের দিকে আঙুল নির্দেশ করে বললেন রাবণ!

'কী!' কুম্ভকর্ণ নিজের বিস্ময়ের অভিব্যক্তি গোপন করতে অসমর্থ হলেন, 'কুবের রাজাকে নিঃশেষ করার পক্ষে কি আমরা তাড়াহুড়ো করছি, দাদা? এখনো ওনাকে পরাজিত করার ক্ষমতা আমাদের...'

রাবণ মুখব্যাদান করলেন, 'আমি সেটির কথা বলিনি,' তিনি বললেন, 'আমি ওটির কথা বলছি!'

এইবার রাবণের অঙ্গুলিনির্দেশ আরো মনোযোগের সঙ্গে অনুসরণ করলেন

কুম্ভকর্ণ! তিনি কুবেরের প্রাসাদের দিকে নয়, তাঁর আঙুল নির্দেশ করছে সিংহ পর্বতের দিকে! সিংহদুয়ারের থেকে এক দীর্ঘ সিঁড়িপথ উঠে গিয়েছে প্রস্তরখণ্ডের মধ্যবর্তী অংশ অবধি, যে অংশ প্রস্তরখণ্ডের চূড়া থেকে প্রায় দুই শত হাত নীচে। পাথরে খোদিত এই সিঁড়িপথের একপাশে যাত্রীদের সুরক্ষায় একটি দেওয়াল, যা নির্মিত হয়েছে নিখুঁতভাবে সমান ইষ্টখণ্ড উপযোগে, এবং সেগুলির শোভাবর্ধন করছে শ্বেতশুভ্র রঙের প্রলেপ! সেই প্রলেপ এতোই মসৃণ, যে সিঁড়ি ব্যবহারকারী যাত্রীরা তাতে নিজেদের প্রতিফলন প্রত্যক্ষ করতে সক্ষম আয়নার ন্যায়। সেই কারণে, এই দেওয়ালের নামকরণ করা হয়েছিল 'আয়না পাথর!' এই অংশকে ছাড়িয়ে, প্রস্তরের অবশিষ্ট অংশকে সেই অতিকায় সিংহের পৃষ্ঠের জন্য কাপড় নির্মিত আসনের রূপ প্রদান করা হয়েছিল। এই আসনের সৌন্দর্য বৃদ্ধি করেছিল একাধিক অপ্সরার কারুচিত্র। এই নারীদের পরিচয় সম্বন্ধে কারো অবগতি ছিল না। মহারাজা ত্রিশঙ্কু কাশ্যপের সময়ে চিত্রিত এই অপূর্ব চিত্রগুলি এতোকাল পরেও সযত্নে সংরক্ষিত হয়ে আসছিল! এই অংশ অতিক্রম করার অব্যবহিত পরে, সেই পথ পৌঁছেছিল অপেক্ষাকৃত নীচুস্তরের সভাসদের জন্য নির্মিত প্রাসাদগুলিতে। এগুলির সম্মুখে ছিল অপার্থিব সুন্দর উদ্যানসমূহ, দীঘি, পরিখা এবং প্রাচীর, যেগুলি প্রধান রাজপ্রাসাদকে সুরক্ষা প্রদান করত—যেখানে কুবের রাজা বসবাস করতেন!

রাবণ এই নিচুস্তরের সভাসদের জন্য নির্মিত প্রাসাদগুলিকে নির্দেশ করছিলেন!

'মেঘদূত?' প্রশ্ন করলেন কুম্ভকর্ণ।

এই বিশেষ প্রাসাদগুলিতে বসবাস করতেন কুবের রাজার নিজস্ব রক্ষিতাগণ এবং অসমবয়সী উপপত্নীরা। কিন্তু এর মধ্যে একটি প্রাসাদে বসবাস করতেন সিগিরিয়ার প্রধানমন্ত্রী মেঘদূত, যিনি সেই রাজ্যের যাবতীয় খাজনা, প্রদত্ত কর, সুরক্ষা এবং সামগ্রিক নিয়মকানুনের সর্বময় কর্তা ছিলেন। সমগ্র লঙ্কাদ্বীপের সেনাপ্রধান এবং নগরপাল হওয়ার সুবাদে রাবণ স্পষ্টতই লঙ্কার শ্রেষ্ঠ শক্তিমান পুরুষ ছিলেন। অন্যদিকে, মেঘদূত ছিলেন কোষাগারের সর্বময় কর্তা। ফলস্বরূপ, এই দুই জনে একত্রে কুবেরের রাজ্যপাট চালনা করতেন! তাই, রাবণ যদি মেঘদূতের সমস্ত ক্ষমতা নিজের অধীনস্থ করতে সক্ষম হতে পারেন, অনায়াসে তাঁর শক্তি ও ক্ষমতা ব্যবসায়ী রাজাকে তাঁর অনুগত

প্রজায় রূপান্তরিত করবে! তারপর, তাঁকে সিংহাসনচ্যুত করে লঙ্কার একছত্র অধীশ্বর হওয়া শুধুমাত্র সময়ের অপেক্ষা! অনায়াসলব্ধ!

তাঁরা একান্তে থাকলেও, কুম্ভকর্ণ সর্বদা তাঁর শব্দচয়নে বিশেষভাবে সাবধানী থাকতেন, 'আপনি বুঝতে পারছেন আমাদের কী করণীয়...'

'হ্যাঁ, আমি জানি!' বাধাপ্রদান করলেন রাবণ, 'কিন্তু এটিকে একটি সাধারণ দুর্ঘটনার রূপ প্রদান করতে হবে! না হলে আমার পক্ষে সিংহাসন দখল করার কাজ যথেষ্ট কষ্টকর হয়ে দাঁড়াবে!'

'হুমম...'

'এটি একটি কঠিন কর্ম! এই কর্মসাধন করার দক্ষতা আমাদের নেই। আমাদের একজন শিল্পীর প্রয়োজন হবে!'

চিন্তান্বিত স্বরে কুম্ভকর্ণ জবাব দিলেন, 'আমি সেই শিল্পীর অন্বেষণের দায়িত্বভার গ্রহণ করলাম!'

রাবণ লঙ্কাদ্বীপের প্রধানমন্ত্রী মেঘদূতকে হত্যা করার নির্দেশ প্রদান করার পরে এক মাস অতিবাহিত হওয়ার পরেও, সেই কর্মে অতি কুশলী কুম্ভকর্ণ পর্যন্ত অগ্রসর হতে সক্ষম হননি! উপায়ন্তর না দেখে, তিনি তাঁর মাতুলের সাহায্যপ্রার্থী হয়েছিলেন। এবং এতোদিন পরে আজ, মারীচ তাঁকে সন্দেশ পাঠালেন এই কর্মের জন্য উপযুক্ত লোকের সন্ধান পাওয়া গিয়েছে!

অগ্রজকে এই সুখবর শোনাবার জন্য উদগ্রীব কুম্ভকর্ণ তাঁর অন্বেষণে ব্যস্ত হলেন, কিন্তু রাবণ কোথায়? তারপর প্রাসাদের অভ্যন্তরে সুকৌশলে লুক্কায়িত একটি গোপন কক্ষ লক্ষ্য করে অগ্রসর হলেন তিনি। দুই ভ্রাতা ব্যতীত অন্য কারো এই কক্ষে প্রবেশাধিকার ছিল না, ঠিক গোকর্ণে রাবণের প্রাসাদের গোপন কক্ষের ন্যায়।

সেই বিশেষ কক্ষে প্রবেশ করেই কুম্ভকর্ণ পিছনে ঘুরে দুয়ার অর্গলবদ্ধ করলেন। কক্ষে একটিমাত্র মশাল প্রজ্জ্বলিত। রাবণ সেই কক্ষেই উপস্থিত রয়েছেন।

আধো অন্ধকারে কুম্ভকর্ণের দৃষ্টি পড়ল এক স্বর্ণমণ্ডিত রাবণহতর দিকে। সেটি ভগ্নদশায় ভূলুণ্ঠিত, সেটির তারগুলি বিনষ্ট অবস্থায় বর্তমান। গোপন

কক্ষের নিভৃতে, অনন্ত নীরবতার ভিতরে তিনি যেন এক ক্রন্দনমিশ্রিত হাহাকার শুনতে পেলেন।

অন্ধকারে তাঁর দৃষ্টি কিছুটা পরিষ্কার হতে, কুম্ভকর্ণ দেখলেন রাবণের বিশাল চেহারাটি একটি কাঠের আসনের উপর শিথিলভাবে উপবিষ্ট, দুয়ারের দিকে পিছন ফেরা অবস্থায়। তাঁর মুখমণ্ডল দুই হাতের তালুতে বন্দি করে তিনি ক্রন্দনরত, এবং তাঁর শরীর কম্পমান। মনের অতলের ক্ষোভ ও চরম হতাশার থেকে হৃদয় নিংড়ে নির্গত হচ্ছে হৃদয়বিদারক, করুণ ক্রন্দনের হাহাকার!

রাবণের সম্মুখে একটি ছবি আঁকার কাগজ। সেটির উপর তুলির বলিষ্ঠ, অযত্নে ও ক্ষোভে অঙ্কিত কিছু রেখার দ্বারা একটি অতি পরিচিত অবয়বকে ফুটিয়ে তোলার চেষ্টা লক্ষ্য করলেন তিনি, যেটি অসমাপ্ত অবস্থায় রয়ে গিয়েছে। কুম্ভকর্ণের কয়েক মুহূর্ত সময় ব্যয় হল, কিন্তু তারপরে সেটি বেদবতীর একটি অসমাপ্ত চিত্রের প্রচেষ্টা হিসাবে তাঁর চোখে ধরা দিল। তাঁর অবয়ব ধরা পড়েছে এক আসন্নপ্রসবা হিসাবে—পূর্ণ, বিশালকায়া। রেখাচিত্র সম্পন্ন হতে, শুধু রঙের প্রলেপ পড়তে বাকি আছে। শুধু তাঁর দুই চোখ আঁকতে বাকি রয়েছে—এবং এইখানে এসেই রাবণ হতোদ্যম হয়ে পড়েছেন।

কুম্ভকর্ণ অবগত ছিলেন যে তোড়িগ্রামের সেই ঘটনার পর থেকে রাবণ বেদবতীর চিত্র নির্মাণ করায় ক্ষান্ত দিয়েছিলেন। সেই সময় থেকে, কল্পনার মাধ্যমেই তাঁর বয়োঃবৃদ্ধি ঘটেছে, ধীরে ধীরে, বছরের পর বছর ধরে। এবং তিনি তাঁকে মানসচক্ষে, পুঙ্খানুপুঙ্খ রূপে দেখতে পেতেন, এতো পরিষ্কার যেন চিত্রাঙ্কনের সময় তিনি তাঁর সম্মুখে দণ্ডায়মান! কিন্তু বেদবতীর দেহত্যাগের পরে, চিত্র নির্মাণের ইচ্ছাটিও অন্তর্ধান করেছিল। এতোদিন পরে, পুনরায় যখন তিনি চিত্র নির্মাণের প্রচেষ্টায় রত হলেন, তিনি দেখলেন তাঁর সেই বিশেষ ক্ষমতা লোপ পেয়েছে সম্পূর্ণভাবে।

কুম্ভকর্ণ অবগত ছিলেন যে তাঁর অগ্রজের এই প্রচণ্ড ক্ষোভ ও রোষের প্রখরতা তাঁর পক্ষে সম্পূর্ণভাবে হৃদয়াঙ্গম করা দুষ্কর। একমাত্র একজন শিল্পীই তাঁর সৃষ্টি করার বিশেষ ক্ষমতা সারাজীবনের মতো হারানোর যন্ত্রণা বুঝতে সক্ষম। একজন প্রেমিকই তাঁর ভালোবাসা সারাজীবনের জন্য হারাবার অকল্পনীয় বেদনা অনুভব করতে সমর্থ। একমাত্র একজন একনিষ্ঠ ভক্ত, যিনি তাঁর দেবীকে নিজের হাতে ছুঁতে সক্ষম হয়েছেন, জানেন সেই দেবীর বিসর্জনের, তাঁর চিরপ্রস্থানের অতলান্ত যন্ত্রণার কথা!

কুম্ভকর্ণ নীরবে অগ্রজের কাছে অগ্রসর হলেন।

তিনি নতজানু হয়ে রাবণের পাশে উপবিষ্ট হয়ে, তাঁর কাঁধে পরম মমতায় একটি হাত রাখলেন। রাবণ মুখ ফিরিয়ে অনুজের কাঁধে নিজের মুখ রেখে অবিরাম ক্রন্দনে নিমজ্জিত হলেন। কোনো প্রকারের সান্ত্বনাই তাঁর এই পর্বতপ্রমাণ শোকের নিরসন করতে অক্ষম!

বহুক্ষণ ভ্রাতৃদ্বয় এই নীরব আলিঙ্গনে আবদ্ধ রইলেন। তাঁদের সম্মিলিত শোক ও অব্যক্ত ক্ষোভ যেন অন্যান্য সমস্ত শব্দ, চিন্তা ইত্যাদিকে নিজের করাল আবর্তে শোষণ করে নিয়েছিল!

এই নীরবতা ভঙ্গ করলেন রাবণ, 'আমি আমার আয়ত্তে... সম্পূর্ণ লঙ্কাদ্বীপকে...সত্বর!'

'হ্যাঁ, দাদা।'

'আমি ধ্বংস করব... আমার প্রয়োজন... ওই শয়তানেরা... সপ্তসিন্ধু... সমূলে ধ্বংস!'

কুম্ভকর্ণ নীরব রইলেন।

বহু প্রচেষ্টায় রাবণ নিজেকে সংযত করলেন, তারপর বললেন, 'ওই হত্যাকারীকে আমার সম্মুখে নিয়ে এসো!'

'হ্যাঁ, দাদা!'

'অতি সত্বর!'

'হ্যাঁ, অবশ্যই!'

যখন একটি নয়ানজুলি অপরিষ্কার জলে পরিপূর্ণ হয়ে যায়, সেটির থেকে বাড়তি জল চারপাশকে দূষিত করতে বাধ্য। যখন কেউ শোকে পরিপূর্ণ হয়, যখন ভাগ্যের পরিহাসে তাদের অন্তর শোক ও ক্ষোভের দহনজ্বালার তীব্র নিদাঘে ভস্মীভূত হয়, তখন তাদের অন্তরের অদম্য রোষ সারা পৃথিবীকে প্লাবিত করে খড়কুটোর মতো ভাসিয়ে নিয়ে যায়।

তাঁদের সম্মুখে একটিমাত্র পথ উন্মুক্ত হয়—তাঁরা তাঁদের এই হতভাগ্য জীবন নিয়ে যথেচ্ছ কর্মে লিপ্ত হন—কারণ তাঁদের কাছে সেই জীবনের বিন্দুমাত্র মূল্য অবশিষ্ট থাকে না।

—২৮—

'তুমি সঠিক জানো?' কৌতূহলী রাবণ প্রশ্ন করলেন।

এই বিশেষ সাক্ষাতের জন্য রাবণ ও কুম্ভকর্ণ গোকর্ণে যাত্রা করেছিলেন। তাঁদের এই পরিকল্পনার বিন্দুমাত্র আঁচ যাতে সিগিরিয়ার কেউ পায়, এই অভিপ্রায় তাঁদের ছিল না।

পার্শ্ববর্তী একটি লুক্কায়িত প্রবেশপথ দ্বারা মারীচ এবং অকম্পন প্রাসাদে প্রবেশ করেছিলেন। তাঁদের সঙ্গে ছিল একটি অল্পবয়সি, দোহারা চেহারার মানুষ!

মারীচ রাবণকে বললেন, 'আমার উপর বিশ্বাস রাখতে পারো। আমি নিজে এর দক্ষতা চাক্ষুষ করেছি। এ অপ্রতিরোধ্য! এর সঙ্গে শুধুমাত্র বিষকন্যাদের তুলনা চলে!'

বিষকন্যা, যার অর্থ হল, যে সুন্দরী মহিলারা তাদের দেহের বিষের দ্বারা মানুষকে হত্যা করতে সিদ্ধহস্ত—তারা সুদক্ষ হত্যাকারী! একদম শিশুবয়স থেকেই তাদের শরীরে প্রতিনিয়ত ক্ষুদ্র পরিমাণে বিষ প্রবেশ করানো হতো, যাতে তারা প্রকৃত হত্যাকারী হয়ে উঠতে পারে। ক্রমে তাদের শরীর এই বিষে অভ্যস্ত হয়ে যেত। তাদের একটি স্বাভাবিক চুম্বন যে কোনো মানুষকে মৃত্যুমুখে পতিত করতে সক্ষম ছিল! এই সুতীব্র বিষেও কাজ না হলে, সেই কাজ সম্পন্ন করত তাদের অভ্রান্ত তরবারি। সারা পৃথিবীতে তাদের ন্যায় সুদক্ষ হত্যাকারী মেলা ভার ছিল!

'শুধুমাত্র বিষকন্যাদের সঙ্গে তুলনীয়?' অকম্পনের পাশে দণ্ডায়মান মানুষটির দিকে একবার দৃকপাত করে, কুম্ভকর্ণ তাঁর ব্যাঙ্গাত্মক অভিব্যক্তি আড়াল করার বিন্দুমাত্র প্রচেষ্টাও করলেন না, 'সত্য মাতুল, প্রগলভতার একটি সীমা পরিসীমাও থাকে!'

মারীচ সেই দুর্ধর্ষ হত্যাকারীর দিকে তাকালেন। তিনি বুঝলেন কেন এনারা একে তুচ্ছ তাচ্ছিল্যের দৃষ্টিতে দেখছেন। ক্ষুদ্র কলেবরের মানুষটির নিষ্পাপ সুন্দর মুখমণ্ডল, তার কুঞ্চিত সুন্দর কেশরাশি, এবং দুই গালে দুটি টোল তার ভিতর থেকে এক রমণীমোহন সৌন্দর্য নিঃসারিত করছে। সারা শরীরে একটিও ক্ষতের নিশানও নেই! তাই এক সুদক্ষ নিঃশব্দ হত্যাকারীর চাইতে, তার শরীরের ভিতর এক নারীশিকারীর চরিত্র ফুটে উঠছে, যে কাজ ব্যতীত তার আর কিছু জানা নেই!

'এই ব্যক্তি ব্যতীত আর কেউ নেই!' বিরক্তভাবে প্রশ্ন করলেন রাবণ।

তিনি স্পষ্টতই হতাশ, সুদূর গোকর্ণ থেকে এখানে এসে এমন একজনের সঙ্গে সাক্ষাৎ হল তাঁর, যে এই কাজের যোগ্যই নয়!

মারীচ নিরুত্তর! তিনি শুধু ব্যাক্তির দিকে একবার তাকিয়ে মাথা নাড়িয়ে একটি ইশারা করলেন।

পরমুহূর্তেই বিদ্যুৎচমকের গতিতে, এক লহমায় সেই ক্ষুদ্র শরীরটি অকম্পনের পিছনে গিয়ে দাঁড়াল! অকম্পন এই ঘটনায় বিস্ময় প্রকাশ করার সময় পেল না, তার পূর্বেই, ওই ব্যক্তির সুদক্ষ ও প্রশিক্ষণপ্রাপ্ত আঙুল তার ঘাড়ের পিছনে একটি বিশেষ অংশে একটি সূক্ষ্ম আঘাত করল। তৎক্ষণাৎ, অকম্পনের গলার নীচ থেকে সারা শরীর অসাড় হয়ে গেল। আক্রমণকারী তার কাঁধ দুখানি ধরে ধীরে ধীরে তার শরীরটি মাটিতে শয়ন করিয়ে দিল।

অকম্পন শুধু তার মাথাখানি নাড়তে সমর্থ ছিল এই মুহূর্তে। আতঙ্কে তার দুই চোখ এদিক থেকে ওদিকে করতে থাকল, 'আমি কোনোকিছু অনুভব করতে পারছি না! আমার সারা শরীর অবশ হয়ে গেছে! আমায় সাহায্য করুন! ও দেবরাজ ইন্দ্র!' সে রাবণের উদ্দেশে আর্তনাদ করে উঠল, 'ইরাইভা! হে মহান ইরাইভা! আমায় সাহায্য করুন!'

কিন্তু তার 'প্রভু' স্মিতহাস্যে তাঁর সম্মুখের এই দৃশ্য উপভোগ করছিলেন—তিনি স্পষ্টতই এই ঘটনায় যারপরনাই চমকিত! তিনি তাঁর অনুজের দিকে ফিরলেন, 'এই ব্যাক্তি খারাপ নয়, কুম্ভ!'

কুম্ভকর্ণ মোটেই আমোদিত হলেন না। তিনি এই ঘটনায় রাবণের সঙ্গে হাসিতে যোগদান করা মাতুল মারীচকে বললেন, 'মাতুল, ওঁকে বলুন এক্ষুনি যেন ও অকম্পনজিকে এই অবস্থা হতে অব্যাহতি দেয়! এ ঠিক নয়! উনি আমাদের একজন!'

অকম্পন তখনো আতঙ্কে থরথরিয়ে কাঁপছিলেন, 'প্রভু রাবণ! ইরাইভা! আমায় হত্যা করবেন না! দয়া করুন আমায়! আমি কিছু করিনি!'

রাবণ তাঁর কৌতুকময় হাসি সামলিয়ে মারীচকে প্রশ্ন করলেন, 'মাতুল, ওকে পূর্বাবস্থায় ফেরানো সম্ভব?'

'হ্যাঁ, অবশ্যই প্রভু!' অকম্পনের এই অবস্থার জন্য দায়ী ব্যক্তি সরাসরি রাবণের প্রশ্নের উত্তর দিল, 'আমি এই বন্ধন থেকে ওনাকে মুক্তি দিতে সক্ষম। কিন্তু যদি প্রয়োজন হয়, আমি ওনাকে এই অবস্থাতেই শান্তিপূর্ণভাবে সংহার করতেই পারি!'

এই কথা শুনে, অকম্পন পুনরায় আতঙ্কে আর্তনাদ করে উঠল, 'আমাকে রক্ষা করুন, ইরাইভা!'

'ওহ, নীরব হও অকম্পন!' রাবণ তাঁর আগ্রহের দৃষ্টি সেই ব্যক্তির দিকে ফেরালেন, 'এই অবস্থায় শিকার কি কোনো কিছু অনুভব করতে সক্ষম?'

'না, আমি এই বিশেষ অংশে স্পর্শ করলে তারা কিছু অনুভব করতে অক্ষম। কিন্তু এ ছাড়াও একাধিক বিশেষ অংশ আছে আমাদের শরীরে, যাতে স্পর্শ করলে তারা জ্বালা যন্ত্রণা অনুভব করতে সক্ষম, কিন্তু তা প্রতিহত করতে অপারগ!'

তিনি যে এই ব্যক্তির কাজে সন্তুষ্ট হয়েছেন, তা আড়াল করার বৃথা প্রচেষ্টা করলেন না রাবণ, 'এই ব্যক্তির নাম কি, মাতুল?'

'এর নামের অর্থ হল মৃত্যু!' বললেন মারীচ, 'এর নাম মারা!'

রাবণ পুনরায় অল্পবয়সি ব্যক্তিটির দিকে ফিরলেন, 'যথার্থ! ঠিক আছে মারা! আজ থেকে তুমি আমার অধীনস্থ হলে!'

'ইরাইভা!' পুনরায় আর্তনাদ অকম্পনের, 'আমাকে দয়া করুন!'

রাবণ একবার অকম্পনের দিকে তাকিয়ে পুনরায় মারার দিকে দৃষ্টি দিলেন, 'তুমি কি ওর সারা শরীরে সাড় ফিরিয়ে এনে, তারপর শুধুমাত্র ওর জিভ অসাড় করে রাখতে সক্ষম?'

সেই কক্ষে উপস্থিত প্রত্যেকে উদ্দাম অট্টহাস্যে ভেঙে পড়ল! এমনকী অকম্পনের মুখমণ্ডলেও দুর্বল হাসির রেখা দেখা দিল!

কুম্ভকর্ণ স্বস্তি পেলেন না! তাঁর কাঁধের উপরিভাগের বাড়তি দুখানি বাহু আড়ষ্ট ও শক্ত হয়ে রয়েছে। মুখমণ্ডলে চরম অতৃপ্তির অভিব্যক্তি নিয়ে তিনি তাঁর অগ্রজের সম্মুখীন হলেন, 'দাদা...!'

'অবশ্যই, অবশ্যই!' বললেন রাবণ।

তিনি মারাকে ইশারা করলেন, 'ওকে নিষ্কৃতি দাও!'

২১

একবিংশ অধ্যায়

'মন্দ নয়,' ঋষি বিশ্বামিত্রের মুখে সন্তুষ্টির চাপা হাসি ফুটে উঠল, 'একেবারেই মন্দ নয়!'

মলয়পুত্রদের গোপন রাজধানী, অগ্যস্তকূটে অবস্থান করছিলেন বিশ্বামিত্র ও আরিষ্ঠনেমী। কারাচাপার বিখ্যাত যুদ্ধের পরে এক বছর অতিক্রান্ত হয়েছিল।

'অবশ্যই! আমাদের প্রত্যাশা অনুযায়ী রাবণ প্রকৃত অর্থে সর্বকালের শ্রেষ্ঠ খলনায়কে পরিণত হয়েছে!' বলল আরিষ্ঠনেমী, 'এই সপ্তসিন্ধুতে রাবণ অপেক্ষা ঘৃণিত ব্যক্তি আর কেউ নেই! সে যে শুধুমাত্র সপ্তসিন্ধুকে সর্বার্থে যুদ্ধে পর্যুদস্ত করেছে তাই নয়, সে তার শোষণতন্ত্র এমনভাবে তাদের ব্যবসার উপর জারি করেছে যে অচিরেই তারা পৃথিবীর ধনীতম দেশের অবস্থান থেকে দরিদ্রতম দেশ হিসাবে উপনীত হওয়ার সম্মুখীন!'

'যখন আমি তার যাবতীয় শর্ত সম্বন্ধে অবগত হয়েছিলাম, আমার ধারণা হয়েছিল সে এই অবাস্তব দাবির উত্থাপন করেছে শুধুমাত্র নিজের ক্ষমতার আস্ফালনের দ্বারা জনমানসে ভীতিসঞ্চার ও সম্ভ্রম আদায় করার অভিপ্রায়ে। কিন্তু তার অভীষ্ট ছিল সম্পূর্ণ অন্য! সে তার এই শর্ত, বলপূর্বক অযোধ্যাকে স্বীকার করতে বাধ্য করেছিল। অযোধ্যা কখনোই এইরূপে দুর্বলতা প্রকাশ করেনি তাদের ইতিহাসে। আর এই ঘটনা পরিষ্কারভাবে চোখে আঙুল দিয়ে দেখিয়ে দেয়, যে... যে... ক্ষমতার শিখরে বিরাজমান মানুষটি যথার্থই মেরুদণ্ডহীন!' ক্ষোভে ও ঘৃণায় বিশ্বামিত্র সেই ব্যক্তির নামোচ্চারণ করার স্পৃহাও বোধ করলেন না!

আরিষ্ঠনেমী অবগত ছিল তার গুরুদেবের আক্রমণের লক্ষ্য রাজগুরু বশিষ্ঠ—অযোধ্যার রাজসভার রাজগুরু, এবং সম্রাটের সমগ্র পরিবারের সম্মানীয় পরামর্শদাতা। চিরকালই, বশিষ্ঠের সামান্যতম উল্লেখে, ঋষিরাজ বিশ্বামিত্রের শরীরের রক্তচাপ প্রবল থেকে প্রবলতর হয়ে ওঠে!

আরিষ্ঠনেমী চাতুর্যের সঙ্গে আলোচিত বিষয়টি অন্য খাতে বইয়ে দিলেন, 'অবশ্যই, অযোধ্যার প্রতাপ পূর্বাপেক্ষা বহু পরিমাণে দুর্বলতর! যে চাতুর্য ও বুদ্ধিমত্তার অপূর্ব সংমিশ্রণে, রাবণ কুবের রাজার ক্ষমতাকে কাজে লাগিয়ে এই ঐতিহাসিক চুক্তি ও যুদ্ধের রাশ নিজের আয়ত্তে নিয়ে এসেছিল, তা ওই ব্যবসায়ী রাজার পক্ষে কখনোই সম্ভবপর ছিল না। তিনি শুধু অর্থলোলুপ নন, তিনি এক অতিশয় ভীরু প্রকৃতির মানুষ। তার সঙ্গে আমাদের মনে রাখতে হবে, মেঘদূতের হত্যাকাণ্ড সম্পূর্ণ সময়োপযোগী এবং সুচিন্তিত পদক্ষেপ ছিল।'

'তুমি কি এই ঘটনা সম্পর্কে একেবারে নিশ্চিত?' বশিষ্ঠের সম্বন্ধে সাময়িক বিস্মৃত হয়ে প্রশ্ন করলেন বিশ্বামিত্র, 'কারণ আমার কাছে বিভ্রান্তিকর কিছু সংবাদ এসেছে। একাধিক সূত্র থেকে আমি জানতে পেরেছি যে মেঘদূতের সলিল সমাধি ঘটেছে—এবং সেটি নিছক একটি দুর্ঘটনা মাত্র!'

'আমি নিশ্চিত গুরুজি! তাঁর সলিল সমাধি ঘটেনি। তাঁকে জলে ফেলে হত্যা করা হয়েছে!'

'কিন্তু...!'

'পরিকল্পনা নিখুঁত ছিল! প্রত্যেকের অবগতি ছিল মেঘদূত তাঁর প্রিয় নাটক জলসন্দেশে, হতভাগ্য কবি কালিদাসের চরিত্রাভিনয় হেতু কঠোর অনুশীলনে ব্যস্ত থাকতেন। এবং এখন আমরা প্রত্যেকে জানি, কীভাবে সেই নাট্যদৃশ্য তাঁর জীবনে যবনিকাপাত ঘটিয়েছিল!'

'কিন্তু আমি যে শুনেছিলাম যে সরোবরে তিনি মৃত্যুবরণ করেছিলেন, তার পাশে একটি সুরার আধার ও একটি সুরাপাত্র পরিত্যক্ত অবস্থায় পাওয়া গিয়েছিল!'

'এটিও এই সুচারু পরিকল্পনার একটি অংশবিশেষ। মেঘদূত তাঁর সুরাসক্তি ও নারীর প্রতি আকর্ষণের কারণে বিশেষ এক বর্ণময় চরিত্র হিসাবে পরিচিত ছিলেন, সততই সেই স্থানে সুরাপাত্র ও সুরাধার উপস্থিত থাকার ঘটনা সম্পূর্ণ স্বাভাবিক! তাঁর শরীরে কোনো আঘাত অথবা ক্ষতের উপস্থিতি ছিল না। সংঘর্ষের চিহ্নমাত্র ছিল না সেখানে। শবের ব্যবচ্ছেদ করা হতে তাঁর ফুসফুসে

শুধু জলের উপস্থিতি পরিলক্ষিত হয়েছে, যার থেকে স্পষ্ট প্রমাণ হয় যে তাঁর মৃত্যু হয়েছে জলে ডুবে! এটি একটি স্বাভাবিক দুর্ঘটনা হিসাবে প্রতিপন্ন করা হয়েছে গুরুদেব! এতে অবিশ্বাসের কোনো স্থান নেই!'

'তাহলে তোমার কী মনে হয় এটি এক নিখুঁত পরিকল্পনাবিশেষ?'

'যথার্থ! আমাদের জীবন খুঁতে পরিপূর্ণ। আমাদের কোনোকিছুই নিখুঁত নয়। কিন্তু এই হত্যা নিখুঁত ছিল। সেই কারণেই আমার সন্দেহ হতে, আমি এই ঘটনার বিশেষ তদন্ত শুরু করি!'

'তুমি এই ঘটনার কারণ হিসাবে কার প্রতি সন্দেহপ্রবণ?'

'সেই ব্যক্তির নাম মারা! যদিও, এ তার আসল নাম হতে পারে না! কোনো মাতা তাঁর সন্তানের নাম মৃত্যুর নামে রাখেন? আমি তার সম্বন্ধে এই মুহূর্তেও অনবগত, কিন্তু যেখান থেকেই তার উৎপত্তি হোক, সে এক অতীব বিস্ময়! আমার বিশ্বাস সে অল্পবয়স্ক, এবং এখনো শিক্ষানবিশীর স্তরে। তাকে তার কর্মে আরো নিপুণ হতে হবে!'

'যেমন?'

'যেমন, সে তার কাজের গোপনীয়তা রক্ষায় ব্যর্থ! একাধিক মানুষ তার চেহারার সঙ্গে পরিচিত। অবশ্যই সে তার কাজে সুদক্ষ, কিন্তু উৎকৃষ্ট প্রশিক্ষণ দ্বারা সে আরো উন্নতি করতে সক্ষম!'

'তুমি কি তাকে প্রশিক্ষণ প্রদান করার কথা চিন্তা করছ?'

'আমার বিশ্বাস এই মারা আমাদের কাছে এক মহার্ঘ সম্পদ হিসাবে প্রতিপন্ন হবে অদূর ভবিষ্যতে, গুরুদেব!'

'সে দায়িত্ব আমি তোমার উপর দিলাম। এই কর্মের জন্য যা প্রয়োজন তাই করবে তুমি। আমার একমাত্র আগ্রহ হল রাবণের পরবর্তী পদক্ষেপ কী হবে, তা জানা। তোমার কী মনে হয় সে কখন কুবেরকে আক্রমণ করবে?'

'আমার মনে হয় না, এই মুহূর্তে রাবণ কোনো পদক্ষেপ নেবে। মেঘদূতের হত্যার পরে সে লঙ্কাদ্বীপের সর্বপ্রথম মন্ত্রী যার সরাসরি দায়িত্বে সম্পূর্ণ অর্থনৈতিক দফতর ও সমগ্র সেনাবাহিনী রয়েছে! ইতিমধ্যেই, বিভিন্ন ব্যবসায়িক সভা ও সমাবেশ থেকে সে কুবেরকে অব্যাহতি দিয়ে উপেক্ষা করতে শুরু করেছে—তার বক্তব্য হল, এই সমস্ত ক্ষুদ্রাতিক্ষুদ্র সাংগঠনিক সভাসমিতিতে তাঁর মতো একজন সুদক্ষ পরিচালকের উপস্থিতি একান্তই অনাবশ্যক! আপাতপক্ষে, সেই এখন সমগ্র লঙ্কাদ্বীপের অধীশ্বর। সুতরাং,

এমতাবস্থায়, কুবেরকে সিংহাসনচ্যুত করে পরিবেশ অশান্ত করার অভিপ্রায় তার কাম্য হবে না নিশ্চয়!'

'হুমমম... সুচতুর পরিকল্পনা। কিন্তু সোনার ফসল ফলানো সপ্তসিন্ধুর উপর তার এইরূপ কঠোর বাধ্যবাধকতার রাশ টেনে ধরার সিদ্ধান্ত নিয়ে আমি যারপরনাই বিস্মিত। সে তো এইরূপে তার ঐশ্বর্যের উৎসমূল বিনষ্টসাধনে নিজেই ধ্বংসপ্রাপ্ত হবে!'

'সেটি কি একান্তই গুরুত্বপূর্ণ, গুরুদেব? তাকে আমরা যে স্থানে, যে পরিস্থিতিতে চেয়েছিলাম, সে ঠিক সেই স্থানেই অবস্থান করছে! সর্বোৎকৃষ্ট খলনায়ক হিসাবে আত্মপ্রকাশে উপনীত হয়েছে সে। সমগ্র সপ্তসিন্ধুর ত্রাস সে! এইবার... এই বার সময় আগত। আমাদের বিষ্ণুর অবতার অন্বেষণে উদ্যোগ নিতে হবে।'

'নিশ্চয়! কিন্তু একই সঙ্গে রাবণের প্রতি পদক্ষেপের উপর আমাদের লক্ষ্য রাখতে হবে। তাকে আরো নির্ভুলভাবে চালনা করার হেতু, তার সমস্ত চিন্তার হদিশ আমাদের অত্যন্ত প্রয়োজনীয়। কী কারণে সে অযোধ্যার দখল নিতে চায়, তা আমাদের অন্বেষণ করতে হবে। আমার মনে হয়, এ তার অর্থ অথবা ক্ষমতার লালসা নয়। তাকে চালিত করে নিয়ে বেড়াচ্ছে এক অদম্য ক্ষোভের আগুন, এক অপ্রতিহত রোষানল! কারণ তার প্রতিটি পদক্ষেপ সাধারণ যুক্তি মেনে চলছে না—সে ব্যবসায়িক অথবা রাজনীতির প্রতিটি নিয়ম নিরন্তর অগ্রাহ্য করে অগ্রসর হচ্ছে—অবিরাম... অনর্গল!'

'আমি খুঁজে বার করব, গুরুদেব!'

'এছাড়াও, এখন থেকে আমরা গূঢ়বস্তু এবং তার ঔষধির জন্য তার কাছ থেকে বর্ধিত মূল্য গ্রহণ করব!'

আরিষ্ঠনেমী উল্লসিত হল, 'অবশ্যই গুরুদেব। আমি ঠিক এই কথাটি ভাবছিলাম। এই অর্থ আমরা রাবণ অপেক্ষা আরো উৎকৃষ্ট কারণে ব্যয় করব!'

—I০ϟI—

সশব্দে জাহাজের কক্ষের দুয়ার উন্মুক্ত করে রাবণ ভিতরে প্রবেশ করলেন, তাঁর রোষকষায়িত মুখমণ্ডল ঘর্মাক্ত এবং থমথমে!

তাঁকে অনুসরণরত অনুজ কুম্ভকর্ণ, তাঁর মুখমণ্ডলেও সমানুপাতিক অভিব্যক্তি। তাঁর সঙ্গে ছিল লঙ্কার দুই সেনা। কক্ষে প্রবেশ করার সময়,

তিনি তাদের বাইরে অপেক্ষা করতে নির্দেশ দিলেন, 'তরবারি উন্মুক্ত রেখে প্রস্তুত থাকো। এই কক্ষে অন্য কাউকে প্রবেশ করতে দিও না!'

রাবণ ইতিমধ্যেই নিজেদের জন্য দুই সুরাপাত্র প্রস্তুত করেছেন। একটি তিনি তাঁর অনুজের দিকে বাড়িয়ে ধরলেন।

'ধন্যবাদ, দাদা!' রক্তরঞ্জিত সুরাপাত্র এক চুমুকে শূন্য করে দেওয়ার পূর্বে বললেন কুম্ভকর্ণ। যুদ্ধের পরিশ্রমের শেষে এক পাত্র উৎকৃষ্ট সুরা অপেক্ষা আর কিছুই হতে পারে না!

রাবণ একনিমেষে নিজের পাত্রটি পানীয়শূন্য করলেন। তিনি এখনো অতিরিক্ত পরিশ্রমের ফলে হাঁপাচ্ছেন!

কারাচাপার যুদ্ধের পর দুই বছর ইতিমধ্যে অতিক্রান্ত হয়েছে। সপ্তসিন্ধু সম্পূর্ণরূপে পর্যুদস্ত হওয়াতে, লঙ্কার কোষাগারে মহাপ্লাবনের ন্যায় অর্থসমাগম হচ্ছে। বর্তমানে রাবণ এই বিখ্যাত দ্বীপরাজ্যের প্রধানমন্ত্রীর পদে উন্নীত হয়েছেন, এবং সঙ্গে প্রবল পরাক্রমশালী লঙ্কাবাহিনীর তিনি সেনাধিনায়ক—তাই এই সমগ্র অঞ্চলের সর্বশক্তিমান এবং অবিসংবাদিত অধীশ্বর রূপে তাঁর অধিষ্ঠান! কুবের রাজা নামেই রাজা, তিনি বাস্তবিক রাবণের হাতের পুত্তলিকায় রূপান্তরিত হয়েছেন!

মারীচ এবং অকম্পনের দায়িত্বে ছিল রাবণের ঊনত্রিশ বছরের ব্যবসায়িক রাজত্বের রাশ, এবং সেই রাজত্বের সম্পূর্ণ তত্ত্বতলাশের ভার ছিল সুকৌশলী কুম্ভকর্ণের উপর ন্যস্ত। সারা পৃথিবীতে তাঁদের বানিজ্যিক সম্পর্ক স্থাপন করা, এবং সার্বজনীন ভাবে তাঁদের এই বিপুল ব্যবসার প্রসার ও বিস্তারে গুরুভার ছিল মারীচের উপর। ইতিমধ্যেই তিনি সপ্তসিন্ধুর প্রতি রাজ্য থেকে 'অনুমতিপ্রাপ্ত বিশেষ ব্যবসায়ী' নিয়োগ করেছিলেন। এঁদের মাধ্যমে সমগ্র রাজ্যের সঙ্গে ব্যবসায়িক কর্মকাণ্ড ও সম্পর্ক স্থাপন সংঘঠিত হতো। এটি একটি বিশেষ পরিকল্পনা—এর মাধ্যমে সপ্তসিন্ধুর সঙ্গে ব্যবসায়িক সম্পর্কে লঙ্কাদ্বীপের প্রাধান্য বজায় অন্যদিকে, প্রতি রাজ্যে তাঁদের বিশ্বস্ত অনুগামীর দল প্রস্তুত হয়ে থাকত!

এই সুবিস্তীর্ণ ব্যবসার সামগ্রিক হিসাবরক্ষা ও অর্থের আয়ব্যয়ের দায়িত্ব ছিল অকম্পনের উপর—সেই মুহূর্তে পৃথিবীর সর্ববৃহৎ ব্যবসায়িক প্রতিষ্ঠান, সেই হিসাব সযত্নে রক্ষিত হতো। কোনোভাবেই কোনো কর্মচারী অথবা ব্যবসা সম্পর্কিত ব্যক্তি দ্বারা হিসাবে গরমিল করার ক্ষমতা ছিল না, সুরক্ষা ছিল নিশ্ছিদ্র।

এখনো পর্যন্ত তাঁদের প্রতিটি পরিকল্পনা নিখুঁতভাবে সম্পাদিত হয়েছিল। রাবণ এখন কুবের রাজা অপেক্ষা বহুগুণে বিত্তশালী ও প্রতিপত্তিবান হয়ে উঠেছিলেন। এখন তিনি তাঁর অগাধ ঐশ্বর্য ভোগের নিমিত্ত ব্যগ্র হয়ে উঠেছিলেন। এই গ্রহের ধনীতম মানুষটি বিলাস ও বৈভবের মাধ্যমে নিজের জীবনের এই পরম সুখকর সময়টুকু অতিবাহিত করতে উৎসুক হয়ে উঠেছিলেন—সর্বোৎকৃষ্ট খাদ্য ও পানীয়, পরমাসুন্দরী নারীর সান্নিধ্য, সংগীত ও নৃত্য—তাঁর জন্য সর্বোৎকৃষ্ট বিনোদনের উপকরণ চাই! তিনি তাঁর অতৃপ্ত কামাগ্নি চরিতার্থ করতে নারীসম্ভোগের সীমা পরিসীমায়, অনর্গল রতিক্রীড়ার তূরীয় স্বাদ গ্রহণে আত্মবিস্মৃত হলেন!

প্রাক্তন প্রধানমন্ত্রীর দুর্ভাগ্যজনক মৃত্যুর অব্যবহিত পরেই, সিংহ পর্বতের নীচের অংশের প্রাসাদগুলির দখল নিয়েছিলেন রাবণ। মেঘদূতের অসহায় পরিবার, কুবের রাজার কনিষ্ঠ মহিষী এবং উপপত্নীগণ ইত্যাদি প্রত্যেককে তিনি এই সমস্ত প্রাসাদ থেকে বহিষ্কৃত করে, সেগুলিকে একত্রিত করে বিশাল একটি প্রাসাদে রূপান্তরিত করেছিলেন। সেখানে তিনি বাস্তবিক, এক সম্রাটের ন্যায় বিরাজ করতেন!

চিত্ত বিনোদনের কারণে তিনি সম্প্রতি প্রমোদভ্রমণ শুরু করেছিলেন—যে কাজটি তাঁর সমগ্র জীবন অনাস্বাদিত থেকে গিয়েছিল—কুম্ভকর্ণ ও বিশেষ কিছু পছন্দের উপপত্নীর সান্নিধ্যে। এইরকম এক ভ্রমণে একদিন যখন তাঁরা নিশ্চিন্তভাবে শান্ত সাগরের বুকে ভেসে আরব উপদ্বীপের দিকে অগ্রসর হচ্ছিলেন, তাঁর প্রমোদতরীর এক নাবিক তাঁর কক্ষে উপস্থিত হল হঠাৎ! সে সংবাদ দিল যে দূর থেকে একটি জলদস্যু জাহাজ তাঁদের জলযানের দিকে দ্রুত অগ্রসর হচ্ছে! তাদের এই অনভিপ্রেত অভিযানের যথাযোগ্য ব্যবস্থা করার পরে ভ্রাতৃদ্বয় সবে জাহাজের কক্ষে প্রত্যাবর্তন করেছিলেন।

'নির্বোধের দল!' বললেন রাবণ, 'আমাদের আক্রমণ করছিল ওরা! কী ভেবে এসেছিল ওরা?'

কুম্ভকর্ণ তাঁর কেদারা থেকে গাত্রোত্থাণ করলেন, তাঁর হাতে শূন্য সুরাপাত্র, রাবণের কাছ থেকে তাঁর পাত্রটি সংগ্রহ করে সুরাধারের দিকে অগ্রসর হলেন। সেগুলিকে নামিয়ে রেখে তাঁর রক্তাক্ত বাহুদুটি কাপড়ের টুকরো দ্বারা পরিষ্কার করলেন। তারপর তিনি সুরাপাত্রগুলিকে পরিষ্কার করলেন যত্ন সহকারে। তারপর তিনি পুনরায় সেগুলিকে সুরায় পরিপূর্ণ করে, আরেকটি পরিষ্কার কাপড় নিয়ে অগ্রজের দিকে অগ্রসর হলেন, 'এই নিন দাদা। এইখানি দিয়ে

আপনার শরীর মুছে নিন। একমাত্র ইন্দ্রদেব জানেন আমাদের শরীর কার রক্তে রঞ্জিত!'

রাবণ তাঁর রক্তাক্ত বাহুগুলির দিকে মনোযোগ সহকারে তাকালেন। শরীর ব্যতীত তাঁর পোষাকেও রক্তের দাগ। কিন্তু তাঁর শরীরে এবং মূল্যবান পরিচ্ছদে লেগে থাকা রক্তের এক বিন্দুও তাঁর শরীর নিঃসৃত নয়। তাঁর শরীরে একটি সামান্য ক্ষতস্থানের আভাস নেই। তিনি তাঁর বাহুতে লেগে থাকা রক্ত শুঁকলেন, তারপর তাঁর জিভ দিয়ে সেই রক্তের স্বাদগ্রহণে ব্যস্ত হলেন!

'ঈশশশশশ!' কুম্ভকর্ণ তাঁর মুখ বিকৃত করলেন।

'হুমমম...' চিন্তান্বিত রাবণ বললেন, 'এর স্বাদ সত্যিই অদ্ভুত!'

কুম্ভকর্ণ ঘৃণায় তখনও মুখব্যাদান করে ছিলেন, তিনি সুরাপাত্রটি রাবণের নাগাল থেকে দূরে সরিয়ে দিলেন, 'প্রথমে আপনি আপনার মুখ পরিষ্কার করে আসুন!'

'আমি এটা ধুয়ে ফেলব,' কুম্ভকর্ণের কাছ থেকে তাঁর সুরাপাত্রটি সংগ্রহ করে রাবণ মুহূর্তের মধ্যে পাত্রের সুরা গলায় ঢেলে নিলেন! তাঁর হাতের পশ্চাতদেশ দিয়ে নিজের মুখমণ্ডল মুছতে, তাঁর মুখমণ্ডল পুনরায় রক্তে রঞ্জিত হল, 'আমরা যেন কী বিষয়ে আলোচনা করছিলাম? এই নির্বোধ জলদস্যুরা আমাদের আক্রমণ করার পূর্বে?'

কুম্ভকর্ণ হতাশভাবে মাথা নাড়িয়ে তাঁর অবলোকন করা অপার্থিব দৃশ্যটি ভুলতে চাইলেন, 'আমরা বিভীষণ ও শূর্পণখার সঙ্গে সাক্ষাতের কথা আলোচনা করছিলাম। মনে আছে, আপনি মাতাকে এই ব্যাপারে প্রতিশ্রুতি দিয়েছিলেন?'

ঋষি বিশ্রভ এবং তাঁর দ্বিতীয় পত্নী ক্রেটিয়াসের দেহরক্ষার পরে, কৈকেশী তাঁদের দুই সন্তান, বিভীষণ ও শূর্পণখার দায়িত্ব নেওয়ার সিদ্ধান্ত নিয়েছিলেন। মহান ঋষি বিশ্রভের আশ্রম থেকে অন্যান্য কিছু সদস্যের সঙ্গে এই দুই শিশু, লঙ্কাদ্বীপে তাঁদের প্রবল প্রতাপশালী বৈমাত্রেয় অগ্রজ রাবণের প্রাসাদে আশ্রয়ের সন্ধানে পৌঁছে গিয়েছিলেন। কিন্তু সেখানে তাঁদের অভ্যর্থনা আশানুরূপ হয়নি। তাঁর পিতার উপর প্রবল ক্ষোভ ও রোষের বহিঃপ্রকাশে তিনি তাঁর বৈমাত্রেয় ভ্রাতা ও ভগ্নিকে বিতাড়িত করেন তৎক্ষণাৎ, এবং তাঁদের আশ্রয়প্রদান করতে অস্বীকার করেন! কিন্তু কৈকেশী তাঁদের পক্ষ নিয়ে তাঁর জ্যেষ্ঠপুত্রের বিরুদ্ধে রুখে দাঁড়ান, তাঁকে বোঝান যে ওই শিশুদের প্রতি তাঁর কর্তব্য রয়েছে।

রাবণ অবশ্য তাঁর মাতার এই আপেক্ষিক পরার্থপরতাকে সমর্থন করেননি, 'কুম্ভ, তুমি ভালোমতন জানো মাতার প্রকৃতি সম্বন্ধে। তাঁর এই সহমর্মিতা

সম্পূর্ণ কপট, লোক দেখানো! জগতের সামনে নিজের মহত্ব প্রমাণ করতে লোভাতুর হয়ে তিনি এই দুই শিশুকে গ্রহণ করেছিলেন।'

'দাদা, আপনার কী হয়েছে? মাতার সম্পর্কে এইরূপ ধারণা আপনার হয় কীভাবে?'

'আমি যা বলেছি সত্যি বলেছি। আমায় বলো, আজকে আমাদের এই অবস্থার জন্য তিনি কতটুকু ত্যাগ স্বীকার করেছেন? আমাদের ভালো রাখার জন্য তিনি কোন সুখ ত্যাদ করেছেন? এই বিলাসবহুল অট্টালিকায় আরামদায়ক জীবনে অভ্যস্থ হয়ে গেছেন তিনি! তার জন্য দায়ী আমার কঠিন পরিশ্রম এবং প্রচুর অর্থের সংযোজন! তাঁর সমস্ত দানধ্যান সাধিত হয় আমার উপার্জিত অর্থ সহযোগে। আমাদের ওই দুই নিষ্কর্মা বৈমাত্রেয় ভ্রাতা ও ভগিনীর যাবতীয় ভরণপোষণের দায়ভার আমার উপার্জিত অর্থের উপরেই ন্যস্ত, যাদের উনি অত্যন্ত আদর ও মনোযোগ দিয়ে প্রতিপালন করে চলেছেন! তিনি গর্বিত পদক্ষেপে পদচারণা করে বেড়ান, 'দেখো, দেখো, আমায় দেখো! আমি কত মহান!' রাবণ নিজের চোখ বর্তুলাকার করে তুলে, তাঁর মাতার উচ্চগ্রামের কণ্ঠস্বর নকল করে বলে উঠলেন! 'উনি প্রহসনে সিদ্ধহস্ত। আমি চাই তিনি নিজের ক্ষমতায় নিজের জীবনকে গড়ে তোলেন। তারপর তিনি সারা পৃথিবীকে মানসিকতার শিক্ষাপ্রদান করে বেড়ান না কেন, তাতে আমার কিছুমাত্র প্রতিক্রিয়া হবে না। আমি তাঁর এই কপট মহত্বের প্রতি বিতৃষ্ণ হয়ে উঠেছি!'

'দাদা, আমার মিনতি আপনি মাতার উপরে এতটা নির্দয় হবেন না! তাছাড়া, বিভীষণ ও শূর্পণখার এই ব্যাপারে কিছু করণীয় রয়েছে কি? তাঁরা সামান্য নিরপরাধ শিশুমাত্র!'

কুম্ভকর্ণের কাঁধের উপর বাড়তি দুটি বাহু শক্ত ও দৃঢ় অবস্থায় স্থির হয়েছিল, স্পষ্টতই যার অর্থ হল তিনি সত্যি করে আঘাতপ্রাপ্ত হয়েছিলেন!

রাবণ দীর্ঘনিঃশ্বাস ছাড়লেন, 'কুম্ভ, তুমি মহান তো বটেই উপরন্তু তুমি অত্যন্ত দয়াপরবশ!'

কুম্ভকর্ণ নীরব রইলেন।

রাবণ কপট উৎকণ্ঠায় দুই বাহু উত্তোলিত করে আত্মসমর্পণ করলেন, 'ঠিক আছে, ঠিক আছে! সিগিরিয়ায় প্রত্যাগমনের পরে আমি নিজে তাঁদের সঙ্গে সাক্ষাৎ করব!'

কুম্ভকর্ণের মুখমণ্ডলে হাসি ফুটল, 'তোমার জন্য গর্বিত, বৎস্য!'

'কী বললে তুমি?' রাবণ সোজা হয়ে উঠে বসলেন, 'বৎস্য বলতে কী বোঝাতে চাইছ! কখনো বিস্মৃত হয়ো না আমি তোমার অগ্রজ!'

'ও, আচ্ছা, আচ্ছা!' হাসতে হাসতে বললেন কুম্ভকর্ণ।

রাবণ তাঁর দিকে তাকিয়ে হাসিমুখে বললেন, 'যাও, আমি তোমায় গুরু পাপে লঘু দণ্ডে দণ্ডিত করলাম।'

'তার কারণ আপনার আমাকে ছাড়া এক দণ্ডও চলবে না!'

'আচ্ছা, ঠিক আছে, আমার আপ্ত সহায়ক, এবার বলো কুবের সম্বন্ধে তুমি কিছু ভেবেছ?'

'এই সম্পর্কে আমরা পূর্বেই আলোচনা করেছি দাদা! তাঁকে সিংহাসনচ্যুত করার বিশেষ প্রয়োজন দেখি না। আক্ষরিক অর্থে উনি ইতিমধ্যেই আপনার বন্দি। সিংহ পর্বতের থেকে অবতরণ না করে, সুউচ্চ দুর্গ থেকে কোনোভাবেই তিনি পলায়ন করতে পারবেন না। তার রক্ষীদলের প্রত্যেক রক্ষী আমাদের সেনাবাহিনীর অংশ! ওনার জীবনের রাশ আমাদের হাতেই ধরা!'

'কিন্তু তার অস্তিত্বের কি আদৌ প্রয়োজনীয়তা আছে!'

'আমার কথা শুনুন, দাদা! লঙ্কাদ্বীপের ব্যবসার সমগ্র লভ্যাংশের অর্থ দিয়ে নিজের কোষাগার পূর্ণ করার কৌশল অসাধারণ ছিল। সপ্তসিন্ধু থেকে এই বিপুল পরিমাণে অর্থের প্লাবন লঙ্কায় আসার ফলে, খাজনা হিসাবে সংগৃহীত সামান্য অর্থ আমাদের আর প্রয়োজন নেই। এবং প্রজাদের সারাজীবনে আর খাজনা জমা করত হবে না, এই সংবাদ ঘোষণা করে কুবের রাজা সারাজীবনের জন্য তাঁর প্রজাদের চোখে ঈশ্বরের সমতুল্য হয়ে উঠেছেন!'

রাবণ অস্থিরভাবে তাঁর বাহু আন্দোলিত করলেন, 'না! অনেক সময় অতিবাহিত হয়েছে! সময় এসেছে আমার লঙ্কাদ্বীপের সর্বাধিনায়ক, অধীশ্বর হিসাবে আত্মপ্রকাশ করার!'

'আপনার কথা শুনে আমার মনে হচ্ছে আপনার এই বিষয়ে বিশেষ পরিকল্পনা রয়েছে!'

'নিশ্চয়! সেই কারণেই আমি তোমার সঙ্গে বাক্যালাপে রত!'

'আমায় কী করতে হবে?'

'আমি সময়ে তোমাকে সব বলব... কিন্তু চলো প্রথমে এই নির্বোধগুলির ব্যবস্থা করে আসি!' রাবণ পুনরায় একটি চুমুকে তাঁর সুরাপাত্র শূন্য করে সেটিকে সজোরে নিক্ষেপ করলেন, তারপর গাত্রোত্থানপূর্বক, কক্ষের দুয়ার অভিমুখে অগ্রসর হলেন!

কুম্ভকর্ণ তাঁর অগ্রজকে অনুসরণ করলেন, চিরাচরিতভাবে।

কয়েক মুহূর্তের ভিতর ওনারা প্রমোদতরীর উপরিভাগের পাটাতনে এসে উপস্থিত হলেন। প্রমোদতরী হওয়ার কারণে, এই পাটাতন অসাধারণ সুন্দরভাবে সজ্জিত ও প্রসারিত ছিল। যদিও এই মুহূর্তে, সেটি একটি রণক্ষেত্রের রূপধারণ করেছিল। যেদিকে চোখ যায়, জলদস্যুদের দেহাবশেষে পরিপূর্ণ পাটাতন। লঙ্কাবাহিনীর প্রত্যেকে অক্ষত, মাত্র কয়েকজনের সামান্য আঘাত লেগেছে। এই জলদস্যুদের অনুমান ছিল এই সুদৃশ্য প্রমোদতরীতে করে কোনো বিশিষ্ট ধনী, দুর্বলচিত্ত ব্যবসায়ী সমুদ্রবিহারে বেরিয়েছেন, যাকে তারা অতি সহজেই পর্যুদস্ত করতে সক্ষম হবে! তারা রাবণের এই জলযানকে অনুসরণ করে, রক্তজল করা রণহুঙ্কারে সেটির দখল নিয়েছিল! কিন্তু তাদের দুর্ভাগ্য, তাদের বীরত্বের পরিসীমা সেই স্থান পর্যন্তই প্রসারিত ছিল। ভারত মহাসাগর অঞ্চলের সর্বোত্তম প্রশিক্ষণে শিক্ষিত, রাবণের ধুরন্ধর সেনাদলের সম্মুখীন হল তারা! প্রথম সংঘাতের কয়েক মুহূর্তের ভিতরেই তাদের অধিকাংশ দস্যুর ইহলীলা সাঙ্গ হল! প্রভূতভাবে আহত অবশিষ্ট দস্যুদের পাটাতনের অপরভাগে, শৃঙ্খলাবদ্ধ অবস্থায়, সারি দিয়ে নতজানু অবস্থায় রাখা হয়েছিল।

ভ্রাতৃদ্বয় সেই বন্দিদের দিকে অগ্রসর হলেন, লঙ্কার সেনাবাহিনীর সেনারা তাঁদের অনুসরণরত অবস্থায়। নতজানু অবস্থায় বসে থাকা এক সুগঠিত চেহারার যুবা বন্দীর সম্মুখে থামলেন তাঁরা, তার কপালের একটি গভীর ক্ষতস্থান থেকে প্রচুর রক্তক্ষরণ হচ্ছিল।

'তা হলে দাদা, এই নরাধমদের নিয়ে আপনি কী করতে চাইছেন? এরা কার অধীনে কর্মরত সেই সংবাদ অন্বেষণ কি একান্তই বাঞ্ছনীয়? নাকি ভূমধ্যসাগরের কোনো বাজারে আমরা এদের ক্রীতদাস হিসাবে বিক্রয় করে দিতে পারি?'

উত্তরের পরিবর্তে, রাবণ শুধুমাত্র একবার তার কাঁধের পেশী সঞ্চালন করলেন। পরমুহূর্তে খাপ থেকে তাঁর শাণিত তরবারি উন্মুক্ত করে, সম্মুখে উপবিষ্ট হতভাগ্য মানুষটির শিরচ্ছেদ করলেন বিদ্যুৎগতিতে, একটি আঘাতে!

কুম্ভকর্ণ কাঁধ ঝাঁকালেন, 'কিংবা আমরা এইভাবেও এদের ব্যবস্থা করতে পারি!'

লঙ্কার সেনারা তাদের প্রভু ও তাদের সেনানায়কের প্রদর্শিত পথ অনুসরণ করল। প্রত্যেকে নিজের নিজের তরবারি উন্মুক্ত করে, হতভাগ্য জলদস্যুদের তাদের এই করুণ অবস্থা থেকে একে একে মুক্তিপ্রদান করল!

২২

দ্বাবিংশ অধ্যায়

কারাচাপার মহাযুদ্ধের পরে দীর্ঘ তিন বছর অতিক্রান্ত হয়ে গিয়েছে। কুবের রাজার থেকে অব্যাহতি পাওয়ার পর, রাবণ এই মুহূর্তে লঙ্কাদ্বীপের একাধিপতির আসনে উন্নীত হয়েছেন। কুবেরের নিষ্কাশন অতি সহজেই সম্ভবপর হয়েছে!

লঙ্কার ব্যবসায়ীরা মন্থরা নাম্নী এক নারীর মাধ্যমে অযোধ্যার সঙ্গে যাবতীয় ব্যবসা-বানিজ্যের যোগসাজশ রাখত। বহু বছর ধরে সে ছিল কুবের রাজার অতি বিশ্বস্ত কর্মচারীদের অন্যতম। কিন্তু রাবণের নির্দেশ অনুযায়ী তাকে অবিলম্বে উচ্চতর ন্যায়ালয়ে একটি গুরুত্বপূর্ণ পদে যোগদান করতে হতো, অন্যথায় নির্দেশ অমান্যের জন্য কড়া শাস্তি তার জন্য অপেক্ষা করছিল। বিচক্ষণ মন্থরা তৎক্ষণাৎ রাবণের নির্দেশ অনুযায়ী তার পদপরিবর্তন করে ফেলল। রাবণের নির্দেশমতো, সে কুবের রাজার কাছেও একটি সন্দেশ প্রেরণ করেছিল যে রাবণ তাঁকে হত্যা করার জন্য এক পেশাদার হত্যাকারীকে নিয়োগ করেছেন। এই কথা সত্যি না হলেও, কুবের সেটি মর্মে মর্মে বিশ্বাস করেছিলেন। এ ছাড়া, মন্থরা তাঁর মনে বিশ্বাসের বীজ রোপন করতে সক্ষম হয়েছিল যে তাঁর প্রাক্তন প্রধানমন্ত্রী মেঘদূতের মৃত্যুও স্বাভাবিক ছিল না, তাঁকে রাবণের নির্দেশমতো জলে ফেলে হত্যা করা হয়েছিল। এই ঘটনার সত্যাসত্য নিয়ে অবশ্য বিন্দুমাত্র সন্দেহের অবকাশ ছিল না।

আতঙ্কের প্রাবল্যে কুবের রাজা তৎক্ষণাৎ সিংহাসন পরিত্যাগ করার সিদ্ধান্ত গ্রহণ করেন। এই সিংহাসন অধিকার করে থাকার আর কোনো প্রয়োজন নেই বলে তিনি ঘোষণা করেন তাঁর প্রজাদের সম্মুখে। এই মুহূর্তে

তিনি অবসর গ্রহণ করে হিমালয়ের কোলে পবিত্র দেবভূমিতে বসবাস করতে ইচ্ছুক, পরবর্তীকালে পবিত্র কৈলাস ভ্রমণের অভিলাষ তিনি পোষণ করেন! সনাতন রীতি মেনে তাঁর এই সন্ন্যাস গ্রহণ করার পবিত্র সিদ্ধান্তে অভিভূত হয়ে, প্রভূত সম্মান ও অভিনন্দন পূর্বক লঙ্কার অধিবাসীরা তাঁকে বিদায় জানায়। কুবের রাজার মনে কিন্তু আধ্যাত্মিকতার লেশমাত্র ছিল না, কারণ রাবণ তাঁকে তাঁর সঞ্চিত অর্থের সিংহভাগ এবং তাঁর প্রিয় উপপত্নীদের তাঁর সঙ্গে নিয়ে যাওয়ার অনুমতি প্রদান করেছিলেন। এমনকী রাবণ তাঁকে পুষ্পক বিমানে করে উত্তর অভিমুখে যাত্রা করার অনুমতি দিয়েছিলেন—সেই উড়োজাহাজ, যা এই মুহূর্তে রাবণের নিজস্ব সম্পত্তি হিসাবে গচ্ছিত ছিল! এবং বিদায়বেলায়, রাবণের এই মহানুভবতার দান সম্পর্কে বলতে গিয়ে কুবের রাজা স্পষ্টতই আবেগপ্রবণ হয়ে উঠেছিলেন!

লঙ্কার সিংহাসনে রাবণের অভিষেক সম্বন্ধে যাতে কোনো সংশয় অথবা অনুযোগ না থাকে, তাই কুম্ভকর্ণের পরামর্শে সন্ন্যাস গ্রহণ করে বিদায় নেওয়ার পূর্বে কুবের রাজা স্বয়ং রাবণকে তাঁর স্থলাভিষিক্ত করে যাবেন, সেই কথা ভাবা হয়েছিল। স্বভাব বিচক্ষণ ব্যবসায়ী রাজা সানন্দে রাবণের মাথায় রাজমুকুট তুলে দিতে রাজি হয়েছিলেন। একবার একজন রাজা স্বয়ং, সকলের সম্মুখে অন্যজনকে তাঁর স্থলাভিষিক্ত করে যাওয়ার পরে, নতুন রাজার সেই প্রাক্তন রাজাকে নিয়ে চিন্তা করার অবকাশ মাত্র থাকে না, সিংহাসন নিরাপদ রাখতে তাঁকে হত্যা করার কোনো প্রয়োজন পড়ে না। এই কথাটি সম্পূর্ণ যুক্তিযুক্ত।

লঙ্কাদ্বীপের একছত্র অধিপতির আসনে উন্নীত হয়ে রাবণ কুবের রাজার নিরীহ 'ব্যবসায়ী রাজার' শিরোপা বর্জন করলেন। তিনি আরো গৌরবময় শিরোপার দিকে ঝুঁকলেন, যেমন রাজাধিরাজ, মহাসম্রাট, ত্রিভুবনপতি, ঈশ্বরের প্রিয় শাসক ইত্যাদি ইত্যাদি। এই সমস্ত শিরোপা সম্বন্ধে অনুজ কুম্ভকর্ণ কৌতুকের উপক্রম করতে, তাঁকে তাঁর মহাবলী অগ্রজ মৌনতা অবলম্বন করতে নির্দেশ দেন।

যেভাবে তাঁর ইচ্ছানুসারে সমস্ত ঘটনাপ্রবাহ প্রবাহিত হচ্ছিল, রাবণের আনন্দিত ও সন্তুষ্ট থাকাই স্বাভাবিক ছিল। কিন্তু, এই মুহূর্তেও তাঁকে বিশেষ সন্তুষ্ট থাকতে দেখা গেল না, বরং তাঁর অভিব্যক্তি যেন বিষাদময়!

'আমি জানি না তোমায় কেন আমি এই বিষয়ে কথা বলার অনুমতি প্রদান করলাম,' তিনি বললেন।

রাবণ ও কুম্ভকর্ণ চলেছেন সিংহ পর্বতের নীচের অংশে অবস্থিত তাঁদের প্রাসাদ অভিমুখে, যে স্থানে বর্তমানে কৈকেশীর অবস্থান। ভ্রাতৃদ্বয়ের স্থায়ী ঠিকানা সিংহ পর্বতের শিখরে অবস্থিত কুবের রাজার অত্যাশ্চর্য প্রাসাদে। পর্বতের নীচে স্থিত প্রাসাদে পৌঁছোতে হলে একটি প্রশস্ত, বিস্তীর্ণ সমতল জমির উপর দিয়ে যাত্রা করতে হয়—ওই বিশেষ স্থানটি পুষ্পকবিমানের উত্তরণ ও অবতরণের কাজে ব্যবহৃত হতো। তাঁদের অনুসরণ করে আসছিল একশত সেনা সম্বলিত একটি রক্ষীদল।

'দাদা, আমি জানি আপনি এই কারণে অসন্তুষ্ট, কিন্তু তাঁরা তাঁদের প্রাসাদে এসে উপস্থিত হয়েছেন বিগত এক সপ্তাহ ধরে। গৃহপ্রবেশের পূজার আয়োজন তাঁরা বিলম্বিত করেছেন শুধু আপনার অনুপস্থিতির কারণে। আপনি জানেন এই ধরনের পূজায় বিলম্ব ঘটানো অমঙ্গলজনক হিসাবে মান্য হয়। ওনাদের আর বিলম্বিত করানো অসম্ভব ব্যাপার!' কুম্ভকর্ণ প্রত্যুত্তর করলেন।

'তাঁর ইচ্ছানুসারে তিনি সপ্তসিন্ধু থেকে একাধিক পুরোহিত নিয়ে এসেছেন এই পূজার জন্য। তিনি সম্পূর্ণ অবগত যে তাঁর এই কাজে আমি স্পষ্টতই রুষ্ট হব। তুমি কবে বুঝবে আমাদের মাতার সম্বন্ধে, এই সমস্ত প্রহসন প্রত্যক্ষ করার পরেও?' রাবণ গর্জে উঠলেন।

কুম্ভকর্ণ ঠিক করলেন তাঁর অগ্রজের এই মেজাজে তাঁর প্রশ্নের প্রত্যুত্তর না করাই বুদ্ধিমানের কাজ, তাই তিনি নীরবে অগ্রসর হতে থাকলেন।

প্রাসাদের নিকটে এসে তাঁরা দেখলেন, মূল প্রবেশপথে কৈকেশী দণ্ডায়মান, এবং কিশোর বিভীষণ ও শূর্পণখা তাঁর পশ্চাতে আত্মগোপনে করতে ব্যস্ত। এই দুই শিশুর বয়স দশ বছর পেরোয়নি, এবং তাঁরা রাবণকে সাক্ষাৎ মৃত্যুর চাইতেও ভয় পায়! যে সমস্ত পুরোহিতগণকে কৈকেশী নিমন্ত্রণ করে এনেছেন, তাঁরা তাঁর পাশে দাঁড়িয়ে মৃদুস্বরে নির্দেশাবলী উচ্চারণ করে চলেছেন। তাঁদের পশ্চাতে কমপক্ষে একশতের অধিক সেবাদাসী, যারা প্রতি হুকুমের তামিল করছেন নিঃশব্দে! তাঁর পুত্রের অগাধ বিত্ত ও প্রতিপত্তি সম্পূর্ণভাবে ভোগ করে চলেছেন কৈকেশী!

রাবণ ও কুম্ভকর্ণ শ্রবণশক্তির নাগালে আসা মাত্রই, কৈকেশী আকাশের সূর্যের দিকে তাকিয়ে ঘোষণা করলেন, 'তোমরা অধিক বিলম্ব করে ফেলেছ!'

'আমি বিদায়ের জন্য প্রস্তুত!' রাবণের তৎক্ষণাৎ উত্তর।

কৈকেশী তাঁর ওষ্ঠাধার সংযুক্ত করে, দুর্বোধ্য ভাষায় কিছু বললেন।

তারপর তাঁর পাশে দণ্ডায়মান এক পুরোহিতের কাছ থেকে পূজার থালি গ্রহণ করে রাবণের মুখমণ্ডলের সম্মুখে ছোট ছোট বৃত্তে তিনবার ঘোরালেন। রাবণ পিছু হটতে, কুম্ভকর্ণের ক্ষেত্রেও একই প্রক্রিয়ার পুনরাবৃত্তি ঘটল।

'ভিতরে এসো,' রাবণ ও কুম্ভকর্ণের প্রাসাদে প্রবেশ করার জন্য অপেক্ষারত অবস্থায় গম্ভীরভাবে বললেন তিনি। রাবণ প্রাসাদে পদার্পণ করতে উদ্যত হলে, তিনি সজোরে বলে উঠলেন, 'ডান পা প্রথমে!'

রাবণ থামলেন, তাঁর মাতার দিকে তাকালেন, তারপর তাঁর পাশে দণ্ডায়মান পুরোহিতগণের দিকে জ্বলন্ত দৃষ্টি হেনে, তাঁর বাম পা সামনে প্রসারিত করলেন!

'দাদা!' কুম্ভকর্ণ সজোরে দীর্ঘশ্বাস ত্যাগ করে নিজের হতাশা ও ক্ষোভ উজাড় করে দিয়ে, সাবধানে নিজের ডান পা প্রাসাদের প্রবেশদ্বারে স্থাপন করলেন, 'প্রাসাদের সাজসজ্জা অপরূপ হয়েছে, মাতা!' তিনি বললেন, 'এতো কম সময়ের মধ্যে আপনি অসম্ভব কে সম্ভবপর করে তুলেছেন!'

কৈকেশী পুত্রের দিকে তাকিয়ে দীর্ঘশ্বাস ত্যাগ করলেন, তাঁর দুই চোখ অশ্রুসজল হল নিমেষে, 'এই অদম্য আবেগের বহিঃপ্রকাশের কারণে আমায় ক্ষমা করো পুত্র। সম্প্রতি আমার কার্যকলাপের প্রশংসা কারো দ্বারা সাধিত হয় না। আমি প্রত্যেকের জন্য এতো কিছু করি, কেউ আমার দিকে দৃকপাত ও করে না!'

রাবণ তৎক্ষণাৎ ঘুরে দাঁড়িয়ে গর্জে উঠলেন, 'আমার কাছে অনাবিল সময় নেই, মাতা! আমার কাজের প্রভূত ব্যস্ততা রয়েছে। এই অনর্থক পূজা কোথায় অনুষ্ঠিত হবে? চলুন সত্বর সেই স্থানে যাই!'

কৈকেশীও তৎক্ষণাৎ তাঁর কণ্ঠস্বর উচ্চগ্রামে চড়ালেন, 'খবর্দার রাবণ! এই পূজা অনর্থক নয়। এইভাবেই আমরা আমাদের পূর্বপুরুষদের এবং আমাদের সনাতন সংস্কৃতিকে সম্মান প্রদর্শন করে থাকি! এইভাবে নিজের ঔদ্ধত্যের বহিঃপ্রকাশ করো না!'

রাবণ তাঁর মাতার অন্তরঙ্গ হলেন, 'আপনি সঠিক বলেছেন। এটি শুধুমাত্র একটি অনাবশ্যক পূজা নয়। এটি একটি চরম অপদার্থতার প্রতিভূ!'

কুম্ভকর্ণের তাঁর মাতা ও অগ্রজের মধ্যে সর্বসমক্ষে ঘটে চলা এই বালখিল্য বাদানুবাদ আর সহ্য হচ্ছিল না, 'আপনারা দুজনেই দয়া করে শান্ত হোন!' তিনি দেখলেন তাঁদের পরিবেষ্টনরত সেবাদাসীরা মনোযোগ সহকারে প্রাসাদের

মেঝে নিরীক্ষণে ব্যস্ত, এবং পুরোহিতরা পূজার জন্য প্রয়োজনীয় দ্রব্যাদি ও উপকরণের ব্যবহারের আলোচনায় বিশেষ ব্যস্ত! শুধুমাত্র কিশোর বিভীষণ ও শূর্পণখা স্পষ্টতই আতঙ্কগ্রস্ত হয়ে বিস্ফারিত নেত্রে তাকিয়ে রয়েছে! কুম্ভকর্ণ পুনরায় তাঁর বিবদমান মাতা ও অগ্রজের দিকে ফিরলেন, 'চলুন আমরা শাস্ত্রমতে পূজা শুরু করি। তারপর আপনাদের আর একে অপরের বিরুদ্ধে বিষোদ্গারে মত্ত হতে হবে না!'

'আমাকে আলাদা করে ওর প্রতি বিষোদ্গার করার প্রয়োজন নেই,' চিবিয়ে চিবিয়ে বললেন কৈকেশী, 'সে ওই কাজটি নির্বিঘ্নেই সাধন করতে সক্ষম!'

রাবণ তাঁর দিকে ঘুরলেন, তাঁর দুহাত মুষ্ঠিবদ্ধ, 'আপনি কী বলতে চান, মাতা?'

'তুমি সঠিকভাবেই জানো আমি ঠিক কী বলতে চাইছি!'

'যদি সাহস থাকে আমাকে ওই কথা সর্বসমক্ষে বলুন। আমি জানতে চাই আপনি কী বলতে চাইছেন?'

কুম্ভকর্ণ পুনরায় এই অসম বাদানুবাদের তিক্ততার মধ্যস্থতার ব্যর্থ প্রচেষ্টায় রত হলেন, 'শুনুন, পূজা পরে অনুষ্ঠিত করা হবে। আমরা আবার ফিরে আসব। চলুন...'

রাবণ তাঁর বাহু উত্তোলিত করতে কুম্ভকর্ণ নীরব হলেন। তিনি তাঁর মাতার নিকট আরো এক পা অগ্রসর হলেন, তাঁর বিশাল চেহারায় কৈকেশী প্রায় ঢাকা পড়ে গেলেন! তাঁদের মধ্যে ঘৃণার অব্যক্ত পরিমণ্ডল, 'বলুন মাতা, আমি শুনতে চাই! আপনি কী বলতে চাইছেন?'

কৈকেশী পিছু হটলেন না! তাঁর এই সমগ্র বিত্ত, বিলাসব্যসন, ক্ষমতার একমাত্র উৎস তাঁর জ্যেষ্ঠ পুত্রের উপার্জন, তাও তিনি তাঁকে সর্বান্তকরণে ঘৃণা করেন! তিনি জানতেন, রাবণ যতই রাগান্বিত হন না কেন, তিনি কখনোই মাতার অনিষ্টসাধনে লিপ্ত হবেন না। তিনি তাঁকে যথেচ্ছ তিরস্কার করেও পার পেয়ে যাবেন মাতৃত্বের গুণে, 'বিস্মৃত হয়ো না যে আমি তোমার মাতা! তোমার জীবনে নিরন্তর ঘটে চলা প্রতি ঘটনার পুঙ্খানুপুঙ্খ বিবরণ আমার কাছে উপস্থিত। এবং তুমি ভালো করেই জানো আমি কার কথা বলছি!'

'কার সম্বন্ধে বলতে চাইছেন আপনি? বলুন, দয়া করে বলুন আমায়!'

কুম্ভকর্ণ পুনরায় তাঁদের বাধাপ্রদান করার ব্যর্থ প্রচেষ্টা করলেন, 'মাতা, দয়া করে কোনো কথা বলবেন না!' তিনি অগ্রজের দিকে ফিরলেন, 'দাদা, আসুন! চলুন আমরা আমাদের প্রাসাদে প্রত্যাবর্তন করি!'

রাবণ তাঁর মাতার দিকে নিষ্পলকে তাকিয়েছিলেন, অদম্য রোষে তাঁর দুচোখে আগুন ঝরছিল, 'একবার বলুন!'

'সম্পূর্ণ দোষ তোমার। যদি সুসন্তানের ন্যায় তুমি তোমার মাতার কথার অমান্য না করতে, যদি তুমি তাঁর সমস্ত আদেশ মেনে চলতে, এইসব কিছুই হতো না। ঈশ্বর এই কারণে তোমায় শাস্তিপ্রদান করেছেন। তোমার কারণে নিরাপরাধ একটি প্রাণ শাস্তিভোগ করেছে তাঁদের হাতে! তোমার অধর্মের কারণেই মহাপবিত্র সেই কন্যাকুমারী, মহিয়সী বেদবতী, প্রাণ বিসর্জন দিতে বাধ্য হয়েছেন!'

'মাআআ...!!' দিগ্বিদিকজ্ঞানশূন্য হয়ে নিজের শাণিত ছোরা উন্মুক্ত করলেন রাবণ!

'থামুন!' কুম্ভকর্ণ সবেগে ছুটে গিয়ে দুই যুযুধান পক্ষের মধ্যে দাঁড়িয়ে পড়লেন, রাবণকে মাতার কাছ থেকে ঠেলে সরিয়ে দিতে থাকলেন বারম্বার, 'না, দাদা, না!'

কিন্তু রাবণের এই মুহূর্তে হিতাহিত জ্ঞান নেই। তিনি তাঁর শাণিত ছোরা বাতাসের ভিতর চালনা করতে থাকলেন, নিষ্ফল আক্রোশে, 'নরকের কীট! একটা দিন আমার সুরক্ষা ছাড়া বাঁচতে অক্ষম আপনি! ওনার নাম উচ্চারণ করার সাহস হয় কী করে? কন্যাকুমারীকে অপমান করার সাহস আপনার হয় কী করে? কী করে আপনি অপমান করেন বেদ...!'

প্রাসাদের অলিন্দে অলিন্দে রাবণের উন্মত্ত কণ্ঠস্বর প্রতিধ্বনিত হতে থাকল অগণিতবার—কুম্ভকর্ণ তাঁর অগ্রজকে প্রায় জোর করে প্রাসাদের বাইরে নিয়ে যেতে সমর্থ হলেন কোনোক্রমে!

—১০—

'প্রণয়?' আশ্চর্যান্বিত হয়ে প্রশ্ন করলেন বিশ্বামিত্র।

মহর্ষির নির্দেশ অনুযায়ী, সমগ্র সপ্তসিন্ধুর উপরে রাবণের অদম্য জাতক্রোধের সম্ভাব্য কারণ অন্বেষণে উদ্যত হয়েছিল আরিষ্ঠনেমী। এবং প্রচুর অনুসন্ধানের পরে, সে এর পশ্চাতে আসল কারণের সন্ধানে সক্ষম হয়েছিল।

'হ্যাঁ, সে একটি কন্যাকুমারীর প্রণয়ে বিগলিত হয়েছিল!'

'কে সেই কন্যাকুমারী?'

'বেদবতী!'

ঋষি বিশ্বামিত্র তির্যক চোখে তাঁর অনুচরের দিকে দৃষ্টিপাত করলেন, 'আরিষ্ঠনেমী, শুধুমাত্র তাঁর নাম শুনে আমি কী করে তাঁর সম্পূর্ণ পরিচয় উদ্ধাবন করতে সক্ষম হব? তোমার কী মনে হয় আমি তাঁদের প্রত্যেকের জন্ম নামের সঙ্গে পরিচিত? কোন মন্দির এবং কোন সময়কালে তিনি বর্তমান ছিলেন?'

'ক্ষমা করবেন, গুরুদেব! তিনি ছিলেন বৈদ্যনাথের কন্যাকুমারী। এবং এই ঘটনা বেশ কিছু বছর পূর্বে ঘটেছিল। কমপক্ষে দুই দশক পূর্বে তো অবশ্যই!'

'তবে কি শিশুবয়সে তাঁর সঙ্গে রাবণের সাক্ষাৎ ঘটেছিল?'

'হ্যাঁ, আমার তাই মনে হয়!'

'কিন্তু আমরা তার সঙ্গে কখনোই তাঁকে প্রত্যক্ষ করিনি! অর্থাৎ, যেদিন থেকে আমরা রাবণের প্রতিটি পদক্ষেপের তথ্যাদি অনুসরণ করে চলেছি?'

'সম্ভবত, তাঁদের সাক্ষাৎ ঘটে ঋষি বিশ্রভের আশ্রমে, এবং তারপরে বহুকাল তাঁদের মধ্যে আর দেখাসাক্ষাৎ ঘটেনি। পরবর্তীকালে তাঁদের পুনরায় সাক্ষাৎ ঘটে, আনুমানিক আট অথবা নয় বছর পূর্বে। এই সময়ের সম্বন্ধে আমার কাছে বিশেষ তথ্যাদি অবর্তমান।'

'তবে তোমার কথামতো রাবণ আকৈশোর সেই কন্যাকুমারীর প্রেম সযত্নে লালন করে চলেছিল? যদিও মাঝে একটি বিশাল সময়কাল তারা একে অপরের মুখদর্শন করার সুযোগ পায়নি?'

'সম্ভবত তাই, গুরুদেব!'

'এই ঘটনা থেকে আমরা কী বুঝতে সক্ষম?'

'এই ঘটনার সেভাবে কোনো তাৎপর্য না থাকলেও, ঘটনাপ্রবাহ এইভাবেই অগ্রসর হয়েছে। পরবর্তীকালে, রাবণ যখন এই কন্যাকুমারীকে পুনরায় আবিষ্কার করতে সমর্থ হয়, তার অনুজের সাহায্যে, তখন ইনি অন্য এক পুরুষের সঙ্গে বিবাহবন্ধনে আবদ্ধ হয়েছেন!'

বিশ্বামিত্র গভীর চিন্তায় তাঁর কেদারায় হেলে পড়লেন, 'দোহাই প্রভু পরশুরাম! এই কি সেই প্রাক্তন কন্যাকুমারী যিনি নিজের গ্রামে হত্যাকাণ্ডের শিকার হয়েছিলেন? কী নাম ছিল যেন সেই গ্রামের... তোড়িগ্রাম?'

'যথার্থ, গুরুদেব!'

'তাঁর স্বামীকেও হত্যা করা হয়েছিল, তাই না?'

'হ্যাঁ, গুরুদেব!'

'তারপর গ্রামের সমস্ত মানুষকে নির্বিচারে নির্মমভাবে হত্যা করা হয়েছিল? অত্যন্ত নির্দয়ভাবে?'

'হ্যাঁ। কেউ সঠিকভাবে সমস্ত ঘটনার কথা জানে না, কারণ সেই নারকীয় ঘটনার কোনো সাক্ষী জীবিত ছিল না। পার্শ্ববর্তী গ্রামের মানুষ কিছু দিন পরে এই গ্রামের বাসিন্দাদের দেহাবশেষ আবিষ্কার করে। তারাই বন্য পশুদের বিতাড়িত করে, তারপর এই তোড়িগ্রামের প্রত্যেক পরিত্যক্ত শবের যথাযোগ্য মর্যাদায় সৎকারকার্য সম্পন্ন করে!'

'কিন্তু আমার স্মরণে রয়েছে যে এই কন্যাকুমারী এবং তাঁর স্বামীর শবদেহ সসম্মানে, বৈদিক রীতি রেওয়াজ মেনে মহাসমারোহে সৎকার করা হয়েছিল!'

'হ্যাঁ। এই সংবাদ আমার কাছেও রয়েছে।'

'তা হলে এই ঘটনা থেকে একটি সত্যই বেরিয়ে আসে,' বললেন বিশ্বামিত্র।

আরিষ্ঠনেমী সম্মতিসূচক মাথা নাড়লেন, 'আমিও ঠিক একই কথা চিন্তা করছিলাম গুরুদেব। রাবণ বেদবতীর দিকে আকর্ষিত হয়েছিল ঠিকই, কিন্তু সে যখন তাঁর অনুসন্ধানে সমর্থ হল, তখন তিনি অন্যত্র বিবাহিত। তিনি হয়তো রাবণের জন্য তাঁর স্বামীকে পরিত্যাগ করতে রাজি হননি, এবং তাঁর এই ব্যবহারে অপমানিত হয়ে, রাবণ তাঁকে এবং তাঁর স্বামীকে হত্যা করে। সম্ভবত সে তাঁকে ধর্ষণের চেষ্টাও করেছিল... আমরা কখনোই সম্পূর্ণ সত্যের কাছে পৌঁছোতে সক্ষম হব না। তার এই ঘৃণ্য পাপকর্মের সমস্ত সাক্ষ্যপ্রমাণ লোপ করার উদ্দেশে, সে এই সমগ্র গ্রামটিকে উজাড় করতেও পিছপা হয়নি!'

ঋষি বিশ্বামিত্র নিস্তব্ধ নির্বাক হয়ে রইলেন! তাঁর এই দীর্ঘ জীবদ্দশায়—কেউ কেউ মনে করে তাঁর বয়স কমপক্ষে দেড় শত বছরের অধিক—এবং তিনি এই সুদীর্ঘ সময়ে বহু ভয়ংকর ঘটনার সম্মুখীন হয়েছেন। এই পৃথিবী বড়ই নির্মম, কিন্তু এই পাশবিক বর্বরতা তাঁর কাছেও অকল্পনীয়! একমাত্র ত্রিশঙ্কু কাশ্যপের আমলে তিনি অনুরূপ ঘটনার সম্মুখীন হয়েছিলেন।

'অতি উত্তম, গুরুদেব!' বলল আরিষ্ঠনেমী, 'আমাদের এক খলনায়কের প্রয়োজন ছিল, এবং আমরা এক প্রকৃত খলনায়ক পেয়েছি। এবং সে আক্ষরিক অর্থে একজন আদর্শ খলনায়ক।'

'এই নারকীয় ঘটনায় নিশ্চয় কুম্ভকর্ণ জড়িত ছিল না কোনোভাবেই!'

বললেন বিশ্বামিত্র। বহু বছর পূর্বে মাতার হাত ধরে তাঁর কাছে আসা সেই ছোট্ট নাগ শিশুটির উপর তাঁর বিশেষ স্নেহাশীর্বাদ রয়েছে।

'আমি জানি না, গুরুদেব। তবে সে রন্ধ্রে রন্ধ্রে রাবণের একান্ত অনুগত!'

বিশ্বামিত্র তাঁর চিবুকের নীচে তাঁর দুই হাত একত্রে রেখে গভীরভাবে চিন্তামগ্ন হলেন। তারপর একটি গভীর প্রশ্বাস নিয়ে তিনি হতাশায় মাথা নাড়ালেন, 'আমি ওই বিশেষ কন্যাকুমারীর সঙ্গে একবার সাক্ষাতে মিলিত হয়েছি, বৈদ্যনাথের ওই কন্যাকুমারীর স্মৃতি আমার স্মরণে আছে। তিনি সেই সময়ে তাঁর শৈশবে ছিলেন। প্রফুল্ল মন, সকলের প্রতি দয়ামায়া, এমনকী পশুপাখিদের প্রতি অসীম মমতাময়ী। মানুষ কীরূপে তার অপেক্ষা দুর্বলতর প্রাণীদের প্রতি ব্যবহার করে দেখে তার চরিত্রের একটি আভাস পাওয়া সম্ভব। হ্যাঁ আমার পরিষ্কার স্মরণে রয়েছে, তিনি পাহাড়ি ময়নার ডাক নিখুঁতভাবে নকল করতে বিশেষ পারদর্শী ছিলেন। এবং তিনি আমার কণ্ঠস্বর হুবহু নকল করতে সক্ষম ছিলেন।' বিশ্বামিত্র স্মিতহাস্যে বলে চললেন, 'এক অসাধারণ নির্মল প্রাণ, শুদ্ধ হৃদয় এবং পরিশ্রুত অন্তঃকরণ... সত্যই এক মহান আত্মা। তার এইরূপে মৃত্যুবরণ করার কোনো যুক্তি আমি খুঁজে পাই না!'

'আমাদের পুনরায় এক ভারতবর্ষ নির্মাণ করে তুলতে হবে, যেখানে এই শুদ্ধতা এবং মহত্ব যথাযোগ্য সম্মানের সঙ্গে অমরত্ব লাভ করতে সক্ষম হয়, গুরুদেব!'

কয়েক মুহূর্তের নীরবতার পরে, বিশ্বামিত্র ঘোষণা করলেন, 'আমাদের অবিলম্বে বিষ্ণুর অবতারকে অন্বেষণ করতে হবে। হ্যাঁ, অবিলম্বে...আমাদের মহান দেশকে কালিমামুক্ত করার সময় এসেছে। আমাদের দেশকে আমাদের পূর্বপুরুষদের স্বপ্ন অনুসারে শ্রেষ্ঠত্বের উচ্চতম আসনে উন্নীত করতে হবে!'

'আমাদের খলনায়ক আমাদের সামনে উপস্থিত,' বলল আরিষ্ঠনেমী, 'সত্বর মহান বিষ্ণু অবতারকে আবিষ্কার করতে হবে, যিনি আমাদের পরিকল্পনাকে ফলপ্রসূ করে তুলবেন!'

প্রভু ও শিষ্য একে অপরের মুখের দিকে তাকিয়ে রইলেন, তাঁদের চোখ সমাগত সাফল্যের আশায় জাজ্বল্যমান!

'দাদা!' কুম্ভকর্ণের কণ্ঠস্বর স্তিমিত ও আত্মবিশ্বাসহীনতায় দুর্বল। তিনি তাঁর প্রবল ভাবাবেগের সঙ্গে লড়াই করে চলেছেন!

কারাচাপার যুদ্ধের পরে দীর্ঘ পাঁচ বছর অতিক্রান্ত হয়েছে। লঙ্কাদ্বীপের একছত্র অধীশ্বর হিসাবে রাবণের শাসনকালের দুই বছর অতিক্রান্ত। বর্তমান এই রাজপরিবারের কলঙ্কময় সত্য জনসমক্ষে প্রকাশিত, কৈকেশী তাঁদের রাজ্যে জনে জনে বলে বেড়িয়েছেন যে রাবণ আর তাঁর সন্তান নন। যারা তাঁর এই বক্তব্যকে গুরুত্ব দিয়েছে, তাদের তিনি জানাতে ভোলেননি, যে তাঁর জ্যেষ্ঠপুত্রের সঙ্গে তাঁর আর কোনো সম্পর্ক অবশিষ্ট নেই। তিনি সকলকে অবগত করেছেন তাঁর আসল সন্তান হলেন বিভীষণ ও শূর্পণখা!

লঙ্কাদ্বীপের প্রত্যেক মানুষের পরিষ্কার ধারণা ছিল কৈকেশীর সামাজিক অবস্থান সম্বন্ধে—যে বিলাস বৈভবে তিনি জীবনধারণ করেন, যে প্রভূত অর্থ তিনি দানধ্যানে ব্যয় করেন, যে পরিমাণ সম্মান তিনি অর্জন করেছেন, এবং যে ক্ষমতায় তিনি বলীয়ান—তার সমস্ত কিছুর মূলে হচ্ছে লঙ্কাধিপতি রাবণের মাতা হিসাবে তাঁর পরিচয়! কিন্তু সেই সত্যি কথাটুকু তাঁর মুখের সামনে নির্ভয়ে ব্যক্ত করার সাহস কারো ছিল না। বরং, তাঁর এই অলীক কুসুম কল্পনাকে ইন্ধন জুগিয়ে অধিকাংশ মানুষ নিজেদের উদ্দেশ্য চরিতার্থ করার অভিপ্রায়ে তাঁর সান্নিধ্য পেতে চাইত!

কিন্তু একটি সত্যের অন্যথা ছিল না—সমগ্র লঙ্কাদ্বীপের ক্ষমতার কেন্দ্রস্থল, এমনকী বলা ভালো সমগ্র ভারতীয় উপমহাদেশে, সারা পৃথিবীতে বললেও তা অত্যুক্তি হয় না, ছিলেন একা ও অদ্বিতীয় রাবণ! এবং তাঁর সম্মুখীন হওয়ার বুকের পাটা সেই সময়ে কারো ছিল না। বরং, তাঁর মুখনিঃসৃত প্রতিটি আদেশ এবং নির্দেশ নিঃশর্তভাবে পালন করার জন্য প্রত্যেকে সর্বসময়ে প্রস্তুত হয়ে থাকত! কেউ কেউ তাঁর সুনজরে থাকার অভিপ্রায়ে অসম্ভবকে সম্ভব করতেও পিছপা হতো না! এইরূপ এক অনভিপ্রেত ঘটনা কুম্ভকর্ণকে মানসিকভাবে বিপর্যস্ত করে তুলেছিল।

'কী ব্যাপার কুম্ভ?' দীর্ঘশ্বাস ত্যাগ করলেন রাবণ, 'কার্যসমাধা করার জন্য যা প্রয়োজন তাই করো তুমি।'

'করার জন্য কিছুমাত্র অবশিষ্ট নেই, দাদা!' যে ভদ্রতা ও সম্মানের সহিত তিনি জনসমক্ষে তাঁর অগ্রজের সঙ্গে বাক্যালাপ করেন, কুম্ভকর্ণের কণ্ঠস্বরে সেই ভদ্রতার লেশ, কিন্তু স্পষ্টতই তিনি মানসিকভাবে শান্তিতে ছিলেন না!

রাবণ কুম্ভকর্ণের দিকে কয়েক মুহূর্ত তাকিয়ে রইলেন, এবং তারপরে তাঁর উরুতে উপবিষ্ট লাস্যময়ী নারীটির উদ্দেশে অর্থপূর্ণ ইশারা করলেন। সে উঠে সাবলীলভাবে তার ভূপতিত ঊর্ধাঙ্গের আবরণটি সংগ্রহ করে কক্ষ থেকে নিষ্ক্রান্ত হল। অবশিষ্ট নর্তকীরাও তাকে অনুসরণ করলো নীরবে।

'তাহলে তুমিই আমাকে আমার কর্তব্য সম্বন্ধে অবহিত করো!'

'প্রহস্তকে আপনার সৈন্যবাহিনী থেকে বহিষ্কার করে দিতে হবে।'

রাবণের বিশাল সৈন্যবাহিনীকে দুই ভাগে বিভক্ত করা হয়েছিল। তাদের মধ্যে একটি ভাগের নেতৃত্ব দিতেন যে সমস্ত সেনানায়ক, তাঁদের 'মহীরাবণ' এর শিরোপা দেওয়া হয়েছিল। তাঁরা ছিলেন রাবণের রাজত্বের সমগ্র স্থলভূমির দায়িত্বে। অন্য ভাগের নেতৃত্বে ছিলেন 'অহিরাবণ' সেনানায়করা, যাদের উপর নৌবাহিনী এবং বন্দর সংক্রান্ত সমস্ত দায়িত্বভার বর্তাত। এই অহিরাবণদের মধ্যে ছিল প্রহস্ত, যে চিলিকার খাজনা আধিকারিক ক্রকচবাহুর বিশ্বাসভঙ্গ করার পরে, রাবণের এই বিশাল বাহিনীতে সেনানায়কের ভূমিকায় কর্মরত ছিল—এবং তার মাত্রাতিরিক্ত হিংস্রতার জন্য ক্রমে কুখ্যাত হয়ে উঠেছিল।

'কুম্ভ, আমাদের যদি নিষ্কণ্টক অবস্থায় সাগরের দখল বিস্তার করতে হয়, তবে আমাদের নৌবাহিনীতে প্রহস্তের ন্যায় নির্মম মনোভাবের নেতার প্রয়োজন। তুমি কি বিস্মৃত হয়েছ যে বহু বছর পূর্বে ক্রকচবাহুর কোষাগার লুণ্ঠনে তার সাহায্য আমাদের আজকের এই সাফল্যর এক অবিচ্ছেদ্য অঙ্গবিশেষ?'

'দাদা, নির্মম মনোভাব এবং অধর্মের মধ্যে প্রচুর পার্থক্য বিরাজ করে!'

'নাবালকের ন্যায় কথা বলো না কুম্ভ! ধর্ম অথবা অধর্ম বলে কোনোকিছুর অস্তিত্ব নেই এই জগতে! যা আছে তা হল শুধু সাফল্য এবং অকৃতকার্য হওয়া। এবং আমি এই জীবনে কখনো অকৃতকার্য হতে চাই না। আমি যে রাবণ!'

'এবং আমি হলাম কুম্ভকর্ণ, দাদা! এই পৃথিবীতে আমার অপেক্ষা বেশি আপনাকে আর কেউ ভালোবাসে না। এবং আপনাকে এই মহাপাপ করার পথ থেকে বিপথগামী করার দায়িত্ব একমাত্র আমার!'

'জীবনে আসল পাপ হল দরিদ্র ও দুর্বল হওয়া, যে অবস্থায় আমরা একদা ছিলাম। তোমার কি স্মরণে রয়েছে আমাদের শৈশবে আমরা কতটা অসহায় ছিলাম? আমরা আর কখনো ওই সমস্ত দিনগুলিতে প্রত্যাবর্তন করতে চাই না!'

'দাদা, আর কতো অর্থ ও ক্ষমতা আমাদের প্রয়োজন? আপনি আজ এই সমগ্র পৃথিবীর ধনীতম জীবিত মানুষ! আপনি এই পৃথিবীর সর্বাপেক্ষা ক্ষমতাবান পুরুষ! এর চাইতে অধিক আমাদের তো আর প্রয়োজন নেই!'

'হ্যাঁ, আমার প্রয়োজন আছে! তুমি বলছ আমি আজ এই পৃথিবীর সর্বাপেক্ষা ধনী মানুষ। কিন্তু সমগ্র পৃথিবীর ইতিহাসে সর্বকালের ধনী ব্যক্তির শিরোপা অর্জন না করা পর্যন্ত আমি ক্ষান্ত হব না। এবং সেই শিখরে পৌঁছে, কে বলতে পারে, আমার আরো বিত্তবান হওয়ার আকাঙ্ক্ষা জাগ্রত হতে পারে, আমি ঈশ্বরের সমকক্ষ হতে চাইতে পারি! সর্বশক্তিমান ঈশ্বরের অপেক্ষা শক্তিশালী! লঙ্কাদ্বীপের অধিবাসীরা আমায় তাদের ঈশ্বররূপে পূজা করবে—এই চিন্তাধারা একেবারেই অলীক নয়!'

'দাদা, যদি আপনি ঈশ্বরের স্থান গ্রহণ করতে ইচ্ছা করেন, তাহলে আপনার চিন্তাধারাতেও তাঁর সমকক্ষ হতে হবে। প্রহস্তের দ্বারা যতরকম অন্যায় ও অবিচার সাধিত হয়েছে, তিনি কি তাকে নিরপরাধ বলে ক্ষমা করতেন?'

'আমার আচরণ কীরূপ হবে, সেই বিচার আমায় করতে দাও!'

'দাদা, মুম্বাদেবীতে প্রহস্ত যে অন্যায় করেছে, তার বীভৎসতার কোনো সীমা পরিসীমা নেই!' বললেন কুম্ভকর্ণ।

'পুনরায় বলছি, তার বিচারের ভার তুমি আমার উপরে ছাড়তে পারো। কী এমন করেছে সে?'

ভারতের পশ্চিম উপকূলবর্তী অংশে অবস্থিত এই মুম্বাদেবী বন্দর, সিন্ধুনদ এবং সরস্বতী নদীর সংযোগস্থল এবং লঙ্কাদ্বীপের তটের মধ্যবর্তী স্থানে এক গুরুত্বপূর্ণ ব্যবসায়িক সমুদ্রপথ হিসাবে বিখ্যাত ছিল। রাবণ সমগ্র ভারত মহাসাগরীয় অঞ্চলের ব্যবসা-বানিজ্যের সর্বেসর্বা হওয়ার অভিলাষী ছিলেন, যা ছিল সারা পৃথিবীর ব্যবসায়িক কেন্দ্রস্থল। এই অঞ্চল যার আয়ত্তাধীন, সেই পৃথিবীর সর্বশক্তিমান হিসাবে প্রতীয়মান হতো!

ভারতীয় উপমহাদেশের অধিকাংশ প্রধান বন্দরসমূহের উপর রাবণ তাঁর রাজত্ব বিস্তার করতে সমর্থ হয়েছিলেন, সঙ্গে আরবদেশের উপকূলবর্তী অংশ, আলকেবুলান এবং দক্ষিণ পূর্ব এশিয়ার উপকূলের দখল। এই সমস্ত স্থানে, তিনি তাঁর অস্বাভাবিক খাজনা দাখিলের নিয়মকানুনের প্রবর্তন করতে সক্ষম হয়েছিলেন। তাঁর বিশিষ্ট অনুগামী, কিষ্কিন্ধ্যার রাজা বালীর সাহায্যে, রাবণ নর্মদা নদীর দক্ষিণাংশ জুড়ে বানিজ্যের উপর রাশ টেনে

ধরতে সমর্থ হয়েছিলেন। পৃথিবীর সর্বাপেক্ষা বর্ধিষ্ণু অঞ্চল সপ্তসিন্ধুর উপর তিনি সর্বদিক থেকে তাঁর অসীম ক্ষমতার রাশ টেনে ধরতে সক্ষম হলেন। এবং এই সপ্তসিন্ধুকে সর্বার্থে শোষণপূর্বক, তিনি নিজের এবং লঙ্কাদ্বীপের উন্নতিসাধনে ব্যস্ত হলেন।

মুম্বাদেবী বন্দর ব্যবসায়ীদের কাছ থেকে চড়া হারে খাজনা আদায়ের দমননীতির বিরুদ্ধে ছিল অনমনীয়—সেখানে আশ্রয়প্রার্থী কোনো নাবিককেও তাঁরা হতাশ করতেন না। এই মুম্বাদেবীর শাসনভারের দায়িত্ব ছিল দেবেন্দ্র বংশের রাজাদের উপর, তাঁরা মনে করতেন অর্থনীতির সার্বিক উন্নতি নির্ভর করে স্বচ্ছ ব্যবসাবাণিজ্যের উপরে, এবং কোনোভাবেই তাঁরা তাঁদের ধর্ম থেকে বিপথগামী হতে রাজি ছিলেন না। রাবণ সিদ্ধান্ত নিয়েছিলেন তাঁর ব্যবসার উন্নতিকল্পে মুম্বাদেবীর এই বৈপ্লবিক মনোভাবের উপর রাশ টানতে। তাঁর এই বজ্রকঠিন শাসনে কোনোরূপ বিপ্লবের অস্তিত্ব থাকা উচিত নয়, কারণ সেক্ষেত্রে শুধুমাত্র তাঁর ব্যবসার ক্ষতিসাধনই হবে না, লঙ্কাদ্বীপের সর্বশক্তিমান অধীশ্বর হিসাবে তাঁর প্রবল প্রতাপ কালিমালিপ্ত হতে পারে।

'সে সমগ্র মুম্বাদেবী বন্দরের উপর তার দখল বিস্তার করতে সক্ষম হয়েছে,' শুরু করলেন কুম্ভকর্ণ।

'তাতে কী হয়েছে? আমি নিজে তাকে এই নির্দেশ দিয়েছি! তুমি কি আমার এই আদেশ সম্পর্কে সন্দিহান!'

'না, দাদা! আমি আপনার এই আদেশের সম্পর্কে নিঃসন্দেহ! আমি শুধু আপনার অধস্তন কর্মচারীর কর্মপদ্ধতি নিয়ে প্রশ্ন করছি!'

'আমি নিয়মের বশবর্তী ছিলাম না কোনোদিন। তাকে যেভাবেই হোক তার কার্যসিদ্ধি করতে হবে। এবং তার সাফল্য আমার কাছে একান্ত কাম্য!'

'দাদা, সম্পূর্ণ মুম্বাদেবী ধূলিসাৎ করে দেওয়া হয়েছে!'

'তাতে কী হয়েছে! মুম্বাদেবীর অনতিদূরে অবস্থিত স্যালসেট দীপপুঞ্জকে আমরা বিকল্প বন্দর হিসাবে ব্যবহার করতে সক্ষম!'

কুম্ভকর্ণ রীতিমতো আহত হলেন, 'দাদা, আমি কী বললাম আপনি কি মনোযোগ সহকারে শুনেছেন? স্যালসেট দ্বীপপুঞ্জ এই মুহূর্তে স্মৃতিতে অবস্থান করছে! সম্পূর্ণ মুম্বাদেবী ধ্বংসপ্রাপ্ত হয়েছে। দেবেন্দ্র বংশের একজনও জীবিত নেই! তাঁদের প্রাসাদ, তাঁদের প্রতিটি বাসস্থান অগ্নিসংযোগের দ্বারা সম্পূর্ণরূপে বিনষ্ট হয়েছে। নারী, পুরুষ কিংবা শিশু কেউ জীবিত নেই।

তাঁদের দেহাবশেষ সম্মিলিত করে একটি বিশাল চিতায় একত্রিত করা হয়েছিল! দয়ালু সুশাসক রাজা ইন্দ্রনের অর্ধদগ্ধ শরীরের সন্ধান পাওয়া গিয়েছে! সম্ভবত তাঁদের প্রত্যেককে জীবিত অবস্থায় অগ্নিদগ্ধ করে হত্যা করা হয়েছে!'

রাবণ স্থাণুবৎ হয়ে শুনছিলেন, সম্ভবত এই নারকীয় সংবাদের বীভৎসতা তাঁকে কিংকর্তব্যবিমূঢ় করে তুলেছিল।

'তাঁদের মধ্যে কেউ সেনাবাহিনীর যোদ্ধা ছিলেন না!' বলে চললেন কুম্ভকর্ণ, 'তাঁরা যুদ্ধ করতে অভ্যস্ত ছিলেন না। এইরূপে, পাশবিকভাবে তাঁদের হত্যা করা একান্তভাবেই অধর্মের পথ! আমার কাছে সংবাদ রয়েছে যে আমাদের কিছু সেনা প্রহস্তের এই নির্মম হত্যালীলার ফলস্বরূপ সৈন্যবাহিনীর কাজে ইস্তফা দিয়েছে! তার পাঁচ হাজার সৈন্য সম্বলিত বিশাল সেনাবাহিনীর এক তৃতীয়াংশ ইতিমধ্যেই অবসর গ্রহণ করেছে। দেবেন্দ্র বংশের শাসকদের সমগ্র কোষাগার লুণ্ঠন করে প্রহস্ত লঙ্কায় প্রত্যাবর্তন করেছে, সে আশান্বিত যে সামান্য স্বর্ণের বিনিময়ে সে এই নারকীয় ঘটনার দায়ভারের শাস্তি থেকে মুক্ত হবে!'

রাবণের দৃষ্টি নিমীলিত হল, তিনি অধোবদনে চিন্তান্বিত হলেন। স্বয়ংক্রিয়ভাবে তাঁর হাত তাঁর কণ্ঠে দোদুল্যমান স্বর্ণহারের সান্নিধ্য পেতে চাইল।

কুম্ভকর্ণ অগ্রসর হয়ে তাঁর অগ্রজের পাশে নতজানু হয়ে বসলেন, 'দাদা, প্রহস্তকে তার প্রাপ্য শাস্তিপ্রদান করতেই হবে আপনাকে। আমরা এইভাবে অধর্মের পথের পথিক হতে পারি না! দোষীকে দৃষ্টান্তমূলক শাস্তিপ্রদান করতে হবে!'

কিছু সময় নীরব থেকে অবশেষে রাবণ কুম্ভকর্ণের দিকে দৃকপাত করলেন!

'দাদা?'

'হ্যাঁ, এক দৃষ্টান্ত স্থাপন করতে হবে,' বললেন রাবণ, 'আমরা একটি কাজ করব। প্রহস্তকে স্থানান্তরিত করা হবে তার এই কর্মের জন্য। মুম্বাদেবী থেকে লুণ্ঠিত ঐশ্বর্যরাজি আমাদের লঙ্কার কোষাগারে সংযুক্ত করা হবে। তারপর অবসর গ্রহণ করা সেনাদের অন্বেষণে আমাদের বিশেষ সৈন্যদল পাঠানো হবে। তাদের খুঁজে বার করে জনসমক্ষে হত্যা করা হবে।'

কুম্ভকর্ণ অবিশ্বাসের দৃষ্টিতে তাঁর অগ্রজের মুখমণ্ডলের দিকে তাকিয়ে থাকলেন!

'কুম্ভকর্ণ, আমি তোমার সঙ্গে একান্ত সহমত। প্রহস্ত প্রয়োজনের চাইতে

বেশি রূঢ়তা প্রদর্শন করে ফেলেছে। কিন্তু সেই কারণে আমরা ওকে সৈন্যবাহিনী থেকে বরখাস্ত করতে পারি না! সমস্ত পৃথিবী আমাদের দুর্দম স্বভাবের কারণে আতঙ্কিত! সেই কারণে প্রহস্ত কৃত এই বীভৎসতার প্রয়োজন আমাদের আছে। এছাড়াও, এইভাবে সৈন্যবাহিনী থেকে ইস্তফা দেওয়ার স্পর্ধাও আমরা মেনে নিতে অক্ষম। এর ফলস্বরূপ আমাদের এই শ্রেষ্ঠ বাহিনী বিনষ্ট হতে পারে অচিরেই! আমাদের এই অবসরপ্রাপ্ত সমস্ত সেনার অনুসন্ধানে যেতে হবে না, কারণ তাতে অনর্থক সময় ও অর্থব্যয় হবে। অল্প সংখ্যায় তাদের অনুসন্ধানপূর্বক একত্রিত করতে হবে, আনুমানিক একশত কি শতাধিক। তারপর তাদের নির্মমভাবে হত্যা করতে হবে। সেই চরম শাস্তি অন্যদের প্রতি এক জ্বলন্ত দৃষ্টান্ত হয়ে দাঁড়াবে!'

'দাদা... কিন্তু...!'

'আমার আদেশ অনুযায়ী কর্মসাধন করো, কুম্ভ!' গম্ভীরস্বরে বললেন রাবণ, তাঁর কণ্ঠস্বর উপেক্ষা করার ক্ষমতা কুম্ভকর্ণের ছিল না!

লঙ্কাধিপতি কক্ষের দুয়ারের দিকে ঘুরে করতালি দিতে, নর্তকীরা পুনরায় কক্ষে প্রবেশ করল সবেগে। উদ্দামতার উচ্ছ্বাসে তারা তাদের ঊর্ধাঙ্গ অনাবৃত করে ছুটে আসতে থাকল প্রভু ইরাইভার দিকে! তাঁদের নিভৃত সাক্ষাৎকার যে সম্পন্ন হয়েছে ইতিমধ্যেই, তা কুম্ভকর্ণের বোঝা হয়ে গিয়েছিল।

২৩

ত্রয়োবিংশ অধ্যায়

কারাচাপার মহাযুদ্ধের একাদশ বছর অতিক্রান্ত হওয়ার পরে, পৃথিবীর সার্বজনীন ব্যবসা-বানিজ্যে লঙ্কাদ্বীপের শ্রেষ্ঠত্ব প্রমাণ সম্ভবপর হয়েছে। রাবণের ব্যক্তিগত অপরিসীম বিত্ত ও ঐশ্বর্যের পরিমাণ শুধুমাত্র গগনচুম্বী হয়ে ওঠেনি, তাঁর সুশাসনে ক্ষুদ্র লঙ্কাদ্বীপ এক প্রমুখ বিশ্বশক্তিতে উন্নীত হয়েছে। সপ্তসিন্ধুর উপর চাপিয়ে দেওয়া খাজনা এবং প্রদেয় করের বিশাল বোঝা সাত নদীর বর্ধিষ্ণু রাজ্যটিকে ক্রমাগত শোষণ করতে করতে উচ্ছিষ্টের ন্যায় শুষ্ক করে তুললেও, সেখানে অপর্যাপ্ত সম্পদের অনটন দেখা দেয়নি! লঙ্কাদ্বীপের এখনো সপ্তসিন্ধুকে নিষ্পেষণ থেকে অব্যাহতি দেওয়ার সময় অনাগত!

ভারত মহাসাগরের সমস্ত প্রধান বন্দর এবং প্রধান বাণিজ্যিক জলপথের উপর লঙ্কাদ্বীপের সামগ্রিক আয়ত্ত বহাল হয়েছিল। ফলে, সারা পৃথিবী থেকে এই বিস্তীর্ণ অঞ্চলে বানিজ্যিক বিনিময়, সরবরাহ ইত্যাদি অবিরামভাবে চলতে থাকত। উন্নতি, সম্পদ এবং প্রগতির শিখরে অবস্থান করা এই ছোট দ্বীপরাজ্যটি নবপরিচয়ে আত্মপ্রকাশ করেছিল, সেটি 'স্বর্ণলঙ্কা' নামে সারা জগতে বিখ্যাত হয়েছিল।

সেখানে করমুক্ত অবস্থায় বসবাস করত প্রজারা, জীবনধারণের জন্য প্রয়োজনীয় সামগ্রীর মূল্য ছিল অপেক্ষাকৃত কম, শিক্ষা ও চিকিৎসার ব্যবস্থা ছিল সম্পূর্ণ বিনামূল্যে, শিসানির্মিত উন্নত নলের মাধ্যমে সারাদিনব্যাপী জলের সরবরাহ, প্রজাদের জন্য সুসজ্জিত বিশাল উদ্যানসমূহের উপস্থিতি, একাধিক

ক্রীড়াঙ্গন, প্রেক্ষাগৃহ এবং অসংখ্য অন্যান্য সুব্যবস্থা বহাল ছিল। রাবণের সোনার লঙ্কার প্রজাদের কাছে দারিদ্র ছিল অনাস্বাদিত।

আটত্রিশ বছর বয়স্ক রাবণ তাঁর রাজ্যে রীতিমতো ঈশ্বরের ন্যায় পূজিত হতেন। বিগত এক বছর ধরে রাজ্যজুড়ে নির্মিত একাধিক মন্দিরে তাঁর আনুষ্ঠানিক পূজাপাঠ শুরু হয়েছিল! একমাত্র মাতা কৈকেশী রাবণের এই দেবতারূপে পূজিত হওয়ার চরম পরিপন্থী ছিলেন—তিনি জনসমক্ষে সরাসরি প্রচার করছিলেন যে এইরূপে জীবিত অবস্থায় মানুষের পূজা গ্রহণ করে রাবণ পুরাতনী বৈদিক চিন্তাধারায় আঘাত করছেন।

রাবণের ব্যক্তিগত জীবনেও বেশ কিছু পরিবর্তন এসেছিল এই সময়ে। কুম্ভকর্ণের অনর্গল প্রচেষ্টায় পরাজয় স্বীকার করে, অবশেষে তিনি বিবাহের বন্ধনে আবদ্ধ হতে বাধ্য হয়েছিলেন। ভারতের মধ্যপ্রদেশ অঞ্চলের দুখানি ক্ষুদ্র, কিন্তু বর্ধিষ্ণু গ্রামের মায়া নামক এক সাধারণ জমিদারের সাত্ত্বিক এবং পরমাসুন্দরী কন্যা ছিলেন মন্দোদরী। দুর্ভাগ্যবশত, ক্রমেই তাঁর কাছে এবং আশপাশের সকলের কাছে এই সত্য দিনের আলোর ন্যায় উজ্জ্বল হয়ে উঠল যে রাবণ শুধুমাত্র সপ্তসিন্ধুর প্রতি তাঁর চরম ঘৃণার বিষোদ্গার করার কারণে এই বিবাহে সম্মতি দিয়েছিলেন! তিনি যেন সর্বান্তকরণে সপ্তসিন্ধুকে বার্তা দিতে চাইছিলেন, তিনি শুধুমাত্র তাঁদের বিখ্যাত সৈন্যবাহিনীকে পর্যুদস্ত করা অথবা তাঁদের ধনে প্রাণে লুণ্ঠন করার ক্ষমতায় বলীয়ান নন, সেই প্রদেশের নারীরাও তাঁর কাছে অত্যন্ত অনায়াসলভ্য। এই তিক্ত দাম্পত্যের একমাত্র সুখকর অভিজ্ঞতা ছিল রাজকুমার ইন্দ্রজিতের জন্ম, যে রাবণের প্রাণাধিক প্রিয় ছিল।

আরেকদিকে, ঊনত্রিশ বছর বয়স্ক কুম্ভকর্ণ ক্রমেই একাকিত্বের শিকার হয়ে অবসাদগ্রস্ত হয়ে পড়েছিলেন। অগ্রজকে প্রাণাধিক শ্রদ্ধা করলেও, রাবণের প্রতি তাঁর অসীম আনুগত্যের ফলে অনিচ্ছা সত্ত্বেও তাঁর সমস্ত আদেশ পালন করতে করতে তিনি ক্লান্ত হয়ে পড়েছিলেন। তাঁর অগ্রজের প্রতি অপরিসীম ভালোবাসা, আর তাঁর প্রদর্শিত অধর্মের পথে চলার অনীহার মধ্যবর্তী অবস্থানে, প্রতি মুহূর্তে তাঁর সত্তা দ্বিখণ্ডিত, ক্ষতবিক্ষত হতো। সেই কারণে প্রায়ই তিনি লঙ্কাদ্বীপ ছেড়ে বহির্জগতে বেরিয়ে পড়তে চাইতেন। তিনি বিভিন্ন স্থানে গমনাগমন করতেন, কখনো ব্যবসা সংক্রান্ত কর্মসূত্রে, কখনো সামরিক অভিযানে, গভীর সমুদ্রে জলদস্যুদের নির্মমতার প্রকোপে রাশ টানার অভিপ্রায়ে। সিগিরিয়া থেকে পলায়নের বিন্দুমাত্র যুক্তিপূর্ণ সুযোগের তিনি সদ্ব্যবহার করতেন সুচারুরূপে!

এইরকমই এক যাত্রাপথে চলতে চলতে, কুম্ভকর্ণ পৌঁছে গিয়েছিলেন সুদূর ইথিওপিয়া রাজ্যের দামাত নগরে, যে রাজ্যের সঙ্গে লঙ্কার বানিজ্যিক সম্পর্ক অত্যন্ত শক্তিশালী ছিল। অনন্তকাল ধরে, পৃথিবীর পশ্চিমাংশ এবং ভারতের মধ্যে বানিজ্যিক বিনিময় প্রভূত উন্নতি করেছিল পশ্চিম মহাসাগরকে কেন্দ্র করে। সেই স্থানে পৌঁছোবার পথ ছিল লোহিত মহাসাগরের অন্তর্বর্তী অপরিসর মাণ্ডব প্রণালীর ভিতর দিয়ে, অথবা পারস্য উপসাগরের অন্তর্বর্তী হরমুজ প্রণালীর পথ অনুসরণ করে। স্থানীয় মানুষরা এই স্থানকে 'জাম জংঘ' বলে অভিহিত করত। মিশর অথবা মেসোপটেমিয়ার কোনো বাণিজ্যপোতকে ভারতে প্রবেশ করতে হলে এই দুই প্রণালীকে অতিক্রম করে আসতে হতো। সুবিচক্ষণ রাবণ তাঁর মস্তিষ্কপ্রসূত এক অনির্বচনীয় কৌশলে, 'জিবুতি' এবং 'দুবাই' নামের দুই আধুনিক বন্দরনগরীর দখল নিলেন, যারা এই দুই প্রণালী শাসন করত! দামাত অথবা অত্যধিক পশ্চিমে অবস্থিত নগর সমষ্টির বাণিজ্যপোতগুলিকে এই দুই প্রণালী অতিক্রম করে পশ্চিম মহাসাগরে পৌঁছোতে, এবং সেখান থেকে ভারত মহাসাগরে প্রবেশ করতে প্রচুর পরিমাণে কর ও খাজনা প্রদান করতে হতো।

কুম্ভকর্ণ এই রাজ্যের রাজধানীতে অবস্থান করছিলেন, রাজার সাক্ষাতের অপেক্ষায়—সেখানে তাঁরা আগামী বছরের বানিজ্যিক এবং করপ্রদান সম্বন্ধীয় আলোচনায় বসবেন। এই সাক্ষাতের পরে, তিনি দামাতের রাজধানী 'ইয়াহা আক্সুম' নগরের বিভিন্ন বাজার এলাকা পরিদর্শনের সিদ্ধান্ত নিলেন। লঙ্কায় প্রত্যাবর্তনের এক দিন মাত্র অবশিষ্ট থাকতে, তাঁর পক্ষে প্রথমবার আসা এই সুন্দর নগরের যাবতীয় সৌন্দর্য আহরণ করার সুযোগ ছিল না।

হঠাৎ তাঁর কর্ণকুহরে ধরা দিল এক অতি পরিচিত শব্দাবলী—এক সুপরিচিত মাদলের শব্দ! নিজের দেশ থেকে এতো দূরে এই শব্দ শুনতে পাওয়া সম্পূর্ণ আশাতীত ব্যাপার ছিল তাঁর কাছে!

ধুম ধুম ধানা... ধুম ধুম ধানা...!

ধুম ধুম ধানা... ধুম ধুম ধানা...!

যেন এক অদৃশ্য রশির অনতিক্রম্য আকর্ষণে তিনি সেই সুপরিচিত শব্দের উৎসমুখ লক্ষ্য করে অগ্রসর হতে থাকলেন।

ধুম ধুম ধানা... ধুম ধুম ধানা...!

কিছু সময় পরে, তিনি একটি অপূর্ব প্রস্তরনির্মিত স্থাপত্যের সম্মুখে

পৌঁছলেন, যেটির শৈলী অবিকল একটি ভারতীয় মন্দিরের ন্যায়! ভূমির স্তরে লাল বালিমাটি দিয়ে নির্মিত একটি চত্বরের উপর থেকে সুউচ্চ একটি গম্বুজ আকাশের দিকে খাড়া হয়ে উঠে গিয়েছে—মনে হচ্ছে যেন বিশাল দুটি হাত করজোড়ে নমস্কার জানাচ্ছে! মন্দিরের বহিরাংশে বিভিন্ন কারুকলা পাথরে খোদিত রয়েছে—দেবদূত, পরী, ঋষি, ঋষিপত্নী, রাজা, রানি এবং সকলের পরিধানে ভারতীয় পোষাক! একমাত্র পার্থক্য হল তাদের মুখাবয়ব আগাগোড়া আলকেবুলান প্রদেশের ন্যায়।

ইতিপূর্বে ভারতে বসবাসকারী কিছু আলকেবুলান প্রদেশের মানুষজনের সঙ্গে কুম্ভকর্ণের পরিচিতির সুযোগ ঘটেছিল। তিনি কিছু ঋষি এবং ঋষিপত্নীদের সঙ্গেও পরিচিত ছিলেন যাদের উৎস এই আলকেবুলান প্রদেশ থেকেই হয়েছিল। কিন্তু, এই অপরিচিত ইয়াহা আক্সুম নগরে, প্রভু রুদ্রনাথের পূজার উদ্দেশে নির্মিত এই মন্দিরের অস্তিত্বের জন্য তিনি একেবারেই প্রস্তুত ছিলেন না!

তিনি মন্দিরে প্রবেশ করতে, মাদলের শব্দ তীব্র থেকে তীব্রতর হয়ে উঠল।

ধুম ধুম ধানা... ধুম ধুম ধানা...!

মন্দিরের প্রধান গর্ভগৃহে, শিক্ষাদানের সুবিশাল চাতালের বিভিন্ন অংশে লৌহনির্মিত বড় বড় আধার রক্ষিত ছিল। এই প্রতিটি আধারে, তিনখানি করে বৃহদাকার মাদল সারিবদ্ধভাবে সজ্জিত ছিল। বিশালকায়, শালপ্রাংশু চেহারার কিছু মানুষ তাদের হাতে দীর্ঘ ঢাকের কাঠির দ্বারা পাশে দাঁড়িয়ে নেশা ধরানো ছন্দের তালে তালে সেই মাদলে বোল ফোটাচ্ছিল। সমগ্র মন্দির চত্বর ভাবাবেগে মত্ত, নৃত্যরত মানুষের সমাবেশে পূর্ণ! ভাবের ঘোরে ভক্তরা নৃত্য করে চলেছে মাদলের তালবাদ্যের মাদকতায়।

এই নেশার আবেশ অতি সত্বর কুম্ভকর্ণকে তার মোহনপাশে আবৃত করে ফেলতে, অবিলম্বেই তাঁর শরীরে ছন্দের সঞ্চার হল, তিনিও স্বয়ংক্রিয়ভাবে নৃত্যের তালে পা মেলালেন! দেবাদিদেব, প্রভু রুদ্রদেবের স্তুতিতে রঞ্জিত অপূর্ব সংগীতের আবেশ ধীরে ধীরে তাঁকে নিজের শরণে টেনে নিল।

মাদলের তালবাদ্য তীব্র থেকে তীব্রতর হতে থাকায়, নৃত্যের উন্মাদনাও উত্তরোত্তর বৃদ্ধি পেতে থাকল। প্রভু রুদ্রনাথদেবের ভক্তদের অদম্য ভক্তিরসের সঞ্চারে সমগ্র মন্দির প্রাঙ্গণ উজ্জীবিত হয়ে উঠল। ক্রমেই সেই নৃত্য, তালবাদ্য ও অগণিত ভক্তের ভক্তিরসের উদযাপন, উন্মাদনার শিখরে পৌঁছোতে, একত্রিত হল এক জলদগম্ভীর, সম্মীলিত গর্জনে, 'জয় রুদ্রদেবের জয়!'

কুম্ভকর্ণের উদাত্ত কণ্ঠস্বরও সেই গর্জনে সামিল হল ভক্তের ভগবানকে ডাকার উদগ্র আকুতিতে!

'প্রভু রুদ্রনাথের জয় হোক!'

'জয় দেবী ইশতার!'

'জয় হোক দেবী ইশতারের!'

কুম্ভকর্ণ তাঁকে পরিবেষ্টিত করে থাকা ঘর্মাক্ত, পরিতৃপ্ত মুখগুলির উপর চোখ বোলালেন একবার। কারো কারো মুখমণ্ডল অবারিত আনন্দধারায় সিক্ত। কেউ কেউ এখনো ভাবের আবেশ থেকে মুক্ত হতে সক্ষম হয়নি। অপরিচিত মানুষগুলি একে অপরকে আলিঙ্গনে আবদ্ধ করে পারস্পরিক প্রেম ও সৌহার্দ্যের নিজেদের উন্মুক্ত করতে ব্যস্ত। কুম্ভকর্ণও আলিঙ্গনে আবদ্ধ হলেন—কেউ লক্ষ্য করল না যে তাঁর শরীরে খুঁত রয়েছে—তিনি যে একজন নাগ, সেদিকে দৃকপাত করার অবকাশ কারো কাছে ছিল না।

'আপনি এই স্থানে, কুম্ভকর্ণ!'

কুম্ভকর্ণ ঘুরেই সুদীর্ঘ, নিটোল মসীকৃষ্ণ গাত্রবর্ণের এক বিশিষ্ট চেহারার মানুষকে দেখতে পেলেন। তাঁর বিশেষ চেহারা তাঁকে এই দামাত নগরের এক স্থানীয় বাসিন্দা হিসাবে পরিচিত করালেও, তাঁর পরিধেয় গেরুয়া বর্ণের ধুতি এবং অঙ্গবস্ত্র তাঁর সন্ন্যাসী জীবনের পরিচয় দিচ্ছিল। তাঁর মুণ্ডিত মস্তকের মধ্যভাগে এক গুচ্ছ চুলের একটি ক্ষুদ্র খোঁপার উপস্থিতি বলে দিচ্ছিল যে তিনি একজন ব্রাহ্মণ। তাঁর কাঁচাপাকায় মিশ্রিত শ্মশ্রুগুম্ফমণ্ডিত মুখমণ্ডল তাঁর চেহারাকে এক স্নিগ্ধরূপ প্রদান করেছিল। তাঁর শান্ত, গম্ভীর দৃষ্টি তাঁর অন্তরের অন্তর্নিহিত প্রগাঢ় শান্তি ও ভক্তির সহাবস্থানের পরিচয় দিচ্ছিল।

কুম্ভকর্ণ মুখব্যাদান করলেন, 'আপনার সঙ্গে পূর্বে আমার সাক্ষাৎ হয়েছে!'

ব্রাহ্মণ স্মিতহাস্যে সম্মতিসূচক মাথা নাড়ালেন।

'গতকাল, ন্যায়ালয়ে কি আমাদের সাক্ষাৎ হয়েছিল?'

'যথার্থ!' বলে উঠলেন মানুষটি, 'আমি পশ্চাতে দণ্ডায়মান ছিলাম। আপনার পর্যবেক্ষণ ক্ষমতা অননুকরনীয়!'

'বিশিষ্ট মানুষরা আমার নজর এড়ান না!' করজোড়ে শ্রদ্ধাজড়িত নমনে, স্মিতহাস্যে উত্তর দিলেন কুম্ভকর্ণ, 'কিন্তু আমি এ ব্যাপারে অনবগত ছিলাম যে আপনিও আমার ন্যায় দেবাদিদেব রুদ্রদেবের একনিষ্ঠ ভক্ত! কী আপনার পরিচয়, ভদ্র?'

মানুষটিও স্মিতহাস্যে প্রতি নমস্কার করলেন, 'বন্ধু, আপনি আমাকে ম'বাকুর নামে সম্বোধন করতে পারেন!'

'ম'বাকুর!' কুম্ভকর্ণ হতবাক হলেন, 'আপনি কি জানেন, পুরাতন সংস্কৃতে 'বাকুর' বলে একটি শব্দের অস্তিত্ব রয়েছে—যার অর্থ যুদ্ধের শিঙা!'

'আমি জানি। আর আমাদের ভাষা অনুযায়ী, এই বিশেষ শব্দের শুরুতে 'ম' এর সংযোজন এর অর্থকে 'মহাযুদ্ধের শিঙা'য় পরিণত করে!'

কুম্ভকর্ণের হাসির প্রসার ঘটল, 'অসাধারণ নাম আপনার। কিন্তু আপনাকে দেখে তো শান্তির দূত বলে মনে হয়!'

'জীবনে বহু যুদ্ধের সাক্ষী হয়েছি আমি। এবং আমার শরীরে আমি সেই সমস্ত যুদ্ধের স্মারক বহন করছি!'

'আচ্ছা, তাহলে মন্দিরের পবিত্র মাদলের সম্মুখে আপনার হাতের তরবার পর্যুদস্ত হয়েছে অবশেষে?'

ম'বাকুরের মুখমণ্ডল স্মিতহাস্যে উদ্ভাসিত হল, 'যুদ্ধ অপেক্ষা নৃত্য পরিবেশন করা অনেকাংশে আনন্দময়, এই কথা আপনি নিশ্চয় স্বীকার করবেন!'

কুম্ভকর্ণ পূর্ণসম্মতিতে সেই হাসিতে যোগদান করলেন।

'মন্দিরের পুরোহিত হওয়ার পিছনে আমার একান্ত নিজস্ব কিছু কারণ ছিল,' বললেন ম'বাকুর, 'দেখুন, অনিচ্ছুকভাবে বাণিজ্য সংক্রান্ত কার্যকলাপে নিজেকে ব্যস্ত রাখার কী প্রয়োজন, যখন নিজের সর্বান্তকরণে সেই কাজে আপনি সন্তুষ্টিলাভ করেন না?'

'মাফ করবেন। আপনার কি আমার কর্মদক্ষতা সম্বন্ধে বিন্দুমাত্র সন্দেহ আছে?' কুম্ভকর্ণ এমতাবস্থায় কীরূপ অভিব্যক্তি চয়ন করবেন সে ব্যাপারে নিজেই অনিশ্চিত হলেন!

'আমি সে কথা বলিনি। আমার বক্তব্যের অর্থ, এই কর্মে আপনি অমনোযোগিতা প্রদর্শন করছেন। আমি গতকাল আপনাদের বাণিজ্যিক তরজা প্রত্যক্ষ করছিলাম। আপনার সিদ্ধান্ত আমায় হতচকিত করেছে! আপনি আপনাদের পক্ষে এর চাইতে অনেক বেশি অর্থ দাবি করতে সক্ষম ছিলেন, কিন্তু শেষপর্যন্ত আমাদের পক্ষে প্রচুর পরিমাণে লভ্যাংশ দান করলেন!'

কুম্ভকর্ণ নীরব রইলেন।

'আমার মনে হল আপনি বিশেষ কোনো কারণে এইরূপে প্রায়শ্চিত্ত করছেন! হয়তো সেই প্রায়শ্চিত্তের পরিমাণ আশাতীতভাবে অত্যাধিক। আমার

মনে হয়েছে, এইভাবে আমাদের সাহায্য করলে আপনার মনকে নিপীড়ন করতে থাকা অদম্য যন্ত্রণার কিছু অংশে প্রশমণ হওয়া সম্ভব!'

কুম্ভকর্ণ তাঁর চতুর্দিকে উপর নজর ফেরালেন। মন্দিরের থেকে ভক্তদের বিশাল সমাবেশ ধীরে ধীরে নিষ্ক্রমণ ঘটছে। মন্দির চত্বর এই মুহূর্তে অপেক্ষাকৃত নির্জন! তিনি পুনরায় ম'বাকুরের দিকে ফিরে তাকালেন, 'আপনার কী পরিচয়?'

'আসুন, আমার সঙ্গে উপবেশন করুন,' কোমলস্বরে বললেন ম'বাকুর।

তাঁরা একত্রে মন্দিরের চাতালে উপবেশন করলেন, অলিন্দের স্তম্ভগুলিতে ঠেস দিয়ে। কুম্ভকর্ণ মন্দিরের শিক্ষাদানের বিশাল চাতালের দিকে একবার দৃষ্টিপাত করলেন, সেটি এই স্থানের অনতিদূরেই অবস্থিত। সেখানে দেবাদিদেব রুদ্রনাথের এক মানুষপ্রমাণ মূর্তি রক্ষিত রয়েছে—এক সুঠাম, পেশীবহুল চেহারা, যার দীর্ঘ অবারিত কেশদাম এবং সুদীর্ঘ শ্মশ্রু মূর্তিটিকে জীবন্ত করে তুলেছে! বাস্তবে প্রভু রুদ্রনাথ ঠিক যেভাবে প্রতীয়মান—অনির্বচনীয় সৌন্দর্যের সঙ্গে ভীতির সঞ্চারক!

অপার বিস্ময়ে ও ভক্তিতে, কুম্ভকর্ণের দু-হাত এই মূর্তির সম্মুখে স্বয়ংক্রিয়ভাবেই জোড়া হয়ে গেল এবং তাঁকে অনুসরণ করলেন ম'বাকুর!

রুদ্রদেবের ডানদিকে আরেকখানি দেবীমূর্তি রক্ষিত ছিল, সেটিও আয়তনে প্রায় দেবাদিদেবের মূর্তির অনুরূপ। তাঁর মুখাবয়বে এই আলকেবুলান অঞ্চলের বৈশিষ্ট্য উপস্থিত থাকলেও, মূর্তির পরিধানে ছিল ভারতীয় পোষাকের অনুকরণে ধুতি, ঊর্ধাঙ্গের জন্য জামা, এবং অঙ্গবস্ত্র। তাঁর বাম হাতে একটি ডিম্ব এবং ডানহাতে একটি সুদীর্ঘ তরবারির উপস্থিতি বলে দেয় তিনি একাধারে প্রেম ও যুদ্ধের দেবী। কুম্ভকর্ণ এবং ম'বাকুর এই দেবী ইশারের মূর্তির সম্মুখেও তাঁদের শ্রদ্ধাজ্ঞাপন করলেন।

লঙ্কাদ্বীপের যুবরাজ পুনরায় প্রশ্ন করলেন, 'কী আপনার পরিচয়?'

'আমি আপনার এক হিতাকাঙ্ক্ষী!' উত্তর দিলেন ম'বাকুর।

'আমার যে সাহায্যের প্রয়োজন, সে কথা আপনাকে কে জানাল?'

'প্রত্যেকটি কথা ব্যক্ত করার প্রয়োজন পড়ে না। যখন আপনি প্রত্যক্ষ করবেন আপনার সম্মুখে একজন নিজের ক্ষতিসাধনে লিপ্ত হয়েছেন, তখনই বোধগম্য হয় সেই ব্যক্তির সাহায্যের একান্ত প্রয়োজন। কিন্তু আমার মনে হয় আপনি সন্দেহ করছেন আমার বিশ্বাসযোগ্যতা নিয়ে...'

কুম্ভকর্ণ নীরব রইলেন।

ম'বাকুর সম্মুখে ঝুঁকে ফিসফিসিয়ে বললেন, 'আমি হনুমানের মিত্র!'

কুম্ভকর্ণ সচকিত হয়ে তাঁর দিকে তাকালেন। কিংবদন্তি বায়ুপুত্র উপজাতির এক অতি গুরুত্বপূর্ণ সদস্য এই হনুমান। সিংহহৃদয় এক মহাবলীয়ান বীর, যিনি প্রত্যেকের প্রয়োজনে, জাতিধর্মনির্বিশেষে সাহায্যের হাত বিস্তারে সদা প্রস্তুত! বহুকাল পূর্বে, তিনি একদা এই কুম্ভকর্ণের প্রাণরক্ষা করেছিলেন। কিন্তু তার বিনিময়ে তিনি কুম্ভকর্ণকে প্রতিশ্রুতিবদ্ধ করিয়েছিলেন, সেই ঘটনা তিনি যেন কোনোদিন জনসমক্ষে না আনেন, এবং কুম্ভকর্ণ সেই প্রতিশ্রুতি রক্ষা করেছিলেন। কিন্তু এই ঘটনার পরিপ্রেক্ষিতে তিনি হনুমানের কাছে চিরকাল ঋণী হয়ে ছিলেন, এবং সেই ঋণের প্রতিদানে হনুমানের জন্য কিছু করার সুযোগের সন্ধানে ছিলেন।

সেই অর্থে হনুমানের মিত্র মানে তিনি তাঁরও সুহৃদ।

'আপনি কি একজন বায়ুপুত্র?' কুম্ভকর্ণ প্রশ্ন করলেন।

ম'বাকুর সম্মতির মাথা নাড়ালেন, 'হ্যাঁ!'

'এবং আপনি আমাকে ঘৃণা করেন না?'

ম'বাকুর স্মিতমুখে উত্তর দিলেন, 'বিনা কারণে আমি আপনাকে ঘৃণা করতে যাব কেন?'

'মানে...' দীর্ঘশ্বাস ত্যাগ করলেন কুম্ভকর্ণ, 'আমি এক...'

'হ্যাঁ, বলুন, বলুন!'

'দেখুন, আপনি মহাশক্তিধর বায়ুপুত্র উপজাতির একজন গর্বিত সদস্য। যে উপজাতির আবিষ্কর্তা স্বয়ং দেবাদিদেব রুদ্রনাথ। আমাদের পবিত্র দেশ, ভারতের সুরক্ষা প্রদানের মহান কর্মের দায়িত্বভার আপনাদের উপর ন্যস্ত। অন্যদিকে, আমি হলাম সেই ব্যক্তি যার অগ্রজ সমগ্র ভারতের ক্ষতিসাধনের প্রচেষ্টায় মত্ত!'

'সত্য? ভারতবর্ষের ক্ষতিসাধন?' বিস্ময়ে ম'বাকুরের দুটি চোখ বিস্ফারিত হয়ে উঠল, 'আপনার কী মনে হয় আপনার ভ্রাতা সেই অর্থে যথেষ্ট পরাক্রমশালী?'

এইবার বিস্মিত হওয়ার পালা কুম্ভকর্ণের। তাঁর মহাবলী অগ্রজের স্তুতিতে ঔদ্ধত্যের সুর চড়িয়ে কথা বলায় অভ্যস্ত হয়ে গিয়েছিলেন তিনি। কিন্তু এইরূপে তাঁর অগ্রজের অসীম শক্তি অথবা ক্ষমতার প্রতি সন্দেহ প্রকাশ

করতে কাউকে প্রত্যক্ষ করেননি তিনি ইতিপূর্বে! 'কী বললেন? আমি ঠিক বুঝতে পারলাম না!'

ম'বাকুর হাসলেন, 'আমায় বলুন তো, যখন কেউ আপনার সম্মুখে ভারতকে ধ্বংস করার কথা উচ্চারণ করে, তখন আপনার কীরূপ মনোভাব হয়?'

'এই...এই আমার মাতৃভূমি। আমি আমার মাতৃভূমিকে শ্রদ্ধা করি, ভালোবাসি!'

'এবং আপনার এই মাতৃভূমি এতই দুর্বল, যে মাত্র একজন মানুষের হাতে তা বিনাশপ্রাপ্ত হবে? আচ্ছা, আসুন আমরা এই কথাকে অন্যদিক দিয়ে চিন্তা করি। একটি দেশ যদি এইরূপে নশ্বর ও ভঙ্গুর হয়, যাতে একটি সাধারণ মানুষের হাতে তার ধ্বংসপ্রাপ্তি ঘটতে পারে, তাহলে সেই দেশের অস্তিত্বরক্ষা করা রীতিমতো অসম্ভব!'

'কী বলতে চাইছেন আপনি?'

'আপনি কি *মাৎস্যন্যায়* সম্বন্ধে অবগত?'

'তা সর্বজনবিদিত। বড় মাছ প্রতি মুহূর্তে ছোট মাছের শিকার করবে। আমার মতে এই নিয়মের নতুন নামকরণ হওয়া উচিত—*মৎস্য আইন*!'

'কিন্তু আপনি কি এই ব্যাপারে অবগত যে এই নিয়ম শুধুমাত্র মাছেদের ক্ষেত্রেই প্রযোজ্য নয়?'

কুম্ভকর্ণ সহাস্যে উত্তর দিলেন, 'হ্যাঁ, আমি জানি!'

'এই নিয়মানুসারে সমগ্র প্রকৃতি আবহমানকাল ধরে চলে আসছে। সবলের জয় সর্বত্র!'

'হ্যাঁ, এবং এই নিয়ম যথেষ্ট নির্মম। সেই কারণেই আমরা এই নিয়মের পথ থেকে দূরে সরে এসেছি। আমাদের অপেক্ষা দুর্বলের আমরা ক্ষতিসাধন করি না, আমরা তাদের রক্ষায় নিজেদের নিয়োজিত করেছি!'

'কিন্তু এতো মানুষের ধর্ম, প্রকৃতি এই নিয়মের অধীনে চলে না। নির্মমতা এবং দয়া হল মনুষ্যচরিত্রের দুই বিশেষ গুণ। প্রকৃতি ভারসাম্যে বিশ্বাসী। এবং এই ভারসাম্য আসে কঠিন ভালোবাসার দ্বারা।'

'কঠিন ভালোবাসা!'

'ভালোবাসা আপনাকে দ্রবীভূত করতে সক্ষম, আবার ভালোবাসা আপনার ভবিষ্যত জীবনের জন্য আপনাকে প্রস্তুত করে তুলতেও সক্ষম। সেই কারণেই বিশেষ কিছু সময়ে, ভালোবাসার রূপ কাঠিন্য সম্বলিত হওয়া সম্ভব, কিন্তু তা

একান্ত প্রয়োজনীয়। যদি আপনি আপনার সন্তানের বর্তমান অবস্থার উপর মনোযোগ কেন্দ্রীভূত করেন, তাহলে তার চাহিদা মতো আপনি তাকে সমস্ত কিছু প্রদান করবেন, কারণ তার মুখমণ্ডলে হাসির উজ্জ্বলতা প্রত্যক্ষ করাই আপনার একান্ত কাম্য। কিন্তু আপনি যদি তার অনাগত ভবিষ্যতের কথা চিন্তা করেন, তাহলে আপনি অবগত হবেন যে আজ আপনি নিজের হাতে তার ভবিষ্যৎ জীবন বিনষ্ট করতে বিশেষ উদ্যোগী হয়েছেন!'

'কিন্তু আপনার এই ভালোবাসার কাঠিন্যে শিশুটি নিষ্পেষিত হতে থাকবে!'

ম'বাকুর হাসলেন, 'সেখানেই তো প্রকৃতির সঙ্গে আমাদের পার্থক্য! প্রকৃতি মাতা সর্বক্ষণ আমাদের উপর নজর রাখতে অক্ষম, তাই জীবনধারণের নিয়মানুযায়ী জীবন অতিবাহিত হতে থাকে। হ্যাঁ, অনেক সময়ে দুর্বলেরা ধ্বংসপ্রাপ্ত হয় এবং নিশ্চিহ্ন হয়ে যায়। কিন্তু আমরা, মানুষরা এদের চাইতে প্রভূতভাবে পৃথক। আমরা চিন্তা করতে সক্ষম আর... আমরা সবকিছুর উপর নজর রাখতে পারি। আমরা আমাদের ভালোবাসার কাঠিন্যকে আমাদের আয়ত্তে রাখতে সক্ষম—প্রয়োজনীয়তা অনুযায়ী কাঠিন্য প্রয়োগ করতে, ঠিক ততটাই, যাতে কারো ক্ষতিসাধন না হয়।'

'এর সঙ্গে আমার অথবা আমার অগ্রজের কীরূপে সম্পর্ক থাকা সম্ভব?'

'আপনি কি কখনো ভেবে দেখেছেন, প্রকৃতিমাতার এই অপূর্ব শক্তির ন্যায়, আমাদের জীবন কিছু বিশেষ শক্তির দ্বারা সুচারুরূপে চালিত হচ্ছে সর্বদা? চিন্তা করে দেখেছেন কি, সম্ভবত আপনার প্রবল প্রতিপত্তিশালী ভ্রাতা আসলে এরকম কোনো শক্তির হাতে কাষ্ঠপুত্তলিকার ন্যায় আন্দোলিত হচ্ছেন?'

কুম্ভকর্ণ এই কথার উত্তরে বাকরুদ্ধ অবস্থায় রইলেন।

ম'বাকুর সন্তর্পণে প্রসঙ্গান্তরে গেলেন, 'আপনি কখনো দাবানল প্রত্যক্ষ করেছেন?'

'হ্যাঁ, করেছি!'

'সেগুলি কি জীবনের পক্ষে ভালো নাকি মন্দ?'

'সেটি নির্ভর করে...'

'কীসের উপর নির্ভর করে?'

'নির্ভর করে সেই আগুন কারো ক্ষমতাধীন, নাকি অনর্গল!

'যথার্থ। একটি নিয়ন্ত্রিত আগুন সমস্ত বিনষ্টপ্রাপ্ত কাঠ থেকে অরণ্যকে অব্যাহতি প্রদান করে। কারণ এই কাঠ সময়ে ধ্বংস না করলে, তা পরিমাণে

বৃদ্ধি পেতে পেতে বিষাক্ত হয়ে সমগ্র অরণ্যকে ধ্বংস করার ক্ষমতা রাখে। যদি এই ক্ষুদ্র নিয়ন্ত্রিত আগুন দ্বারা অরণ্যের বিভিন্ন স্থান পরিষ্কার করা না হয়, ভবিষ্যতে বিশাল, নিয়ন্ত্রণহীন দাবানলে সমগ্র অরণ্যকে অবলুপ্তির পথে নিয়ে যেতে পারে। এবং একটি দাবানল কতটা ভয়ংকর হতে পারে তা আমরা সহজেই অনুমান করতে সক্ষম! তাহলে সেটি সর্বতোভাবেই মন্দ, তাই না?'

'সম্পূর্ণভাবেই মন্দ!'

'যথার্থ! তাহলে এই ক্ষুদ্র নিয়ন্ত্রিত আগুনকে আমরা নিতান্তই ছোট কাঁটা দিয়ে বড় কাঁটা তোলার স্বার্থে ব্যবহার করছি!'

কুম্ভকর্ণের শরীর শক্ত হতে শুরু করেছে ইতিমধ্যে, 'আমার অগ্রজকে আপনি কাঁটা হিসাবে অভিহিত করতে পারেন না!'

ম'বাকুর নিঃশব্দে হাসলেন। তিনি প্রত্যুত্তর দিলেন না। তিনি তাঁর বক্তব্যের জন্য ক্ষমাভিক্ষাও করলেন না!

কুম্ভকর্ণ মন্দির পরিত্যাগের উদ্দেশে গাত্রোত্থান করতে উদ্যত হলেন।

'আমাদের বাক্যালাপ সম্পন্ন হয়নি!' বললেন ম'বাকুর।

'কী কারণে আপনার মনে হয় যে আমার অগ্রজ ও আমি অপেক্ষা আপনারা অধিক শক্তিশালী?' পুনরায় উপবিষ্ট হওয়ার উপক্রম করতে করতে কুম্ভকর্ণ প্রশ্ন করলেন, 'আমার কাছে, বৃহত্তর স্বার্থের জন্য দীর্ঘকাল ধরে কষ্ট সহ্য করা সাধারণ মানুষের প্রতি আপনাদের চরম উদাসীনতা, আমার অগ্রজ কৃত অনাচার ও অন্যায়ের সমানুপাতিক।'

'আপনি জানেন, প্রকৃতি মাতার নজরে, সঠিকের বিপরীত ভুল, তার অন্যথা হওয়া অসম্ভব!'

'এ তো সাধারণ কথার মারপ্যাঁচ মাত্র! আপনার বক্তব্য আমাকে পরিষ্কার করে ব্যক্ত করুন এবার!'

'আমার বক্তব্য হচ্ছে, নির্দিষ্ট কোনো একটি সঠিক পথ, নির্দিষ্ট কোনো সঠিক সমাধানের অস্তিত্ব নেই। যে সমস্ত মানুষ সার্বিক শ্রেষ্ঠত্বে বিশ্বাস করে, তাদের শাসনেই আমাদের এই পৃথিবীর দুরাবস্থা হয়। তারা বিশ্বাস করতে পারে না যে সাফল্যের নির্দিষ্ট কোনো পথের অস্তিত্ব নেই। জ্ঞানী মানুষরা অবশ্য একটি বিকল্প সমাধানের অস্তিত্বে বিশ্বাস রাখেন, তাঁরা সঠিক সমাধানের পিছনে ধাবিত হন না। যে সমাধানের দ্বারা অধিকাংশ মানুষের উপকার সম্ভব, তার অনুসরণ করাই একান্ত কাম্য। কারণ এই পৃথিবীর সমগ্র

মানবজাতির সমস্ত মানুষকে উপকার করার সমাধানের অস্তিত্ব নেই। ক্ষত্রিয়দের অস্বাভাবিক উন্নতির কারণে আজ ভারতবর্ষ এই করুণ অবস্থার সম্মুখীন, ক্ষমতার প্রতাপে তারা আজ শুদ্র এবং বৈশ্যদের উপর দমন ও দলননীতির প্রয়োগ করছে। আমাদের একত্রিত হয়ে এই শৃঙ্খলের অবদমন ভঙ্গ করতে হবে, তারপর সমাজের দায়িত্ব অবশিষ্ট কর্মের দায়ভার গ্রহণ করার! এবং রাবণ ঠিক এই কর্মের অভিমুখেই অগ্রসর হচ্ছেন! একমাত্র তিনিই সক্ষম এই সর্বশক্তিমান ক্ষত্রিয়দের পর্যুদস্ত করতে!'

'আপনি আমাকে এই সমস্ত কথা বলছেন কী স্বার্থে? আমি তো লঙ্কায় প্রত্যাবর্তন করে আমার অগ্রজকে বলতে পারি আপনারা কীরূপে ওনার শক্তিকে ব্যবহার করছেন!'

'আপনি আশা করেন তিনি আপনার এই কথায় কর্ণপাত পর্যন্ত করবেন?' প্রশ্ন করলেন ম'বাকুর, 'আপনার কী মনে হয় তিনি তৎক্ষণাৎ ধর্মের পথ অবলম্বন করতে উৎসাহী হয়ে পড়বেন?'

'আপনারা যে ধর্মের পথের পথিক, এ কথা আমাকে বিশ্বাস করতে বলেন আপনি?'

ম'বাকুর পুনরায় হাসলেন, 'যদি ধর্মের ন্যায় গূঢ় জ্ঞানগর্ভ আলোচনা এই স্বল্প সময়ে সম্ভব হতো, তাহলে আমি আপনাকে তা বুঝিয়ে বলতে সক্ষম হতাম!'

'চেষ্টা করুন!'

'ধর্ম একটি অত্যন্ত জটিল বিষয়। ধর্ম এবং অধর্ম কী ও কেন, এই আলোচনায় আমরা ইহজীবন অতিবাহিত করে দিতে পারি। কিন্তু আমাদের উদ্দেশ্য ধার্মিক কিনা সেটিই মূল বিষয়—এর ফল আমাদের নিয়ন্ত্রণে নেই, সুতরাং তার দ্বারা ধর্মের মাপকাঠি হওয়া সম্ভবপর নয়!'

'উদ্দেশ্য অর্থাৎ?'

'কেউ কেউ অন্যের সাহায্যার্থে কর্মসাধন করে যায়, যেমন ধরুন, উদাহরণস্বরূপ, আমরা বায়ুপুত্ররা সেই প্রচেষ্টায় রত। কিন্তু আমরা এই প্রচেষ্টায় আদৌ সাফল্য লাভ করব কিনা, তা একমাত্র সময় বলে দেবে। কিন্তু আমরা বিশ্বাস করি যে আমাদের কর্মের উদ্দেশ্য সন্দেহাতীত। শুধুমাত্র নিজেদের উন্নতির কথা চিন্তা না করে, আমরা অন্যদের উন্নতিসাধনের চেষ্টায় রত। এই হচ্ছে ধর্মের পথে প্রথম পদক্ষেপ—যখন আপনি আপনার নিজস্ব

স্বার্থের চিন্তা বিসর্জন দিয়ে অন্যদের উন্নতিকল্পে অথবা সাহায্যার্থে নিজেকে উৎসর্গ করতে সক্ষম!'

কুম্ভকর্ণ পুনরায় সম্মুখে ঝুঁকে প্রশ্ন করলেন, 'আপনাকে পুনরায় প্রশ্ন করছি, আপনি আমাকে কেন এই সমস্ত কথা বলছেন?'

'কারণ রাবণের দুর্দমনীয়, পাশবিক শক্তিকে আমরা মানুষের বৃহত্তর স্বার্থের কর্মে ব্যবহার করতে পারি। এবং আমরা চাই তাঁর মহান আত্মা যেন কোনোভাবেই কলুষিত না হতে পারে!'

কুম্ভকর্ণ মুখব্যাদান করলেন, 'আপনি কি আমাকে এই কথা বিশ্বাস করবার ন্যায় নাবালক মনে করেন, যে বায়ুপুত্ররা আমার ভ্রাতার জন্য এই পরিমাণে শুভচিন্তা পোষণ করে?'

'কেন নয়? আমরা সকলের হিতাকাঙ্ক্ষী। হয়তো আমরা সকলকে সাহায্য করতে অপারগ, কিন্তু আমরা সমগ্র জাতির শুভচিন্তক!'

'কিন্তু আমার কাছ থেকে আপনারা কী আশা করেন?'

'আমরা বিশ্বাস রাখি যে আপনি আপনার অগ্রজের দিকে সাহায্যের হাত প্রসারিত করবেন!'

'তবে আপনাদের কথা অনুযায়ী এতকাল ধরে আমি কী করছিলাম?'

'অনুৎকৃষ্ট বানিজ্যিক আলোচনার দ্বারা আপনার অগ্রজের উন্নতি সম্ভবপর নয়!'

'আমাদের সঞ্চিত প্রভূত সম্পত্তির পরিমাণ এতটাই, যে তার সামান্য অংশ আমরা আমাদের জীবদ্দশায় ব্যয় করে উঠতে সক্ষম হব না। তাই তার কিছু পরিমাণ আমি এভাবে ব্যয় করছি। তা থেকে অন্তত কেউ কেউ লাভবান হতে পারে! দানের কর্মে ব্যয় করা অর্থের প্রতিটি অংশ ধর্মানুসারে অনুষ্ঠিত!'

ম'বাকুর হাসলেন, 'আপনি কি প্রভু বিদুরের সম্বন্ধে অবগত রয়েছেন?'

'তাঁর সম্বন্ধে কে না জানে?' বললেন কুম্ভকর্ণ, 'ইতিহাসের সর্বকালের শ্রেষ্ঠ দার্শনিক, দেশের উজ্জ্বল জ্যোতিষ্ক তিনি!'

'প্রভু বিদুর বলেছিলেন, বৃথা অর্থব্যয় করার দুটি পথ রয়েছে। এক, অপাত্রে দানধর্ম করা। আর দুই, প্রকৃত দরিদ্রকে অর্থদান না করা!'

'আমি তো...'

'আপনাদের ব্যবসায়িক নিয়মাবলী অনুসারে আমাদের দেশের শাসক এবং ব্যবসায়ীরা প্রভূতভাবে লাভ করেন। কিন্তু তাঁদের কাছে তো এই অনাবশ্যক

অর্থদান অর্থহীন! প্রকৃত দরিদ্রদের এই অর্থের আসল প্রয়োজন। শুধুমাত্র এই দামাতে নয়, সর্বস্থানে! তাদের খুঁজে বার করে সাহায্য করুন। আপনার অগ্রজের নামে তাদের জন্য দাতব্য করুন। তাঁর জন্য কিছু পুণ্য অর্জন করুন। অবসাদে নিজের জীবন বিনষ্ট হতে দেবেন না! জীবনের তাৎপর্য অন্বেষণে ব্যস্ত থাকুন। আমি জানি আপনার জন্মের সময় আপনার ভ্রাতা আপনার প্রাণরক্ষা করেছিলেন। এখন আপনার দায়িত্ব তাঁর আত্মার সাহায্যার্থে, তাঁর দয়ার প্রতিদানে কিছু করা!'

মনোযোগ সহকারে ম'বাকুরের কথা শুনে গভীরভাবে চিন্তামগ্ন হতে দেখা গেল কুম্ভকর্ণকে।

'এবং দয়া করে তাঁকে আপনার ভালোবাসার বন্ধন পরিত্যাগ করে যাওয়ার অনুমতি দেবেন না!' বলে চলেছেন ম'বাকুর, 'আমাদের জীবন চির পরিবর্তনশীল। এবং আমার সম্পূর্ণ আস্থা রয়েছে যে রাবণের জীবনে তাঁর আত্মার শান্তিস্থাপন করতে পুনরায় কারো আবির্ভাব সংঘটিত হবেই। তিনি সম্ভবত এই মুহূর্তে সেই মুহূর্তের অনুধাবন করতে সাময়িক অক্ষম, কিন্তু যখন সময় আসবে, তখন তিনি তাঁর পাশে আপনার উপস্থিতির অপেক্ষমাণ থাকবেন!'

কুম্ভকর্ণের চোখে অশ্রুসমাগম হতে, তিনি রুদ্ধকণ্ঠে বললেন, 'আমার ভ্রাতাকে আমি হারিয়ে ফেলেছি! আমি তাঁকে প্রাণাধিক ভালোবাসলেও, আমি তাঁকে হারিয়ে ফেলেছি। তাঁর অদম্য রোষানলে তিনি আমার কাছ থেকে হারিয়ে গিয়েছেন। তাঁর অব্যক্ত যন্ত্রণার কাছে। আমি তাঁকে হারিয়েছি তাঁর অবর্ণনীয় শোকের কাছে...'

'বেদবতীর মৃত্যুর সংবাদ সম্বন্ধে আমি অবগত!' বললেন ম'বাকুর, 'আমি জানি!'

কুম্ভকর্ণ ম'বাকুরের দিকে অপলকে তাকিয়ে রইলেন। রাবণের একান্ত ব্যক্তিগত এই ঘটনার সম্পর্কে তাঁর এই অবগতি কুম্ভকর্ণকে স্তম্ভিত করে ফেলল। এই ঘটনা অধিকাংশ মানুষের কাছে আজও গোপনীয়!

'বিস্মৃত হবেন না যে তিনিও আপনাকে অসম্ভব ভালোবাসেন! আপনি এবং তাঁর সন্তান ইন্দ্রজিৎ হলেন একমাত্র জীবিত মানুষ যাদের তিনি প্রাণাধিক ভালোবাসেন!'

'পরিবর্তে ইন্দ্রজিৎ তাঁকে ভালোবাসে। আমার চাইতেও অনেকাংশে বেশি!'

ম'বাকুর হাসলেন, 'আমি জানি। কিন্তু সে এক ক্ষুদ্র বালক। এই মুহূর্তে সে তার পিতাকে সাহায্য করতে অক্ষম, অন্ততপক্ষে যতক্ষণ না সে বড় হয়ে উঠবে। তাই রাবণকে রক্ষা করার সম্পূর্ণ দায়িত্ব আপনার উপর ন্যস্ত! সেটিই আপনার জীবনের স্বধর্ম। দয়া করে সেটি সুষ্ঠভাবে সম্পন্ন করুন।'

—ꣲ—

'দাদা, এই পরিমাণ অর্থের কোনো তাৎপর্য নেই আমাদের কাছে!' অশান্ত ও রাগান্বিত স্বরে বলে উঠলেন কুম্ভকর্ণ। তাঁর কাঁধের উপরের দুটি বাড়তি বাহু রীতিমতো শক্ত ও সোজা অবস্থায় রয়েছে!

কারাচাপার যুদ্ধের পরে দীর্ঘ সতেরো বছর অতিক্রান্ত হয়েছে। কুম্ভকর্ণ রাবণের নিজস্ব কক্ষে উপস্থিত হয়েছেন। রীতি রেওয়াজ মেনেই সেই বিশাল বিলাসবহুল কক্ষের কেন্দ্রস্থলে একাধিক স্বল্পবাসপরিহিত অর্ধ অনাবৃতা নর্তকী কামাতুর বিভঙ্গে নৃত্য পরিবেশন করতে ব্যস্ত। রাবণ তাঁর আরামকেদারায় উপবিষ্ট, তিনি তাঁর উরুতে উপবিষ্ট এক সুন্দরীর দীর্ঘ চুলে বিলি কাটছেন। তাঁর অপর হাতে ধরা রয়েছে একটি গঞ্জিকার ছিলিম!

এই দানকর্ম কুম্ভকর্ণ নিজের ইচ্ছানুসারে করতে সক্ষম ছিলেন, তাঁর নিজের অংশের অর্থ সহকারে। কিন্তু তাঁর অভিপ্রায় ছিল অর্থের এই বিশেষ অংশ রাবণের সঞ্চিত অর্থ থেকে দান করা হোক। নিয়মানুযায়ী তাঁর কথাই সঠিক ছিল।

তাঁর ধূমায়িত ছিলিম থেকে একটি গভীর টান দিয়ে, তাঁর রক্তবর্ণ দৃষ্টিতে, অধরে একটি অলস, নেশাগ্রস্ত হাসির অভিব্যক্তি নিয়ে রাবণ অনুজের দিকে তাকালেন। সূক্ষ্ম ধূম্রজালিকার ভিতর দিয়ে তিনি তাঁর বক্তব্য স্পষ্টভাষায় ব্যক্ত করলেন, 'আমি আমার অর্থ আগুনের দ্বারা প্রজ্জ্বলিত করতেও প্রস্তুত, কিন্তু তার একটি কানাকড়িও সপ্তসিন্ধুর সাহায্যার্থে ব্যয় হবে না! তা যদি বৈদ্যনাথে একটি চিকিৎসালয় নির্মাণের জন্যেও হয়, তাও আমার উত্তর 'না'-ই থাকবে!'

কুম্ভকর্ণ সম্পূর্ণ কক্ষের ভিতর তাঁর দৃষ্টি চালনা করলেন—নর্তকীরা, ধূম্রজালিকা, সুরা, গঞ্জিকা ব্যতীত অতিরিক্ত বিলাস ব্যাসনের ব্যাপ্তি! তিনি বললেন, 'দাদা, আপনি ইতিমধ্যেই আপনার অর্থ আগুনের দ্বারা প্রজ্জ্বলিত করতে ব্যস্ত!'

'অবশ্যই, এ আমার কষ্টসাধিত, স্ব-উপার্জিত অর্থ... আমার রুচিমতন এ আমি ব্যয় করব!'

কুম্ভকর্ণ সরোষে নর্তকীদের দিকে তাকিয়ে গর্জে উঠলেন, 'আমাদের একা থাকতে দিন!'

সেই নর্তকীরা তাদের নৃত্য স্থগিত রেখে দাঁড়িয়ে পড়ল, কিন্তু তারা কক্ষ থেকে নিষ্ক্রান্ত হল না। তারা শশব্যস্তে সেই স্থানে দাড়িয়ে রইল, ভীত, সন্ত্রস্ত, তাদের প্রভু রাবণের আদেশের অপেক্ষায়!

কুম্ভকর্ণ রাবণের উরুতে উপবিষ্ট নারীটিকে নির্দেশ দিলেন কঠোরভাবে, 'বেরিয়ে যান!'

সেই নারীটি সভয়ে রাবণের উরুর থেকে উঠে দাঁড়াবার প্রচেষ্টায় রত হলে, রাবণ বলপূর্বক তাকে পুনরায় নিজের বক্ষে টেনে নিলেন, 'নিজের সীমা লঙ্ঘন করার চেষ্টা করো না, কুম্ভকর্ণ!' গর্জে উঠলেন তিনি।

কুম্ভকর্ণ এক পদক্ষেপ অগ্রসর হয়ে রাবণের কণ্ঠে দোদুল্যমান সেই স্বর্ণহারের দিকে নির্দেশ করলেন, 'কন্যাকুমারীর নামে শপথ করে আপনি এই বিশেষ চিকিৎসালয় নির্মাণের প্রতিশ্রুতি দিয়েছিলেন, দাদা! তাঁর জীবনের অনাদায়ী দায়িত্বসমূহ আমরা তাঁর সৎকার্যের সময় নিজেদের দায়িত্বে নিয়েছিলাম! আপনি এই প্রতিশ্রুতি সম্বন্ধে বিস্মৃত হতে পারেন, কিন্তু আমি হইনি! আমি ওই চিকিৎসালয় নির্মাণ করেই ক্ষান্ত হব। সম্পূর্ণ বিনামূল্যে ওই চিকিৎসালয় মানুষের সেবা করবে, এবং তাদের প্রাণরক্ষা করবে। এবং এই রশিদে আপনার শীলমোহর আমার চাই এক্ষুনি!'

রাবণ নীরবে বসে রইলেন। তাঁর মুখমণ্ডলে কোনোরকমের অভিব্যক্তির আভা পাওয়া গেল না—রোষ, শোক, অনুশোচনা, কিছু না! তিনি তাঁর অব্যক্ত যন্ত্রণার থেকে নিষ্কৃতি পেতে মাদক, সুরা এবং নারীতে নিজের অবলম্বন খুঁজে নিয়েছেন। এই শোকের বিনিময়ে তিনি তাঁর অন্তরকে বিনাশের হাতে সমর্পণ করে দিয়েছেন!

কুম্ভকর্ণ পুনরায় সম্মুখে অগ্রসর হয়ে অগ্রজের হাতখানি ধরলেন, তারপর তাঁর তর্জনীর বিশাল আংটিখানি রশিদের উপর চেপে ধরতে সেই রশিদখানি রাবণের কোষাগার থেকে অর্থব্যয় করার জন্য কর্মক্ষম হল।

রাবণের উরুতে কষ্টকরভাবে উপবিষ্ট সেই নারীর দিকে একবার তাকিয়ে

কুম্ভকর্ণ বললেন, 'আপনার একজন ধর্মপত্নী বর্তমান রয়েছেন দাদা! দয়া করে তাঁকে এইরূপে অপমানিত করবেন না!'

রাবণ নিরুত্তর রইলেন।

কুম্ভকর্ণ ঘুরে সেই প্রমোদকক্ষ থেকে নিষ্ক্রান্ত হয়ে গেলেন।

রাবণের উরুতে উপবিষ্ট সেই বারাঙ্গনা রাবণের মুখমণ্ডলের নিকট পৌঁছে তাঁর গণ্ডদেশে চুম্বনের উপক্রম করল। তারপর অযাচিত অন্তরঙ্গতার সুযোগে তাঁর কর্ণকুহরে বিষ ঢালার চেষ্টায় রত হল, 'আপনার কনিষ্ঠ ভ্রাতা যেভাবে আপনার সঙ্গে বার্তালাপ করেন, আমার একেবারেই পছন্দ হয় না!'

রাবণের প্রক্রিয়া ছিল বিদ্যুৎচমকের ন্যায় দ্রুত! তাঁর বজ্রমুষ্ঠি সজোরে সেই নারীর মুখমণ্ডলে আছড়ে পড়ল! তৎক্ষণাৎ তার নাসিকাভঙ্গ হল। অসহ্য যন্ত্রণায় আর্তনাদ করতে করতে সে সজোরে ভূপতিত হতে, অনতিদূরে দণ্ডায়মান আতঙ্কিত নর্তকীদের উদ্দেশে তিনি গর্জে উঠলেন, 'বেরিয়ে যাও! সকলে বেরিয়ে যাও আমার দৃষ্টির বাইরে!' তাঁর পদতলে ভূলুণ্ঠিতা ক্রন্দনরতা, আহত রক্তাক্ত নারীটির দিকে নির্দেশ করে তিনি পুনরায় গর্জন করলেন, 'তোমাদের সঙ্গে এই নরাধম পশুটিকেও নিয়ে এই কক্ষ থেকে দূর হও!'

সমস্ত নারীরা তাঁর প্রমোদকক্ষ থেকে নির্গত হয়ে গেলে, রাবণ তাঁর আরামকেদারায় তাঁর ধ্বস্ত শরীরের সম্পূর্ণ ওজন ছেড়ে দিলেন। তাঁর হাত বেদবতীর আঙুলগুলি সজোরে চেপে ধরে আছে! তাঁর মুদিত নয়নের থেকে অনর্গল বারিধারা নির্গত হয়ে তাঁর সমগ্র মুখমণ্ডল নিমেষে সিক্ত করে তুললো।

তুমি এর অপেক্ষা অনেক ভালো করতে সক্ষম। দোহাই তোমার, একবার চেষ্টা করে দেখো!

২৪

চতুর্বিংশ অধ্যায়

‘আমি জানি না আমি ঠিক পথে অগ্রসর হচ্ছি কিনা! আমার কারণে তিনি অত্যন্ত মনস্তাত্ত্বিক চাপে রয়েছেন,’ বললেন কুম্ভকর্ণ, ‘সম্প্রতি তিনি প্রভূতভাবে দুর্বল হয়ে পড়েছেন।’

বৈদ্যনাথে বিশাল দাতব্য চিকিৎসালয় নির্মাণের জন্য রাবণের অনিচ্ছাসত্ত্বেও তাঁর সম্মতির বিরুদ্ধে যাওয়ার ঘটনার পরে কিছু মাস অতিক্রান্ত হয়েছে। কুম্ভকর্ণ বর্তমানে এই মন্দির নগরীতে উপস্থিত, নির্মাণকাজ শুরু হওয়ার পূর্বে সমস্ত ব্যবস্থাপনার তত্ত্বতালাশের নিমিত্তে। প্রচুর অর্থের ব্যবস্থা সম্পন্ন করা হয়েছে। বিভিন্ন স্থান হতে সুচিকিৎসকদের দায়িত্বভার জ্ঞাপন করার কাজও সম্পন্ন। এই বিশাল নির্মাণের কাজ সমাপ্ত হতে কয়েক মাস সময় লাগবে। ম’বাকুর, যিনি তাঁদের আলাপ হওয়ার সময় থেকে কুম্ভকর্ণের সান্নিধ্যে রয়েছেন অবিরতভাবে, এই বিশাল কর্মযজ্ঞে কুম্ভকর্ণের সঙ্গে এই বৈদ্যনাথেই উপস্থিত।

‘আপনার অগ্রজের সম্বন্ধে সমস্ত কথা আমি মেনে নিতে প্রস্তুত,’ বললেন ম’বাকুর, ‘কিন্তু তিনি কখনো দুর্বল হতে পারেন না!’

‘আসলে, তাঁকে এই রূপ ভগ্নাবস্থায় দেখতে আমি কখনোই অভ্যস্ত নই। তিনি তাঁর সম্পূর্ণ সত্তাকে, মাদক ও সুরায় উৎসর্গ করে দিয়েছেন! বর্তমানে তাঁর বয়স প্রায় পঁয়তাল্লিশ বছর, এভাবে নিজের শরীরের উপর অত্যাচার করা তাঁর কোনোভাবেই আকাঙ্খিত নয়। তদুপরি আমার এই বৈমাত্রসুলভ ব্যবহার তাঁর অস্থির মনের উপর অসহ্য চাপের সৃষ্টি করে চলেছে নিরন্তর!’

‘আপনার ধারণা ভ্রান্ত। মনের এই অবস্থা মানুষের পক্ষে উপকারী।’

'কী বলছেন ম'বাকুরজি? আপনি কীভাবে বলতে পারেন যে এই অবস্থা মানুষের উপকার করে?'

ম'বাকুর তাঁদের পশ্চাতে একটি বেদীর উপরে একটি চুলার দিকে নির্দেশ করলেন, যার উপর এক পাত্র জল রক্ষিত ছিল। এই উষ্ণ জলের ভিতর চাল এবং আলু সিদ্ধ হচ্ছিল—দ্বিপ্রাহরিক ভোজনের সামান্য উপকরণ হিসাবে।

'আপনি কি এই উষ্ণ জল প্রত্যক্ষ করছেন?' বললেন ম'বাকুর।

'এর সঙ্গে আমার অগ্রজের প্রবল মানসিক দুরাবস্থার কী সম্পর্ক?' প্রশ্ন করলেন কুম্ভকর্ণ।

'আমি আপনাকে শীঘ্রই বুঝিয়ে দিচ্ছি!'

কুম্ভকর্ণ হতাশভাবে বললেন, 'আপনারা যে কেন হেঁয়ালি ব্যতীত কথা বলতে অভ্যস্ত নন?'

'হেঁয়ালির মাধ্যমে কথোপকথনের তৃপ্তি অন্যরকম। এবং একটি হেঁয়ালিকে বিশ্লেষণ করে যদি তার অন্তর্নিহিত অর্থ অনুধাবন করতে সক্ষম হন, সেই কথা কখনো বিস্মৃত হবেন না আপনি। যেমন পুরাণে কথিত রয়েছে—*পরোক্ষপ্রিয় ভই দেবোহ!*'

সনাতনী সংস্কৃতে এই শ্লোকের অর্থ হল—*ঈশ্বর পরোক্ষ ভাষাতেই কথোপকথন পছন্দ করেন।*

'তবে কি দর্শন কখনোই প্রত্যক্ষভাবে বোধগম্য হওয়া অসম্ভব?' প্রশ্ন করলেন কুম্ভকর্ণ।

'না না, তা কেন হবে? কিন্তু জীবনের গূঢ় রহস্যগুলিকে যদি আপনার সম্মুখে এইরূপে হেঁয়ালির মাধ্যমে পেশ করা যায়, তার রোমাঞ্চ আলাদা। সেই হেঁয়ালির রহস্যভেদের আনন্দের ভিতর সেই বিশেষ দর্শনের সত্য চিরকাল স্মরণে থেকে যায়। তদুপরি, এই রহস্যভেদের সন্তুষ্টি আপনার মনকে হর্ষিত করে তোলে। কোনো অত্যন্ত গুরুত্বপূর্ণ সন্দেশ যদি সরাসরি আপনার মনে দাগ না ফেলতে সক্ষম হয়, তবে তা প্রত্যক্ষভাবে পেশ করা শুধু সময়ের অপচয়!'

'তাহলে, বলতে চাইছেন যে এই উষ্ণ জলের মাধ্যমে আপনি অত্যন্ত গুরুত্বপূর্ণ একটি সত্য আমার সম্মুখে উন্মোচন করবেন?' কুম্ভকর্ণের প্রশ্ন।

'আপনাকে পৃথক ভাবে বোঝাতে হবে না আমাকে, আপনি নিজেই এর উপলব্ধি করতে সক্ষম হবেন!'

কুম্ভকর্ণ অতিষ্ঠভাবে তাঁর বাহু আন্দোলিত করে বলে উঠলেন, 'ঠিক আছে, আমি প্রস্তুত! আপনার প্রশ্নের উত্তরে জানাই, হ্যাঁ, আমি আমার সম্মুখে ওই পাত্রে উষ্ণ জল প্রত্যক্ষ করতে সক্ষম!'

'আপনি দেখতে সক্ষম, আলু এবং চাল ওই একই জলে সিদ্ধ হচ্ছে। কি আমি ঠিক বলছি?'

'অবশ্যই, আমি দেখতে পাচ্ছি!'

'দুটি পৃথক বস্তু, একই তাপমাত্রায়, একই জলের ভিতর, একই পাত্রের ভিতর একই আগুনে সিদ্ধ হচ্ছে, তাই দেখছেন তো আপনি?'

'হ্যাঁ।'

'এই উষ্ণ জলে সিদ্ধ হতে হতে এই ডিম্বের কী অবস্থা হওয়া সম্ভব?'

'সেটি একটি সুসিদ্ধ ডিম্বে পরিণত হবে অবশ্যই!'

ম'বাকুর সশব্দে অট্টহাস্য করে উঠলেন, 'সেটুকু তো সর্বজনবিদিত। আমার জানার উদ্দেশ্য হচ্ছে, এই সিদ্ধ ডিম্বটি পূর্বাবস্থার কাঁচা ডিম্বের তুলনায় কতটা পৃথক?'

'এটি পূর্বাপেক্ষা শক্ত হয়ে উঠেছে!'

'যথার্থ! এবার আলুগুলির উপরে মনোসংযোগ করুন। এই তাপমাত্রায় সিদ্ধ হতে হতে তাদের কি অবস্থার পরিবর্তন হবে?'

কুম্ভকর্ণ হেসে ফেললেন, 'অবশ্যই সেগুলি নরম হয়ে যাবে!'

'তাহলে আপনি কী প্রত্যক্ষ করলেন? একই উষ্ণ জলে, একই তাপমাত্রায়, একই পাত্রে সিদ্ধ হওয়া সত্ত্বেও আলুগুলি নরম অথচ ডিম্বগুলি শক্ত হয়ে উঠেছে!'

'এই উষ্ণ জল হল চাপের প্রতিভূ। পৃথক পৃথক মানুষের উপর এই চাপের প্রতিক্রিয়া পৃথক। এর ফলে, কারো অন্তঃকরণ শক্ত হয়ে ওঠে, অন্যদের অন্তঃকরণ দ্রবীভূত হয়। এই তথ্যই আমাকে পরিবেশন করার অভিপ্রায় আপনার?'

'অবশ্যই এই হল প্রধান সত্য, কিন্তু আরো গভীরে চিন্তা করলে আরো স্পষ্টভাবে আপনি সমগ্র ব্যাপারটি সম্বন্ধে অবগত হবেন। এই উষ্ণ জলের চাপ তাকে পরিবর্তন করার পূর্বে এই ডিম্বের স্থিতি কেমন ছিল?'

'বহিরাংশে শক্ত আবরণ, কিন্তু অন্তরে তরলাবস্থা।'

'তাহলে ডিম্বের বহিরাবরণ শক্ত হলেও, তার অন্তর নরম ও দ্রবীভূত।

এবং এই উষ্ণ জল, তাপমাত্রার রূপে অত্যধিক চাপ তার অভ্যন্তরেও ধীরে ধীরে কাঠিন্য নিয়ে আসে, তাই তো?'

'অবশ্যই!'

'এবারে আলুর সম্বন্ধে আসা যাক। আপনি এই আলুর বর্ণনা কীভাবে করবেন?'

'বহিরাংশে একটি নামমাত্র দুর্বল আবরণে ঢাকা, আর অন্তরে শক্ত!'

'এই মনস্তাত্ত্বিক চাপের বিরুদ্ধে মানুষের মন একভাবেই তার প্রতিক্রিয়া দেখায়। নরম অন্তঃকরণের মানুষ এই চাপের ফলে শক্তপোক্ত হয়ে ওঠে, এবং কঠিন হৃদয়ের মানুষের অন্তঃকরণ দ্রবীভূত হয়ে ওঠে। যদি আপনি এইরূপে চিন্তা করেন, তবে বুঝবেন একজনের চরিত্রের সঠিক ভারসাম্য এনে দেয় সঠিক পরিমাণে মনস্তাত্ত্বিক চাপের সঠিক পরিমাণ। কিন্তু মাত্রাতিরিক্ত চাপ মানুষের মনের উপর ঝঞ্ঝা নিয়ে আসে—সে সম্পূর্ণভাবে ধ্বংস হওয়ার পথে অগ্রসর হয়। তাই সঠিক পরিমাণে এই মনস্তাত্ত্বিক চাপ আপনার চরিত্রগঠনে সাহায্য করে আপনার উন্নতির কারণ হয়ে দাঁড়ায়!'

'তাহলে, আপনি বলতে চান যে মনস্তাত্ত্বিক চাপ আমি আমার অগ্রজের উপর সৃষ্টি করেছি, তার ফলে তাঁর উন্নতিসাধন সম্ভব, এবং তিনি এই ভগ্নাবস্থা থেকে পুনরায় নিজের উত্তরণ ঘটাতে সক্ষম হবেন?'

ম'বাকুর অসম্মতির মাথা নাড়লেন, 'আমি আপনার ভ্রাতার কথা আলোচনা করছি না। আমি আপনার কথা বলছি!'

কুম্ভকর্ণ সচকিত অবস্থায় ম'বাকুরের দিকে দৃষ্টিনিক্ষেপ করলেন!

'আপনাদের এই নাগ সম্প্রদায়ের মানুষের উপর সারা জগতের মানুষ এক ভ্রান্ত ধারণা পোষণ করে চলে। আপনাদের বাহ্যিক রূপ অতিরিক্ত কঠিন এবং রুক্ষতম! কিন্তু অন্তরে, আপনারা অতিশয় ভদ্র এবং সংবেদনশীল মননের মানুষ। আমার পরিচিত সমস্ত মানুষের ভিতর আপনি অপেক্ষা সুন্দর মানসিকতার মানুষ আমি আর দুটি দেখিনি!'

কুম্ভকর্ণ মুখে কিছু না বললেও, সেই বিশেষ বায়ুপুত্রের কাছ থেকে আশাতীত এই প্রশংসা তাঁর সত্তাকে হর্ষে উল্লসিত করে তুলল।

ম'বাকুর বলে চললেন, 'একমাত্র আপনি হলেন সেই ব্যক্তি যিনি আপনার অগ্রজের উপর দিয়ে বয়ে চলা অদৃশ্য ঝঞ্ঝার অস্তিত্ব অনুভব করতে সমর্থ। এই মনস্তাত্ত্বিক চাপের ফলে আপনার অন্তঃকরণ ক্রমাগত পরিণত হয়ে

উঠছে! সম্মুখে আগুয়ান প্রতিকূল পরিস্থিতির সম্মুখীন হওয়ার শক্তি অর্জন করছেন আপনি, নিঃশব্দে!'

'সম্মুখের প্রতিকূলতা?'

'পরবর্তী বিষ্ণু অবতার!'

'বিষ্ণু অবতার?'

'সপ্তম বিষ্ণু অবতারের আবির্ভাবের সময় আগত। অধর্মের পথে চালিত মানুষদের পক্ষে এ এক অতীব দুঃসময়। আপনার প্রবল প্রতাপশালী অগ্রজের বিপথগামী মনন ও আত্মাকে পুনরায় সঠিক পথে চালিত করার সম্পূর্ণ দায়িত্ব আপনার উপর বর্তায়। লঙ্কার নিরীহ, নিরাপরাধ প্রজাদের রক্ষার দায়িত্ব আপনার সবল স্কন্ধে! আপনাকে আরো শক্তিশালী হয়ে উঠতে হবে!'

'বিষ্ণু অবতারের উদয় সম্পর্কে আমি তো সম্পূর্ণ অন্ধকারে...!'

ম'বাকুর হাসলেন, 'অগ্নি তাদের দগ্ধ করার সময়ে, একমাত্র নির্বোধরাই তা প্রতিহত করার চেষ্টায় উপনীত হয়। অন্যদিকে, সেই অগ্নি প্রজ্জ্বলিত হওয়ার বহু সময় পূর্বেই বিচক্ষণ ও জ্ঞানীরা তাঁদের প্রখর দূরদৃষ্টি দ্বারা তার আভাস পেয়ে যান!'

'কিন্তু এই বিষ্ণু আমার অগ্রজকে কী কারণে আক্রমণ করবেন?'

ম'বাকুর কুম্ভকর্ণের এই আপাত নির্বুদ্ধিতার প্রশ্নের প্রতিক্রিয়ায়, ভ্রূকুঞ্চিত অবস্থায় হতবাক হয়ে তাঁর দিকে তাকিয়ে রইলেন!

কুম্ভকর্ণ তাঁর এই নির্বুদ্ধিতায় লজ্জিত হয়ে, প্রসঙ্গান্তরে যেতে চাইলেন, 'কী এই বিষ্ণুর পরিচয়? তিনি পুরুষ নাকি নারী—কি তাঁর নাম?'

এক মুহূর্তের জন্য স্তব্ধ হয়ে থেকে ম'বাকুর উত্তর দিলেন, 'এর উত্তর এখনো অনবগত!'

ম'বাকুর জানতেন তিনি কুম্ভকর্ণের সম্মুখে সত্য উন্মোচিত করতে অক্ষম, কিন্তু তিনি তাঁকে সম্পূর্ণ মিথ্যাও বললেন না। অন্তত, স্বজ্ঞানে নয়!

'আপনি আমাকে তলব করেছিলেন, দাদা?' কক্ষের রুদ্ধদ্বারের সম্মুখে দাঁড়িয়ে, উচ্চস্বরে প্রশ্ন করলেন কুম্ভকর্ণ।

কারাচাপার যুদ্ধের পরে বিশ বছর অতিক্রান্ত হয়ে গিয়েছে। বিগত এক

বছরে রাবণের অস্বাভাবিক জীবনধারণে কিঞ্চিৎ হলেও, পরিবর্তন লক্ষ্য করা গিয়েছে। সাতচল্লিশ বছরের লঙ্কাধিপতি তাঁর মাত্রাতিরিক্ত মাদকাসক্তি ও সুরাসক্তির পরিমাণ হ্রাসে বিশেষ যত্নবান হয়েছেন। তাঁকে পুনরায় তাঁর সর্বপ্রসারী ব্যবসার কাজকর্মের হাল ধরতে দেখা গিয়েছে! যদিও তিনি কখনো সেই স্থানে পদার্পণ করেননি, তাও মধ্যে মধ্যে তাঁর মুখে বৈদ্যনাথের দাতব্য চিকিৎসালয়ের সম্বন্ধে প্রশ্ন ও উল্লেখ শোনা গিয়েছে।

কুম্ভকর্ণ ভেবেছিলেন কিছু বছর পূর্বে সিগিরিয়ায় আছড়ে পড়া এক কালান্তক মহামারীর ভয়াবহতায়, রাবণ তাঁর এই চরম ঔদাসীন্য ও স্বাচ্ছন্দের মগ্নতার ঘোর কাটিয়ে উঠতে সক্ষম হয়েছেন। এক মারাত্মক মহামারী সেই সমগ্র অঞ্চলের উপর তার মরণশীতল ও করাল ছায়া বিস্তার করেছিল, এবং যথাসম্ভব প্রচেষ্টাতেও সেই মারণব্যাধিকে হার মানানো যায়নি! অস্বাভাবিকভাবে, এই রোগের প্রধান শিকার ছিল নিষ্পাপ শিশুরা। তাদের স্বাভাবিক জন্মের বহুপূর্বে তারা ভূমিষ্ঠ হয়েই প্রাণত্যাগ করছিল! যাদের প্রাণ কোনোরকমে রক্ষা পাচ্ছিল, তাদের শরীরে নানাবিধ প্রতিবন্ধকতার লক্ষণ ফুটে উঠতে দেখা গেল—খাদ্যে স্থায়ী অরুচিভাব, উদরে স্থায়ী যন্ত্রণার প্রকোপ, অখণ্ড অবসাদ এবং অলসতা। কারো কারো শ্রবণশক্তি হ্রাস পেতে থাকল, এবং প্রায়শই খিঁচুনি হতে থাকল। প্রাপ্তবয়স্করাও এর হাত থেকে রেহাই পায়নি—তাদের সারা শরীর যন্ত্রণায় ভেঙে আসত, সর্বাঙ্গের পেশী জুড়ে, শরীরের সমস্ত জোড়ে, এবং মাথায় অসহনীয় বেদনা তাদের মৃতপ্রায় করে তুলেছিল। বহু সন্তানসম্ভবার শিশু জন্ম নেওয়ার পূর্বেই বিনষ্ট হয়েছিল, কিছু কিছু শিশু জন্মধারণ করেই মৃত্যুর কোলে ঢলে পড়েছিল, এবং প্রসূতিমৃত্যু হয়ে উঠছিল এক অলিখিত নিয়ম!

শারীরিক ক্ষতি ও অগণিত মৃত্যুর মিছিলের অপেক্ষা, সমগ্র অঞ্চলের মানুষের মনোবল সম্পূর্ণ ভগ্নাবস্থায় পতিত হয়েছিল। লঙ্কাদ্বীপের শ্রেষ্ঠতম চিকিৎসকরা একত্রে তাদের বিদ্যার যথাসাধ্য প্রয়োগ সত্ত্বেও, সেই মহামারীর কারণ বুঝে উঠতে সক্ষম হলেন না—চিকিৎসা শুরু করা তো দূর অস্ত! সমগ্র রাজ্যের সমস্ত মানুষের উপর মারণরোগের এই অস্বাভাবিক প্রকোপের ফলে, গুজব রটে যেতে সময় লাগল না, যে সমস্ত সিগিরিয়া এক অভিশপ্ত নগরী!

এই অবস্থায় রাবণ সর্বাপেক্ষা দুশ্চিন্তাগ্রস্ত হয়ে পড়লেন, কারণ এই মহামারীর ফলে তাঁর শক্তিশালী সৈন্যবাহিনী ক্রমেই দুর্বল থেকে দুর্বলতর

হয়ে পড়ছিল। অবশ্য ভারত মহাসাগরের বিভিন্ন ব্যবসায়িক বন্দরগুলি থেকে তিনি প্রচুর পরিমাণে সেনা আমদানি করতে সক্ষম ছিলেন। কিন্তু তাতে সেই বিশেষ বন্দরগুলির সুরক্ষা ব্যবস্থা ক্ষতিগ্রস্ত হওয়ার সম্ভাবনা ছিল। এছাড়াও এই অবস্থায় লঙ্কাবাহিনীর কাছে সংবাদ যেত, যে তাদের দ্বীপরাজ্যের সার্বিক অবস্থার অবনতি ঘটেছে, সেক্ষেত্রে সেনাবাহিনীর অন্দরে বিপ্লবের চোরাস্রোতের জন্ম হত!

রাবণ তাঁর সমস্ত ক্ষমতার প্রয়োগে, একাধারে তাঁর সুশিক্ষিত সেনাবাহিনীর সুরক্ষার পাশাপাশি, তাঁর রাজ্যের সম্পূর্ণ সুরক্ষা ব্যবস্থার প্রসার ঘটাতে থাকলেন, সম্পূর্ণ গোপনীয়তা রক্ষা করে—যাতে সপ্তসিন্ধুর কাছে তাঁদের এই পরিস্থিতির সংবাদ না পৌঁছোয়। অন্যদিকে কুম্ভকর্ণ প্রচুর অর্থব্যয়ে, তাঁর রাজ্যের সম্পূর্ণ চিকিৎসাব্যবস্থার উন্নয়ন, চিকিৎসক এবং সেবিকাদের সর্বোত্তম প্রশিক্ষণ প্রদানের দায়িত্ব তুলে নিয়েছিলেন। এই সময়টুকু তিনি এসব স্মৃতির রোমন্থন করছিলেন, এবং তাঁর অগ্রজের রুদ্ধদ্বারের সম্মুখে দাঁড়িয়ে তাঁর অপেক্ষা করছিলেন।

তারপর তিনি রাবণের সাড়া পেলেন, 'হ্যাঁ কুম্ভ, কক্ষের ভিতরে প্রবেশ করো!'

কুম্ভকর্ণ রাবণের সেই নিভৃত, গোপন কক্ষে প্রবেশ করলেন, যেখানে তাঁর বিভিন্ন প্রিয় বাদ্যযন্ত্র, তাঁর প্রাণাধিক প্রিয় প্রাচীন পুঁথি, সহস্রাধিক জীর্ণ পাণ্ডুলিপি সযত্নে রক্ষিত ছিল। সর্বোপরি, দেবী কন্যাকুমারীর অমূল্য চিত্রগুলি এই কক্ষেই রক্ষিত ছিল!

'কক্ষের অভ্যন্তর এতো অন্ধকার কেন?' তিনি প্রশ্ন করলেন।

রাবণ কক্ষের দেওয়ালে সজ্জিত একাধিক মশালের দিকে নির্দেশ করলেন, 'ইচ্ছা হলে ওইগুলি প্রজ্জ্বলিত করতে পারো! অঙ্কনের অবশিষ্টাংশ সম্পন্ন করার জন্য আমার মৃদু আলোকের প্রয়োজন ছিল।'

কুম্ভকর্ণ একে একে মশালগুলি প্রজ্জ্বলিত করার পরে তাঁর অগ্রজের পাশে গিয়ে দাঁড়ালেন, তিনি কী কাজে এইরূপ ব্যস্ত তা দেখার জন্য। কিন্তু কাগজের উপর ফুটে ওঠা চিত্রটি দেখে তিনি হতবাক হয়ে গেলেন!

রাবণ প্রশ্ন করলেন, 'কেমন লাগছে এই চিত্র?'

মস্তিষ্কপ্রসূত কথাগুলি তাঁর মুখ পর্যন্ত এসেও থেমে গেল, সেগুলি আর উচ্চারিত হল না! একাধারে *ভীতিসঞ্চারকারী এবং সৌন্দর্যের অপূর্ব মিশ্রণ*!

এটি বেদবতীর চিত্র, কিন্তু এই বেদবতী কুম্ভকর্ণের কাছে সম্পূর্ণ অপরিচিতা! তাঁকে সেই বয়স অনুযায়ী চিত্রিত করা হয়েছে, যে বয়সে তিনি দেহত্যাগ করেন, এর ব্যতীত এই চিত্রে তাঁর আসল চেহারার সঙ্গে বিন্দুমাত্র সামঞ্জস্য নেই। চিত্রের এই নারী এক সম্পূর্ণ যোদ্ধা হিসাবে প্রতীয়মাণা—তাঁর চেহারা পেশীবহুল এবং ফুলে ওঠা শিরা সম্বলিত। এই চিত্রে তাঁর উচ্চতাও আসলের চাইতে অনেক বেশি। যদিও রাবণ তাঁর নারীসুলভ চেহারা নিয়ে বিশেষ পরীক্ষানিরীক্ষা করেননি, তাও তাঁর চেহারা এখানে নারীর পেলবতা ও লাবণ্যবর্জিত—এখানে তিনি এক আদ্যন্ত রণরঙ্গিণী চেহারায় বর্তমান। রাবণের এই ছবিতে তাঁর চেহারার এক সার্বিক পরিবর্তন পরিলক্ষিত হয়, এখানে তাঁর নমনীয়, মাতৃসুলভ চেহারা বদলে গিয়েছে এক রণকুশলী যোদ্ধারূপে! তিনি রাজকীয় একটি অশ্বের পৃষ্ঠে সওয়ার, তাঁর অবিন্যস্ত সুদীর্ঘ কেশদাম খোলা আকাশে সর্বত্র উড্ডীয়মান। তাঁর এক হাতে উত্তোলিত এক প্রকাণ্ড রক্তাক্ত তরবারি, নির্মম আঘাত করার জন্য প্রস্তুত! তাঁর সম্মুখে, কর্দমাক্ত ভূমিতে নতজানু সপ্তসিন্ধুর একাধিক রাজা ও শাসকের দল! তার মুখমণ্ডলে একাধারে ক্ষমাপ্রার্থনা ও ভীতসন্ত্রস্ত অভিব্যক্তি। কয়েকজনের ইতিমধ্যেই শিরচ্ছেদ সম্পন্ন হয়েছে, এবং অন্যরা প্রাণভিক্ষার আর্তি জানাচ্ছে! বেশ কিছুটা দূরত্বে, পশ্চাৎপটে দেখা যাচ্ছে সাধারণ মানুষের সমাবেশ—তারা দারিদ্র এবং অবসন্ন, কিন্তু সেই অবস্থাতেও প্রফুল্লতার সঙ্গে তাদের দেবীর জয়ধ্বনি দিচ্ছে, তাদের হৃদয়হীন শোষকদের নির্বিচারে হত্যা করার উল্লাসে!

একাধারে ভীতিসঞ্চারকারী এবং সৌন্দর্যের এক অপূর্ব মিশ্রণ!

'এ চিত্র তোমার কেমন লেগেছে?' পুনরায় প্রশ্ন করলেন রাবণ।

'এ... এ অকল্পনীয়, দাদা! এর প্রশংসার উপযুক্ত শব্দ আমার ভাণ্ডারে নেই!' কুম্ভকর্ণের কথা আটকে গেল।

'আমি প্রীত যে এই চিত্র তোমার ভালো লেগেছে,' বললেন রাবণ, 'সারা জগৎ তাঁকে এইরূপেই স্মরণে রাখবে! সমগ্র পৃথিবী তাঁকে এই রূপেই সদা স্মরণ করবে!'

কিন্তু তিনি তো এই রূপের সম্পূর্ণ বিপরীত ছিলেন!

কুম্ভকর্ণ অবশ্য তাঁর এই চিন্তা তাঁর মনের অন্তরালেই সযত্নে লালন করে রাখলেন।

'ওনার মুখমণ্ডলের দিকে তাকাও। আমাদের সর্বশেষ সাক্ষাতের সময় তাঁকে যথার্থ এই রূপেই আমি দর্শন করেছিলাম!'

'অবশ্যই দাদা! এ সত্যই আশ্চর্যের কথা যে সুদীর্ঘ বিশ বছর অতিক্রান্ত হওয়ার পরেও, আপনি তাঁকে এইভাবে পুঙ্খানুপুঙ্খরূপে স্মরণে রেখে দিয়েছেন সযত্নে!'

'আত্মা কীভাবে তার অস্তিত্বরক্ষার কারণ সম্বন্ধে বিস্মৃত হতে পারে?'

কুম্ভকর্ণ কোনো প্রতিক্রিয়া জানাবার পূর্বেই, রাবণ একটি পত্র হাতে তুলে নিলেন, তাঁর চোখে উত্তেজনার ঔজ্জ্বল্য ঝলমল করছে, 'দেখো, দেখো এটি দেখো!'

কুম্ভকর্ণ সত্বর পত্রখানি নিয়ে সেটি পাঠ করলেন, 'এর অর্থ কী?'

'এর অর্থ কী?' কিঞ্চিৎ বিরক্তিভরে প্রশ্ন করলেন রাবণ, 'তুমি কি অন্ধ! পুনরায় পাঠ করো। যা লিখিত আছে, তার অর্থ প্রাঞ্জলভাবে পরিষ্কার!'

'হ্যাঁ, কিন্তু...'

'কিন্তু কী?'

'রাজকুমারী সীতার স্বয়ম্বর সভায় উপস্থিত হওয়ার জন্য এটি মিথিলা রাজ্য থেকে আসা একটি নিমন্ত্রণ পত্র!'

মিথিলা ছিল সপ্তসিন্ধু প্রদেশের একটি রাজ্য, যে রাজ্যের পুরাতন গৌরবময় সময় ইতিপূর্বেই অতিবাহিত হয়েছে। গণ্ডকী নদীর তটে অবস্থিত এই রাজ্য পুরাকালে এক বর্ধিষ্ণু বন্দরনগরী হিসাবে সুবিখ্যাত ছিল। কিন্তু এক ভয়ংকর ভূমিকম্পের ফলে সেই নদীর গতিপথ পরিবর্তিত হয়ে যাওয়ায়, এই নগরের বাড়বাড়ন্ত এবং প্রতিপত্তি ভীষণভাবে হ্রাস পায়। কিন্তু তা সত্ত্বেও, এই ভগ্নদশাতেও, সমগ্র সপ্তসিন্ধুর কাছে এই বিশেষ রাজ্য যথেষ্ট সম্ভ্রম আদায় করে নিতে সক্ষম! আধ্যাত্মিকতা এবং শিক্ষাদানের বিশিষ্ট এক কেন্দ্রস্থল হিসাবে, প্রমুখ ঋষি ও ঋষিপত্নীদের বিশেষ প্রিয় এই নগরী, ভারতের এক অত্যন্ত উল্লেখযোগ্য স্থান হিসাবে সুপরিচিত ছিল।

'যথার্থ!'

'কিন্তু আপনি কেন...'

'কিন্তু আমি কেন সেখানে যাব?'

'এটি একটি ফাঁদ বিশেষ, দাদা! আপনি অবগত যে সপ্তসিন্ধুর প্রতিটি

রাজা আপনাকে ঘৃণা করেন। কী কারণে তাঁরা আপনাকে নিমন্ত্রণ করবেন? দয়া করে এই নিমন্ত্রণ রক্ষা করতে যাবেন না আপনি!'

রাবণ বিস্মিত চোখে তাকিয়ে রইলেন, 'সপ্তসিন্ধুর সঙ্গে আমি যাতে শান্তিপূর্ণ সহাবস্থানে রাজি হই, আমি জানতাম, তাই ছিল তোমার অভিপ্রেত!'

কুম্ভকর্ণ বেদবতীর নবনির্মিত চিত্রটির দিকে পুনরায় দৃষ্টিপাত করে রাবণের দিকে ফিরলেন।

'এই বিশেষ চিত্রটি আমি বহু মাস পূর্বে শুরু করি। আমি নতুন করে শুরু করতে চাই!' বললেন রাবণ, 'এই নিমন্ত্রণ পত্রের মাধ্যমে আমার মনে হয়, সম্ভবত আমরা সপ্তসিন্ধুর সঙ্গে আমাদের সম্পর্কের বন্ধন পুনরায় রচনা করতে সক্ষম! সম্ভবত আমাদের অপরিসীম ঐশ্বর্য সাধারণ মানুষের বৃহত্তর স্বার্থে কাজে লাগতে পারে! এখন প্রশ্ন হচ্ছে যে, তুমি কি আমার সঙ্গে আছ?'

ম'বাকুরের মুখ থেকে দীর্ঘ আট বছর পূর্বে শোনা কথাগুলি পুনরায় কুম্ভকর্ণের স্মরণে এল! আমার সম্পূর্ণ আস্থা রয়েছে যে রাবণের জীবনে তাঁর আত্মার শান্তিস্থাপন করতে পুনরায় কারো আবির্ভাব সংঘটিত হবেই... তখন তিনি তাঁর পাশে আপনার উপস্থিতির অপেক্ষমাণ থাকবেন!'

তিনি তৎক্ষণাৎ অগ্রসর হয়ে রাবণকে আলিঙ্গনে উদ্যত হলেন, 'আমি জীবনে প্রতিমুহূর্তে আপনার সঙ্গে আছি, দাদা!'

'আমরা যদি অধর্মের পথ পরিত্যাগ করতে সক্ষম হই, তাহলে বিষ্ণুর অবতারের আমাদের আক্রমণ করার কোনো কারণ থাকবে না!'

অকম্পন দৃশ্যতই হতচকিত অবস্থায় পড়ে গেলেন, 'কিন্তু প্রভু ইরাইভা, আমার বোধগম্য হচ্ছে না। মিথিলা কেন? তারা... তাদের বাস্তবিকই কোনো পরিচিতি নেই! তাদের রাজ্য শুধুমাত্র দার্শনিক এবং বিদ্বজনে পরিপূর্ণ! তারা রীতিমতো শক্তিহীন!'

অকম্পনের প্রভু রাবণের উচিত ছিল এই মর্মে তাকে নীরব থাকার নির্দেশ দেওয়া, এবং তাকে কার্যসমাধা করতে আদেশ দেওয়া। কিন্তু ক্ষমতাবান, কীর্তিমান পুরুষের একটি দুর্বলতা থাকে—তাঁরা স্তবস্তুতিতে সন্তুষ্ট হন। নিজেদের মহত্বের কথা তাঁদের অধস্তনের মুখে শুনতে পছন্দ করেন, একটি

বিহ্বল, সপ্রশংস দৃষ্টি তাঁদের কাছে প্রভূত তুষ্টির কারণ। রাবণ এর ব্যতিক্রম ছিলেন না। তিনি তাঁর যাবতীয় শলাপরামর্শ একমাত্র অনুজ কুম্ভকর্ণের সঙ্গেই করতেন। পুত্র ইন্দ্রজিৎ তখনো নাবালক অবস্থায় থাকার দরুণ, রাবণ আর বিশেষ কাউকে বিশ্বাস পর্যন্ত করতেন না! কিন্তু সম্প্রতি, প্রাণাধিক প্রিয় অনুজের সঙ্গে তাঁর বার্তালাপ পূর্বাপেক্ষা হ্রাস পেয়েছে। সর্বসময় কুম্ভকর্ণের ধর্ম সম্বন্ধীয় আলাপচারিতা রাবণকে ক্লান্ত করেছে।

'প্রতিশ্রুতি দাও যে এই কথা তুমি সর্বদা গোপন রাখবে!' বললেন রাবণ।

অকম্পন অতি দুর্বলভাবে লঙ্কারাজ্যে প্রচলিত একটি অভিবাদনের বৃথা প্রচেষ্টা করে ক্ষান্ত দিল, 'নিশ্চয়, ইরাইভা!'

'এমনকী কুম্ভকর্ণের কাছেও!'

গৌরবে অকম্পনের বুক প্রসারিত হয়ে উঠল! অবশেষে, তার প্রভু তার গুরুত্ব সম্বন্ধে সচেতন হয়েছেন! নিজের রক্তের অপেক্ষা তিনি তার অনুচরকে অধিক বিশ্বাস করছেন, 'এ আমার কাছে স্বপ্নাতীত, ইরাইভা! আমি প্রতিশ্রুতিবদ্ধ হলাম। প্রভু জগন্নাথের দোহাই দিয়ে আপনার কাছে প্রতিশ্রুতিবদ্ধ হলাম!'

'আমার পরিকল্পনা কিছুটা এইরকম। যে মুহূর্তে স্বয়ম্বরে আমি জয়লাভ করব, মিথিলাপ্রদেশের দখল নিয়ে রাজা জনককে আমার অধীনস্থ করব তৎক্ষণাৎ! তাকে, এবং তার বিখ্যাত ঋষি সম্বলিত সভাসদদের বাধ্য করব আমাকে জীবন্ত ঈশ্বর রূপে মেনে নিতে। যুদ্ধবিগ্রহে এবং কূটনীতিতে মিথিলা দুর্বল হলেও, আধ্যাত্মিকতা এবং বিদ্যায় তার ব্যাপ্তি অননুকরণীয়, সেক্ষেত্রে একমাত্র পবিত্র কাশীধাম তার সমকক্ষ! সরস্বতী নদীর তটস্থিত সেই নগরী কেবলমাত্র নিষ্ঠার কারণে এই মিথিলার চাইতে উৎকৃষ্টতর। যদি সমগ্র মিথিলা আমায় জীবন্ত ঈশ্বরের রূপে পূজা করে, ক্রমে সপ্তসিন্ধুর অন্যান্য রাজ্যগুলিও তাদের অনুকরণ শুরু করবে! আমার জীবদশাতেই আমার পূজা অনুষ্ঠিত হবে তাঁদের নির্মিত বিভিন্ন মন্দিরে! শুধুমাত্র তখনই আমি অমরত্বের রসাস্বাদন করতে সক্ষম হব!'

এই স্বয়ম্বরের আরেকটি বৈশিষ্ট্য রাবণকে উৎসাহিত করেছিল। রাজকুমারী সীতার সঙ্গে তাঁর বিবাহবন্ধন হবে সপ্তসিন্ধুর মানুষের প্রতি চরম লাঞ্ছনার কারণ, এই ঘটনার মাধ্যমে তিনি পৃথিবীর সম্মুখে সেই সত্য উন্মোচন করবেন যে তিনি শুধুমাত্র তাঁদের নগর, বন্দর, অর্থের দখল নিতে সক্ষম নন, সেই

রাজ্যের নারীরাও তাঁর কাছে অত্যন্ত সহজলভ্য! মন্দোদরীকেও তিনি এই এক কারণে বিবাহ করেছিলেন। কিন্তু মন্দোদরী সামান্য এক জমিদারের কন্যা। সীতা সততই এক রাজার দুহিতা—এক রাজকুমারী! এই সমস্ত রাজার কন্যাদের বিবাহ করে, চিরকালের মতো তাদেরকে নিজের পদানত করে রাখতে পারার মধ্যে তিনি এক বিকৃত পরিতৃপ্তি খুঁজে পেতেন! কিন্তু এই বিশেষ কথাটি তিনি অকম্পনের সঙ্গে আলোচনা করতে পারেন না! যদিও সে তাঁর অধীনস্থ বিশ্বাসী এক পুরাতন অনুগামী, তবুও রাবণ নিজের একান্ত ব্যক্তিগত জীবনের খুঁটিনাটি নিয়ে তার সঙ্গে আলোচনায় বসতে পারেন না!

তাঁর সেই বিশ্বাসী অনুগামী হতচকিত অবস্থায় তাঁকে বলল, 'কিন্তু হে ইরাইভা, আপনার কী মনে হয় তারা...!'

'হ্যাঁ, তারা করবে!'

'আপনার সঙ্গে তর্ক করার কথা চিন্তা করাই আমার কাছে এক ধৃষ্টতামাত্র, হে মহান ইরাইভা! কিন্তু আমি বলতে চাই... সপ্তসিন্ধুর মানুষ অতিশয় অনমনীয়। আমাদের লঙ্কার মানুষের মতো উন্মুক্ত মনের মানুষ তারা নয়। বিভিন্ন বিষ্ণুর অবতার এবং মহাদেবের অবতারদেরও স্বীয় জীবদ্দশায় নিজস্ব মন্দিরের সৌভাগ্য হয়নি!'

রাবণ সম্মুখে ঝুঁকে তাঁর মুখ অকম্পনের একদম নিকটে নিয়ে এলেন, 'কী বলতে চাও তুমি—আমি কি এই বিষ্ণু অবতার অথবা মহাদেবের অবতারের অপেক্ষা কোন অংশে কম?'

'সে কথা বলার ধৃষ্টতা যেন ইহজীবনে আমার না হয়, হে মহান ইরাইভা! নিঃসন্দেহে আপনি ওনাদের অপেক্ষা সর্বদিকে থেকে বহুলভাবে উন্নত! কিন্তু ওই ধর্মান্ধ, গোঁড়া সপ্তসিন্ধুর বাসিন্দাদের এই পার্থক্যটুকু বোধগম্য হবে কিনা তাতেই সন্দেহ! মাঝে মাঝে অবিশ্বাসীরা সূর্যদেব মধ্যগগনে বিরাজ করলেও, বিশ্বাস করতে চায় না যে সূর্যোদয় আদৌ ঘটেছে!' তির্যক একটি হাসিতে উজ্জ্বল মুখমণ্ডল উদ্ভাসিত করে বলল অকম্পন।

'তোমাকে সে ব্যাপারে চিন্তা না করলেও চলবে। তারা ক্রমেই বুঝতে সক্ষম হবে আসল সত্য উন্মোচিত হলে। আমার উপর ভরসা রাখতে পারো!'

'আমি জানি যে আপনি সর্বজ্ঞ, হে প্রভু ইরাইভা! কারণ তা না হলে আপনাকে ওরা হঠাৎ কী কারণে নিমন্ত্রণ পত্র প্রেরণ করবে?'

'তারা সেই কথা চিন্তাতেও আনেনি! এই ব্যবস্থা আমি করেছি অতি সংগোপনে!'

'সত্যি!' অকম্পনের মুখমণ্ডল বিস্ময়ের অভিব্যক্তিতে পূর্ণ হয়ে উঠল!

'হ্যাঁ, সংকস্য রাজ্যের রাজা কুশধ্বজ সম্পর্কে মিথিলার রাজা জনকের আপন ভ্রাতা। আমাদের এই লঙ্কার কাছে তাঁর প্রচুর অর্থ দেনা! তাঁর রাজ্যের কর্মদক্ষ প্রধানমন্ত্রী সুলোচনের কিছু বছর পূর্বে অকস্মাৎ হৃদরোগে মৃত্যু হতে, তাঁর রাজ্যের সার্বিক ব্যবসা-বানিজ্যের পরিস্থিতির ভীষণরকমের অবনতি ঘটে। আমরা তাঁর এই প্রভূত দেনার সিংহভাগ মার্জনা করে দেওয়াতে, তিনিই এই নিমন্ত্রণের ব্যবস্থা সম্পন্ন করেন সফলভাবে।'

'সম্পূর্ণ ব্যবস্থা অত্যন্ত সুষ্ঠভাবে সম্পন্ন করেছেন আপনি, হে প্রভু ইরাইভা!'

অকম্পনের এই প্রশংসাবাণীতে স্পষ্টতই আহ্লাদিত রাবণ বললেন, 'হ্যাঁ, সুষ্ঠভাবেই সব সম্পন্ন করেছি আমি!'

'এ ছাড়াও, সুদূর মিথিলাতেও এই মুহূর্তে আমাদের যথেষ্ট প্রভাব রয়েছে, প্রভু!'

সপ্তসিন্ধুর প্রতিটি রাজ্যে রাবণ তাঁর বানিজ্যিক মুখপাত্র বহাল করে রেখেছিলেন ইতিপূর্বে। কিন্তু এখানেই তিনি ক্ষান্ত দেননি—প্রতিটি রাজ্যে অতি কুশলী এক গোপন গুপ্তচর বাহিনী মোতায়েন করেছিলেন এই সুচতুর শাসক! এই বিশ্বস্ত গুপ্তচর বাহিনী তাঁর অধীনে একান্ত গোপনে, আত্মগোপন করে সুচারুভাবে কর্মসাধনে নিয়োজিত থাকত —ইরাইভার সমস্ত অভিপ্রায় সুসংযতভাবে সংঘটিত হচ্ছে কিনা, সেদিকে ছিল তাদের কড়া নজর!

'মিথিলায় আমাদের গুপ্তচর বহাল করার কথা আমি ইতিপূর্বে চিন্তা করিনি, মিথিলাকে আমি সেভাবে গুরুত্বদান করিনি,' বললেন রাবণ, 'কিন্তু এই মুহূর্তে মনে হচ্ছে সেখানেও কারো প্রয়োজন রয়েছে! কাকে ওই স্থানের দায়িত্বপ্রদান করি!'

'আমরা তাকে সেইভাবে বহু বছর ধরেই ব্যবহার করিনি। আপনার কথামতো, মিথিলা আমাদের কাছে সেভাবে গুরুত্বপূর্ণ রাজ্য হিসাবে পরিগণিত নয়, আমাদের সঙ্গে তাদের বানিজ্যিক সম্পর্ক সেভাবে গভীর নয়। কিন্তু আমাদের এই কর্মচারী সে রাজ্যের এক কুশলী আধিকারিক—মিথিলার প্রশাসন ও নগর সুরক্ষার দায়িত্বে সে ইতিমধ্যেই বহাল!'

'কে সেই ব্যক্তি?'

'প্রভু, সে এক নারী! তার নাম সমীচি!'

রাবণ সেই বিশেষ মেয়েটির নামোচ্চারণে আড়ষ্ঠ হয়ে গেলেন। এই মেয়েটিকে, একমাত্র কুম্ভকর্ণ ব্যতীত আর কারো সঙ্গে পরিচিত হতে দেননি তিনি! শুধুমাত্র বেদবতীর মৃত্যুর সময় কুম্ভকর্ণ তার পরিচয় পেয়েছিলেন। তাদের নামের উল্লেখে তিনি পুনরায় সেই ভয়ংকর দিনটির স্মৃতিতে প্রত্যাবর্তন করলেন! তোড়িগ্রামে তাঁর সঙ্গে সেদিন উপস্থিত প্রতিটি সেনাকে তিনি এমন সমস্ত স্থানে ও পদে স্থানান্তরিত করেছেন, যাতে তাদের মুখদর্শন তাঁকে আর কখনো করতে না হয়। তাই এই মুহূর্তে সমীচির নামোল্লেখে তাঁর সেই দিনের সমস্ত ঘটনা মনে পড়ে গেল, যেদিন তিনি তাঁর বেদবতীকে রক্ষা করতে অসমর্থ হন!

'তুমি তার সঙ্গে কথা বলে সমস্ত ব্যবস্থা সম্পন্ন করো।' তিনি বললেন।

'আপনার আদেশ শিরোধার্য!'

'কোনো কিছুতে যেন ভুল না থাকে!'

'অবশ্যই, ইরাইভা!'

'এবং আমি যখন সেই স্থানে উপস্থিত থাকব, আমার সঙ্গে যেন তার কোনভাবেই সাক্ষাৎ না হয়! বোধগম্য হয়েছে?'

বিভ্রান্তির কারণ ঘটলেও, অকম্পন সঙ্গে সঙ্গে রাজি হল, 'আপনি যেভাবে আদেশ করবেন, হে ইরাইভা!'

—१७।—

সুবিশাল ঘূর্ণায়মান চক্রগুলি তাদের গতি হ্রাস করা পর্যন্ত, পুষ্পকবিমান মধ্যগগনেই স্থিরভাবে বিচরণ করতে থাকল। তারপর, একটি পালকের ন্যায় নিঃশব্দে এবং নিখুঁতভাবে ভূমিতে অবতরণ করল। রাবণের অধিনস্থ বিমানচালকরা ছিল সর্বশ্রেষ্ঠ!

ধীরে ধীরে তাঁর এই কিংবদন্তির উড়ন্তযানের দুয়ার খুলে যেতে, রাবণ আত্মপ্রকাশ করলেন, আর তাঁর অনুসরণে অনুজ কুম্ভকর্ণ! সুবিখ্যাত বানর উপজাতির প্রতিভূ এবং সর্বময় অধীশ্বর রাজা বালী, তাঁর সমগ্র সভাসদের সঙ্গে, নিরাপদ দূরত্বে তাঁদের অভ্যর্থনায় উপস্থিত।

দশ সহস্র সেনা সম্বলিত রাবণের বিশাল সৈন্যবাহিনী, ভারতের পূর্ব

উপকূল এবং তারপরে পবিত্র গঙ্গানদীর গতিপথ অনুসরণ করে, মিথিলা অভিমুখে ইতিমধ্যেই রওনা দিয়েছে! যাত্রাশেষে তারা তাদের জলযান থেকে অবতরণ করে, পদব্রজে রাজা জনকের রাজধানী অভিমুখে যাত্রা করে, সেখানে পৌঁছে রাবণের অপেক্ষায় উপস্থিত থাকবে। যেহেতু সেখানে পৌঁছোতে মধ্যে বেশ কিছুদিন সময় রয়েছে, রাবণ সিদ্ধান্ত নিয়েছেন, যাত্রাপথে তিনি একবার কিষ্কিন্ধ্যায় অবতরণ করবেন।

সুবিশাল পর্বত, প্রস্তর এবং অগণিত টিলা সম্বলিত এই কিষ্কিন্ধ্যার ভূমির সঙ্গে একমাত্র চন্দ্রমার ভূমিপৃষ্ঠের তুলনা করা সম্ভব। এই কল্পনাময় রাজ্যের ভিতর দিয়ে মহানদী তুঙ্গভদ্রা, উত্তরপূর্ব দিকে বাহিত হয়ে আরো উত্তরে কৃষ্ণা নদীর সঙ্গে মিলিত হয়েছে। প্রকৃতির নিবিড় সান্নিধ্যে, এবং বৈদিক ধর্মাবলম্বী মানুষের মূর্তিপূজাকে সম্মান জানাতে, এই মহানগরের বিভিন্ন অংশে গড়ে উঠেছে একাধিক মন্দির, এবং পবিত্র নদী তুঙ্গভদ্রা এবং তার চতুর্পাশে সমস্ত অঞ্চলকে প্রকৃত দেবভূমিতে পরিবর্তিত করেছে। কিষ্কিন্ধ্যার প্রতিটি জেলা গড়ে উঠেছে একটি মন্দিরকে কেন্দ্র করে, পর্যায়ক্রমে তাকে পরিবেষ্টিত করে রেখেছ বিভিন্ন বাজার, প্রেক্ষাগৃহ, গ্রন্থাগার, উদ্যান এবং প্রাসাদ অথবা অট্টালিকাসমূহ। বালী ছিলেন একজন মহাজ্ঞানী এবং শক্তিশালী শাসক। তাঁর রাজ্য ছিল বর্ধিষ্ণু এবং তাঁর প্রজারা ছিল সন্তুষ্ট। একজন সক্ষম, ভদ্র, অসমসাহসী এবং সৎ শাসক হিসাবে তাঁর নামযশ চারিদিকে ছড়িয়ে পড়েছিল।

'অস্বাভাবিক কিছু ঘটেছে!' তাঁদের অপেক্ষমাণ অভ্যর্থনাকারীদের অভিমুখে অগ্রসর হতে হতে ফিসফিসিয়ে বললেন কুম্ভকর্ণ।

সনাতনী বৈদিক আড়ম্বরে তাঁদের কাঙ্ক্ষিত অভ্যর্থনার বিন্দুমাত্র ব্যবস্থা প্রতীয়মান ছিল না! সুসজ্জিত হাওদায় সজ্জিত হস্তীকুল, অলংকারে ভূষিত পবিত্র গোমাতা, কিংবা সুসজ্জিত বরণডালা নিয়ে অপেক্ষমাণ সাধু সন্ন্যাসীদের উপস্থিতি ছিল না সেখানে! এছাড়াও, এই অভ্যর্থনা জানাতে আসা দলটির উপর অস্বাভাবিক নৈশব্দ বিরাজ করছিল—সংগীত এবং মন্ত্রোচ্চারণের একটি আওয়াজও শোনা যাচ্ছিল না সেই স্থানে!

সম্মুখে রাজা বালী দণ্ডায়মান ছিলেন, তাঁর দুই হাত করজোড়ে এক বিনম্র নমস্কারে আবদ্ধ। কিষ্কিন্ধ্যার এই একছত্র অধিপতি গৌরবর্ণ, অস্বাভাবিক পেশীবহুল, মধ্যম উচ্চতা সম্বলিত চেহারার অধিকারী। তিনি তাঁর সম্পূর্ণ

রাজকীয় বেশভূষায় সুসজ্জিত অবস্থায় এই স্থানে উপস্থিত হলেও, তাঁর অভিব্যক্তি সম্পূর্ণ অন্যমনস্কতার!

'এই দলে আমি সুগ্রীবকে দেখতে পাচ্ছি না!' রাবণ একইভাবে উত্তর দিলেন তাঁর অনুজকে।

সুগ্রীব হল বালীরাজের বৈমাত্রেয় কনিষ্ঠ ভ্রাতা, এবং রাবণের মতে, সে একজন অকর্মণ্য, অপদার্থ ব্যক্তি! রাবণের মতো এই ধারণা পোষণ করত বহু মানুষ—বালীর মতো এক সর্বগুণসম্পন্ন শাসকের এক অলস, বিপথগামী অপদার্থ অনুজ হিসাবে, যে কোনভাবেই তার জ্ঞানী সুশাসক অগ্রজের সাফল্যের সঙ্গে যুঝতে সক্ষম না হয়ে তার হতাশার সাথী হিসাবে সুরাপান এবং জুয়াখেলাকে অবলম্বন হিসাবে বেছে নিয়েছিল। সুগ্রীবের যাবতীয় দুষ্কর্মের কারণে তাকে যে কোনো মুহূর্তে কিষ্কিন্ধ্যা থেকে বহিষ্কার করার শতাধিক কারণ থাকলেও, মাতা আরুণীর সুরক্ষায়, বালীরাজ সেই কর্মে সফল হননি!

'আমিও দেখতে পাচ্ছি না তাকে!' মৃদুস্বরে বললেন কুম্ভকর্ণ।

সুযোগের সম্ভাবনা অনুমান করে রাবণের মুখমণ্ডলে এক প্রশান্তির হাসি ছড়িয়ে পড়ল!

—২০—

কিষ্কিন্ধ্যা রাজ্যে মাতৃতান্ত্রিক সমাজ বিরাজমান ছিল। সেখানে সিংহাসনের অধিকার পিতা থেকে পুত্রের কাছে হস্তান্তরিত হওয়ার পরিবর্তে মাতার কাছ থেকে কন্যার কাছে হস্তান্তরিত হতো। কন্যার স্বামী মাতার স্বামীর কাছ থেকে সিংহাসনের দায়িত্বভার গ্রহণ করতেন। কিন্তু স্বতন্ত্র ও অসমসাহসী হিসাবে পরিচিত রানি আরুণী, সেই প্রথা অমান্য করে তাঁর জ্যেষ্ঠপুত্র বালীকে সিংহাসনের দায়িত্বে উপনীত করেছিলেন। তাঁর কোনো কন্যাসন্তান না থাকাতে, সনাতনী রীতি মেনে তাঁর কনিষ্ঠা ভগ্নির নারী সন্ততিদের হাতে রাজ্যপাটের দায়ভার ন্যস্ত হবে, তা তাঁর কাছে একেবারেই অনভিপ্রেত ছিল। তাই তিনি প্রথাবিরুদ্ধভাবেই, সিংহাসনের দায়িত্ব তাঁর পরিবারেই সীমাবদ্ধ রাখতে চেয়েছিলেন।

রাবণ এই ইতিহাস সম্বন্ধে অবগত ছিলেন, কিন্তু তিনি এই ব্যাপারে চিন্তিত ছিলেন না। এই মুহূর্তে তিনি কিষ্কিন্ধ্যার রাজপ্রাসাদের সুসজ্জিত অতিথিশালায়

রাজা বালীর সান্নিধ্যে, একান্তে উপবিষ্ট ছিলেন। একমাত্র কুম্ভকর্ণ ব্যতীত সেই স্থানে আর কারো উপস্থিতি ছিল না, এমনকী বালীরাজার নিজস্ব রক্ষীদলের একজন সৈন্যও না!

রাবণের কপট অভিব্যক্তিতে মিথ্যা সমবেদনা বর্ষণ হচ্ছিল, 'আপনাকে কোনো কারণে যথেষ্ট বিমর্ষ দেখাচ্ছে, বালীরাজ! আপনাকে প্রদেয় লভ্যাংশের ভাগ কি আপনার পক্ষে অপ্রতুল হয়ে পড়ছে? হতেই পারে, এর কারণ আমার কর্মচারীরা মাঝেমধ্যে লালসার বশবর্তী হয়ে পড়তে পারে!'

বালী অপ্রস্তুতভাবে স্মিতহাস্য করে বললেন, 'আপনার কর্মচারীরা অবগত যে আমাকে কোনোভাবে প্রভাবিত করা অসম্ভব। আমি রাজা বালী!'

রাবণ প্রবলভাবে অট্টহাস্য করে উঠলেন, 'আপনি যথার্থই পুরুষসিংহ, প্রিয় বন্ধু!'

বালীরাজ এক বিষাদময় অভিব্যক্তি নিয়ে রাবণের মুখের দিকে তাকালেন। যদিও তাঁর মুখ থেকে কোনো বাক্য নির্গত হল না, তাও তাঁর চোখে ফুটে উঠল কিছু ব্যক্ত করার অদম্য স্পৃহা! *পুরুষ? তিনি?*

রাবণ সম্পূর্ণভাবে সন্দেহমুক্ত হলেন যে সেদিন সকালে তাঁর গুপ্তচরদের মুখে পাওয়া সংবাদ একেবারেই যথার্থ। কিন্তু তাঁর পরবর্তী পদক্ষেপের পূর্বে তাঁকে আরো নিঃসন্দেহ হতে হবে।

'বন্ধু বালী!' তিনি বললেন, 'রাজপুত্র অঙ্গদ কোথায়? তাঁর উপস্থিতি আমি কোথাও লক্ষ্য করছি না! তিনি শারীরিকভাবে সুস্থ আছেন তো?'

রাজপুত্র অঙ্গদ বালীরাজের পাঁচ বছর বয়স্ক পুত্র, এবং যথার্থই তাঁর চক্ষের মণিস্বরূপ। বহিরাবরণে কঠিন, গম্ভীর এবং দোর্দণ্ডপ্রতাপ বালীরাজ, নিজের শিশুপুত্রের সান্নিধ্যে এক সম্পূর্ণ পৃথক মানুষ! বিন্দুমাত্র সুযোগ পেলেই তিনি তাঁর পুত্রের সঙ্গে হাসি আর খেলায় মেতে ওঠেন। এই শিশুপুত্র অঙ্গদের জন্মের সময় থেকে, রাজপরিবার এবং কিষ্কিন্ধ্যার প্রজারা তাঁদের কঠিন প্রকৃতির বালীরাজের মধ্যে এক শিশুসুলভ, উৎফুল্লচিত্ত মানুষকে নতুনভাবে আবিষ্কার করেছে!

'হ্যাঁ... অঙ্গদ তার...' বালীর কণ্ঠ অবরুদ্ধ হয়ে এল, তাঁর মুখমণ্ডল ক্রন্দনের পূর্বাভাষ বয়ে আনল। এবং তিনি বাকরুদ্ধ হলেন!

রাবণ এই মুহূর্তে নিশ্চিত হলেন যে তাঁর সংগৃহীত তথ্য সঠিক। তিনি

নিজের শ্বাসপ্রশ্বাসের উপর নিয়ন্ত্রণ আনলেন, কারণ তাঁর উত্তেজনা প্রকাশ করা সম্পূর্ণ ভ্রান্ত পদক্ষেপ হিসাবে পরিগণিত হবে!

পরবর্তী আগত সময়ে আমি কিষ্কিন্ধ্যার দখল গ্রহণ করব। মিথিলা দখলের অব্যবহিত পরে!

অন্যদিকে কুম্ভকর্ণ বালীরাজার মুখমণ্ডলের এই অস্বাভাবিক অভিব্যক্তি লক্ষ্য করে রীতিমতো আতঙ্কিত হলেন। তিনি কিষ্কিন্ধ্যার মহাবলী রাজাকে এই অবস্থায় পূর্বে কখনো দেখেননি তিনি! 'হে মহারাজ!' বললেন কুম্ভকর্ণ, 'সবকিছু স্বাভাবিক রয়েছে তো?'

হঠাৎ বালীরাজ তাঁদের সম্মুখে ছিলে ছেঁড়া ধনুকের ন্যায় ছিটকে উঠলেন, তাঁর দুই হাত করজোড়ে একত্রিত, 'আমি ক্ষমাপ্রার্থী, প্রিয় বন্ধুরা... আমাকে যেতে হবে! কিছুক্ষণ পরেই আমি পুনরায় আপনাদের সঙ্গে মিলিত হব!'

রাবণ ও কুম্ভকর্ণ তৎক্ষণাৎ গাত্রোত্থান করলেন!

'নিশ্চয়, নিশ্চয় রাজা বালী!' তাঁর মুখমণ্ডলে দুশ্চিন্তার অভিব্যক্তি ধরে রেখে বললেন রাবণ, 'এই ব্যাপারে আমাদের করণীয় কিছু থাকলে আমাদের অবশ্যই অবগত করবেন আপনি!'

'অসংখ্য ধন্যবাদ! আমাদের বাক্যালাপ কিছুক্ষণ পরেই অব্যাহত থাকবে!' এই কথা বলে, বালীরাজ সবেগে কক্ষের থেকে নিষ্ক্রান্ত হয়ে গেলেন!

বালীরাজের প্রস্থানের পর কুম্ভকর্ণ তাঁর অগ্রজের দিকে ফিরলেন, 'আমার অবগতি ছিল না, বালীরাজ তাঁর মাতার সঙ্গে এইরূপে অন্তরঙ্গ ছিলেন!'

শারীরিক অসুস্থতার ফলে, বালীরাজের মাতা আরুণী মাত্র এক মাস পূর্বে দেহরক্ষা করেছেন।

'এই প্রতিক্রিয়া তাঁর মাতা সম্বন্ধীয় নয়!' বললেন রাবণ।

কুম্ভকর্ণ সচকিতে প্রশ্ন করলেন, 'তাহলে এর কারণ কী? ওনাকে এতো মানসিকভাবে দুর্বল ইতিপূর্বে কখনো দেখিনি আমি! দুর্ভাগ্যের সম্মুখে তাঁকে এইরূপে নতমস্তক হতে লক্ষ্য করিনি কখনো! কোনো কারণে তিনি বিশেষভাবে দুশ্চিন্তাগ্রস্ত!'

রাবণ চকিতে একবার উন্মুক্ত দুয়ারের দিকে দৃকপাত করে নিশ্চিত হয়ে নিলেন যে সেই স্থানে তাঁরা ব্যতীত, তৃতীয় কোনো ব্যক্তির উপস্থিতি নেই, 'এই বাক্যালাপ একান্ত আমাদের মধ্যেই গোপন থাকবে! নিশ্ছিদ্রভাবে রক্ষা করবে এই গোপনীয়তা!'

'অবশ্যই!' তৎক্ষণাৎ বললেন কুম্ভকর্ণ, 'কী ঘটনা ঘটেছে?'

'রাজকুমার অঙ্গদ!'

'অঙ্গদ? ওই সুন্দর, নিষ্পাপ শিশুটির ভাগ্যে কী ঘটেছে?'

'তার কিছু হয়নি। যে অনর্থ ঘটার তা তার জন্মের পূর্বেই ঘটেছে!'

'তার জন্মের পূর্বে?'

'হ্যাঁ! তোমার কি নিয়োগ প্রথার সম্পর্কে অবগতি রয়েছে?'

কুম্ভকর্ণ হতবাক হয়ে গেলেন। এই নিয়োগ প্রথা একটি অত্যন্ত প্রাচীন প্রথা, যেটি একটি নারীর দ্বারা উদযাপিত হয়। নারীর স্বামী সন্তান উৎপাদনে অসমর্থ হওয়ায়, দ্বিতীয় কোন পুরুষকে অনুরোধপূর্বক, তার দ্বারা সেই নারীকে সন্তানসম্ভবা করার রেওয়াজকেই নিয়োগ প্রথা বলা হয়। এবং বিভিন্ন কারণে, এই কর্মে নিয়োজিত ব্যক্তিটি একজন ঋষি হওয়া বাঞ্ছনীয়!

প্রথমত, ঋষিগণ নানা বিষয়ে জ্ঞানী এবং প্রভূত অভিজ্ঞতায় পারদর্শী, তাই তাঁদের এই ব্যুৎপত্তি যাতে উৎকৃষ্ট, বুদ্ধিমান সন্তানের জন্ম দেয়, তাই এই প্রথার প্রচলন। দ্বিতীয়ত, এই ঋষিরা মূলত পরিব্রাজক, তাই তাঁরা কখনো তাঁদের এই সন্তানদের প্রতি অধিকারের দাবী নিয়ে আসতে সক্ষম হবেন না। এই প্রথার নিয়মানুযায়ী, এই বিবাহ-বহির্ভূত মিলনের ফলে যে শিশুর জন্ম হয়, তার উপরে একমাত্র সেই নারী এবং তার স্বামীর অধিকার থাকবে, শিশুটির আসল পিতাকে অন্তরালে থাকতে হবে সারাজীবন!

'আমার গুপ্তচর বাহিনীর সূত্রে পাওয়া সংবাদ অনুযায়ী,' বললেন রাবণ, 'একবার সুগ্রীবের প্রাণ রক্ষার্থে মহারাজ বালী গুরুতরভাবে আঘাতপ্রাপ্ত হয়েছিলেন। বহুবছর পূর্বে একটি মৃগয়ার সময়ে এই দুর্ঘটনা ঘটেছিল। এই ঘটনায় কোনোক্রমে তাঁর প্রাণরক্ষা হলেও, তেজস্ক্রিয় ঔষধির প্রকোপে চিরদিনের মতো সন্তান উৎপাদনের ক্ষমতা লোপ পেয়েছিল তাঁর বলশালী শরীরে। এবং, সঙ্গত কারণবশতই, এই সংবাদ জনসমক্ষে আসেনি।'

কুম্ভকর্ণ ক্ষোভে ফেটে পড়লেন, 'তার অর্থ বালীরাজের সেই অকর্মণ্য ভ্রাতা! আপনি বলতে চাইছেন, সেক্ষেত্রে মহাবলী বালীরাজের মহিষী, রানি তারা এই সিদ্ধান্তে উপনীত হয়েছিলেন...'

'রানি তারা নন,' অনুজকে বাধাপ্রদান করলেন রাবণ, 'সম্ভবত এর পশ্চাতে তাঁদের মাতার ইন্ধন ছিল। আরুণীর অভীষ্ট অনুযায়ী, মহারাজ বালীর পুত্রই

ভবিষ্যতে কিষ্কিন্ধ্যা শাসন করবেন! এবং এই কারণেই তিনি এই নিয়োগ প্রথার প্রয়োগ করার কথা ভেবেছিলেন।'

'তাতে কী হল?' প্রশ্ন করলেন কুম্ভকর্ণ, 'রাজপুত্র অঙ্গদ যদি বালীরাজের ঔরসজাত নাও হয়ে থাকে, তাতে কোনো রীতির তারতম্য ঘটে? নিয়ম অনুযায়ী সেই তো রাজা হবে ভবিষ্যতে! অঙ্গদের পিতা অন্য কেউ হওয়া সত্ত্বেও, নিয়োগ প্রথা অনুযায়ী, ধর্মত রানি তারার স্বামী এই বালীরাজ তার পিতা হিসাবেই পরিগণিত হবেন! এবং এই শিশু অঙ্গদ এক অসাধারণ শিশু। ভবিষ্যতে সে একজন আদর্শ শাসক হয়ে উঠবে। এই শিশুবয়স থেকেই, আমি তার ভিতরে তার পিতার ক্ষমতা, তার বুদ্ধিমত্তা এবং কর্মঠতার আভাস লক্ষ্য করছি!'

'কিন্তু সম্পূর্ণ ঘটনাটি কিন্তু আপাতদৃষ্টিতে সরল মনে হলেও, আসলে তা নয়!'

'কেন?'

'তুমি তো আরুণীর মানসিক চরিত্র সম্বন্ধে অবগত!'

'হ্যাঁ, আমি রানি মাতার দৃঢ় মানসিকতার সম্বন্ধে অনেক কাহিনি শুনেছি ইতিমধ্যেই!'

'মানুষ যখন তার অন্তিম সময়ের নিকটবর্তী হয়, তখন সে তার আত্মার ভবিষ্যৎ অবস্থার সম্বন্ধে যথেষ্ট ভাবান্বিত হয়। সে তার সমস্ত পাপের প্রায়শ্চিত্ত করতে যত্নবান হয়, এবং সর্বদা সত্যের পথে চলাই তখন তার একমাত্র ধর্ম হয়ে দাঁড়ায়।'

'তিনি তাঁর পুত্র বালীরাজকে কোন সত্যের সম্মুখে দাঁড় করিয়েছিলেন?'

'যখন মাতা আরুণী সিদ্ধান্ত নিয়েছিলেন, নিয়োগ প্রথার কারণে তাঁর পত্নীকে তিনি কোন ঋষির সান্নিধ্যে সহবাসের উদ্দেশ্যে নিয়ে যেতে প্রস্তুত নন!'

'তখন তিনি কী করেছিলেন?'

'তিনি একান্তভাবে চেয়েছিলেন যে তাঁর বংশের কোনো সদস্য এই রাজ্যের শাসনভারের রাশ নিজের হাতে ধরে রাখবে। তাই তিনি...'

'দোহাই প্রভু!' তাঁর সম্মুখে সত্যের উন্মোচন ঘটতে কুম্ভকর্ণ আর্তনাদ করে উঠলেন!

'*সুগ্রীব!*'

মহারাজ বালীর অব্যক্ত যন্ত্রণা উপলব্ধি করে হতাশায় নিজের মাথা দুহাতে

চেপে ধরলেন, 'আমি চিন্তাও করতে পারছি না, বালীরাজের মানসিক অবস্থার কথা! শিশু অঙ্গদ তাঁর দুচোখের মণি এবং গর্বের কারণ। কিন্তু এখন... সুগ্রীবের অপদার্থতা তার ধমনীতে প্রবহমান!'

'যথার্থ!' বললেন রাবণ।

'অঙ্গদ কী জানে?'

'আমার অবগতি অনুযায়ী, সে এখনো অন্ধকারে!'

'তাহলে রাজ মাতা, পুত্র বালীরাজকে এই কথা কখন বলেন?'

'সম্ভবত, তিনি যখন মৃত্যুশয্যায়।'

'তিনি এই সত্য বালীরাজের সম্মুখে উন্মোচিত না করলেও কোনো ক্ষতি হতো কি?'

'পাপবোধ! তাঁর অন্তরাত্মা তাঁকে এই ব্যাপারে বিদ্ধ করছিল যে তিনি তাঁর জ্যেষ্ঠপুত্রের প্রতি সুবিচার করেননি। তিনি নিজের অন্তরের কালিমা মোচনের স্বার্থে বালীর সম্মুখে দোষস্বীকার করতে চেয়েছিলেন!'

'এ কি অবিশ্বাস্য স্বার্থপরতা! অধর্ম ও মন্দ কর্মের দ্বারা নিজের কলঙ্কিত আত্মাকে কালিমামুক্ত করতে, নিজের পুত্রকে সারাজীবনের জন্য গ্লানি ও হতাশার পঙ্কিল আবর্তে ঠেলে দিতেও তিনি পিছপা হলেন না!'

'তুমি তো ভালোভাবেই জানো মাতারা সময় সময় কতটা স্বার্থপর হতে পারেন...'

কুম্ভকর্ণ অগ্রজের তির্যক মন্তব্যের প্রত্যুত্তর করলেন না, 'বালীরাজ কি ওই অপদার্থ সুগ্রীবের সম্মুখীন হয়েছিলেন?'

'হ্যাঁ, এবং সে স্বাভাবিকভাবেই সবকিছু স্বীকার করে বলেছে, এই ব্যাপারে তার কোনো উপায় ছিল না। সে তার মাতার আদেশ পালন করেছে মাত্র!'

'অপদার্থ!' অদম্য ক্ষোভে বললেন কুম্ভকর্ণ, 'আমি সুনিশ্চিত যে ভবিষ্যতে কিষ্কিন্ধ্যার সিংহাসনে তার ঔরসজাত সন্তান রাজত্ব করবে, সেই আনন্দে সে মশগুল হয়ে আছে!'

'সত্য ঘটনা উন্মোচিত হওয়ার পরে, বালীরাজ সুগ্রীবকে তাঁর রাজ্য থেকে বহিষ্কৃত করেছেন তৎক্ষণাৎ!' বললেন রাবণ, 'আমি তাঁর স্থানে উপস্থিত থাকলে, তাকে আমি তৎক্ষণাৎ হত্যা করতাম!'

'দয়া করুন হে প্রভু রুদ্রনাথ!' বললেন কুম্ভকর্ণ, 'কী কলঙ্কময় ঘটনা!'

মহারাজ বালীর জন্য তাঁর মনে সমবেদনা থাকলেও, তাঁর নাগালে

আসা সুবর্ণ সুযোগের কারণে মনে মনে উল্লসিত হচ্ছিলেন রাবণ! তিনি তাঁর সুচিন্তিত কৌশলে অতি সহজেই মহাবলী বালীরাজ এবং সুগ্রীবের মধ্যে সংঘর্ষের অবতারণা ঘটিয়ে সমগ্র বানরকুল ধ্বংস করে, অনায়াসেই এই কিষ্কিন্ধ্যা রাজ্যকে লঙ্কার অধীনস্থ করতে সক্ষম। সেক্ষেত্রে বালীরাজার সেনাবাহিনী তাঁর অনুগত হয়ে উঠবে, এবং তিনি তাঁর ইচ্ছানুসারে, লঙ্কার সুরক্ষার ক্ষেত্রে তাদের ব্যবহার করতে সক্ষম হবেন।

অবশেষে তিনি স্বস্তির নিঃশ্বাস ফেললেন। তাঁকে বহুদিন ধরে দুশ্চিন্তায় ফেলা সেই সমস্যার সমাধান করতে তিনি অবশেষে সক্ষম হয়েছেন! কালান্তক মহামারীর ফলস্বরূপ তাঁর সুবিশাল সেনাবাহিনীর শক্তিহ্রাসের প্রভাব এইরূপে সহজেই অতিক্রম করা সম্ভব!

কিন্তু তিনি বুঝেছিলেন যে তাঁর এই অভিপ্রায়ে অনুজ কুম্ভকর্ণ কোনমতেই তাঁকে সমর্থন করতে রাজি হবেন না! যা করতে হবে তাঁকে সম্পূর্ণ একাই করতে হবে!

২৫

পঞ্চবিংশ অধ্যায়

পবিত্র ভারতীয় উপমহাদেশের উপরিভাগে সহস্রাধিক হাত উচ্চতায়, পুষ্পকবিমান নিঃশব্দে এবং মসৃণভাবে কিষ্কিন্ধ্যা থেকে মিথিলা অভিমুখে তার যাত্রা সম্পন্ন করছিল। রাবণ ও কুম্ভকর্ণ তাঁদের কেদারাগুলিতে উপবিষ্ট ছিলেন, বন্ধনপেটিকার সুরক্ষিত বন্ধনে। আর কিছুক্ষণ পরেই, তাঁরা মিথিলায় অবতরণ করবেন—রাজকুমারী সীতার স্বয়ম্বর সভায় যথাসময়ে উপস্থিত হতে।

যদিও এই মুহূর্তে, তাঁদের মনোযোগ মিথিলা অথবা সীতার উপর ন্যস্ত ছিল না।

'কৌমার্য, কুম্ভ?' বিদ্রূপাত্মক স্বরে বললেন রাবণ, 'সত্যি? আমি তো জানি নারীদের সৃষ্টি হয়েছে একমাত্র একটি উদ্দেশে! এবং তুমি কি তাদের এই কুমারীত্ব রক্ষা করার যুক্তিকে সমর্থন করো?'

'দোহাই দাদা, আপনি যে কেন সর্বসময় নারীদের প্রতি এইরূপ অশ্রদ্ধার মনোভাব পোষণ করেন?' প্রশ্ন করলেন কুম্ভকর্ণ। তিনি অবগত ছিলেন যে তাঁর অগ্রজ তাঁর উপরে একটি কারণে রীতিমতো অসন্তুষ্ট। তিনি ইতিপূর্বেই ঘোষণা করেছিলেন একচল্লিশ দিনব্যাপী ব্রতপালন পূর্বক, তিনি ভারতের দক্ষিণবিন্দুতে অবস্থিত পবিত্র প্রভু আয়াপ্পার মন্দির, মহাতীর্থ শবরীমালা পরিভ্রমণ করবেন। এই ঘটনায় রাবণের ধারণা সুদৃঢ় হয়েছিল যে তাঁর প্রিয় অনুজের সঙ্গে তাঁর ব্যবধান ধীরে ধীরে দীর্ঘতর হচ্ছে, এবং ক্রমেই তিনি এক পরিশীলিত আধাত্মিক জীবনের পথে অগ্রসর হচ্ছেন।

'তাহলে তোমার অভিপ্রায় কী, প্রিয় ভ্রাতা, আমি কি তাদের শ্রদ্ধার আসনে

বসাব?' স্মিতহাস্যে প্রশ্ন করলেন রাবণ, 'বিশ্বাস করো, নারীরা উপযুক্ত সম্মান অথবা শ্রদ্ধার অভিলাষী নয়, তাদের একমাত্র লক্ষ্য অন্য কেউ তাদের সম্পূর্ণ খরচ বহন করে, অথবা তাদের সম্পূর্ণ সুরক্ষার দায়িত্ব গ্রহণ করে। এর বিনিময়ে, তারা প্রেম, ভালোবাসা ইত্যাদি প্রদানে সানন্দে প্রস্তুত!'

'দাদা, অতি অল্প সময়েই আপনার দ্বিতীয় বিবাহ সম্পন্ন হওয়ার পথে! কিন্তু আমার মনে হয়ে, নারীদের প্রতি আপনার এইরূপ অস্বাভাবিক ধ্যান ধারণা পরিমার্জন করা একান্ত প্রয়োজন হয়ে পড়েছে!'

'শোনো কুম্ভ, তুমি তোমার জীবনে যত নারীর সান্নিধ্যলাভ করেছ, সেই পরিমাণ নারীর সান্নিধ্য আমি মাত্র একটি পক্ষকালে উপভোগ করি! তাদের চিন্তাধারার সঙ্গে আমি অতি পরিচিত। তারা হয়তো বলতে পারে তাদের ভদ্র, সংবেদনশীল পুরুষ একান্ত কাঙ্ক্ষিত। কিন্তু মনে রাখবে, তাদের মনের অভিলাষের সঙ্গে তাদের মুখনিঃসৃত শব্দের সাযুজ্য নেই। প্রকৃতপক্ষে, ভদ্র ও সংবেদনশীল পুরুষদের তারা দুর্বল এবং নিরীহ প্রজাতির প্রাণী মনে করে। তাদের চাহিদা সত্যিকারের পুরুষ—শক্তিশালী, প্রতিপত্তিশালী পুরুষকার!'

'আমাদের ধর্ম অনুযায়ী তিনিই আসল পুরুষ, যিনি নারীদের সর্বাপেক্ষা সম্মান করেন!'

'তাহলে একজন সত্যিকারের পুরুষ হলেন তিনি, যিনি নারীদের হাতে নিজেকে সমর্পণ করে, নিজেকে তাদের পদে অর্পণ করে দিতে সমর্থ হন!

'আমি সেই কথা বলিনি। আমার কাছে একজন সত্যিকারের পুরুষ হলেন তিনি, যিনি নিজের সঙ্গে তাঁর পরিমণ্ডলের প্রত্যেককে সম্মান করতে সক্ষম!'

'জঘন্য! আমি আমার নিজের অভিজ্ঞতা থেকে তোমাকে বলছি, চারজন নারী একযোগে একজন পুরুষের সমকক্ষ হতে পারে না। আসলে, চার শত নারীও একত্রে একজন ক্ষমতাধর পুরুষসিংহের সমকক্ষ হতে পারে না!'

'কী আশ্চর্য! দাদা আপনি কী বলছেন তা সম্বন্ধে আপনি কি অবগত?'

'অবশ্যই! এবং আমার বক্তব্যের ভিতর একটি শব্দেও কোনো ভুল নেই!'

নিজের প্রবল বিরক্তি আড়াল করতে কুম্ভকর্ণ সংগোপনে একটি দীর্ঘশ্বাস ছাড়লেন, 'যাই হোক, দাদা। আপনার এই সমস্ত বিশ্বাস ও যুক্তি আমাকে আমার বিশ্বাসের পথ থেকে টলাতে পারবে না, আমি প্রভু আয়াপ্পার চরণে দীক্ষা নিয়ে তাঁর শরণে নিজেকে উৎসর্গ করব!'

'তোমার এই অখণ্ড কৌমার্য তোমার ঈশ্বরকে কীরূপে তুষ্ট করবে?'

স্পষ্টতই কুম্ভকর্ণকে বিদ্রূপে জর্জরিত করার অভিপ্রায়ে তির্যকসুরে বলে উঠলেন রাবণ।

'এখানে কৌমার্য প্রধান নয়, দাদা!' কুম্ভকর্ণ তাঁর অগ্রজকে ধৈর্যসহকারে বোঝাবার চেষ্টায় রত হলেন, 'এই দীক্ষায় দীক্ষিত হয়ে, আমি নিজেকে প্রভু আয়াপ্পার পদতলে সমর্পণ করছি—যিনি হলেন প্রাক্তন মহাদেব রুদ্রদেব, এবং প্রাক্তন বিষ্ণু অবতার, দেবী মোহিনীর সন্তান। যদিও সমগ্র দেশে সহস্রাধিক মন্দিরে এই প্রভু আয়াপ্পার পূজা করে মানুষ, একমাত্র শবরীমালার পবিত্র মন্দিরেই এই ব্রত পালন করা হয় প্রকৃতপক্ষে। অরণ্যের অধিষ্ঠাত্রী দেবী শবরীর নেতৃত্বে, একটি ছোট অরণ্যবাসী উপজাতি এই মন্দিরের তত্ত্বাবধানে নিযুক্ত। এবং সমস্ত ভক্তগণ এই মন্দিরের নিয়মানুবর্তী হয়ে চলে!'

কুম্ভকর্ণ নিজের আঙুলের কর গুনে বললেন, 'এই একচল্লিশ দিনব্যাপী ব্রত চলাকালীন, আমরা সুরাপান অথবা মাংসভক্ষণ থেকে বিরত থাকব। আমরা ভূমিতে শয়ন করব। আমরা কাউকে শারীরিকভাবে অথবা মানসিকভাবে আঘাত করব না, আমাদের আচার ব্যবহার অথবা শব্দের দ্বারা। আমরা সাংসারিক সমস্ত অনুষ্ঠানের থেকে শত হাত দূরে বিরাজ করব। আমাদের একমাত্র অভীষ্ট হবে সাধারণ জীবনযাপনের মাধ্যমে উচ্চমার্গের চিন্তাধারায় নিজেদের উত্তরণ ঘটাবার প্রচেষ্টা!'

'অতি মহৎকার্যে নিজেকে নিয়োজিত করেছ তুমি! কিন্তু আমায় একটি কথা বলো, তুমি তো সর্বদা নারীদের সম্মান করে এসেছ। তুমি কি অবগত যে শবরীমালা মন্দিরে নারীদের প্রবেশাধিকার নেই? এই ঘটনা কি তাদের প্রতি অবমাননাকর নয়?'

'অবশ্যই নারীদের প্রবেশ অবাধ! এ ব্যাপারে আমার কোনো দ্বিমত নেই। একমাত্র যে সকল নারীরা সন্তানসম্ভবা, তাদের এই বিশেষ সময়ে এই বিশেষ মন্দিরে প্রবেশ নিষেধ। মূলত, রজঃস্বলা নারীদের সেই বিশেষ সময়ে এই মন্দিরে প্রবেশাধিকার নেই!'

'আচ্ছা, তাহলে তুমি মনে করো, সন্তান উৎপাদনের প্রক্রিয়া মানুষকে অপবিত্র বানায়? এবং ঋতুমতী নারীরা এই মন্দির প্রাঙ্গণকে দূষিত করে তুলবে? তোমার কি অবগতি রয়েছে ভারতের উত্তর-পূর্বের পবিত্র কামাখ্যা মন্দিরে, নারীর শারীরিক এই স্বাভাবিক অবস্থাকে সম্মান প্রদর্শনপূর্বক পূজা করা হয়?'

'আপনি স্বেচ্ছায় আমার কথার দ্বিতীয় অর্থ অনুধাবন করছেন, দাদা! এই ঋতুমতী নারীদের উপর প্রবেশের নিষেধাজ্ঞার সঙ্গে ঋতুকালীন অপবিত্রতার কোনো সম্পর্ক নেই। একজন ভারতীয় এই পবিত্রতাকে কীভাবে অস্বীকার করতে সক্ষম? এই তো সন্ন্যাসের পথ, এই তো মোক্ষলাভের একমাত্র পথ!'

কুম্ভকর্ণ বলে চললেন, 'ভারতের অধিকাংশ মন্দিরে গৃহস্ত মার্গ অনুসরণ করে চলা হয়, যা হল সাংসারিক মানুষের জীবনধারণের সাধারণ পথ। এই সমস্ত মন্দিরে সাংসারিক জীবনের উৎকর্ষ উদযাপন করা হয় অত্যন্ত পুঙ্খানুপুঙ্খভাবে, যেমন স্বামীর এবং স্ত্রীর মধ্যে দাম্পত্য সম্পর্কের কথা, পিতামাতার সঙ্গে সন্তানের সম্পর্কের কথা, একজন শাসকের সঙ্গে তাঁর প্রজাদের সম্পর্কের কথা ইত্যাদি। সাধু এবং সন্ন্যাসীদের নিজস্ব মন্দির বর্তমান, দুর্গম পার্বত্য অঞ্চলে পাথরের গুহায় সেই সমস্ত মন্দিরের অবস্থান, যেখানে সংসারী মানুষের প্রবেশ নিষেধ। এই সন্ন্যাসী মন্দিরে প্রবেশাধিকার পেতে হলে, সমস্ত সাংসারিক বন্ধন ছিন্ন করে, স্থায়ীভাবে নিজের পরিবার এবং সমস্ত জাগতিক মোহ মায়া বিসর্জন দিয়ে, অসম্ভব কৃচ্ছসাধনায় নিজেকে নিঃশর্তভাবে উৎসর্গ করে এই সন্ন্যাসজীবনে উপনীত হওয়া সম্ভবপর!'

রাবণ শঙ্কিত হওয়ার ভান করলেন, 'তুমি সন্ন্যাস গ্রহণ করছ? তুমি কি আমায় পরিত্যাগ করে বিদায় নেবে? হায় প্রভু!'

কুম্ভকর্ণ অট্টহাস্য করে উঠলেন, 'দাদা, আমার কথা শুনুন। যারা স্থায়ীভাবে সন্ন্যাস গ্রহণ করেছে, তাদের বাসস্থান এই শবরীমালা মন্দির নয়। এই ব্রতপালনের একচল্লিশ দিন ধরে আমাদের এই সন্ন্যাসজীবন পালন করে চলতে হবে। একজন প্রকৃত সন্ন্যাসীর মহাজীবনের কৃচ্ছসাধনার একটি ক্ষুদ্র সংস্করণের অভিজ্ঞতা আমরা এক্ষেত্রে অর্জন করতে সমর্থ হব। আপনি যদি এ কথা বুঝতে সমর্থ হন, তাহলে আমার পূর্বকথিত সংকল্পগুলির মর্ম অনুধাবন করবেন আপনি। এই একচল্লিশ দিন ধরে, জীবনের যাবতীয় ভোগবিলাস, আরাম এবং সুখ পরিবর্জন করে চলতে হবে, এমনকী আবেগতাড়িত ব্যবহার পর্যন্ত! এবং সেই কারণেই এই সময়ে মাদকদ্রব্য, মাংস এবং মিলনসম্ভোগ থেকে আমাদের বিরত থাকতে হবে। এই মন্দির পুরুষ সন্ন্যাসী মার্গে উৎসর্গীকৃত, সেখানে সন্তানসম্ভবা নারীদের প্রবেশ নিষেধ, কিন্তু পূর্ণবয়স্ক এবং বালিকাদের জন্য অবারিত দ্বার। একইভাবে, কুমারী আম্মান মন্দিরের ন্যায় নারী সন্ন্যাসী মার্গে উৎসর্গীকৃত মন্দিরও বর্তমান, যেখানে পূর্ণবয়স্ক পুরুষের প্রবেশাধিকার

নেই। ক্লীবলিঙ্গের মানুষের জন্য পৃথকভাবে বিশেষ মন্দিরের অস্তিত্ব বর্তমান। আমাদের এই সন্ন্যাসীজীবনের সমস্ত মার্গ সম্বন্ধে বিস্তারিতভাবে অনবগতির কারণে নানারকমের বিভ্রান্তির জন্ম হয়!'

'আচ্ছা, আচ্ছা, আমি আত্মসমর্পণ করছি!' রাবণ উদ্বাহু হয়ে আত্মসমর্পণ করার ভঙ্গিমা করলেন, 'যাও, তোমার তীর্থযাত্রার জন্য যোগ্য প্রস্তুতি গ্রহণ করো! যাত্রাকাল কখন? মাসাধিককাল অবশিষ্ট?'

'হ্যাঁ!' কুম্ভকর্ণের মুখ হাসিতে উদ্ভাসিত হতে তিনি মন্ত্রোচ্চারণ করলেন, '*স্বামীয়ে স্মরণম আয়াপ্পা!*'

প্রভু আয়াপ্পার পবিত্র চরণে আমি নিজেকে সমর্পণ করলাম!

নিজের অনুজকে বিদ্রূপ করার অভিপ্রায় থাকলেও, রাবণ প্রভু আয়াপ্পাকে অসম্মান করার অভিলাষ পোষণ করেননি। সমগ্র অরণ্য অঞ্চলের অধিষ্ঠাতা এই প্রভু আয়াপ্পা প্রভু রুদ্রনাথ এবং দেবী মোহিনীর সন্তান বলে কথা! তিনি এই পৃথিবীর সর্বকালের শ্রেষ্ঠ যোদ্ধাদের মধ্যে অন্যতম সেরা যোদ্ধা হিসাবে পরিগণিত হয়ে থাকেন।

তিনিও কুম্ভকর্ণের সঙ্গেই উচ্চারণ করলেন, 'স্বামীয়ে স্মরণম আয়াপ্পা!'

ইতিমধ্যে সজোরে একটি ঘোষণা শোনা গেল, 'আমরা অবতরণ করতে চলেছি। দয়া করে নিজেদের বন্ধনপেটিকার বন্ধন পরীক্ষা করুন!'

রাবণ ও কুম্ভকর্ণ নিজেদের কেদারার সঙ্গে আবদ্ধ বন্ধনপেটিকাগুলি দ্বিতীয়বার পরীক্ষা করে নিলেন! পুষ্পকবিমানের অভ্যন্তরে থাকা শতাধিক সেনাও অনুরূপ ব্যবহারে ব্যস্ত হল তৎক্ষণাৎ!

পুষ্পকের জানালার ভিতর দিয়ে, রাবণ অনেক নীচের মিথিলার দিকে তাকালেন—মিথিলা, ভূমিপুত্রদের ভূমি! অন্যান্য নদীতট সংলগ্ন ভারতীয় বাণিজ্যনগরীর তুলনায়, এই উচ্চতা থেকে মিথিলাকে একেবারেই ভিন্নরকম দেখাচ্ছিল। মিথিলা একটি বর্ধিষ্ণু নদীবন্দর নগরী হিসাবে সর্বজনবিদিত থাকলেও, পরবর্তীকালে মাত্র কয়েক যুগ পূর্বে গণ্ডকী নদী তার গতিপথ পশ্চিমদিকে পরিবর্তন করতে, মিথিলার সার্বিক অবস্থার আমূল পরিবর্তন ঘটেছিল। সপ্তসিন্ধুর অন্যতম প্রগতিশীল, বর্ধিষ্ণু বাণিজ্যনগরী থেকে, অতি দ্রুত তার পদস্খলন ঘটেছিল উত্তরোত্তর। সপ্তসিন্ধুর অন্যান্য সমস্ত বাণিজ্যনগরী, যেগুলি রাবণের দ্বারা নিঃশেষে শোষিত হয়ে চলেছে, সেগুলির থেকেও একদা উন্নত মিথিলার অবস্থা আজ অত্যন্ত শোচনীয়! অবস্থা এতোটাই সঙ্গীন যে

মিথিলায় বহাল করা তাঁর ব্যবসায়িক কর্মচারীদের অধিকাংশকে ছুটি দিতে বাধ্য হয়েছেন রাবণ—তাদের জন্য অবশিষ্ট কাজ এই রাজ্যে ছিল না!

'নগরের এত নিকটে এতো ঘন অরণ্যের উপস্থিতির দৃশ্য একেবারেই দুষ্প্রাপ্য!' বললেন রাবণ।

মৌসুমিবায়ুর প্রকোপে অপর্যাপ্ত বর্ষণধারার প্রভাবে, উর্বর মাটি এবং জলাভূমির উপস্থিতির কারণে, এই মিথিলার জমি যথেষ্ট সুফলা। যেহেতু চাষের কারণে মিথিলার চাষীরা অরণ্য ধ্বংসে লিপ্ত হয়নি, তাই এই মনোরম নগরীকে পরিবেষ্টন করেছিল একটি ঘন অরণ্যের প্রাচীর।

'পরিখাটির দিকে একবার তাকিয়ে দেখুন!' আশ্চর্যান্বিত অবস্থায় বললেন কুম্ভকর্ণ।

আকাশ থেকে তাঁরা মিথিলার দুর্গকে পরিবেষ্টন করা সুবিশাল পরিখাটির উপর দৃষ্টিপাত করলেন, যেটিতে অতীতে সম্ভবত কুমীরে পরিপূর্ণ থাকত নিরাপত্তা ব্যবস্থাকে আরো সুরক্ষিত করতে। কিন্তু বর্তমানে সেটি একটি একান্ত নিরীহ জলাধারে পরিণত করা হয়েছে!

এই জলাশয়টি, তার কেন্দ্রস্থলে অবস্থিত মিথিলা নগরীকে একটি বিছিন্ন দ্বীপে পরিণত করে, তাকে সম্পূর্ণভাবে বেষ্টন করে রেখেছিল। দৈত্যাকার চক্র দ্বারা এই জলাশয় থেকে জল সুদীর্ঘ নলের দ্বারা নগরের অভ্যন্তরে চালিত করা হতো। অতি সহজে জলের কাছে পৌঁছোবার জন্য জলাশয়ের ধারে সিঁড়ির নির্মাণ করা হয়েছিল।

রাবণ চমকে উঠে বললেন, 'এদের কাছে একটি সুরক্ষিত পরিখার ব্যবস্থাও নেই!'

'আমার মনে হয় এটি একটি সুচিন্তিত সিদ্ধান্ত। তাদের এই পরিখার প্রয়োজন নেই। কে এই মিথিলা রাজ্যকে আক্রমণ করবে? এই স্থানে লুণ্ঠন করার মতো ঐশ্বর্য কই? এবং তাদের একমাত্র ঐশ্বর্য তারা বিনামূল্যেই প্রদান করে—তাদের অগাধ জ্ঞান ও শিক্ষার রাশি!'

'হুমমম... তুমি ঠিক বলেছ!'

পরিখার দিকে তাঁদের মনোযোগী দৃষ্টি যখন দুর্গের প্রাচীরের দিকে পড়ল, দুই ভ্রাতা লক্ষ্য করলেন, প্রধান প্রাচীরের প্রায় এক ক্রোশ আভ্যন্তরীণ দূরত্বে, আরেকটি প্রাচীরের অস্বাভাবিক উপস্থিতি। প্রধান প্রাচীর এবং এই

অন্তর্বর্তী প্রাচীরের ভিতরের অংশ বিভক্ত হয়েছে অগণিত কৃষিজমিতে। এবং সেই শস্যশ্যামলা জমিতে বিভিন্ন শস্য পরিপক্ক অবস্থায় বর্তমান।

রাবণ চমৎকৃত হলেন, 'অসাধারণ বুদ্ধিমত্তা! এই মিথিলায় অন্তত একজন রণকৌশলের ব্যাপারে সামান্যতম বুদ্ধিমত্তা বর্তমান!'

কোনো যুদ্ধের সময়ে দুর্গের অন্দরে লালিত এই শস্যাদি নগরের মানুষকে খাদ্যের সরবরাহ করতে সক্ষম। এ ছাড়াও, কোনোভাবে প্রধান প্রাচীর লঙ্ঘন করতে সমর্থ কোনো অনুপ্রবেশকারীর পক্ষে এই পাণ্ডববর্জিত স্থান মৃত্যুর সমান হিসাবে প্রতিপন্ন হবে। বাইরে থেকে আক্রমণ করা সেনাদলের একটি বৃহৎ অংশ এই প্রাচীরের কাছে পৌঁছোবার লক্ষ্যে সহজেই প্রাণত্যাগ করবে, একই সময়ে তারা প্রত্যাবর্তনের বিন্দুমাত্র সুযোগ থেকেও বঞ্চিত হবে!

কুম্ভকর্ণ তাঁর অগ্রজের সঙ্গে এই ব্যাপারে সহমত হলেন, 'অবশ্যই এটি একটি অনন্য রণকৌশল হিসাবে ব্যবহৃত হতে পারে, দুটি সুউচ্চ প্রাচীরের মধ্যবর্তী একটি জনহীন বিস্তীর্ণ ভূমি! আমাদেরও এই কৌশল অনুসরণ করা উচিত!'

সুবিশাল পুষ্পকবিমান মিথিলার পুণ্যভূমিতে অবতরণ করার পূর্বে, বাতাসে কিছু সময়ের জন্য ভেসে রইল, এবং সেই স্থান থেকে তাঁরা মিথিলার প্রধানদ্বার পরিষ্কার দেখতে সক্ষম হচ্ছিলেন। প্রধানদ্বার এবং ফটক জুড়ে, ভারতের অন্যান্য নগরের ন্যায় অস্ত্রশস্ত্রের আতিশয্য এখানে সম্পূর্ণভাবেই অনুপস্থিত!

এর পরিবর্তে, শিক্ষা ও বিদ্যার দেবী, দেবী সরস্বতীর একটি বিশাল মূর্তি এই দ্বারের সিংহভাগ জুড়ে বিরাজমান!

এই মূর্তির নীচের অংশে, একটি দীর্ঘ শ্লোকের অংশ শোভিত রয়েছে, কিন্তু এই দূরত্ব থেকে সেটির পাঠোদ্ধার করা সম্ভব হচ্ছে না।

রাবণ বললেন, 'আমি ভাবছি ওই শ্লোকে কী লেখা আছে!'

'আমার স্মরণে রয়েছে অকম্পনজি আমায় এটির সম্বন্ধে ইতিপূর্বেই বলেছিলেন!' বললেন কুম্ভকর্ণ।

'স্বগৃহে পূজ্যতে মূর্খায়ঃ,
স্বগ্রামে পূজ্যতে প্রভুঃ,
স্বদেশে পূজ্যতে রাজাহঃ,
বিদ্বান সর্বত্র পূজ্যতে!'

একজন মূর্খের প্রশংসা তার গৃহেই সাধিত হয়,
গ্রামপ্রধানের জয়জয়কার হয় তার গ্রামে,
রাজা পূজিত হন তার রাজ্যে,
কিন্তু একজন বিদ্বানের পূজা হয় পৃথিবীর সর্বত্র!

রাবণের মুখমণ্ডলে হাসির আভাস দেখা দিল। সত্যি এই নগরী জ্ঞানের ও শিক্ষার কাছে উৎসর্গীকৃত! ঋষিদের প্রিয় নগরী। সত্যি এই নগরী ধীরে ধীরে সারা জগতের সম্মুখে তাঁকে অমরত্বে প্রতিষ্ঠা করবে!

একাধিক ক্ষুদ্র ধাতব চক্র জানালার সম্মুখে এসে দৃষ্টিপথে বাধাপ্রদান করল।

'আমরা ভূমিতে অবতরণ করছি!' বললেন কুম্ভকর্ণ।

একাধিক ঘূর্ণায়মাণ চক্রের বজ্রনিনাদ ধীরে ধীরে হ্রাস পেতে, পুষ্পকবিমান ভূমিতে অবতরণ করল। প্রধান প্রাচীরের বাইরে, অরণ্য শুরু হওয়ার পূর্বে, তার অবতরণের জন্য নির্ধারিত স্থানেই নিখুঁতভাবে অবতরণ করল পুষ্পক। সেখানে রাবণের বিশাল রক্ষীদল সম্বলিত দশ সহস্র সেনা বিশিষ্ট বাহিনী ইতিপূর্বেই শৃঙ্খলাবদ্ধ সারিতে দণ্ডায়মান!

রাবণ একটি দীর্ঘ শ্বাস নিলেন, 'আমাদের সময় শুরু!'

—ꟾ᭧I—

'কোথাও যেন একটা অস্বাভাবিকত্ব রয়েছে, দাদা!' বললেন কুম্ভকর্ণ, 'চলুন আমরা এই স্থান পরিত্যাগ করি!'

মিথিলার বহির্ভাগে রাবণ শিবিরপত্তন করেছিলেন। সপ্তসিন্ধুর কোনো রাজ্যের প্রাচীর বেষ্টিত হয়ে থাকার চাইতে, নিজের সুযোগ্য সেনাবাহিনীর নির্ভরতায় কালযাপন করাকে প্রাধান্য দিয়েছিলেন তিনি। সেই রাজ্য, যাকে তিনি একদা তাঁর নিয়মের বজ্রকঠিন ফাঁসে ধীরে ধীরে এক দারিদ্রনগরীতে পরিণত করেছিলেন অবলীলায়!

'কিন্তু রাজা কুশধ্বজ স্বয়ং আমাকে নিমন্ত্রণবার্তা প্রেরণ করেছিলেন!' সরোষে বলে উঠলেন রাবণ। তিনি তাঁর অনুজ এবং তাঁর সহচরদের জন্য অধীরভাবে অপেক্ষা করছিলেন, যারা তাঁর আগমনবার্তা নিয়ে মিথিলার রাজসভায় রাজার সঙ্গে সাক্ষাতে গিয়েছিলেন।

'আমি জানি। কিন্তু সম্পূর্ণ সময়টা তিনি নীরব ছিলেন। এবং তাঁর সঙ্গে রাজা জনকও!'

'তাহলে বার্তালাপ কে করছিল?'

'গুরু বিশ্বামিত্র!'

'ইন্দ্রদেবের দোহাই! গুরুদেব এই নগরে কী করছেন? স্বয়ম্বরে তো কখনো বিতর্কসভা অনুষ্ঠিত হয় না!'

'আমার অবগতি নেই তিনি এই স্থানে কী কারণে উপস্থিত, কিন্তু আমি এই কথা বলতে পারি সমস্ত সিদ্ধান্ত নেওয়ার দায়িত্ব তাঁর উপর ন্যস্ত। এবং আমাকে রাজকুমারী সীতার সঙ্গে সাক্ষাৎ করার সৌজন্যও ওনারা দেখাননি!'

'এর কী অর্থ?' রাবণ ক্রমেই রোষানলে প্রজ্জ্বলিত হতে শুরু করেছেন, 'আমি লঙ্কার প্রতিষ্ঠাতা! পৃথিবীর সর্বাপেক্ষা শক্তিশালী রাজ্যের একচ্ছত্র একনায়ক! পৃথিবীর ধনীতম রাজ্যের অধীশ্বর! এখানে এই মিথিলায় এসে সীতার সঙ্গে দার পরিগ্রহের ইচ্ছা প্রকাশ করে আমি মিথিলাকে গৌরবান্বিত করেছি! আমার সঙ্গে এই দুর্ব্যবহার করার সাহস এরা পায় কী করে?'

'দাদা, চলুন আমরা এই স্থান পরিত্যাগ করি! এই সপ্তসিন্ধু আপনাকে কখনোই আপন বলে স্বীকার করবে না। আপনার প্রচেষ্টা সাধু। আপনি নির্মল হৃদয়ে এই কাজ করেছিলেন। আপনি প্রায়শ্চিত্ত করতে চেয়েছিলেন। কিন্তু এরা আপনাকে সেই কর্মে সফল হতে দেবে না। এই 'আর্যাবর্ত' নিপাত যাক! চলুন আমরা আমাদের লঙ্কায় গিয়ে শান্তিতে জীবন অতিবাহিত করি! আমাদের নিজের দেশে! চলুন আমরা প্রস্থান করি!'

'সমগ্র পৃথিবী আমার এই অপমানের কথা জানুক! আর এই সংবাদে অনুপ্রাণিত হয়ে আগামীকাল কোনো ক্ষমতাহীন অজ্ঞাতকুলশীল আমার বিরুদ্ধে বিপ্লবের জোয়ার বইয়ে দিক? কখনো নয়! আমি এই স্থান পরিত্যাগ করব না!'

'দাদা, আমার কথা শুনুন! গুরুদেব বিশ্বামিত্র আমায় কোনো কথা না বলে, পরোক্ষভাবে বোঝাতে চাইছিলেন যে এই স্বয়ম্বরে আপনি একেবারেই অনাহূত! যতবার আমি রাজা কুশধ্বজের দিকে দৃকপাত করেছি, ততবার তিনি ব্যস্তভাবে সভার অন্যান্যদের সঙ্গে নিজেকে ব্যস্ত রেখেছেন। তিনি একবারের জন্যেও কথা বলেননি। এবং তাঁর সভাবৃন্দরাও নয়!'

'তুমি কেন তাঁদেরকে বললে না যে এই মূর্খ রাজা কুশধ্বজ আমাদের নিমন্ত্রণ করে নিয়ে এসেছেন!'

'কী হতো এই কথা বলে, দাদা? তিনি আমাদের উপস্থিতি গ্রাহ্যের মধ্যে আনছিলেন না! আমাদের উপস্থিতি এখানে অনভিপ্রেত! চলুন আমরা এই স্থান এই মুহূর্তে ত্যাগ করি!'

'না! আমরা এইরূপে প্রত্যাবর্তনের জন্য এখানে আসিনি!'

'দাদা...'

'রাবণকে এইভাবে অপমান করা অসম্ভব! লঙ্কাও এইরূপে অপমানিত হবে না বিশ্বদরবারে! ওরা কী ভাবল তাতে আমার কিছু এসে যায় না! আমি স্বয়ম্বরে অংশগ্রহণ করব, এবং বিজয়ী হবো! আমি সীতাকে নিয়ে এই নগর পরিত্যাগ করব, যদিও আমাকে ভবিষ্যতে তাঁকে সিগিরিয়ার অন্ধকারাছন্ন কারাগারে নিক্ষেপ করতে হয়, তাও! আমি এই স্বয়ম্বরে জয়লাভ করে আমার প্রতি এই নারকীয় অপমানের জবাব দেবো!'

'দাদা, আমার মনে হয় সেই কাজ...!'

'কুম্ভকর্ণ! আমার এই সিদ্ধান্তই চূড়ান্ত!'

—१८I—

স্বয়ম্বরের দিনে, রাবণ ও কুম্ভকর্ণ তাঁদের বিশ্বস্ত তিরিশজন রক্ষীর সান্নিধ্যে তাঁদের শিবির থেকে নিষ্ক্রান্ত হলেন। পনেরোজন তাঁদের সম্মুখে, এবং বাকি পনেরোজন তাঁদের পশ্চাতে অনুসরণ করতে থাকল। এই সমস্ত রক্ষীরা তাঁদের স্বর্ণলঙ্কা—পৃথিবীর ধনীতম দেশের গরিমা রক্ষার্থে, তাদের সর্বোত্তম পোষাকে সজ্জিত হয়েছিল। তারা তাদের হাতে করে বহন করে নিয়ে চলেছিল লঙ্কার প্রতীক—মসীকৃষ্ণ নিশানের উপরে চর্চিত উজ্জ্বল আগুনের ভিতর থেকে বেরিয়ে থাকা রাজকীয় গর্জনরত সিংহের মাথা!

এই স্বয়ম্বরে তাঁরা যে একান্তই অনাহূত, সেই শঙ্কায় কুম্ভকর্ণ এক অতিরিক্ত সশস্ত্র, সহস্রাধিক সৈন্য সম্বলিত বাহিনীর ব্যবস্থা করেছিলেন, যারা তাঁদের এবং সেই ক্ষুদ্র রক্ষীদলের কিছু দূরত্বেই অনুসরণে রত ছিল। তাদের দায়িত্ব ছিল স্বয়ম্বর সভার অব্যবহিত পাশেই অতন্দ্র প্রহরায় থাকা। কুম্ভকর্ণ সাবধানতার অবলম্বন করেছিলেন, কিন্তু তা মহাবলী মলয়পুত্রদের উত্তেজিত করে নয়!

লঙ্কাবাহিনী সেই জলাশয়ের উপরে অবস্থিত সেতু অতিক্রম করে, তারপর প্রধান প্রাচীর পেরিয়ে সরাসরি দ্বিতীয় প্রাচীর অতিক্রম করতে সক্ষম হল।

রাবণ ও কুম্ভকর্ণের অনুসরণকারী সেনারা প্রাণপণে শঙ্খনিনাদে আকাশ বাতাস পরিপূর্ণ করে তুলল—তাদের অভিপ্রায় মানুষের দৃষ্টি আকর্ষণের!

মিথিলার সিংহভাগ মানুষ হয় স্বয়ম্বরের পথে রাজপ্রাসাদ অভিমুখে যাত্রা করেছিল, নয় সেখানে ইতিমধ্যে পৌঁছে গিয়েছিল। অবশিষ্ট যারা নগরীতে রয়ে গিয়েছিল, তারা তাদের গৃহ থেকে বেরিয়ে এসে এই রাজকীয় শোভাযাত্রার দিকে নির্নিমেষে তাকিয়ে রইল। সমগ্র পৃথিবীর ধনীতম এবং শ্রেষ্ঠ শক্তিশালী মানুষের রাজকীয় শোভাযাত্রার দিকে! লঙ্কার এই প্রবল পরাক্রমশালী রাজার শৌর্যবীর্য এবং জাঁকজমকের সম্মুখীন হতে পারল না মিথিলার এই শান্তিপ্রিয় মানুষেরা। তারা ধীরে ধীরে পিছিয়ে গেল —কোনোভাবেই তারা এই শক্তিশালী লঙ্কাবাহিনীকে উত্যক্ত কিংবা বিরক্ত করার পথে গেল না!

রাবণ তাঁর দৃষ্টি সম্মুখের পথের উপর স্থির রেখেছিলেন, তাঁর শরীরী ভাষা ছিল একজন রণজয়ী বীরের ন্যায়—দৃপ্ত, রণক্লান্ত, তৃপ্ত! দুর্বল মিথিলাবাসীদের দিকে দৃকপাত করতেও যেন তাঁর প্রবলতম অনীহা!

রাজদরবারের পরিবর্তে, রাজপ্রাসাদের চৌহদ্দির ভিতরে, ধর্মকক্ষের অভ্যন্তরে এই স্বয়ম্বরের ব্যবস্থা করা হয়েছিল। এই সুসজ্জিত অট্টালিকা রাজা জনকের দ্বারা মিথিলা মহাবিদ্যালয়কে প্রদান করা হয়েছিল, এখানে বিভিন্ন বিতর্কের আসর, বিভিন্ন উচ্চস্তরের আলোচনা সাধারণত অনুষ্ঠিত হতো। বিভিন্ন ধরনের জাগতিক বিষয়ের উপর আলোচনা—এই জগতের শারীরিক মায়া, আত্মার চারিত্রিক গঠন, সৃষ্টির মূল উৎস, মূর্তিপূজার সৌন্দর্য ও তাৎপর্য, আধ্যাত্মিকতার দার্শনিক ব্যাখ্যা... এই রাজা জনক ছিলেন একজন দার্শনিক রাজা, যিনি তাঁর সমগ্র রাজ্যের সম্পদ হিসাবে আধ্যাত্মিকতা ও জ্ঞানের সম্পদকে অগ্রগণ্য মানতেন।

এই বর্তুলাকার কক্ষটির মূল আকর্ষণ ছিল একটি সুবিশাল, সুদৃশ্য গম্বুজ। এই কক্ষের প্রতিটি দেওয়াল সজ্জিত ছিল বিভিন্ন সময়ের মহান ও মহিয়সী ঋষি ও ঋষিকাদের চিত্র দিয়ে। রাজা জনকের শাসনশৈলীতে একটি বিশেষ দ্রষ্টব্য লক্ষণীয় ছিল—তাঁর এই বর্তুলাকার নকশার উপর প্রাধান্য। এর অর্থ সহজেই অনুমেয়, তাঁর শাসনে সকলের সমান অধিকার। বিতর্ক সভাগুলিতে, প্রত্যেকে একই স্তরে উপবিষ্ট থাকেন, সমানে সমানে, সেখানে কোনো সভাধিপতি থাকে না। প্রত্যেকে নিজের অভিমত এখানে নির্ভয়ে পেশ করতে সক্ষম!

স্বয়ম্বরের অনুষ্ঠানের কারণে, কক্ষের প্রবেশদ্বার সংলগ্ন অঞ্চলে তিন মহলা

অস্থায়ী দর্শকাসন নির্মাণ করা হয়েছে। অন্যদিকে, একটি বিশাল কাঠের তৈরি পাটাতনের উপরে, রাজ সিংহাসন স্থাপন করা হয়েছে। সিংহাসনের পশ্চাতে একটি উচ্চ বেদীতে, মিথিলারাজ্যের প্রতিষ্ঠাতা মহারাজ মিথির একটি মূর্তি স্থাপন করা হয়েছে। প্রধান সিংহাসনের দুই দিকে আরো দুটি সিংহাসনের ব্যবস্থা করা হয়েছে, জৌলুষে সেগুলি প্রধান সিংহাসনের তুলনায় কিঞ্চিৎ কম। ওই বিশাল কক্ষের মধ্যবর্তী অংশে বর্তুলাকার সারিতে আরামদায়ক কেদারা সজ্জিত করা হয়েছে, যেখানে প্রমুখ রাজা এবং রাজকুমারেরা উপবিষ্ট—সেদিনের অনুষ্ঠানের প্রধান প্রতিযোগীরা।

লঙ্কাপ্রদেশের বিশেষ শঙ্খের গম্ভীর নিনাদ সহকারে, রাবণ এবং কুম্ভকর্ণ তাঁদের রক্ষীদলের সান্নিধ্যে, অভিনব এক রাজকীয় প্রবেশ ঘটালেন সেই স্বয়ম্বর সভায়। সহস্রাধিক সেনা সম্বলিত সশস্ত্র সেনাদল বাইরে প্রহরার অপেক্ষমাণ! দৃষ্টির নাগালের বাইরে, কিন্তু নিরাপদ দূরত্বে। তাদের অধীশ্বরের বিন্দুমাত্র ইশারায় আক্রমণের জন্য সদা প্রস্তুত।

চারপাশের ব্যবস্থাপনা নিরীক্ষণ করতে করতে রাবণ এবং কুম্ভকর্ণ সভাকক্ষে অগ্রসর হতে লাগলেন।

দর্শকাসনের দ্বিতীয় ও তৃতীয় মহলায় রাজ্যের সাধারণ নাগরিকদের সমাবেশ, এবং ধনী ব্যবসায়ী এবং রাজপরিবারের সদস্যরা প্রথম মহলায় উপবিষ্ট। প্রতিযোগীরা কক্ষের মধ্যবর্তী অংশে বর্তুলাকার ভাবে সজ্জিত আরামকেদারায় উপবিষ্ট। একটি আসনও শূন্য নেই। রাজকুমারী সীতার ইচ্ছানুযায়ী, এই স্বয়ম্বর এক 'গুপ্ত স্বয়ম্বর' হিসাবে অনুষ্ঠিত হতে চলেছিল, যেখানে সীতা সকলকে দেখতে সক্ষম হলেও, তাঁকে কেউ দর্শন করতে সমর্থ হবেন না!

সেই বিশাল কক্ষের কেন্দ্রস্থলে, একটি সুসজ্জিত বেদীর উপর অতি আনুষ্ঠানিকভাবে রক্ষিত ছিল একটি জ্যা মুক্ত বিশালাকার ধনুক। স্বয়ং দেবাদিদেব রুদ্রদেবের মহার্ঘ ধনুক, কিংবদন্তিসম পীনাক! সেই ধনুকের পাশে সজ্জিত রয়েছে বেশ কিছু শাণিত তির। এই বেদীর পাশে, ভূমির স্তরে, সজ্জিত রয়েছে একটি বিশাল তাম্রনির্মিত পাত্র। প্রতিযোগীদের সর্বপ্রথম ওই বিশাল ধনুক উত্তোলন পূর্বক, সেটিতে জ্যা স্থাপন করতে হবে, যে কর্ম কার্যত দুরূহতম! তারপর তাঁদের কানায় কানায় জলপূর্ণ সেই পাত্রটিকে স্থানান্তরিত করতে হবে, যেটির ভিতরে উপরে থেকে অবিরাম জলের ফোঁটা চুইয়ে পড়ছে।

এই জলের ফোঁটাগুলি পাত্রের জলে পড়ে তার কেন্দ্রস্থল থেকে বাইরের দিকে ক্ষুদ্রাতিক্ষুদ্র তরঙ্গের সৃষ্টি করে চলেছে অবিরত। এই পরীক্ষাকে আরো কঠিন এবং দুরূহ করার কারণে, উপর থেকে চুইয়ে পড়া জলের ফোঁটার সময়কাল ছিল সম্পূর্ণ অনির্দিষ্ট!

ভূমির উপরে প্রায় দেড়শো হাত উচ্চতায়, সেই বিশাল গম্বুজের থেকে একটি অক্ষের সঙ্গে একটি চক্রকে যুক্ত করা হয়েছিল—সেই চক্রের সঙ্গে আবদ্ধ করা হয়েছিল একটি সুবৃহৎ ইলিশ মৎস্য! একটি বিশেষ গতিতে সেই চক্র ছিল ঘূর্ণায়মাণ। প্রতিযোগীদের তাম্রপাত্রের তরঙ্গায়িত জলের মধ্যে, সেই মৎস্যের দোদুল্যমান প্রতিবিম্ব দেখে লক্ষ্যস্থির করতে হবে! আসল মৎস্যের চক্ষুতে নির্ভুলভাবে রুদ্রদেবের ধনুক ব্যবহার করে তির নিক্ষেপ করতে হবে! এই কর্মে যিনি সর্বপ্রথম সাফল্য লাভ করবেন, তাঁর সঙ্গেই রাজকুমারী সীতার শুভ পরিণয় সম্পন্ন হবে।

রাবণের খরদৃষ্টি কিন্তু প্রতিযোগীদের সম্মুখে এই অসম্ভব পরীক্ষার ব্যবস্থার দিকে আকৃষ্ট হল না। অভ্যাগতদের প্রতি মহান মলয়পুত্র ঋষি বিশ্বামিত্রের সম্ভাষণ যে তাঁর প্রবেশের কারণে তৎক্ষণাৎ স্থগিত হয়ে গিয়েছিল, সে ঘটনাও তাঁর নজর এড়িয়ে গেল! মহর্ষির কাছে এই উদাসীনতা এক চরম অপমানের কারণ হয়ে দাঁড়াতে পারে। সে ব্যাপারেও রাবণের বিন্দুমাত্র তাপ উত্তাপ ছিল না! অন্য একটি ঘটনা তাঁর দৃষ্টি আকর্ষণ করেছে ইতিমধ্যে! প্রতিযোগীদের সমাবেশে তাঁর জন্য কোনো নির্দিষ্ট স্থান রক্ষণ করে রাখা হয়নি!

আমার জন্য নির্দিষ্ট উপবেশনের ব্যবস্থা করা হয়নি! অপদার্থের দল!

রাবণের শোভাযাত্রা সরাসরি সেই বিশাল কক্ষের কেন্দ্রস্থলে পৌঁছে, প্রভু রুদ্রদেবের মহার্ঘ ধনুকের পাশে গিয়ে থামল। রক্ষীদলের অধিনায়ক সশব্দে ঘোষণা করল, 'রাজাধিরাজ, সম্রাটদের মহাসম্রাট, সমগ্র ত্রিভুবনের অধীশ্বর, দেবকুলের প্রিয়পাত্র—প্রভু রাবণ!'

পীনাকের অব্যবহিত নিকটে উপবিষ্ট এক সাধারণ রাজার দিকে ঘুরলেন রাবণ, এবং একটি চাপা গর্জন করে মাথা নাড়িয়ে একটি বিশেষ ইশারা করলেন। বিনা বাক্যব্যয়ে তৎক্ষণাৎ সেই আতঙ্কিত রাজা তাঁর আরামকেদারা পরিত্যাগ পূর্বক, গাত্রোত্থান করে পাশে দাঁড়ানো অন্য এক প্রতিযোগীর পাশে গিয়ে দাঁড়ালেন! রাবণ সেই কেদারার দিকে অগ্রসর হলেন, কিন্তু সেটিতে উপবেশন করলেন না। তিনি তাঁর ডান পা সেই কেদারায় রেখে, তাঁর জানুতে

বাহুর ভর রেখে দাঁড়ালেন! কুম্ভকর্ণ এবং তাঁদের রক্ষীদল তাঁর পশ্চাতে সারিবদ্ধভাবে দাঁড়ালেন। তারপর, রাবণ দৃষ্টি নিক্ষেপ করলেন কক্ষের অপর প্রান্তে, যেখানে সিংহাসনগুলি সজ্জিত ছিল!

মিথিলার রাজার জন্য সংরক্ষিত প্রধান রাজ সিংহাসনে বিরাজমান ছিলেন ঋষি বিশ্বামিত্র। তাঁর ডান দিকের অপেক্ষাকৃত ক্ষুদ্রাকার সিংহাসনের উপবিষ্ট ছিলেন মিথিলার বর্তমান শাসক, রাজা জনক। তাঁর বামদিকের সিংহাসনে উপবেশন করেছিলেন রাজা জনকের কনিষ্ঠ ভ্রাতা, কুশধ্বজ।

তাঁর অবস্থান থেকেই সজোরে রাবণ বলে উঠলেন ঋষি বিশ্বামিত্রের উদ্দেশে, 'আপনার বক্তব্য বহাল রাখুন, হে মহর্ষি!'

পরমারাধ্য প্রধান মলয়পুত্রের সম্মুখে, তাঁর রাজ সম্ভাষণের মধ্যবর্তী অংশে বাধাপ্রদান করে অপমানিত করার কারণে, বিন্দুমাত্র ক্ষমা প্রার্থনা প্রয়োজনীয় বলে মনে করলেন না রাবণ!

বিশ্বামিত্র রাগে দপ করে জ্বলে উঠলেন! তাঁকে এইরূপে অপমান করার ধৃষ্টতা ইতিপূর্বে ঘটেনি, 'রাবণ...' গর্জন করে উঠলেন তিনি!'

উদ্ধত দৃষ্টিতে অবজ্ঞাভরে রাবণ তাঁর দিকে ঠায় চেয়ে রইলেন... অপলকে!

তাঁর গুরু দায়িত্বের পরিপ্রেক্ষীতে, নিজের ক্রোধানল নির্বাপিত করতে সক্ষম হলেন রাজগুরু বিশ্বামিত্র। রাবণের এই হঠকারিতার সঙ্গে তিনি ভবিষ্যতে যুদ্ধ করতে সক্ষম, 'রাজকুমারী সীতার ইচ্ছা অনুযায়ী ক্রমানুসারে মহান রাজা এবং রাজকুমারেরা এই প্রতিযোগিতায় অংশগ্রহণ করবেন।'

বিশ্বামিত্রের বক্তব্য সমাপ্ত হওয়ার পূর্বেই, রাবণ তাঁর ডান পা কেদারা থেকে নামিয়ে, পীনাকের দিকে অগ্রসর হতে শুরু করলেন। তিনি যে মুহূর্তে সেই মহা ধনুকের কাছে পৌঁছলেন, তখনই মহর্ষির বক্তব্য সম্পন্ন হল, 'এই প্রতিযোগিতার প্রথম প্রতিযোগী তুমি নও রাবণ। তিনি হলেন অযোধ্যার রাজকুমার, রাম!'

ধনুকের মাত্র কয়েকচুল দূরে রাবণের প্রসারিত বাহু সহসা স্থাণু হয়ে গেল! তিনি ঋষি বিশ্বামিত্রের দিকে তাকালেন, এবং পরমুহূর্তে ঘুরে গেলেন—তাঁর তৃষিত দৃষ্টি অনুসন্ধান করে চলেছে মহর্ষির আহ্বানে কে সাড়া দিতে উদ্যত! তাঁর সন্ধানী দৃষ্টি পড়ল এক বিশ বছরের, অতি সাধারণ সাধুর ধবল পোযাক পরিহিত যুবার দিকে। তাঁর পশ্চাতে দণ্ডায়মান এক বিশালদেহী, অল্পবয়সী পুরুষ, যার পাশে দাঁড়িয়ে আছে স্বয়ং আরিষ্ঠনেমী! রাবণের জ্বলন্ত দৃষ্টি

প্রথমে আরিষ্ঠনেমীর দিকে, তারপর রামের উপর ন্যস্ত হল! যদি দৃষ্টির আগুনে কাউকে ভস্ম করা সম্ভব হতো, তাহলে রাবণের সেই ভয়ঙ্কর দৃষ্টির সম্মুখে আজ একাধিক প্রাণের বলিদান নিশ্চিত ছিল!

তাহলে এই সেই ক্ষুদ্র বালক যার জন্ম হয়েছিল সেই দিনে, যে দিন আমি এর পিতাকে যুদ্ধে পর্যুদস্ত করেছিলাম! বিশ্বামিত্রের স্পর্ধা তো অপরিসীম—এই সামান্য বালককে আমার বিরুদ্ধে এগিয়ে দিয়েছেন! লঙ্কাধিপতির সম্মুখে! এই সমগ্র জগতের একচ্ছত্র সম্রাটের বিরুদ্ধে?

রাবণ ঘুরে পুনরায় বিশ্বামিত্রের অভিমুখে তাকালেন, তাঁর হাত শক্ত করে চেপে বসেছে তাঁর কণ্ঠে শোভিত বেদবতীর অঙ্গুলি সম্বলিত স্বর্ণহারের উপরে! আজ তাঁর তাঁকে প্রয়োজন! আজ তাঁর কণ্ঠ তাঁর মনকে শক্তি যোগাবে! কিন্তু আজ তিনি কিছু শুনতে পেলেন না! বেদবতীও তাঁকে এই চরম অবস্থাতে তাঁকে পরিত্যাগ করেছেন!

সিংহনাদে গর্জন করে উঠলেন রাবণ, 'আমাকে অপমান করা হয়েছে!'

রাবণের আরামকেদারার পশ্চাতে দণ্ডায়মান কুম্ভকর্ণ, সর্বসমক্ষে তাঁর মাথা আন্দোলিত করছিলেন। স্পষ্টতই ক্ষুব্ধ!

'আমার পূর্বে যদি এই সমস্ত শিক্ষানবিশ বালকদের এই প্রতিযোগিতায় অংশগ্রহণ করতে আহ্বান করা হয়, তবে আমাকে এই স্থানে নিমন্ত্রণ করার অর্থ কী?' প্রচণ্ড রোষে রাবণের সমস্ত শরীর প্রবলভাবে কম্পমান!

দুর্বলভাবে রাবণের দিকে ঘুরে তাঁর প্রশ্নের সদুত্তর প্রদান করার পূর্বে, রাজা জনক বিরক্তভাবে তাঁর অনুজ কুশধ্বজের দিকে একবার দৃষ্টিপাত করলেন, 'হে লঙ্কাধিপতি, এই স্বয়ম্বরের নিয়ম অনুযায়ী...'

সেই মুহূর্তে একটি জলদগম্ভীর বজ্রনিনাদ সমগ্র সভাকক্ষে রণিত হল! কুম্ভকর্ণের অদ্বিতীয় কণ্ঠস্বর, 'যথেষ্ট হয়েছে এই সবের!' তিনি তাঁর অগ্রজের দিকে ঘুরলেন, 'দাদা, চলুন আমরা এই স্থান পরিত্যাগ করি!'

এক মুহূর্তের ভিতর হঠাৎ রাবণ সম্মুখে ঝুঁকে, সেই মহার্ঘ পীনাক উত্তোলন করলেন। উপস্থিত দর্শকদের কারো বোধগম্য হওয়ার পূর্বে, তিনি অবলীলায় সেই মারাত্মক অস্ত্রে জ্যা স্থাপন করে, পরমুহূর্তেই তাতে শরসন্ধান করলেন! এই মহার্ঘ ধনুক উত্তোলন করার ক্ষমতাও উপস্থিত প্রতিযোগীদের অনেকের মধ্যে ছিল না। তা সত্ত্বেও, মহাবলী রাবণ, তাঁর অমিতশক্তি ও পরাক্রমের এক সাবলীল উৎকর্ষে, সেটিকে উত্তোলন পূর্বক, তাতে জ্যা স্থাপন করলেন।

একটি তিরের সাহায্যে শরসন্ধানে উদ্যত হলে, একটি মুহূর্তের মধ্যে, তাঁর এই নিখুঁত ক্ষিপ্রতা প্রস্তুত প্রত্যেক ব্যক্তির চিন্তাধারা স্থাবর করে দিল! সর্বাপেক্ষা উল্লেখযোগ্য, তাঁর সেই তিরের নির্ভুল লক্ষ্যবস্তু!

রাবণের সেই তিরের লক্ষ্যবস্তু আর কেউ নন, স্বয়ং কিংবদন্তির মলয়পুত্রদের প্রধান এবং মহর্ষি, ঋষি বিশ্বামিত্র! উপস্থিত প্রত্যেকের শরীর মাটির মূর্তির ন্যায় নিষ্প্রাণ হয়ে গেল!

পূর্বতর বিষ্ণু অবতারের দ্বারা আবিষ্কৃত এই মলয়পুত্র উপজাতি। সেই সূত্রে, তাদের প্রধান প্রত্যক্ষভাবে বিষ্ণুদেবের মুখপাত্র। তাই তাঁর বিরুদ্ধে একটি অমার্জিত শব্দ উচ্চারণ করাও সম্পূর্ণ আশাতীত ব্যাপার! কিন্তু রাবণের ন্যায় একজন অতি ক্ষমতাবান পুরুষের পক্ষেও তাঁকে লক্ষ্যবস্তু বানিয়ে, তাঁর বিরুদ্ধে শরসন্ধান করা? অচিন্ত্যনীয়!

বিশ্বামিত্র গাত্রোত্থান করে, তাঁর অঙ্গবস্ত্র এক টানে ছুড়ে ফেলে, তাঁর বিশাল উন্মুক্ত বক্ষে মুষ্ঠ্যাঘাত করলেন সরোষে, 'শরনিক্ষেপ করো, রাবণ!' উপস্থিত প্রত্যেকটি মানুষ একত্রে পাথরে পরিবর্তিত হলেন!

মহর্ষির এই অনাস্বাদিত, ক্রোধান্ধ যোদ্ধারূপ সকলকে স্তম্ভিত করে তুলল! মহাজ্ঞানী, সুপণ্ডিত এই স্নিগ্ধ মহান চরিত্রের অভ্যন্তরে এই অদম্য সাহসের স্ফুরণ সম্পূর্ণ অপ্রত্যাশিত! কিন্তু, এই বিশ্বামিত্র পূর্বে এক মহাযোদ্ধা হিসাবেই পরিচিত ছিলেন।

আমার ওঁকে হত্যা করা উচিত... আড়ম্বরপূর্ণ মন্দমতি... কিন্তু ঔষধি... কুম্ভকর্ণের জন্য... আমার জন্য!

শেষ মুহূর্তে রাবণ তাঁর শরীর অবিচল রেখে তাঁর লক্ষ্য কিঞ্চিৎ পরিবর্তন করে শরনিক্ষেপ করলেন। সেটি সরাসরি মহর্ষি বিশ্বামিত্রের পশ্চাতে রক্ষিত রাজা মিথির শরীরে নির্ভুলভাবে আঘাত করে তাঁর মূর্তির নাসিকাভঙ্গ করল!

এই নারকীয় কর্মসাধন করে, রাবণ অত্যন্ত গর্বের সঙ্গে তাঁর আশপাশে দৃকপাত করলেন। তিনিও এই প্রাচীন নগরের সম্মানীয় প্রতিষ্ঠাতাকে অপমান করতে সক্ষম হয়েছেন! এই প্রাচীন রাজা অতি সম্মানিত ও পূজিত ব্যক্তিত্ব এই মিথিলারাজ্যে। তাঁর স্মৃতি আজও এই রাজ্যে অমলিন ও সমান পবিত্র! রাবণ আশা করলেন তাঁর এই উদ্ধত আচরণে অন্তত মিথিলার নাগরিকদের পক্ষ থেকে কোনো প্রতি আক্রমণ আসতে পারে!

অগ্রসর হও! রাজা মিথির সম্মান রক্ষার্থে আমার বিরুদ্ধে সম্মুখসমরে

উদ্যত হও! যাতে আমি আমার বাহিনীকে আদেশ দিতে পারি তোমাদের এই মিথিলাকে ধুলিসাৎ করে দিতে!

কিন্তু মিথিলা রাজ্যের পক্ষে একজনও রাবণের বিরুদ্ধে উঠে দাঁড়াল না! অত্যন্ত লজ্জাজনকভাবে, তাদের প্রাচীন নগরের সম্মানীয় প্রতিষ্ঠাতার সম্মান সর্বজনসমক্ষে ভূলুণ্ঠিত হতে দেখেও, মিথিলার অপামর রাজ্যবাসীর অধোমস্তকে সভায় উপবিষ্ট হয়ে রইল—বাকশক্তিহীন!!

নির্বোধের দল!

রাবণ অত্যন্ত তাচ্ছিল্যের মুদ্রায় রাজা জনককে নস্যাৎ করে, কুশধ্বজের দিকে অগ্নিদৃষ্টি নিক্ষেপ করলেন। তারপর তিনি সেই প্রকাণ্ড ধনুকটি অব্যক্ত ঘৃণায় বেদীর উপর সজোরে নিক্ষেপ করে, প্রস্থানোদ্যত হলেন, তাঁর রক্ষীদল সদর্পে অনুসরণরত!

এই বিশৃঙ্খলার মধ্যে, কুম্ভকর্ণ বেদীর দিকে অগ্রসর হয়ে, অতি সত্বর পিনাকের জ্যা মুক্ত করে, শ্রদ্ধাভরে দুই বাহুতে সেই মহার্ঘ ধনুক উত্তোলন পূর্বক, তাঁর মস্তকে ঠেকিয়ে সম্মান প্রদান করলেন!

হে দেবাদিদেব রুদ্রদেব, আমায় ক্ষমা করুন! আমার অগ্রজ আপনার পবিত্র অস্ত্রকে কখনোই অশ্রদ্ধা প্রদর্শন করার অভিপ্রায় পোষণ করেননি! তিনি তাঁর আবেগের কাছে আত্মসমর্পণ করতে বাধ্য হয়েছেন। দয়া করে ওনার দোষ নেবেন না—আমরা ক্ষমাপ্রার্থী!

অত্যন্ত শ্রদ্ধা ও যত্ন সহকারে, কুম্ভকর্ণ দেবাদিদেব রুদ্রদেবের পবিত্র ধনুক, সেই পিনাক তার সুসজ্জিত বেদীর উপরে সসম্ভ্রমে স্থাপন করলেন। পরমুহূর্তে তিনি ঘুরে, দৃপ্ত পদক্ষেপে সেই স্বয়ম্বর সভা থেকে দ্রুতগতিতে নিষ্ক্রান্ত হয়ে গেলেন, তাঁর সম্মুখে বেগবান অপমানিত অগ্রজকে অনুসরণ করে!

২৬

ষষ্ঠবিংশ অধ্যায়

'এই সাহস ওরা পেল কোথা থেকে?' দাঁড়িয়ে থাকা পুষ্পকবিমানের অভ্যন্তরে অস্থিরভাবে পদচারণা করতে করতে ফুঁসছিলেন অসহিষ্ণু রাবণ, 'কী করে এই সাহস পেল ওরা? আমি লঙ্কাধিপতি রাবণ! ওদের মাননীয় প্রভু! তাও এই সাহস?'

কুম্ভকর্ণ তাঁকে শান্ত করার প্রচেষ্টা করলেন, 'যেতে দিন দাদা! আমি তো আপনাকে পূর্বেই এই ব্যাপারে সাবধান করেছিলাম! চলুন আমরা এই স্থান ত্যাগ করি এখনই!'

'ত্যাগ করি? এই স্থান ত্যাগ করি? তুমি কি অপ্রকৃতিস্থ, কুম্ভকর্ণ?'

কুম্ভকর্ণ অবগত ছিলেন যে সকল মুহূর্তে তাঁর অগ্রজ তাঁকে স্নেহের সম্বোধন 'কুম্ভের' পরিবর্তে সম্পূর্ণ নামে সম্ভাষণ করেন, তিনি কখনোই তাঁর অনুজের কাছ থেকে শান্ত থাকার অথবা অন্যান্য পরামর্শ গ্রহণ করার মেজাজে থাকেন না!

'এই হতদরিদ্র নির্বোধগুলি আমায় অপমান করেছে!' অদম্য ক্রোধে রাবণের দুই বজ্রমুষ্ঠি বারম্বার খোলা বন্ধ হচ্ছিল, 'ওরা আমার জনসমক্ষে সম্মানহানি করেছে! এর মূল্য ওদের দিতেই হবে!'

'দাদা,' শান্তকণ্ঠে প্রশ্ন করলেন কুম্ভকর্ণ, 'কী আপনার অভিপ্রায়?'

রাবণ মিথিলার অভিমুখে অঙ্গুলি নির্দেশ করলেন, 'এই নগরের অস্তিত্বনাশ করব আমি! অগ্নিসংযোগ করে এই নগরীকে আমি ধূলিসাৎ করে দেব! এর প্রতিটি মানুষকে আমি হত্যা করব। ভূমিপুত্রদের আমি ভূমিতেই বিলীন করে ছাড়ব!'

'দাদা, এই নিরপরাধ নগরবাসীরা কেন তাদের শাসককুলের অপরাধের শাস্তিভোগ করবে?'

'যে সমস্ত সাধারণ নগরবাসীরা তাদের শাসকদের অপরাধের বিরুদ্ধে সোচ্চার না হয়ে নীরবে তা সমর্থন করে, তাহলে তারাও দুষ্কৃতী হিসাবে গণ্য হয়!'

'কিন্তু দাদা...'

'কোনো কিন্তু নয়! আমি বলেছি ওরাও সমানভাবে দোষী!'

কুম্ভকর্ণ তাঁর কৌশল পরিবর্তন করলেন, এইবার তিনি করুণার পথ পরিত্যাগ করে যুক্তিসম্মতভাবে এই সমস্যার সমাধান করতে উদ্যত হলেন, 'দাদা, অযোধ্যার রাজকুমার এই স্বয়ম্বরে উপস্থিত রয়েছেন। ধরে নেওয়া যাক, তিনি আজ এই প্রতিযোগিতায় জয়লাভ করে রাজকুমারী সীতার পাণিপ্রার্থী হতে সক্ষম হলেন। সেক্ষেত্রে, তিনি তাঁর নবপরিণীতা স্ত্রীকে পরিত্যাগ করে মিথিলা থেকে পলায়নে রত হবেন না নিশ্চয়! আমার অন্তর বলছে, বিগত কিছু বছর ধরে, এই রাম হয়ে উঠেছেন তাঁর পিতার প্রিয়তম সন্তান। তাই, তাঁকে যদি আমরা হত্যা করি, রাজা দশরথ আমাদের বিরুদ্ধে নিঃসন্দেহে যুদ্ধ ঘোষণা করবেন! এবং রাজাধিরাজ এই যুদ্ধ ঘোষণা করলে, তাঁর অধীনস্থ প্রত্যেক রাজ্য সেই যুদ্ধে আমাদের বিরুদ্ধে যুদ্ধের প্রস্তুতি নিতে বাধ্য! আপনি জানেন এই মুহূর্তে যুদ্ধ করার মতো অবস্থায় আমরা নেই। আমাদের খ্যাতি আমাদের সুরক্ষিত রাখে সর্বদা!'

রাবণ প্রমাদ গুনলেন! কুম্ভকর্ণ যথাযথ কথাই বলছেন। সেই মারাত্মক মহামারী লঙ্কাবাহিনীকে দীর্ণশীর্ণ করে তুলেছে। তাই এই মুহূর্তে এই সর্বগ্রাসী যুদ্ধের জন্য লঙ্কা একেবারেই প্রস্তুত নয়।

কিন্তু রাবণের অদম্য ক্রোধ কিছুতেই প্রশমিত হওয়ার নয়, 'কারণ যাই হোক না কেন, আমরা কিছুতেই এই স্থান পরিত্যাগ করছি না!' তিনি বললেন।

'দাদা, অকম্পন আমায় বলেছেন, সমীচির কাছ থেকে তিনি এই সংবাদ সংগ্রহ করেছেন যে, এই মিথিলা রাজ্যে প্রায় চার সহস্র শান্তিরক্ষক ও রক্ষিকা বর্তমান। তারা সহজেই আমাদের সঙ্গে পাল্লা দিতে সক্ষম!'

'কিন্তু আমাদের লঙ্কাবাহিনীতে দশ সহস্র সেনা বর্তমান!'

'তাদের দুর্গের এই দুই প্রাচীরের কারণে, তাদের এই কমসংখ্যক সেনা তাদের চাইতে পাঁচগুণ শক্তিশালী সেনাবাহিনীর মহড়া নিতে পারে সহজেই। আপনি সে ব্যাপারে অবগত!'

রাবণ তাও হাল ছাড়তে রাজি হলেন না, 'আমি শুনেছি তাদের ওই অভ্যন্তরীণ দেওয়ালের পূর্বদিকে একটি গোপন সুড়ঙ্গের অস্তিত্বের কথা। সেই সুড়ঙ্গের ভিতর দিয়ে আমরা একটি ছোট সৈন্যদল পাঠাতে পারি নগরের ভিতরে। একবার যদি তারা ভিতরে প্রবেশ করে দ্বাররক্ষকদের হত্যা করতে সক্ষম হয়, তাহলে ভিতর থেকে তারা প্রধান প্রবেশদ্বার উন্মুক্ত করতে সক্ষম হবে। তারপর আমাদের সৈন্যরা মিথিলা সংহারের দায়িত্বগ্রহণ করবে—সমগ্র মিথিলাকে বিনষ্ট করব আমরা।

কুম্ভকর্ণ এই গোপন সুড়ঙ্গের সংবাদ অকম্পনের কাছ থেকে শুনেছিলেন, যিনি এই তথ্য সংগ্রহ করেছিলেন সমীচির কাছ থেকে। অকম্পন কুম্ভকর্ণকে একথাও বলেছিলেন, সমীচি সেই পথে তাদের মিথিলার অভ্যন্তরে পৌঁছে দিতে রাজি, কিন্তু তার একটি শর্ত রয়েছে। সেই শর্ত হল, এই আক্রমণে রাজকুমারী সীতা যেন অক্ষত থাকেন। যদিও রাবণ এবং লঙ্কার জন্য নিবেদিতপ্রাণ কোনো মানুষের পক্ষে এ হেন আচরণ একান্তই অস্বাভাবিক ছিল! সম্ভবত এই গোপন সুড়ঙ্গ হয়ে মিথিলায় প্রবেশ করার ব্যাপারটি একটি সুচিন্তিত ফাঁদ বিশেষ! কুম্ভকর্ণ এই সমীচিকে বিশ্বাস করতে পারছিলেন না। রাবণের মনে যদিও বিন্দুমাত্র দ্বিধা ছিল না—তিনি ছিলেন দৃঢ়প্রতিজ্ঞ!

'আক্রমণের জন্য প্রস্তুত হও!' আদেশ দিলেন তিনি।

'দাদা, আমার এখনো মনে হচ্ছে...'

'এ আমার আদেশ, আক্রমণের জন্য প্রস্তুত হও!'

কুম্ভকর্ণ একটি দীর্ঘশ্বাস ত্যাগ করে, অধোবদনে অনিচ্ছুকস্বরে বললেন, 'যথার্থ, দাদা!'

—ᛉOI—

রাত তখন গভীর, চতুর্থ প্রহরের চতুর্থ ঘণ্টা! লঙ্কা সেনাশিবিরে একাধিক মশাল সারিবদ্ধভাবে, নীরবে জাজ্বল্যমান। সারা সন্ধে রাবণের বাহিনীর সেনারা একাগ্রচিত্তে কর্মরত। তারা অরণ্যের থেকে শত শত বৃক্ষ কর্তন করে, সেগুলির কাঠ ব্যবহার করে ডিঙিনৌকা নির্মাণে ব্যস্ত—যেগুলির দ্বারা তারা সুগভীর পরিখা অতিক্রম করবে। সরাসরি দুর্গে প্রবেশ করার একমাত্র সেতু ব্যবহার করে অগ্রসর হওয়া সম্ভবপর নয়, কারণ ইতিমধ্যেই মিথিলার সেনা সেই সেতুটিকে বিনষ্ট করে দিয়েছে।

রাবণ সেই জলাধারের সম্মুখে দণ্ডায়মান, তাঁর দৃষ্টি সেই বিস্তীর্ণ জলরাশি অতিক্রম করে মিথিলার দুর্গের প্রাচীরের দিকে আবদ্ধ। এক উজ্জ্বল লৌহবর্ম তাঁর শরীরকে আবৃত করে রেখেছে। তাঁর কটিদেশ থেকে দুখানি শাণিত তরবারিও তিনখানি শাণিত ছোরা একত্রে দোদুল্যমান। তাঁর পাদুকার মধ্যে গোপনে লুক্কায়িত আরো দুখানি ক্ষুদ্র শাণিত ছুরিকা! তাঁর পৃষ্ঠে আবদ্ধ তূনীরপূর্ণ তিরের সম্ভার। তাঁর বামহস্তে ধরা আছে একটি বিশাল ধনুক! তিনি আক্রমণের জন্য সম্পূর্ণরূপে প্রস্তুত।

লঙ্কাধিপতির পাশে দাঁড়িয়েছিলেন অনুজ কুম্ভকর্ণ। তাঁর শরীরে তিনি রাবণের অপেক্ষা বেশি সংখ্যায় অস্ত্র বহন করছিলেন, কারণ তাঁর স্কন্ধের উপরিভাগে অবস্থিত দুখানি বাড়তি বাহুর দ্বারাও তাঁর পক্ষে আক্রমণ সম্ভব ছিল!

তাঁদের সৈন্যদল সশস্ত্র অবস্থায় যুদ্ধের জন্য সম্পূর্ণ প্রস্তুত হয়ে অপেক্ষারত। কিছু দূরত্বে, দশ সহস্র সেনা সম্বলিত লঙ্কাবাহিনী দাঁড়িয়ে ছিল, সজাগভাবে তাদের নবনির্মিত নৌকাগুলির কাছে, এই যুদ্ধজয়ের অটল সংকল্পে স্থির, স্থিতধি অবস্থায়!

রাবণ তাঁর চোখ থেকে দূরবীক্ষণ সরালেন, 'ওদের দুর্গের প্রাচীরে কোনো মানুষের উপস্থিতি লক্ষ্য করা যাচ্ছে না!'

কুম্ভকর্ণ নিজের দূরবীক্ষণ যন্ত্র ব্যবহার করে সমগ্র দুর্গের প্রাচীর মনোযোগ সহকারে পর্যবেক্ষণ করে বললেন, 'হুমম... এটি ওদের পরিকল্পনা। ওদের অভীষ্ট আমাদের সেনারা ওই প্রাচীর বেয়ে উঠে দুর্গে প্রবেশ করুক। ওদের সৈন্যরা অন্তর্বর্তী প্রাচীরের কাছে আমাদের অপেক্ষায় রয়েছে। আমাদের সৈন্যরা যেই প্রধান প্রাচীর লঙ্ঘন করে দ্বিতীয় প্রাচীরের দিকে অগ্রসর হবে, তারা আগুন তির নিক্ষেপ করে ওই মৃত্যু উপত্যকায় আমাদের অধিকাংশ সেনাদের হত্যা করবে।'

রাবণ তির্যকভাবে হেসে উঠলেন, 'ওই হতভাগ্য নগরীতে অন্তত একজনের যুদ্ধ সম্বন্ধে কিছুমাত্র জ্ঞান থাকলেও, সেই জ্ঞান আমাদের সমতুল্য হতে পারে না! আমরা কোনোভাবেই প্রাচীর লঙ্ঘন করে নগরে প্রবেশ করব না—আমি সরাসরি প্রধানদ্বার ব্যবহার করে মিথিলায় প্রবেশ করব!'

কুম্ভকর্ণ সম্মতি জানালেন।

'আমাদের কাছে সংবাদ কখন পৌঁছবে?' প্রশ্ন করলেন রাবণ।

পুনরায় প্রাচীরের দিকে দূরবীক্ষণের দ্বারা নিরীক্ষণ করতে করতে কুম্ভকর্ণ

বললেন, 'এখনো পর্যন্ত যে আমাদের কাছে কোনো সংবাদ এসে পৌঁছোয়নি, সেটি একেবারেই ভালো লক্ষণ নয়!'

'তাতে আমার কিছু এসে যায় না। আমি কোনোভাবেই পশ্চাদপসারণ করব না!'

কুম্ভকর্ণ তাঁর অগ্রজের দিকে ঘুরে বললেন, 'তা আমি জানি, দাদা!'

ঠিক সেই মুহূর্তে, অকম্পন তাঁদের দিকে প্রাণপণে ছুটে এলেন, 'ইরাইভা! ইরাইভা! এটি আমাদের জন্য একটি ফাঁদ ছিল!'

'ধীরে কথা বলো, নির্বোধ!' ফিসফিসিয়ে বললেন রাবণ।

'কী হয়েছে?' প্রশ্ন করলেন কুম্ভকর্ণ।

'প্রভু ইরাইভা, ওই সুড়ঙ্গ ইতিপূর্বেই ধ্বসে গিয়ে এক ধ্বংসস্তূপে পরিণত হয়েছে! তদুপরি, বিশ্বাসঘাতক জটায়ু অন্যান্য মলয়পুত্রদের সঙ্গে মিলে, প্রাচীরের উপরিভাগ থেকে আমাদের সেনাবাহিনীর উপর তিরবর্ষণ করছিল। আমাদের সেনাদলের একটি বড় অংশ এইরূপে বিনষ্ট হয়েছে। মাত্র দশজন সেনা তাদের প্রাণ বাঁচিয়ে পলায়নে সমর্থ হয়েছে, তারাই আমাকে এই সংবাদ দিল। সম্ভবত ওরা সমীচির পরিচয় আবিষ্কার করতে পেরেছে, এবং তাকে বন্দি করে তার কাছ থেকে আমাদের রণকৌশল উদ্ঘাটনে ব্যস্ত!'

'কিংবা সমীচি আমাদের সঙ্গে মিথ্যাচার করেছে!' বললেন কুম্ভকর্ণ।

'এতে আমাদের পরিকল্পনার তারতম্য ঘটবে না,' বললেন ভাবলেশহীন রাবণ, 'এবার আমরা আক্রমণ করব!'

'দাদা...'

'আমার একটি দ্বিতীয় পরিকল্পনা রয়েছে!'

কুম্ভকর্ণ নৌকাগুলির দিকে তাকালেন। সেগুলিতে কিছু বিশালাকার, অদ্ভুতদর্শন কাঠনির্মিত কল ওঠানো হচ্ছে, 'কী ওইগুলি?'

'আমার দ্বিতীয় পরিকল্পনা। 'বললেন রাবণ, 'অগ্রসর হও!'

সৈন্যরা এক এক করে ডিঙিনৌকাগুলি পরিখার জলে ভাসাতে শুরু করলো। দশ সহস্র সেনা সম্বলিত সম্পূর্ণ বাহিনীর এই পরিখা অতিক্রম করে দুর্গের প্রাচীরের বাইরে সংগঠিত হতে প্রায় আধঘণ্টা সময় অতিক্রান্ত হল।

মিথিলার মহাযুদ্ধ শুরু হয়ে গেল!

—১৩—

অত্যাশ্চর্য দক্ষতার সঙ্গে লঙ্কার সেনারা প্রধান প্রাচীরের বহিরাংশে নিজেদের শৃঙ্খলাবদ্ধ অবস্থায় সুসজ্জিত করে ফেলল।

যেহেতু তাদের সম্মুখে কোনোপ্রকার বাধাপ্রদানের ভ্রূকুটি ছিল না—যেমন প্রাচীরের উপরিভাগ থেকে তিরবর্ষণ, অথবা গরম তেল নিক্ষেপ করে তাদের আহত করার কোনো প্রচেষ্টা ছিল না, তাই তারা অবাধে বিচরণ করতে সক্ষম হচ্ছিল সেই স্থানে।

ইত্যবসরে, কুম্ভকর্ণ সম্পূর্ণ হতবাক দৃষ্টিতে রাবণের দ্বিতীয় পরিকল্পনার কারিগর, তাঁর নবতম আবিষ্কারের দিকে নির্নিমেষে তাকিয়ে ছিলেন।

'এই আবিষ্কার অসাধারণ, দাদা! আমার আশা এতেই কর্মসমাধা হবে!' উচ্ছ্বসিত কণ্ঠে বললেন তিনি।

'এটি অবশ্যই কার্যসিদ্ধি করতে সক্ষম!' বললেন রাবণ।

'আপনি সেই একই মানুষ রয়েছেন! আপনার সেই শ্রেষ্ঠত্ব আজও বর্তমান!'

'আমি কখনোই সেই শক্তি হারাইনি!' বললেন রাবণ।

কুম্ভকর্ণের সপ্রশংস দৃষ্টির লক্ষ্যবস্তু, রাবণ আবিষ্কৃত অনন্য যন্ত্রটি দৃশ্যত নিরীহ ও সাধারণ হলেও, তার কর্মক্ষমতায় সেটি বিধ্বংসী ও মারাত্মক। এতে একটি বিশাল পাটাতনের উপরিভাগে একটি সুবৃহৎ ধনুকের অবস্থান, যেটির আয়তন একটি পূর্ণবয়স্ক মানুষের ন্যায়। ভূমির সঙ্গে সমান্তরালে সেটি দৃঢ়ভাবে আবদ্ধ। এই ধনুকটি তার কেন্দ্রস্থলে একটি অক্ষে আবদ্ধ, সেটির সঙ্গে যুক্ত হয়েছে একটি অস্বাভাবিক আকার ও প্রকৃতির ছিলা! পাটাতনের অন্য প্রান্তে, একটি আসন নির্মিত হয়েছে, যেখানে উপবিষ্ট হবে তিরন্দাজ। তার কাজ হল, একটি বল্লমের আয়তনের তির ছিলাতে স্থাপন করে, দুই হাতে আকর্ষণ করে, দেহের সর্বশক্তি প্রয়োগ করে সেটিকে নিক্ষেপ করা। বিভিন্ন চক্র এবং কপিকল সম্বলিত একটি জটিল প্রক্রিয়ায় সেই পাটাতনের দিক পরিবর্তন হবে, যাতে তিরের লক্ষ্য এবং নিক্ষেপের যথার্থতা অবিচল থাকে।

এইরকম সহস্রাধিক পাটাতন নির্মাণ করেছিল লঙ্কাবাহিনী, এবং এক একটি পাটাতনে ছিল সহস্রাধিক তিরের ব্যবস্থা।

অতি স্বাভাবিকভাবেই, অধিক দূরত্বে দুর্গের প্রাচীরের উপরিভাগে দণ্ডায়মান তিরন্দাজদের লক্ষ্যবস্তু হিসাবে আঘাত করতে, এই মারণাস্ত্র রাবণ এক অভূতপূর্ব শৈলীতে নির্মাণ করেছিলেন। প্রতি তিরে ইন্ধনের অফুরন্ত যোগান ছিল!

সমীচির কাছ থেকে পাওয়া তথ্যের ভিত্তিতে, লঙ্কাবাহিনী ইতিমধ্যেই

অবগতি প্রাপ্ত হয়েছিল যে এই মিথিলা রাজ্যের সৈন্যরা শুধুমাত্র নগর সুরক্ষার দায়িত্বে পারদর্শী, তারা যোদ্ধা নয়। তাদের কাছে সাধারণ কাঠ নির্মিত ঢাল রয়েছে, লৌহনির্মিত ঢালের উপস্থিতি ও ব্যবহার তাদের সম্পূর্ণ অজানা। সেই ঢালের দ্বারা তারা সাধারণ তিরের আক্রমণ সামলাতে সক্ষম হলেও, সজোরে ধেয়ে আসা বল্লমের ন্যায় তিরের আক্রমণ প্রতিহত করার ক্ষমতা তাদের নেই।

'কোন অস্ত্র তাদের আঘাত করছে, বোধগম্যই হবে না মিথিলাবাসীর!' কুম্ভকর্ণ বললেন, 'তারা বিস্মিত হয়ে চিন্তা করবে, দুর্গের বাইরে থেকে, সুউচ্চ প্রাচীর লঙ্ঘন করে, আমরা কীরূপে ওই বিশাল বল্লম নগরের অন্দরে নিক্ষেপ করতে সক্ষম হচ্ছি! আমাদের বিশাল বাহিনীতে সম্ভবত দৈত্যাকার রাক্ষস এবং অশরীরীর উপস্থিতি কল্পনা করাও ওদের পক্ষে বিচিত্র নয়!'

রাবণের হাসি আকর্ণ বিস্তারিত হল, তাঁর অভ্যন্তরে রক্ততৃষ্ণা জাগ্রত হতে শুরু করেছে। যুদ্ধের দামামায় তাঁর হৃদয় জাগ্রত, উত্তেজিত হয়ে ওঠে, এই বিশেষ সুখ তিনি আর কিছুতেই অনুভব করেন না, 'তাদের কাছে চিন্তা করার সময় পর্যন্ত অপ্রতুল! তারা মরণে পতিত হতে চরম ব্যস্ত থাকবে!'

'আমি কি আক্রমণের আদেশ দিতে পারি?'

রাবণ চতুর্দিকে তাঁর শ্যেনদৃষ্টি নিক্ষেপ করলেন। দুর্গের সুউচ্চ প্রাচীরে সুদীর্ঘ সিঁড়ি স্থাপন করা হয়েছে। প্রত্যেকটি সিঁড়ির উপরিভাগে একজন করে পরিদর্শক দণ্ডায়মান তার দূরবীক্ষণ নিয়ে, যার মাধ্যমে সে মিথিলার অভ্যন্তরে অনুষ্ঠিতব্য ধ্বংসলীলার ধারাবিবরণী প্রদান করতে সক্ষম হয়। রাবণ আশা করেছিলেন যে তীক্ষ্ণ বল্লমের বর্ষণ শুরু হতেই মিথিলার যোদ্ধারা রণে ভঙ্গ দেবে। কিন্তু একজন দক্ষ সেনানায়ক নিজের অনুমানের অপেক্ষা তথ্যপ্রমাণের উপর অনেক বেশি গুরুত্ব দিয়ে থাকেন। যদিও সম্পূর্ণ আশাতীত, তাও তিনি অনুমান করলেন মিথিলায় কিছু সাহসী ভূমিপুত্রের অস্তিত্ব রয়েছে, যারা অন্তত রাজ্যের দুর্দিনে শত্রুর বিরুদ্ধে একবার প্রতিরোধের প্রচেষ্টা করবে। রাবণ সংবাদের অপেক্ষায় উদগ্রীব হয়েছিলেন, যে মুহূর্তে তিনি জানতে পারবেন দুর্গের অভ্যন্তরীণ প্রাচীরের অঞ্চলে মিথিলার কোনো সৈন্য অনুপস্থিত, সঙ্গে সঙ্গে লঙ্কাবাহিনী প্রধান প্রাচীর লঙ্ঘন করে মিথিলা নগরী আক্রমণ করবে—সরাসরি!

রাবণ কুম্ভকর্ণের দিকে দৃকপাত করলেন, 'চলো আমরা ধ্বংসলীলা শুরু করি!'

যেহেতু এই আক্রমণের সময়ে আকাশে সূর্যালোক ছিল না, তাই বাহিনীকে আদেশ দেওয়ার জন্য নিশানের ব্যবহার করা গেল না। কুম্ভকর্ণ তাঁর ঘোষকের দিকে তাকিয়ে অর্থপূর্ণ ইশারা করলেন। ঘোষক তৎক্ষণাৎ তার শঙ্খ উত্তোলিত করে তাতে সজোরে ফুঁৎকার প্রদান করল। এই বিশেষ শব্দলহরীর দৈর্ঘ্য, তার বিশেষ সুরের দ্বারা মুহূর্তের মধ্যে রাবণের আদেশ তাঁর সমগ্র বাহিনীর কাছে পৌঁছে গেল। সেনাবাহিনীর বিভিন্ন অংশের ঘোষকদের তৎপরতায় আক্রমণের নির্দেশ লঙ্কাবাহিনীতে ছড়িয়ে পড়ল।

বিশাল মারণাস্ত্রগুলির সুবিশাল ধনুকগুলিতে সেই বল্লমের ন্যায় তির স্থাপনে রত হল তিরন্দাজেরা। তার কিছু মুহূর্ত পরে, পুনরায় শঙ্খধ্বনি হতেই সহস্রাধিক তিরের প্রথম তরঙ্গ মিথিলা রাজ্য অভিমুখে সজোরে আছড়ে পড়ল। শিক্ষা, জ্ঞান আর তর্কের আবহপূর্ণ শান্ত রাজ্য মিথিলাকে লক্ষ্য করে সহস্রাধিক মারণাস্ত্র একযোগে তাদের যাত্রা শুরু করল—ধ্বংসের অমোঘ উদ্দেশে! মিথিলার সেনারা তাদের কাষ্ঠনির্মিত ঢালের অবগুণ্ঠনে কম্পিত হৃদয়ে অপেক্ষা করছিল। তাদের এই দুর্বল ঢালের দ্বারা সবেগে উড়ে আসা ওই মারাত্মক অস্ত্র প্রতিহত করা কার্যত অসম্ভব!

রাবণ এবং কুম্ভকর্ণ পরিদর্শকদের দিকে লক্ষ্য রেখেছিলেন। কয়েক মুহূর্ত পরেই, তাদের প্রত্যেকের মুষ্ঠিবদ্ধ হাত একযোগে উত্তোলিত হতে থাকল!

নীচে ভূমির উপরে দাঁড়ানো লঙ্কাবাহিনী থেকে উল্লসিত রণহুঙ্কার ক্রমে আকাশ বাতাস পূর্ণ করে তুলল, '*ভারত-অধীপ লঙ্কা!*'

লঙ্কা, ভারতবর্ষের প্রভু লঙ্কা! অথবা, ভারতের প্রভু লঙ্কা!

'নির্ভুল লক্ষ্যভেদ!' গর্জন করলেন রাবণ। অভ্যন্তরের দ্বিতীয় প্রাচীরে সমবেত মিথিলার সেনানিবেশ কার্যত ধ্বংস করা গেছে, 'অযথা কালক্ষেপ নয়! পুনরায় আঘাত করো! আক্রমণ!'

তিরন্দাজেরা তৎক্ষণাৎ তাদের পরবর্তী কর্মে ব্যস্ত হল। পুনরায় আঘাত হানার পূর্বে প্রস্তুতির জন্য কিছু সময় ব্যয় হবে।

'আমাদের সেনারা প্রধান প্রাচীর লঙ্ঘন করার পরে, আমরা এইরূপে আর আক্রমণ করতে সক্ষম হব না,' বললেন কুম্ভকর্ণ, 'কারণ সেক্ষেত্রে দ্বিতীয় প্রাচীর অভিমুখে অগ্রসর হওয়া আমাদের সেনারা আঘাতপ্রাপ্ত হওয়ার সমূহ সম্ভাবনা রয়েছে!'

'সেই কারণেই আমি এই মুহূর্তে দ্বিতীয়বার এই তিরের আক্রমণের আদেশ

দিয়েছি!' বললেন রাবণ, 'আমি চাই আমরা দ্বিতীয় প্রাচীরে আঘাত করার পূর্বে সেই স্থান থেকে মিথিলার সেনারা অপসৃত হয়!'

কুম্ভকর্ণ পুনরায় পরিদর্শকদের দিকে দৃষ্টিপাত করলেন। তাদের প্রত্যেকেই তখন উদ্বাহু অবস্থায় তাদের বাহুগুলি হাওয়ায় দোলায়মান!

'দেখুন দাদা! আমার মনে হয় আমাদের পুনরায় আক্রমণ করার প্রয়োজন নেই!' বললেন কুম্ভকর্ণ, 'মিথিলার সেনাদল ইতিমধ্যেই পশ্চাদপসারণ শুরু করেছে!'

রাবণ বিরক্তিতে গর্জন করে উঠলেন, 'নারকীয় কাপুরুষ এরা! সামান্য একটি আক্রমণ সহ্য করার ক্ষমতাও এদের নেই?'

'আমরা কি অগ্রসর হব?'

'না! নিশ্চিত হওয়া, এবং সুরক্ষার জন্য পুনরায় তিরের আক্রমণ করো!'

এই মুহূর্তে পরিদর্শকরা তাদের মাথার উপর দুই বাহু উত্তোলিত করে রেখেছে আড়াআড়িভাবে। এর অর্থ হল মিথিলার সেনারা সম্পূর্ণভাবে রণে ভঙ্গ দিয়েছে!'

পুনরায় সশব্দে সেই মারণাস্ত্র থেকে তিরের দ্বিতীয় তরঙ্গ মিথিলা অভিমুখে যাত্রা শুরু করতে, কুম্ভকর্ণ তাঁর অগ্রজের দিকে নির্নিমেষে তাকিয়েছিলেন। পুনরায় সহস্রাধিক তির ওই বিপুল দূরত্ব অতিক্রম করে, দ্বিতীয় প্রাচীরের অভ্যন্তরে পৌঁছে, পলায়মান মিথিলাসেনাদের শরীর বিদীর্ণ করে দিল!

ওই সামান্য সময়ের ভিতর চার সহস্রের মধ্যে থেকে, অন্তত এক সহস্র মিথিলার সেনা নিঃশব্দে তাদের প্রাণ হারাল! লঙ্কার একটি সেনার শরীরে একটিমাত্র আঘাতের ক্ষতও তৈরি হল না!

এই মুহূর্তে পরিদর্শকরা তাদের মাথার উপরে করতালি দিতে ব্যস্ত! তাদের ইশারা সম্পূর্ণরূপে বোধগম্য। মিথিলার দ্বিতীয় প্রাচীরের উপরিভাগে এই মুহূর্তে আর একজন সেনাও উপস্থিত নেই! হয় তারা দেহত্যাগ করেছে, কিংবা সন্ত্রস্ত হয়ে পলায়ন করেছে।

'আক্রমণ!!' রাবণের গর্জন দিগ্বিদিকে ধ্বনিত হল।

ঘোষকরা এই আদেশ সমগ্র বাহিনীতে ছড়িয়ে দিতেই, প্রবল রণহুঙ্কার দিয়ে লঙ্কাবাহিনীর প্রশিক্ষিত সেনাদল মিথিলা অধিগ্রহণের অভিপ্রায়ে প্রধান প্রাচীর লঙ্ঘনে উদ্যত হল! তাদের হাতে উন্মুক্ত তরবারি! হত্যা করার জন্য সদাপ্রস্তুত! মিথিলার অসহায় নাগরিকদের নির্বিশেষে ধ্বংস করার জন্য লালায়িত!

কিন্তু এক অবিশ্বাস্য চমক তাদের জন্য অপেক্ষা করছিল!

মিথিলা একটি দরিদ্র রাজ্য, এবং তার সামান্য ধনরাশি সমাজের বিভিন্ন স্তরে অন্যায়ভাবে বিতরিত ছিল। এই রাজ্যে ধনীরা মাত্রাতিরিক্ত ধনী, কিন্তু দরিদ্ররা ছিল অত্যন্ত দরিদ্র।

এর ফলস্বরূপ, রাজ্যের ধনী সম্প্রদায়ের মানুষেরা নগরের কেন্দ্রস্থলে অতিকায় বিলাসবহুল অট্টালিকার বসবাস করতেন, অন্যদিকে দরিদ্র সম্প্রদায়ের মানুষ তাদের হতদরিদ্র কুটিরগুলিতে কোনোমতে কালযাপন করত, এবং তাদের সেই কুটিরগুলি দ্বিতীয় প্রাচীরের সন্নিকটে অবস্থিত ছিল। একাধারে মিথিলার রাজকুমারী এবং সেই রাজ্যের প্রধানমন্ত্রী সীতার কাছে এই অবিচার একেবারেই অসহ্য ছিল। তাই তিনি বিভিন্নভাবে বহিরাগতদের কাছ থেকে, এবং বিভিন্ন খাজনার মাধ্যমে অর্থসংগ্রহ করতেন সেই দরিদ্রদের জন্য নতুন কুটির নির্মাণের কারণে। কিন্তু প্রচুর সংখ্যার এই দরিদ্র সম্প্রদায়ের মানুষের জন্য মিথিলায় ছিল প্রবল স্থানাভাব। সেই সমস্যার সমাধানে সীতার মস্তিষ্কপ্রসূত হয়েছিল এক অনন্য উপায়—চার মহলা সংশ্লিষ্ট মধুচক্রের ন্যায় প্রচুর আবাসন নির্মাণ করেছিলেন তিনি, দ্বিতীয় প্রাচীরের দুই দেওয়ালের আভ্যন্তরীণ বিস্তীর্ণ স্থানে।

তার অভূতপূর্ব আকারের জন্য, এই বিশাল আবাসনের নামকরণ হয়েছিল 'মধুচক্র', যা সমগ্র দরিদ্র কুটিরগুলিকে স্থানান্তরিত করেছিল। এখানে বসবাসকারী প্রাক্তন কুটিরবাসীরা, তাদের সুবিধা অনুসারে প্রাচীরের দেওয়ালে একাধিক জানালার নির্মাণ করেছিল, যে দেওয়াল বর্তমানে তাদের গৃহের দেওয়াল। সীতা তাদের বাধাপ্রদান করেননি। সপ্তসিন্ধুর বিশাল কর্মকাণ্ডের ভিতর তাঁর রাজ্য মিথিলার দুর্দশাজনক উপস্থিতি সম্বন্ধে বিচার করলে, সীতার কাছে দারিদ্র দূরীকরণ অপেক্ষা সুরক্ষা ব্যবস্থা মজবুত করার দায়িত্বকে গৌণ মনে হয়েছে।

এই স্বয়ম্বরের উৎসব উপলক্ষে, প্রাচীরের এই জানালাগুলি কাঠের পাটাতন দ্বারা আবৃত করা হয়েছিল। কিন্তু এই মুহূর্তে, মিথিলার যোদ্ধারা অতি সত্বর সেই পাটাতনগুলি সরিয়ে ফেলার ফলে, তাদের অবস্থান এবং প্রধান প্রাচীরের মধ্যবর্তী অঞ্চল তাদের চোখের সম্মুখে দৃশ্যমাণ হয়ে উঠল। সেই জানালাগুলিকে ব্যবহার করে অতি সহজেই তারা প্রধান প্রাচীর থেকে নগরের অভ্যন্তরে ধাবমান লঙ্কা সেনাবাহিনীর উপর তিরবর্ষণ করতে সক্ষম

হবে! এবং যেহেতু এই মিথিলাবাসীরা 'মধুচক্রের' অভ্যন্তরে আশ্রয় নিয়েছিল, তারা তাদের লক্ষ্য করে উড়ে আসা প্রাণঘাতী মারণাস্ত্রের আক্রমণ থেকে সুরক্ষিত! আবাসিক প্রকল্পে সামান্য এক পরিকল্পনার তারতম্য, এই যুদ্ধে এক অসাধারণ এবং অনমনীয় রণকৌশল হিসাবে প্রতিপন্ন হতে লাগল!

লঙ্কাবাহিনীর সেনাদের কাছে এই ঘটনার কোনো পূর্ব পরিকল্পনা না থাকায়, তারা নিশ্চিন্তে জয়লাভের উল্লাসে দ্বিতীয় প্রাচীরের দিকে সবেগে ধাবিত হচ্ছিল। তারা তাদের সঙ্গে বহন করে আনছিল সুদীর্ঘ সিঁড়ি, তাদের একমাত্র লক্ষ্য ছিল দ্বিতীয় প্রাচীর লঙ্ঘন করে নগরে প্রবেশ করে ধ্বংসলীলা চালানো। তাদের হাতের উন্মুক্ত তরবারি সহকারে মিথিলার অসহায় নাগরিকদের নির্দ্বিধায় হত্যা করাই ছিল তাদের একমাত্র অভিলাষ। তারা ভেবেছিল যে তাদের সম্মুখের পথ নিরঙ্কুশ!

'প্রত্যেককে হত্যা করো!' নিজের বাহিনীর সৈন্যদের সঙ্গে প্রবল উত্তেজনায় হুঙ্কার দিতে দিতে দৌড়চ্ছিলেন রাবণ, তাঁর দুই চোখ হত্যার উল্লাসে রক্তবর্ণ, 'কাউকে দয়া প্রদর্শন নয়! কাউকে প্রাণভিক্ষা নয়!'

যুদ্ধক্ষেত্রে লঙ্কাবাহিনীর মুখ থেকে নির্গত প্রবল আওয়াজে, বহুদূর থেকে একটি জলদগম্ভীর আদেশের শব্দ রাবণের কান পর্যন্ত পৌঁছল না। আদেশের উৎসস্থল মধুচক্রের অভ্যন্তর। যে আদেশ নিঃসৃত হয়েছে রাজকুমারী সীতা এবং তাঁর স্বামী, রামের মুখ থেকে, 'প্রতি আক্রমণ!'

একযোগে অগ্রসর হওয়া লঙ্কাসেনাদের হতবাক করে, হঠাৎ তাদের উপর বর্ষিত হতে থাকল অগণিত তিরের বর্ষণ! রাবণ প্রাচীরের উপরিভাগে তাঁর দৃষ্টিনিক্ষেপ করলেন, কিন্তু তার পরমুহূর্তেই তিনি উপলব্ধি করলেন, তিরের উৎস প্রাচীরের নীচের অংশ! প্রাচীরের অন্তর্বর্তী গোপন গবাক্ষগুলি থেকে এই অতর্কিত প্রতি আক্রমণ সংঘটিত হচ্ছে। যে জানালার অস্তিত্ব সম্বন্ধে তাঁদের বিন্দুমাত্র অবগতি ছিল না!

এই অতর্কিত আক্রমণ লঙ্কাবাহিনীর অগ্রগতি অচিরেই স্থগিত করে দিল, তাদের ছন্দ কেটে গেল। প্রচুর সংখ্যায়, একত্রে অগ্রসর হওয়ার কারণে লঙ্কাবাহিনীর সেনাদের উপর এই তিরের আক্রমণ নিদারুণভাবে সফল হতে শুরু করল, প্রায় প্রতিটি তির তাদের লক্ষ্যবস্তুতে আঘাত করতে সমর্থ হল। এর ফলস্বরূপ, আক্রমণের তীব্রতা ভীষণভাবে হ্রাস পেল। কিছু লঙ্কাসেনা অজানা উৎস থেকে উড়ে আসা তির থেকে প্রাণরক্ষা করতে লক্ষ্যহীনভাবে

দৌড়োতে শুরু করল, বাকিরা তাদের ঢালের পিছনে আত্মগোপন করল! মিথিলাবাসীরা নির্ভুল লক্ষ্যে তিরবর্ষণ অব্যাহত রাখল, এবং সেই তীরে লঙ্কাবাহিনীর একটি বিশাল অংশ ধ্বংসপ্রাপ্ত হতে থাকল।

রাবণ ও কুম্ভকর্ণকে তাঁদের রক্ষীদলের সদস্যরা ঢাল একত্রিত করে পরিবেষ্টিত করে রাখল!

'আমাদের পিছু হটতে হবে, দাদা!' চিৎকার করলেন কুম্ভকর্ণ, 'আমরা মৃত্যুর সম্মুখীন হতে চলেছি!'

'কখনো নয়!' গর্জন করলেন রাবণ, 'আমাদের শুধু এই দ্বিতীয় প্রাচীর লঙ্ঘন করতে হবে! আমাদের সেনাবাহিনী ওদের অচিরেই হত্যা করতে সমর্থ হবে! আর কিছুক্ষণ মাত্র অপেক্ষা!'

'দাদা, আর কিছুক্ষণ পরে, আপনার সৈন্যবাহিনীর কোনো অস্তিত্ব থাকবে না!'

কুম্ভকর্ণ দেখলেন তাঁর অগ্রজ নিষ্ফল আক্রোশে দগ্ধ হচ্ছেন। তিনি জানতেন যে রাবণের অনুমতি ব্যতীত তিনি পশ্চাদপসারণের আদেশ জারি করতে অক্ষম, 'দাদা, ওরা আমাদের সেনাদের নির্বিচারে, ইচ্ছানুসারে হত্যা করে চলেছে! দয়া করে আদেশ দিন!'

একত্রিত ঢালের আবরণের অভ্যন্তর থেকে, রাবণ চতুর্দিকে দৃষ্টিপাত করছিলেন। তাঁর অনুগত, বিশ্বস্ত বীর সেনানীরা নীরবে তাঁর চারপাশে তাদের প্রাণের বলিদান দিচ্ছে তাঁর জন্য। তাদের নির্বিচারে হত্যা করা হচ্ছে!

অবশেষে লঙ্কাধিপতি তাঁর আদেশ জারি করলেন মাথা আন্দোলিত করে, রাতের অন্ধকারে সেই অনিচ্ছুক ইশারা সঠিকভাবে দেখা গেল না!

কুম্ভকর্ণ তাঁর ঘোষকের দিকে ঘুরলেন, 'পশ্চাদপসারণ!!'

পুনরায় সেই শঙ্খধ্বনি আকাশে বাতাসে ছড়িয়ে পড়ল, এবং লঙ্কাবাহিনীর অন্যান্য অংশের ঘোষকরা সেই আওয়াজ সমগ্র বাহিনীর কাছে পৌঁছে দিল। কিন্তু এইবার, সেই শব্দলহরীর সুর এবং লয় সম্পূর্ণ পৃথক! সেই শব্দ রণিত হওয়া মাত্রই, অবশিষ্ট লঙ্কাবাহিনীর সেনারা পশ্চাদপসারণে ব্যস্ত হল, তারা যে গতিতে অগ্রসর হয়েছিল, সেই গতিতেই প্রত্যাবর্তন করতে লাগল।

মধুচক্রের অভ্যন্তর থেকে জয়োল্লাসের আওয়াজ পরিমণ্ডলে রণিত হতে থাকল।

মহাশক্তিধর লঙ্কাধিপতির প্রথম আক্রমণ প্রতিহত করা সম্ভব হয়েছে!

২৭

সপ্তবিংশ অধ্যায়

আগামী দিনের প্রথম প্রহরকালের পঞ্চম ঘণ্টা সময় তখন।

মূল পরাজয় অপেক্ষা লঙ্কাবাহিনীর সেনাশিবিরে পরিস্থিতির সমাপতনের আকস্মিকতার প্রভাব বেশি। তারা এই শান্তিপূর্ণ, ভদ্র, শিক্ষিত মিথিলাবাসীদের বিরুদ্ধে বিনা যুদ্ধে আত্মসমর্পণ আশা করেছিল। এই মর্মান্তিক প্রতি আক্রমণ তাদের কাছে ছিল একেবারেই অপ্রত্যাশিত, চরমভাবে আশাতীত!

পূর্বরাতের জঘন্য অভিজ্ঞতার পরে, রাবণ রোষে ও অকথ্য ক্ষোভে মুহ্যমান হয়ে রইলেও, পরে চিন্তা করে দেখেছেন যে এই যুদ্ধে জয়লাভ করার সুযোগ এখনো তাঁদের পক্ষেই রয়েছে। পূর্বরাতের সম্মুখসমরে, লঙ্কাবাহিণীর এক সহস্র সেনা মৃত্যুবরণ করেছে। অন্যদিকে, সমীচির প্রেরিত সংবাদে অবগতি হয়েছে যে মিথিলার পক্ষেও সহস্রাধিক সৈন্য নিহত হয়েছে। সুবিশাল লঙ্কাবাহিনীর তুলনায়, ক্ষুদ্র মিথিলার সহস্রাধিক সেনা নিহত হওয়া স্বাভাবিকভাবেই এক অপূরণীয় ক্ষতি। এই মুহূর্তে সীতার সেনাবাহিনী মাত্র তিন সহস্র প্রশিক্ষণহীন, নগর সুরক্ষায় নিয়োজিত কর্মচারী দ্বারা সম্বলিত, অন্যদিকে তাদের বিরুদ্ধে লঙ্কাধিপতির প্রশিক্ষণপ্রাপ্ত নয় সহস্র অভিজ্ঞ সেনা সম্বলিত বিশাল সেনাবাহিনী! এছাড়াও সমীচির কাছ থেকে তাঁরা সংবাদ পেয়েছেন, আগের রাতে লঙ্কাবাহিনীর দ্বারা ওই মারাত্মক আক্রমণে মিথিলার সমগ্র নাগরিক ভীত সন্ত্রস্ত অবস্থায় কালাতিপাত করছেন। তাঁরা রাবণের প্রথম আক্রমণ প্রতিহত করতে সক্ষম হলেও, তাঁদের মনোবল বিদীর্ণ হয়েছে।

রাজকুমারী সীতা প্রভূতভাবে প্রচেষ্টারত তাদের কীরূপে যুদ্ধক্ষেত্রে ফেরানো সম্ভব, কিন্তু তাঁর সকল প্রচেষ্টা বিফল হওয়ার সমূহ সম্ভাবনা রয়েছে।

যতবার এই সমস্ত কথা চিন্তা করছেন রাবণ, তত তাঁর মনে দৃঢ় বিশ্বাস জন্মাচ্ছে যে তাঁর সেনাবাহিনীর দ্বারা এই যুদ্ধ জয় করা এবং রাজা মিথির এই দুর্বল রাজ্যকে ধ্বংস করা শুধুমাত্র সময়ের অপেক্ষা। এবং এই মুহূর্তে, এই যুদ্ধে জয়লাভ করা তাঁর হৃতসম্মান রক্ষার সামিল!

লঙ্কাবাহিনীর সদস্যরা সমস্ত রাত বিভিন্ন কর্মে ব্যস্ত থাকল। আহত সেনাদের অস্থায়ী শিবিরে নিয়ে গিয়ে তাদের চিকিৎসা করা, অন্যদিকে অতি সত্বর অরণ্যের বিভিন্ন অংশ পরিষ্কার করা। রাত অতিবাহিত হওয়ার পূর্বে, তাদের ব্যবহারের জন্য যথেষ্ট কাঠ তারা সংগ্রহ করতে সমর্থ হল। সেনারা বিভিন্ন ক্ষুদ্র ক্ষুদ্র দলে বিভক্ত হয়ে সেই বিপুল পরিমাণ কাঠকে চওড়া পাটাতনে রূপ দিতে ব্যস্ত হল। অন্যরা এই সমস্ত পাটাতনগুলি একত্রে জোড়া দিয়ে বিশাল বিশাল চৌকোণ ঢালে রূপান্তরিত করতে থাকল। এই বিশেষ ঢালগুলির বিভিন্ন অংশে কাঠের হাতল নির্মাণ করা হল, যাতে সর্বদিক থেকে সেগুলিকে ধরে রাখা সম্ভব। প্রত্যেকটি ঢাল অন্ততপক্ষে বিশজন সেনাকে অবগুণ্ঠিত করতে সক্ষম।

কুম্ভকর্ণের সান্নিধ্যে রাবণ, সমগ্র শিবিরে পদচারণা করতে করতে কর্মকাণ্ডের নিরীক্ষণ করতে ব্যস্ত থাকলেন।

'বিশালকায় কাছিমের আবরণের ন্যায় এই বিশাল ঢালগুলি বেশ সুন্দরভাবেই প্রস্তুত হচ্ছে!' বললেন কুম্ভকর্ণ। যদিও এই যুদ্ধে প্রথম থেকে তাঁর সমর্থন ছিল না, এই মুহূর্তে তিনি জানতেন যে প্রত্যাবর্তনের পথ নেই। তাঁদের এই প্রথম অসফল আক্রমণের পরে, তাঁরা যদি পশ্চাদপসারণের সিদ্ধান্ত নেন, সমগ্র সপ্তসিন্ধুতে এই সংবাদ দাবানলের ন্যায় ছড়িয়ে পড়বে যে মহাশক্তিধর লঙ্কাধিপতিকে এক ক্ষুদ্র, দুর্বল রাজ্য যুদ্ধে পর্যুদস্ত করতে সক্ষম হয়েছে! এই সংবাদে রাবণের সমস্ত শত্রুরা তাঁর বিরুদ্ধে আক্রমণ শানাতে আগ্রহী হবে। প্রথমেই যদি তাঁরা এই যুদ্ধের পথ চয়ন না করতেন, তাহলে এই সমস্যার উদবেগ হতো না। কিন্তু এই মুহূর্তে অনেক বিলম্ব হয়ে গেছে। অন্যান্য বিপ্লবীদের তাঁদের বিরুদ্ধে মাথা চাড়া দিয়ে ওঠার প্রক্রিয়াকে নির্মূল করতে, মিথিলাকে তাঁদের যে কোনোপ্রকারে পর্যুদস্ত করতে হবেই!

'হ্যাঁ!' বললেন রাবণ, 'আজ রাতেই আমরা পুনরায় মিথিলাকে আক্রমণ

করব! এইবার আমরা প্রধান প্রাচীর ভেঙে গুঁড়িয়ে দেব—ওই প্রাচীর লঙ্ঘনের প্রয়োজন পড়বে না আর! কোনোভাবেই ওই অঞ্চলে কোনো মিথিলাবাসীর থাকার সম্ভাবনা নেই। একবার আমরা ওই প্রাচীর ধ্বংস করতে সক্ষম হলে, এই কাছিমের আবরণের ঢাল আমাদের নির্বিঘ্নে দ্বিতীয় প্রাচীরের নিকট পৌঁছোতে সাহায্য করবে। এই নির্বোধরা পুনরায় আক্রমণের আশায় প্রস্তুত থাকবে না। পূর্বে আমরা ওদের শক্তিকে তাচ্ছিল্য করেছিলাম। কিন্তু দ্বিতীয়বার সেইই ভুল আমাদের হবে না!'

কুম্ভকর্ণ সম্মতির মাথা নড়লেন। কিন্তু একটি চিন্তায় তিনি জর্জরিত হতে থাকলেন, যে গুরু বিশ্বামিত্র এবং তাঁর সঙ্গে কিছু মলয়পুত্র তখনো মিথিলায় উপস্থিত। এবং এই মহান মলয়পুত্রদের শক্তিকে কেউ কখনো তুচ্ছ তাচ্ছিল্য করে না। কেউ না!

রাবণের সমস্ত চিন্তা আসন্ন যুদ্ধের উপর ন্যস্ত, 'একবার ওদের প্রাচীর ধ্বংস করতে সক্ষম হলে, আমরা ওদেরকে পর্যুদস্ত করতে সক্ষম হব অচিরেই! কেউ জীবিত থাকবে না এই মিথিলায়, এমনকী পশুদেরও হত্যা করে হবে!'

কুম্ভকর্ণ নীরব থাকাই শ্রেয় মনে করলেন।

'তুমি এই নতুন ঢালগুলির শক্তি পরীক্ষা করো,' বললেন রাবণ, 'আমি ইত্যবসরে আমাদের গুপ্তচরদের প্রেরিত সন্দেশে মনোনিবেশ করি।'

'হ্যাঁ, দাদা।'

প্রবলভাবে চিন্তাগ্রস্ত কুম্ভকর্ণ অগ্রসর হতে লাগলেন। তিনি জানেন তাঁদের এই যুদ্ধে লড়াই করে যেতে হবে, কিন্তু তাঁকে ক্রমশ গ্রাস করতে থাকা এক অজানা আশঙ্কা তিনি কিছুতেই অবজ্ঞাভরে ত্যাগ করতে অক্ষম!

তিনি কর্মব্যস্ত সেনাদের মধ্যে ঘুরে ঘুরে কর্ম নিরীক্ষণ করতে লাগলেন, কাছিম সদৃশ ঢালের পরীক্ষায় ব্যস্ত, তৎক্ষণাৎ বাতাস ফুঁড়ে যাওয়া তিরের অভ্রান্ত শব্দ তাঁকে হতচকিত করে তুলল। তাঁর ষষ্ঠ ইন্দ্রিয়ের প্রভাবে তিনি সেই মুহূর্তে মাথা নামাতেই দেখলেন একটি তির সবেগে এসে তাঁর পায়ের কাছে পড়ে থাকা কাঠের পাটাতনে বিদ্ধ হল! পরমুহূর্তে তিনি হতবাক হয়ে উপরে দৃষ্টিপাত করলেন।

সমগ্র মিথিলায় কার পক্ষে এই অসম্ভব দূরত্বে, এতো নির্ভুল লক্ষ্যে, এতো বেগে এই শরসন্ধান করা সম্ভবপর?

তিনি প্রাচীরের দিকে তাকালেন। ওই অন্ধকারে তিনি বুঝতে পারলেন,

দ্বিতীয় প্রাচীরের উপরিভাগে দণ্ডায়মান দুই অস্বাভাবিক উচ্চতার মানুষের সঙ্গে দাঁড়িয়ে এক তৃতীয় ব্যক্তি, যার উচ্চতা বাকি দুজনের চাইতে কিঞ্চিৎ কম। এই তৃতীয় ব্যক্তির হাতে ধরা আছে একটি ধনুক, এবং কুম্ভকর্ণের মনে হল, সে যেন সরাসরি তাঁর দিকেই তাকিয়ে আছে!

কুম্ভকর্ণ এক পা অগ্রসর হয়ে, কাঠের পাটাতনে বিদ্ধ অবস্থায় থাকা তিরখানি পরীক্ষা করলেন। সেটির ফলকের সঙ্গে আবদ্ধ একটি ক্ষুদ্র কাগজের টুকরো। তিনি তৎক্ষণাৎ সেই কাগজটিকে উন্মুক্ত করে, সেটি পাঠ করতে উদ্যত হলেন।

দোহাই দেবাদিদেব রুদ্রনাথ! মার্জনা করুন!

—ꜱꜳ—

‘তুমি কি বিশ্বাস করো এই কাজ ওদের পক্ষে করা সম্ভব, কুম্ভকর্ণ?’ অদম্য রোষ ও হতাশায় কাগজের টুকরোটি বিরক্তিভরে ছুড়ে ফেলে দিলেন রাবণ।

কাগজটি আবিষ্কার করার পরেই কুম্ভকর্ণ দৌড়োতে দৌড়োতে তাঁর অগ্রজের কাছে এসে, তাঁকে পৃথকভাবে সেটি দেখিয়েছিলেন। সেটির প্রেরক রাম, অযোধ্যার অভিষিক্ত রাজকুমার, এবং এই মুহূর্তে মিথিলার রাজকুমারী এবং প্রধানমন্ত্রী, সীতার স্বামী। এই ক্ষুদ্র বার্তায় তাঁদের অবগত করা হয়েছে, মিথিলার দ্বিতীয় প্রাচীরের অভ্যন্তরে, লঙ্কাবাহিনীর নাগালের বাইরে, মলয়পুত্ররা মারাত্মক ‘অসুরাস্ত্র’ স্থাপন করেছেন! এবং মাত্র এক ঘণ্টার ভিতর রাবণ তাঁর লঙ্কাবাহিনীকে মিথিলা থেকে সরিয়ে নিয়ে যদি পশ্চাদপসারণ না করেন, তাহলে রাম সেই ক্ষেপণাস্ত্র তাঁদের লক্ষ্য করে নিক্ষেপ করতে বাধ্য হবেন।

‘দাদা,’ বললেন কুম্ভকর্ণ, ‘যদি ওরা এই অসুরাস্ত্র নিক্ষেপ করে, সেটি কিন্তু...’

‘ওদের কাছে অসুরাস্ত্র মজুত নেই!’ বাধাপ্রদান করলেন রাবণ, ‘ওরা আমাদের ভীতি প্রদর্শন করছে!’

অনেকের ধারণায় এই অসুরাস্ত্র ছিল এক দৈবী অস্ত্র, যেটির দ্বারা সৃষ্টিকে ধ্বংস করা সম্ভবপর। বহু শতাব্দী পূর্বে, প্রাক্তন মহাদেবের অবতার রুদ্রদেব, এই মারণাস্ত্রের ব্যবহার নিষিদ্ধ হিসাবে ঘোষণা করেছিলেন, এবং সেই আদেশ আজ পর্যন্ত সকলে মান্য করে চলেছে। যদি কোনো ব্যক্তি তাঁর এই আদেশ অমান্য করার দুঃসাহস প্রদর্শন করে, শাস্তিস্বরূপ তাঁকে চৌদ্দ

বছরের বনবাসে নির্বাসনে যেতে হবে। দ্বিতীয়বার এই আদেশ লঙ্ঘনের একমাত্র শাস্তি-মৃত্যুদণ্ড! প্রভু রুদ্রদেবের উত্তরসূরি, মহাবলী বায়ুপুত্ররা, এই নিয়মের রক্ষা করে চলেছেন বহু বছর ধরে।

কিন্তু আরো একটি দল এই মত পোষণ করত, যে এই অসুরাস্ত্র সৃষ্টি ধ্বংসকারী অস্ত্র নয়, পরিবর্তে এর দ্বারা বহু শক্তিকে অক্ষম করা সম্ভব। এবং সেই অর্থে একে দৈবী অস্ত্রের পর্যায়ে রাখা চলে না। এর ব্যবহার সেক্ষেত্রে রুদ্রদেবের নিষেধের বহির্ভূত। রাবণ কিন্তু সেই অর্থে ভাবিত হলেন না, যে এই অস্ত্র প্রকৃতপক্ষে দৈবী অস্ত্র না অন্য কিছু। তিনি সরাসরি অবিশ্বাস করলেন যে এই মলয়পুত্রদের কাছে এই অস্ত্রের অস্তিত্ব রয়েছে। রাবণ অবগত ছিলেন এই অস্ত্র নির্মাণের জন্য উপযুক্ত ধাতুর অস্তিত্ব সম্পূর্ণ বিরল—এই ভারতে সেই বিশেষ ধাতুর অস্তিত্ব নেই। সেই কারণেই তাঁর শত্রুপক্ষের কাছে এই অস্ত্রের সত্যাসত্য সম্বন্ধে তিনি অযথা বিচলিত হওয়ার কোনো কারণ খুঁজে পেলেন না!

'কিন্তু দাদা, এই মলয়পুত্রদের কাছে...'

'বিশ্বামিত্র মিথ্যাচার করছেন, কুম্ভকর্ণ!'

তাঁর অগ্রজের মুখে পরমপূজ্য ঋষি বিশ্বামিত্রের নামের সরাসরি সম্বোধন শুনে হতচকিত অবস্থায় কুম্ভকর্ণ সহসা বাকরুদ্ধ হলেন!

—I࿘I—

মিথিলা রাজ্য থেকে সেই সাবধানবাণী এসে পৌঁছোবার পরে প্রায় তিন ঘণ্টা সময় অতিবাহিত হয়েছে। এতক্ষণে কুম্ভকর্ণের মনেও সন্দেহের উদ্রেক হচ্ছে যে সেই সতর্কবার্তা কি নিছক তাঁদের ভীতিপ্রদর্শন করার কারণেই প্রেরণ করা হয়েছিল, কিন্তু ওই মারণাস্ত্রের প্রয়োগে আসন্ন মৃত্যুর জন্য তাঁর আশঙ্কা মনে কিছুটা হলেও রয়ে গিয়েছিল।

'আমার কথা তোমার কি এখন বিশ্বাস হচ্ছে, কুম্ভকর্ণ?' প্রশ্ন করলেন রাবণ, 'তুমি অবগত যে তোমার অগ্রজ কখনো ভুল বলেন না!'

কুম্ভকর্ণ মনে মনে ভাবলেন এই মুহূর্তে তিনিও তাঁর অগ্রজের বিশ্বাসের উপর নির্ভর করতে পারেন, যদিও তাঁর মন চিন্তায় আকুল হচ্ছিল।

দৈবী অস্ত্রের প্রয়োগের ফলস্বরূপ কি শাস্তি প্রদেয়, তা সম্বন্ধে তুমি নিশ্চয়

অবগত আছ?' প্রশ্ন করলেন রাবণ, 'তুমি কি আশা করো এই মলয়পুত্ররা দেবাদিদেব রুদ্রদেবের নিষেধ লঙ্ঘন করার সাহস করবে? গুরুজি খুব ভালো করেই জানেন, আমরা যদি মিথিলার সমস্ত মানুষকে হত্যাও করি, আমাদের তাঁদের স্পর্শ করার স্পর্ধাটুকুও হবে না। তাঁরা সর্বতভাবে সেখানে সুরক্ষিত আছেন ও থাকবেন।'

যে সত্য সম্বন্ধে রাবণের অবগতি ছিল না, তা হল, এই মলয়পুত্রদের কাছে আর দ্বিতীয় কোনো উপায়ান্তর ছিল না। প্রভু রুদ্রদেবের নিষেধাজ্ঞা সম্বন্ধে তাঁরা অবগত থাকলেও, যেভাবেই হোক রাজকুমারী সীতাকে সমস্ত বিপদ থেকে রক্ষা করাই ছিল তাঁদের কাছে প্রাথমিক ধর্ম!

কুম্ভকর্ণের আশঙ্কাই সত্য ছিল!

'এই শিবিরের বাইরে যাওয়ার জন্য আমি কি তোমার অনুমতি লাভ করতে পারি?' বিদ্রূপাত্মকভাবে প্রশ্ন করলেন রাবণ।

এতক্ষণ ধরে কুম্ভকর্ণের অনুনয় বিনয়ে, রাবণ প্রচণ্ড বিরক্তি সহকারে পুষ্পকবিমানের অভ্যন্তরে থাকতে বাধ্য হয়েছিলেন। এই উড়োজাহাজের নির্মাণে প্রচুর পরিমাণে সীসার ব্যবহার করা হয়েছিল, এবং সকলের অবগতি ছিল যে এই সীসার উপরে অসুরাস্ত্র সহ অন্যান্য দৈবী অস্ত্রের প্রভাব প্রবল হয় না। সেই কারণে এই সীসাকে মাঝে মধ্যে 'জাদু ধাতু' নামে অভিহিত করা হয়। মিথিলার দুর্গের যে স্থান থেকে তাঁকে লক্ষ্য করে সাবধানবাণী সম্বলিত তিরখানি উড়ে এসেছিল নির্ভুল লক্ষ্যে, সেই বিশেষ স্থানটির উপর কড়া নজর রেখেছিলেন কুম্ভকর্ণ। বিন্দুমাত্র বিপদের আভাসে, তিনি বিমানের প্রধান দ্বার রুদ্ধ করে দেওয়ার অভিপ্রায়ে ছিলেন, যাতে তাঁর অগ্রজ সম্পূর্ণরূপে অক্ষত থাকেন।

কুম্ভকর্ণ অসম্মতির মাথা নাড়ালেন প্রবলভাবে, 'না, দাদা! দয়া করুন। আমার কর্তব্য আপনাকে বিপদ থেকে রক্ষা করা!'

'এবং এটি আমার কর্তব্য, তোমাকে তোমার নির্বুদ্ধিতার হাত থেকে রক্ষা করার! আমার পথ ছাড়ো! আমাকে এখন নৌকাগুলির কাছে গিয়ে পরীক্ষা করতে হবে যে তারা এই বিশেষ প্রণালীতে প্রস্তুত কাছিম ঢালের বর্ধিত ওজন নেওয়ার জন্য যথেষ্টভাবে প্রস্তুত কি না!'

'দাদা, দয়া করে আমার কথা শুনুন!'

'দেবাদিদেব রুদ্রদেবের দোহাই, তোমার কি মাথা খারাপ হয়ে গেল, কুম্ভকর্ণ?' বিচলিতভাবে প্রশ্ন করলেন রাবণ!

'দয়া করুন দাদা! আপনার সুরক্ষিত থাকা আমাদের সকলের কাছে অগ্রগণ্য!'

'আমি অসহায় শিশু নই, এবং আমার তোমাদের সুরক্ষার কোনো প্রয়োজন নেই!'

'দয়া করে আপনি এখানে থাকুন, দাদা!' বললেন কুম্ভকর্ণ, 'আমি নিজে নৌকাগুলি নিরীক্ষণ করে আসছি।'

'অসহ্য ব্যাপার!'

'দাদা, দয়া করে কল্পনা করে নিন আপনি এই কাজ আমার আবদার মেটাবার জন্য করছেন! আমার মনে এক অশুভ শঙ্কা...'

'তোমার এই শঙ্কার উপরে ভিত্তি করে আমরা কোনো পরিকল্পনা করতে অক্ষম।'

'আমি দয়াভিক্ষা চাইছি! আপনি দয়া করে বিমানের বাইরে পদার্পণ করবেন না! আমি এখুনি গিয়ে নৌকাগুলি নিরীক্ষণ করে আসছি!'

রাবণ নিষ্ফল আক্রোশে উপবেশন করলেন, 'অগত্যা!'

—ইঁI—

সরোবরের তটে কুম্ভকর্ণ ব্যস্তভাবে তাঁর সেনাদের নির্দেশ দিচ্ছিলেন সেই বিশেষ কাছিম ঢালগুলিকে নৌকায় তোলার প্রক্রিয়া সম্বন্ধে। কিন্তু তাঁর মনোযোগ ন্যস্ত ছিল মিথিলার দুর্গের দিকে, তিনি ক্রমাগত নিরীক্ষণ করছিলেন সেদিক থেকে অসুরাস্ত্র নিক্ষেপ করার বিন্দুমাত্র ব্যবস্থা তাঁর চোখে পড়ে কিনা!

তিনি পশ্চাতে ঘুরে দেখতে পেলেন বেশ কিছুটা দূরে দণ্ডায়মান পুষ্পকবিমানের অভ্যন্তরে, রাগান্বিত মুখমণ্ডলে রাবণ বিরক্তভাবে পদচারণা করছেন। এই দৃশ্য অবলোকন করে কিছুটা শান্তি পেলেন কুম্ভকর্ণ।

তিনি তাঁর অগ্রজকে ইশারা করলেন তিনি যেখানে রয়েছেন, সেখানেই যেন থাকেন। তারপর তিনি পুনরায় ঘুরে দাঁড়িয়ে নৌকাগুলির দিকে মনঃসংযোগ করলেন।

হঠাৎ করে তাঁর মনের অভ্যন্তরে অবস্থান করা আশঙ্কার অশান্তি প্রবল হয়ে উঠল! অতি যন্ত্রণাদায়কভাবে। কেউ যেন সজোরে তাঁর অন্ত্রগুলিকে নিংড়ে দিচ্ছে—অস্বস্তিতে তাঁর গলা শুকিয়ে কাঠ হয়ে গেল!

তিনি দুর্গের দিকে দৃষ্টিপাত করলেন। তাঁর লক্ষ্য দ্বিতীয় প্রাচীরের অন্তর্গত সেই মধুচক্রের দিকে! অনাগত আতঙ্কে তাঁর দুই চোখ বিস্ফারিত হয়ে গেল!

কুম্ভকর্ণের অবগতি ছিল না যে মহাবলী মলয়পুত্ররা অসুরাস্ত্র নিক্ষেপ করার জন্য শেষ পর্যন্ত যথাযোগ্য ব্যক্তিকে অন্বেষণ করতে সক্ষম হয়েছেন। তিনি এমন কেউ, যিনি তাঁর দোষ স্বীকার পূর্বক, প্রভু রুদ্রদেবের নিষেধাজ্ঞা অমান্য করার জন্য প্রদেয় শাস্তি মাথা পেতে গ্রহণ করার জন্য সর্বদা প্রস্তুত। তিনি এমন এক ব্যক্তি, যিনি নিজের স্ত্রীকে রক্ষা করার লক্ষ্যে নিয়মের নিষেধাজ্ঞাকে অমান্য করতে পিছপা হবেন না, যদিও সেই কর্ম তিনি মন থেকে মানতে অক্ষম—তিনি আর কেউ না, রাজকুমারী সীতার স্বামী, রাম!

রামের দ্বারা নিক্ষিপ্ত একটি জ্বলন্ত তির প্রচণ্ডবেগে, বায়ুমণ্ডল ভেদ করে সবেগে উড়ে আসতে লাগল!

দয়া করুন, হে প্রভু রুদ্রদেব!

তৎক্ষণাৎ কুম্ভকর্ণ ঘুরে দাঁড়িয়ে প্রাণপণে আর্তনাদ করে উঠলেন, 'দাদা!'

কুম্ভকর্ণ তাঁর শরীরে যতটুকু শক্তি অবশিষ্ট ছিল, তার প্রয়োগে পুষ্পকবিমান লক্ষ্য করে দৌড়োতে থাকলেন।

ইতিমধ্যে, মধুচক্রের উপরিভাগে, সেই জ্বলন্ত তিরখানি গিয়ে অসুরাস্ত্রের উৎক্ষেপণ স্তম্ভে একটি ক্ষুদ্র লাল বর্গক্ষেত্রে আঘাত করল নির্ভুল লক্ষ্যে! সেই আঘাতে, সেটি পিছনে সরে গেল। তিরের আগুন মুহূর্তের মধ্যে লাল বর্গক্ষেত্রের পিছনে রক্ষিত একটি আধারে ছড়িয়ে পড়তে, অচিরেই সেটি প্রধান ইন্ধনের আধারে পৌঁছে গেল, যা এই অসুরাস্ত্রকে চালনা করবে। একাধিক মৃদু বিস্ফোরণে চোখ ধাঁধানো আলোকের উদগিরণ হল। আর কিছু মুহূর্ত পরেই, প্রধান উৎক্ষেপণ স্তম্ভের নীচের অংশ সম্পূর্ণভাবে প্রজ্বলিত হয়ে উঠল!

কোনোক্রমে পুষ্পকবিমানে পৌঁছে, কুম্ভকর্ণ তাঁর সর্বশক্তি প্রয়োগ করে এক প্রকাণ্ড লম্ফে প্রবেশদ্বারের সম্মুখে ছিটকে পড়লেন। তাঁর বিশাল ওজনের পূর্ণ আঘাতে, রাবণ তাঁর বিশাল শরীর নিয়ে প্রবেশদ্বারের ভিতর দিয়ে বিমানের অভ্যন্তরে ঠিকরে পড়লেন একইসঙ্গে। কুম্ভকর্ণের অতিরিক্ত ওজন তাঁকেও বিমানের অন্দরে নিয়ে গিয়ে ফেলল।

কিন্তু বিমানের প্রধান দ্বার এখনো পর্যন্ত উন্মুক্ত!

অসুরাস্ত্র নিক্ষিপ্ত হল, এবং মাত্র কয়েক মুহূর্তের ভিতর সেটি মিথিলার দুর্গের প্রাচীরদ্বয় অতিক্রম করে বেগবান হল। প্রাচীরের বাইরে, জলাধার

সংলগ্ন অঞ্চলে কর্মরত লঙ্কাবাহিনীর সেনারা অব্যক্ত আতঙ্কে এবং হতচকিত অবস্থায় আকাশের দিকে তাকিয়ে রইল। এই ক্ষেপনাস্ত্রের একটিই অর্থ—এই হলো দৈবী অস্ত্র!

তাদের মৃত্যু অবধারিত। এবং তারা সেই সত্য সম্বন্ধে অবগতিপ্রাপ্ত!

প্রতিক্রিয়ার কোনো সুযোগ ছিল না। দৌড়োবার উপায় ছিল না। অবশ্য রক্ষা পাওয়ার আশ্রয়স্থান কোথায়—কোথায় গিয়ে প্রাণরক্ষা করবে তারা?

তাদের মাথার উপর কোনো সুরক্ষার আচ্ছাদন নেই। অসুরাস্ত্রের হাত থেকে তাদের নিস্তার নেই কোনোভাবেই!

মূর্তিমান মৃত্যু তাদের দিকে প্রচণ্ড বেগে অগ্রসর হচ্ছে ক্রমাগত, কিন্তু লঙ্কাবাহিনীর সেনারা এই অভাবনীয় দৃশ্য থেকে নিজেদের দৃষ্টি সরিয়ে নিতে অপারগ হল। সেই ক্ষেপণাস্ত্র জলাধারের উপরে পৌঁছোতে, সেই মুহূর্তে একটি অতি মৃদু বিস্ফোরণ হল।

লঙ্কার সেনাদের হৃদয়ে নুতনভাবে আশার আলো প্রজ্বলিত হল।

সম্ভবত এই দৈবী অস্ত্র প্রয়োগ সম্পূর্ণ ব্যর্থ হয়েছে!

কিন্তু মধুচক্রের উপরিভাগে দণ্ডায়মান মহাবলী মলয়পুত্ররা, এবং অযোধ্যার রাজপুত্ররা ঘটনাশৈলী সম্পর্কে অবহিত ছিলেন। গুরু বিশ্বামিত্রের নির্দেশ অনুযায়ী, তাঁরা এই মুহূর্তে নিজেদের হাত দিয়ে কান অবরুদ্ধ করে অপেক্ষায় ছিলেন।

অসুরাস্ত্রের ধ্বংসলীলা এখনো শুরু হয়নি।

ইতিমধ্যে, কুম্ভকর্ণ পুনরায় বিমানের মেঝের থেকে গাত্রোত্থান করতে সমর্থ হলেও, রাবণ এখনো ভূমিশয্যায়! কুম্ভকর্ণ এক মুহূর্ত সময় নষ্ট না করে বিমানের প্রধান দ্বারের পার্শ্ববর্তী দেওয়ালে রক্ষিত একটি ধাতব বোতাম সজোরে চেপে ধরলেন। বিমানের প্রকাণ্ড ধাতব দ্বার ধীরে ধীরে অবরুদ্ধ হতে শুরু করল। কিন্তু খুবই শ্লথগতিতে!

এই দ্বার সঠিক সময়ের মধ্যে সম্পূর্ণ অবরুদ্ধ হওয়ার কোনো সম্ভাবনাই নেই!

দ্বিতীয়বার চিন্তা না করেই, কুম্ভকর্ণ তাঁর অবস্থান সম্বন্ধে সিদ্ধান্ত নিলেন। ঠিক বিমানের প্রবেশপথ বরাবর। প্রায় অবরুদ্ধ প্রধান দ্বারের সম্মুখে! প্রধান দ্বারের বিশাল কপাটখানি তখন ধীরে, অতি ধীরে অবরুদ্ধ হচ্ছে!

প্রবেশদ্বারের সম্মুখে দণ্ডায়মান কুম্ভকর্ণ! তাঁর বিশাল, শক্তিমান কলেবর ক্রমে অবরুদ্ধ হয়ে আসা প্রবেশপথে এক অটল, অতন্দ্র প্রহরায়!

তিনি অসুরাস্ত্রের মহাবিস্ফোরণের প্রভাব তাঁর অগ্রজের উপর হতে দেবেন না! কুম্ভকর্ণ! নিজেকে উৎসর্গ করতে প্রস্তুত। যে মানুষটাকে তিনি প্রাণাধিক ভালোবাসেন, তাঁর জন্য তিনি প্রাণ বিসর্জন দিতে প্রস্তুত।

তাঁর অগ্রজের জন্য।

তাঁর দাদার জন্য!

সেই মারাত্মক অসুরাস্ত্র কিছুক্ষণের জন্য লঙ্কাবাহিনীর মাথার উপর স্থির হয়ে থাকার পরে, এক কর্ণবিদারক, অকল্পনীয় বিস্ফোরণে দিগ্বিদিক তোলপাড় করে তুলল। সেই শব্দের অনুরণন এতই বিপুল, যে বহুদূরে অবস্থিত মিথিলার সমগ্র নগর সজোরে কম্পমান হয়ে উঠল! অসহায় লঙ্কার সৈন্যরা অনুভব করল, এই বিস্ফোরণের ফলে তাদের কর্ণপটহ বিদীর্ণ হয়ে যাচ্ছে, তাদের ফুসফুস নিংড়ে সমস্ত বাতাস তাদের শরীর থেকে নির্গত হয়ে তাদের প্রাণবায়ু ক্রমে তাদের শরীর ত্যাগ করছে।

অসুরাস্ত্রের তাণ্ডবলীলা সবে শুরু হয়েছে! এরপর যে অবর্ণনীয় ক্ষতিসাধন করতে সমর্থ এই মারণাস্ত্র, তা প্রত্যেকের কাছে অজানা!

সেই প্রচণ্ড বিস্ফোরণের পরে এক কালান্তক নীরবতা বিরাজ করতে লাগল। মিথিলার প্রাচীরের উপরিভাগে দণ্ডায়মান দর্শকরা প্রত্যক্ষ করলেন, যে স্থানে অসুরাস্ত্র দ্বারা বিস্ফোরণ সংঘটিত হয়েছিল, সেই স্থানে একটি অত্যুজ্জ্বল সবুজ আলোর ঝলক! সেই অপার্থিব সবুজ আলোর উৎস আরেকটি প্রচণ্ড বিস্ফোরণে লঙ্কার সেনাদের উপর বর্ষিত হল। তারা সেই স্থানেই স্থাণুবৎ দাঁড়িয়ে থাকল, তাদের শরীরে সাময়িক পঙ্গুত্বপ্রাপ্তি ঘটল। তাদের উপর অবিরাম ঝরে পড়তে থাকল সেই বিশাল ক্ষেপণাস্ত্রের চূর্ণবিচূর্ণ জ্বলন্ত অংশগুলি!

পুষ্পকবিমানের প্রধানদ্বার সম্পূর্ণ অবরুদ্ধ হওয়ার মুহূর্তে, কুম্ভকর্ণের দুই চোখে সেই অপার্থিব সবুজ আলোর ঝলকানি ধরা পড়েছিল। যদিও সঠিক সময়ে বিমানের দ্বার অবরুদ্ধ হওয়ায় বিমানের অভ্যন্তরে উপস্থিত প্রত্যেকের প্রাণরক্ষা সম্ভবপর হয়েছিল, কিন্তু কুম্ভকর্ণ সজোরে ভূমিতে পতিত হয়েছিলেন, সম্পূর্ণ হতচেতন অবস্থায়!

'কুম্ভ!!!' রাবণ উল্কাবেগে তাঁর কনিষ্ঠ ভ্রাতার কাছে ছুটে গেলেন এক মর্মস্পর্শী আর্তনাদ সহকারে।

অসুরাস্ত্রের কাজ কিন্তু এখনো সম্পন্ন হয়নি! তার দ্বারা আসল ক্ষতিসাধন এখনো পর্যন্ত সম্পন্ন হতে বাকি আছে!

সেটির অভ্যন্তর থেকে নির্গত হল একটি প্রাণান্তকর শিসের শব্দ, যার একমাত্র তুলনা চলে দৈত্যাকার ময়ালসাপের রণহুঙ্কারের সঙ্গে! লঙ্কার সেনাদের উপর ঝরে পড়া ক্ষেপণাস্ত্রের জ্বলন্ত টুকরোগুলি থেকে নির্গত হতে থাকল গাঢ় সবুজ বাষ্প, যা কয়েক মুহূর্তের ভিতর সেই স্থানে স্থাণুবৎ অবস্থায় দণ্ডায়মান মানুষগুলিকে অবগুণ্ঠিত করে ফেলল।

এই সবুজ বাষ্পই ছিল এই অসুরাস্ত্রের হৃদয়—তার মূল অস্ত্র! বিভিন্ন বিস্ফোরণ এবং সবুজ আলোর দ্বারা এই অস্ত্র তার শিকারদের অসাড় করে ফেলে। আর এই গাঢ় সবুজ বাষ্প তাদের সংহার করে!

কয়েক মুহূর্তে পুষ্পকবিমানের বাইরে অসাড় হয়ে পড়ে থাকা অবশিষ্ট লঙ্কাবাহিনীর সেনাদের এই সবুজ বাষ্প কার্যত গ্রাস করে নিল। এই বিষাক্ত বাষ্পের প্রভাবে তারা কয়েক সপ্তাহ, এমনকী কয়েকমাস পর্যন্ত এই অবস্থায় অসাড় হয়ে এই স্থানেই পড়ে থাকবে। এইভাবে পড়ে থাকতে থাকতে অনেকে প্রাণত্যাগ করবে। চারিদিকে এক অখণ্ড নীরবতা। দয়াভিক্ষা অথবা প্রাণভিক্ষার জন্য কোনওপ্রকার আর্তনাদ নেই। কেউ পলায়ন করার ব্যর্থ প্রচেষ্টায় রত হল না। তারা সম্পূর্ণ অসহায়, নিশ্চলভাবে ভূমিশয্যায় শুয়ে, শীতল মৃত্যুর অপেক্ষায় কালযাপন করতে থাকল। এই সময়ে এই সমগ্র অঞ্চলে আর কোনো শব্দ রণিত হচ্ছিল না—শুধুমাত্র ক্ষেপণাস্ত্রের ভগ্ন টুকরোগুলি থেকে নির্গত সবুজ বাষ্পের বিষাক্ত নিঃশ্বাসের একটানা ক্লান্তিকর শব্দ ব্যতীত।

বিমানের অভ্যন্তরে, ভগ্নহৃদয় রাবণ নতজানু অবস্থায় তাঁর প্রাণপ্রিয় কনিষ্ঠ ভ্রাতার শরীর নিজের দুই বাহুতে আঁকড়ে ধরে বসেছিলেন। বারম্বার তাঁর অনুজের অচৈতন্য শরীরখানি ঝাঁকাচ্ছিলেন তিনি মরিয়া হয়ে, তাঁর দুই চোখ থেকে অবিশ্রান্ত বারিধারা অনর্গল নিঃসৃত হচ্ছিল, তিনি বিলাপ করছিলেন, 'কুম্ভ! কুম্ভ!'

অসুরাস্ত্র প্রয়োগের পরে কিছু সময় অতিক্রান্ত হয়েছে। অসুরাস্ত্র তার প্রভাবে সমগ্র লঙ্কাবাহিনীকে চূর্ণবিচূর্ণ করতে সক্ষম হয়েছে।

পুষ্পকবিমানের ভিতরে থাকা মুষ্ঠিমেয় কিছু সেনা প্রাণরক্ষা করতে সমর্থ হয়েছে। তাদের মধ্যে একজন চিকিৎসক বর্তমান ছিলেন। যে কোনো পরিস্থিতিতেই, পুষ্পকবিমানে বিমানসারথিরা প্রস্তুত থাকত বিমানচালনার জন্য।

সেই চিকিৎসক তাঁর কাছে রক্ষিত ঔষধের মাধ্যমে, প্রাণান্তকর প্রচেষ্টায় ক্ষেপণাস্ত্রের প্রভাবে ক্ষতিগ্রস্ত কুম্ভকর্ণের চেতনা ফিরিয়ে আনতে সমর্থ হয়েছেন। যদিও তাঁর সম্পূর্ণ শরীরে এখনো সাড় ফিরে আসেনি, এবং তাঁর শ্বাসপ্রশ্বাস রীতিমতো অসংলগ্ন। তিনি এই মুহূর্তে বিমানের মেঝেতে শায়িত, তাঁর শরীরের বাড়তি অঙ্গপ্রত্যঙ্গ থেকে ক্রমাগত রক্তক্ষরণ হয়ে চলেছিল। তাঁর মাথা ক্রোড়ে নিয়ে পরম মমতায় তাঁর অগ্রজ রাবণ সেই মেঝেতেই উপবিষ্ট ছিলেন।

তিনি বার্তালাপের প্রচেষ্টা করলে, জিভ ফুলে ওঠার কারণে তাঁর মুখ থেকে দুর্বোধ্য এবং অসংলগ্ন কিছু শব্দ নিঃসৃত হল।

'নীরব হও!' বললেন রাবণ, তাঁর গণ্ডদেশ ক্রমাগত রোদনের ফলে স্ফীত ও সিক্ত অবস্থায় রয়েছে, 'শান্ত হও, বিশ্রাম করো। তুমি সত্বর সুস্থ হয়ে উঠবে। আমি থাকতে তোমার কোনো অনিষ্ট আমি হতে দেবো না!'

'থাথা...আননি...আলো আহেন?'

তাঁর অনুজের এই অস্পষ্ট কথা শুনে রাবণের চোখ থেকে বর্ষিত অশ্রুধারা মুহূর্তে প্রবল হয়ে উঠল—তিনি বুঝতে পারলেন যে এই শারীরিক অবস্থাতেও তাঁর ভ্রাতা তাঁর কুশল সম্বন্ধে কতটা দুশ্চিন্তাগ্রস্ত! লঙ্কাধিপতি পরম স্নেহে তাঁর অনুজের ললাট চুম্বন করলেন, 'আমি সম্পূর্ণ অক্ষত রয়েছি। তুমি বিশ্রাম নাও, দয়া করে তুমি বিশ্রাম নাও, ছোট্ট কুম্ভ!'

কুম্ভকর্ণের আংশিক পঙ্গু মুখমণ্ডলে একটি বিকৃত হাসি ফুটে উঠল, 'আমাল ...অন্যে!'

ক্রন্দন করতে করতেই রাবণ হেসে ফেলতে বাধ্য হলেন, 'হ্যাঁ, হ্যাঁ, অবশ্যই ভ্রাতা! আমি তোমার কাছে কৃতজ্ঞ! চির ঋণী!'

কুম্ভকর্ণ তাঁর মাথা হেলালেন, সেই হাসি তখনো তাঁর মুখমণ্ডলে বিরাজমান, 'ময়া... ময়া কররীলাম...'

'বিশ্রাম করো কুম্ভ। বিশ্রাম করো।'

কুম্ভকর্ণ নিজের চোখ বন্ধ করলেন।

রাবণ তাঁর অনুজের মাথাটি নিজের বুকের মধ্যে চেপে ধরে তারস্বরে বিলাপ করে উঠলেন, 'আমায় ক্ষমা করো, কুম্ভ! মাফ করে দাও আমায়। আমার তোমার নিষেধ অমান্য করা উচিত হয়নি!'

'প্রভু,' বিমানের জানালার ভিতর থেকে বাইরে দৃষ্টিপাত করে একজন লঙ্কাসেনা রাবণকে সম্বোধন করল ফিসফিসিয়ে।

রাবণ তার দিকে তাকালেন।

'ওই সবুজ বাষ্প এখনো দৃশ্যমাণ,' সেনাটি বলল, 'সেটি আমাদের সেনাদের সম্পূর্ণরূপে গ্রাস করে ফেলেছে! আমরা এখন কী করব?'

রাবণ এর অর্থ অনুধাবন করলেন সহজেই। পুষ্পকের বাইরে ভূলুণ্ঠিত সমস্ত লঙ্কাসেনা দিনের পর দিন, সপ্তাহের পর সপ্তাহ, এমনকী মাসাবধি এইভাবেই পড়ে থাকবে যুদ্ধক্ষেত্রে। এই অবস্থাতেই এরা একে একে মৃত্যুবরণ করবে। তিনিও এঁদের জন্য কিছুমাত্র সাহায্য প্রেরণ করতে অক্ষম এই মুহূর্তে। কারণ বিমানের বাইরে সেই মারণ বাষ্পের প্রভাব এখনো প্রবলতম!

মিথিলার যুদ্ধে তাঁর লজ্জাজনক পরাজয় ঘটেছে! তাঁর সমগ্র রক্ষীদল ধ্বংস হয়েছে। তাঁর বিশাল সেনাবাহিনীর কিছুমাত্র অবশিষ্ট নেই, এই বিমানে উপস্থিত হাতে গোনা কয়েকজন সেনা ব্যতীত। তিনি সম্পূর্ণভাবে পর্যুদস্ত হয়েছেন—এই মুহূর্তে তাঁর কিছু করণীয় নেই।

কিন্তু এই যুদ্ধে পরাজয় রাবণের কাছে এখন অতি গৌণ ব্যাপার।

তিনি তাঁর অনুজের দিকে পুনরায় দৃকপাত করলেন। তাঁর শরীরটি পরম মমতায় নিজের বুকে টেনে নিলেন।

তাঁর কাছে সর্বাপেক্ষা প্রাণপ্রিয় তাঁর এই কনিষ্ঠ ভ্রাতা। তাঁকে যেমন করে সম্ভব সুস্থ করে তুলতে হবে!

রাবণ তাঁর পুষ্পকবিমানের অভিজ্ঞ সারথিদের দিকে দৃষ্টিপাত করলেন, 'আমাদের এই অভিশপ্ত ভূমি থেকে ফিরিয়ে নিয়ে চলো!'

অষ্টবিংশ অধ্যায়

রাবণ দীর্ঘশ্বাস ছাড়লেন, 'শেষ পর্যন্ত আমরা পুনরায় মহান মলয়পুত্রদের সঙ্গে সাক্ষাতের সুযোগ পাব!' তিনি বললেন।

মিথিলার যুদ্ধের পরে প্রায় তেরো বছরের বেশি সময় অতিক্রান্ত হয়েছে। সিগিরিয়ার রাজপ্রাসাদে লঙ্কাধিপতির নিজস্ব কক্ষে অবস্থান করছেন রাবণ এবং কুম্ভকর্ণ। সেই যুদ্ধে পরাজয়ের চরম অপমান এখনো দগদগে এক ক্ষতের মতো রাবণের অন্তরকে পীড়া দেয়, যদিও যুদ্ধের স্মৃতি এতো বছর পরে রীতিমতো ধূসর হয়ে গিয়েছে।

রাবণের দশ সহস্র অভিজ্ঞ, প্রশিক্ষণপ্রাপ্ত সেনা সম্বলিত বাহিনীর ধ্বংসপ্রাপ্ত হওয়া, কিংবা মিথিলার কাছে চরম অবমাননাকর পরাজয়ের গ্লানি সমগ্র সপ্তসিন্ধুর রন্ধ্রে রন্ধ্রে ছড়িয়ে পড়েনি—যেমন রাবণ অনুমান করেছিলেন। কিন্তু এই পরাজয়ের অব্যবহিত পরে, সপ্তসিন্ধুর কিছু রাজ্য লঙ্কার শাসনব্যবস্থার বিরুদ্ধে বিপ্লবের পরিকল্পনা করেছিল। এবং এই নতুন বিপ্লবে তাদের নেতৃত্বে তারা অযোধ্যার রাজপুত্র, রামকে কল্পনা করছিল। কিন্তু এই বিপ্লব দানা বাঁধার পূর্বেই, মহারাজা দশরথ রাজপুত্র রামকে চোদ্দ বছরের জন্য বনবাসে নির্বাসিত করেছিলেন। অন্যায়ভাবে দেবাদিদেব রুদ্রদেবের নিষেধাজ্ঞা অমান্য করে দৈবী অস্ত্রের প্রয়োগ করার শাস্তিস্বরূপ! তাঁর বিদায়ের সঙ্গে সঙ্গে এই বিপ্লবের সম্ভাবনা অঙ্কুরে বিনাশপ্রাপ্ত হয়েছিল। রামের স্ত্রী রাজকুমারী সীতা, এবং রামের কনিষ্ঠ ভ্রাতা লক্ষ্মণ, এই দীর্ঘ বনবাসে তাঁর ছায়াসঙ্গী হিসাবে সঙ্গে থাকাতে, সপ্তসিন্ধুর মানুষের উদ্যম ও প্রতিহিংসার রেশ একেবারে তলানিতে ঠেকেছিল।

রাবণের ক্ষেত্রেও এই যুদ্ধের ফলাফল অনুযায়ী তাঁর যথেষ্ট সম্মানহানি হয়েছিল। আপামর লঙ্কাবাসী প্রবলভাবে আশান্বিত ছিল, যে তিনি পুনরায় মিথিলায় প্রত্যাবর্তন করে, তাদের ধ্বংস করে তাঁর চূড়ান্ত পরাজয়ের প্রতিশোধ নেবেন, কিন্তু রাবণ অবগত ছিলেন যে তাঁর ভগ্নপ্রায় লঙ্কাবাহিনীর পক্ষে আরেকটি যুদ্ধের ধকল নেওয়া এই মুহূর্তে অসম্ভব। এ ছাড়াও, আহত ও অর্ধমৃত লঙ্কাসেনাদের চিকিৎসা করে, তাদের যুদ্ধবন্দি বানিয়ে, মিথিলা পরিত্যাগ করেছে মলয়পুত্ররা। মলয়পুত্ররা সেই সেনাদের পুনরায় মুক্তি দিতে পারে, পরিবর্তে রাবণকে দেবাদিদেব রুদ্রনাথের নামে শপথগ্রহণ করতে হবে, যে তিনি ভবিষ্যতে মিথিলা অথবা সপ্তসিন্ধুর কোনো রাজ্যকে আক্রমণ করবেন না!

এ ছাড়াও, গুরুদেব ঋষি বিশ্বামিত্র রাবণকে সাবধান করেছিলেন, যদি ভবিষ্যতে তিনি সপ্তসিন্ধুকে আক্রমণ করার অভিপ্রায়ে তাঁর সেনাবাহিনীকে প্রস্তুত করেন, তাহলে সপ্তসিন্ধু থেকে নিয়মিতভাবে আগত রাবণ ও কুম্ভকর্ণের ঔষধাদির সরবরাহ অচিরেই বন্ধ করে দেওয়া হবে। এই একই কারণে, তিনি গূঢ়বস্তু এবং তাঁদের ঔষধের মূল্য অসম্ভব হারে বর্ধিত করেছিলেন। মাত্রাতিরিক্ত অপমানের দহনজ্বালা সহ্য করেও রাবণ এই সমস্ত শর্ত মেনে নিতে বাধ্য হয়েছিলেন। কিন্তু তিনি অন্তরে অন্তরে এই অপমানের জিঘংসায় জ্বলছিলেন, এবং এতদিনে তাঁদের সম্মুখে সম্ভবত সেই সুযোগ এসে উপস্থিত হয়েছে।

'প্রশ্ন প্রতিশোধের নয়, দাদা!' বললেন কুম্ভকর্ণ, 'আমাদের যা প্রাপ্য, সেইটুকুই আমাদের চাই। কিন্তু আমাদের সাবধানতা অবলম্বন করতে হবে, ভীষণভাবে!'

'সেটা তোমার কাছে মুখ্য হতেই পারে। কিন্তু আমার কাছে প্রধান হল মলয়পুত্রদের শিক্ষা প্রদান করা। কিন্তু আমি যা করব সুস্থ মস্তিষ্কে, শান্ত মনে আর ঠান্ডা মাথায় ভেবেচিন্তেই করব। আর হঠকারিতা নয়।'

কুম্ভকর্ণ উত্তেজিতভাবে তাঁর বাহুর আস্ফালন করলেন সম্পূর্ণ সম্মতিতে, 'যথার্থ!'

'তাঁদের কাছে এই মুহূর্তে একজন বিষ্ণুবতার বর্তমান, এবং সেটাই মুখ্য। এবং যে ব্যক্তির ভিতরে এই অবতার আবিষ্কৃত হয়েছে, সেটিও চমকপ্রদ ঘটনা!' চিন্তান্বিতভাবে বললেন রাবণ।

'হ্যাঁ,' বললেন কুম্ভকর্ণ, 'ধীরে ধীরে সমস্ত ঘটনা বোধগম্য হচ্ছে!

পূর্বে, আমি বুঝতে সক্ষম হইনি যে এই মলয়পুত্ররা সামান্য শক্তির মিথিলাকে রক্ষা করার জন্য এইরূপে মরিয়া হয়েছিলেন কী কারণে? এই কার্যসমাধা করার কারণে তাঁরা দেবাদিদেব রুদ্রদেবের নিষেধাজ্ঞা অমান্য করার সাহস করেছিলেন, এমনকী মহাশক্তিধর বায়ুপুত্রদের সঙ্গে তাঁদের সুসম্পর্ক স্থায়ীরূপে ছিন্ন করতেও পিছপা হননি! সামান্য শক্তির রাজ্য, দুর্বল মিথিলার রক্ষার্থে এতো বড় ঝুঁকি নেওয়া সত্যি অস্বাভাবিক! কিন্তু আজ আমি বুঝি যে তাঁরা তাঁদের একান্ত প্রিয়, ঋষিদের পুণ্যভূমি এই মিথিলার চাইতেও বেশি তাঁদের বিষ্ণুবতারের সুরক্ষায় এই ঝুঁকি গ্রহণ করেছিলেন। তাঁরা অবগত ছিলেন, আপনি সেই দিন এতটাই ক্রোধান্ধ ছিলেন, যে আপনার হাত থেকে কারো নিস্তার ছিল না!'

রাবণ সম্মতিসূচক মাথা নাড়ালেন, 'সত্য! তাঁরা তাদের জীবনের জন্য ভাবিত নন। তাঁরা শুধু তাঁদের জীবনের অভীষ্টের প্রতি একাগ্র। এবং তাঁদের এই অভীষ্টে সফলতা লাভ করতে হলে, জীবনের প্রতিপদে তাঁদের বিষ্ণুবতারকে পাশে চাই!'

'রাজকুমারী সীতা!'

'কে ভেবেছিল যে ওই দুর্বল, ক্ষুদ্র মিথিলা রাজ্য থেকে তাঁরা তাঁদের বিষ্ণুবতারকে চয়ন করবেন?' তাঁর দক্ষিণ স্কন্ধের পেশিসঞ্চালন করে বললেন রাবণ। তাঁর বয়স এখন ষাট বছরের কাছাকাছি, স্বাভাবিকভাবেই শারীরিক ব্যথা বেদনা তাঁর জীবনের নিত্যসঙ্গী। এছাড়াও, তেজস্ক্রিয় ঔষধাদি তাঁর শরীর সত্বর জরাজীর্ণ করে তুলছে। সিগিরিয়ায় প্রায়শই ঘটে যাওয়া মহামারীর প্রকোপ তাঁর শারীরিক অক্ষমতা ত্বরান্বিত করছে।

'তিনিই একমাত্র প্রার্থী ছিলেন না।' বললেন কুম্ভকর্ণ।

রাবণ হতবাক দৃষ্টিতে তাঁর অনুজের দিকে তাকালেন।

মহাশক্তিধর বায়ুপুত্র এবং গুরু বশিষ্ঠ বিশ্বাস করেন যে রাম পরবর্তী বিষ্ণুবতার হতে চলেছেন!' বললেন কুম্ভকর্ণ।

অযোধ্যার রাজপরিবারের রাজগুরু এবং প্রধান উপদেষ্টা ছিলেন ঋষি বশিষ্ঠ। কিন্তু শুধুমাত্র রাজপরিবারের সঙ্গে এই সুসম্পর্কের কারণে সমগ্র সপ্তসিন্ধুতে তিনি শ্রদ্ধেয় এবং সম্মানিত ছিলেন, তা নয়। তিনি ছিলেন এক মহর্ষি, এক মহাজ্ঞানী পণ্ডিত, বুদ্ধিতে যার সমকক্ষ কেউ ছিল না। তাঁর সমতুল্য যদি কেউ থেকে থাকেন, তিনি মলয়পুত্রদের প্রধান, ঋষি বিশ্বামিত্র।

এ কথাও সর্বজনবিদিত যে এই ঋষি বশিষ্ঠ, প্রাক্তন মহাদেব রুদ্রদেবের বংশ মহাশক্তিধর বায়ুপুত্রদের সঙ্গে একান্ত অন্তরঙ্গ ছিলেন।

'রাম! সত্যি?'

'হ্যাঁ!'

'অদ্ভুত ব্যাপার!' বললেন রাবণ, 'গুরু বশিষ্ঠ এবং বায়ুপুত্রদের এ কি অভিসন্ধি? রাম এবং সীতার মধ্যে দাম্পত্যকলহের ইন্ধন জোগানো?'

কুম্ভকর্ণ হাসলেন, 'যাই হোক, গুরু বশিষ্ঠ কিংবা বায়ুপুত্ররা মনে করেন যে বিষ্ণুবতার হিসাবে চয়নের ক্ষেত্রে তাঁর, অর্থাৎ বিষ্ণুবতারের কোনো বক্তব্য গ্রাহ্য হবে না। বিষ্ণুবতার চয়নের সম্পূর্ণ দায়িত্ব মলয়পুত্রদের উপর ন্যস্ত। এবং গুরুদেব বিশ্বামিত্র ইতিমধ্যেই তাঁর অভিমত ব্যক্ত করেছেন। রাজকুমারী সীতাই হবেন পরবর্তী বিষ্ণুবতার!'

রাবণ তাঁর কেদারায় শরীরের ভর ছেড়ে দিয়ে এক সুদীর্ঘ প্রশ্বাস ত্যাগ করলেন, 'গুরু বশিষ্ঠ এবং গুরু বিশ্বামিত্রের ভিতরে এই বৈরিতার কারণ কী? একদা ওরা তো বিশিষ্ট মিত্র ছিলেন!'

'আমার সে সম্পর্কে জ্ঞান নেই, দাদা! সেই কাহিনি সম্পূর্ণ পৃথক। সেই কাহিনির সঙ্গে আমাদের কাহিনির বিন্দুমাত্র সম্পর্ক নেই!'

'কিন্তু তোমার এই সমস্ত ব্যাপারে যথেষ্ট জ্ঞান রয়েছে,' বললেন রাবণ, 'এই যে বিষ্ণুবতার সম্বন্ধে জ্ঞানগর্ভ তথ্যাদি আমার সম্মুখে পেশ করলে, তার উৎস কোথায়, জানতে পারি কি?'

'আপনি না জানতে চাইলে খুব ভালো হয়!'

'কেন?'

'আমায় বিশ্বাস করতে পারেন, দাদা!'

রাবণ কুম্ভকর্ণের দিকে দৃষ্টিপাত করলেন, 'কেন জানি না, মাঝে মধ্যে আমার মনে হয় আমরা একটি সুবিশাল দাবাখেলায় সামান্যতম বোড়ে মাত্র!'

'প্রতিটি মানুষ এই জীবনের খেলায় একটি সামান্য বোড়ে মাত্র, দাদা। কিন্তু এই দাবায়, একটি সামান্য বোড়েই বিপক্ষের সম্মুখে একটি বিশাল শক্তি হিসাবে প্রতিপন্ন হয়ে ওঠে!'

রাবণ তার ভ্রূকুঞ্চন করে, হেসে উঠে বললেন, 'কিন্তু এই দাবাখেলা এবং মানুষের বাস্তব জীবনে বিস্তর পার্থক্য বিরাজ করে, কুম্ভ!'

'নিশ্চয়, দাদা। কিন্ত এই দাবাখেলা বাস্তব জীবনের একটি জ্বলন্ত উপমা।

আপনি এই খেলা যত উত্তমরূপে খেলতে সক্ষম হবেন, ঠিক সেইরূপে, সুখে শান্তিতে জীবনযাপন করতে সমর্থ হবেন!'

'জ্ঞানগর্ভ বক্তব্য!' বললেন রাবণ, 'আর তুমি জানো কুম্ভ, তোমার উপর আমার অখণ্ড বিশ্বাস রয়েছে। যখনই তোমার উপর আমি কোনো কারণে অবিশ্বাস করেছি, আমাকে প্রবলভাবে সেই ভ্রান্তির মাশুল দিতে হয়েছে!'

কুম্ভকর্ণ মৃদু হেসে তাঁর ক্লান্তি আড়াল করলেন।

'তোমার কি পুনরায় বিশ্রামের প্রয়োজন হয়ে পড়েছে?' চিন্তিতমুখে প্রশ্ন করলেন রাবণ।

অসুরাস্ত্র তার দীর্ঘস্থায়ী প্রভাব রেখে গেছে কুম্ভকর্ণের জীবনে। একজন নাগ হিসাবে জন্মগ্রহণ করার ফলে, আশৈশব তাঁকে বিভিন্ন ধরনের যন্ত্রণা এবং কষ্ট সহ্য করে আসতে হয়েছে। তাঁর শরীরের বাড়তি অংশগুলির মূ লে তিনি অসহ্য বেদনাবোধ করতেন, এবং শিশুকালে সেগুলি থেকে প্রচুর পরিমাণে রক্তক্ষরণ হতো। কিন্তু মলয়পুত্রদের কাছ থেকে উপলব্ধ ঔষধের দ্বারা সেই অসহনীয় যন্ত্রণা এবং রক্তক্ষরণের প্রভাব কিছুটা সীমিত হয়েছিল। কিন্তু অসুরাস্ত্রের সেই প্রাণঘাতী সবুজ আলোর সম্মুখে তাঁর ক্ষণিকের উপস্থিতি তাঁর স্বাস্থ্যের অভাবনীয় অবনতি ঘটিয়েছিল। এ ছাড়াও, এই একান্ন বছর বয়সে তিনি স্বাভাবিকভাবেই পূর্বের ন্যায় শক্তিমান ও প্রাণপ্রাচুর্যে ভরপুর ছিলেন না। নতুন করে ফিরে আসা অসহ্য যন্ত্রণা এবং রক্তক্ষরণ তাঁর জীবন দুর্বিষহ করে তুলেছিল।

মলয়পুত্রদের দক্ষ চিকিৎসকরা সিগিরিয়ায় উপস্থিত হয়ে বিভিন্ন নতুন ঔষধাদির ব্যবস্থা করেছিলেন, যাতে তাঁর এই যন্ত্রণা এবং রক্তক্ষরণ কিছুমাত্রায় প্রশমিত হয়, কিন্তু সেই ঔষধ কুম্ভকর্ণকে একাধারে ভীষণ অলস এবং নিদ্রালু করে তুলেছিল। প্রতিদিন তিনি দিনের সিংহভাগ সময় নিদ্রায় অতিবাহিত করতেন। যদি কিছুদিনের জন্য এই সমস্ত ঔষধ সেবন স্থগিত করে রাখা হতো, তবেই তিনি তাঁর পুরাতন প্রাণপ্রাচুর্য ফিরে পেতেন। কিন্তু সেক্ষেত্রে, মাত্র পাঁচদিন ঔষধ স্থগিত করতেই, সেই অসহ্য বেদনা এবং রক্তক্ষরণ ফিরে আসত। পাঁচদিনের বেশি সময়ের জন্য ঔষধ বন্ধ করে রাখার ফল ছিল কুম্ভকর্ণের অবধারিত মৃত্যু!

এবং তাঁর জীবনে এই শাস্তি কেন নেমে এসেছিল—কারণ তিনি তাঁর জীবনের বিনিময়ে, তাঁর প্রাণাধিক প্রিয় অগ্রজের জীবনরক্ষা করতে উদ্যত হয়েছিলেন মিথিলার মহাযুদ্ধে!

রাবণ এই কারণে কখনো নিজেকে ক্ষমা করতে সক্ষম হননি, বিগত তেরো বছর ধরে তিনি তাঁর অন্যান্য সমস্ত পরিকল্পনাকে জলাঞ্জলি দিয়েছিলেন—লঙ্কা সাম্রাজ্যের প্রসার ও বিস্তার থেকে কিষ্কিন্ধ্যার দখলগ্রহণ পর্যন্ত। তিনি তাঁর সম্পূর্ণ মনোযোগ স্থাপন করেছিলেন তাঁর অনুজের স্বাস্থ্যের উপরে, তাঁর যন্ত্রণাহীনভাবে জীবিত থাকার উপরে।

কুম্ভকর্ণ অগ্রজের দিকে তাকিয়ে হাসলেন, 'আমি ভালো আছি, দাদা!'

রাবণ মৃদু হেসে তাঁর প্রিয় অনুজের কাঁধে স্নেহের তলোপ্রহার করলেন।

'যাই হোক না কেন,' বলে চললেন কুম্ভকর্ণ, 'বায়ুপুত্র কিংবা গুরু বশিষ্ঠের সঙ্গে আমাদের কোনোপ্রকার সম্পর্ক নেই। আমাদের প্রয়োজন শুধুমাত্র মলয়পুত্রদের আয়ত্ত্বাধীন করা। এবং আমরা যদি তাঁদের বিষ্ণুবতারকে তাঁদের কাছ থেকে নিয়ে নিতে সক্ষম হই, তাহলেই সেই কর্মসাধন হবে। তাঁরা যে কোনো মূল্যে তাঁকে আমাদের বন্দিদশা থেকে মুক্ত করতে চাইবে, আর তখন আমরা তাঁদের কাছ থেকে চরম মূল্য উশুল করে শোষণে ব্যস্ত হব! আগামী বিশ বছরে আমাদের জন্য প্রয়োজনীয় আগাম ঔষধ আমরা তাঁদের কাছ থেকে বিনামূল্যে, ক্ষতিপূরণ স্বরূপ আহরণ করব। যতদিন এই বিষ্ণুবতার আমাদের অধীনে বন্দি থাকবেন, ততদিন কেউ আমাদের মলয়পুত্রদের যথেচ্ছ শোষণ করার থেকে নিরস্ত করতে সক্ষম হবে না।

রাবণ সম্মত হলেন।

'তবে কি আমরা এই পথে অগ্রসর হতে পারি?' প্রশ্ন করলেন কুম্ভকর্ণ।

'হ্যাঁ, আমাদের রাজকুমারী সীতাকে হরণ করে আনতে হবে!'

'স্মরণে রাখবেন, দাদা, এ নিছক প্রতিহিংসা নয়। আমাদের যতটুকু প্রয়োজন আমরা ততটুকুই গ্রহণ করব। আমাদের এই কর্ম সংঘটিত হবে মলয়পুত্রদের শিক্ষাপ্রদানের হেতু। আমরা কোনোভাবেই বিষ্ণুবতারের অনিষ্ট করব না!'

রাবণ সম্মতিপ্রদান করলেন।

'তিনি আমাদের সম্মানিত বন্দি হিসাবে থাকবেন।'

'হ্যাঁ!'

'তিনি থাকবেন একজন রাজনৈতিক বন্দি হিসাবে। তাঁকে লঙ্কার কোনো সাধারণ কারাগারে রক্ষিত করা হবে না, তিনি সসম্ভ্রমে লঙ্কার অন্যতম কোনো প্রাসাদে বিরাজ করবেন!'

'আমি বুঝতে পেরেছি কুম্ভ! এর বেশি তোমাকে বোঝাতে হবে না!'

কুম্ভকর্ণ মৃদু হেসে স্নেহময় অগ্রজের সম্মুখে করজোড় করলেন।

—১৫—

'দাদা, আমার মনে হয় না এই পরিকল্পনা একেবারেই যথাযথ,' কুম্ভকর্ণ ফিসফিস করে বললেন রাবণকে।

সিগিরিয়ার রাজপ্রাসাদে, রাবণের নিজস্ব কক্ষে ভ্রাতৃদ্বয় উপস্থিত ছিলেন। সেই কক্ষে উপস্থিত ছিলেন রাবণের পুত্র, সাতাশ বছরের ইন্দ্রজিৎ। রাবণের শারীরিক বৈশিষ্ট্যের সঙ্গে ইন্দ্রজিতের শরীরের এক অভূতপূর্ব সাদৃশ্য ছিল। তাঁর সুদীর্ঘ চেহারাও ছিল অস্বাভাবিক পেশীবহুল, এবং পিতার ন্যায় তাঁর কণ্ঠস্বর অত্যন্ত ভারী এবং জলদগম্ভীর! মাতার ন্যায় উন্নত গ্রীবা, এবং ঘন বাদামি কেশদাম। এই পিঙ্গলবর্ণ কেশদাম পশুরাজ সিংহের ন্যায় তিনভাগে বিভক্ত করে তাঁর কেশবিন্যাস করতেন তিনি। মাথার দুই দিকে দুই ভাগ, এবং মাথার মধ্যবর্তী অংশে একটি সুদীর্ঘ বিনুনী। তাঁর নিখুঁত উজ্জ্বল মুখমণ্ডলের সৌন্দর্য বর্ধন করত একটি ঘনকৃষ্ণ পাকানো বিশাল গুম্ফ, পুরুষত্বের সগর্ব প্রতীক হিসাবে। তাঁর পোষাক পরিধানের রুচিবোধ ছিল অত্যন্ত মার্জিত—শুদ্ধ খাঁটি ঘিয়ে রঙের ধুতি এবং নিষ্কলঙ্ক শুভ্র অঙ্গবস্ত্র। ভারতের অধিকাংশ যোদ্ধাদের ন্যায়, কানে মাকড়ি ব্যতীত তাঁর শরীরে অন্য কোনো অলংকার শোভিত হতো না। লঙ্কাকে বারম্বার ব্যাতিব্যস্ত করতে থাকা সেই কালান্তক মহামারীর প্রকোপ ইন্দ্রজিতের উপরে পড়েনি, তা নিয়ে রাবণের গর্বের অন্ত ছিল না।

রাবণের একমাত্র পুত্র ছিলেন তাঁর নয়নের মণি। তাঁর নামকরণ পর্যন্ত তিনি নিজেই করেছিলেন, ইন্দ্রজিৎ শব্দের অর্থ হল—এমন এক ব্যক্তি যে যুদ্ধে দেবরাজ ইন্দ্রকেও অবলীলায় পরাজিত করতে সক্ষম।

বহুকাল পূর্বে এই ইন্দ্রদেব ছিলেন সমগ্র দেবতাকুলের এক কিংবদন্তি রাজা। পরবর্তী সময়ে, দেবতাদের রাজা হিসাবে সম্মানিত প্রতি রাজার ক্ষেত্রে স্বাভাবিকভাবেই এই উপাধির প্রচলন শুরু হয়েছিল। খুব সঙ্গতভাবেই, তাঁর পুত্রের সম্বন্ধে রাবণের সমুচ্চ ধারণা ছিল, এবং সে সংবাদ কারো কাছে গোপন ছিল না।

'আমি কুম্ভকর্ণ তাতর সঙ্গে সহমত পোষণ করি,' অনুচ্চ কণ্ঠে বলে উঠলেন ইন্দ্রজিৎ, যাতে তাঁর কণ্ঠের উচ্চগ্রাম বয়োজ্যেষ্ঠদের অসম্মান প্রদর্শন না করতে পারে, 'এটি একটি অত্যন্ত গুরুত্বপূর্ণ কাজ। এই গুরুভার দায়িত্ব

আমাদের দ্বারা পালন করাই যুক্তিযুক্ত। আমরা এই দায়িত্বের ভার তাত এবং পিসিমার উপরে দিতে পারি না, কারণ অপ্রয়োজনীয় ঔদ্ধত্য এবং অপদার্থতা ব্যতীত তাঁদের কাছ থেকে কিছু আশা করা অন্যায়!'

রাবণ তাঁর অনতিদূরে এক নিরাপদ দূরত্বে দণ্ডায়মান এক নারী এবং পুরুষের দিকে দৃকপাত করলেন। শূর্পণখা এবং বিভীষণ—তাঁর বৈমাত্রেয় ভ্রাতা ও ভগ্নি। এই দুজনের উপরে তিনি ইতিপূর্বে রাজকুমারী সীতাকে অপহরণের দায়িত্ব সঁপেছিলেন। তাঁদের দিকে তাকিয়ে থাকতে থাকতে রাবণ প্রবলভাবে তাঁর মুখমণ্ডলে অপরিমিত বিরক্তির অভিব্যক্তি নিবারন করতে সক্ষম হলেন। এরা হচ্ছেন সেই পিতার সন্তান যাকে তিনি সর্বান্তকরণে ঘৃণা করেন, এবং সেই বিমাতার সন্তান যাকে তিনি কোনোদিন সহ্য করতে সক্ষম হননি। তদুপরি তাঁর 'অশ্রু পটিয়সী' মাতা এদেরকে প্রবল স্নেহে ও মমতায় লালনপালন করে তুলেছেন! এঁদের রক্ষার্থে, তাঁর মাতা তাঁর সমস্ত ক্ষমতা দিয়ে যুদ্ধ করতে দ্বিধা করবেন না, ভাবলেন রাবণ।

'এ দায়িত্ব আমরা অবলীলায় পালন করতে সক্ষম, দাদা!' বিভীষণ তাঁর বৈমাত্রেয় অগ্রজকে অভয় দিলেন।

বিভীষণের চেহারা নাতিদীর্ঘ, এবং তাঁর গাত্রবর্ণ অস্বাভাবিকভাবে উজ্জ্বল। তাঁর দোহারা চেহারার সঙ্গে একজন দৌড়বীরের প্রবল সাদৃশ্য। কিন্তু তা সত্ত্বেও, তিনি অযথা নিজের বাহুদুখানি কাঁধের দুপাশে ছড়িয়ে রাখেন, যেন এইরূপে তিনি তাঁর বাহুর প্রকাণ্ড পেশীসকল প্রদর্শিত করতে সক্ষম হন। তাঁর দীর্ঘ, ঘন মসীকৃষ্ণ কেশদাম একটি খোঁপা করে তাঁর মাথার পশ্চাতে আবদ্ধ। তাঁর ঘন শ্মশ্রু নিখুঁতভাবে কর্তিত। সেটি অতি যত্নসহকারে বাদামি বর্ণে রঞ্জিত। তাঁর শরীরে অজস্র অলংকারের আধিক্য। তাঁর পরনে একটি অত্যুজ্জল বেগুনি রঙের ধুতির সঙ্গে গাঢ় গোলাপি রঙের অঙ্গবস্ত্র। তিনি ছিলেন একটি উৎকট স্বভাবের মানুষ, এবং রাবণের ধারণা অনুযায়ী তিনি এক অতি শঠ এবং কপটাচারী পুরুষ।

'আমি তোমার দাদা নই,' রাবণ দৃঢ়স্বরে বলে উঠলেন, 'আমি তোমার সম্রাট!'

'নিশ্চয়, নিশ্চয় প্রভু!' সঙ্গে সঙ্গে নিজেকে শুধরে নিয়ে কপট অনুশোচনায় ও নিজের ভ্রম সংশোধনের অভিব্যক্তি স্বরূপ নিজের কান দুখানি টেনে ধরলেন!

রাবণ বিরক্তি সহকারে নিজের চোখ ঘুরিয়ে নিলেন সেদিক থেকে।

'আমাদের এই পরিকল্পনা কার্যকারী হিসাবে প্রতিপন্ন হবে, প্রভু!' পুনরায় বললেন বিভীষণ।

রাবণের গুপ্তচর বাহিনী তাঁর কাছে সংবাদ প্রেরণ করেছিল যে, গোদাবরী নদীর একটি শান্তিপূর্ণ তপোবন, পঞ্চবটিতে রাম, লক্ষ্মণ এবং সীতা একত্রে শিবির স্থাপন করে সুখে বসবাস করছেন। তাঁদের সুরক্ষা প্রদানের দায়িত্বে রয়েছে ষোলজন মহাবলী মলয়পুত্র। রাবণের মনে বিপুল সন্দেহের উদ্রেক হয়েছিল যে বিষ্ণুবতারের মতো একজন মহার্ঘ মানুষকে রক্ষা করার দায়িত্বে মাত্র ষোলজন রক্ষীকে বহাল করা হয়েছে, কিন্তু তিনি অবগতি প্রাপ্ত হয়েছিলেন যে, মলয়পুত্ররা রামকে অসুরাস্ত্র প্রয়োগ করতে প্ররোচনা দেওয়ায় সীতা তাঁদের উপর ভীষণভাবে অসন্তুষ্ট ও রুষ্ট হয়ে রয়েছেন। সেই কারণে তিনি তাঁদের সাহচর্য প্রত্যাখ্যান করেছেন। এই রক্ষীদলের নেতৃত্বে রয়েছেন জটায়ু, যাকে সীতা নিজের ভ্রাতা হিসাবে স্নেহ করেন, এবং একমাত্র সেই কারণেই তিনি এই রক্ষীদলকে তাঁদের সঙ্গে থাকার অনুমতি প্রদান করেছেন।

বিভীষণ তাঁর পরিকল্পনা উপস্থাপন করলেন—শূর্পণখার লাস্যময় সৌন্দর্যের দ্বারা রাম এবং লক্ষ্মণকে প্রলোভিত করার অভিপ্রায় তাঁর। শূর্পণখার সঙ্গে সাক্ষাতের কারণে নিশ্চয় এই বীর ভ্রাতৃদ্বয় নিজেদের সুরক্ষার বর্ম উন্মোচিত করে অস্ত্র ত্যাগ করবেন। এরপর শূর্পণখা তাঁর ছলাকলায় দুই ভ্রাতাকে নিজের নিয়ন্ত্রণে রেখে তাঁদের সীতার থেকে দূরে নিয়ে যেতে সক্ষম হবেন। ইত্যবসরে রাজকুমারী সীতাকে অপহরণ করা হবে! পরবর্তীতে অযোধ্যার রাজকুমারদের বলা হবে যে, শূর্পণখার প্রতি প্রবল বিদ্বেষে সীতা তাঁকে আক্রমণ করেন, এবং তাঁদের মধ্যে এক মারাত্মক সংঘর্ষের ফলে, দুর্ঘটনাবশত, খরস্রোতা গোদাবরীতে সীতার সলিলসমাধি ঘটে। অত্যন্ত গভীর এবং খরস্রোতা এই নদীর বেগবান ধারায় তাঁর দেহ চিরতরে বিলীন হয়ে যায়!

বিভীষণের মতে এইরূপে কার্যসমাধা সম্ভব হলে, তাঁরা নির্বিঘ্নে রাজকুমারী সীতাকে অপহরণ করতে সমর্থ হবেন, এবং লঙ্কার উপর কারো সন্দেহের অবকাশ থাকবে না।

'আমরা তো সরাসরি আমাদের সেনাদলের সাহায্যে সীতাকে বন্দি করে আনতে সক্ষম! সে পথে আমরা যাচ্ছি না কেন?' প্রশ্ন করলেন কুম্ভকর্ণ।

'সেক্ষেত্রে রাম যদি আঘাতপ্রাপ্ত হন, তখন কী করণীয় আমাদের?' বিভীষণ কুম্ভকর্ণের প্রশ্নের উত্তরে আরেকটি প্রশ্ন করলেন।

বিভীষণের মুখ থেকে অনুচ্চারিত যুক্তি উপস্থিত প্রত্যেকের বোধগম্য হতে বিলম্ব হল না। আক্ষরিক অর্থে, রাম হলেন অযোধ্যার মহারাজা, এবং অযোধ্যার মহারাজাকে সমগ্র সপ্তসিন্ধুর একছত্র অধীশ্বর হিসাবে পরিগণিত করা হয়। সেক্ষেত্রে এই সম্মুখসমরে লঙ্কাবাহিনীর হাতে তাঁর মৃত্যু হলে, ব্যবসায়িক নিয়মাবলী অনুযায়ী, সমগ্র সপ্তসিন্ধুর সমস্ত রাজ্য একযোগে লঙ্কার বিরুদ্ধে যুদ্ধঘোষণা করবে। এবং লঙ্কা এই মুহূর্তে যুদ্ধে যাওয়ার অবস্থায় নেই। লঙ্কাবাহিনী এই মুহূর্তে দুর্বলতম, তাদের যুদ্ধ করার ক্ষমতাই নেই!

কুম্ভকর্ণ এই ব্যবস্থায় সন্তুষ্ট হতে পারলেন না, 'আমার দৃঢ় বিশ্বাস এই পরিকল্পনা অপেক্ষা অন্যান্য পথ দ্বারা আমরা রাম এবং সীতাকে পৃথক করতে সক্ষম হব, আমাদের নিজের ভগ্নির দ্বারা ওদের প্রলোভিত না করে!'

'আমরা আমাদের সর্বোৎকৃষ্ট হাতিয়ার সহকারে এই যুদ্ধ করব, দাদা!' বললেন বিভীষণ, 'এবং শূর্পণখার সর্বশ্রেষ্ঠ হাতিয়ার হল ওর মনমোহিনী রূপ, ওর অনাস্বাদিত সৌন্দর্য!'

এই ভূয়সী প্রশংসায়, শূর্পণখার মুখমণ্ডল উজ্জ্বল হাসিতে উদ্ভাসিত হল। তাঁর চেহারার সঙ্গে বিভীষণের শারীরিক সাদৃশ্য থাকা সত্ত্বেও, তাঁর ভ্রাতার মলিন কৃশতার পরিবর্তে, শূর্পণখার শারীরিক বিভঙ্গে, তাঁর লাস্যময়ী রূপের প্রতি উপত্যকায় ছিল অমোঘ রহস্যের হাতছানি। তাঁর ভারতীয় পিতার অপেক্ষা, তাঁর শরীরে ছিল তাঁরা মায়ের থেকে উত্তরাধিকার সূত্রে পাওয়া গ্রীসদেশীয় মাদকতার মদির লাবণ্যের রেশ। তাঁর মসৃণ ত্বক ছিল শ্বেতশুভ্র মুক্তার ন্যায় নিখুঁত, তাঁর দীঘল চোখদুটি ছিল উদগ্র কামনার আধারবিশেষ। তাঁর গ্রীবার আকার ছিল অনিন্দ্যসুন্দর, তাঁর নাসিকা ছিল উন্নত। তাঁর কেশদাম ছিল উজ্জ্বল স্বর্ণালী এবং সেই অনুপম কেশদাম সর্বসময়ে একভাবে সুসজ্জিত অবস্থায় বিরাজ করত। তাঁর লাবণ্যময় শরীরের প্রতিটি বিভঙ্গে লাস্যের বর্ণচ্ছটা। তাঁর কটিদেশে বিশেষভাবে আবদ্ধ হয়েছিল একটি অসম্ভব উজ্জ্বল, অতি মূল্যবান বেগুনি বর্ণের ধুতি—তাঁর মসৃণ, নিটোল এবং সুগঠিত কটি কামোদ্দীপকভাবে শোভা পাচ্ছিল। তাঁর শরীরের ঊর্ধাংশ আবৃত করে রেখেছিল একটি ক্ষুদ্র রেশমের ফালি, যা তাঁর বক্ষসম্পদের সিংহভাগ সর্বসমক্ষে অবারিত করে রেখেছিল। তাঁর কাঁধ থেকে সচেতনভাবে স্খলিত অবস্থায় লুটিয়ে পড়েছিল তাঁর অঙ্গবস্ত্র, যা তাঁর শরীর অবগুণ্ঠিত করার

অপেক্ষা সেটির প্রদর্শনে সাহায্য করছিল। তদুপরি, সারা শরীরে অলংকারের আধিক্য প্রাচুর্যের আস্ফালনে যথেষ্ট ছিল!

এই পরিকল্পনা অনুযায়ী তিনি যে সহজেই সফল হতে সক্ষম, সেই ব্যাপারে শূর্পণখার আত্মবিশ্বাস ছিল তুঙ্গে। যদিও এখনো পর্যন্ত কুম্ভকর্ণ নিশ্চিন্ত হতে পারছিলেন না। তিনি ইন্দ্রজিতের দিকে দৃকপাত করলেন তাঁর অভিমতের জন্যে।

আত্মবিশ্বাসী তরুণ ইন্দ্রজিৎ তৎক্ষণাৎ তাঁর অভিমত ব্যক্ত করলেন, 'দয়া করে আমার বক্তব্যকে আমার ঔদ্ধত্য না ভেবে ক্ষমা করবেন, তবে এইরকমের জঘন্য পরিকল্পনার কথা আমি সারাজীবনে শুনিনি। এই পরিকল্পনায় কার্যসিদ্ধি হওয়ার বিন্দুমাত্র সম্ভাবনা দেখছি না আমি!'

বিভীষণ অতিমানবিক প্রচেষ্টায় নিজের অভ্যন্তরে উথলে ওঠা ক্রোধ ও বিদ্বেষ সামলাতে সক্ষম হলেন। এই জীবনে প্রতিনিয়ত তাঁর বয়োজ্যেষ্ঠ বৈমাত্রেয় অগ্রজের গঞ্জনা শুনে জীবন অতিবাহিত করা তাঁর অভ্যাসে পরিণত হয়েছে ইতিমধ্যে। কিন্তু এই দুর্বিনীত অপদার্থের মুখ থেকে এই ধরনের কথা সহ্য করা তাঁর কাছে অসহ্য!

'তোমার কি মনে হয় রক্তমাংস দিয়ে গড়া কোনো মানুষ, যার বক্ষে একটি হৃদয় স্পন্দিত হচ্ছে সর্বক্ষণ, সে এই অমোঘ আকর্ষণকে উপেক্ষা করার ক্ষমতা রাখে?' নিজের দিকে ইশারা করে প্রশ্ন করলেন শূর্পণখা।

'ঈশ্বরের দোহাই, শূর্পণখা! তুমি আমার কনিষ্ঠা ভগিনী। আমার উপস্থিতিতে এই ধরনের আলোচনা করার রুচি তোমার হয় কী করে?' আহত, বিস্মিতভাবে বললেন কুম্ভকর্ণ।

'আপনি তো চিরকুমার, দাদা!' বিদ্রূপাত্মক সুরে কুম্ভকর্ণকে বিঁধলেন শূর্পণখা, 'এ আপনার বোধগম্য হবে না!'

কুম্ভকর্ণ রাবণের দিকে ঘুরলেন, 'দাদা, আমি এই পরিকল্পনাকে সমর্থন করি না। আমার মতে আমাদের প্রধান পরিকল্পনা অনুযায়ী আমাদের অগ্রসর হওয়া বাঞ্ছনীয়!'

'দাদা!' শূর্পণখা সরাসরি রাবণকে বললেন—তাঁর মধ্যে বিভীষণের কপটতা অথবা মেকী শ্রদ্ধার শঠতা একেবারেই অদৃশ্য—'আমি এই কাজের দায়িত্বভার গ্রহণ করলাম। এই সামান্য কর্মের জন্য আপনাকে ব্যস্ত হবার কোনো কারণ নেই। দয়া করে আমাদের উপর আস্থা রাখুন!'

রাবণ চিন্তা করতে থাকলেন। ইতিমধ্যেই কুম্ভকর্ণের দুচোখে ক্লান্তি এবং নিদ্রার আগমন ঘটেছে। কিছু সময়ের মধ্যেই তাঁকে তাঁর ঔষধ প্রদান করতে হবে। অন্যদিকে দণ্ডায়মান ইন্দ্রজিৎ—তাঁর গর্ব এবং সুখের চাবিকাঠি! তাঁর একমাত্র বংশধর। এই দুজনকে তিনি কোনোভাবেই কোনো ঝুঁকিপূর্ণ কাজের দায়িত্ব দেবেন না।

'এছাড়াও, প্রভু,' অতি বিনয়ের সঙ্গে বললেন বিভীষণ, 'প্রত্যেকের ধারণা যে আমাদের সঙ্গে আপনাদের সুসম্পর্ক নেই। সেক্ষেত্রে, এই কাজ করতে গিয়ে যদি আমরা কোনোভাবে বন্দি হই, রাজকুমারী সীতার অন্তর্ধানের জন্য আপনি কখনো দায়ী হবেন না। এটি সর্বতোভাবে আপনাদের দূরসম্পর্কিত আত্মীয়দের একান্ত নিজস্ব দুষ্কর্ম হিসাবে পরিগণিত হবে, যাদের সঙ্গে আপনার কোনো সম্পর্কই নেই! সুতরাং আপনার উপর কোনো দোষ আরোপিত হবার সম্ভাবনা নেই!'

রাবণ তাঁর চোখ সরু করলেন। *এই পরামর্শের মূল্য অবশ্যই অপরিসীম!*

'দাদা,' শূর্পণখা অনুনয় করলেন, 'আপনার এতে কিছু হারাবার নেই! তাও যদি আমরা কোনোভাবে অকৃতকার্য হই, আপনি যে কোনো সময়ে পঞ্চবটীতে গিয়ে, আপনার সেনার সাহায্যে এই কার্যসমাধা করে আসতে সক্ষম। আমাদের একবারের জন্য নিজেদের প্রমাণ করার সুযোগ প্রদান করলে আপনার কোনোপ্রকার ক্ষতি হবে না!'

'*হ্যাঁ, সত্যিই তো... কোনো ক্ষতি নেই!*'

'তথাস্তু!' সম্মতি দিলেন রাবণ।

শূর্পণখা আনন্দে চিৎকার করে উঠলেন, উল্লসিত হয়ে করতালি দিতে থাকলেন।

বিভীষণ তৎক্ষণাৎ সনাতনী প্রথায় নতজানু হয়ে, ভূমিতে তাঁর মাথা স্পর্শ করে, রাবণকে সাষ্টাঙ্গে প্রণিপাত করতে ব্যস্ত হলেন, 'আমরা আপনাকে হতাশ করব না প্রভু!'

রাবণ অনুকম্পা ভরে তাঁর দিকে তাকিয়ে রইলেন। *কপটাচারী দুর্বৃত্ত!*

২৯

উনত্রিংশ অধ্যায়

লঙ্কায় অবস্থিত ভারতের পশ্চিম উপকূলবর্তী স্যালসেট দ্বীপপুঞ্জ অভিমুখে শূর্পণখা এবং বিভীষণ যাত্রা করার পর, অন্তত কয়েক সপ্তাহ অতিবাহিত হয়েছে। ধ্বংসপ্রাপ্ত মুম্বাদেবী বন্দরের উত্তরদিক অবস্থিত এই দ্বীপ এই মুহূর্তে, এই অঞ্চলে লঙ্কার এক অতি গুরুত্বপূর্ণ সুরক্ষা ফাঁড়ি। তদুপরি এই দ্বীপ পঞ্চবটী তপোবনের খুব নিকটেই অবস্থিত, যেখানে রাম, তাঁর অনুজ লক্ষ্মণ এবং রাজকুমারী সীতা বনবাস পালন করছেন, এবং তাঁদের রক্ষা করছে ষোলজন মলয়পুত্র সম্বলিত এক রক্ষীদল।

ইন্দ্রজিৎ তাঁর তাত এবং পিসিমার সঙ্গে স্যালসেট দ্বীপপুঞ্জ পর্যন্ত যাত্রা করলেও, তাঁর পিতার আদেশানুসারে এই অভিযানে অংশগ্রহণে বিরত হয়েছিলেন। রাবণ তাঁর একমাত্র পুত্রের প্রাণের কোনোরকম ঝুঁকি নিতে রাজি হননি। সাহসী বীর এবং শক্তিশালী সেই তরুণ যোদ্ধা তাঁর পিতার সিদ্ধান্তের বিরুদ্ধে গিয়ে এই অভিযানে অংশগ্রহণ করার প্রভূত প্রচেষ্টা করেও, শেষে তাঁর পিতার অনমনীয় ইচ্ছাশক্তির কাছে পরাজয় স্বীকার করতে বাধ্য হয়েছিলেন।

স্যালসেট দ্বীপপুঞ্জ থেকে একটি সেনাদলের সান্নিধ্যে, শূর্পণখা এবং বিভীষণ সরাসরি পঞ্চবটীর দিকে যাত্রা করেছিলেন, তাঁদের অভিপ্রায় ছিল রাজকুমারী সীতার অপহরণ।

কিন্তু এই অভিযান সম্পূর্ণরূপে অকৃতকার্য হয়!

'আমি অতিশয় দুঃখিত,' রাবণ কুম্ভকর্ণের কাছে নতিস্বীকার করলেন, 'আমার অবশ্যই তোমার পরামর্শ গ্রহণ করা উচিত ছিল!'

রাবণ এবং কুম্ভকর্ণ পুষ্পকবিমানে করে স্যালসেট দ্বীপপুঞ্জ অভিমুখে তাঁদের যাত্রা শুরু করেছেন, তাঁদের সঙ্গে বিমানে শতাধিক প্রশিক্ষিত এবং অভিজ্ঞ লঙ্কাবাহিনীর সেনা রয়েছে।

শূর্পণখা যে শুধুমাত্র রাজকুমারী সীতাকে অপহরণ করতে ব্যর্থ হয়েছেন তাই নয়, তিনি সীতার হাতে ধরা পড়ে গিয়েছিলেন এবং বন্দি হয়েছিলেন। সীতা রজ্জুতে আবদ্ধ আর্তনাদরত লঙ্কার রাজকুমারীকে সজোরে টানতে টানতে পঞ্চবটীর শিবিরে নিয়ে গিয়েছিলেন। সেখানে অপেক্ষারত লঙ্কাসেনাদের সঙ্গে রামের অনুচরদের একটি সংক্ষিপ্ত সংঘর্ষ সংঘটিত হয়। তদুপরি, এই সংঘর্ষে শূর্পণখা তাঁর উন্নত নাসিকায় আঘাতপ্রাপ্ত হয়েছিলেন!

বিভীষণ নিজেকে, তাঁর ভগ্নিকে এবং তাঁদের লঙ্কাবাহিনীর সেনাদের প্রাণরক্ষা হেতু সেই মুহূর্তেই বিনাযুদ্ধে পশ্চাতপসারণের নির্দেশ দিয়েছিলেন। তাঁরা তাঁদের প্রাণরক্ষা করে সঙ্গে সঙ্গে স্যালসেট দ্বীপ অভিমুখে পলায়ন করেন, সেখান থেকে ইন্দ্রজিতের নেতৃত্বে তাঁরা লঙ্কার উদ্দেশে প্রত্যাগমন করেন, লঙ্কাধিপতির সম্মুখে তাঁদের দুর্দশার কাহিনি ব্যক্ত করতে।

এই ঘটনার প্রতিক্রিয়া স্বরূপ, রাবণ তৎক্ষণাৎ তাঁর পুষ্পকবিমানে যথাসম্ভব সংখ্যায় লঙ্কাসেনা নিয়ে লঙ্কাদ্বীপ পরিত্যাগ করেন। অদূর ভবিষ্যতে শূর্পণখার মুখমণ্ডলের ক্ষত সম্ভবত আধুনিক শল্যচিকিৎসার দ্বারা নির্মূল করা সম্ভব হলেও, এই অপমানের প্রতিশোধ শুধুমাত্র এক রক্তক্ষয়ী সংগ্রামের দ্বারাই সম্ভব!

তাঁদের দীর্ঘ যাত্রাপথে, রাবণ সর্বক্ষণ ধরে তাঁদের অপদার্থ বৈমাত্রেয় ভ্রাতা এবং ভগ্নিকে অভিশম্পাতে ব্যস্ত ছিলেন, কিন্তু কুম্ভকর্ণের কিছু পরামর্শের দ্বারা উপলব্ধি করলেন, যে শেষ পর্যন্ত তিনি রামকে আক্রমণ করার একটি যুক্তিপূর্ণ সুযোগ পেয়েছেন। লঙ্কার রাজপরিবারের এক গুরুত্বপূর্ণ সদস্যের বিরুদ্ধে এই অবমাননাকর আক্রমণের যোগ্য প্রত্যুত্তর দেওয়ার ধর্মসম্মত অধিকার তাঁর আছে। এ সম্পূর্ণরূপে সম্মানাধিকারের সঙ্গে জড়িত, এবং যে কোনো সুস্থবুদ্ধির মানুষ স্বীকার করতে বাধ্য হবেন যে এর সঙ্গে অনাবশ্যক যুদ্ধের কোনো সম্পর্ক নেই। এবং সেক্ষেত্রে ব্যবসায়িক নিয়মাবলী অনুযায়ী, সপ্তসিন্ধুর সমস্ত রাজ্য তাঁদের বিরুদ্ধে যুদ্ধঘোষণা করার পূর্বে পুনর্বিবেচনা করে দেখতে বাধ্য হবে।

কুম্ভকর্ণ স্মিতহাস্যে তাঁর অগ্রজের দিকে তাকিয়ে, তাঁর কাছ থেকে আসা ক্ষমাপ্রার্থনা এক ফুৎকারে নস্যাৎ করে দিলেন, 'ঠিক আছে দাদা। আমরা

ইতিপূর্বেই আমাদের এই অপদার্থ বৈমাত্রেয় ভ্রাতা ভগ্নির নিন্দা করেছি, এবং তাঁদের অকর্মণ্যতার জন্য অনেক অভিশম্পাত করেছি। আমাদের এখন কী করণীয় সেই নিয়ে আমাদের চিন্তা করা উচিত। আমাদের একমাত্র লক্ষ্য বিষ্ণুবতারকে অপহরণ করা। এই মুহূর্তে আমাদের অন্য কিছু ভাবলে চলবে না!'

'সত্যি কথা!' রাবণ স্মিতহাস্যে একথা বলে তাঁর বলশালী বাহু দুখানি নিজের মাথার উপর তুলে ধরলেন, 'যুদ্ধের সময় আক্রমণের সবচেয়ে বিরক্তিকর অংশটি কী তোমার অবগতি রয়েছে?'

'কী?'

'সুযোগের অপেক্ষায় থাকা!'

'যথার্থ!'

'চিন্তা করলেই প্রবল উত্তেজনায় শিহরণ হচ্ছে যে কয়েক মুহূর্ত পরেই আমরা এক মারাত্মক সম্মুখসমরে লিপ্ত হতে চলেছি, কিন্তু তা শুরু হওয়ার পূর্বে অনন্তকালের অপেক্ষায় বসে থাকা! আমাদের ব্যবহার ও কথোপকথন স্বাভাবিক রাখতে হবে, একইসঙ্গে হৃদ্‌স্পন্দন এবং রক্ততৃষ্ণা আয়ত্তে রাখতে হবে, যাতে অবস্থা নিয়ন্ত্রণের বাইরে চলে না যায়!'

কুম্ভকর্ণ হাসলেন, 'আপনাকে কিন্তু যুদ্ধক্ষেত্রেও আপনার রক্ততৃষ্ণা নিয়ন্ত্রণে রাখতে হবে দাদা!'

রাবণ রোষকষায়িত নয়নে অনুজের দিকে দৃষ্টিপাত করলেন।

'দাদা, দয়া করে বাস্তবে বিচরণ করুন। আপনার এখন আর সেই বয়স নেই। আপনার বয়স এখন প্রায় ষাট! আপনার নাভিমূলের স্থায়ী যন্ত্রণা, ক্রমাগত কড়া ঔষধের ব্যবহার আপনাকে যথেষ্ট দুর্বল করে তুলেছে। জীবনে আপনি বহু যুদ্ধে সাফল্যলাভ করেছেন। দয়া করে এইবার আপনার অভিজ্ঞ সেনাদের যুদ্ধে অংশগ্রহণ করার অনুমতি দিন!'

'সেদিক থেকে দেখতে গেলে তুমিও যুদ্ধ করার অবস্থায় নেই, কুম্ভ!' তির্যকভাবে অনুজকে বিঁধলেন রাবণ।

কুম্ভকর্ণ অতি সত্বর বিমানের সারথিদের দিকে দৃকপাত করলেন, যারা তাঁদের কথোপকথন শ্রবণের পরিসরের মধ্যে ছিল।

'সেই কারণে আমি যুদ্ধবিগ্রহ এড়িয়ে চলতে পছন্দ করি,' অনুচ্চস্বরে তিনি বললেন।

'ওরা আমাদের পরিবারকে আক্রমণ করেছে! এবং তুমি চাও আমরা

এর প্রতিবাদ না করে নীরবতা পালন করি?' কণ্ঠ নীচু করে রাগতস্বরে বললেন রাবণ।

'না দাদা! আমি চাই আপনি ওদের বিরুদ্ধে বুদ্ধিমত্তা প্রদর্শন করবেন!'

'আমি নির্বোধ নই!'

'আমি তো সে কথা বলিনি, দাদা!'

'তাহলে আমাকে যুদ্ধ করতে হবে!'

'একদম নয়!'

'আমাকে আদেশ করার অধিকার তুমি এখনো অর্জন করোনি, কুম্ভকর্ণ!'

'আপনি যথার্থ বলেছেন, দাদা! কিন্তু আপনি আমাকে যে তিন বর প্রদান করেছেন, তার প্রথমটি আমি আপনার কাছে চেয়ে নিতে চাই এই মুহূর্তে!'

মিথিলার মহাযুদ্ধের পরে প্রভূত অপরাধবোধ এবং অনুশোচনায়, যখন তাঁর ভ্রান্ত সিদ্ধান্তে কুম্ভকর্ণের স্থায়ী শারীরিক ক্ষতি সাধিত হয়েছিল, রাবণ তাঁর কনিষ্ঠ ভ্রাতাকে প্রতিশ্রুতি দিয়েছিলেন যে তাঁদের জীবদ্দশায় যে কোনো সময়ে, তিনি তাঁর কাছে তিনটি ইচ্ছা প্রকাশ করতে পারেন। এবং রাবণ যে কোনোপ্রকারে সেই ইচ্ছাপূরণ করবেন। কুম্ভকর্ণ আজ পর্যন্ত অগ্রজের কাছে কোনো ইচ্ছাপ্রকাশ করেননি এতদিন পর্যন্ত!

রাবণ বিরক্তিভরে চাপা গর্জন করে উঠলেন। তিনি জানতেন তাঁর কাছে আর দ্বিতীয় পথ খোলা ছিল না, 'এ তুমি মোটেই ভালো কাজ করছ না, কুম্ভ!'

'আমরা বিষ্ণুবতারকে বন্দি করতে সক্ষম হব, দাদা! আমরা তাঁকে অতি সহজেই অপহরণ করতে সক্ষম হব। কিন্তু এই সামান্য কর্মের জন্য আপনাকে নিজের জীবন বাজি রাখতে হবে না!'

রাবণ নিষ্ফল আক্রোশে অন্যদিকে তাকালেন, রাগে ফুঁসতে ফুঁসতে।

কুম্ভকর্ণ বালখিল্যের ন্যায় হেসে উঠলেন, 'এর একটি ভালো দিক আছে দাদা! একবার ভাবুন তো, এর ফলে আমাকে প্রদেয় তিনটি বরের একটি কমে গেল!'

—২৮—

রাবণ বিমানের গবাক্ষের ভিতর দিয়ে তাঁদের থেকে অনেক নীচে স্যালসেট দ্বীপপুঞ্জের দিকে দৃষ্টিপাত করলেন।

ইতিপূর্বে তাঁরা বন্দরে একবারের জন্য অবতরণ করেছিলেন, সমীচি এবং তার প্রণয়ী খরকে বিমানে তুলে নেওয়ার জন্য, যে লঙ্কাবাহিনীতে একটি গুরুত্বপূর্ণ অংশের সর্বাধিনায়ক! তারপরে পুষ্পকবিমান পুনরায় তার উড়ান অব্যাহত রেখেছে গোদাবরী নদীর গতিপথ অভিমুখে।

শূর্পণখা এবং বিভীষণের সঙ্গে সেই সংঘর্ষের অব্যবহিত পরেই রাম, লক্ষ্মণ, সীতা এবং মলয়পুত্রদের রক্ষীদল পঞ্চবটী পরিত্যাগ করে চলে গিয়েছিলেন। লঙ্কার গুপ্তচরবাহিনী তাঁদের গতিবিধির সুলুকসন্ধান হারিয়ে ফেলেছিল। কিন্তু একজন বন্দি মলয়পুত্রকে অকথ্য অত্যাচার করে সমীচি তার মুখ থেকে তাঁদের অবস্থানের সংবাদ আবিষ্কার করতে সমর্থ হয়েছিল। সেই সংবাদ অনুযায়ী জানা গিয়েছিল, তাঁরা এই গোদাবরী নদীর গতিপথ ধরে অগ্রসর হয়েছেন, এবং পঞ্চবটীর থেকে বহুদূরে চলে গিয়েছিলেন। যে মুহূর্তে কুম্ভকর্ণ এই সংবাদ সম্পর্কে অবগত হয়েছেন, তিনি সমীচিদের তাঁদের সঙ্গে যোগদান করতে আদেশ দিয়েছিলেন।

রাবণ একবার সমীচির দিকে দৃষ্টিপাত করে পরক্ষণেই তাঁর অনুজের দিকে দৃকপাত করলেন, 'এই নারীকে আমাদের সঙ্গে নিয়ে যাওয়ার বিশেষ প্রয়োজন আছে কি? আমি এর উপস্থিতি সহ্য করতে পারি না!'

'আমি জানি ওর উপস্থিতি আপনাকে পীড়া দেয়, দাদা!' শান্তস্বরে বললেন কুম্ভকর্ণ, 'কিন্তু ওই ওদের নির্ভুল অবস্থানের খবর জানে!'

'তাতে কী এসে যায়? আমাদের কাছে এখন তথ্যাদি রয়েছে। আমরা সেই স্থানে নিজেরাই পৌঁছে যেতে সক্ষম!'

'সমীচি রাজকুমারী সীতা সম্পর্কে আমাদের সকলের চাইতে বেশি অবগত। সে এই বিষ্ণুবতারের অধীনে বহুবছর ধরে কাজ করেছে। সেই কারণেই তার পরামর্শ আমাদের কাছে রীতিমতো অমূল্য প্রতিপন্ন হতে পারে।'

'স্যালসেট দ্বীপপুঞ্জ পরিত্যাগ করার পূর্বে তার কাছ থেকে সম্পূর্ণ তথ্যাদি সংগ্রহ করে নেওয়া উচিত ছিল তোমাদের। ওর আমাদের সঙ্গে যাত্রা করার কোনো যুক্তি আমার কাছে গ্রাহ্য হচ্ছে না!'

'আমাদের সঙ্গে ওর উপস্থিতি ফলদায়ক হওয়া সম্ভাবনা রয়েছে।'

'মিথিলার যুদ্ধের সময়ে সে তো আমাদের সান্নিধ্যেই ছিল। তার উপস্থিতি আমাদের পক্ষে লাভদায়ক হয়েছিল? শুধুই অপদার্থতা!'

'কিন্তু এই মুহূর্তে সে নিজেকে আমাদের কাছে কার্যকরী প্রমাণের প্রচেষ্টায়

রত। তাকে অন্তত একবার সুযোগ দিয়ে দেখা যেতেই পারে। আমাদের তো কিছু হারাবার ভয় নেই!'

রাবণ একটি দীর্ঘশ্বাস পরিত্যাগ করলেন, কিন্তু বাড়তি আর একটি শব্দ তাঁর মুখ থেকে নির্গত হল না।

'দাদা, দয়া করে আমার উপর বিশ্বাস রাখুন। আমাদের পক্ষে বিষ্ণুবতারকে জীবন্ত এবং একইসঙ্গে, অক্ষত অবস্থায় বন্দি করা ভীষণ জরুরি। তাই এই মুহূর্তে আমাদের আবেগকে নিয়ন্ত্রিত করে এই দুরূহ কর্মের প্রতি মনোসংযোগ করা শ্রেয়!'

'মাঝে মধ্যে তুমি আমার কাছে অসহ্য বিরক্তিকর হয়ে ওঠো, কুম্ভ! জানি না এতো বিরক্তি সত্ত্বেও আমি কেন তোমার চিত্র অঙ্কণ করতে ইচ্ছুক হয়েছিলাম!' মানসিক ধৈর্যচ্যুতি হতে হঠাৎ হুঙ্কার দিলেন রাবণ!

'আপনি আমার চিত্রাঙ্কণ করেছেন?' কুম্ভকর্ণ খুব স্বাভাবিকভাবেই হতবাক হলেন। তিনি অবগত ছিলেন যে রাবণের প্রতিটি চিত্রে একটি চরিত্র সদাই সার্বজনীন, 'আপনি দেবী কন্যাকুমারীর সঙ্গে আমার চিত্র অঙ্কন করেছেন?'

রাবণ সম্মতিসূচক মাথা নাড়ালেন।

'আমি কখন সেই চিত্র দর্শন করতে সমর্থ হব?' প্রশ্ন করলেন কুম্ভকর্ণ।

রাবণ তাঁর পাশে পড়ে থাকা একটি কাপড়ের থলির থেকে একটি পাকিয়ে রাখা কাগজ বার করে আনলেন।

'কী? সেই চিত্র আপনার সঙ্গেই রয়েছে?' হর্ষে উল্লসিত হলেন কুম্ভকর্ণ।

রাবণ সেই বিশেষ কাগজটি তাঁর অনুজের হাতে সমর্পণ করলেন।

কুম্ভকর্ণ বিমানে উপস্থিত অন্যদের দৃষ্টি বাঁচিয়ে অতি সাবধানে সেই কাগজ নিজের চোখের সম্মুখে মেলে ধরলেন, 'অসাধারণ!'

রাবণের প্রতি চিত্রের প্রধান চরিত্র, দেবী কন্যাকুমারী, স্বাভাবিকভাবেই এই চিত্রেও আকর্ষণের কেন্দ্রবিন্দু। এই ছবিতে তিনি বর্ষীয়সী। তাঁর কেশদাম এই চিত্রে সম্পূর্ণ ধূসরবর্ণ, এবং তাঁর মুখমণ্ডলে বলিরেখার আধিক্য লক্ষিত হচ্ছে। বয়সের ভারে তিনি রীতিমতো কোলকুঁজো, এবং এই চিত্রে তাঁর বয়স ষাটের উপরে। কিন্তু তাঁর মুখমণ্ডলে সেই নিষ্পাপ সৌন্দর্য প্রতীয়মান—দয়া, মমতা ও ক্ষমার!

তিনি একটি ছোট শিশুকে একটি দেওয়ালে আরোহন করতে সাহায্য করছেন।

কুম্ভকর্ণ হাসলেন, 'এই শিশুটিকে অতি পরিচিত মনে হচ্ছে!'

রাবণের মুখমণ্ডলে মৃদু হাসির আভাস দেখা দিল, কারণ চিত্রের শিশুটি স্বয়ং কুম্ভকর্ণ। রোমশ শরীরে কাঁধের উপর দুখানি বাড়তি বাহুর উপস্থিতি, এবং কলসের ন্যায় দুটি কানবিশিষ্ট শিশুটি কুম্ভকর্ণ ব্যতীত কেই বা হতে পারে? তাঁর শারীরিক প্রতিবন্ধকতা সত্ত্বেও, তাঁকে ভীষণ সুন্দর দেখাচ্ছিল। হাসিখুশি এবং পুতুলের ন্যায়!

'আমি কোথায় যেতে চাইছিলাম?' নিবিষ্টচিত্তে চিত্রটি নিরীক্ষণ করতে করতে প্রশ্ন করলেন কুম্ভকর্ণ।

চিত্রের দেওয়ালের উপর একটি বিচিত্র বেড়ার দিকে অনুজের দৃষ্টি আকর্ষণ করলেন রাবণ। একটি বিশেষ বর্তুলাকার নকশা ব্যবহার করে সেই বেড়ার বিন্যাস করা হয়েছে। কুম্ভকর্ণ সেই নকশার অর্থ সহজেই অনুধাবন করতে সক্ষম হলেন।

'ধর্মের পবিত্র চক্র!'

'হ্যাঁ!' বললেন রাবণ, 'ধর্মের সঠিক পথে তোমার উত্তরণ ঘটবে!'

'এই চিত্রে আমি আপনাকে দেখতে পাচ্ছি না কেন দাদা?'

রাবণ নিরুত্তর।

'আপনি এই ছবিতে অনুপস্থিত কেন দাদা?'

রাবণ পুনরায় নীরব থাকলেন।

কুম্ভকর্ণ পুনরায় খুঁটিয়ে খুঁটিয়ে চিত্রখানি পর্যবেক্ষণ করে অত্যন্ত ব্যথিতভাবে তাঁর অগ্রজের দিকে তাকালেন, 'দাদা...'

চিত্রের দেওয়ালের উপরে, যদি ভীষণ মনোযোগ সহকারে লক্ষ্য করা হয়, দশখানি বিশেষ মুখমণ্ডল দেখা সম্ভব। তাদের মধ্য নয়খানি মুখ নাট্যশাস্ত্রে বর্ণিত নবরসের অভিব্যক্তি, অথবা নয়খানি বিভিন্ন আবেগের অভিব্যক্তি বহন করছে। প্রেম, হাসি, দুঃখ, রোষ, সাহস, আতঙ্ক, বিরক্তি, অবাক হওয়া এবং শান্তির অভিব্যক্তিসকল। একদম কেন্দ্রস্থলে অবস্থিত দশম মুখমণ্ডল সম্পূর্ণ অভিব্যক্তিহীন। এক ভাবলেশহীন মুখমণ্ডল!

কুম্ভকর্ণের সম্মুখে দিনের আলোর ন্যায় পরিষ্কার হয়ে গেল রাবণ এই চিত্রে কী প্রতিপন্ন করতে চেয়েছেন। লঙ্কাধিপতিকে প্রায়ই তাঁর প্রজারা দশানন নামে অভিহিত করত, কারণ তাদের ধারণা অনুযায়ী তাঁর জ্ঞান, ব্যুৎপত্তি এবং ক্ষমতাধারণের জন্য অন্তত দশখানি মাথার প্রয়োজন। রাবণ সেই নামের

ভিত্তিতেই এই চিত্রের ভাবনায় মেতেছেন, এবং ভারতীয় শিল্পের সনাতনী প্রথা অনুযায়ী, এই চিত্রকে এক অতি গভীর রূপদান করতে সমর্থ হয়েছেন। সনাতনী শিক্ষা বলে আত্মার সম্পূর্ণ আধ্যাত্মিক জাগরণ তখনই সম্ভব, যখন সেটি আমাদেরকে এই মায়াময় জগতে বন্দি করে রাখা আবেগের প্রাচীর লঙ্ঘন করতে সমর্থ হয়। এই চিত্রে, রাবণ নিজেকে সেই আবেগের প্রাচীর হিসাবে দেখিয়েছেন, এবং শিশু কুম্ভকর্ণ প্রাণপণে সেই দেওয়াল অতিক্রম করতে বদ্ধপরিকর!

'আমার জন্য তোমার মনে থাকা আবেগের অবরোধ শীঘ্র লঙ্ঘন করার প্রচেষ্টায় রত হও, আমার প্রিয়তম ভ্রাতা!' বললেন রাবণ, 'আমাকে পরিত্যাগ করার সময় আগত। তুমি ধর্মের অন্বেষণে বেরিয়ে পড়ো। আমি অধর্মের পথে বহুদূর অগ্রসর হয়ে গিয়েছি। আমার প্রত্যাবর্তনের কোনো উপায় নেই। কিন্তু তুমি একজন খাঁটি মানুষ। তোমার শৈশব এবং নিষ্পাপ মনকে পুনরাবিষ্কার করার প্রচেষ্টায় রত হও। আমাকে পরিত্যাগ করে পুনরায় প্রথম থেকে জীবন শুরু করো। ধর্মের পথে অগ্রসর হও, কারণ আমি অবগত তোমার আত্মার তাই অভীষ্ট!'

কুম্ভকর্ণ নীরবে সেই কাগজটি শক্ত করে পাকিয়ে সেটি রাবণের কাপড়ের থলিতে রেখে দিলেন।

'কুম্ভ... আমার কথা শোনো!'

'আমি আমার ধর্ম অনুযায়ী অগ্রসর হচ্ছি, দাদা!'

'কুম্ভ...'

'যথেষ্ট হয়েছে!'

—रोI—

নির্বাসিত রাজকুমারদের শিবিরে পৌঁছনোর পথে পুষ্পকবিমান এক অসময়ের, অপ্রত্যাশিত ঝঞ্ঝার সম্মুখীন হয়েছিল। অভিজ্ঞ সারথীরা কোনোক্রমে অক্ষত অবস্থায় বিমান অবতরণ করাতে সক্ষম হয়েছিল। যদিও এই প্রবল ঝঞ্ঝা লঙ্কাধিপতি এবং বিমানকে সমস্যার সম্মুখীন করেছিল, কিন্তু পরোক্ষভাবে তাতে তাঁদের বিশেষ সুবিধাও হয়েছিল। বিমানের একাধিক বিশাল চক্রের প্রচণ্ড শব্দ এই ঝঞ্ঝায় অবদমিত হয়েছিল। এতে তাঁরা নিঃশব্দে বিমান

অবতরণ করতে সমর্থ হয়েছিলেন, এবং নিঃশব্দে বনবাসীদের অস্থায়ী শিবির আক্রমণ করতে সমর্থ হয়েছিলেন।

তারপরে একটি সংক্ষিপ্ত, কিন্তু মারাত্মক সংঘর্ষ অনুষ্ঠিত হয়েছিল।

মলয়পুত্রদের তুলনায় লঙ্কাবাহিনীর সেনা সংখ্যা অনেক বেশি হওয়াতে তারা বাস্তবিক কোনো প্রতিরোধ গড়ে তুলতে সার্বিকভাবে ব্যর্থ হয়, এবং লঙ্কাসেনারা সম্পূর্ণ অক্ষত থেকে যায়। মলয়পুত্রদের সর্বাধিনায়ক জটায়ু এবং আরো দুজন মলয়পুত্র ব্যতীত, অন্যরা চূড়ান্তভাবে আহত অথবা নিহত হয়।

কিন্তু রাম, লক্ষ্মণ এবং রাজকুমারী সীতার কোনো হদিশ পাওয়া যায় না। কুম্ভকর্ণ তখন দুজন করে লঙ্কাসেনা সম্বলিত সাতখানি বিভিন্ন দল গঠন করেন, সমগ্র অঞ্চলে ছড়িয়ে পড়ে তাঁদের অনুসন্ধানের হেতু।

অন্যদিকে, বন্দি মলয়পুত্রদের, বিশেযত সর্বাধিনায়ক জটায়ুর কাছ থেকে তথ্য সংগ্রহের দায়িত্ব স্থাপন করা হয় লঙ্কাবাহিনীর সেনাধিনায়ক খর-র উপরে।

রাবণ এবং কুম্ভকর্ণ সেই মুহূর্তে অনতিদূরে দণ্ডায়মান ছিলেন, যেখানে তাঁদের এই সমস্ত নারকীয় কর্মকাণ্ডে লিপ্ত হওয়ার কোনো প্রয়োজন ছিল না। তাঁদের পরিবেষ্টন করেছিল তিরিশজন লঙ্কাসেনা, যাতে বিন্দুমাত্র সমস্যার উদ্রেকে তারা প্রাণ দিয়ে হলেও, তাঁদের রাজার প্রাণরক্ষা করতে সমর্থ হয়।

'এই কাজে প্রচুর সময় ব্যয় হচ্ছে,' বিরক্তভাবে বিড়বিড় করে রাবণ বললেন তাঁর অনুজকে।

'তাহলে কি আমরা পুষ্পকের অভ্যন্তরে গিয়ে কার্যসমাধা না হওয়া পর্যন্ত অপেক্ষা করব?' প্রশ্ন করলেন কুম্ভকর্ণ।

রাবণ অসম্মতির মাথা নাড়ালেন।

খর এই মুহূর্তে জটায়ুর উপর অত্যাচারে মগ্ন ছিল—যাকে ভূমিতে নতজানু অবস্থায় বসানো হয়েছে, এবং দুজন লঙ্কাসেনা তাকে শক্ত করে ধরে রেখেছে। তার দুই বাহু পিঠের দিকে পিছমোড়া করে আবদ্ধ করা রয়েছে। তার উপর ইতিমধ্যে প্রবল অত্যাচারের ঝঞ্ঝা বয়ে গিয়েছে, তার সম্পূর্ণ শরীরে অগণিত ক্ষতস্থান থেকে অঝোরে রক্তক্ষরণ হয়ে চলেছে, কিন্তু তার মুখ থেকে একটি শব্দ নিঃসৃত হয়নি।

'আমার প্রশ্নের উত্তর দাও!' বলে খর জটায়ুর গণ্ডদেশের উপর দিয়ে তার শাণিত ছুরিকা চালনা করল, সঙ্গে সঙ্গে ফিনকি দিয়ে রক্তক্ষরণ শুরু হল, 'রাজকুমারী সীতা কোথায়?'

জটায়ু তৎক্ষণাৎ তার মুখ লক্ষ্য করে প্রবল ঘৃণায় থুৎকার নিক্ষেপ করল, 'আমাকে হত্যা করতে পারো, কিন্তু আমার মুখ থেকে তাঁদের কোনো সংবাদ পাবে না!'

প্রচণ্ড রাগে খর জটায়ুর কণ্ঠ লক্ষ্য করে তার হাতের ছুরিকা উত্তোলন করতেই, পশ্চাতের ঘন অরণ্য থেকে একটি তির সজোরে উড়ে এসে নির্ভুল লক্ষ্যে তার হাতে বিঁধে গেল! সে ঘটনার আকস্মিকতায় এবং অসহ্য যন্ত্রণায় আর্তনাদ করে উঠতে, তার স্খলিত হাত থেকে শাণিত ছুরিকা ভূমিতে ছিটকে পড়ল।

রাবণ এবং কুম্ভকর্ণ হতচকিত অবস্থায়, তৎক্ষণাৎ সেই তিরের উৎস অভিমুখে ঘুরে দাঁড়ালেন। তাঁদের নিকটবর্তী লঙ্কাসেনারা সঙ্গে সঙ্গে দৌড়ে গিয়ে ভ্রাতৃদ্বয়কে ঘিরে একটি সুরক্ষা বেষ্টনী নির্মাণ করল। কুম্ভকর্ণ সঙ্গে সঙ্গে তাঁর অগ্রজের বাহুমূল চেপে ধরলেন, যাতে যুদ্ধপ্রিয় রাবণ এই সামান্য প্ররোচনাতেই যুদ্ধে অবতীর্ণ না হতে পারেন।

সেই তিরের উৎসস্থল অনুমান করে অবশিষ্ট লঙ্কাসেনা তাদের ধনুক উত্তোলন পূর্বক, শরসন্ধানে প্রস্তুত হল। কিন্তু কিছুই তাদের দৃষ্টিগোচর হল না। কেউ নিশ্চয় ঘন অরণ্যের অপরদিক থেকে তির নিক্ষেপ করেছে, দুর্ভেদ্য অরণ্যের অগণিত গাছগাছালির অন্ধকারাচ্ছন্ন আবরণের নিরাপদ আশ্রয়ে থেকে।

'শরনিক্ষেপ স্থগিত রাখো!' চিৎকার করলেন কুম্ভকর্ণ। তিনি বিষ্ণুবতারকে জীবন্ত অবস্থায় অপহরণ করতে চেয়েছিলেন।

তাঁর আদেশে তৎক্ষণাৎ সমস্ত লঙ্কাসেনার ধনুক অর্ধনমিত হল!

খর তার হাতে বিদ্ধ তিরের বাড়তি অংশ ভঙ্গ করল, তিরের ফলক তার হাতের গভীরে প্রোথিত অবস্থায় থেকে গেল। সেটি বিদ্ধ হয়ে থাকার কারণে রক্তক্ষরণ কিছুক্ষণের জন্য স্তিমিত থাকবে। সে অবাক হয়ে ঘন অরণ্যের রহস্যাবৃত অন্ধকারের দিকে দৃষ্টিপাত করল। তার মনের ভিতরে একাধিক চিন্তা ঘুরপাক খাচ্ছে! 'এই শর কার দ্বারা নিক্ষেপিত হয়েছে? বনবাসী রাজপুত্রের দ্বারা? না কি তাঁর বিশালায়তন কনিষ্ঠ ভ্রাতার দ্বারা? নাকি বিষ্ণুবতার স্বয়ং এই শরনিক্ষেপ করেছেন?'

ওদিক থেকে কারো কোনো সাড়াশব্দ পাওয়া গেল না।

'অবগুণ্ঠনের অন্তরাল থেকে বেরিয়ে এসে প্রকৃত বীরের ন্যায় যুদ্ধ করুন!' অদম্য ক্রোধে চিৎকার করে উঠল খর।

সেই আহ্বানেও কেউ সাড়া দিল না!

রাবণ এবং কুম্ভকর্ণকে লঙ্কাবাহিনী তখনও তাদের বিশাল ঢালের সাহায্যে সম্পূর্ণভাবে সুরক্ষিত করে রেখেছে।

'সেনারা ওইদিকে অগ্রসর হোক।' অরণ্যের যে সম্ভাব্য দিশা থেকে ঘাতক তিরখানি উড়ে এসেছিল, সেইদিক লক্ষ্য করে অঙ্গুলি নির্দেশ করে আদেশ করলেন রাবণ।

'না,' বললেন কুম্ভকর্ণ, 'আমরা আমাদের সৈন্যবাহিনীকে উত্তরোত্তর এইভাবে ক্ষতিগ্রস্ত হতে দিতে পারি না! ওরা সংখ্যায় তিনজন। হতে পারে ওরা তিনদিকে পৃথক হয়ে ছড়িয়ে পড়েছে। আমাদের সেনারা ওদের অন্বেষণে গেলে যে কোনো মুহূর্তে ওরা আপনাকে অতি সহজে তিরের লক্ষ্যবস্তু হিসাবে আঘাত করতে সক্ষম হবে।'

'কুম্ভ, এই মুহূর্তে আমি মুখ্য নই। ওদেরকে...'

কুম্ভকর্ণ তাঁর অগ্রজকে বাধাপ্রদান করলেন, 'আমাদের এই অভিযানের মুখ্য কারণ স্বয়ং আপনি। আমরা বিষ্ণুবতারকে অপহরণ করার পরিকল্পনা করেছি একমাত্র মলয়পুত্রদের ঔষধের মাধ্যমে আপনাকে সুস্থভাবে জীবিত রাখার জন্য। আমি কোনোভাবেই আপনার প্রাণের ঝুঁকি নিতে পারি না!'

রাবণ অনুজের এই যুক্তির বিরুদ্ধে যুক্তি প্রস্তুত করার পূর্বেই, অরণ্যের অন্তরাল থেকে আরো পাঁচটি কালান্তক তির নিক্ষিপ্ত হল। উপর্যুপরি! ঠিক রাবণ এবং কুম্ভকর্ণ যে স্থানে দণ্ডায়মান ছিলেন, সেই স্থান লক্ষ্য করে! কিন্তু এইবার তিরগুলির উৎসস্থল সম্পূর্ণ ভিন্ন! প্রথম তিরটি যে স্থান থেকে এসেছিল তার অনেক দূর থেকে!

ভ্রাতৃদ্বয়কে পরিবেষ্টন করে রাখা লঙ্কাসেনাদের লক্ষ্য করে। তৎক্ষণাৎ পাঁচজন সেনা ধরাশায়ী হল। অবশিষ্ট সেনাদের কিন্তু তাদের অবস্থান থেকে একচুল সরল না। রাবণকে ঘিরে রাখা সেনারা অতন্দ্র প্রহরায় অটল হয়ে দাঁড়িয়ে রইল। তাদের প্রভুর জন্য নীরবে প্রাণ বিসর্জন দেওয়ার জন্য প্রস্তুত!

রক্ষীদলের প্রতিটি সেনা তাদের লৌহকঠিন মানসিকতা প্রদর্শনের হেতু সম্পূর্ণ প্রস্তুত!

'বোধ হচ্ছে এই অরণ্যের অভ্যন্তরে ওদের দুজন আত্মগোপন করে রয়েছে!' ফিসফিসিয়ে বললেন কুম্ভকর্ণ, 'আশা করা যায় বিষ্ণুবতার এখনো পলায়ন করতে সক্ষম হননি!'

রাবণ সম্পূর্ণ নীরব রইলেন। তাঁর মনে সন্দেহের উদ্রেক হয়েছে। খরকে লক্ষ্য করে প্রথম আক্রমণ এবং তাঁকে ও কুম্ভকর্ণকে লক্ষ্য করে পঞ্চবাণের দ্বিতীয় আক্রমণের ভিতর সময়ের বিস্তর পার্থক্য রয়েছে।

কিছু লঙ্কাসেনা দ্বিতীয় আক্রমণের উৎস লক্ষ্য করে সেদিকে দ্রুত ধাবমান হল।

তারপরেই সম্পূর্ণ অন্য দিক থেকে অরণ্যের শুষ্ক কাঠের টুকরোর উপর অসাবধান পদক্ষেপের মৃদু শব্দ ভেসে এল। তিনজন সেনা সেই শব্দের উৎস অনুমান করে সেদিকে ধাবিত হল।

এতক্ষণে রাবণ সম্পূর্ণরূপে নিশ্চিত হলেন, 'অরণ্যের ভিতর মাত্র একজন মানুষ বর্তমান। সে আমাদের বিভ্রান্ত করার জন্য অতি দ্রুত অরণ্যের অন্তরালে নিজের অবস্থান পরিবর্তন করছে!'

'আপনি নিশ্চিত?' প্রশ্ন করলেন কুম্ভকর্ণ।

রাবণ এই প্রশ্নের উত্তর প্রদান করার পূর্বেই, খর নিজের অবস্থান পরিবর্তন করল। সে জটায়ুর পশ্চাতে অগ্রসর হয়ে, তার অক্ষত বাহুর দ্বারা, তার কণ্ঠে নিজের শাণিত ছুরিকা স্থাপন করল।

অন্তরালে থাকা আক্রমণকারীদের বিরুদ্ধে প্রতিআক্রমণের হেতু, অন্ধের ন্যায় তাদের অন্বেষণে মত্ত হওয়া সম্ভব। কিন্তু গোপন অবস্থান থেকে তাদের নিষ্কাশনের জন্য তাদের পক্ষের বন্দিকে আক্রমণ করাই বুদ্ধিমত্তার কাজ। খর সেই সাধারণ বুদ্ধি পোষণ করত। সে বুদ্ধিমত্তার সঙ্গে সেই কাজ করেছে!

'আপনার পক্ষে পলায়ন করাই সর্বোত্তম উপায়!' বিদ্রূপাত্মক স্বরে বলল খর, 'কিন্তু আপনি সেই কাজ করেননি! সেই কারণে আমি নিশ্চিত আপনি অরণ্যের অন্তরালে আত্মগোপন করে রয়েছেন, হে মহান বিষ্ণুবতার। এবং আপনার ভক্তদের আপনি সর্বার্থে রক্ষা করতে ইচ্ছুক। কী মহানুভবতা...কী আত্মত্যাগ!' খর তার চোখ থেকে কাল্পনিক অশ্রু মুছে ফেলার কপটাচার করল।

কিছু দূরত্বে তাঁর বিশ্বস্ত সেনাদের দ্বারা পরিবেষ্টিত অবস্থায় দাঁড়িয়ে, তাঁর দৃষ্টির বাইরে থাকা খর-র এই বিদ্রূপাত্মক কথা শুনে বিশেষ প্রীত হয়ে মৃদু হাসলেন। তিনি কুম্ভকর্ণের দিকে ঘুরলেন, 'এই খরকে আমার বিশেষ পছন্দ!'

খর উচ্চগ্রামে তার সংলাপ জারি রাখল, 'আমি আপনাকে একটি বন্ধুত্বপূর্ণ পরামর্শ প্রদানে ইচ্ছুক। অগ্রসর হন। আপনি আপনার স্বামী এবং আপনার বিশালদেহী দেবরকে বলুন অগ্রসর হতে। সেক্ষেত্রে আপনাদের এই

সেনাধিনায়ককে নিষ্কৃতি দেব আমি। প্রতিশ্রুতি দিচ্ছি অযোধ্যার দুই নিরীহ রাজকুমারকে অব্যাহতি দেব আমরা। আমাদের অভীষ্ট আপনার আত্মসমর্পণ!'

অরণ্যের অন্তরাল থেকে কোনো উত্তর এল না!

জটায়ুর কণ্ঠের উপরে খর তার শাণিত ছুরিকা ধীরে, অতি সন্তর্পণে চালনা করতে, তার কণ্ঠে রক্তের একটি সূক্ষ্ম দাগ আত্মপ্রকাশ করল। খর একটি বিচিত্র কণ্ঠে, খেলাচ্ছলে গেয়ে উঠল, 'আমার কাছে অপর্যাপ্ত অবকাশ নেই...'

হঠাৎ, মাথা দিয়ে তার পশ্চাতে দণ্ডায়মান খর-র উরুসন্ধিতে এক প্রবল আঘাত করতে সমর্থ হল জটায়ু। খর এই অতর্কিত আক্রমণের প্রচণ্ড যন্ত্রণায় কুঁকড়ে যেতেই সে তীক্ষ্ণকণ্ঠে চিৎকার করে উঠল, 'পলায়ন করুন দেবী! এই মুহূর্তে পলায়ন করুন! আপনার জীবনের বিনিময়ে আমার এই প্রাণ তুচ্ছতম!'

তিনজন লঙ্কাসেনা মুহূর্তের ভিতর জটায়ুকে ভূমির উপরে ফেলে তাকে পিষে ফেলল। অতি কষ্টে পুনরায় গাত্রোত্থান করতে করতে খর অশ্রাব্য কটূক্তি সহকারে যন্ত্রণায় নিজের সম্বিত ফিরে পাওয়ার প্রচেষ্টা করতে লাগল। কিছু মুহূর্ত পরে, সে জটায়ুর দিকে অগ্রসর হয়ে তাকে সজোরে পদাঘাত করল। মলয়পুত্রকে আঘাত করার মাঝে, তার দৃষ্টি অরণ্যের চতুর্দিকে নিক্ষিপ্ত হতে থাকল, তিরের উৎস সন্ধানে ব্যগ্র! সে উপর্যুপরি জটায়ুকে নির্মমভাবে পদাঘাত করে যেতে লাগল। শেষে সে সম্মুখে ঝুঁকে, অত্যাচারিত মলয়পুত্রকে অতি নিষ্ঠুরভাবে বলপ্রয়োগ করে দাঁড়াতে বাধ্য করল।

এইবারে, তার ক্ষতিগ্রস্ত ডান বাহু সহকারে খর, জটায়ুর মাথাটি শক্ত করে ধরে রাখল, অপ্রত্যাশিত আর কোনো অতর্কিত আক্রমণ থেকে নিজেকে নিরাপদে রাখতে। তার মুখমণ্ডলে বিদ্রূপের সেই অভিব্যক্তি পুনরায় আত্মপ্রকাশ করেছে। পুনরায় সে তার শাণিত ছুরিকা জটায়ুর কণ্ঠে চেপে ধরেছে, 'এই মুহূর্তে আমি আপনার বিশ্বস্ত সেনাধিনায়কের ঘাড়ের প্রধান শিরা কর্তন করতে সক্ষম, এবং সেক্ষেত্রে আপনার অনুগত কর্মচারী সঙ্গে সঙ্গেই প্রাণত্যাগ করবে, হে মহান বিষ্ণুবতার!' সে আস্ফালন করল। সে তার ছুরিকা মলয়পুত্রের উদরে স্থাপন করল, 'অথবা, অনর্থক রক্তক্ষরণে ধীরে ধীরে সে প্রাণত্যাগ করবে! এই সম্বন্ধে সিদ্ধান্ত নেওয়ার জন্য আপনাদের কাছে কিছুক্ষণ মাত্র সময় অবশিষ্ট রয়েছে!'

এইবারও কোনো প্রতিক্রিয়া সংঘটিত হল না।

'আমাদের শুধুমাত্র বিষ্ণুবতারকে প্রয়োজন,' ধৈর্যচ্যুতি ঘটে চিৎকার করে

উঠল খর, 'উনি আত্মসমর্পণ করুন, এবং অন্যেরা নিরাপদে এই স্থানত্যাগ করতে পারেন! আপনাদের একজন লঙ্কাবাসী প্রতিশ্রুতি দিচ্ছে!'

সহসা অরণ্যের গভীর থেকে একটি নারীকণ্ঠ নির্গত হল, 'ওনাকে অব্যাহতি দেওয়া হোক অবিলম্বে!'

কুম্ভকর্ণ অনুচ্চস্বরে রাবণকে বললেন, 'এ সীতার কণ্ঠস্বর! এই হল বিষ্ণুবতারের কণ্ঠস্বর!'

জটায়ুর উদরের কাছে তার ছুরিকা ধরে রেখে উদগ্র উত্তেজনায় চিৎকার করে উঠল খর, 'অগ্রসর পূর্বক আত্মসমর্পণ করুন। আমরা একে তৎক্ষণাৎ মুক্তিপ্রদান করব!'

অকস্মাৎ, মিথিলার রাজকুমারী সীতা, মলয়পুত্রদের দ্বারা পূজিত বিষ্ণুবতার অরণ্যের নিশ্ছিদ্র অবগুণ্ঠন থেকে আত্মপ্রকাশ করলেন। তাঁর ধনুকে শরসন্ধানে উদ্যত অবস্থায়। তাঁর পৃষ্ঠে তূনীর তিরে পরিপূর্ণ!

লঙ্কার রাজপরিবারের সদস্যরা তাঁকে দর্শন করতে অপারগ হলেন। রাবণ তাঁর চতুর্দিকে পরিবেষ্টন করা নিরাপত্তার বলয়ে বলপ্রয়োগ দ্বারা বিষ্ণুবতারকে অবলোকন করার প্রচেষ্টায় রত হলেন। তৎক্ষণাৎ অনুজ কুম্ভকর্ণ তাঁকে প্রবল আকর্ষণের দ্বারা নিরস্ত করলেন।

'দাদা!' বললেন কুম্ভকর্ণ, 'ওনার স্বামী এবং দেবর কিন্তু এখনো অরণ্যের গভীরে আত্মগোপন করে থাকতে পারেন। আমরা আপনাকে নিরাপত্তা বেষ্টনী লঙ্ঘন করতে দিতে অক্ষম!'

'অসহ্য!'

'আপনি আমায় প্রতিশ্রুতি দিয়েছিলেন, দাদা!'

রাবণ অনুজের নির্দেশ লঙ্ঘন করলেন না। তিনি এই মুহূর্তে অতীব উত্তেজিত হলেও, অনুজের নিষেধ অমান্য করলেন না।

'মহান বিষ্ণুবতার!' মুহূর্তের জন্য জটায়ুর উপর তার বজ্রকঠিন বন্ধন শ্লথ করে, তার নিজের মাথার পশ্চাতে একটি পুরাতন ক্ষতের উপরে হাত বুলিয়ে নিয়ে, বিদ্রূপাত্মক ভঙ্গীতে বলল খারা। সেই ক্ষতের দ্বারা কৃত অপমান সে এখনো বিস্মৃত হয়নি, 'আমাদের প্রার্থনায় সাড়া দেওয়ার জন্য আপনার প্রতি অশেষ কৃতজ্ঞতা! আপনার স্বামী এবং তাঁর বিশালবপু ভ্রাতা কোথায়?'

রাজকুমারী সীতা উত্তর প্রদান করলেন না। কিছু লঙ্কাসেনা ধীরে ধীরে তাঁর দিকে অগ্রসর হতে শুরু করল। তাদের তরবারি সযত্নে আধারে

সুরক্ষিত। তাদের হাতে অস্ত্রস্বরূপ দীর্ঘ লাঠি, সুদীর্ঘ বাঁশের টুকরো, যেগুলির দ্বারা শারীরিকভাবে আহত করা সম্ভব, কিন্তু সেগুলি প্রাণঘাতী নয়। তাদের উপরে নির্দেশ দেওয়া রয়েছে। তাদের এই বিষ্ণুবতারকে জীবিত অবস্থায় বন্দি করতে হবে!

সীতা সম্মুখে অগ্রসর হতে হতে তাঁর হাতের ধনুক অর্ধমনিত করলেন, তিরখানি তখনো সেটিতে স্থাপন করা অবস্থায়, 'আমি আত্মসমর্পণ করছি! সেনাধিনায়ক জটায়ুকে পূর্বে মুক্তিপ্রদান করা হোক!'

খর নির্দয়ভাবে হাসতে হাসতে তার শাণিত ছুরিকা জটায়ুর উদরে চালনা করল...অতি ধীরে, অতি যত্নসহকারে। সেই শাণিত ফলা ধীরে ধীরে প্রথমে জটায়ুর যকৃৎ, অতঃপর বৃক্ক কর্তন করতে করতে তার শরীরের গভীরে প্রবেশ করতে থাকল অবাধে... !

'নাআআ...!' আর্তনাদ করে উঠলেন রাজকুমারী সীতা। তিনি তৎক্ষণাৎ তাঁর ধনুক উত্তোলনপূর্বক শরসন্ধান করলেন, এবং তিরখানি অব্যর্থ লক্ষ্যে উড়ে এসে খর-র একটি চোখে আমূল বিদ্ধ হল। সেটি সরাসরি তার চক্ষুগহ্বরে প্রবেশ করে তার মস্তিষ্ক বিদীর্ণ করে দিল—মৃত্যু তাকে গ্রাস করল সেই মুহূর্তেই!

'আমি ওঁকে জীবিত অবস্থায় বন্দি করতে চাই!' নিরাপত্তা বলয়ের অন্তরাল থেকে নিষ্ফল আক্রোশে সশব্দে আর্তনাদ করে উঠলেন কুম্ভকর্ণ।

পরমুহূর্তে সীতার দিকে পূর্বেই অগ্রসর হওয়া লঙ্কাসেনাদের সঙ্গে আরো কিছু লঙ্কাসেনা যোগ দিল, তাদের বাঁশের লাঠি আক্রমণে উদ্যত।

'রাম!' তাঁর তূণীর থেকে এক লহমায় আরো একটি তির সংগ্রহ করে, ধনুকের দ্বারা নির্ভুল নিশানায় আরো এক লঙ্কাসেনাকে ভূমিশয্যায় শায়িত করে গর্জন করে উঠলেন রাজকুমারী সীতা!

এই ঘটনা অবশ্য আগুয়ান লঙ্কাসেনাদের অগ্রগতি বিন্দুমাত্র হ্রাস করতে সক্ষম হল না। তারা পূর্বপরিকল্পিতভাবে সীতার দিকে অগ্রসর হতে থাকল।

রাজকুমারী সীতা আরও একটি তির নিক্ষেপ করলেন—তাঁর শেষ তির! আর একজন লঙ্কাসেনার নিষ্প্রাণ দেহ ভূমিতে পতিত হল। অন্যেরা অগ্রসর হতে থাকল।

'রা...ম!'

লঙ্কাসেনারা প্রায় তাঁর কাছে পৌঁছে গিয়েছে, তাদের বাঁশের লাঠি মাথার উপরে উত্তোলিত!

'রা...ম!' সুতীব্র চিৎকার নিঃসৃত হল সীতার কণ্ঠ থেকে!

এক লঙ্কাসেনা তাঁর নিকটে পৌঁছতেই, তিনি তার হাতের লাঠিখানি ধনুকের জ্যা দ্বারা আবদ্ধ করে, সেটি তার হাত থেকে দখল করতে সমর্থ হলেন। সেই বাঁশের লাঠির দ্বারা, তিনি সজোরে সেই সেনার মাথায় আঘাত করে তাকে ভূপতিত করলেন। তারপর তিনি সেই লাঠি সজোরে তাঁর মাথার উপর ঘোরাতে শুরু করলেন, এবং সেই ঘূর্ণায়মাণ লাঠির মৃদু গুণগুণ শব্দ আগুয়ান সেনাদের সচকিত করে তুলল। হঠাৎ তিনি থেমে গেলেন, তাঁর হাতের লাঠি চরম আক্রমণের জন্য প্রস্তুত।

যুদ্ধের জন্য সম্পূর্ণ প্রস্তুত হয়ে তিনি শক্তিসঞ্চয়ের জন্য সাময়িক স্থগিত রইলেন। একটি বাহু দ্বারা দীর্ঘ লাঠির মধ্যবর্তী স্থান বজ্রমুষ্ঠিতে ধরা, লাঠির একটি প্রান্ত তাঁর বাহুমূলে প্রোথিত। আরেকটি বাহু সম্মুখে প্রসারিত। তাঁর দুই পা শরীরের ভারসাম্য রক্ষার করার কারণে দুধারে প্রসারিত। এই মুহূর্তে তাঁকে প্রায় পঞ্চাশজনের অধিক লঙ্কাসেনা চতুর্দিকে থেকে বেষ্টন করে রয়েছে! কিন্তু তারা তাঁর থেকে নিরাপদ দূরত্বে অবস্থান করছে!

'রা...ম!' পুনরায় আকুল প্রত্যাশায় চিৎকার করলেন রাজকুমারী সীতা, তাঁর আশা তাঁর কণ্ঠস্বর সেই বিস্তীর্ণ অরণ্যের অন্যপ্রান্তে তাঁর স্বামী রামের কর্ণগোচর হবে।

'আপনাকে আঘাত করার বিন্দুমাত্র অভিপ্রায় আমাদের নেই, মহান বিষ্ণুবতার,' অতি শান্তস্বরে একজন সেনা বলে উঠল, 'দয়া করে আত্মসমর্পণ করুন! আপনার কোনো ক্ষতিসাধন আমরা করতে প্রস্তুত নই!'

সীতা চকিতে দূরে ভূমিশয্যায় পতিত জটায়ুর দিকে একবার দৃকপাত করলেন!

'আমাদের পুষ্পকবিমানে ওনার জীবনরক্ষা করার সমস্ত ঔষধাদি বর্তমান,' সেনাটি পুনরায় বলল, 'দয়া করে আপনাকে আঘাত করতে আমাদের বাধ্য করবেন না! দয়া করুন!'

সীতা তাঁর ফুসফুসের যথাসাধ্য ক্ষমতা অনুসারে প্রাণপণ আর্তনাদ করলেন পুনরায়, 'রা...ম!'

তাঁর মনে হল বহুদূর থেকে তাঁর চিৎকারের উত্তরে একটি ক্ষীণ প্রত্যুত্তর ভেসে এল, 'সীতা...!'

হঠাৎ এক লঙ্কাসেনা তাঁর বামদিক থেকে তার হাতের লাঠির দ্বারা

তাঁর পা লক্ষ্য করে আঘাত হানল। সেই লাঠির লক্ষ্য ছিল তাঁর গোড়ালির উপরিভাগ! সীতা তৎক্ষণাৎ সেই আক্রমণ প্রতিহত করতে তাঁর পা দুখানি মুড়ে শূন্যে লাফিয়ে উঠলেন! শূন্যে থাকাকালীন, তিনি ক্ষণিকের মধ্যে অভূতপূর্ব ক্ষিপ্রতায়, তাঁর ডান বাহুতে ধরা লাঠিখানি তাঁর বাম বাহুর দ্বারা সজোরে চালনা করতে সক্ষম হলেন নির্ভুল লক্ষ্যে! সেই লাঠির আঘাত সশব্দে আছড়ে পড়ল আক্রমণকারীর মাথার পাশে। তৎক্ষণাৎ সে সংজ্ঞা হারাল!

ভূমিতে পদক্ষেপ করার পূর্বেই, তাঁর কণ্ঠ থেকে নির্গত হল আরো একটি হৃদয়বিদারক, অসহায় আর্তচিৎকার, 'রা...ম!'

তিনি সেই মুহূর্তে তাঁর স্বামীর কণ্ঠস্বর শুনতে পেলেন! অস্পষ্ট, কিছুটা দূরত্ব থেকে, 'ওনাকে... মুক্তি... দাও!!!'

কুম্ভকর্ণের কানেও সেই অস্পষ্ট আওয়াজের রেশ পৌঁছেছিল। তিনি রাবণের দিকে তাকালেন, তারপর উচ্চস্বরে তাঁর সেনাদের উদ্দেশ্যে আদেশ জারি করলেন, 'ওনাকে এই মুহূর্তে বন্দি করো! এখনই!'

দশজন সেনা একত্রে সীতার দিকে ধেয়ে গেল। তিনি তাঁর হাতের লাঠি প্রবল বিক্রমে চতুর্দিকে ঘোরাতে শুরু করলেন, সেই লাঠির আঘাতে একাধিক সেনা আঘাতপ্রাপ্ত হয়ে ছিটকে পড়তে লাগল!

'রা...ম!'

তিনি পুনরায় সেই কণ্ঠস্বর শুনতে পেলেন। সেই স্বর ক্রমেই তাঁর নিকটবর্তী অগ্রসর হচ্ছে, 'সীতা...!'

লঙ্কার সেনারা নিরন্তর আক্রমণে রাজকুমারী সীতাকে জর্জরিত করে তুলতে লাগল। কিন্তু তিনি একজন নারী হয়ে অমিতবিক্রমে সুদক্ষ, অভিজ্ঞ যোদ্ধাদের মহড়া নিতে লাগলেন। কিন্তু হায়, এই অসম যুদ্ধে তাঁর একার বিরুদ্ধে তাঁর প্রতিদ্বন্দ্বীর সংখ্যা অগণিত! তাঁর পশচাৎ থেকে হঠাৎ এক সেনা তার লাঠি সজোরে তাঁর পৃষ্ঠে আঘাত করতে সক্ষম হল!

'রা...!'

অবশেষে তাঁর শরীরের ভার বহন করার গুরুভার থেকে অব্যাহতি চাইল তাঁর পদযুগল। তিনি ভূমিশয্যায় পতিত হলেন অবশেষে! সেই অবস্থা থেকে নিজকে পুনরায় মুক্ত করার পূর্বেই, একাধিক লঙ্কাসেনা তাঁকে চতুর্দিক থেকে ভূমিতে অবদমিত করতে সক্ষম হল। একজন লঙ্কাসেনা হাতে করে একটি নিমপল্লব নিয়ে অগ্রসর হওয়ার পূর্বমুহূর্ত পর্যন্ত তিনি তাঁর সর্বশক্তি দিয়ে

বীরপুঙ্গব লঙ্কাসেনাদের বিরুদ্ধে লড়াই করে চলেছিলেন। সেই নিমপল্লবে গাঢ় নীল রঙের বিচিত্র মলম মাখানো ছিল। সেই সেনা তাঁর নাসারন্ধ্রে সেই পল্লব চেপে ধরল। তৎক্ষণাৎ তিনি চেতনা হারালেন।

'ওনাকে সত্বর পুষ্পকবিমানে বহন করে নিয়ে চলো!'

কুম্ভকর্ণ তাঁর অগ্রজের দিকে ফিরলেন, 'চলুন দাদা, এই স্থান পরিত্যাগ করা যাক!'

'আমাকে একবার সীতাকে দর্শন করতে দাও!'

'সময়ের অত্যন্ত অভাব, দাদা! রাজা রাম এবং রাজকুমার লক্ষ্মণ আমাদের নিকটবর্তী! কিছুক্ষণের মধ্যেই তাঁরা এই স্থানে উপস্থিত হবেন। সেক্ষেত্রে আমাদের তাঁদেরকে হত্যা করতে বাধ্য হতে হবে। যা হয়েছে সঠিক হয়েছে ইতিমধ্যে। আমরা বিষ্ণুবতারকে অপহরণ করতে সক্ষম হয়েছি আমাদের পরিকল্পনা অনুযায়ী, এবং অযোধ্যার রাজা অক্ষত অবস্থায় রয়েছেন। আমরা সকলে নির্বিঘ্নে পুষ্পকবিমানে পৌঁছলেই আপনি তাঁর দর্শনে সমর্থ হবেন! দয়া করে এই স্থান পরিত্যাগ করা যাক!'

তাঁদের রক্ষীদলের দ্বারা পরিবেষ্টিত হয়ে রাবণ এবং কুম্ভকর্ণ পুষ্পকবিমান অভিমুখে অগ্রসর হতে শুরু করলেন। তাঁদের অনুসরণ করল লঙ্কাসেনারা, অচৈতন্য রাজকুমারী সীতাকে তাদের স্কন্ধে একটি অস্থায়ী শয্যায় বহন করছে!

লঙ্কার অধিবাসীরা একের পর এক পুষ্পকবিমানের অভ্যন্তরে প্রবেশ করে তাদের জন্য সংরক্ষিত আসন গ্রহণ করতে শুরু করলেন।

সর্বশেষ লঙ্কাসেনা বিমানে প্রবেশ করে প্রধান দ্বারের পাশের দেওয়ালে একটি ধাতব বোতামে চাপ দিতেই, প্রধান দ্বার ধীরে ধীরে অবরুদ্ধ হতে শুরু করল, সেই প্রক্রিয়ায় একটি তীক্ষ্ণ শিসের শব্দ নিঃসৃত হতে থাকল।

ভ্রাতৃদ্বয় তাঁদের জন্য সংরক্ষিত আসন গ্রহণ করা মাত্রই, কুম্ভকর্ণ বিমানের সারথিদের দিকে ঘুরলেন, 'সত্বর আমাদের এই স্থান থেকে দূরে নিয়ে চল!'

বিমান তার উড়ানের প্রক্রিয়া শুরু করার পূর্বে, রাবণ এবং কুম্ভকর্ণ তাঁদের আসনের বন্ধনপেটিকায় নিজেদের আবদ্ধ করতে শুরু করলেন। লঙ্কাসেনারা অচৈতন্য রাজকুমারী সীতাকে তাঁর অস্থায়ী শয্যার সঙ্গে, বন্ধনপেটিকার সাহায্যে বিমানের মেঝেতে সুরক্ষিতভাবে আবদ্ধ করতে ব্যস্ত হল।

'উনি একজন অসাধারণ যোদ্ধা!' কুম্ভকর্ণের মুখমণ্ডলে এক প্রশংসার হাসি ছড়িয়ে পড়ল।

যখন এই আক্রমণ অনুষ্ঠিত হয়েছিল, সীতা সেই মুহূর্তে মক্রন্ত নামের এক মলয়পুত্র সেনার সান্নিধ্যে, রাতের ভোজনের জন্য কলাপাতা জোগাড় করতে গিয়েছিলেন। রাম ও লক্ষ্মণ শিকারে গিয়েছিলেন অরণ্যের অন্যত্র। তাঁদের অনুমান ছিল যে লঙ্কাসেনারা তাঁদের এই গুপ্ত অবস্থানের সম্বন্ধে অবগত ছিল না।

যে দুই লঙ্কাসেনা সীতাকে অন্বেষণ করতে সমর্থ হয়েছিল, তাদের দ্বারা মক্রন্তের হত্যা ঘটেছিল, কিন্তু সীতার প্রতিআক্রমণের ফলস্বরূপ সেই দুই সেনাও প্রাণ হারিয়েছিল। তারপরে তিনি গোপনে মলয়পুত্রদের ধ্বংসপ্রাপ্ত শিবিরে পৌঁছে, তাঁর নির্ভুল তিরন্দাজির মাধ্যমে অরণ্যের অন্তরাল থেকে অতর্কিত আক্রমণে একাধিক লঙ্কাসেনাকে হত্যা করতে সমর্থ হয়েছিলেন। কিন্তু তাঁর প্রিয়, অত্যন্ত বিশ্বস্ত অনুচর জটায়ুর প্রাণরক্ষা করার প্রচেষ্টায় তিনি শত্রুর কাছে আত্মসমর্পণ করতে গিয়ে নিজেকে এই পরিস্থিতির সম্মুখীন হতে বাধ্য হয়েছিলেন।

'মলয়পুত্রদের স্থির বিশ্বাস অনুযায়ী ইনি হলেন তাদের বিষ্ণুবতার!' অট্টহাস্য করে বললেন রাবণ, 'তার চেয়ে বলা ভালো তিনি একজন অতি উপাদেয় বীরাঙ্গনা সুযোদ্ধা!'

সেই মুহূর্তে, সীতার চতুর্দিকে দণ্ডায়মান লঙ্কাসেনার দল তাদের জন্য সংরক্ষিত আসনে একে একে উপবেশনের ব্যবস্থা করতে ব্যস্ত হল।

সীতার অচৈতন্য নিঃস্পন্দ শরীর রাবণের আসনের আনুমানিক বিশ হাত দূরত্বে, অস্থায়ী শয্যার সঙ্গে আবদ্ধ অবস্থায় শায়িত ছিল। তাঁর পরনে ছিল একটি নিষ্কলঙ্ক শ্বেতশুভ্র ধুতি, এবং একটি ঘিয়ে রঙা জামা। তাঁর গেরুয়া রঙের অঙ্গবস্ত্র সযত্নে তাঁর সম্পূর্ণ শরীর আবৃত করে রেখেছিল, এবং তাঁর উপরে সুরক্ষা বন্ধনপেটিকার বন্ধন। তাঁর মাথাটি একদিকে ঢলে ছিল, এবং তাঁর চক্ষুদ্বয় ছিল মুদিত। বিষের প্রভাবে তাঁর মুখগহ্বর থেকে অবিরত লালার নিঃসরণ ঘটছিল।

প্রচুর পরিমাণে কড়া বিষের প্রয়োগে তাঁকে সংজ্ঞাহীন করা সম্ভব হয়েছিল।

তাঁদের জীবনে প্রথমবারের জন্য, রাবণ এবং কুম্ভকর্ণ রাজকুমারী সীতার মুখমণ্ডল দর্শন করতে সমর্থ হলেন।

মিথিলার মহাযোদ্ধা রাজকুমারী! রামের ধর্মপত্নী! স্বয়ং বিষ্ণুবতার!

রাবণ বিস্মিত প্রতিক্রিয়ায় তাঁর দিকে দৃষ্টিপাত করে রইলেন!

তাঁর শ্বাসপ্রশ্বাস স্থগিত হয়ে গেল। তাঁর হৃদয়ের স্পন্দন স্থগিতাবস্থায়! তিনি নির্নিমেষে তাকিয়ে রইলেন!

হতচকিত কুম্ভকর্ণ প্রথমে তাঁর স্থাণুবৎ অগ্রজের দিকে তাকালেন, তারপর তিনি দৃষ্টি নিক্ষেপ করলেন সরাসরি সীতার মুখমণ্ডলে! তিনি তাঁর দুই চোখকে বিশ্বাস করতে সক্ষম হলেন না!

নবজাতকটির মৃত্যু হয়নি! সে এই মুহূর্তে আটত্রিশ বছর বয়স্ক এক পূর্ণবয়স্কা নারী!

একজন মিথিলাবাসী নারীর অনুপাতে তাঁর দৈর্ঘ্য অস্বাভাবিক! তাঁর অসাধারণ পেশীবহুল লাবণ্যময় চেহারায়, তিনি যেন মাতৃশক্তির সেনাবাহিনীর এক অনলস, দুর্বার সেনানী! তাঁর গমরঙা শরীরে উপস্থিত অসংখ্য ক্ষতের গৌরবময় অবস্থান!

কিন্তু রাবণের নির্নিমেষ দৃষ্টি যেন আবহমানকালের জন্য রাজকুমারী সীতার মুখমণ্ডলে আবদ্ধ হয়ে রয়েছে! এই অপূর্ব মুখমণ্ডল যে তাঁর অতি পরিচিত!

তাঁর শরীরের তুলনায়, সীতার মুখমণ্ডল আরেক ধাপ উজ্জ্বল, তাঁর উন্নত গ্রীবার হাড় এবং সেই ছোট, উন্নত নাসিকা! তাঁর ওষ্ঠাধার সেই অর্থে পুরু নয়, আবার একেবারে পাতলাও বলা চলে না! তাঁর চক্ষুদ্বয়ের আয়তন মধ্যবর্তী, ধনুকের ন্যায় অনিন্দ্যসুন্দর ভ্রূজোড়া যেন তুলির নিপুণ টানে তাঁর নিটোল চক্ষুপল্লবকে আরো সুন্দর করে তুলেছে। তাঁর অত্যুজ্জল দীর্ঘ, মসীকৃষ্ণ কেশদাম অবিন্যস্তভাবে তাঁর মুখমণ্ডলের একদিকে পড়ে আছে। তাঁর চেহারার মধ্যে হিমালয়ের পার্বত্য মানুষদের সব লক্ষণ প্রতীয়মান!

তিনি এই মুখমণ্ডলের সঙ্গে ওতপ্রোতভাবে সুপরিচিত। এই মুখমণ্ডল আসলের চাইতে কিঞ্চিৎ কৃশকায়। সেটিতে কাঠিন্যের প্রাবল্য পরিলক্ষিত। সেই অনুপম লাবণ্যের কিছু অভাব এই মুখমণ্ডলে। তাঁর কপালের রগের একদিকে একটি অগভীর জন্মদাগের উপস্থিতি, যার উৎস সম্ভবত শৈশবের কোনো ক্ষতস্থানের স্মৃতি।

কিন্তু এই ব্যাপারে কোনোপ্রকার দ্বিমতের অবকাশ নেই। প্রকৃতি মাতা প্রভুত যত্নে সেই এক ছাঁচে কুঁদে এই মুখমণ্ডল সৃষ্টি করেছেন!

এই মুখমণ্ডল রাবণ এই জীবনে কখনো বিস্মৃত হবেন না। তাঁর মানসচক্ষুর

মাধ্যমে তিনি এই মুখমণ্ডলের বয়স বৃদ্ধি হতে দেখেছেন। এই মুখমণ্ডলকে ভালোবেসে তিনি আজ পর্যন্ত তাঁর জীবন অতিবাহিত করে চলেছেন!

পুষ্পকবিমানের দৈত্যাকার চক্রগুলি অতি সত্বর গতিলাভ করতেই, বিমান শূন্যে উত্তরণ করতে শুরু করল।

রাবণের শ্বাসপ্রশ্বাস এখনো পর্যন্ত স্বাভাবিক ছন্দে ফিরে আসেনি! তিনি প্রাণপণে আসনের হাতল আঁকড়ে ধরে সম্মুখে তাঁর টলায়মান পৃথিবীর প্রবল ঘূর্ণির বিরুদ্ধে সংঘর্ষ করতে থাকলেন!

সম্ভবত তাঁর সম্মুখে সেই মাহেন্দ্রক্ষণ উপস্থিত, যখন তাঁকে তাঁর অধার্মিক পথে কৃতকর্মের ভোগসাধন করতে হবে।

'কা...কা...!'

হঠাৎ একটি তুমুল ঝঞ্ঝায় পুষ্পকবিমান একদিকে কাত হয়ে যেতেও, রাবণ সম্পূর্ণ বাকশক্তিরহিত হয়ে উপবিষ্ট রইলেন।

তিনি নির্বাক হয়ে তাঁর সম্মুখে শায়িত রাজকুমারীর দিকে নির্নিমেষে তাকিয়ে রইলেন।

তাঁর শ্বাসপ্রশ্বাস অস্বাভাবিকভাবে ত্বরান্বিত!

তাঁর হৃদস্পন্দন অনিয়মিত!

সময় যেন এই মুহূর্তে তাঁর জন্য স্তব্ধ হয়ে গিয়েছে!

তিনি বুঝতে সক্ষম হয়েছেন। সীতার ওই মুখমণ্ডল থেকে সবকিছু বোধগম্য হচ্ছে তাঁর!

সীতার আসল পিতা হলেন পৃথ্বী!!

সীতা হলেন তাঁর দেবী কন্যাকুমারী—বেদবতীর সন্তান!!

—I০I—

'গুরুদেব! গুরুদেব!'

মলয়পুত্রদের গোপন রাজধানী অগস্ত্যকূটমে, তার গুরুদেবের অতি সাধারণ নিজস্ব কক্ষে ঝঞ্ঝার ন্যায় প্রবেশ করল আরিষ্ঠনেমী!

বিশ্বামিত্র অতি ধীরে তাঁর মুদ্রিত চক্ষু খুলে, গভীর ধ্যানের অবস্থান থেকে বাস্তবে প্রত্যাগমন করলেন। স্বাভাবিকভাবে, এই অবস্থায় তাঁকে কেউ বিরক্ত করার ধৃষ্টতা দেখাবার সাহস করেন না। কিন্তু এই মুহূর্তে এ ব্যতীত অন্য

উপায়ান্তর ছিল না! তিনি একটি সংবাদের অধীর অপেক্ষায় ছিলেন, এবং স্বয়ং আরিষ্ঠনেমীকে আদেশ দিয়েছিলেন সে সংবাদ পাওয়া মাত্র, যে কোনো পরিস্থিতিতেই সে যেন সেই সংবাদ তাঁকে প্রদান করে।

'বলো!' তিনি তাঁর জলদগম্ভীর কণ্ঠে বলে উঠলেন।

'সেই ঘটনা সংঘঠিত হয়েছে!'

'আমাকে সম্পূর্ণ ঘটনা ব্যক্ত করো!'

'সমীচির কাছ থেকে তথ্যসংগ্রহ করে রাবণ এবং কুম্ভকর্ণ, বনবাসে নির্বাসিত রাম, লক্ষ্মণ এবং সীতার গতিবিধির সম্বন্ধে সম্পূর্ণ অবগতি লাভ করতে সক্ষম হয়েছিল। তারা পুষ্পকবিমান ব্যবহার করে সেই স্থানে একটি গুপ্ত আক্রমণ সংগঠিত করে!'

'তারপরে?'

'তারা সীতাকে অপহরণ করতে সক্ষম হয়েছে। তাদের অস্থায়ী শিবিরের প্রত্যেকে প্রাণ হারিয়েছে! আমার পাওয়া সংবাদ অনুযায়ী, সেই সময়ে রাম ও লক্ষ্মণ শিকারে অন্যত্র ব্যস্ত থাকায়, তাদের প্রাণরক্ষা হয়েছে কোনমতে!'

ঋষি বিশ্বামিত্র তাঁর আসনে নিজের শরীর এলিয়ে দিলেন, তাঁর মুখমণ্ডলে একটি তির্যক হাসির উদ্রেক হল! *এই খেলায় পুনরায় আমাদের মহাসমারোহে প্রত্যাবর্তন ঘটেছে!*

'গুরুজি, আমি জানি না কী কারণে ওদের রক্ষার্থে আমরা সময়মতো আরো মলয়পুত্র যোদ্ধা প্রেরণ করতে সক্ষম হলাম না! আমরা অবগত ছিলাম যে শূর্পণখার অপমানের প্রতিশোধ রাবণ সুযোগমতো নিয়েই ছাড়বে। আমরা ওদের রক্ষা করতে সক্ষম...!'

'কাকে রক্ষা করতে?'

'জটায়ু এবং অন্যান্য মলয়পুত্ররা তাদের সঙ্গে ছিল। তারা সকলে এই আক্রমণে প্রাণ হারিয়েছে!'

'তারা দেশমাতৃকার সেবার বৃহত্তর স্বার্থে নিজেদের জীবন উৎসর্গ করেছে! তারা প্রকৃত শহীদ হয়েছে! আমরা ওদের এই বলিদানের জন্য যথাযোগ্য সম্মান প্রদর্শন করব! আমরা মহাবীর জটায়ু এবং তার অনুগামীদের স্মরণে একাধিক মন্দির নির্মাণ করব!'

'কিন্তু সীতার কী হবে, গুরুদেব? আমাদের পরমারাধ্যা বিষ্ণুবতার ওদের যুদ্ধবন্দি! আমার পাওয়া সংবাদ অনুযায়ী, আমি জানতে পেরেছি ওরা সীতাকে

জীবন্ত অবস্থায় বন্দি করতে সক্ষম হয়েছে! কিন্তু রাবণের গতিপ্রকৃতি সম্বন্ধে আমি নিশ্চিত নই—আমি নিশ্চিত নই যে রাবণ সীতাকে আঘাত করবে না! কিংবা, তার চাইতেও খারাপ, তাকে হত্যা করতে পিছপা হবে না!'

'সে কোনোভাবেই তার ক্ষতি করবে না! আমার উপর বিশ্বাস রাখো!'

'গুরুদেব, আপনি এবং আমি উভয়েই অবগত যে রাবণ এক মূর্তিমান শয়তান! আর শয়তানের গতিবিধির সম্বন্ধে পূর্বানুমান কে কবে সঠিকভাবে করতে সক্ষম হয়েছে?'

বিশ্বামিত্র চিন্তিতভাবে আরিষ্ঠনেমীর দিকে দৃষ্টিপাত করলেন। সত্য উদঘাটনের সময় আগত!

'তোমার মতানুযায়ী সে সাক্ষাৎ শয়তান! তাহলে আমার একটি প্রশ্ন আছে তোমার কাছে। তুমি কি কোনোভাবে অবগত আছ, এই শয়তান বিশেষভাবে অন্য কোনো ব্যক্তির জন্য যথাসম্ভব উৎকৃষ্ট কর্মসাধনে লিপ্ত হয়েছে?'

এই অদ্ভুত প্রশ্নে আরিষ্ঠনেমী মুখব্যাদান করল, 'আমি এই মুহূর্তে একমাত্র তার অনুজ কুম্ভকর্ণের কথা স্মরণে আনতে সক্ষম। সেও তার দ্বারা বহুবার তিরস্কৃত এবং লাঞ্ছিত হয়েছে!'

'শুধুমাত্র তার অনুজ? সত্যি করে? তুমি অন্য কারো কথা স্মৃতিচারণের দ্বারা উপলব্ধি করতে অপারগ?'

'অবশ্যই, তার একমাত্র পুত্রসন্তান তার কাছে প্রাণাধিক প্রিয়! হ্যাঁ, মনে করতে পারছি, বহুবছর পূর্বে গত তার প্রথম প্রেম, বেদবতী!'

'রাবণ দ্বারা সীতাকে বিন্দুমাত্র ক্ষতিসাধন না করার প্রধান কারণ হল বেদবতী!' বললেন বিশ্বামিত্র।

দীর্ঘদিন ধরে ঋষি বিশ্বামিত্রের মনে এক সন্দেহ পুঞ্জীভূত হয়েছিল, যে তোড়িগ্রামের সম্পূর্ণ ঘটনাপ্রবাহের সিংহভাগ লোকচক্ষুর অন্তরালে থেকে গেছে। বহুবছর পূর্বে, তিনি আরিষ্ঠনেমীর সঙ্গে আরো কয়েকজন মানুষকে পাঠিয়েছিলেন তোড়িগ্রামে প্রচলিত অর্ধসত্যের সত্যাসত্য সম্বন্ধে তথ্যপ্রমাণের আশায়! আরিষ্ঠনেমী সেই সমস্ত মানুষের সঙ্গে ঘটনার সম্বন্ধে আলোচনা করেছিল, যারা তোড়িগ্রামের গ্রামবাসীদের দেহাবশেষ অন্বেষণ পূর্বক, তাদের সৎকারের ব্যবস্থা করেছিল। তাদের কাছ থেকে পাওয়া তথ্য থেকে জানা যায়, যে কিছু মৃতদেহকে বেদবতীর কুটিরের সম্মুখে বিভিন্ন বৃক্ষের সঙ্গে আবদ্ধ অবস্থায় পাওয়া যায়। তাদের প্রত্যেকের শরীরে ছিল অকথ্য অত্যাচারের

দৃষ্টান্তমূলক পাশবিক ক্ষতসমূহ! অন্যান্য গ্রামবাসীদের দেহাবশেষ সমগ্র গ্রামের পরিধির মধ্যে বিস্তারিত অবস্থায় এখানে ওখানে শায়িত ছিল, যার থেকে সহজেই অনুধাবন করে সম্ভব যে পলায়নরত নিরীহ গ্রামবাসীদের অনুসরণ করে, তাদের হত্যা করা হয়েছে নির্মমভাবে! তদুপরি প্রতিটি দেহকে বন্য পশুদের দ্বারা বিনষ্ট করার অভিপ্রায়ে সেই স্থানেই পরিত্যক্ত অবস্থায় ফেলে রাখা হয়েছিল। আরিষ্ঠনেমী এই তথ্য পরিবেশন করেছিল, একমাত্র যে দেহাবশেষগুলিকে যথাযোগ্য সম্মান প্রদর্শন পূর্বক সম্পূর্ণ বৈদিক মতে সৎকার করা হয়েছিল, সেগুলি ছিল বেদবতী এবং তাঁর স্বামী পৃথ্বীর!

এই ঘটনার পরিপ্রেক্ষিতে বিশ্বামিত্র সম্ভবত নিজের ধারণা পরিবর্তন করতে বাধ্য হয়েছিলেন। সম্ভবত, তাঁরা রাবণের সম্বন্ধে যে ধারণা পোষণ করে এসেছিলেন, তা সঠিক ছিল না—রাবণ হয়তো তাদের সম্মানার্থেই এই কাজ করতে বাধ্য হয়েছিল। সম্ভবত যে মানুষগুলির দেহাবশেষ অত্যাচারে জর্জরিত অবস্থায় বিভিন্ন বৃক্ষের সঙ্গে আবদ্ধ অবস্থায় ছিল, তারাই বেদবতী এবং তার স্বামীকে হত্যা করেছিল!

এই স্থান থেকে সহজেই উপসংহারে উপনীত হওয়া যায়—রাবণ প্রথম থেকে শেষ পর্যন্ত বেদবতীকে সম্মানপূর্বক ভালোবেসেছিলেন, এবং সেই কারণে তার প্রতি সুব্যবহার করেছিলেন! এই নারকীয় ঘটনার অবতারণা ঘটেছিল তাঁকে চিরকালের জন্য হারাবার নিষ্ফল আক্রোশের বহিঃপ্রকাশে! তাঁর প্রাণত্যাগের পরে, ক্রোধান্ধ রাবণ নিশ্চয় এই পাশবিক হত্যালীলার আদেশ দিয়েছিলেন!

বিশ্বামিত্র নিশ্চিত ছিলেন, তাঁর মতোই মহাদেবের উত্তরসূরি, বায়ুপুত্ররাও একই উপসংহারে পৌঁছেছিলেন। কিন্তু তাঁর সন্দেহ ছিল, এই নারকীয় ঘটনার অব্যবহিত পরের ঘটনাপ্রবাহ সম্বন্ধে তাঁরা অবহিত ছিলেন না। তাঁরা এর পরে ঘটনাবলীর সত্যাসত্য উদঘাটনে উপনীত হতে সক্ষম হননি। বেদবতীর সন্তানের জীবিত থাকার ঘটনা সম্পর্কে তাঁরা অবগত ছিলেন না! অবহিত হলে তাঁরা সীতার প্রতি এই ব্যবহার প্রদর্শনে রত হতেন না!

আরিষ্ঠনেমীর হতচকিত অবস্থা তখনও কাটেনি, 'বেদবতীর সঙ্গে রাজকুমারী সীতার ঘটনার কী সম্বন্ধ থাকতে পারে, গুরুদেব? রাবণ কেন তার ক্ষতিসাধন করবার প্রচেষ্টায় রত হবে না?'

'সে একটিমাত্র কারণেই সীতার ক্ষতিসাধনে উদ্যত হবে না, কারণ রাজকুমারী সীতা বেদবতীর কন্যাসন্তান!'

আরিষ্ঠনেমী সহসা স্থাণুবৎ হয়ে গেল, 'কী?'

বিশ্বামিত্র সম্মতির মাথা আন্দোলিত করলেন, তাঁর মুখমণ্ডলে শোভা পেতে থাকল একটি তির্যক হাসির রেশ! *হ্যাঁ, অবশ্যই আমাদের এই ক্ষমতার খেলায় প্রত্যাবর্তন ঘটেছে!*

'কত সময় ধরে আপনি এই সত্য সম্বন্ধে অবহিত, গুরুদেব? এই সত্য আপনার কাছে কতদিন পূর্বে উন্মোচিত হয়েছে?'

'রাজকুমারী সীতাকে বিষ্ণুবতার হিসাবে ঘোষণা করার অব্যবহিত পূর্বমুহূর্তে! যখন তার বয়স মাত্র তেরো বছর!'

'প্রভু পরশুরামের দোহাই! প্রায় পঁচিশ বছর ধরে আপনি এই সত্যকে অবদমিত করে রেখেছেন?'

'হ্যাঁ। এবং এই রহস্য আমার সম্মুখে উন্মোচিত হয় একটি পার্বত্য ময়নার কণ্ঠনিঃসৃত আওয়াজের মাধ্যমে!'

'একটি সামান্য পার্বত্য ময়নার মাধ্যমে? সত্যি?'

'হ্যাঁ। এবং যে মুহূর্তে আমি এই সম্পর্কের সম্বন্ধে অবগতি হয়েছিলাম, সেই মুহূর্তেই আমি উপলব্ধি করেছিলাম যে আমার এই সিদ্ধান্ত সর্বতোভাবেই যথাযথ! রাজকুমারী সীতার বিষ্ণুবতার হিসাবে চয়ন সার্বিকভাবে আদর্শ! কারণ এই কাহিনির খলনায়ক কোনোদিনই বিষ্ণুবতার রূপী সীতার প্রাণনাশ করতে উদ্যত হতে অক্ষম হবে!'

আরিষ্ঠনেমী সসম্ভ্রমে তার গুরুদেবের সম্মুখে নতমস্তক হয়ে শ্রদ্ধাজ্ঞাপন করল, 'একমাত্র আপনিই পরমপূজ্য প্রভু পরশুরামের সুযোগ্যতম উত্তরসূরি, গুরুদেব!'

ঋষি বিশ্বামিত্র সহাস্যে তাঁর আপ্তসহায়কের এই স্তুতি গ্রহণপূর্বক বললেন, 'জয় পরশুরামের জয়!'

'জয় পরশুরামের জয়!' গুরুকে অনুসরণ করল আরিষ্ঠনেমী, 'কিন্তু এইবারে কী হবে?'

'এইবারে আমরা আমাদের সর্বশক্তি ব্যবহার করে, আমাদের সৈন্যদের ব্যবহার করে, আমাদের অর্থের উপযোগ করে—সর্বোপরি হনুমানের অসীম ক্ষমতার সহযোগিতায় লঙ্কাদ্বীপকে আক্রমণ করব! রাজকুমারী সীতা রাবণকে বিনষ্ট করবে। সমগ্র ভারতবর্ষ তাকে বিষ্ণুবতার হিসাবে মেনে নিতে বাধ্য হবে!'

'হনুমান কেন? বিচার করলে তাঁর অন্তরঙ্গতা তো...' হঠাৎ আরিষ্ঠনেমীর

বক্তব্য মাঝপথেই স্থগিত হল। সে তার গুরুদেবের জাতশত্রু ঋষি বশিষ্ঠের নামোচ্চারণে উদ্যত হতে যাচ্ছিল!

'বহু কারণে,' বললেন বিশ্বামিত্র, সর্বাপেক্ষা গুরুত্বপূর্ণ কারণ, হনুমান সীতাকে তার সহোদরা ভগ্নির ন্যায় স্নেহ করে। এবং সীতা হনুমানকে নিজের ভ্রাতাসম বিশ্বাস করে!'

প্রবল বিস্ময়ে আপ্লুত হয়ে আরিষ্ঠনেমীর মাথা আন্দোলিত হতে লাগল, 'ধন্য আপনি—অতুলনীয় আপনি, হে গুরুদেব! অন্য কোনো মানুষের পক্ষে এই পরিকল্পনা করা অসম্ভব!'

'অপেক্ষাপূর্বক ঘটনাপ্রবাহ লক্ষ্য করতে থাকো। আমার মনে বিন্দুমাত্র দ্বিধার স্থান নেই যে আমাদের দেশমাতৃকার জয়জয়াকার হবে। এবং আমাদের বিষ্ণুবতারের দ্বারাই তাঁর রক্ষা সম্ভব। এই কারণে আমাদের অমরত্ব প্রাপ্তি ঘটবে। আমাদের পূর্বসূরিরা আমাদের এই কর্মে গৌরবান্বিত হবেন!' ঘোষণা করলেন বিশ্বামিত্র।

আরিষ্ঠনেমী করজোড়ে তার পূর্বসূরিদের প্রতি সম্মান জ্ঞাপন করল, '*জয় দেবাদিদেব রুদ্রদেব! জয় প্রভু পরশুরামের জয়!*'

জয় হোক দেবাদিদেব রুদ্রদেবের! জয় হোক প্রভু পরশুরামের!

বিশ্বামিত্রের মুখ থেকেও মলয়পুত্রদের পবিত্র মন্ত্র উচ্চারিত হল, 'জয় হোক দেবাদিদেব রুদ্রদেবের! জয় হোক প্রভু পরশুরামের!'

'দিব্যদাস! ঘুরে দাঁড়িয়ে আমার সম্মুখীন হও!'

বশিষ্ঠ, গুরুকুলে অধ্যয়নের সময়ে যিনি দিব্যদাস নামে পরিচিত ছিলেন, সম্মুখীন হলেন সেই মানুষটির যিনি ছিলেন তাঁর একদা ঘনিষ্ঠতম মিত্র—বিশ্বামিত্রের!

'কৌশিক...!' গুরুকুলের নামে পরিচিত বিশ্বামিত্রকে উপলক্ষ করে, অদম্য ক্রোধে দাঁতে দাঁত চেপে বশিষ্ঠ বললেন, 'এটি সম্পূর্ণ তোমার দোষ!'

সুসজ্জিত চিতার দিকে সরোষে দৃকপাত করে, পুনরায় বশিষ্ঠের দিকে দৃষ্টিপাত করলেন বিশ্বামিত্র, 'ওনার প্রাণত্যাগের একমাত্র কারণ হলে তুমি। যে দায়িত্বভার তোমার উপরে ছিল, তাতে তুমি সম্পূর্ণ অক্ষম! সিগিরিয়া এবং ত্রিশংকুর উচিত ছিল...!'

বশিষ্ঠ তাঁর বক্তব্যে বাধাপ্রদান করে বিশ্বামিত্রের দিকে অগ্রসর হলেন, 'নিজের ক্ষমতার সীমা লঙ্ঘন কোরো না! ওনার মৃত্যু হয়েছে একমাত্র তোমার কারণে! যে কর্ম বাস্তবিকভাবে অসম্ভব সেই কর্মসাধনে ওনাকে প্ররোচিত করার ফলস্বরূপ উনি অসময়ে মৃত্যুবরণ করতে বাধ্য হয়েছেন! আমি তোমাকে নিষেধ করেছিলাম! আমি তোমাকে সাবধান করেছিলাম ইতিপূর্বেই!'

বশিষ্ঠ ছিলেন দুর্বল এবং অতি কৃশকায়। তাঁর সম্পূর্ণ মুণ্ডিত মস্তকের মধ্যভাগে একটি স্থূল শিখার উপস্থিতি সগর্বে তাঁর ব্রাহ্মণত্বের পরিচয় ঘোষণা করছিল। তাঁর মুখমণ্ডলে সুদীর্ঘ, ঘনকৃষ্ণ শ্মশ্রুর উপস্থিতি তাঁকে এক বিদগ্ধ দার্শনিকের রূপে প্রতিপন্ন করছিল। এই মুহূর্তে, তাঁর মধ্যে এক অত্যন্ত হিংস্র রূপ পরিলক্ষিত হচ্ছিল। তাঁর দুই হাত মুষ্টিবদ্ধ, অদম্য ক্রোধে তাঁর সম্পূর্ণ শরীর কেঁপে কেঁপে উঠছিল! তাঁর দুই চোখ থেকে ক্রোধের অগ্নিবর্ষণ ঘটছিল।

আনুপাতিকভাবে, বিশ্বামিত্রের সবল, সুঠাম এবং সুদীর্ঘ চেহারার সম্মুখে কৃশকায় বশিষ্ঠ সামান্য এক বামন হিসাবে প্রতিপন্ন হচ্ছিলেন। উচ্চতায় প্রায় সাত হাত, মসীকৃষ্ণ বর্ণের শালপ্রাংশু বিশালায়তন পেশীবহুল চেহারার বিশ্বামিত্র তাঁর উপস্থিতির মাধ্যমেই মানুষের মনে যথেষ্ট ভীতিসঞ্চার করতে সমর্থ ছিলেন। তাঁর সুদীর্ঘ, ঘনকৃষ্ণ শ্মশ্রুমণ্ডিত মুখমণ্ডল এবং খোঁপায় আবদ্ধ অবিন্যস্ত কেশদাম তাঁর উপস্থিতি প্রভূত ভয়ানক করে তুলেছিল। তাঁকে দেখে মনে হচ্ছিল, এক লহমায় বশিষ্ঠের কণ্ঠরোধ করার উদগ্র বাসনা থেকে তিনি বহুকষ্টে নিজেকে প্রতিহত করে রেখেছেন!

'এই মুহূর্তে এই স্থান পরিত্যাগ করো!' গর্জন করে উঠলেন বিশ্বামিত্র, 'ওনার সম্মুখে তোমাকে হত্যা করার অভিলাষ আমার নেই!'

বশিষ্ঠ বিশ্বামিত্রের সম্মুখে অগ্রসর হয়ে, তাঁর দিকে ভাবলেশহীন দৃষ্টিতে তাকিয়ে রইলেন। তাঁদের অন্তরঙ্গতা বহুদিন পূর্বেই বিনষ্ট হয়েছে। সেই মিত্রতার দেহাবশেষ সেই চিতার সর্বগ্রাসী আগুন ধীরে ধীরে গ্রাস করে নিচ্ছে—সেই নারীকে, যাকে তাঁরা উভয়েই ভালোবেসেছিলেন। সেই আগুন থেকেই জন্ম নিচ্ছে এক আগ্রাসী শত্রুতা! এমন এক বিধ্বংসী শত্রুতা, যার রেশ চলবে আগত শতাধিক বছরের বেশি!

'তুমি কি মনে করো আমি তোমার ভয়ে ভীত? অগ্রসর হও! সম্মুখসমরে আমি সন্ত্রস্ত নই! বলো কখন?' বশিষ্ঠ সদর্পে ঘোষণা করলেন।

ক্রোধান্ধ বিশ্বামিত্র আক্রমণের উদ্দেশে তাঁর হাত উত্তোলন করেই, নিজেকে অতি কষ্টে সংবরণ করে পিছিয়ে গেলেন, 'আমি ওনার স্বপ্নপূরণ করব! আমি ওনাকে দেখিয়ে দেবো যে তোমার থেকে আমি সর্বান্তকরণে উৎকৃষ্টতম!'

'তুমি কখনোই ওনার যোগ্য ছিলে না! উনি সম্পূর্ণরূপেই আমার। আমি...'

'গুরুদেব!'

বশিষ্ঠ তাঁর দুচোখ খুলে প্রায় একশত বছরের পুরাতন স্মৃতি রোমন্থন থেকে বিরত হয়ে, তাঁর সম্বিত ফিরে পেলেন!

মনের অন্তরে অতি দ্রুত প্রার্থনা সেরে নিয়ে তিনি প্রশ্ন করলেন, 'কী হয়েছে?' সীতা এবং রামকে রক্ষা করার জন্য, তিনি তাঁর ঘনিষ্ঠ মিত্র হনুমানকে পাঠিয়েছিলেন। তাঁর একমাত্র আশা ছিল যাতে হনুমান সঠিক সময়ে সেই স্থানে পৌঁছোতে সক্ষম হন!

'আমরা প্রভু হনুমানের কাছ থেকে সংবাদ পেয়েছি, গুরুদেব। আমি অত্যন্ত শোকার্ত, কিন্তু রাবণ রাজকুমারী সীতাকে হরণ করতে সক্ষম হয়েছে!'

'আর রামের কী সমাচার?'

'সীতার সান্নিধ্যে থাকা সমস্ত মলয়পুত্র লঙ্কাসেনার হাতে মৃত্যুবরণ করেছে। কিন্তু এখনো পর্যন্ত পাওয়া সংবাদ অনুযায়ী, রাজকুমার রাম এবং লক্ষ্মণ জীবিত রয়েছেন। আমাদের বিষ্ণুবতার সুরক্ষিত রয়েছেন। পূর্বে প্রাপ্ত সংবাদ অনুসারে, পরিস্থিতি যতটা সঙ্গীন বলে মনে হয়েছিল, ততটা নয়।'

ঋষি বশিষ্ঠের সিদ্ধান্ত অনুযায়ী, রামকে বিষ্ণুবতার হিসাবে মেনে নেওয়ার সপক্ষে ছিলেন বায়ুপুত্ররা। তাঁদের বিশ্বাস অনুযায়ী, এতেই ভারত মাতার প্রভূত উন্নতিসাধন অবশ্যম্ভাবী। যদিও, আক্ষরিক অর্থে, প্রাক্তন মহাদেবের উত্তরসূরি হওয়ার সূত্রে, তাঁরা একমাত্র পরবর্তী মহাদেব হিসাবেই চয়ন করতে সক্ষম ছিলেন, বিষ্ণুবতার চয়ন করার অধিকার তাঁদের ছিল না।

'পরিস্থিতি সুবিধের নয়, বন্ধু!' বললেন বশিষ্ঠ, 'যুদ্ধের পরিস্থিতি আসন্ন!'

'কিন্তু... আমার মনে হয় রাবণ যুদ্ধের জন্য প্রস্তুত নয়, গুরুদেব! আমরা অবগত এই মুহূর্তে লঙ্কার শক্তি প্রবলভাবে হ্রাস পেয়েছে!'

'রাবণের কী অভিপ্রায় তার গুরুত্ব এখানে অর্থহীন। সে এই মহাযুদ্ধে সামান্য এক পুত্তলিকা মাত্র! এই পরিস্থিতির নেপথ্যে তার উপস্থিতি একান্তই গৌণ!'

'তাহলে কে এর নেপথ্যে?'

'বিশ্বামিত্র!'

'কিন্তু...!' বায়ুপুত্র দূতের বক্তব্য সহসা স্তব্ধ হল। বিশ্বামিত্র এবং বশিষ্ঠের অগাধ বৈরিতা সম্বন্ধে তার অবগতি ছিল। সর্বশ্রেষ্ঠ বন্ধুই কখনো কখনো নিকৃষ্টতম অরিতে রূপান্তরিত হয়। বশিষ্ঠ এবং বিশ্বামিত্রের অসম এবং অশুভতম শত্রুতার অনাবশ্যক প্রসঙ্গে আলোচনা না করে সে প্রসঙ্গান্তরে যাওয়ার চতুর প্রচেষ্টায় রত হল।

'তাহলে এখন আমাদের কী করণীয় গুরুদেব?'

ঋষি বশিষ্ঠের শরীরের সমস্ত পেশী সহসা সংকুচিত হয়ে গেল, প্রবল আক্রোশে তাঁর দুহাত মুষ্টিবদ্ধ হল। তাঁর স্বাভাবিক শান্ত ও দয়ালু দৃষ্টি অগ্ন্যুদগার করতে থাকল! তাঁর মুখমণ্ডলে ফুটে উঠল এক বজ্রকঠিন প্রতিজ্ঞা!

'আমরা... যুদ্ধ করব!!!'

... ক্রমশ।

লেখকের অন্যান্য বই

শিব ত্রয়ী

ভারতীয় প্রকাশনীর ইতিহাসে সর্বাধিক বিক্রীত ধারাবাহিক:

মেলুহার মৃত্যুঞ্জয়ীগণ
(কাহিনি-১)

১৯০০ খ্রিঃ পূঃ যে সময়ের সভ্যতাকে আধুনিক ভারতীয়রা ভুল করে সিন্ধু সভ্যতা বলে। সেই সময়ের অধিবাসীরা যাকে বলত মেলুহা—প্রায় নিখুঁত এক সাম্রাজ্য যা বহু শতাব্দী আগে প্রতিষ্ঠা করেছিলেন প্রভু শ্রীরাম। এই সাম্রাজ্য তাদের প্রধান সরস্বতী নদীর শুকিয়ে যাওয়ার কারণে গভীর সংকটের সম্মুখীন। তাছাড়া তারা পূর্বদিক থেকে আসা বিধ্বংসী সন্ত্রাসবাদী আক্রমণেরও মুখোমুখি। তাদের পৌরাণিক নায়ক নীলকণ্ঠ কি এই অশুভ শক্তিকে বিনাশ করতে আবির্ভূত হবেন?

নাগ রহস্য
(কাহিনি-২)

দুষ্ট নাগযোদ্ধা তাঁর বন্ধু বৃহস্পতিকে হত্যা করেছে আর এখন তাঁর পত্নী সতীকে চুপিসাড়ে অনুসরণ করছে। তিব্বতীয় অভিবাসী শিব তাঁর দানব প্রতিপক্ষকে না খুঁজে পাওয়া অব্দি বিশ্রম নেবেন না। ভবিষ্যদ্ববাণী অনুযায়ী তিনিই অশুভের বিনাশকর্তা। তাঁর প্রতিশোধস্পৃহা ও অশুভের দিকে চলার পথ তাঁকে নিয়ে যাবে সর্পমানব নাগদের দরজায়। ভয়ংকর যুদ্ধ বেধে যাবে। বিস্ময়কর জোট স্থাপন হবে। রাষ্ট্রীয় বেস্টসেলার *মেলুহার মৃত্যুঞ্জয়ীগণ*-এর পরবর্তী অংশে—শিব-ত্রয়ী কাহিনির দ্বিতীয় বইতে অবিশ্বাস্য সব রহস্যের উন্মোচন হবে।

বায়ুপুত্রদের শপথ
(কাহিনি-৩)

নাগ রাজধানীর পঞ্চবটীতে পৌঁছলেন শিব। নীলকণ্ঠ তাঁর প্রকৃত শত্রুর বিরুদ্ধে ধর্মযুদ্ধের প্রস্তুতি শুরু করলেন। কোনোভাবেই নীলকণ্ঠের হারা চলবে না—তা সে মূল্য যাই হোক না কেন। মরিয়া হয়ে শিব বায়ুপুত্রদের দোরগোড়ায় এসে পৌঁছলেন। তিনি কি সফল হবেন? অশুভশক্তির সঙ্গে সংগ্রামের কি প্রকৃত মূল্য বহন করতে হবে? সর্বাধিক বিক্রীত শিব-ত্রীয় কাহিনির অন্তিম ভাগে খুঁজে পান এইসব রহস্যের উত্তর।

রামচন্দ্র ধারাবাহিক

ভারতীয় প্রকাশনীর ইতিহাসে দ্বিতীয় সর্বাধিক বিক্রীত ধারাবাহিক:

রাম—ইক্ষ্বাকু কুলতিলক
(রামচন্দ্র ধারাবাহিক-১)

এক নির্যাতিত, বহিষ্কৃত রাজপুত্র। দশরথপুত্র রাম। ন্যায় প্রতিষ্ঠায় একক লড়াইয়েও সে প্রস্তুত। কলঙ্ক আর লাঞ্ছনার বোঝা ঝেড়ে ফেলে রাম কি উঠে দাঁড়াতে পারবে? সীতার প্রতি তাঁর প্রেম পারবে কি সংগ্রামের শেষ পর্যন্ত তাঁকে প্রেরণা জোগাতে? যে তার শৈশবকে ছারখার করে দিয়েছে সেই রাক্ষসরাজ রাবণকে কি সে পারবে পরাভূত করতে? পারবে কি পরবর্তী বিষ্ণুর নিয়তিকে বাস্তবায়িত করতে? অমীশের নতুন ধারাবাহিক 'রামচন্দ্র'-র সঙ্গে শুরু হোক আর এক ঐতিহাসিক যাত্রা।

সীতা—মিথিলার যোদ্ধা
(রামচন্দ্র ধারাবাহিক-২)

এক মাঠে এক পরিত্যক্ত শিশুকে পাওয়া গেল। সবার উপেক্ষিত এক ক্ষমতাহীন রাজ্য মিথিলার অধিপতি তাকে আপন করে নিল। কেউ ভাবেনি এই শিশু ভবিষ্যতে বিশেষ কিছু করবে। কিন্তু তারা ভুল করেছিল। কারণ এ কোনো সাধারণ শিশু নয় এ ছিল সীতা। রামচন্দ্র ধারাবাহিকের দ্বিতীয় গ্রন্থ, যা আপনাকে অতীতে নিয়ে যাবে, প্রারম্ভেরও আগে।

অ কল্পকাহিনি

মৃত্যুঞ্জয়ী ভারত: নবীন দেশ, নিরন্তর সভ্যতা

অমীশ একগুচ্ছ ক্ষুরধার প্রবন্ধ, সূক্ষ্মাতিসূক্ষ্ম বক্তৃতা এবং বুদ্ধিদীপ্ত বিতর্কের মাধ্যমে আপনাকে নতুনভাবে ভারতকে বুঝতে সাহায্য করবেন। ধর্ম, পুরাণ, ঐতিহ্য, ইতিহাস, সমসাময়িক সামাজিক নিয়ম, শাসন এবং নীতিশাস্ত্র প্রভৃতি বিষয়ে তাঁর গভীর অনুভবের ভিত্তিতে, *মৃত্যুঞ্জয়ী ভারত: নবীন দেশ, নিরন্তর সভ্যতা*-য় অমীশ আকর্ষক আধুনিক দৃষ্টিভঙ্গির দ্বারা বিন্যস্ত করেছেন সেই সুপ্রাচীন বিশাল সংস্কৃতির মহান চালচিত্রকে।